JN442908

歷史敎育의 理論과 方法

梁豪煥·李英孝·鄭善影·崔祥勳·金煥吉
宋相憲·金漢宗·宋春永·林秉魯·梁正鉉 共著

三 知 院

머 리 말

우리 나라에서 역사교육의 연구가 본격적으로 진행된 것은 역사교육연구회가 창립된 1950년대 중반 이후라고 할 수 있다. 그로부터 40여년이 지나는 동안 역사교육의 연구는 양적으로나 질적으로 괄목할 만한 성장을 이룩했다. 이러한 성장은 특히 1980년대 중반 이후에 두드러져서 역사교육에 관한 연구는 이 때부터 본궤도에 오르게 되었으며, 이에 발맞추어 대학의 석사 및 박사과정에서 역사교육을 전문적으로 연구하는 전공학자도 나타나게 되었다.

그러나 우리 나라의 역사교육 연구는 아직도 기초단계를 벗어나지 못하고 있다. 연구활동에서 가장 중요한 전문적인 연구자의 수는 아직도 손꼽을 정도밖에 되지 않으며, 지금까지 축적된 연구논문의 수도 아직은 외부에 자랑할 만한 수준이 되지 못하고 있다. 무엇보다 역사교육의 저변확대에 있어 가장 큰 애로사항 가운데 하나는 대학에서 역사교육을 공부하는 학생이나 일선에서 학생을 가르치는 역사교사들이 옆에 두고 참고할 만한 역사교육관련 전문서가 그렇게 많지 않다는 것이다. 이런 이유 때문에 교사나 예비교사들은 역사교사로서 알아야 할 역사교육에 관한 이론적 기반이나 실천적 능력을 갖추기 어려운 실정에 있다. 이것이 역사교사의 수업 및 연구능력을 저하시키는 결과를 초래하고 있음은 두말 할 필요도 없다.

그러므로 현단계에서 우리 나라 역사교육의 질적인 수준을 향상시키기 위해서 가장 먼저 해결해야 할 과제는 역사교육관련 전문서의 출간이라 할 수 있다. 특히 그동안 역사교육의 각 부문에서 이루어진 연구성과들을 반영하고 이를 집약한 새로운 연구서적의 출간은 절실히 요청되는 과제라고 할 수 있다.

본서는 이와 같은 현장교육의 요청에 의해 그 출간이 기획된 것이다. 그리하여 본서에서는 역사교육연구의 핵심적 주제라고 할 수 있는 인지이론과 역사적 사고, 내용의 선정, 설명과 이해 등에 관련된 연구성과들을 정리하고자 하였다.

이를 위해 본서는 평소부터 역사교육에 관심을 갖고 꾸준히 연구를 해온 여러 전공자의 대표적이라고 생각되는 논문들을 선정하여, 일정한 주제별로 나누어 수록하였다.

본서가 단순한 역사교육관련 개론서가 지닌 한계점을 넘어서서 역사교육에 직접 관계하고 있는 교육자나 학생들로 하여금 역사교육에 대한 관심을 제고시키고 그들의 연구열을 자극할 수 있는 역할을 할 수 있으리라고 본다. 또한 대학이나 대학원에서 역사교육을 공부하는 학생들에게 역사교육학의 핵심적인 주제들에 관한 체계적이고 깊이있는 이해를 돕고, 이들의 전문성을 심화시키는 데 기여하였으면 한다. 본서가 임용고사를 준비하고 있는 예비교사들에게는 보다 깊이있는 공부를 위해 쉽게 이용할 수 있는 참고서적으로서, 현장에서 역사를 가르치는 교사들에게는 현장연구에 활용될 수 있는 친근한 보조자료로 활용되었으면 좋겠다.

아무쪼록 이 책의 출간이 우리 나라 역사교육의 질적 수준을 향상시키고, 역사교육연구의 활성화를 촉진함으로써 역사교육학의 학문적 체계를 정립하는 데 하나의 디딤돌이 되기를 바라는 마음은 이 책의 출간에 관계한 모든 사람의 소망일 것이다.

끝으로, 어려운 출판계의 현실 가운데에서도 우리 나라 역사교육학의 발전을 위해서 상업성이 그렇게 많지 않은 본서의 출간을 선뜻 허락해준 삼지원 고덕환 사장님에게 깊은 감사의 말씀을 드린다.

1997년 여름에

필자 일동

차 례

제 1 부 역사교육이론과 역사지식

제1장 역사교과 교육이론의 가능성과 문제점

제2장 탐구식 역사교수모형의 재인식

제3장 역사교육에서의 내용선정 기준

제4장 교실 역사지식의 내용과 형식

제 2 부 역사학습에서 설명과 이해

제5장 역사수업에서 과학적 설명논리의 적용

제6장 역사학습에서 '총괄'의 이용

제7장 역사철학의 〈행위설명이론〉과 역사교육에의 적용

제8장 역사교육에 있어서 역사적 맥락을 통한 '이해'의 문제

제9장 역사학습에서 상상적 이해의 방안

제 3 부 역사적 사고력과 역사수업

제10장 역사적 사고력의 개념과 그 교육적 의미

제11장 역사적 사고력을 기르기 위한 사료 활용방안

제12장 역사교과의 특성에 기초한 컴퓨터 활용방안연구

제 4 부 사회과 통합과 역사교육자료

제13장 사회과 통합논의와 역사중심 '공통사회' 구성방안

제14장 역사교육 논저목록

제 1 부
역사교육이론과 역사지식

제 1 장
역사교과 교육이론의 가능성과 문제점
– 교수내용지식의 성격과 의미 –

Ⅰ. 머리말

교과교육이란 말은 이제 그리 낯선 용어가 아니다. 교사의 임용과 양성에 관한 최근의 변화 속에서 교과교육의 중요성이 제기되고 사범대학의 위상 변화에 따른 교육과정의 개편은 교과교육의 강화라는 말로 압축되어 표현되곤 한다. 이 때의 교과교육이란 말은 각각의 교과목을 가르치는 데 있어서 고유한 교육이론, 즉 교과교육이론을 가리킨다. 그러나 명칭의 들먹거림에 비해 교과교육의 실속은 아직 빈약하다. 특히 전문 연구영역으로서 교과교육은 그 이론적 바탕, 개념, 방법론 등이 정립되어 있지 않으며, 연구의 축적과 비판적 교류가 활발하게 이루어지지 못하고 있다.

이러한 상황은 역사교과에서도 두드러지게 나타난다. 역사에서 교과교육의 중요성에 대해서는 많은 사람이 공감을 하고 있지만 그 중요성만큼 이를 뒷받침할 만한 연구는 활발하지 못하다. 역사교사의 역할, 즉 역사를 '가르치는 것'에 대한 연구는 특히 빈약하다. 역사수업에서 교사는 무엇을 근거로 설명하고, 역사 내용을 어떻게 학생들에게 제시하는가? 하는 역사교육의 현장에서 가장 핵심적이라고 할 문제들이 간과되어 왔다. 이 글은 역사교사의 역할에 대한 관심을 제고하기 위하여 가르치는 문제로부터 접근하여 독자적인 역사교과 교육이론의 필요성에 대한 이론적 당위와 그것의 구성요소를 밝히려 한 것이다. 소위 교수내용지식의 성격을 밝히고 교과교육이론이 교사 양성 프로그램에 제공할 수 있는 시사점을 언급한 다음 역사교과 교육이론의 개발을 도모할 수 있는 연구의 방향을 제안할 것이다.

Ⅱ. 교과교육이론에서 내용과 방법

교과교육이론은 필연적으로 내용(What is known)과 방법(How to teach it)의 대립이라는 매우 해묵은 문제에 관련된다. 내용전문가와 교사는 어떻게 다른가? 교직은 전문직인가? 그렇다면 어떤 의미에서 그런가? 소위 교수방법론(Teaching Method)의 과목이 필요한 것인가? 오히려 교사는 보다 학문적인 영역에 힘을 쏟아야 하는 것이 아닌가? 이와 유사한 여러 가지 물음은 사실은 교수행위의 내용과 방법의 갈등관계를 축으로 전개되고 있다.

역사적으로 볼 때 내용과 방법의 대립은 그리 오래된 것은 아니다. 중세의 대학에서 가르치는 것은 이해하는 것, 아는 것과 동일시되었다. 오늘날까지 대학의 학위 명칭과 여러 의식은 아는 것과 가르치는 것 사이의 밀접한 관계를 반영하고 있다. 예를 들어 Master(석사), Doctor(박사)라는 칭호는 모두 Teacher(교사)라는 의미를 포함하고 있다. Doctor 혹은 Dottore라는 말은 가르친다는 의미의 Doctrine이라는 같은 어원을 가진 말이며, Master라는 말은 현재에도 쓰이는 남자교사, 교장이라는 의미의 School Master라는 말에서 보이듯 Teacher라는 말과 밀접한 관계가 있다.[1)]

원칙적으로 중세의 대학은 일종의 길드조직으로서 일반교육기관이라기보다는 교사교육기관(Normal School)이었다. 이러한 현상은 예술, 의학, 법학, 신학을 포함한 모든 학과에 동일하였다. 특히 교사교육의 전통과 그 길드 조직은 학생과 고용강사길드가 주축이었던 볼로냐대학보다는 교수길드가 중심이었던 빠리대학과 그것을 본받은 옥스포드와 캠브리지 대학, 그리고 그 후 독일대학의 전통에서 두드러졌다. 학사학위(Bachelor)는 견습교사(Apprentice Teacher)의 자격을 부여하는 것이었으며, 석사 또는 박사학위는 정식으로 길드에 참여할 수 있음을 허락하는 것이었다.

대학의 교사교육 전통은 오늘날 박사학위의 최종관문인 구술고사(Oral

---

1) L.S. Shulman, "Those Who Understand : Knowledge Growth in Teaching", *Educational Researcher* 15(2)(1986), pp. 6-7.

Examination)에도 흔적이 뚜렷이 남아있다. 학위후보자는 논문의 내용을 간추려 발표하고, 이후 심사위원의 질문에 대하여 자기의 논지와 주장을 피력한다. 이것은 가르치는 행위의 주요한 두 양상인 강의와 토론과 동일하다. 다시 말하여 구술고사는 학문내용 전문가의 최종테스트로서 강의와 토론이라는 이중의 방법을 통하여 그 학문의 내용을 가르칠 능력을 심사하는 것이라 할 수 있다.[2)]

그러나 근래에 와서 내용과 방법은 매우 첨예한 갈등관계에 있는 것으로 간주되고 있다.[3)] 내용을 많이 알면 잘 가르칠 수 있다는 주장과 내용은 잘 모르더라도 교육의 모든 현상을 이해하고 가르치는 방법을 잘 알고 있으면 잘 가르칠 수 있다는 주장이 대립하고 있다. 배타적 내용 전문가(Content Exclusivists)는 방법이란 지적 원천을 결여한 공허한 책략(Gimmickry)일 뿐이라고 생각하는 반면에 극단적인 방법론자(Mad Methodists)는 방법이 모든 것을 해결해 줄 수 있다고 주장한다.[4)]

내용과 방법의 갈등은 역사교육에서 역사학과 교육학간의 갈등 양상으로 더욱 심각하게 나타난다. 흔히 교육학자가 역사교육을 이야기할 때는 역사의 내용에 대한 이해의 부족이 논의의 약점이 되고, 역사학자의 역사교육에 관한 의견은 교육의 분야에 대한 비전문적 식견으로 치부되곤 한다. 때때로 역사학자들은 역사교육은 역사학을 모학문으로 하는 실천적인 응용분야이기 때문에 그 대상, 영역, 그리고 방법론에 있어서 역사학의 모습을 닮을 수밖에 없다고 주장하는 반면, 교육학자들은 역사학의 내용보다 더욱 중요한 것은 내용을 가르치는 데 쓰이는 교육적 측면의 방법론이라고 반박한다.

이러한 내용과 방법의 갈등은 빈번히 무리한 이분법을 강요하기도 한다.

---

2) *Ibid.*

3) 어떻게 해서 내용과 방법이 근래에 들어 극심한 반목의 상황에 들게 되었는가 하는 것에 대한 질문은 매우 중요한 것이긴 하지만, 이 글의 중심주제는 아니다. 우선적으로 이 글은 이러한 양자의 반목의 결과로 빚어진 황폐화된 교과교육이론과 연구의 상황에 논의의 중점을 두고 있다.

4) H.W. Hertzberg, "Are Method and Content Enemies?" in B.R. Gifford(eds.), *History in the Schools : What Shall We Teach*(New York : Macmillan, 1988), pp. 38-39.

역사를 가르칠 것이냐 역사로써 가르칠 것이냐 하는 논쟁이 그 대표적인 것이다. 역사를 가르친다는 말이 내용우위를, 역사로써 가르친다는 말이 방법우위를 표방하면서 양자의 관계를 완전히 상호배타적인 것으로 분리시키고 있는 것이다. 이러한 배타적 논리의 결과로 각과교육이론이 야릇한 망각지대에 놓여지게 되었다는 지적도 있다. 정범모는 대체로 학과 전문가들은 그 학과의 교육이론의 연구에는 관심이 없으며 단지 경험에 의한 통찰이나 절차에 불과한 것을 교육이론으로 간주하고 있는 한편, 교육학도들은 대개 일반이론 특히 주변학의 일반이론에만 분망하고 있을 뿐, 어떤 교과의 교육이론에 대해서는 관심도 없고, 그러한 교육이론을 연구하기에 필요한 최소의 교과지식도 부족한 상태에 있다고 말하고 있다.[5] 학과 전문학자는 교육학을 공론이라고 나무라는 사이에 실은 그 학과의 교육이론을 포기하고 있고, 교육학자는 학과의 전문학자들을 교육적으로 무식하다고 비난하는 사이에 실은 한 교과의 교육에 관하여는 이론적이거나 실제적으로 유용한 제안을 등한시하여 결과적으로 각 교과교육이론은 양자에 의해 다 망각, 포기당하고 있다는 것이다.[6]

Ⅲ. 역사교과 교육이론의 성격과 교수내용지식

1. 역사교과 교육이론의 성격

교과교육이론을 개발, 육성해 나가는 길은 위에서 언급한 내용과 방법간의 관계를 갈등과 대립으로 분리시키는 것이 아니라, 가르치는 행위에서 양자의 상보적(相補的) 관련성을 이해하는 것이다.

내용없이 가르칠 수는 없다. 교사가 학급을 경영하고 학습활동을 조직하고 학습시간과 순서를 정하며 학습계획을 작성하고 하는 일 등은 모두 중요하지만, 여전히 학교교육에서 가장 중요한 것은 실제로 가르치는 것의

5) 정범모, 『교육과 교육학』, 신교육학전서 1(배영사, 1977), p. 303.
6) 같은 책.

내용이다. 특히 중등학교교육에서 교사는 하나 이상의 전공을 자격요건으로 하고 있는데, 이것은 교사가 가르칠 내용의 전문가라는 것을 전제하는 것이다. 일례로 역사적 사고력의 함양이라는 역사교육의 목표를 역사적 사고력이 없는 교사로부터 이끌어내기는 어려울 것이다. 역사적 사고의 훈련－사료의 비판, 검토, 해석의 과정, 즉 역사가의 연구 방법－을 경험하지 않은 교사에게 올바른 역사적 사고의 양식을 기대할 수는 없다. 근본적으로 역사를 잘 모르는 사람이 역사를 잘 가르칠 수는 없다.

방법의 중요성 또한 무시할 수 없다. 특히 근대 학문으로서 역사학을 전공하는 학자라면 역사를 가르치는 방법에 대해 무관심할 수 없을 것이다. 적어도 독일의 실증사학 전통이 역사학의 방법을 주도한 이래 사료에 대한 철저한 비판과 증거에 대한 엄밀한 검토, 그것에 기반한 판단과 해석은 역사학의 학문적 특성이 되었다. 학교에서 가르치는 역사도 이러한 역사학의 특성을 반영해야 한다고 주장하는 사람은 당연히 그것을 가르치는 방법에도 관심을 가질 것이다. 왜냐하면 이것은 외우는 역사, 수동적인 역사학습으로는 성취될 수 없기 때문이다. 오히려 역사학의 연구방법이야말로 소위 과학적 역사가 등장하게 된 자격요건이었음을 감안한다면 그것을 가르치는 방법에 대한 고려는 적극적일 수밖에 없다.[7)]

내용과 방법의 상보적인 관계는 역사교육의 구성요소를 고려할 때 보다 분명해진다. 역사의 연구가 과거라는 연구의 대상과 연구자 사이의 이원적 관계라면 역사교육은 이원적 연구관계의 결과로서 얻어진 역사적 내용, 학생, 그리고 교사를 중심으로 하는 삼원적 관계에서 이루어진다고 할 수 있다. 이러한 삼원 관계에서 역사 내용은 성장의 과정에 있는 학생을 대상으로 한다는 것과 교수될 것이라는 측면에서 변형(變形, transformation)[8)]되

---

7) 이것은 미국의 교육과정 변천에서도 역사적인 사실로 나타난다. 일례로 1899년에 미국 중등교육과정의 초기 결정기구였던 7인 위원회(Committee of Seven)는 주로 중등교육과 깊은 관련을 가진 역사학자로 구성되었는데, 그들은 모든 역사교사는 가르치는 방법과 역사연구와 역사적 사고(Historical Thinking)의 본질에 대해서 배워야 하며, 더 중요하게는 그들 스스로가 역사적 사실은 무엇이며 그것은 어떻게 정리되고 해석되는가를 깨닫도록 훈련되어야 한다고 주장하였다(Hertzberg, "Are Method and Content Enemies", p. 20).

8) 이 글에서 변형이라는 말은 교과의 내용을 학습자에게 잘 가르치기 위한 교사의 사고 혹은 그 과정을 일컫는다.

게 되며, 그 변형은 역사학의 특성을 반영하게 된다. 따라서 역사를 가르침에 있어 내용과 방법은 분리되는 것도 대립되는 것도 아니다.

역사교육에서 내용과 방법간의 관계를, 현실적으로 바람직한 역사교육은 무엇이고 그것을 위해 교사는 역사와 교육에 대해 무엇을 알아야 하는가라는 질문으로 바꾸면, 한마디로 그것은 교과의 핵심내용과 역사가들에 의하여 사용되는 역사연구방법의 본질을 전달하는 것이라 할 수 있다. 이렇게 교과의 내용과 방법의 양면을 가르침으로써 학생들은 교과의 내용을 수동적으로 받아들이는 데에서 벗어나 흥미를 가지고 역사의 해석적인 측면에 대한 사고를 수행할 수 있을 것이다.[9] 즉, 바람직한 역사교육을 위해 교사들은 우선적으로 교과의 내용에 대한 지식을 갖추고 있어야 하는데, 여기에서 교과내용에 대한 지식이란 단순히 교과의 내용을 많이 아는 것을 넘어서서 역사의 학문적 특성에 대한 이해를 포함한다. 역사사실에 대한 이해의 다양성, 역사지식의 상세성, 증거에 따른 역사지식의 한정성, 역사사건의 인과관계와 상호관련성 등에 대한 파악이 그것이다.[10]

이러한 역사학의 학문적 특성을 전달하기 위한 사고의 과정에서 역사교사는 학생들의 신념, 지식, 경험이 역사학습에 미치는 영향, 학생들의 인식수준, 학생들이 내용을 구조화하는 양식 등을 고려한 최상의 교수법에 대해 생각하게 된다. 윌슨(S. Wilson)과 사이크스(G. Sykes)는 이렇게 교육, 학습자, 교과목을 통합적으로 이해하여 가르치는 방법을 고안하는 것을 '교과에 특정적인 교수지식'(subject-specific pedagogical knowledge)이라 하였다.[11]

교과에 특정적인 교수지식은 무엇보다도 가르칠 내용에 대한 지식과 밀접한 관련을 맺고 있다. 역사적 사고의 바탕은 역사자료이다. 즉, 내용에 대한 지식은 역사적 사고의 핵심요소이다. 따라서 교사는 학습에 알맞은 준거틀을 세우기 위한 내용지식이 필요하다.[12] 교사는 학습자가 잘못 이해

---

9) S.M. Wilson and G. Sykes, "Toward Better Teacher Preparation and Certification", in Paul Gagnon and the Bradley Commission on History in Schools(eds.), *Historical Literacy : The Case for History in American Education*(New York: Macmillan, 1989), pp. 268-275.

10) *Ibid.*

11) *Ibid.*

하고 있는 것을 바로잡기 위해서 그들에게 이해될 수 있는 다른 방식의 설명을 제공해야 하는데 이런 다른 방식의 설명은 다름 아닌 교과내용의 깊은 이해 속에서 가능하기 때문이다. 이러한 이해는 바로 역사 사건의 다양한 해석의 관점을 교사 스스로가 파악하고 있어야 한다는 것을 의미한다.

2. 역사교과 교수내용지식

윌슨(S. Wilson)과 와인버그(S. Wineburg)는 전공이 다른 4명의 사회과 견습교사(Intern Teacher)에 대한 관찰 연구를 통해 무엇을 전공했다고 하는 것은 단지 지식내용을 배웠다는 것 뿐 아니라 전공학문의 신념체계를 경험하는 것이라 하였다. 이러한 신념체계는 쉽게 무너지지 않기 때문에 교사는 전공하지 않은 과목에 대하여 그릇된 견해를 갖기 쉽다.[13] 역사를 전공하지 않은 사회과교사들이 역사과목을 가르치는 경우, 역사라는 교과의 학문적 특성과 독특한 앎의 방식이 있다는 것을 모르기 때문에 역사학습에서 사실, 해석, 증거의 활용, 인과관계의 역할을 제대로 깨닫고 있지도, 가르치지도 못하고 있다는 것이다.[14]

더불어 이 연구는 사회과의 내용을 이루는 역사, 지리, 사회학, 경제학, 인류학, 정치학, 심리학 등의 앎의 방식이 서로 다르다는 것을 깨닫는 것이 중요하다는 것과 교과내용에 대한 지식이 역사를 가르치는 방법에서 가장 결정적인 요인이라는 것을 강조하고 있다.[15] 에반스(R.W. Evans) 역시 역사라는 학문에 대한 교사의 견해가 역사를 가르치는 방법과 내용에 크게 영향을 끼치고 있다고 주장하고 있다.[16]

---

12) M.T. Downey and L.S. Levstik, "Teaching and Learning History", in J.P. Shaver(eds.), *Handbook of Research on Social Studies Teaching and Learning : A Project of The National Council for the Social Studies*(New York: Macmillan, 1991), pp. 405-406.

13) S.M. Wilson and S.S. Wineburg, "Peering at History through Different Lenses", *Teachers College Record* 89(4)(1988), pp. 537-538.

14) *Ibid.*

15) *Ibid.*

16) R.W. Evans, "Lessons from History : Teacher and Student Conceptions of the

사실 교과에 특정적인 교수지식은 슐만(L. Shulman)이 강조하는 교수내용지식과 유사한 것이다. 슐만은 교사에게 필요한 지식을 내용지식(content knowledge), 교수내용지식(Pedagogical Content Knowledge), 교육과정 지식(curricular knowledge)으로 분류하고 있다.

내용지식은 교사가 가지고 있는 지식의 양과 구조를 의미한다. 교사는 교과의 실재적 구조(實在的 構造, substantive structure)와 구문적 구조(構文的 構造, syntactical structure)를 파악하고 있어야 한다.[17] 전자는 교과의 내용과 사실을 통합하고 조직하는 기본개념과 원리들을 가리키며, 후자는 진술과 주장의 진위와 타당성을 검증하는 방식, 즉 학문의 방법론적 절차라 할 수 있다.[18]

교수내용지식은 가르치기 위한 내용지식(Teachable Knowledge)으로 학생들에게 교과를 이해하게끔 제시하고 조직하는 가장 유용한 아이디어, 유추(Analogy), 은유(Metaphor), 직유(Similes), 예증(Examples) 등의 방식을 포함한다. 또한 특정 주제를 쉽게 하거나 어렵게 만드는 것, 다양한 연령과 배경을 가진 학생들이 종종 가지고 있는 개념적 오해와 편견들, 학생의 인지구조에 대한 이해 등을 의미한다.[19]

교육과정지식은 일정한 단계에서 어떤 주제나 교과를 가르치기 위하여 고안된 일련의 프로그램과 그에 관련된 교육과정 자료를 이용할 수 있는 지식을 의미한다. 교과를 잘 가르치기 위해서는 주어진 주제를 위한 다양한 교육과정 자료와 학생들이 다른 교과에서 학습하게 될 교육과정 자료에 대한 지식이 필요하다. 또한 전학년에서 배웠거나 다음 학년에서 배울 주제들을 연관시켜 가르칠 수 있는 지식도 구비되어야 한다. 즉, 교육과정지식은 주어진 상황과 단계에서 유용하게 사용될 수 있는 교육과정 자료의 선택과 다른 교과의 교육과정에 대한 이해를 말한다.[20] 이 중에서 특별한

Meaning of History", *Theory and Research in Social Education* 16(3)(1988), pp. 203-225.

17) Shulman, "Those Who Understand: Knowledge Growth in Teaching", pp. 9-10.
18) J.J. Schwab, *Science, Curriculum and Liberal Education*(Chicago: University of Chicago Press), 1978.
19) Shulman, "Those Who Understand : Knowledge Growth in Teaching", pp. 9-10.
20) *Ibid.*

관심을 끄는 것은 슐만의 설명에서 나타난 교수내용지식, 또는 윌슨과 사이크스가 제기하는 교과에 특정적인 교수지식이다. 이는 교과에 대한 단순한 내용지식에도, 교과와는 거의 유리되어 존재하는 일반교육학의 범주에도 포함되지 않는 것으로, 가르치는 것의 독특한 지적 기반을 구성하는 것이라 할 수 있다. 이것은 교과에 특정적인 내용지식의 구조를 학습자를 고려하여 전달하는 양식이라 할 수 있다. 즉, 교과목이 교사의 지식으로부터 교육의 내용으로 변화하는 과정에서 교수내용지식이란 내용과 가르치는 방법을 혼합하여 특정의 주제나 문제가 어떻게 조직되고 표현되는가, 또한 그것이 어떻게 학습자의 다양한 흥미와 능력에 따라 적용되고 교수되는가를 이해하는 것이다. 이런 의미에서 교수내용지식이야말로 교과내용 전문가와 그 교과를 가르치는 사람을 구별해 주는 요소라 할 것이다.[21)]

구드문즈도터(S. Gudmundsdottir)와 슐만(L. Shulman)은 경험이 풍부한 교사와 신임교사를 참여관찰과 인터뷰의 방법으로 비교 연구함으로써 교수내용지식의 중요성을 강조하고 있다. 대학원에서 미국혁명을 전공한 후 37년간의 교직경력을 거친 교사는 미국의 역사를 민주적 과정에 참여하는 기회의 확대로 파악하는 나름대로의 관점(Perspective)을 가지고 있다. 그는 오랜 경험을 통하여 독특한 교수방법을 체득하고 있으며, 학생들에게 가르칠 내용을 재조직하는 방법을 터득하고 있다. 반면 대학에서 인류학을 전공한 신임교사는 인류학의 지식에 대하여는 깊이를 가지고 있지만 그 외의 사회과의 내용에 대하여는 잘 알고 있지 못하여 학생들을 가르치는 데 있어 빈번히 어려움을 겪는다.

경력교사와 신임교사가 갖는 차이는 첫째, 내용지식을 가르치기 위한 지식, 즉 교수내용지식으로 발전시키는 데 중요한 역할을 하는 관점의 소유 여부와 둘째, 경험의 차이, 즉 가르치기 위해 내용지식을 재구성하기 위한 기회의 차이라 할 수 있다. 신임교사는 알고 있는 내용을 어떻게 학생들에게 재정의하여 가르쳐야 할 지 모르기 때문에 적절한 은유와 마땅한 예를 찾는데 어려움을 겪는다. 그는 대학에서 배운 인류학 개념들을 이해하는

21) L.S. Shulman, Knowledge and Teaching : Foundations of the New Reform, *Harvard Educational Review* 57(1)(1987), p. 8.

방식으로 학생들에게 접근하며, 영화나 사진을 보여주는 것에 치중함으로써 수업에서 교사의 활동영역을 스스로 축소시킨다. 경력교사는 교수내용지식을 통하여 교과내용에 대한 전체적인 관점을 가지고 있으며, 교수방법의 선택에 유연하다. 두 교사는 모두 자신의 전공분야에는 훌륭한 학자이지만, 둘 사이의 차이는 교수내용지식의 소유 여부였다.[22)]

Ⅳ. 역사수업에서 교수내용지식의 역할

지금까지 우리는 교수내용지식의 성격을 다음과 같이 논의하여 왔다. 가르치는 것의 핵심은 교사의 지식이 학생들에게 전달되는 과정이다. 교과의 내용을 효과적인 교육경험으로 변형시키기 위하여 교사는 적절한 표현 혹은 설명의 방식을 창출한다. 은유, 예시, 보기, 유추 등의 설명의 방식은 교과내용에 대한 지식, 학습자에 대한 이해, 일반교육학의 지식 등이 반영된 가르치기 위한 지식 혹은 교수내용지식의 산물이다. 내용과 방법이 혼합된 교수내용지식은 교과의 내용에 대한 지식이 결정적 요인이므로 교과마다 특정적인 성격을 지닌다.

이제 이러한 이론적 바탕에서 역사수업에서 유추와 감정이입이라는 설명방식의 이용사례를 통하여 역사교과의 교수내용지식이 실제 역사를 가르치는 데 있어서 어떠한 역할을 하고 있는가를 살펴보기로 하자.[23)]

---

22) S. Gudmundsdottir and L.S. Shulman, "Pedagogical Content Knowledge in Social Studies", *Scandinavian Journal of Educational Research* 31(2)(1987), pp. 66-69.

23) 유추와 감정이입을 검토의 대상으로 삼은 것은 논의의 편의를 위한 것이다. 실제로 교사들의 현장 역사 수업상황에 대한 충분한 연구 없이 유추와 감정이입이 역사수업에서 이용되는 설명방식의 전형이라고 주장할 근거는 없다. 또한 이 글은 역사수업에서 교사의 설명방식에 대한 전형을 구한다기보다는 유추와 감정이입이라는 개념을 도입하여 교사가 교과내용을 학생들에게 전달하는 과정을 분석하고자 하는 것이다. 따라서 다른 설명의 방식들을 규정하여 분석의 대상으로 삼는 것은 얼마든지 가능하다.

1. 유 추(Analogy)

교사는 역사수업에서 유추에 의한 설명방법을 흔히 사용한다. 넓은 의미에서 유추란 둘 이상의 대상 사이에서 보이는 유사성의 관계에 대한 암시나 인식에 근거하는 추론의 방식을 의미한다. 역사에서 유추란 역사적 사실을 설명하기 위하여 알고 있는 기존의 지식이나 경험 중에서 설명하려고 하는 사실과 유사한 형태를 이용하는 것이다. 법칙적으로 설명하기 어려운 역사적 사건의 개별성(Particularity)은 유추를 통해 일반성과 연결된다. 즉, 개별적인 역사사건은 역사에서 나타나는 유사한 사건, 소위 동형(同形, Isomorph)의 사건을 찾아내어 양자의 관계를 유추함으로써 설명될 수 있다. 이런 의미에서 역사지식은 기본적으로 동형적(Isomorphic)인 것이다. 사람들은 개별 사건간의 유추를 통하여 맥락을 이해하고, 이것을 체계화하여 여러 사건의 이해 기반이 되는 준거틀을 형성한다.[24)]

역사교사는 학생과는 거리가 먼 시간과 장소 속의 인간 행위, 즉 역사적 사건을 설명하기 위하여 학생들이 학습해야 할 사실과 그들이 가지고 있는 경험 사이에 유추를 이끌어내려 하는 경우가 흔하다.[25)] 역사수업에서 특히 유추의 방식이 이용되는 예로 중학교 사회과의 세계사 내용 중 아테네의 민주정치를 현재 우리 나라의 민주정치와 비교하는 경우를 들 수 있다. 필자가 관찰한 수업에서 교사는 "지금의 우리 나라의 민주정치와 아테네의 민주정치를 비교해 봅시다. 차이점은 무엇이라고 할 수 있지요?"라고 학생들에게 질문하였고, 학생들은 이에 대해 "선거권이 그때는…" "국민이 직접 국회의원을 뽑아요…" "지금은 여성에게 선거권이 있어요"라고 답하였다. 이 경우 수업의 주제인 아테네의 민주정치에 대한 동형을 현재 우리 나라의 민주정치로 설정하고 있었으나, 무엇을 수단으로 무엇을 설명하려고 하는가, 즉 설명의 대상(Explicandum)과 그것을 위한 모델(Model)을 분명히 하지 못하고 있었음이 발견된다. 아테네의 민주정치가 갖는 특징인 직접

---

24) P.J. Rogers, "Why Teach History", in A.K. Dickinson, P.J. Lee and P.J. Rogers(eds.) *Learning History*(London : Heinemann Educational Books, 1984), pp. 23-27.

25) 이 글은 이해방식으로서 유추와 그것의 심리적 기초가 아니라 교사의 설명방식으로서 유추를 분석의 대상으로 한다.

민주정치를 강조할 경우 현재의 간접민주정치가 갖는 한계를 지적하는 방향의 유추가 될 수 있으며, 반대로 현재의 민주정치가 갖는 참정권의 평등한 실현을 강조할 경우 아테네의 민주정치는 참정권의 행사에 있어 큰 제한이 있었음을 지적하는 유추가 될 것이다. 단순히 양자간의 차이점을 열거하는 것을 목적으로 한 것이 아니었다면 이 수업의 교사는 유추를 통한 설명의 대상과 모델을 설정하고 구분하는 데 보다 유의했어야 할 것이다.[26)]

어느 여자 중학교의 2학년 국사 수업에서 교사는 고려 말기 농장의 성격과 그 확대과정을 로마의 라티푼디움과 관련시키고 있었다. 아마도 이 선생님은 고려시대 농장의 확대와 백성들의 실상을 학생들이 1학년 사회의 세계사 부분에서 배운 로마의 라티푼디움이 가지는 특성을 통하여 설명하고자 한 듯하다. 그러나 실제 수업에서 "라티푼디움이라는 말 들어 보았니?"라는 선생님의 물음에 학생들은 "아니오", "몰라요", "네! 맞아요"라는 내용상 별 의미없는 반응에 이어 "그냥 넘어가요!"라는 제안을 하기에 이르렀고, 급기야 선생님마저 이 부정적 제안에 "그래 넘어가자"라고 동의하고 말았다. 이 선생님은 두 가지 대상에서 어떤 점을 부각시킬 것인지를 명확히 하지 못하였다. 라티푼디움에서 인신 구속의 상태를 공통 특성으로 이끌어낼 것인지, 아니면 그것의 광대함을 고려시대의 농장과 비교할 것인지에 대한 의도가 불분명하였다. 더불어 학생들의 이해 정도, 즉 선행학습과 경험에 대한 선생님의 이해부족이 유추의 실패, 더 나가 학생들의 학습의욕을 이완시켜 수업의 흐름을 끊고 있었다. 더불어 유추를 통한 추론의 방향은 학생들에게 친숙한 경험으로부터 출발해야 함에도 불구하고 이 수업에서는 라티푼디움과 같이 학생에게 친숙하지 못한 경험으로부터 출발함으로써 유추가 좌절되어 전체적인 수업에서 예상되지 못했던 부정적 효과가 초래되고 말았다.

요컨대 방향과 목적이 분명한 유추를 하기 위하여 교사는 유추의 대상이 공통적으로 가지고 있는 성격을 잘 파악하여야 하며,[27)] 학생들의 선행

26) E.A. Peel, "Some Problems in the Psychology of History Teaching", in W.H. Burston, and D. Thompson(eds.), *Studies in the Nature and Teaching of History*(New York : Humanities Press, 1967), pp. 181-182.

학습 정도와 경험의 양과 질에 대한 고려를 철저히 할 필요가 있다.

2. 감정이입(Empathy)

역사수업에서 교사는 때때로 학생들로 하여금 스스로를 과거의 상황에 처하게 하거나 과거인과 동일시하도록 유도한다. 예를 들어 고려 말기의 농민들이 가혹한 부세 때문에 겪어야 했던 생활의 어려움을 학생들에게 전달하기 위해 "지배층에게 이중 삼중으로 고통을 받고 있던 농민들이 얼마나 힘들게 살았는지 생각해 보자"라든지 "여러분이 만일 이 당시의 농민들이었다면 어떻게 했을까?"라는 권유나 질문을 이용하여 교사는 학생들의 학습동기를 유발하고 그들에게 과거의 상황을 생생하게 전달하려 하는데, 이렇게 역사를 가르치는 데 있어서 다른 사람이나 집단과의 동료의식(Fellow-feeling)을 갖게 하고, 감정적으로 동참하거나 동일시(Identification)하게 하는 것을 감정이입이라 부른다.[28)]

보통 감정이입이라 불리는 이 말은 사실은 심리학에서 빈번히 사용되는 용어이다. 일반적으로 심리학적 의미의 감정이입은 정의적(Affective), 인지적(Cognitive), 대화적(Communicative)인 세 가지의 요소를 포함하고 있다. 정의적 요소는 개인이 타인의 감정상태를 경험할 수 있는 능력을 의미하는 것이며, 인지적 요소는 타인의 관점에서 상황을 이해하기 위해 개인이 타인의 정의적 상태를 분별하고 그의 관점을 이해하는 것을 가리킨다. 대화적 요소는 심리치료에서 주로 이용되는 이입될 수 있는 느낌, 감정을 교환하는 개인간의 상호작용을 뜻한다.[29)]

역사에서 감정이입은 보다 정확히 하자면 감정이입적 이해(Empathic Understanding)로서 우리 자신을 타인과 동일시하려는 시도이며, 타인의

---

27) Rogers, "Why Teach History", pp. 1-14.

28) P.J. Lee, "History Teaching and Philosophy of History", *History and Theory* 22(4)(1983), pp. 19-49.

29) K.P. Scott, "Achieving Social Studies Affective Aims : Values, Empathy, and Moral Development", in James P. Shaver(ed.), *Handbook of Research on Social Studies Teaching and Learning*(New York : Macmillan Publishing Company, 1991), pp. 357-359.

행위를 우리가 기억하거나 상상하는 유사한 상황 속에서 겪은 동기와 태도의 경험을 통하여 설명하려는 것이다. 이 말은 베버(M. Weber)와 딜타이(W. Dilthey)가 사용한 Nacherleben이란 말의 번역으로 사회과학의 독특한 방법론적 기반이 되는 것으로 여겨졌다. 이러한 이해의 방식은 과거의 상황을 재구성함으로써 과거인의 관습을 이해하려 했던 비코(G. Vico)의 시도에 기원하고 있다.[30] 이러한 방법의 근본은 연구자가 연구의 대상이 되는 인물의 관점과 동기에 스스로를 동정적으로 동일시하는 것에 달려 있다. 과거 특정 상황에서 특정인의 행위를 설명하려고 하는 역사가는 먼저 그 과거의 특정인이 직면하였던 상황에 그 자신을 상상적으로 투사하여야 한다. 대리 구성된 상황에서 스스로의 상상적 반응을 발견함으로써 역사가는 그의 연구대상이 되는 인물의 행위를 설명하기 위한 기반을 마련할 수 있다. 역사가는 카이사르(Caesar)가 됨으로써 왜 그가 루비콘(Rubicon)강을 건너게 되었는지를 이해할 수 있다.

이런 의미로 역사학의 감정이입적 이해는 19세기 후반에 독일에서 사용된 Einfühlung이란 용어의 번역인 심리학의 감정이입과는 차이가 있다. 즉 심리학에서 감정이입이 갖는 원래의 의미가 지적 영역과는 큰 관련없이 타인의 느낌과 감정에 대한 동일시에 치중하는 반면 역사학의 감정이입적 이해는 동기와 정신적 의도를 재경험함으로써 타인의 행위의 원인에 대한 지적 기반을 형성하려는 것이다.

리(P.J. Lee)는 감정이입을 다른 사람의 사상이나 느낌을 직접적으로 알게 하는 어떤 특별한 능력(Power), 과거인의 신념, 가치, 목표간의 내적 연관을 이해한 성과(Achievement), 증거를 통하여 과거인의 신념과 가치 등을 알게 되는 과정(Process), 또는 다른 관점을 이해하려는 태도나 성향(Disposition or Propensity) 등으로 분류하였다. 이 가운데 가장 핵심적인 것은 감정이입의 정의나 영역이 아니라 인지영역으로서 비록 다른 사람의 신념, 목표 혹은 관점을 함께 하지 않는다 하더라도 역사가는 자신의 신념을 제쳐두고 연구 대상인물의 행위를 이해하게 하는 이성을 추구할 수 있어야 한다고 주장하고 있다. 즉, 감정이입을 한다는 것이 증거를 존중하고

30) P.P. Wiener(edit. in chief) *Dictionary of the History of Ideas,* Vol. Ⅱ(New York: Charles Scribners' Sons, 1978).

진실을 밝히려는 역사가의 임무와 양립불능이 아니라는 것이다.[31]

그에 의하면 단지 느낌이나 감정에만 국한시키는 것은 감정이입을 역사에 있어서 주변적인 것으로 취급하는 것이다. 감정이입이란 역사가로 하여금, 그의 연구대상이 스스로의 행위에 대한 사실과 가치에 감정과 신념을 가지고 있었다는 것을 깨닫게 하는 것이지 반드시 그 신념과 감정을 함께 하도록 요구하는 것은 아니다. 오히려 감정이입이란 이러한 신념과 감정이 그 당시의 맥락에서 어느 정도 적절한 것이었음을 인식하도록 요구하는 것이다.[32]

필자가 참관한 수업에서 가르치는 방식의 감정이입은 위에서 언급한 바와 같은 인지적 측면이 충분히 반영되지 않았다. 위에서 예를 든 "지배층에게 고통받는 농민의 처지를 생각해 보라"던 교사는 "여러분이 만일 노부모를 모시고 처자식까지 있는 생활에서 세금도 많이 내고 부역에까지 동원되었다면, 마음이 어떻겠어요?"라고 상황을 구체화시켰고, 이에 대해 학생들은 "가슴이 찢어져요"라고 답하였다. 이에 대해 교사는 "가슴이 찢어져? 그런 심정을 너희들이 정말 아니?"라고 부언하고 있었다. 이 경우 교사는 당시의 역사적 배경에 대한 사실적 언급 없이 가정으로서의 상황을 제시하여 학생들에게 매우 감각적이며 감정적인 답변을 얻어내고 있었다.

다른 여자 중학교 3학년 국사수업에서 교사는 당시 장안의 화제가 되었던 '여명의 눈동자'라는 드라마의 여주인공 '여옥'을 이용하여 일제 식민지배의 참혹함을 설명하려 하고 있었다. "너희들이 당시의 여옥이었다고 생각해 보자!"라는 질문에 학생들은 야유가 섞인 "우!"하는 소리와 함께 "싫어요!"라고 외치고 있었다. 이 경우 여옥이라는 인물의 가치와 행위간의 내적 연관이나 증거를 통한 추론이 포기되었을 뿐만 아니라 오히려 학생들이 텔레비젼이라는 강력한 대중매체가 전달했던 매우 자극적인 성적 표현을 주로 연상하여 식민지배의 참혹함을 전달하려던 교사의 의도가 무참하게 좌절되었다. 특히 감수성이 예민한 사춘기의 여학생이 방송매체를 통하여 얻은 여옥이라는 인물에 대한 인상을 교사가 파악하지 못했거나 오해했기 때문에 전반적인 수업분위기는 혼란스러울 정도로 희화화(戱畵化)되었다.

---

31) Lee, "History Teaching and Philosophy of History", pp. 35-40.
32) *Ibid.*

가르치는 방식으로서 감정이입은 상당한 동기유발의 효과와 구체적인 설명력을 가지고 있음에도 불구하고 위의 사례에서 교사들은 감정이입의 이러한 효과를 위한 여러 가지 조건을 충분히 고려하지 못하였다. 사실 교사들은 자신이 이용하고 있는 방법이 감정이입이라는 것을 모르고 있을 수도 있으며 혹은 단순히 학생들의 감정적 동기유발을 위해 이 방법을 채택할 수도 있다. 그러나 감정이입의 인지적 측면, 특히 역사적인 특성을 파악하고 이것의 이용방법을 교사가 나름대로 사전구상했다면 이로 인한 학습효과는 참관한 수업에서보다는 상당히 개선될 수 있었을 것이다.

Ⅴ. 교수내용지식과 교사교육

현장 수업에서 유추와 감정이입과 같은 설명 방식이 적절히 사용되지 못하고 있는 이유는 우선 교사들이 유추와 감정이입의 특성을 파악하기 못하고 있기 때문일 것이다. 더불어 어떠한 설명의 방식을 동원하는 데 있어서 가르칠 학생들의 경험과 선행학습상태에 대한 교사의 이해가 부족하였다는 것도 또 다른 요인이라 할 수 있다. 그런데 이러한 설명의 방식과 학생에 대한 이해는 교과의 내용을 전달하는 데 따른 것이므로 결국 보다 근원적으로 이러한 것을 포괄하는 교수내용지식의 중요성이 다시 부각된다. 그렇다면 이렇게 사례를 통하여 강조한 교수내용지식이 현실적으로 교사교육에 던지는 시사점과 문제점은 무엇일까?

교수내용지식은 교사교육에 대한 매우 중요한 하나의 원칙을 제공하고 있다. 그것은 교과교육 강화로 교사교육을 특성화하자는 주장은 결국 내용에 대한 교육을 포기하고 이루어질 수는 없다는 것, 즉 교과교육이론은 교과의 내용에 대한 충분한 이해를 전제로 한다는 것이다. 다시 말하여 교수내용지식은 내용지식의 바탕에서 형성되는 것이므로 교사교육에서는 교과의 내용에 대한 교육이 우선적으로 강조되어야 한다. 사실 교수내용지식의 중요성에 대한 강조는 방법만 알면 잘 가르칠 수 있다는 것에 대한 반론으로서 가르치기 위해서는 내용에 대한 최고 수준의 이해가 필요하다는 주장과 마찬가지이다. 가르치는 것에서 가장 중요한 것은 단지 방법적 행위라기보다는 교과내용에 대한 지적 기반이다.

그러나 잘 가르치기 위해서는 교수기술만으로는 불충분한 것과 마찬가지로 많이 아는 것만으로도 부족하다. 교과내용이 학생에게 전달되는 과정에서 교사가 교과내용에 대한 지식을 가르치기 위한 지식으로 바꾸기 위해서는 교과내용에 대한 이해와 더불어 학생에 대한 이해가 필요하다.

피아제(Jean Piaget)류의 단계적 인지발달이론은 모든 교과목에 무차별적으로 적용될 수 있는 것은 아니며, 오히려 학습은 영역별로 독특한 것이어서 학생들이 관여하고 있는 영역의 주제나 개념에 대한 이해가 그들의 인지에 직접적인 영향을 끼친다고 한다.[33] 이런 관점에서 보면 역사교사는 필수적으로 역사학습에서 특정적으로 나타나는 학습자들의 인식수준과 유형을 이해해야 한다. 교사교육 프로그램에서는 예비교사들의 이러한 이해를 도모하기 위하여 학생의 시간개념과 학생이 사료와 증거를 인식하고 해석해가는 바의 특성을 다루는 과목을 제공하여야 한다. 또한 교사양성과정에서는 예비교사로 하여금 역사학습에서 학생들이 간직하고 있는 지식과 신념이 이후의 학습에 어떠한 영향을 미치는지, 또 학생들이 역사에서 특정 주제에 대해 어떤 선입견을 가지고 있는지 등의 문제에도 관심을 갖게 해야 할 것이다.

이외에 예비교사에게는 설명 또는 표현의 방식, 즉 자신이 이해하고 있는 것을 어떻게 학생들에게 표현할 것인가에 대한 이해가 필요하다. 교사는 다양한 설명 방법 중의 하나를 선택해야 하고 이러한 선택은 학생과 교과내용에 대해서 뿐만 아니라 설명방식 자체가 가지는 특성을 파악하고 있어야 가능하다. 학생에게 적합한 설명을 찾아내기 위해서는, 즉 선택하기 위하여는 교사 스스로가 다양한 설명방식을 준비해야 한다. 이러한 다양한 설명방식에 대한 강조는 경력교사와 신참교사와의 대비연구에서 지적되었듯이 기본적으로 교과내용에 대한 다양한 관점을 교사가 갖추고 있어야 한다는 것을 의미한다. 또한 여러 가지 설명방식을 개발하고 실제 수업활용상의 문제점을 탐색하기 위한 교사양성 프로그램에서는 역사교육에서 설명

33) Downey and Levstik, "Teaching and Learning History", pp. 403-404.

방식과 특성에 대한 역사이론적인 이해가 함께 다루어져야 할 것이다.

교수내용지식의 소유여부가 경험있는 교사와 신임교사를 구분하게 한다는 구드문즈도터와 슐만의 연구34)는 현직교사에게도 유익한 시사점을 제공하고 있다. 가르치는 경험을 통하여 교수내용지식이 신장될 수 있는 것이라면, 당연히 경력교사는 신임교사가 교수내용지식을 갖출 수 있도록 도움을 주어야 할 것이다. 현재 우리 나라에서 대부분의 신임교사는 일단 일선학교의 교단에 서게 되면 동료의 협력이나 선배교사의 조언없이 외로이 가르치는 것을 시행착오적으로 체득해가고 있다. 이러한 신임교사들에게는 무엇보다도 교사의 기본과업인 교과의 내용을 가르치는 문제, 즉 교수내용지식에 대한 경험적인 조언이 필요하다. 경력교사는 아직도 배워야 할 것이 많은 신임교사의 교사여야 한다. 물론 이러한 도움을 주고 받기 위해서 교사들은 가르치는 내용과 방법에 대해 서로 개방적이며 협력적인 태도를 지니고 있어야 할 것이다.

상호 연관성없이 발전하는 교과목의 내용과 교육학의 방법을 단순히 결합시키는 것에서 벗어나 학습자의 특성을 고려하여 교과의 독특한 내용과 구조를 연구하고 그에 맞는 구체적인 교수방법을 개발하고자 할 때 교수내용지식이라는 개념은 매우 매력적인 것이다. 가르치기 위한 지식이야말로 최고의 이해라는 그 이론적 전제는 가르치는 일에 대한 자존심과 자신감이 결여되어 있는 교사를 격려하기에 알맞을 뿐더러 교직의 전문성에 대한 경멸적인 회의를 극복하고 가르치는 일의 독자성과 중요성을 강조하는 데에도 적합하다. 그러나 교수내용지식은 교사교육과 관련하여 매듭지어야 할 몇 가지 기본적인 문제점을 지니고 있는 것 또한 사실이다. 우선적으로 지적될 수 있는 것은 교사의 내용지식 혹은 전공과 교수내용지식의 관계이다.

교수내용지식의 중요성에 대한 논의는 결정적 요인이 내용에 대한 지식이라는 것과 가르치는 방법의 선택도 내용에 대한 심층적 이해 속에서만 가능하다는 것, 즉 잘 알아야 잘 가르칠 수 있다는 것이었다. 그러나 불행하게도 어떠한 교과에서도 모든 내용을 잘 안다고 말할 수 있는 교사를 양

34) Gudmundsdottir and Shulman, "Pedagogical Content Knowledge in Social Studies".

성하기는 쉽지 않을 것이다. 이 말은 교사준비생들은 교과내용에 대한 최고 수준의 이해를 달성해야 한다는 이전의 주장을 희석시키려는 것이 아니다. 교사는 배우고 가르친다는 의미에서 학문직(Learned Profession)이고 교사가 가르칠 내용에 대해 스스로 꾸준히 배워야 한다는 것에는 의문의 여지가 없다. 다만 지적해야 할 것은 흔히 학교교육에서 교과는 이미 너무나 다양하고 광범위해서 준비과정이나 현장의 교사 개인이 관련된 모든 내용을 충분히 파악할 수 없다는 사실이다. 이렇기 때문에 가르치는 방법이 중요하다는 말이 우세하게 되었는지도 모르지만 수차 강조하였듯이 방법은 내용의 대체물이 되지 못한다.

내용의 광범위함은 역사의 경우 매우 심각하다. 국사학계의 새로운 연구동향과 왕성한 연구성과의 축적 그리고 세계사 내용의 다양함과 풍부함 속에서 역사교사는 현실적으로 단 한번도 배우거나 접해보지 못한 시대와 장소의 역사내용을 가르치게 되는 경우가 허다하다. 교과내용이 체계적인 위계질서 속에 구성되어 있는 수학이나 자연과학 분야와 달리 하나의 역사사건과 시대에 대한 지식은 또 다른 역사사건이나 시대의 이해에 기계적으로 전이되기 어렵다. 역사학자들은 역사의 중심개념을 선정하는데 쉽게 동의하지 않는다. 설혹 동의를 얻은 중심개념이 선정된다 하더라도 역사사건과 시대는 여전히 그러한 중심개념으로 설명되지 않는 완강한 특수성을 가지고 있다. 그리고 갈수록 연구분야가 전문화됨에 따라 역사학은 주로 전체적인 관점보다는 세분된 지역과 시대의 개별적 파악에 주력하고 있다. 이러한 내용상의 방대함과 그 구조의 특이성 그리고 역사학내의 전문화 때문에 잘 가르치기 위해서 잘 알아야 한다는 전제는 역사의 경우에 달성되기 어려운 주문이 될 가능성이 많다.

교사는 자신이 잘 알고 있는 부분의 오아시스를 찾아 그보다는 훨씬 아는 바가 적은 드넓은 모래사막을 헤매는 존재라 한다.[35] 대체 또 다른 오아시스를 찾기까지 교사는 어떠한 여행을 해야 하는 것일까? 이 행로 중에 교사는 어떠한 도움을 받을 수 있는 것일까? 이런 질문을 던지고 보면 교수내용지식에서 잘 가르치기 위해서는 잘 알아야 한다는 이론적 전제는 다

35) L.S. Shulman, *Aristotle Had It Right : On Knowledge and Pedagogy*(East Lansing, Michigan: The Holmes Group, Occasional Paper #4, 1990).

소 이상론적이어서 교사교육에서 가장 기본적이며 현실적인 문제의 하나인 잘 알지 못하는 것을 가르치는 문제를 조망하는 데에는 크게 효과적이지 못하다는 것을 깨닫게 된다.

또한 현실적으로 통합의 추세에 있는 사회관련 교과목의 경우는 내용지식의 문제를 더욱 복잡하게 만든다. 전공이 다른 견습교사에 대한 연구에서 교사의 전공이 단지 지식뿐 아니라 해당 학문영역에 대한 신념까지를 포함한다는 윌슨과 와인버그의 연구[36]는 교사가 무엇을 전공했는가의 중요성을 강조하는 데에는 효과적이었을지 모른다. 그러나 미국의 사회과나 현행 우리 나라의 중학교 사회과에서와 같이 교사가 다양한 학문의 영역을 모두 다루어야 한다고 할 때, 전공외의 영역에 어떻게 대처해야 하는지의 문제를 남긴다. 이들의 연구는 사회과를 분과하여 각 교과를 전공한 교사가 가르쳐야 한다는 것을 제안하기보다는 오히려 교사는 앎의 다른 방식을 이해해야 한다는 것을 강조하고 있는데, 결국 '앎의 방식이라는 것이 지식의 영역에 속한 절차적 구조를 통해서 얻어지는 경험의 산물이며 신념체계까지 포함하는 것이라면 전공외의 앎의 방식을 이해한다는 것은 거의 불가능하지 않은가?' 하는 의문이 제기될 수 있다. 또한 교수내용지식의 바탕으로서 교사의 전공 혹은 내용지식에 대한 논의가 통합사회과의 이론과 실제에 어떠한 제안을 할 수 있는가도 명백히 되어야 할 부분이다.

Ⅵ. 역사교과 교육이론연구의 지향

이상에서 소개한 교수내용지식이 지금까지 미진했던 역사교과 교육이론연구에 당장 획기적인 도약의 발판을 마련해 줄 수는 없다. 더구나 이미 지적한 대로 교수내용지식에는 그 이론과 실제 적용상에 매듭지어야 할 문제가 남아있다. 또 그 이론과 관련된 조사연구도 우리의 실정과 필요에 따라 이루어진 것은 아니다. 그럼에도 불구하고 교수내용지식에 대한 논의는 우리의 교과교육 이론연구의 방향에 몇 가지 유익한 전망을 제공하고 있

36) Wilson and Wineburg, "Peering at History through Different Lenses".

다.

교과교육연구의 양축은 교육과정과 교수라 할 수 있다. 그 중에서 교육과정에 대한 논의와 교과서의 내용분석 및 비판이 지금까지 우리 나라에서의 교과교육연구의 대종을 이루어왔다. 역사교육의 연구도 주로 교육과정의 개정과 교과서의 내용에 관심을 기울여왔다. 그러나 교육과정과 교과서에 관한 논의는 자칫 교육현장의 외부 요소만을 조망할 뿐 교육내용의 전달이라는 측면은 간과할 취약성을 갖고 있다. 현재 교과교육논의가 주목하고 있는 교과서와 교육과정은 교사의 역할이란 문제와 맞물려 논의되어야 한다. 교육의 외부적인 틀인 교과서나 교육과정은 결국 실제 수업에 있어 교사의 행위를 통해 교육내용으로 구체화 된다. 즉, 긍정적이든 부정적이든 거의 폐쇄된 교실에서 교사는 나름대로의 판단에 따라 교육의 내용을 선택하고 재조직하고 심지어는 가르칠 내용의 주요부분을 포기하기도 한다. 이런 의미에서 교사는 교육과정 시행에 있어 일종의 문지기(Gatekeeper)와도 같은 역할을 하는 것이다.[37]

이런 점에서 본다면 우리 나라 교과교육의 연구는 가르치는 것, 즉 교사의 역할에 대해 지나치게 무관심한 편이었다. 더구나 가르치는 것의 핵심이라고 할 교과의 내용을 함께 고려한 연구는 형편이 더욱 열악하였다. 역사 수업을 주재하는 교사의 역할은 무엇일까? 역사 교사에게 특별히 요구되는 자질은 무엇이며 그것은 어떻게 함양될 수 있는가? 사범대학과 같은 교사 양성기관에서 이러한 자질을 양성하기 위하여 어떠한 노력을 할 수 있는가? 단지 교사라는 직업에 대한 소명감, 윤리의식 등을 당위적으로 강조하는 것을 넘어서서 실제로 교사의 가장 중요한 임무인 교과목의 교수에 관하여 교사에게 절실하게 요구되는 바가 무엇인가 하는 문제의식이야말로 앞으로 교과교육의 주요 연구주제가 될 것이며, 그것은 결국 교과목의 특정적인 교수이론을 개발하는 것과 맥을 같이하는 것이 될 것이다.

방법론적으로 교과의 특성을 감안한 역사교사의 역할에 대한 연구는 행위분석(Job Analysis)이나 과정산출분석(Process-product Analysis)과 같은

---

37) S.J. Thorton, "Teacher as Curricular-Instructional Gatekeeper in Social Studies", in Shaver(ed.), *Handbook of Research on Social Studies Teaching and Learning,* pp. 237-248.

방식보다는 직접 관찰과 사례분석에 바탕해야 할 것이다. 왜냐하면 전자의 연구 패러다임은 흔히 가르치는 데 있어서 가장 핵심이라 할 내용, 즉 교과를 간과하고 있기 때문이다. 결국 역사교사의 역할은 그들이 실제 수업에서 행하는 것의 사례를 바탕으로 논의되어야 할 것이다. 사례를 통한 실천적 지혜(Wisdom of Practice)는 사실상 전문직이라고 부르는 직종에서는 낯선 것이 아니다. 그리고 그 전통은 고대 그리스의 아리스토텔레스의 언급에도 이미 분명하게 나타난다. 그는 이론적 지혜(Theoretical Wisdom)와 분리하여 실천적 지혜(Practical Wisdom)의 영역을 설정하고, 전자는 인간의 순수한 지적 관심과 관련된 것이고, 후자는 인간 행위를 이끄는 실질적 관심, 즉 응용(Application)의 영역임을 설파하였다.[38] 의사들은 환자의 증상과 처방의 선택, 그 효과 등에 대한 임상의 예를 보고하고 이러한 사례들을 유사한 경우의 환자의 치료에 응용한다. 판례의 활용은 사법 판단의 중추 역할을 담당한다. 사례는 매우 특정적인 것이고 일반화의 성립에 필수적인 대표성도 가지고 있지 않지만 그것을 통하여 우리는 어떠한 문제가 처리되어 가는 과정을 구체적으로 살펴볼 수 있다. 마찬가지 이치로 역사교사가 교실에서 학생들에게 역사를 가르치는 사례의 구체성과 현장성을 토대로 할 때 우리는 훌륭한 역사교사와 좋은 역사수업의 논의에 보다 실천적인 접근을 해나갈 수 있을 것이다.

Ⅶ. 맺음말

잘 가르치기 위해서는 많이 아는 것만으로는 부족하다. 또 과정상의 교수기술만으로도 불충분하다. 가르치는 방법이란 내용에 대한 이해에서 개발될 수 있는 것이며, 다른 사람에게 가르치기 위한 내용의 이해야말로 최고 수준의 이해이다. 교사로서 가르치는 것의 최고 수준에 도달하기 위하

---

38) G.D. Fenstermacher, "Philosophy of Research on Teaching : Three Aspects), in M.C. Wittrock(ed.), *Handbook of Research on Teaching : A Project of the American Educational Researcher Association*,(3rd ed.)(New York : Macmillan, 1986), p. 43.

여는 지식(내용)과 과정(방법)의 혼합이 필요하다. 적절한 설명과 표현의 방법을 개발하기 위해 교사는 수업준비에 있어서 내용 전문가나 보통 사람과는 다른 고민, 즉 가르칠 궁리(Pedagogical Reasoning)를 하는데 그것은 가르칠 내용과 학생의 상태 및 이용가능한 교수 기술, 그리고 교육자료를 종합적으로 이해하는 것이다.[39] 이러한 이해, 즉 교수내용지식은 교사가 갖는 전문성의 표징이다. 교수내용지식은 가르칠 내용에 대한 최고 수준의 이해를 뜻하는 것으로 교과에 따라 그 성격이 다르다. 교사교육은 바로 교수내용지식의 신장에 초점을 맞추어야 한다. 교사에게는 내용에 대한 숙지와 더불어 학생의 역사 이해와 역사적 내용을 설명하는 방식의 특성을 파악할 수 있도록 하는 교과목이 제공되어야 한다. 또한 교수내용지식의 신장을 위주로 한 교사교육을 위하여 교과교육이론의 개발에는 가르치는 것에 대한 논의와 현장에서 역사수업의 사례에 대한 연구가 절실히 필요하다.

(양 호 환)

39) Shulman, "Knowledge and Teaching : Foundations of the New Reform", pp. 12-15.

제 2 장
탐구식 역사교수모형의 재인식

Ⅰ. 머리말

교수모형은 교수행동을 이끌어 나가는 방침으로서, 교사가 교과내용을 조직하고 그것을 학생들에게 제시하는 구체적인 지침이 된다. 즉, 교수모형은 교과서, 지도, 사진, 영화, 슬라이드 등의 교수 매체나 조별 학습과 같은 교수 조직이 어떻게 활용되어야 할 것인가를 결정하는 기준으로서, 교육과정의 가장 구체적인 표현이며 궁극적인 시금석이라고 할 수 있다.[1] 또한 교수모형은 교육내용에 관한 교사 자신의 가치·견해·해석을 반영하며, 교사의 현장 수업의 내용과 과정을 결정하는 데 중요한 역할을 하게 된다. 교수모형은 교육내용의 종류가 다양한 것만큼 다양할 수 있으며, 또한 동일한 종류의 지식을 가르치는 데에도 여러 가지 교수모형이 있을 수 있다.[2]

교수모형의 중요성은 역사과 수업에서도 예외는 아니다. 이제까지의 역사수업은 흔히 교사의 판서, 강의식의 설명 그리고 약간의 질문이 주된 교수방법이었으며, 고대부터 현대에 이르는 긴 시기를 짧은 기간 동안 전부 섭렵하는 사실 암기 위주의 교과로 인식되어 왔다. 따라서 이러한 '주입식' 역사 수업에 대한 비판이 끊임없이 제기되어 왔으며, 여러 가지 개선책이 제시되기도 하였다. 역사과 수업에 대한 과거의 부정적인 평가가 반드시 교수모형이나 교수방법의 구태의연에서만 비롯되는 것은 아니지만, 새로운

---

* 이 글은 『사회과교육연구』 2호(한국 초·중등사회과교육연구회, 1992. 8)에 실린 글을 수정, 보완한 것임.

1) 이홍우, 『교육과정탐구』(박영사, 1977), 254-255면.

2) 같은 책, 264면.

교수원리의 개발을 통해 역사 수업의 내용과 질을 향상시키기 위한 연구를 하여 왔다. 이들 역사교육에 관한 연구는 크게 역사철학적 접근과 교육학적 접근으로 나눌 수 있다.

첫째, 역사철학적 접근은 대체로 관념론적 역사철학보다는 실증론적 역사철학이론을 역사교육에 적용하려는 노력에 집중되어 왔다. 콜링우드(R. Collingwood), 딜타이(W. Dilthey) 등의 관념론자들은 역사연구가 보편적 법칙이나 이론의 발견을 목표로 하는 것이 아니라 과거의 개별적이고 일회적인 사건의 독자성을 탐구하는 것이라고 보는 반면에, 헴펠(C. Hempel), 포퍼(K. Popper) 등의 실증론자들은 역사적 설명도 자연과학적 설명 과정과 유사하며, 따라서 과학적으로 분석하고 설명하는 능력을 향상시킬 것을 역사교육의 목적으로 주장하였다.[3)]

둘째, 교육학적 접근은 주로 미국의 교육심리학 이론들을 바탕으로 그것을 역사 교과에 응용해 보려는 입장으로서, 브루너(J. Bruner), 타바(H. Taba) 등의 영향을 받아 탐구학습 혹은 발견학습 등의 이름으로 '역사학습의 구조화', '역사 개념과 일반화의 문제', '탐구기술의 개발' 등에 관한 연구와 관심이 집중되어 왔다.[4)]

이러한 역사교육 연구들은 그 이론적인 배경의 차이에도 불구하고 대체

---

3) 이원순·윤세철·허승일, 『역사교육론』(삼영사, 1980), 134면.
국내 연구의 예를 들면, 최상훈의 「역사학습에서의 총괄(Colligation)의 이용」(서울대 대학원 석사학위논문, 1987)과 김환길의 「행위설명이론과 역사학습에서의 인물지도」(『역사교육』 48, 1990) 등이 있다. 영국에서는 버스톤(W.H. Burston)이 왈쉬(W.H. Walsh)와 오크쇼트(Michael Oakeshott)와 같은 역사철학자들의 영향을 받아 역사교육에 그 이론을 적용시켰다. W.H. Burston, *Principles of History Teaching*(London : Methuen and Co Ltd., 1963). ; W.H. Walsh, *Introduction to Philosophy of History*(London : Hutchinson and Co., Ltd., 1951). ; M. Oakeshott, "On the Activity of Being an Historian", in *Rationalism in Politics*(London: Methuen, 1962).

4) 우리 나라에서는 1971년에 「중등학교 사회과 역사교육의 한 방향」(『사회과교육』 5, 1971)이라는 논문에서 정세구가 최초로 미국의 사회과 탐구수업을 소개한 후 많은 연구들이 뒤따랐다. 예를 들면, 정선영의 「인지과정에 따른 역사교육의 탐구방법 연구」(『역사교육』 25, 1979)와 「역사학습의 구조화를 위한 시론」(『역사교육』 30·31 합집, 1982) 및 「역사교육에서의 일반화 문제연구」(『역사교육』 35, 1984), 김한종의 「역사적 개념의 학습방법과 '정의'의 활용」(『역사교육』 41, 1987) 등이 있다. 미국에서는 펜톤(E. Fenton), 헌트(M.P. Hunt), 메트카프(L.E. Metcalf), 마시알라스(B.G. Massialas), 콕스(C.B. Cox) 등의 연구가 발표되어 왔다.

로 역사 이해의 '과정'을 중시하는 탐구양식의 학습을 강조하였고, 특히 1970년대 이후의 역사 교수법에 대한 연구들은 대부분이 학생들의 역사적 사고력, 비판력, 판단력 등 역사적 탐구능력을 키워줄 수 있는 방안연구에 초점을 맞추어 왔다. 소위 '탐구로서의 역사'(history as inquiry)이론에 영향을 받아, 종래의 역사교육이 역사의 기본적인 핵심개념이나 원리 및 탐구방식의 개발에 대한 고려보다는 역사적 사실들의 습득에만 몰두해 왔다는 비판이 대두되었다. 즉, 역사교육은 역사학의 탐구양식을 가르쳐야 하고, 교과내용은 역사라는 학문의 개념, 구조, 방법론에서 도출되어야 하며, 학생들도 그들 스스로 역사가가 되어 역사적 자료와 문서를 토대로 역사가가 사용하는 연구방법을 적용하여 자신의 탐구를 추구해야 한다는 것이다.

그러나 '역사과목을 어떠한 방법으로 어떻게 가르쳐야 하는가'에 대한 연구들은 주로 규범적이고 당위적인 접근이 많았다. 이로 인해 이론적 논의에 몰두하여 실제 현장에 적용할 수 있는 구체적인 지도 방법이나 학습 지도안을 제시한다거나 현장에서 실험을 통해 그 효과를 검증하는 일을 병행하는 노력이 부족하였다.[5] 따라서 학교의 일선 교사들은 교육 이론가들의 연구가 학교 현장의 문제와는 동떨어진 것이라고 인식하게 되었고, 이론적으로 잘 조직된 교수법이 개발되어도 학교 현장에서는 외면되는 결과가 초래되었다. 오히려 교사는 자신이 처해 있는 교육환경에 적응해 나가는 과정에서 자신의 경험으로 터득한 가장 적절하다고 판단되는 교수방법을 형성하여 공유해 왔는데, 그것은 주로 강의를 통한 '설명식' 교수법으로 일컬어져 왔다.[6]

본고는 역사교수모형을 크게 설명식과 탐구식으로 나누고, 역사지식의 습득을 강조하는 수업방식인 '설명식' 수업에 대한 대안으로서 역사교육 이

---

5) 송춘영은 1955년에서 1985년까지의 역사교육 연구현황을 분석하면서 조사 연구나 현장실천 연구보다는 이론연구에 치중해 왔음을 지적하였다[송춘영, 「역사교육의 방향」, 『새교육』 386(1986. 12.)]. 최근에 토론수업, 극화학습, 재판수업, 사료학습 등 일선 역사교사들에 의한 현장 사례연구들이 발표되고 있다. 그러나 체계적인 역사교육 이론을 발전시켜 적용하고 그 성과를 평가하는 것이라기보다는 교사들의 실험적인 시도들의 소개에 그치고 있다[전국역사교사모임(편), 『살아 있는 삶을 위한 역사교육 1, 2』, 도서출판 푸른나무, 1989, 1991].

6) 하영권, 「고교 역사교육의 현주소」, 『새교육』 (1986. 12.).

론가들에 의해 제시되어 온 소위 '탐구식' 역사교수모형의 이론과 수업 전략을 먼저 개괄하고자 한다. 그리고 최근에 여러 학자에 의해 제기된 탐구식 교수원리에 대한 다양한 비판의 논지들을 검토해 봄으로써 탐구식 역사수업에 대한 올바른 이해를 모색하고 현장 적용의 가능성을 탐색해 보고자 한다.

Ⅱ. 탐구식 역사교수이론

1. 설명식 수업에 대한 대안

탐구식 역사교수이론은 종래의 역사수업에 대한 문제인식에서 출발하였다. 과거 역사수업의 문제점으로는 먼저 역사수업에서 제시되는 학습목표가 학생들로 하여금 주어진 학습내용을 습득하도록 강요하는 역할에 그치고 학생들에게는 수동적인 학습태도를 육성시켜 왔으며, 교사들도 역사지식을 주입하는 데만 치중하여 학습내용에 대한 동기부여가 희박하였던 점이 지적되었다. 탐구중심 교수이론은 교수행위가 무엇보다도 가르치는 일이 대종을 이루는 것이나, 그 안에는 지식을 잘 설명하는 것뿐만 아니라 지식이해에 필요한 지적 기능을 스스로 터득하고 익히도록 도와준다는 의미도 내포되었다고 본다. 그런데 보편적으로 역사학습 지도는 지식을 설명하고 주입시키는 것이 교수 또는 수업의 개념으로 굳어져 와서, 학생들은 교사가 가르치는 대로 지식을 받아들여야 하는 것을 너무나 당연지사로 여기게 되었다는 것이다.

이러한 종래의 역사교수전략을 '설명식'이라고 할 때, 설명식 수업은 역사적 사실의 반복과 암기에 의한 학습을 요구하며 학생들이 알아야 할 역사내용이나 지식을 설명하는 수업이다. 여기서 설명은 교과서 해설자로서의 위치에 있는 교사가 새로운 교과내용을 명확히 전달하기 위하여 먼저 학습된 역사적 사실들을 설명하거나 교과서에 제시되어 있지 않은 보충적인 세부사항을 첨가하는 것을 말한다. 즉, 교사에게 상당한 활동을 요구하는 교사 중심적인 수업이다. 설명식 수업에서 교사는 학생들이 학습하는 것 중 많은 것을 조정하고 결정하며, 학생들의 활발한 참여나 새로운 사고의 산출을 요구하는 부담을 주지 않는다. 학습은 주로 듣고, 반복하고, 외우는 것으로 구성되며, 평가문항도 이해나 사고기능을 측정하기보다는 구체적인 정보로서의 지식을 측정한다.

교사의 수업활동을 이끄는 인지적 원리들을 검토해 보면, 역사교사는 대학의 교사 교육과정에서 배운 전문적인 역사 교과지식의 기초 위에, 가르쳐야 할 실질적인 내용을 담고 있는 법적으로 규정된 교과서를 학생의 학력에 맞추는 방향으로 해석하고 조종하여 가르치고 있음을 알 수 있다. 많은 역사 교사는 학습내용을 선정할 때 먼저 연대사적 구성으로 되어 있는 교과서 내용에 충실하여 그 범위를 벗어나는 내용은 거의 언급을 삼가하고, 교과서 내용 중에서도 학생이 알아야 할 역사적 지식의 경계와 수준을 지적하여 주고 중요한 부분(대체로 시험에 자주 출제되는 내용과 중복됨)을 강조하여 가르친다.[7] 또한 교과내용을 제시하는 과정에서는 교과서의 내용을 간결하게 압축하여 요약한 판서를 수업의 기초로 하여, 교사가 나름대로 정리한 논리 전개에 따라 학생들에게 예를 들어주거나 단답형 질문을 사용하기도 한다. 이처럼 주로 교사의 설명으로 구성되는 역사수업은 역사적 사실들의 암기를 용이하게 하고, 역사지식을 습득하게 하는 것을 주된 목적으로 한다. 소위 '잘' 가르치는 역사교사는 학생들이 알아야 할 교과서 내용을 정확하게 지적하여 줄 뿐만 아니라, 그 내용을 학생이 명확하고 쉽게 '이해'할 수 있도록 가르침으로써 이해를 통한 사실의 암기를 도와주는 교사이다.

이처럼 학생들이 알아야 할 중요한 역사적 내용을 교사가 지적하여 주고, 그 내용을 학생이 이해할 수 있도록 설명해 줌으로써 학생들이 공부시간을 조금 들이고도 높은 점수를 받을 수 있도록 해 주는 수업의 핵심은, 학생이 무엇을 어떻게 암기할 것인가를 반복해서 강조하고 단답식 질문으로 암기의 여부를 확인하는 방법들로 구성되어 있다. 따라서 학생들은 사고력보다는 기억력이 잘 훈련되어 있고 때로는 맹목적 암기에 의존하게 된

7) 같은 논문, 85-86면. ; 송상헌, 「중학교 역사교육의 과제」, 『새교육』(1986. 12.).

다. 결국 학교 현장의 교사들은 새로운 교수이론이나 교수방법이 도입되어도 암기식 학습방법과 주입식 수업방법을 중점적으로 사용하여 암기를 통한 성적 향상에 교수의 목적을 두게 되는 것이다.

2. 탐구식 수업전략

설명식 수업에서 전통적인 강의 방식, 경직된 학습 분위기, 교사 중심의 수업방법은 무엇보다도 학생들이 역사교육의 과정에서 학습할 수 있는 광범위한 사고기능의 숙달을 저해시킨다는 점이 비판되었고, 이러한 설명식 수업을 지양하고 역사수업을 통하여 학생들이 사고하는 것을 도와주고 사고하는 방법을 배우도록 하기 위해 계획된 다양한 교수전략이 개발되어 왔다. 이 전략들은 다양한 것 같으나 공통적인 중심과정 즉, '탐구'라는 과정을 공유한다.

탐구는 학습의 한 방법으로서, 어떤 의문이나 문제에 대한 해결이나 해답을 찾아내기 위해 체계적인 자료 처리를 요구하는 사고방법이다. 즉, 탐구는 사고를 필요로 하며 사고 그 자체이기도 하다. 탐구는 문제 정의, 가설 설정, 자료 수집, 가설 검증, 결론 도출 및 적용의 5단계로 구성되며, 블룸(B.S. Bloom) 등이 정의한 다양한 사고 행위를 여러 가지 단계에 사용한다. 즉, 분석, 해석, 정보 종합 등의 인지작용은 탐구의 거의 모든 단계에서 반복하여 수행된다.

탐구의 첫 단계는 문제 제시 또는 질문으로 시작되는데, 탐구를 유도하는 질문은 학생이 하는 것이 이상적이나 교사는 학생들이 익숙해질 때까지 질문을 하고 자극함으로써 학생들을 인도하고 도와줄 필요가 있다. 학생들의 관심을 자극하기 위하여 과거의 역사적 사실이나 사건에 대한 종래의 선입견이나 고정관념 혹은 일상적인 견해를 논박하는 자료나 동일한 주제에 관한 갈등적인 의견을 제시할 수도 있다. 즉, 학생들에게 어떤 형태로든지 모순된 일련의 정보를 제공하거나, 계획된 학습내용과 밀접한 관련이 있는 심화된 사고형 질문을 자극함으로써 탐구수업을 시작할 수 있다.[8] 다

8) B.K. Beyer(한면희 외 3인 공역), 『사회과 탐구논리』(교육과학사, 1988), 137면.

음에 문제 해결을 위한 가설을 설정하고 가설 검증을 위한 증거의 수집, 정리, 그리고 분석을 거쳐 결론을 도출한 후 새로운 자료에 결론을 적용하게 된다.

소위 탐구를 중시하는 교수 과정에 대한 정의와 주장은 일찍이 듀이(J. Dewey)의 교육사상에서도 제시된 바 있는데, 브루너의 이론은 종래 강조되어 왔던 탐구과정을 강조하면서 동시에 특정 학문의 개념과 구조에 중점을 둔 점이 다르다고 하겠다. 역사의 특정한 개개의 사건들을 연결시키는 중요 개념들을 토대로 과거 사건들로부터 합당한 일반화를 이끌어 내거나 이론을 형성하게 함으로써 과거에 대한 의미있는 이해를 증진시키는 것은 탐구식 역사수업의 중요한 과정으로 인지되었다. 즉, 역사학이라는 학문의 구조를 이루는 개념, 일반화, 원리들을 사용하여 학생들로 하여금 역사학자들이 사용하는 사고과정(탐구과정)을 익히게 하는데 교수목적이 있으며, 역사에 있어서도 사회과학처럼 법칙이나 이론의 창출이 가능하며 그 최선의 방법은 바로 역사의 구조를 파악하는 것으로 보았다. 특히 개념은 탐구식 수업에서 중요한 학습의 도구로 활용되며, 탐구는 개념들에 대한 지식을 필요로 한다. 개념 형성의 과정(개념화)은 탐구활동의 하나이며, 개념적 지식은 역사교과의 중요한 지식 형태인데, 사실적 지식과 다른 점은 일반화, 원리, 법칙, 이론과 같이 보편적 지식의 형태인 점이다.[9] 즉, 역사적 개념, 일반화, 구조의 이해를 강조하는 교수모형은 그 추구하는 지식의 유형 및 학습과정이 종래의 수업방식과 다르다고 볼 수 있다.

무엇보다도 탐구식 수업이 전통적이고 설명적인 수업전략과 기본적으로 다른 점은 바로 사고하는 방법에 대해 체계적으로 훈련을 시켜 합리적이고 분석적인 사고의 과정과 기능을 가르치는 것을 목표로 하는 점이다. 즉, 학생들이 스스로 탐구의 과정에 참여하여 결론을 도출해 낼 수 있도록 가르치고 안내하는 것이다. 탐구식 수업이론에 지대한 영향을 준 브루너의 구조중심 교육과정이란 '사고과정'을 교육과정의 핵심적인 요소로 하여야 한다는 주장이며, 지적 탐구과정의 가치실현을 목표로 교육과정을 사고과정과 관련하여 체계화하고 그 체계에 맞게 학습내용을 선정, 조직, 제시할 것

9) 같은 책, 245면.

을 요구하였다. 펜턴(E. Fenton)은 "역사는 탐구기술을 개발시키기 위해 가르쳐야 하며 그것은 가정을 세우고 검증하는 노력을 말한다"고 하였으며, 비판적 사고와 가치 판단능력의 개발을 역사수업의 목적으로 정의한 바 있다.[10)]

설명식 교수전략이 대개 강의법에 의존하고 학습의 내용 그 자체를 목적으로 하는 것을 강조하는 반면, 탐구식은 학생 스스로 학습내용을 사용할 수 있게 하며, 학생들이 학습자료를 다룰 수 있는 능력을 기르도록 돕는다. 즉, 내용으로서의 정보를 수동적으로 흡수하기보다는 능동적으로 사고할 것을 요구한다. 역사교육의 목표로서 탐구기술(inquiry skill)을 개발시킴으로써 학생들이 역사의 산물(product)만을 배울 것이 아니라 역사가가 결론에 도달하는 과정(process)의 방법을 사용하게 한다는 것이다. 물론 탐구는 내용이 없는 상태에서는 일어날 수 없다. 역사내용이나 자료는 문제를 야기하고 호기심을 일으키거나 학습자의 머리 속에 질문을 낳게 하는데 사용되며, 자료와 내용은 탐구학습의 거의 모든 단계에서 끊임없이 이용된다. 탐구식 수업에 사용되는 내용의 종류가 설명식 수업에서 쓰이는 것들과 근본적으로 다르지는 않더라도, 탐구식 수업에서는 그러한 내용이 아주 다른 역할을 수행한다. 즉, 학습내용이 그 자체의 목적으로서보다는 목표달성을 위한 매개 수단으로서 활용되는 것이다. 역사 그 자체가 목적이 되어 내용을 암기하는 것이 유일한 학습목표인 것이 아니라, 내용은 암기할 필요가 없으며, 대신 다른 목표, 즉 개념이나 일반화의 도출, 지적 탐구기능의 개발 또는 역사적 태도의 함양 등과 같은 목표를 달성하도록 하는 수단이 된다. 결국 탐구식 수업에서 역사내용은 학습과정을 인도하는데 이용되며, 학습하는 도구로서 그 역할을 담당하는 것이다.[11)]

학생들에게 역사적 탐구기술을 개발시켜 주는 것이 중요한 이유는, 역사지식으로 통용되는 것의 대부분이 단지 역사가에 의해 해석된 것에 지나지 않으며, 학생들에게 과거에 일어난 모든 일을 다 가르칠 수도 없으므로 학생 스스로의 역사지식 창출을 위한 훈련이 필요하기 때문이다. 또한 똑같

---

10) E. Fenton, *The New Social Studies*(New York: Holt, Rinehart and Winston, 1967), pp. 16-27.

11) Beyer(한면희 외 3인 공역), 『사회과 탐구논리』, 517-518면.

은 사건과 상황도 여러 관점에서 볼 수 있다는 점을 알게 하고, 학생 스스로의 사고력과 비판력을 강화하기 위한 것이다. 그렇다고 해서 학생들을 전문적인 역사가들로 만드는 것이 목적이 아니라, 가정을 세우고 자료를 수집하여 결론을 유출해 내는 문제해결 능력을 기르는 것이 목적이다. 이처럼 탐구식 수업은 역사과 교육과정의 수업목표로 되어 있는 기능 중에서 사고기능을 매우 중요시하며, 기초적인 지적 기능으로서 스스로 지식을 형성하고 적용하며 평가할 수 있는 사고능력을 함양하는데 가장 적합한 방식으로 여겨져 왔다.

과거의 역사교육이 전문 역사가에 의해 주어진 과거에 대한 기술(記述)을 단순한 형식으로 학생들에게 전하는 사실 전달 위주의 학습이었던데 반해, 탐구식 수업에서는 그에 대한 반발로서 특히 사료의 중요성이 강조되었다.[12] 역사적 탐구기술을 개발하는데 가장 적절한 학습법은 1차 사료를 통한 사료학습으로서, 글이나 그림으로 된 사료를 사용함으로써 학생들이 역사적 증거를 다루는 기술을 향상시키고 학생들 스스로의 해석과 결론을 발전시키게 할 뿐 아니라 여러 역사적 사실과 요인 사이의 관계를 볼 수 있게 한다는 것이다.[13] 영국에서도 학생들로 하여금 역사학의 독특한 논리와 방법을 이해하게 하고 논리적인 사유기술을 가르쳐야 한다는 주장하에 특히 영국 학교교육협의회 역사교육연구위원회(School Council History 13-16 Project)의 연구를 통하여 1970년대부터 역사적 개념, 사료의 사용, 탐구방법 등을 강조하는 역사교육의 추세를 보이고 있으며, 사료중심의 탐구형식 교재가 널리 사용되고 있고, 역사 시험에서도 사료중심의 질문이 강조되고 있다.[14] 물론 영국의 역사교사들은 교과과정의 결정에 상당한 자율권을 가지고 있으며, 교사 스스로가 자신을 역사가라는 전문인으로 인식

---

12) 우리 나라에서도 학생들로 하여금 사료를 직접 수집하고 분석, 해석하게 함으로써 역사적 사고력을 배양하려는 노력이 있어 왔으며, 최근에는 고등학교 국사 교과서의 내용에 맞는 자료집도 출간된 바 있다. 송춘영, 「역사적 사고력 신장을 위한 사료 활용 방안」, 『이원순교수화갑기념사학논총』(교학사, 1986) ; 역사교육연구회(편), 『국사교육자료집』(교학사, 1989).

13) M.B. Booth, "Skills, Concepts, and Attitudes : The Development of Adolescent Children's Historical Thinking", *History and Theory* 22(4)(1983), p. 114.

14) L. W. Rosenzweig, "Perspectives on History Education in England", *History Teacher* 17(2)(Feb. 1984).

하고 있는 등, 역사교사의 독립성과 전문성이 그러한 탐구식 역사교육의 중요한 기반이 되고 있다.

탐구식 수업에서는 교사의 역할도 단순히 내용 설명자에 그치지 않는다. 교사는 본질적으로 학습의 계획자와 촉진자로서 수업내용과 진행을 계획하고 유도하여야 하므로 설명식 수업보다 상당한 준비와 노력을 하여야 한다. 탐구식 역사학습을 이끌어갈 때 교사는 역사학자가 역사적 자료(historical evidence)에서 추출하여 형성시킨 역사적 사실(historical facts)을 교수내용으로 한다. 그런데 역사가들은 동일한 역사적 사건에 대해 다른 설명을 하며 역사적 해석은 시대와 문화에 따라 다르게 나타난다. 이러한 역사지식의 특수성 때문에 역사교사는 역사학자를 통하여 나타난 역사적 사실을 가르치는 기계적인 지식의 전달자가 아니라, 직접 역사자료를 연구하는 학자의 탐구적 자세를 가져야 한다. 또한 교사는 하나의 교과내용이 어떤 사고과정을 담고 있는가를 알아내기 위한 교재 해석작업을 해야 하며, 또 그것을 학생들에게 알아들을 수 있는 형태로 번역해야 한다. 즉, 탐구식 수업에서 교사가 하는 일은 교육내용을 가르치는 일보다는 교육 내용에 관하여 학생들의 사고과정을 이끄는 일이다.[15]

또한 탐구식 수업전략은 모든 면에서 학습자 중심이며, 탐구는 학생 개개인의 적극적인 인지적 활동뿐 아니라 정의적 참여가 함께 이루어지는 과정이다. 학생들은 탐구의 전 과정에 숙달하기 전까지는 교사의 지도와 조정을 통하여 자신의 탐구에 접근하기 위한 노력을 하게 되는데, 탐구식 역사수업은 근본적으로 학생들의 '참여'에 의해 이루어진다. 따라서 효과적인 탐구수업을 위해서 학생들은 소집단 토론이나 개인 학습 및 조사에 상당한 시간을 써야 한다. 이러한 과정은 학생들의 학습동기를 자극하고 역사에 대한 흥미를 진작할 수 있을 뿐 아니라 역사의 탐구를 통해 학생들의 가치관을 확인하고 자각하는 계기가 된다. 학습내용 자체에 내재한 지적 희열이나 역사학습에 대한 관심을 자극시켜 역사적 사고, 비판, 실천에 대한 심리적·정신적 지향성을 갖게 한다는 것이다. 즉, 역사적 사실의 가치와 의미를 탐구하려고 노력하는 역사학습 과정은 역사적 능력의 개발과 함께 역사적 태도 및 올바른 가치관, 역사의식의 배양을 돕게 된다. 브루너는 "한 영

15) 이홍우, 『교육과정탐구』, 263면.

역의 기본적 아이디어들을 마스터한다는 것은 일반 원리의 이해 뿐 아니라 학습과 탐구, 추측과 예상, 스스로 문제를 해결할 수 있는 가능성을 향한 '태도'의 발달을 의미한다"고 하였다.

이처럼 역사적 내용에 대한 단순한 이해 이상의 수준에 도달하게 하는 탐구식 역사수업은 역사에 대한 통찰력, 분석력, 판단력과 같은 사고기능을 개발할 뿐 아니라, 개념 또는 일반화를 통한 보편적 지식을 습득하게 하고, 자신감, 성취의식, 가치 명료화 등의 정의적 목표도 달성하게 함으로써 기능, 지식, 태도의 세 가지 일반적인 분야에서 교육목적을 효과적으로 수행할 수 있는 수업으로 제시되었다. 즉, 학생들로 하여금 일반화된 지식, 사고기능, 가치와 태도의 발달을 동시적으로 촉진시키기 위한 적절한 방법으로 이해되었던 것이다.

그러나 역사적 개념(concepts), 구조(structure), 과정(process), 탐구 기능(inquiry skill)의 학습을 통해 역사적 사고와 이해를 돕기 위해 개발된 탐구식 교수모형은 실제 수업 현장에서 그 우수성이 좀처럼 충분히 인정되지 않았고 그 내용도 명백히 정의되지 않았다는 비판을 받아 왔다. 특히 개념, 일반화, 이론 형태의 보편적 역사지식을 가르치는 것이 기본적인 역사 사실의 학습보다 중요한가의 문제, 탐구식 역사수업에서 추구하는 '역사적 사고력'의 구체적 개념과 그 함양 가능성에 관한 문제, 그리고 '내용'보다는 '과정'을 강조하는 탐구식 교수이론의 문제점 등이 지적되었다.

Ⅲ. 탐구식 역사교수이론에 대한 비판

1. 사실적 역사지식의 중요성

탐구식 수업에서는 역사적 개념이나 일반화를 통한 보편적 지식을 추구한다고 한다. 하지만 그것은 역사학 고유의 개념이나 일반화가 아니라 일상 생활의 실용적 개념이거나 사회과학의 이론적 개념과 일반화를 빌어와 도입한 것에 지나지 않는다는 비판이 제기되었다. 사회과학의 개념과 방법론을 사용하여 인간 행동의 규범(norms)을 발견하려는 최근의 '신역사 교육'(New History)의 방향은 특히 현대사회와 역사를 연구하는 가치있는 방법으로 볼 수 있다. 그러나 역사학과 사회과학은 그 학문의 목적과 방법론이 다르다는 것이다. 역사학이 개체로서의 독특한 과거 사실들을 중시하고 구체적인 이야기(narratives)를 통한 과거의 이해를 추구하는 학문인 반면, 사회과학은 현상의 법칙이나 이론의 추구를 보다 중시한다.[16] 특히 역사학은 구체적인 사료나 증거가 부족한 틈을 메우기 위해 '상상적으로' 과거 사실을 재창조하여 구성해야 하는 비과학적인 특성을 지닌 학문이라는 것이다. 즉, 역사적 방법론은 과거에 대한 상상적이며 감정이입적인 이해의 문맥하에서 의미를 가지며, 그러한 역사 연구방법의 독특한 본질과 한계 때문에 사회과학처럼 경험적 개념, 일반화, 이론의 개발이 힘들다고 보았다. 따라서 역사가들도 패턴이나 법칙보다는 '독특한' 문제와 사건의 記述에 더 노력을 기울이며, 과학적으로 유효한 일반화나 이론의 형태로 지식 체계를 형성하려는 시도가 미약하다는 것이다.

이처럼 대부분의 역사가들도 역사지식에서 합당한 일반화를 이끌어 내거나 이론을 형성할 수 있는 그들의 능력에 회의적인데, 과연 학생들이 역사적 방법에 내재한 한계에도 불구하고 보편적인 역사지식을 창출하고 발전시킬 수 있을 것인가에 의문이 제기되었다. 역사라는 학문의 기저를 이루고 있는 기본개념, 일반적 원리 및 아이디어 등의 구조를 파악하려는 시도는, 역사 연구 방식 중의 하나일 뿐이며 철학적 탐구를 요구하는 고도의 작업으로서 학생들에게는 어려운 과정이라는 것이다.[17] 특히 각 학문의 기본개념과 구조 파악을 강조하는 브루너의 구조중심 교수이론은 수학이나 과학과목을 대상으로 한 것으로서, 지식의 구조가 근본적으로 다른 역사과목에 적용할 수 있는지 의문시되었다.[18]

---

16) A. Bullock, "Is History Becoming a Social Science? The Case of Contemporary History", *History Teacher* 11(4)(Aug. 1978). ; George Q. Flynn, "History and the Social Sciences," *History Teacher* 7(3)(May 1974).

17) P.J. Lee, "History Teaching and Philosophy of History", *History and Theory* 22(4)(1983), pp. 22-25.

18) M. M. Krug, *History and the Social Studies: New Approaches to Teaching of Social Studies*(Waltham, Mass.: Blaisdell Publishing Co., 1967), p. 115.

동시에 개념, 일반화를 가르치는 것이 역사학습의 도구로서가 아니라 그 자체가 목적으로 여겨져 역사내용의 이해라는 기본 목적이 간과될 위험이 있다고 지적되었다.[19] 리(P. Lee)는 한 개념을 아는 것은 한 법칙을 아는 것이며, 법칙은 구체적인 예들이 없이는 있을 수 없는데, 그 예는 시대에 따라 크게 달라서 심지어 법칙을 깨뜨릴 수도 있다고 하였다. 즉, 구체적인 역사적 사실들을 모르고는 정확한 개념의 이해가 불가능하다는 것이다. 개념은 기본 사실들을 바탕으로 개발되는 것이므로 개념을 개발하는 것과 사실을 토대로 역사적 내용을 전수하는 것을 구별하는 것은 잘못이며, 중요한 역사적 개념을 발굴하고 개발하는 것은 사실적 지식을 포함한 역사지식의 습득을 토대로 하며 역사내용을 이해하기 위함이라고 하였다.[20]

종래의 역사수업이 과거 사실로서의 역사(history-as-facts)를 중시하고 역사지식의 습득과 축적에 의해 과거를 충직하게 재생, 인식하고자 하였다면, 일방적인 주입식의 지식교수방식이 잘못된 것이지 역사지식의 습득 자체가 틀린 것은 아니라는 것이다.[21] 역사가는 자신이 연구하는 대상인 과거 사회에 대해 가능하면 많이 알수록 도움이 되며, 학생들의 역사학습에서도 사실적 역사지식은 고도의 지식체계를 형성하는 바탕이 되고 논리적인 사유 기술의 배양에도 필수적인 도구라고 보았다. 즉, 역사지식은 역사교육의 불가결한 목적이자 도구라는 것이다. 탐구식 교수이론은 역사학의 독특한 논리와 방법론을 이해해야 한다고 강조하지만, 어떠한 일반적인 체계나 법칙도 역사적 사실들의 복잡함과 다양함을 완전히 반영할 수 없으며, 개별적인 특수 지식의 중요성이 무시될 수 없다는 것이다.[22] 역사수업에서 사실위주의 암기학습은 극복되어야 하지만, 역사적 개념이나 일반화, 구조를 가르친다고 해서 체계적이고 전체적인 역사지식과 이해에 있어서의 사실적 지식의 중요성이 간과될 수 없다고 보았다.

하지만 이처럼 사실적 역사지식의 중요성을 강조하면서 소위 탐구식 역사교수를 비판하는 입장은, 탐구라는 것이 역사적 사실을 단순히 암기해야

19) G. Partington, *The Idea of Historical Education*(Oxford: National Foundation for Educational Research Publishing Co.(UK), 1980), p. 31.
20) Lee, "History Teaching and Philosophy of History", pp. 24-26.
21) 이원순·이정인, 『역사 교육－이론과 실제』(정음문화사, 1985), 45-47면.
22) K. Egan, "Accumulating History", *History and Theory* 22(4)(1983), p. 68.

할 대상으로 보지 않고 사고를 통하여 개념을 형성하고 새로운 일반화에 이르도록 그 사실들을 처리하는 과정임을 간과하고 있다. 역사적 사실 그 자체를 아는 것에서 그치지 않고 사실의 의미를 개념과 이론을 통해 추구하는 것이 바로 탐구이며, 역사적 개념의 개발과 일반화 기능을 '역사적 사고'로서 발전시키게 한다는 것이다.

2. '역사적 사고력'의 의미와 한계

탐구식 역사교수의 또 다른 문제점은 바로 탐구식 역사수업에서 기르고자 하는 그 사고력의 의미가 명확하게 규정되어 있지 않다는 점이다. 예컨대 블룸은 인간의 인지기능을 분석력, 비판력, 종합력, 평가력 등으로 구분하였는데, 이 외에도 사고능력을 지칭하는 용어들로서 문제해결, 의사결정, 반성적 사고, 추론, 직관 등이 그 의미가 서로 혼용되어 사용되고 있다. 그러므로 사고능력의 본질에 대한 규명이 불투명하다는 것이다. 이러한 용어들은 정확히 같은 것을 의미하지는 않지만 본질적으로 학생이 학습에 참여함으로써 학습내용을 조작하는 특정한 방법인 탐구를 의미하는데,[23] 탐구식 수업의 의미가 불완전한 이유의 하나는 탐구 그 자체의 본질이 다소 모호한 것에서 유래된다. 물론 역사 교과의 내용을 잘 배우는 것 그 자체가 역사적 사고력의 함양이라고 볼 수 있다. 사실 역사적 사고는 특정 학습내용인 역사를 소재로 하여 이루어지기 때문에 교과에서 얻은 지식은 사고의 요소가 될 뿐만 아니라 교과의 지식을 습득하는 자체가 사고의 일부일 수도 있다. 그러나 탐구식 역사수업에서 겨냥하는 사고력은 지식을 습득하는 능력 뿐 아니라 얻어진 지식을 활용하여 문제를 발견하거나 해결하는 능력인데, 그러한 능력을 역사라는 특정 교과를 통하여 함양한다고 할 때 그 의미하는 바가 충분히 정의되지 못하였던 것이다. 따라서 효과적인 탐구식 수업이 실현되기 위해서는 학습이 이루어지는 방법으로서 탐구 및 역사적 사고에 대한 정확한 규명이 필요하다는 의견이 제기되었다.[24]

---

23) Beyer(한면희 외 공역), 『사회과 탐구논리』, 105-106면.

24) 최근에 역사적 사고의 개념과 성격을 규명하고 그 유형을 분류하려는 노력의 일환으로, 한경자는 역사적 사고를 역사 교과 고유의 사고방식으로 정의하고, 역사의 탐

한편에서는, 역사 과목이 탐구식 수업에서 지향하는 사고능력의 개발에 적절치 않다는 주장이 제기되기도 하였다. 논리적 사고의 발전에는 前조작기, 구체적 조작기, 형식적 조작기라는 일정한 단계들이 있다고 본 피아제(J. Piaget)의 인지발달 단계론을 역사적 사고능력의 발달에 적용하여 실험한 할람(R. Hallam)은, 피아제처럼 수학과 과학과목을 내용으로 다룰 때보다 역사적 내용을 다룰 때 사고력의 발달정도가 더 늦다는 것을 발견했다. 즉, 12세경에 형식적 조작의 사고가 가능하다는 피아제의 실험 결과와는 달리, 역사적 사고의 수준은 16세까지는 구체적 조작기의 단계라는 것이다.[25] 또한 피일(E. Peel)도 역사를 이해하는 데 요구되는 형식적 사고기술은 상대적으로 늦게 발전한다고 보았다. 이는 역사의 내용이 학생의 구체적인 생활환경에서 동떨어져 있기 때문이며, 또한 현재와 전혀 다른 시대의 환경에 살았던 어른들의 복잡한 행동과 동기를 다루기 때문이라고 하였다. 따라서 인지발달이 느린 학생들에게 역사는 어려운 교과라는 것이다.[26] 결국 할람과 피일의 실험은 역사교사들이 역사적 이해라는 목적을 충분히 달성하지 못하는 어려움을 설명하였고, 역사수업을 통해 학생들에게 논리적, 비판적 사고력을 키워 주는 일이 어렵다는 것을 증명한 것이다.

그러나 부우스(M. Booth)는 피아제의 인지이론을 역사학습에 적용한 실험들이 그 과정상의 문제점과 약점을 드러내고 있다고 지적하고, 동시에 피아제의 이론 자체가 역사적 사고를 설명하는데는 적절하지 않다고 주장했다. 즉, 피아제의 이론이 인간의 인지발달 중에 논리, 수학개념의 좁은

구가 역사 연구 방법, 즉 역사 설명과 해석의 양식과 밀접히 관련된다고 보았다. 또한 김한종은 '역사적 사고력'을 역사적 탐구기능과 역사적 상상력으로 나누었는데, 전자는 다른 교과에서도 공통적으로 볼 수 있는 사고능력으로서 일반 과학에서와 마찬가지로 논리적인 탐구의 방법을 사용하는 것이며, 후자는 역사에서만 고유한 사고능력으로서 과학에서보다 직관적인 방법을 더 많이 사용하며, 역사적 판단력과 감정이입(empathy) 등이 해당된다고 보았다. 한경자, 「역사적 사고와 목표 체계의 관련 연구」, 『이원순교수정년기념 역사학논총』(교학사, 1991), 434면. ; 김한종, 「역사적 사고력의 개념과 그 교육적 의미」, 『이원순교수정년기념 역사학논총』, 501-502면.

25) R.N. Hallam, "Logical Thinking in History", *Educational Review* 19(June 1967), pp. 183-202.

26) E.A. Peel, "Some Problems in the Psychology of History Teaching", in W.H. Burston and D. Thompson(eds.), *Studies in the Nature and Teaching of History* (New York: Humanities Press, 1967).

영역에만 초점을 맞추었으며, 가시적인 변화만을 중시하여 측정하였다는 것이다. 또한 피아제의 단계론을 일괄적으로 아이들에게 적용할 만한 동일성이 부족하다고 보고, 발달심리학에 기초한 이론의 오류와 부적절성을 검토하지 않고 역사교육에 수용하는 것은 위험하다는 의견을 제시하였다.[27) 파팅톤(G. Partington)과 에간(K. Egan)도 할람과 피일의 실험과정과 결론에 의문을 표시하였다. 특히 학생들의 일상 경험에 가까운 내용이 학습내용으로 적절하며 학생들 자신의 경험의 범주를 벗어난 역사는 어려운 과목이어서 학생들이 흥미나 목적을 갖고 따라가기가 힘들다는 피일의 주장을 반박하였다.[28) 오히려 학생들의 경험에만 기초한 수업은 대리 경험의 확대 가능성을 제한하는 것이며, 학생들은 의외로 매우 다양한 것들에 흥미를 지니고 있고 상상력을 작용시켜 전혀 생소한 상황도 이해할 수 있다는 것이다. 파팅톤과 에간은, 학생의 흥미나 필요라는 것은 교육의 불확실한 기초이며 교육의 임무에는 학생들이 흥미를 느끼지 못한 가치 있는 분야로 그들의 관심을 확장시키는 것도 포함된다고 주장했다.[29)

이러한 연구와 견해들을 정리해 볼 때 피아제의 이론은 역사적 사고의 발달단계를 설명하는 모델로서 재고될 필요가 있으며, 사고능력을 키우는데 어떤 과목이 더 적절한가의 여부를 가리기보다는 역사라는 특정 교과를 통하여 추구하고자 하는 역사적 사고의 과정이 보다 명확히 설명되어야 할 것이다.

3. '내용'과 '과정'의 관계

탐구식 역사교수이론은 역사적 기능(skills), 능력(ability), 과정(process)을 가르치는 것을 중시하며 학생들도 역사가처럼 역사적 탐구의 과정을 배워야 한다고 주장한다. 이에 대해 탐구를 기술적인(technical) 능력으로 단순히 접근하는 방식이 문제로 지적되었다. 역사적 탐구의 과정은 자연과학

27) Booth, "Skills, Concepts, and Attitudes", pp. 104-105.

28) Partington, *The Idea of Historical Education*, pp. 26-29. ; K. Egan, "Teaching History to Young Children", *Phi Delta Kappan* 63(7)(March 1982).

29) Partington, *The Idea of Historical Education*, pp. 21-22.

의 탐구과정과 근본적으로 다른데 그러한 '지식의 형식' 사이의 차이를 무시하고 동일한 탐구기술을 가르치려는 시도는 무모하다는 것이다. 역사연구는 문제의 설정, 자료의 선택, 자료의 분석과 조직, 자료의 해석과 결론 도출의 모든 과정에 역사가나 연구자의 의식적, 무의식적인 편견이 작용한다. 역사가들은 모든 과거의 사건에 대한 정보를 다 알 수 없으며, 그들이 다루는 역사 자료들의 내용은 서로 상충되기도 하기 때문에 연구과정에서 주제와 자료를 선택하고 판단하게 되는데, 그 기준이 매우 주관적이라는 것이다. 즉, 역사가는 어쩔 수 없이 그의 시대, 인종, 신념, 계급, 국가의 산물이고, 역사적 사실은 역사가라는 인간 정신의 산물이라 할 수 있으므로, 이러한 역사적 방법의 본질과 한계를 인식해야 한다는 것이다.[30)]

또한 학자들의 탐구 결과로 얻은 결론을 학생들에게 제시하고 설명하여 전달하는 것이 아니라 학생들 스스로 학자들과 동일한 일을 하도록 한다는 것이 과연 가능하고 또 필요한 일인가 하는 의문이 제기되었다. 역사가가 하는 일과 학생이 할 수 있는 일 사이의 관계를 고려할 때, 이것은 학문의 특성의 문제일 뿐 아니라 학생들의 인지적 능력에 관한 문제라는 것이다. 역사를 배우는 것은 역사를 연구하는 것과 다르며, 학생들의 학습과정과 역사가의 연구과정이 동일한 성질이라고 볼 수 없는데도, 학생들에게 역사가들이 사용하는 똑같은 탐구의 방법을 사용하여 일반화, 이론을 발전시키게 한다는 것은 무리라고 보았다. 학생들의 역사적 사고의 발달을 돕는다고 하여 역사가가 될 의사가 없는 학생들에게도 역사가가 하는대로 하기를 요구하는 것은 그들의 인지 발달 단계를 무시한 것이라고 보았다.[31)]

동시에 탐구 위주의 역사교수모형에서는 역사수업을 역사적 사고력을 발달시키는 수단으로 볼 위험이 있음이 지적되었다. 사고력의 발달은 성공적인 역사학습의 하나의 조건일 뿐이란 사실을 간과한다는 것이다. 역사의 가치는 학생들로 하여금 과거를 생각해 보도록 하는 교육적인 데 있으며, 가장 기본적인 역사교육의 가치는 과거 사회의 이해에 있다고 본다.[32)] 역

30) Lee, "History Teaching and Philosophy of History", p. 30.
31) Lee, "History Teaching and Philosophy of History", p. 29. ; Denis Shemilt, "Devil's Locomotive", *History and Theory* 22(4)(1983). ; Krug, *History and the Social Studies: New Approaches to Teaching of Social Studies*, p. 117.

사가의 주요 임무도 새로운 법칙이나 원리를 찾아내기보다는 과거 사건들의 묘사와 재구성을 통해 과거에 대한 가장 설득력 있는 기술(記述, narrative)을 하는 것이며, 과거를 이야기(story) 형식으로 묘사하고 서술하는데 주력해야 한다고 주장한다.[33] 물론 역사내용의 의미를 무시하고 암기만을 가르치는 것도 안되지만, 그에 대한 개선책으로서 탐구과정이나 탐구기술에 너무 치중하거나 역사가의 방법론이나 사료의 사용에 지나치게 의존하는 것도 문제가 있다는 것이다. 그것은 역사교육의 핵심인 과거 사회에 대한 이야기의 재구성을 약화시키고 '기술'(記述)로서의 역사를 파괴하는 결과를 가져올 수도 있다고 보았다. 역사학습의 과정을 목적으로 착각해서는 안되며, 특정한 탐구기술을 습득하는 것이 역사적 이해에 우선할 수 없다는 주장이다.[34]

소위 '역사적 방법'이라는 것도 단시일내에 얻어지는 것이 아니며, 탐구기술을 가르친다는 교수 목표가 역사 그 자체로서 내용의 학습보다 중요할 이유가 없다는 것이다. 학문(역사)의 본질은 그 내용에 귀속되는데, 내용을 과정을 발견하는 부수적인 결과로 보고, 과정과 내용을 구분하는 것은 잘못이다. 탐구의 과정을 통해 사고기능을 개발시키기 위해서는 역사 탐구방법론이라는 기술(技術)의 습득이 역사내용의 이해와 분리되어 행해질 수 없다는 것을 알아야 한다는 것이다.[35] 역사교수의 목적은 우리와는 다른 시대와 환경에 살았던 사람들의 생각과 가치를 배우면서 과거를 유용하게 하는데 있으며, 대부분의 교사들이 역사적 내용을 중시하고 과정 교육이나 사료에 의존하는 역사수업에는 소극적인 태도를 취하고 있는 것도 그 때문이라고 하였다.[36]

---

32) Partington, *The Idea of Historical Education*, pp. 9-20. ; Krug, *History and the Social Studies : New Approaches to Teaching of Social Studies*, p. 26.

33) Booth, "Skills, Concepts, and Attitudes", p. 106.

34) J. Fitzgerald, "History in the Curriculum: Debate on Aims and Values", *History and Theory* 22(4)(1983), p. 83. ; Partington, *The Idea of Historical Education*, pp. 19-20.

35) Egan, "Accumulating History", p. 69. ; Lee, "History Teaching and Philosophy of History", p. 29.

36) H.N. Scheiber, "Recapturing a Usable Past: Knowledge and Skills in the High School American History Curriculum", *History Teacher* 12(4)(Aug. 1979), pp.

무엇보다도 탐구식 수업은 학생들의 탐구기술을 그들의 역사적 지식과 무관한 것으로 보는 것이 문제라고 비판받았다. 학생들이 탐구과정을 수행하기 위해서는 상당한 양의 역사를 배우고 상당한 정도의 역사적 지식을 갖추어야 한다는 것이다.[37] 특히 탐구식 역사수업의 중요한 장르로서 1차사료의 사용을 통해 '탐구양식'으로서의 역사인식을 증대시키고 역사가의 연구기술을 학생들이 습득할 수 있게 한다는 사료학습의 시도를 지적하면서, 디킨슨(A.K. Dickinson) 등은 1차사료만 준다고 해서 학생들이 자동적으로 참다운 역사에 가까워지는 것은 아니라고 하였다. 사료를 다루는 수업이 교사가 사실들을 강의해 주는 수업보다 역사적 이해(historical understanding)를 더 보장하지는 않으며, 오히려 사료를 '역사적' 자료로 만들어 주는 것은 바로 그 사료에 대한 역사적 이해라는 것이다.[38] 사료가 존재했던 과거시대에 무엇을 의미하였는가 등 역사자료에 대한 이해와 지식이 있어야 하며, 사료의 배경이 되는 특정 시대, 특정 사회의 역사적 상황에 대한 지식을 먼저 습득해야 한다고 하였다. 사료에 대한 의미 있는 질문을 하고 비판적인 판단을 하는 것은 과거 사회에 대한 사전 지식에 달려 있으며, 이러한 사료와 역사지식의 관계 때문에 사료를 이해하기 위해서는 역사적 지식이 우선되어야 한다는 것이다. 역사사료를 사용하는 것을 배우는 것은, 바로 역사 자료를 역사적 지식이라는 더 넓은 문맥 속에서 다루는 과정을 내포하기 때문이다.[39] 따라서 학생들이 1차사료나 유물, 유적 등을 통해 과거와 직접 접촉할 수 있다는 사료 수업의 가정도 지나친 것이라고 지적되었다.

학생들이 역사가들이 하는 것처럼 사료를 비판적으로 평가하고 결론을 도출해 내는 법을 배워야 한다고 주장한 로저스(P.J. Rogers)도 역사를 비판적 사고의 배양이라는 목적을 위한 수단으로만 보고 역사학습에 내재한 본질적 가치를 무시하는 것은 잘못이라고 하였다. 역사적 지식은 적절한

487-490.

37) Egan, "Accumulating History", pp. 68-71.

38) A.K. Dickinson, A. Gard, and P.J. Lee, "Evidence in History and the Classroom", in A.K. Dickinson and P.J. Lee(eds.), *History Teaching and Historical Understanding*(London: Heinemann, 1978), p. 3.

39) *Ibid.*, pp. 6-16.

탐구기술을 사용함으로써만 확실히 얻어질 수 있으나, 역사적 기능(skill)이 역사내용과 분리될 수 없으며, 내용과 방법을 분리하거나 내용을 중요시 않는 것은 잘못이라는 것이다.[40] 역사의 본질과 구조에는 개념, 탐구, 방법론 뿐 아니라 메시지와 경험도 내포되며, 이해를 가져오는 것은 역사의 기술적 체제(記述的 體制)이고, 따라서 역사교육의 위기를 극복하기 위해서는 역사의 목적이며 실천인 기술의 구성에 충실할 것이 요청되었다. 결국 이야기(story)로서의 역사와 탐구(inquiry)로서의 역사 모두를 역사교육의 이론과 실제에 중요하게 여겨야 한다는 것이다.[41]

하지만 탐구식 수업이 내용을 무시하고 과정만을 중시한다는 이러한 비판은 역사적 사실의 학습과 탐구가 동시에 일어나기도 한다는 점을 간과하고 있다. 탐구하기 이전에 역사 사실을 알고 있어야 한다는 주장은, 탐구의 과정에서 가설을 검증하는 정보를 모으면서 사실 학습을 하며, 이 정보의 학습은 사실적 정보의 수동적인 흡수 이상의 것을 요구한다는 점을 인식하지 못하고 있다. 탐구의 과정에는 문제해결기법 등 탐구하는데 필요한 도구, 즉 방법론에 대한 지식뿐 아니라, 구체적인 지식으로서 정보와 경험이 중요한 역할을 한다. 따라서 지식의 탐구과정을 강조하는 것이 역사지식을 중요시 않는 것이라는 인식은 잘못된 것이다. 단지 교과를 가르칠 때 역사지식을 다루기는 하지만, 학생들이 배워야 할 것은 지식 그 자체만이 아니라 그것을 낳게 한 '탐구과정'도 포함되며 동시에 보다 일반화된 지식을 추구한다는 뜻으로 해석해야 할 것이다.[42]

따라서 학생들에게 역사적 탐구기술을 가르쳐 스스로 '역사를 하는' 방법을 터득하게 한다는 탐구식 수업의 목표를 추구하기 위해서는, 역사적 내용과 탐구과정을 분리시키는 이분법적 논리에서 벗어나 그 상호 불가분성이 인식되어야 한다. 탐구식 역사수업이 '역사를' 가르치기보다는 '역사로써' 가르치는 즉 목적으로서보다는 수단으로서 역사를 가르치는 데서 비롯

---

40) P.J. Rogers, *History in Philosophy of Education and the Curriculum*(Oxford, 1972), pp. 119-123. ; K. Dixon(ed.), *The New History : Theory into Practice*(London : Historical Association, 1978).

41) E. Fox-Genovese, "The Crisis of Our Culture and the Teaching of History", *History Teacher* 13(1979), pp. 99-100.

42) 이홍우, 『지식의 구조와 교과』(교육과학사, 1979), 62면.

된 문제를 극복하기 위해서는, 역사적 내용의 이해와 동시에 역사적 능력 및 태도를 함양하는 역사교육의 양면성이 고려되어야 할 것이다.[43]

Ⅳ. '이해'와 '재미'를 중시하는 역사수업

앞에서 살펴보았듯이 '탐구'(inquiry)의 학습을 핵심으로 하는 탐구식 교수이론에 대한 비판으로는 사실적 역사지식의 중요성이 간과되었으며, 그 목표로서 추구하는 역사적 사고력의 의미가 불명확하며, 역사적 개념, 구조, 일반화를 형성하는 기능인 탐구기술의 개발이 역사내용의 이해와 분리되어 그 자체가 목적시 되고 있다는 점 등이 제기되었다. 이러한 회의와 의문점들은 실제 현장에서 탐구식 역사수업이 시행되는데 중요한 장애가 되어왔다. 따라서 탐구식 역사수업이 지향하는 바의 본질을 다시 정의해 보는 것은 현장 적용에 일조가 될 수 있을 것이다.

1. 내용의 '의미 있는' 이해

탐구식 역사수업에 관한 많은 연구는 교수 목표를 탐구능력의 배양에 두고 그 목표를 효과적으로 수행할 수 있는 방법의 창출에 노력해 왔는데, 역사적 사고력 함양을 위한 수업이 학습 내용에 대한 이해를 기초로 하는 것임에도 불구하고 학습자의 학습 원리에 대한 고려가 상대적으로 등한시되어 왔다. 교수의 원리와 학습의 원리는 상호 보완적이며 분리될 수 없는 영역으로서, 교수와 학습의 주요 목표는 이해에 있다. 사고의 과정, 탐구의 과정은 곧 이해의 과정을 말하며, 탐구와 발견의 목적도 이해에 있다. 이해는 단순한 암기에서 유래하는 것이 아니라 학습자 개인에 의하여 스스로 만들어지고 발견되는 의미 결정을 뜻한다. 이것이 바로 탐구와 사고의 목적이며 본질이다. 학습자의 이해와는 무관하게 특정한 지식을 소개하고 설명하는 데 그치는 것이 아니라 교수의 궁극적인 목적인 학습을 하게 하는

43) 송춘영, 「역사교육의 방향」, 48면.

것이다. 브루너도 학자나 학생이 하는 활동은 똑같이 모종의 이해에 도달하려는 활동이며, 그 본질에서는 다름이 없다고 보았다. 단지 그 차이는 지적 활동의 '종류'에 있는 것이 아니라 '수준'에 있다는 것이다.[44)]

교수와 학습의 목적이 모두 역사의 이해에 있다고 보았을 때, 탐구라는 것은 그 이해를 얻어내는 과정으로 규정될 수 있다. 다시 말해서 역사적 사실, 사건, 상황 등이 단순히 기계적으로 암기되는 것이 아니라, 탐구의 과정을 통해서 그 의미가 이해되어지고 학습자는 학습의 만족과 재미를 느끼게 되는 것이다. 교수와 학습이 이루어지는 수업의 대상인 역사라는 내용(content)이 역사적 사고 혹은 탐구의 과정(process)을 통해서 학습자에 의해 비로소 의미를 갖게 되는, 다시 말해서 '유의미적 이해'(meaningful understanding)가 곧 역사수업이 도달하고자 하는 목표이며 동시에 바람직한 역사수업의 결과인 것이다. 교사가 단순히 역사적 사실을 기억할 수 있도록 가르치는 것과, 그 기억에 내재해 있는 가치(사실의 의미)를 실현하고자 노력하면서 가르치는 것은 그 가르치는 모양에 상당한 차이가 있을 것이다. 사고과정을 강조하는 탐구식 수업도 본질상 '이해를 위한 교육'의 원리를 따르고 있다고 볼 수 있으며, 교육 내용에 관한 학생들의 독립적인 사고와 동시에 의미의 이해를 증진시키고자 한다.

과거를 이해한다는 것은 다양하고 무한한 사건의 독특한 과거 경험 자체를 위한 교수와 학습을 의미하는 것은 아니며, 교사와 학생들의 창조적인 사고력과 역사적 상상력의 훈련을 통해 과거를 역사가 발전해 온 전체적 문맥에서 재창조하는 것이다.[45)] 특히 교사들이 역사의 의미를 어떻게 파악하고 있느냐는 학생들에게 전달되는 교과 과정의 중요한 결정인자로서, 교과내용의 선택, 강조사항, 질문내용, 교수법 등에 영향을 미친다.[46)] 역사가 어느 정도 사실이고 어느 정도 해석인가, 백과사전식으로 모든 사실을 그대로 밝히는 것이 역사인가 혹은 객관적 역사는 없으며 단지 의견

44) J.S. Bruner, *The Process of Education*(Cambridge : Harvard Univ. Press, 1960), p. 68.

45) M. Howard, "The Lessons of History", *History Teacher* 15(4)(Aug. 1982), p. 497.

46) R.W. Evans, "Lessons from History : Teacher and Student Conceptions of the Meaning of History", *Theory and Research in Social Education* 16(3)(Summer 1988), pp. 203-206.

의 문제이므로 같은 문제에 대한 다양한 견해를 학생들에게 소개해야 하는가의 문제는 역사가와 마찬가지로 교사들도 처하게 되는 딜레마인데, 과거를 의미 있게 이해하기 위해서는 사실과 해석(의견)간의 상호관계를 보아야 하는 것이다.[47)]

결국 탐구과정은 그 자체가 역사수업의 목적이라기보다는 역사적 사실이나 지식의 나열식 암기가 아닌 의미 있는 역사내용의 이해를 얻는데 그 목적이 있다. 탐구식 수업은 역사적 개념, 구조, 원리를 통한 지식추구를 하되 학생들 스스로가 그 과정에 따르는 기술을 익힘으로써 가능하게 한다. 그러나 종래의 역사 교수법에 대한 연구들은 지나치게 학습과정으로서의 탐구 혹은 역사적 사고를 강조함으로써, 기실 수업의 종국적인 목표인 '역사내용의 의미 있는 이해'가 오히려 수단으로 전락되고, 역사적 사고력의 증진, 탐구력, 비판적 사고의 함양이 역사수업이 지향해야 할 주된 목적으로 주장되어 왔던 것이다.

탐구식 교수모형은 흔히 교사가 수업에서 따라야 할 공식과 같은 절차를 의미하는 것으로 이해되는데, 학생들이 지적 탐구를 통하여 스스로 발견해 내는 활동을 할 때는 무엇이든지 탐구하고 발견하는 '내용'이 있으며, 탐구하고 발견하는 활동은 이 '내용'과의 관련을 떠나서는 의미를 가질 수 없다. 역사교과의 내용은 역사학의 독특한 사고과정을 거쳐 생겨난 결과만을 말하는 것이 아니라 그 결과와 해석의 의미(meaning)를 인식할 수 있도록 조직된 것이다.[48)] 마시알라스(B.G. Massialas)가 제시한 사회과 탐구수업도 교사와 학생이 다같이 교육내용으로서의 지식을 추구한다. 다만 역사에 관한 정보나 지식은 역사적 사실에 관하여 가설을 형성하고 그것에 대하여 올바른 근거를 제시하는 데 도움이 될 때 의미가 있으며, 모든 역사적 사건들을 다 외우더라도 의미 있는 가설을 설정하고 검증하는 능력 및 가치판단을 하는 능력으로서 역사적 태도가 없다면 무의미하다는 것이다.[49)] 따라서 역사적 내용(content)을 배우는 것과 탐구양식(mode of inquiry)으로

47) W. Westfall, "History As Passport: Frances Fitzgerald and Her Critics", *Social Studies* 72(2)(March 1981), p. 52.
48) 이홍우, 『교육과정탐구』, 79면, 133면.
49) 같은 책, 218면.

서 역사학습을 구분하는 것은 이론적으로 잘못된 것이며 실천에 오류를 가져오는 결과를 낳게 된다.[50)]

탐구식 수업이란 교사가 학생들에게 사실을 일러주는 것이 아니라 학생들로 하여금 스스로 그 사실의 의미를 보도록 하는 방법이며, 학습의 내적 동기를 유발하는 방법도 바로 학습내용의 '의미'를 알게 하는 것 또는 학습내용을 '이해'하도록 하는 데에 있다. 브루너가 제시한 구조의 이점도 그것을 학습한 사람으로 하여금 자기가 학습한 내용을 이해할 수 있게 하고 기억하기 쉽게 하고 학습 이외의 사태에 적용할 수 있도록 하는, 이해, 기억, 적용의 기능을 하는 데 있다고 했으며, 지식의 구조를 강조한 수업에서는 소위 '지적인 희열' 또는 '발견의 희열'을 학생들에게 심어 준다고 하였다.[51)]

'유의미한 이해'를 중시하는 역사수업이 바람직한 이유의 하나도 이해를 통해 기억이 용이해지는 효과뿐 아니라 학습에 대한 만족과 재미를 느낄 수 있게 한다는 데 있다. 학생들이 역사학습에 대한 재미를 느낀다는 것은 먼저 수업에 들어가기 전에 학습자료로 주어진 역사적 내용에 호기심이나 관심을 갖고 흥미를 느끼는 경우를 들 수 있다. 이는 수업전 단계에서의 학생의 내재적이고 자발적인 준비로서 학생이 가진 학습동기로 볼 수 있다. 다음으로는 수업과정에서 느낄 수 있는 재미로서, 그것은 문답, 토론, 발표, 연극 등 수업의 외적인 형태를 어떻게 꾸려 나가는가 하는 기술적인 성숙도 등에 따라 좌우되기도 하겠지만, 동시에 수업의 내적인 구성, 즉 어떤 수업 결과를 얻기 위한 수업인가에 따라 결정될 것이다. 교과에 대한 흥미를 일으키는 가장 좋은 방법은 학생들로 하여금 그것이 알 가치가 있는 것임을 느끼도록 하는 것이며, 이를 위해서는 역사적 사실의 개별적인 열거가 아닌 의미 있는 연관된 이해를 기초로 하여야 한다.[52)]

그런데 '재미'있는 역사수업을 한다는 것은 역사교과를 가르치는 이유를 학습자의 필요에서 찾는다는 것과는 다르다. 흔히 학습자 중심 교육의 원리로서 '흥미'는 '필요와 흥미'라는 식으로 '필요'라는 말과 함께 붙어 사용

50) Dickinson, Gard, and Lee, "Evidence in History and the Classroom", p. 17.
51) 이홍우, 『지식의 구조와 교과』, 116면.
52) Bruner, *The Process of Education*, pp. 97-98.

되어 왔지만, 사실상 흥미는 필요와 그 논리적 성격을 근본적으로 달리한다. 흥미라는 것은 내재적 개념으로서, 외재적 가치를 전제로 하는 필요와 구분된다. 어떤 일에 흥미를 가지기 위해서는 그 일이 어떤 종류의 일이며 그 일 속에 어떤 가치가 내재해 있는가를 배우지 않으면 안된다. 학생들의 흥미는 교과와 무관한 것이 아니라, 교과를 '유목적적인 활동'과 관련지을 수 있을 때 생긴다. 브루너도 '내재적인 학습동기' 또는 '교과에 관한 내재적 흥미'를 강조했듯이, 교과의 내재적 가치를 가르치는 것은 학습자의 이해를 존중하는 것이며 학습의 재미와 흥미를 북돋아 주는 것이다.[53]

2. 현장 적용의 문제

이처럼 탐구식 역사수업은 역사적 사고력을 사용하는 탐구의 과정을 통해 역사적 내용의 의미를 파악하고 이해하는 것을 중시하는 수업인데, 실제로 탐구식 교수이론을 역사수업 현장에 적용하려 한 종래의 시도는 흔히 그 외적인 수업형태의 변화를 추구해 온 것이 사실이다. 일선 교사들이 주로 행하는 설명식 수업은 단편적인 지식의 암기를 통한 내용의 주입을 강조하며, 따라서 교사의 체계적이고 반복적인 설명으로 역사지식의 습득을 용이하게 할 수 있는 강의법이 주로 사용되는 반면, 설명식 수업에 대한 대안으로서 탐구식 역사교수는 강의식보다는 다른 기법의 수업 구성이 더 유용하다고 여겨졌다.

그러나 탐구식 역사수업은 교수의 원리와 추구하는 목표가 설명식과 다른 것이며, 그 외형적 수업 구성이 구분의 기준이 되는 것은 아니다. 즉, 조별수업, 발표수업, 토론수업, 역할극, 사료를 사용한 수업, 슬라이드나 영상매체를 사용한 수업 등을 한다고 해서 곧 그것이 탐구식 수업인 것처럼 보는 것도 잘못이며, 동시에 교사의 강의가 주가 되는 수업(교사와 학생간의 문답을 내포한)이라고 해서 모두 암기식, 주입식의 수업으로 보는 것도 잘못이다. 이들은 모두 수업의 외적인 형태에 의한 분류이며, 보다 엄격히 말해서 교수법의 구분이라기보다는 수업의 다양한 구성 방법들로 보아야 할 것

---

53) 이홍우, 『교육과정탐구』, 115면.

이다. 탐구식 수업도 수업의 외부적인 특징을 가리키는 것이 아니라 지식을 가르치는 방법상의 원리를 의미한다.54) 따라서 수업의 형태와 구성도 중요하지만 지식을 제시하고 처리하는 방식이 어떻게 학생들의 사고를 자극하고 탐구를 유도하는지에 보다 주목할 필요가 있다.

역사내용을 통해 단순한 사실, 사건, 제도 등의 설명에 그치지 않고 역사적 사고력이나 탐구력을 함양하려는 의도는 특히 학교 현장의 제반 사정에 의해 그 실행에 심각한 어려움이 많다. 실제로 교사들은 단시간내에 많은 정보를 가르칠 수 있는 교사 중심의 강의형태만을 사용해도 현재 교육과정에 주어진 시간내에 국사나 세계사 교과서에 제시된 교과의 내용을 다 설명하고 진도를 나가는 데 시간이 부족하다고 한다. 그리고 생각하게 하기보다는 하나의 사실이라도 더 많이 외워야만 좋은 성적을 받을 수 있는 평가체제하에서는 사고력 함양을 위한 수업을 전개해 나가는 데 한계가 있다고 보았다. 입시 위주의 교육 체제하에서 백과사전식 역사지식의 전수가 역사수업의 전부인양 뿌리내려져 있어 혁신적인 입시평가 방법의 변혁이 없이는 어떤 창의적인 수업의 창출도 불가능하다는 것이다.55)

역사수업을 개선해 보려는 교사들은, '단지 교사의 설명을 경청하는 것만이 아니라 학생들의 활발한 참여를 유도할 수 있는 수업을 하려고 하지만 그 방법을 모르겠다', '학생들의 토론을 시도해도 한두 학생이 말하고는 더 이상 진전이 되지 않는다', '기본적인 사실들을 외워야 시험을 잘 볼 수 있는데 탐구식과 같은 새로운 교수모형은 시간과 노력을 많이 들이고도 별 효과를 보지 못한다', '현재의 과밀한 교실형편과 학습환경에서는 탐구식 수업을 시행하기 어렵다', '새로운 수업을 시도하기 위해 교과연구와 수업 준비를 다시 해야 하는 일이 번거롭고 귀찮다'는 등의 문제들을 제기하였다.56) 무엇보다도 역사 교과서 제작 체제 및 그 내용과 서술방식의 문제, 그리고 다양한 교수모형 개발의 부진과 수업 보조자료의 빈곤이 시급히 개선되어야 할 점들이라고 지적되었다.

---

54) 같은 책, 75면.

55) 송상헌, 「중학교 역사 교육의 과제」, 82-83면.

56) 새로운 탐구식 역사교수모형을 현장에 적용하는 데 따르는 여러 가지 어려움은 다른 나라에서도 지적되어 왔다. Dennis Gunning, *The Teaching of History*(London : Croom Helm, 1978), pp. 11-13.

결국 탐구식 수업을 실제 수업 현장에 항상 활용하는 것이 가능하거나 바람직하지도 않으며, 역사과의 모든 다양한 목표들을 달성하는데 가장 적합하지 않을지도 모른다. 즉 짧은 시간에 많은 양의 내용을 다루기 위해서는 탐구수업이 최선의 방법은 아니다. 학습과정의 요구는 많고 수업시간은 제한되어 있기 때문에 탐구를 통한 역사수업 속에서 모든 주제를 가르치기는 사실상 불가능하게 된다. 따라서 많은 시간이 소요되는 한계를 지닌 탐구식 수업에 적절한 주제와 내용을 선정하여야 하며 학습자의 흥미와 발달수준 등도 고려해야 한다. 동시에 탐구식 수업이 지향하는 복잡하고 다양한 인지적, 정의적 요소들을 측정하고 평가하는 방법의 개발이 필요하다. 단순히 역사적 사실, 사건, 인물, 업적만을 암기함으로써 높은 점수를 얻을 수 있는 필기 문항만으로 평가가 이루어진다면, 학생들은 역사내용을 의미있게 이해하기 위한 사고와 탐구에 오랜 시간과 노력을 기울이기보다 단시간에 많은 내용을 암기할 수 있는 요령만을 탐닉하게 될 것이다. 수업의 목표와 그 결과의 평가는 반드시 일관성 있게 계획되고 시행되어야 하는 점에서, 역사적 이해와 사고능력의 함양을 목적으로 하는 탐구식 역사수업도 그 궁극적인 현장 실행에 적절한 평가 문항을 개발하고 적용하는 것이 중요하다.

Ⅴ. 맺음말

종래의 지배적인 역사 교수방법으로서 '설명식'은 지식전달에는 가장 효과적이지만 사고능력이나 역사적 태도를 발달시키는데는 부적합한 방식으로 비판받아 왔다. 즉, '산물'로서 지식보다 '과정'으로서 지식이 강조되고, '사실'보다는 '탐구'를 중시하는 역사교육의 필요성이 역설되었다. 역사교육이론가들은 역사를 역사적 사실의 이해를 중시하는 전통사(traditional history, "facts")와 사료의 탐구를 통한 사고력의 개발을 중시하는 신역사(new history, "evidence")로 양분하였고, '모든' 전통적인 역사학습은 의미없는 암기학습으로 매도되기도 하였다. 암기학습으로서의 역사수업을 극복하고 지식 위주의 수업을 지양하기 위한 노력이 경주되어 온 것이다. 탐구식 수업은 당연히 설명식 수업에 대한 대안으로 여겨졌고, 따라서 설명식 역사수업은 극복되어야 할 비판의 대상으로 인식되었다.

그러나 기본적으로 역사수업의 목적은 역사의 이해에 있으며 역사학은 다른 과목이 제공할 수 없는 과거, 현재, 우리 자신에 대한 지식과 그를 얻는 방법을 제공한다. 특히 교사와 학생들의 창조적인 역사적 상상력에 의한 과거의 재현은 중요하다. 역사교육의 문제는 과거 사회의 이해를 위해 역사적 사실과 지식을 가르치려 한 데서 기인하는 것이 아니라, 사실에 대한 의미 있는 이해보다도 많은 양의 내용만을 무비판적으로 습득할 것을 요구한 데에 있었다. 이제까지의 역사교육이 역사적 사고력이나 역사 의식을 기르는데 실패했다고 해서, 역사지식교육 자체를 부정하고 그 이외의 다른 곳에서 문제를 해결하고자 하는 것은 잘못이다. 올바른 역사적 능력과 태도 및 관점을 키우는 데 실패했다면, 그것은 역사교과를 가르치는 방법에서 그 원인을 찾아야 할 것이다. 맹목적인 반복과 주입은 가장 경계되어야 할 수업방식이다. 하지만 새로운 교육원리는 무엇이든지 전통적 수업방법을 파괴함으로써 확립될 수 있는 것이 아니며, 해답을 제시한다기보다는 오히려 새로운 문제를 만들 수도 있다.

탐구식 역사교수모형은 역사교육의 지식(knowledge), 기능(skills), 태도(values)에 대한 종합적인 영역에서 목표달성을 도모한다. 하지만 개념이나 일반화 형태의 지식을 추구하고 탐구 기능을 개발한다는 것이, 종래의 설명식 수업이 지향하던 학습목표인 사실적 역사지식의 습득과 완전히 배치되는 것은 아니다. 다만 1차적 지식으로서 역사 사실의 단순한 설명에 그치기보다는 개념, 일반화, 이론의 창출을 꾀하여 사실을 의미 있게 이해하는 것을 돕고, 그처럼 의미 있는 역사지식을 산출하는 탐구의 과정을 학습함으로써 역사적 사고기능을 발달시킴과 동시에 역사의식과 태도의 발달을 함양한다는 것이다. 일반화된 지식체계를 형성하거나 탐구의 과정을 실행하는 모든 단계에는 사실적 역사지식에 대한 이해가 기본적으로 필요하며, '과정'을 중시한다고 해서 '내용'을 무시해도 된다는 인식은 잘못된 것이다.

물론 역사학습에 있어서 하부적인 사실적 지식이 보다 고도의 추상적 사고에 사전 선행해야 하는가는 연구 검증이 필요하다. 또한 교수 행동의 기술적(記述的) 연구를 통해, 역사 교사가 교재내용을 어떻게 해석하고 있으며 그것을 어떻게 조직, 제시하고 있는가를 기술하는 것, 즉 교사의 교재해석 방식 및 가르치는 방식을 분석하는 것도 앞으로의 연구과제이다. 이러한 현장 관찰연구는 현행 역사수업에 대한 구체적인 진단을 가능케 하며 그를 토대로 한 새로운 개선안의 제시에 도움을 줄 수 있다. 동시에 탐구식 교수원리에 따른 수업모형도 현장에 실현 가능한 지도안으로 구성될 수 있을 것이다.

(이 영 호)

제 3 장
역사교육에서의 내용선정 기준

Ⅰ. 머리말

역사교육에서 내용의 선정과 조직의 문제는 지식 및 정보의 폭발적 증가와 함께 새로운 검토의 대상이 되고 있다. 수없이 쏟아져 나오는 학계의 연구성과들을 역사학습의 현장에서 어떻게 적절하게 선택, 수용하느냐 하는 문제는 역사가나 역사교사에게 다같이 중요한 과제로 대두되고 있는 것이다. 역사가나 역사교사는 제한된 시간과 여건을 고려하여 역사상의 여러 사실 중에서 어떤 사실들을 더 강조해야 할 것인지를 결정해야 한다. 오늘의 정설이 머지않아 낡은 학설로 뒤바뀌는 현실 속에서 보다 가치 있고 오래가는 역사적 지식을 선택해야 할 필요성은 아무리 강조해도 지나침이 없다고 본다.

그러나 이와 같이 중요한 의미를 지니는 내용선정의 문제가 지금까지는 너무 피상적으로만 다루어져 왔다는 느낌이 든다. 그것은 이 문제에 대한 본격적인 연구논문을 제대로 찾기 어렵다는 사실을 통해서도 충분히 엿볼 수 있다.

본 논문에서는 이와 같은 점들을 염두에 두면서 다음과 같이 역사교과의 내용선정에 관계된 가장 기초적인 문제들을 탐색해 보고자 한다.

① 전통적인 내용선정 과정에 있어서 지적해야 할 문제점들은 어떤 것들인가?

② '중요성'의 원칙에 따라 내용을 선정한다는 말은 무엇이며, 이 원칙을 적용하는 경우에 제기되는 문제들은 무엇인가?

③ 역사교과의 내용선정에는 모든 사람이 동의하는 일정한 원칙이 있는

가?

④ 교육적인 관점에서 바람직한 역사교과 내용선정의 기준으로는 어떠한 것들이 있는가?

⑤ 교육적인 내용선정의 기준을 적용할 때 이에 적합한 역사교과의 내용으로는 어떠한 것들이 있는가?

이러한 물음에 대한 해답을 통해 본 연구에서는 역사교육의 내용선정과 조직에 있어서 가장 중요한 과제인 내용선정의 원칙을 정립하는 동시에 이를 통해 역사교육의 현장에서 끊임없이 제기되는 문제 중의 하나인 "무엇을 가르쳐야 할 것인가?"하는 질문에 대하여 일정한 답변을 얻고자 하는 것이다.

Ⅱ. 전통적인 내용선정의 문제

1. 국가·사회적 요구의 우월

전통적인 교육과정에서 내용의 선정은 어떠한 논리적인 근거 위에서가 아니라, 그때 그때의 임시적이고 자의적인 요소에 의해 결정되는 경우가 많았다고 생각된다. 즉, 그것은 교과서 저자의 개인적인 역사관이나 교사나 학생의 친숙도, 혹은 시대적·사회적 요구 등에 따라 결정되는 경우가 많았던 것이다.

무엇보다 우리 나라의 역사교육에 있어서 내용을 선정할 때 항상 큰 문제로 떠오르는 것은, 내용이 내용으로서의 가치를 지니지 못하고 언제나 목표 중심적 사고에 종속되어 있다는 점이다.

물론 목표-내용-방법-평가 사이의 일관성이 교육과정 운영에 있어서 가장 기본이 되는 원리인 것만은 틀림없는 사실이다. 그러나 이 경우에 있어 목표는 어디까지나 내용의 길잡이 역할을 해 주는 데 그쳐야 할 것이며, 그것이 내용자체를 대신해서는 안될 것이다. 그런데 목표 중심적 사고가 확대되면 과정은 어찌되었든 간에 목표만 달성하면 그만이라는 식의 사고

방식이 나타나게 될 가능성도 우리는 배제할 수 없다.

그러나 정작 문제가 되는 것은 그러한 목표가 역사학이나 역사교육 자체에서 나온 내재적인 원리의 반영이라기보다는 다른 외재적인 요구의 반영인 경우가 많다는 것이다. 우리는 흔히 목표를 정할 때 역사의 교육내용을 치밀하게 분석한 결과를 토대로 어떤 목표를 정하기보다는 그 목표를 교육내용이 아닌 다른 무엇에서 찾는 경우가 더 많이 있다. 예를 들어 국정 운영 방침과 같은 국가·사회적 요구 등을 먼저 떠올리고 그것들로부터 목표 진술에 적합한 요소들을 추출해 내는 경우가 바로 그와 같은 것들이다. 이렇게 되어, 국가·사회적 요구는 우리의 역사교육에서 내용선정의 가장 큰 기준이 되곤 했다.

특히 국사교육의 경우에 이러한 경향은 더욱 두드러지게 나타나고 있다. 여기에서 목표나 내용을 통해 시종일관해서 강조되고 있는 것은 주체성, 정통성, 자주성, 독자성, 민족문화의 우수성 등인데, 국사교육의 내용은 마치 이러한 덕목들의 존재를 합리화시키기 위해서 존재하고 있는 느낌까지 들 정도이다. 물론 식민지 사관의 탈피라는 우리 역사학계의 대명제나 국민의 정서 등에 비추어 볼 때 이러한 덕목들이 강조되어야 할 필요성은 아직도 크다고 할 수 있다. 그러나 이러한 덕목들이 역사교육의 내재적 목표들, 즉 객관성과 비판성을 그 바탕으로 하는 역사적 사고의 함양 등과 어떻게 조화를 이루어 나갈지는 의문이 아닐 수 없다.

국가·사회적 요구가 목표의 대전제로 되어 있는 이상 내용의 선정은 보다 경직화의 방향을 취할 가능성이 높다. 물론 교과의 성격상 역사교육에서 국가·사회적 요구를 배제할 수는 없다. 그러나 그것이 역사교육 자체의 내재적인 여러 가치를 압도할 수는 없을 것이다. 이러한 점에 대하여 다니엘스(R.V. Daniels)는 다음과 같이 말을 하고 있다.

> 전통적인 역사교육은 흔히 민족국가를 찬미하고 학생들에게 국가나 특수 집단에 자발적인 충성심을 갖도록 하는 주입식 교육을 그 목표로 하였다. …그러나 이러한 점은 민족사를 반성적이고 객관적으로 보려는 사람이나 진리를 탐구하는 데 있어서 실질적인 가치를 찾고자 하는 사람에게는 커다란 장애물이 될 수 있다.[1)]

다니엘스의 말이 아니더라도 역사교육에 투영되는 국가·사회적 요구가 객관적, 비판적인 자기인식이라는 역사교육 본래의 내재적 가치와 모순되지 않는 범위 내에서 추구되어야 함은 두말할 필요도 없을 것이다.

2. 사실중심의 내용선정

또한 종래의 전통적인 내용선정에 있어서는 역사의 바탕을 이루고 있는 기본적인 개념이나 원리보다 특정한 주제나 사실들에 더 크게 의존하는 경향이 있었다. 그것은 교육과정의 내용이 가르쳐야 할 내용이 아니라 다루어야 할 주제나 내용 항목들로 구성되고 있는 사실을 통해서도 잘 알 수 있다. 이와 같이 교육과정의 내용이 단순한 토픽의 제시에 그치고 만다면 교과서에서 내용 진술은 글자 그대로 역사적 사실들의 나열에 그치게 될 가능성이 매우 높다. 우리 나라의 역사 교과서를 보면 역사학자들의 연구를 통해 얻어진 역사적 사실들을 제시하는 데만 관심을 쏟고, 보다 본질적인 내용을 제시하는 데는 거의 관심을 두지 못하고 있는 데, 이것은 바로 교육과정의 내용이 토픽중심으로 되어 있기 때문이다. 따라서 교과서를 배우는 학생들은 역사의 핵심적 아이디어를 탐구하는 것보다 역사적 사실들을 보다 많이 배우는 데 더 관심을 기울이게 된다.

이렇게 볼 때, 역사 교과서에 담겨진 내용들이 얼마만큼 역사교육적 기준에 의해 정선된 내용인가 하는 것은 의문이 아닐 수 없다. 엄격히 말한다면, 그 내용들은 역사의 내재적 가치나 교육적 가치에 의해 정선된 것이라기보다는 학계의 일반적인 정설이나 집필자 개인의 역사관 등 보다 가변적인 요인들에 의해 선택되는 경우가 더 많았다고 할 수 있다. 그리고 기본적 사실에 대한 집필자 개인의 선입견이나 과도한 의욕 때문에 선정된 내용은 지나치게 진부하거나, 혹은 지나치게 생소한 경우가 많았다. 이와 같은 방식으로 선정된 내용들이 많았기 때문에 역사 교과서의 내용들은 그 타당성 문제를 둘러싸고 숱한 논란의 대상이 되었던 것이다.

---

1) R.V. Daniels, *Studying History*(Englewood Cliffs, N.J. : Prentice Hall Inc., 1977), p. 10.

3. 학생의 흥미 및 발달단계의 무시

또 우리는 역사의 내용선정에서 학생의 흥미나 발달단계를 고려한다고 말만 했지, 실제로 교과서의 집필과정이나 학습의 실제 현장에서 그것들을 어느 정도나 고려했는가는 의문이 아닐 수 없다. 교과서의 내용선정 자체가 거의 전적으로 국가·사회적 요구나 학문적 요구에 따라 이루어지는 한편, 교사는 교사대로 상급학교 진학문제에 얽매어 진도 맞추기에도 급급한 실정에 있으므로 그와 같은 고려는 처음부터 불가능하다고 할 수 있다. 이렇게 되다 보니 역사교육의 현장에서 학생들로 하여금 학습내용 그 자체에 흥미를 갖게 하거나 지적 희열을 느끼도록 하는 문제는 중요한 관심사항이 될 수 없었다.

뿐만 아니라, 학생들의 발달단계를 고려한다는 원칙도 형식적인 주장에 그치는 경우가 많았다. 그것은 중학교와 고등학교의 내용선정이나 진술방식에 별차이가 없다는 사실을 통해서도 얼마든지 엿볼 수 있는 일이다.[2] 사실상 우리 나라 학생들의 역사의식 발달단계에 관한 본격적인 연구물조차 제대로 이루어지지 않은 현실을 두고 볼 때, 학생들의 발달단계를 고려한 제대로 된 역사 교과서의 출현을 기대한다는 것 자체가 지나친 욕심이 아닌가 생각된다. 이렇게 되다 보니 우리 나라의 역사교육은 암기 위주의 주입식 교육의 대명사처럼 되었으며, 역사과목은 딱딱하고 재미없는 과목으로 전락하고 말았던 것이다.

지금까지 살펴본 바와 같이 전통적인 역사교육에서의 내용선정은 지나친 목표 중심적 사고의 지배, 특히 국가·사회적 요구의 우월과 역사교육 자체가 지닌 내재적 가치의 무시, 사실중심의 내용선정, 학생의 흥미 및 발달단계의 무시 등 몇 가지 점에서 중요한 제약요소를 안고 있었다고 할 수 있다.

---

2) 현재 우리 나라의 역사 교육과정에서 보면 국민학교에서는 생활사, 중학교에서는 시대사적 접근방식에 의한 통사, 그리고 고등학교에서는 사회경제사와 문화사를 중심으로 학습하도록 규정하고 있는 등 학생들의 발달단계를 고려하여 학교급간 차이를 두고 있다. 그러나 교과서의 서술이나 실제의 학습현장에서는 이러한 원칙이 제대로 지켜지지 않고 있다.

Ⅲ. '중요성'의 원리에 따른 내용선정

1. 내용선정과 '중요성'의 원리

역사가는 과거라는 무한한 대해(大海)로부터 중요한 것이라는 그 나름의 판단에 의해 사실을 선택하게 된다. 역사가의 선택은 한 마디로 말해서 '중요성'이라는 기준에 따른 선택이라고 할 수 있다.[3] 그렇다면 여기에는 어떤 원리가 작용하는 것일까? 더 깊이 들어가서, 역사에서 중요하다는 것은 도대체 무엇을 말하는 것일까?

어떤 사실이 중요하다고 말을 할 때, 우리는 곧 그것은 무엇 때문에 중요한 것인가 하는 질문을 던지게 된다. 그런데 이 질문은 그렇게 쉽게 대답할 성질의 것이 아니다. 왜냐하면 여기에는 도구적 중요성과 본질적 중요성을 따지는 복잡한 문제가 기다리고 있기 때문이다. 도구적 중요성은 뒤에 계속되는 사건들이나 오늘날의 우리 생활에 미치는 영향력이 큰 사건을 선택할 때 적용되는 기준이다. 반면에 본질적 중요성은 사실 그 자체가 갖고 있는 본질적 가치 때문에 채택되는 기준이다.[4]

예를 들어보자. 프랑스혁명은 그 후의 근대 자유주의와 민주주의 발달에 큰 영향을 주었기 때문에 중요하다는 식으로 설명한다면 이는 도구적 중요성을 말한 것이 된다. 반면에 프랑스혁명은 인간을 억압하는 구제도의 질곡을 타파하고 자유로운 인간정신을 분출시킨 사건이기 때문에 중요하다는 식으로 말한다면 이는 본질적 중요성을 말한 것이 된다.[5]

한편, 중요성은 과거의 가치인가 혹은 현재의 가치인가 하는 기준에 따라서도 달라진다. 상대주의자는 물론 현재의 가치를 중시한다. 그들은 "모든 역사는 현재의 입장에서 중요하다고 판단된 것의 역사"라고 주장하면서

---

3) W.H. Walsh, 「과학적 역사학의 한계」, 이기백·차하순(편), 『역사란 무엇인가』(문학과지성사, 1976), 39면.
4) W.H. Dray, *Philosophy of History*(Englewood Cliffs, N.J. : Prentice Hall Inc., 1964), pp. 32-39.
5) Walsh, 「과학적 역사학의 한계」, 40면.

현재의 가치를 내세운다.

이와는 반대로 과거의 가치를 중시하는 견해에 따르면, 역사적 사실의 중요성은 역사가나 그의 시대에 있어서 중요하다고 판단되는 것에 의해서가 아니라, 과거의 사람들이 중요하다고 판단했던 것에 의해서 결정되어야 한다.[6] 따라서 역사가는 과거 사람들의 생활 속으로 들어가서 그 사람들이 자기들의 시대를 이해했던 것처럼 그 시대를 이해해야 한다고 이들은 주장하고 있다.

현재의 가치냐 혹은 과거의 가치냐 하는 문제는 확실히 해결하기 어려운 문제이다. 중요성의 기준을 현재에 두는 역사관은 자칫하면 실용적인 역사관에 빠져서 역사적 사실의 선택과 해석의 기준을 오로지 목적에 대한 적합성에서 찾게 되는 오류를 범하게 된다.[7] 이렇게 되면 역사가에 있어 과거는 역사적 과거가 아니라 실용적 과거가 되고 말 것이다.[8] 그러나 중요성의 기준을 과거에만 두게 된다면 역사는 단순히 과거생활의 재구성에 그치고 말 것이다. 이렇게 되면 역사연구는 이른바 '과거를 위한 과거의 연구'에 머물게 되고, 결과적으로 역사는 현대인에게 이용될 수 있는 통찰력을 제공해 주지 못하게 될 것이다.

이렇게 볼 때, 우리는 카아(E.H. Carr)의 말대로 중심을 현재에 두는 역사관과 중심을 과거에 두는 역사관 사이의 위험지점 사이를 항해하고 있는 셈이다.[9] 그러나 이처럼 대립적인 견해들을 벗어나서 보다 온건한 입장에서서 중요성의 기준을 논한다면 어떤 해결의 실마리가 잡히지 않을까 생각된다. 여기에 대해서는 버스톤(W.H. Burston)의 견해가 우리에게 많은 시사를 주고 있다. 그는 역사에 있어서 중요성을 판별하는 원칙에 관해서 다음과 같이 몇 가지 주장을 하고 있다.

첫째, 생활의 어떤 부문은 다른 부문보다 중요하다고 우리는 거의 습관

---

6) A.O. Lovejoy, "Present Standpoints and Past History", in Hans Meyerhoff(ed.), *The Philosophy of History in Our Time*(New York : Doubleday and Company Inc., 1959), p. 179.

7) E.H. Carr(길현모 역), 『역사란 무엇인가』(탐구당, 1966), 71면.

8) W.H. Burston, *Principles of History Teaching*(2nd ed.)(London : Methuen Educational, 1972), p. 22.

9) Carr(길현모 역), 『역사란 무엇인가』, 36면.

적으로 말을 하고 있는데, 이것도 중요성에 관한 유용한 판별기준의 하나가 된다. 예를 들어 식생활의 변화보다는 언론 자유의 확대가 더 중요하다고 생각하는 경우가 바로 그것이다. 여기에는 인간의 자유가 음식보다 중요하다는 판단이 작용하고 있다.[10)]

둘째, 영향을 미치는 범위가 큰 사건은 그 범위가 상대적으로 적은 사건보다 중요하다고 생각한다. 즉, 한 지방에만 영향을 준 사건보다는 전국에 영향을 미친 사건이 더 중요한 것이며, 그 보다는 세계적으로 영향을 준 사건이 더 중요한 것이라고 할 수 있다. 더 나아가서, 일시적인 영향을 준 사건보다는 지속적인 영향을 준 사건이 더 중요하다. 이러한 관점에서 우리는 서양의 근대사를 공부할 때 어떤 다른 사건보다 프랑스혁명과 산업혁명을 우선적으로 선택하게 되는 것이다.[11)]

위에서 버스톤이 내세운 원칙 중의 첫번째의 것은 이른바 본질적 중요성의 문제와 연결된다. 그리고 여기에는 앞에서 말한 것처럼, 인생의 어떤 부문은 다른 부문보다 중요하다고 하는 가치 판단이 숨어 있다. 또한 두번째의 것은 바로 도구적 중요성에 관계된 것이라고 할 수 있다. 왜냐하면 여기에는 보다 많은 사람 혹은 여러 세대에게 영향을 주는 사건, 특히 지속적으로 영향을 주는 사건은 그렇지 못한 사건보다 중요하다고 하는 가정이 암시적으로 내포되어 있기 때문이다. 여기에는 왈쉬(W.H. Walsh)의 말대로 '최대 다수의 최대 행복'이라는 공리주의자의 도덕관이 은연중 숨어 있다고도 볼 수 있다.[12)]

이상에서 볼 때, 우리가 무의식으로 이용하는 중요성이란 문제가 사실은 매우 복잡한 성격을 내포하고 있는 문제임을 깨닫게 된다. 어떤 사실이 때에 따라서는 역사적 중요성을 지닐 수 있으나, 또 다른 시기에는 일상적 사건이 될 수 있는 가능성도 우리는 배제할 수 없다. 그러므로 역사교육에서 중요성이란 기준에 의해 내용을 선정할 때에는 이 모든 점을 신중하게 고려해야 할 것이다.

역사교육의 내용선정에 있어서는 본질적 중요성과 도구적 중요성, 그리

---

10) Burston, *Principles of History Teaching*, p. 170.
11) *Ibid.*
12) Walsh, 「과학적 역사학의 한계」, 43면.

고 과거의 가치와 현재의 가치 가운데 어느 특정한 기준에 따르기보다는 이 모든 기준을 동시에 이용하는 경우가 많이 있다. 예컨대 유럽의 역사를 가르치면서 누구나 르네상스라는 주제를 아무런 의심없이 선택하게 되는 이유는, 르네상스가 인간 정신의 각성을 통하여 근대 세계사의 전개에 큰 영향을 주었다는 이유 때문이다. 이것은 곧 르네상스가 본질적 중요성과 도구적 중요성을 아울러 지닌 사건임을 말해 주는 것이다.

르네상스는 또 당시의 사람들 가운데 자기들의 시대를 다른 시대와 다르다고 인식했던 사람들이 상당수 있었다는 사실을 고려해 볼 때 과거의 가치면에서도 중요한 운동이라고 할 수 있다. 물론 르네상스가 지닌 현재적 가치는 더 논할 필요조차 없을 것이다.

아마도 역사상의 중요한 사건이라고 누구나 인정하고 있는 사건들은 위의 네 가지 기준에 다같이 부합되는 측면을 내포하고 있다고 보여진다. 다만 사건에 따라서는 어느 기준이 다른 기준보다 더 강하게 나타날 수는 있을 것이다. 예를 들어 산업혁명과 같은 사건은 본질적 중요성보다는 도구적 중요성이, 그리고 과거의 가치보다는 현재적 가치가 더 큰 사건이라고 할 수 있다.

2. '중요한 사실'의 의미 재고

앞에서 우리는 역사에서 의미 있는 내용선정의 기준으로 평가받고 있는 '중요성'이란 개념을 제시하고, 이것이 실제로 적용되는 과정에서 제기되는 복잡한 문제들을 검토해 보았다. 이러한 검토과정에서 우리가 깨닫게 되는 사실 중의 하나는 중요성을 결정하는 확고한 기준을 찾기가 어렵다는 것이다. 앞에서 살펴 본 것처럼 역사가들 사이에 어느 정도 공유하는 원칙이 있는 것은 사실이지만, 모든 사람들이 동의할 수 있는 원칙은 발견하기가 어렵다는 것이다.

역사교육의 내용선정에서도 중요성의 문제는 중요한 의미를 지닌다. 왜냐하면 어떤 내용을 선택하느냐고 질문을 받았을 때, 우리는 모든 기준을 일일이 열거하지 않더라도 '중요한 지식'이라는 단 한마디 말로 이를 대신할 수 있기 때문이다. 버스톤은 역사사실들을 선택할 때 작용하는 두 개의 원리로 ① 어떤 사건이 중요한 것이라는 판단, ② 우리가 중요한 것이라고 생각하는 내용의 결정과 관련된 해석의 이론을 들고 있는데,[13] 이것은 역사적 사실의 선택에서 중요성이라는 기준이 차지하고 있는 위치를 잘 말해주는 사례라고 할 수 있다. 이러한 사실들을 미루어 볼 때, 중요성에 관한 문제는 역사교육에서 내용선정의 문제를 논하는 과정에서 반드시 짚고 넘어가야 할 과제가 아닌가 생각된다.

그러나 실제로 '중요성'이라는 기준을 적용하여 내용을 선정하려고 할 때 우리는 앞에서 도구적 중요성과 본질적 중요성에 관한 판단을 할 때처럼 만만치 않은 난제에 부딪치게 된다. 무엇보다 가장 큰 문제는 '역사에서 중요한 지식이란 도대체 어떠한 것인가?' 하는 문제이다. 이 문제는 곧 '역사에는 모든 사람이 알아야 할 기본적인 지식이 과연 있는가?' 하는 문제나 마찬가지라고 할 수 있는데, 이 문제에 대답하는 것은 결코 용이한 문제가 아니다.

머콜리(Lord Maucaulay)는 일찍이 역사에는 모든 학생들이 반드시 알아야 할, 즉 그것 없이는 지적인 대화가 불가능한 역사적 지식이 존재한다고 주장한 바 있었다.[14] 그러나 이와 같은 낙관적인 견해가 오늘날까지 인정받는다고 말할 수는 없다. 상대주의자의 한 사람인 로빈슨(H.J. Robinson)은

> 역사에는 산수 공부에나 있는, 그런 명백히 정의된 기본요소라는 것이 없다. 역사는 가장 다양하고 이질적인 요소로 구성된다. 역사는 단순히 우리들이 동의해 온 이야기이며, 교과서 저술자는 의식적이든 무의식적이든 교사들과 일반 대중들이 역사라는 제목하에서 기대하는 그런 것들을 먼저 나온 교과서에 의지해서 선택하게 된다.

라고 하면서, 역사에서의 기본적 지식의 존재를 부정하고 있다.[15]

---

13) Burston, *Principles of History Teaching*, p. 133.
14) R.H.C. Davis, "The Content of History", *History* 66(1981), p. 361.
15) H.J. Robinson(권중현 역), 「새로운 역사」, 차하순(편), 『새로운 역사관』(태극출판사, 1974), 269면.

이에 대해서 데이비스(R.H.C. Davis)도 다음과 같이 말하면서 로빈슨의 견해와 같은 입장을 취하고 있다.

> 우리는 학생들에게 역사 속에서 그들이 알아야 할 어떠한 기본적인 사실이 있다고는 말하지 않는다. 만일 학생들이 시몽 드 몽포르가 의회와 관계있는 어떤 일을 했고, 루이 14세가 프랑스 왕이었다는 사실을 모른다고 하더라도 우리는 단순히 그들이 어떤 다른 시기의 역사를 공부했음에 틀림없다고 생각할 따름이다.[16)]

한편, 『영국혁명의 제원인』을 저술한 스톤(Lawrence Stone)은 "궁극적으로 상대적인 중요성의 부과는 객관적이고 입증할 수 있는 기준에 의한 것이 아니라 역사가의 판단, 감각 및 편견 등에 의한 것"이라고 주장하면서 중요성의 결정에 있어 역사가의 주관성이 개입될 수밖에 없음을 강조하고 있다.[17)]

이러한 견해를 보다 체계화시킨 사람은 험프레이스(R.S. Humphreys)였다. 그는 역사가들이 주제를 선택할 때 ① 역사가 자신의 지적인 스타일, ② 그의 문화적 전통내에서 그에게 이용 가능한 변화의 모델(the model of change)에 의존한다고 하면서, 역사가들이 어떤 모델을 이용하느냐 하는 문제는 전적으로 그들 자신의 가치관과 철학적 관심에 달려 있다고 주장하고 있다. 그리고 이러한 가치와 관심은 역사가들 사이에 비록 넓게 공유되는 일이 있다 하더라도 원칙적으로는 개인적이고 주관적이라고 하였다.[18)] 그것은 전적으로 개인적 기질과 문화적 전통의 산물로서 이것을 넘어서는 어떠한 평가기준도 없다는 것이다.[19)]

이러한 견해를 잘 나타내 주고 있는 것이 영국 학교교육협의회 역사교육연구위원회(School Council History 13-16 Project)의 보고서에 나와 있는 역사과 교과과정이다. 여기에서는 '근대 세계사의 연구'라는 교과목을 1

---

16) Davis, "The Content of History", p. 361.

17) J.H. Hexter, "Power Struggle, Parliament, and Liberty in Early Stuart England", *Journal of Modern History* 50(1978), p. 30.

18) R. Stephen Humphreys, "The Historian, His Documents, and the Elementary Modes of Historical Thought", *History and Theory* 19(1980), p. 18.

19) *Ibid.*, p. 19.

학기 반에 걸쳐 이수하도록 되어 있는데, 흥미로운 것은 이 교과목에 들어갈 내용이 유럽 통합 운동, 아랍-이스라엘 대립, 아일랜드 문제, 공산 중국의 발생 등 4개의 주제로 되어 있으며, 학생들은 이 가운데 2개의 주제만 선택하게 되어 있다는 것이다. 또한 이 보고서에서는 '발달에 관한 연구'(study in development)라는 교과목을 별도로 두고, 시간의 흐름 속에서 일정한 토픽의 발달에 영향을 미치는 요인들을 한 학기에 걸쳐 배우도록 하고 있는데, 이 때 선정된 주제내용이 '의학(medicine)의 발달사'로 되어 있다는 것이다.[20] 이러한 식의 내용선정은 지금까지 우리가 알고 있는 내용선정 방식과는 너무나 판이한 것으로 참신성과 실험성이 돋보이는 방식이라고 할 수 있다. 이러한 내용선정 방식에 있어서 전제가 되는 것은, 역사교육에서 반드시 배워야 할 필수 사실은 없으며, 역사교육에서 가르쳐야 할 내용은 사실이 아닌 다른 무엇에서 찾아야 한다는 기본적인 인식이라고 할 수 있다.

이상의 논의들을 종합해 볼 때, 중요성이란 기준에 따라 역사적 사실을 선정하는 데 있어서 객관적인 판단기준을 정하는 것은 매우 어려운 과제임을 우리는 깨닫게 된다.

그러나 중요성의 기준이 전적으로 역사가나 역사교사 개인의 주관적인 판단의 산물이라고 단정해 버리는 태도에도 문제가 많다고 본다. 왜냐하면 이렇게 될 경우에 우리는 가치의 무정부 상태에 빠질 수밖에 없기 때문이다. 실제로, 중요성에 관한 역사가의 기준은 많은 사람에 의해 공유되고 있음을 우리는 인정해야 한다. 앞에서 소개한 바와 같이 식생활의 변화보다 언론 집회의 자유가 더 중요하다고 대다수의 사람이 인정하고 있다는 사실은 중요성에 관한 기준 설정에 있어 사람들이 공유하고 있는 영역이 얼마든지 확대될 수 있다는 것을 증명해 주는 사례의 하나라고 할 수 있다. 이런 논리에 따라, 영국사에서 중요한 내용을 선정하는 사람들은 다른 것은 몰라도 영국의 청교도혁명, 명예혁명, 산업혁명, 그리고 1832년의 제1차 선거법 개혁운동과 관련된 내용을 역사 교과서에 포함시키게 될 것이다.

이와 같이 중요성의 기준이 전적으로 사람들의 주관적인 판단에 따라

---

20) Schools Council History 13-16 Project, *A New Look at History*(Edinburgh : Holmes Mcdougall, 1976), p. 20.

결정된다는 일부의 주장에 찬성하지 않는다 하더라도, 내용선정 과정에서 작용하는 역사해석의 문제까지 우리가 도외시해서는 안되리라 본다. 예컨대 17세기의 영국혁명이 중요하다고 해서 이를 선정한 역사가는 다시 그 선택한 주제 속에 포함될 구체적인 내용을 선택하는 과정을 밟아야 하는데, 이 과정에서 작용하는 원리가 바로 해석의 논리인 것이다. 이렇게 해서 영국혁명을 시민혁명의 범주 속에 포함시켜 보는 사람과 단순히 지배계급 내의 권력투쟁으로 보는 사람은 각기 내용선정 방식에 있어 큰 차이를 나타내게 된다.

내용선정에 있어서 해석의 이론(the theory of interpretation)이 중요한 역할을 하고 있다는 사실을 크게 강조한 사람은 버스톤이었다. 그는 해석의 이론이 역사에서 특수사실들을 연결해 주며, 교육과정에 일관성과 목적을 부여하는 구실을 한다고 하였다.[21)]

물론 역사해석의 논리도 단순한 문제는 아니다. 왜냐하면 여기에는 객관주의자와 주관주의자 사이의 심각한 대립이 숨어 있기 때문이다. 전자는 물론 역사가들이 동의할 수 있는 객관적인 해석이 가능하다고 믿는다. 그러나 후자는 이를 부인하고, 역사적 해석은 역사가의 특수한 관점에 따라 달라지게 마련이라고 주장한다. 역사의 해석을 둘러싼 양자의 견해가 팽팽히 맞서 있는 상태에서 우리가 어떤 성급한 결론을 내리는 것은 곤란하다고 할 수 있다. 다만 한 가지 분명한 것은 해석의 논리 자체에도 역사가나 역사교사의 주관적인 판단이 개재하고 있다는 사실이다. 해석의 이론을 강조한 버스톤이 교사 개인의 가치판단과 개인적 관점이 중요성의 판단에 있어 크게 작용하고 있다고 주장하고 있는 것은 바로 해석의 논리가 지닌 성격을 잘 말해 주는 사례라고 할 수 있다.[22)]

이렇게 볼 때, 역사교육에서 누구나 인정할 수 있는 보편타당한 지식을 선정해야 한다고 자신 있게 말할 수 있는 사람은 아무도 없을 것이다. 물론 앞에서 밝힌 것처럼 중요성에 관한 기준은 많은 사람에 의해 공유될 수 있다. 그러나 이 말을 확대 해석하여 역사교육에서 모든 학생이 반드시 알

---

21) Burston, *Principles of History Teaching*, p. 129.

22) Jone Chaffer, *History and the History Teacher*(London: George Allen and Unwin, 1975), p. 37.

아야 할 필수적인 사실이 있다고 주장하는 것은 잘못된 것이다. 왜냐하면 중요성의 판단기준 자체가 복잡한데다 중요성의 판단과정 자체에 알게 모르게 개인적 관점이나 가치판단이 숨어 들어가기 때문이다.

그러므로 역사에서는 누구나 알아야 할 보편적이고 기본적인 사실들이 있으며, 역사교육에서는 그러한 사실들을 학생들에게 빠짐없이 가르쳐야 한다고 주장하는 사람들의 논리는 잘못된 것이라고 할 수 있다. 이것은 우리에게 역사교육에서 내용선정의 문제를 기초적인 것으로부터 다시 출발할 필요가 있음을 제시해 준다.

Ⅳ. 교육적인 내용선정 기준의 정립

1. 역사교육의 내재적 목표

역사교육에 있어서 내용선정의 원칙을 분명히 정하기 위해 우리는 먼저 역사교육의 목적을 간단하게나마 짚고 넘어가는 것이 좋으리라 본다. 왜냐하면 부르너가 말한 것처럼, 교육내용의 가치를 따지는 순간 우리는 이미 교육의 목적을 따지고 있는 것이기 때문이다.[23] 이 경우의 목적이 앞에서 말한 외재적 목표가 아니라 역사교육 자체의 내재적 목표임은 두 말할 필요도 없다.

우리가 역사를 공부하는 목적을 한마디로 말한다면, '역사적 통찰력의 신장'이라고 할 수 있을 것이다. '역사적 사고력과 역사의식의 신장' 혹은 '역사적 문제해결력과 역사적 판단력의 함양'과 같은 고차적인 역사교육의 목표도 궁극적으로는 '역사적 통찰력의 신장'이라는 목표의 하위 목표로 존재한다고 할 수 있다.

'역사적 통찰력의 신장'이란 학생들로 하여금 자기 주변의 모든 현상을 역사적 안목을 가지고 깊고 넓게 살펴볼 수 있는 힘을 길러 주는 것을 의미한다. 다니엘스(R.V. Daniels)에 따르면, 역사는 학생들로 하여금 한 문제

23) J.S. Bruner(이홍우 역), 『교육의 과정』(배영사, 1976), 69면.

에 대한 모든 측면을 조망할 수 있도록 가르쳐 주고, 그들 자신의 세계 속에서 그가 당면하는 모든 문제에 현명하게 대처할 수 있는 힘을 길러 준다. 또 역사는 어떤 문제에 대한 급속하고 완전한 해결을 기대한다는 것이 잘못되었다는 것을 깨우쳐 주면서 점진적인 방법을 택하게 하고, 더 나아가 독선과 편견에서 벗어나 타인의 의견을 수용할 수 있는 개방적인 자세를 길러 주기도 한다.[24] 역사교육이 우리에게 제공해 주는 이러한 이점들은 바로 역사적 통찰력이 우리에게 가져다주는 효과가 무엇인가를 분명하게 제시해 주고 있다.

역사를 통하여 우리가 이러한 통찰력을 얻을 수 있는 것은 역사가 우리에게 제공해 주는 인간 경험의 다양성과의 접촉 때문이다. 역사의 공부는 학생들로 하여금 여러 시기와 장소 및 다양한 문화에 대한 이해를 풍부하게 함으로써 그들의 지평을 확대한다.[25]

역사를 연구하는 사람들은 단순히 과거의 사람들에게 나타났던 대로의 역사적 사실을 그대로 재창조하는 것에 만족하지 않는다. 역사가는 과거의 사람들이 그들 자신을 이해하려고 했던 것보다 과거를 더 잘 이해하려고 한다. 이것이 가능한 것은, 역사가가 과거의 어떤 일에 직접 참여했던 사람들의 진정한 동기가 무엇인지를 밝힐 수 있는 위치에 있기 때문이다.[26] 즉, 역사가는 과거 사건의 참여자가 아니라 관찰자이며, 그가 연구하는 사건 다음에 무엇이 올 것인지를 미리 알고 그의 연구에 임하기 때문에 과거를 더 잘 이해할 수 있는 것이다. 버스톤의 말 그대로 "역사가 교양교육에서 주변적 위치가 아니라 중심적 위치를 차지하고 있는 이유는 역사가 그 시대의 관찰자에게는 이용할 수 없는 사회와 그 문제에 대한 통찰력을 제공해 주기 때문"인 것이다.[27] 그리고 이러한 통찰력을 바탕으로 학생들은 현재의 생활과 그 문제를 바르게 이해할 뿐만 아니라 미래 세계를 향해 올바르게 나아갈 수 있는 유용한 지침을 얻을 수 있는 것이다.

이렇게 볼 때, 역사교육의 내재적 목표와 관련해서 내용선정의 바람직한

---

24) Daniels, *Studying History*, p. 10.

25) Clare Crane, "History Revisited: Raising the Right Question", *Social Studies Review* 21(2)(1982), p. 4.

26) Burston, *Principles of History Teaching*, p. 137.

27) *Ibid.*, p. 138.

원칙을 찾는다면 우리는 서슴없이 역사적 통찰력을 주는 지식이라고 대답할 수 있다고 본다. 문제는 이러한 통찰력을 주는 지식이 과연 어떤 것인가 하는 점이다. 이 점에 대해서 계속 살펴보기로 하자.

2. 교육적인 내용선정 기준의 탐색

지금까지 우리는 내용선정의 기준으로 제시된 '중요성'이란 개념에 관해 다각적으로 살펴보았다. 지금까지의 논의를 바탕으로 역사에서 중요한 지식이 어떤 것인가를 정리한다면 다음과 같은 것이 될 것이다. 즉, 역사에서 중요한 지식이란 당시 사람들에게 큰 의미를 지녔던 사건, 혹은 지금까지의 역사발전이나 현대세계의 형성에 큰 영향을 준 사건이라고 할 수 있다.

그러나 역사교육에서 이러한 기준을 실제로 적용하는 과정에서는 많은 난점이 수반된다. 우선, 당시 사람들에게 큰 의미를 지녔던 사건이 어떤 것인지를 우리는 잘 알 수가 없다. 또한 역사 발전이나 현대세계의 형성에 큰 영향을 주었던 사건을 판별하는 작업도 그렇게 용이한 일이 아니다. 왜냐하면 이렇게 되기 위해서는 역사에 대한 상당한 수준의 지식이 요망되기 때문이다. 사실상, 이러한 지식은 전문적인 역사가에게나 기대할 수 있는 그런 종류의 지식이라고 할 수 있다. 버스톤의 말대로 식생활의 발전보다는 언론자유의 발전이 더 가치가 있었다는 식으로 상식적인 수준에서 판단할 수는 있겠지만, 그런 판단을 한다는 것 자체가 그렇게 쉬운 일은 아니다. 또 앞에서 말한 것처럼 여기에는 판단하는 사람 자신의 주관성이 개입될 여지가 너무나 많다. 그러므로 역사교육의 실제에서 내용을 선정할 때에는 중요성이란 기준을 그대로 적용하기보다는 그것을 역사교육적인 의미로 바꾸어서 접근하는 것이 필요하다고 본다.

역사교육적으로 중요한 지식이란 위에서 언급한대로 학생들에게 역사적 통찰력을 주는 지식이라고 할 수 있다. 그렇다면 역사적 통찰력을 주는 지식이란 구체적으로 어떠한 것인가? 이 문제에 대답하기 위하여 우리는 내용선정 기준에 관한 문제를 교육적인 견지에서 다시 검토할 필요가 있다.

역사교육에서 내용선정 문제를 논하는 데 있어서 가장 핵심이 되는 과제 중의 하나는 내용선정의 기준을 어떻게 정하느냐 하는 문제일 것이다. 여기에 대해서는 역사를 포함해서 사회과 일반에서 내용선정상의 기준을 논한 타바(Hilda Taba), 프레이저(D.M. Fraser), 프라엔켈(Jack R. Fraenkel)등의 견해가 우리에게 많은 시사를 주고 있다.

먼저 타바는 사회과에서 내용을 선정할 때 기준이 되는 요소로 다음의 다섯 가지를 들고 있다.[28]

① 타당성－그 내용은 학문의 개념들을 잘 반영하고 있는가?

② 중요성－그 내용은 현대 세계의 중요한 부분들을 잘 설명하며, 인간 활동의 중요한 국면들을 잘 기술하고 있는가?

③ 적절성－그 내용은 학생의 필요, 흥미 및 성숙도에 적합한가?

④ 지속성－그 내용은 오래 지속될 수 있는가?

⑤ 균형성－그 내용은 범위와 깊이 양면의 발달을 허용하고 있는가?

다음 프레이저는 사회과 내용선정의 기준으로 ① 타당성, ② 중요성, ③ 계속성과 계열성, ④ 학습자의 필요나 흥미 및 개인차, ⑤ 현재 및 미래의 생활환경에의 적응성, ⑥ 높은 사용 빈도, ⑦ 사회적 실체와의 연결성, ⑧ 다목적에의 적응성, ⑨ 결과의 복합성 등 여러 가지 요소를 들고 있다.[29] 그는 특히 타당성과 중요성을 가장 중요한 기준이라고 말을 하고 있다. 그러면 타당성과 중요성을 갖춘 지식이란 어떤 것을 말하는가? 이것을 프레이저에 따라 정의를 내려본다면, 타당한 지식이란 교과의 목표와 일치되고 누구나 인정할 만한 진실된 지식을 의미하고, 후자는 교과의 기본적인 지식으로서 설명력과 적용력이 큰 지식을 의미한다.[30]

끝으로 프라엔켈은 사회과에서 내용을 선정할 때 '기본적인 지식'을 우선적으로 선택해야 한다고 주장하고 있다.[31] 그가 말하는 기본적인 지식이란

---

28) Hilda Taba, Mary C. Durkin, J.R. Fraenkel, and A.H. McNaughton, *A Teacher's Handbook to Elementary Social Studies : An Inductive Approach*(Massachusetts : Addison-Wesley Publishing Company, 1971), p. 13.

29) D.M. Fraser, *Social Studies Curriculum Development*(New York : National Council for the Social Studies, 1970), p. 218.

30) *Ibid.*, p. 220.

31) J.R. Fraenkel, *Helping Students : Think and Value*(Englewood Cliffs, N.J. : Prentice Hall Inc., 1973), p. 105.

다양한 지역이나 사건 혹은 사람들에게 널리 적용할 수 있고, 인간 활동의 중요한 국면들을 설명할 수 있으며, 세계가 움직이는 방식에 대한 통찰력을 제공해 주는 지식이라고 할 수 있다. 여기에서 프라엔켈이 말하는 기본적인 지식은 위의 프레이저가 제시한 기준들의 대부분을 포용할 수 있는 총괄적인 기준이라고 할 수 있다.

이상의 논의를 바탕으로 역사교육에서 내용을 선정할 때 기준으로 삼아야 할 핵심적 사항들을 질문 형태로 제시해 보면 다음과 같다.

① 역사교과에서 기본이 되는 지식인가?

② 타당한 지식인가?

③ 오래 지속될 수 있는 지식인가?

④ 학습자의 필요나 흥미, 그리고 발달단계에 맞는 지식인가?

⑤ 사회적, 시대적 요구에 맞는 지식인가?

⑥ 넓은 범위와 여러 목적에 걸쳐 적용될 수 있는 지식인가?

이러한 여섯 가지 기준을 충족시킬 수 있는 역사적 내용이 있다면 그것이 곧 역사적 통찰력을 제공해 주는 지식이라고 우리는 말해도 좋으리라 본다.

여기에서 문제가 되는 점 가운데 하나는 위에 열거한 기준들 사이에 우열을 정하는 문제이다. 물론 교육과정을 계획하는 사람의 교육관에 따라 각 기준에 주어지는 비중에도 큰 차이가 생길 수 있으리라 본다. 예컨대 학문중심 교육과정의 설계자라면 위의 기준들 가운데 ①과 ②를 더 선호할 것이지만, 경험중심 교육과정의 설계자라면 ④와 ⑤를 더 선호하게 될 것이다.

그러나 이런 논리는 어디까지나 강조상의 문제이지 결코 이분법적인 원리에 의해 설명될 성질의 문제는 아니라고 본다. 왜냐하면 교과의 기본적인 개념과 원리를 강조하는 학문중심 교육과정에서도 학생들의 흥미나 발달단계에 대한 고려 혹은 사회적 요구에 대한 관심은 어느 교육과정에 못지 않기 때문이다. 따라서 위에서 열거한 내용선정의 기준들은 서로 보완관계에 있다고 말하는 것이 훨씬 타당성이 있는 견해라고 할 수 있다.

3. 교육적인 내용선정 기준의 적용

(1) '지식의 구조'를 통한 접근

역사교육에서 '중요성'이라는 기준을 적용할 때 따르는 난점들은 결국 역사의 내용을 지나치게 사실위주로 보는 관념에서 파생된 현상이라고 할 수 있다. 그러나 역사교육에서 내용선정은 이와는 달라야 한다고 본다. 왜냐하면 역사교육에서 본질적 중요성이냐, 도구적 중요성이냐 하는 논쟁은 별로 의미가 없기 때문이다. 오히려 역사교육에서 중요한 지식이란 학생들에게 역사적 통찰력을 제공해 주는 지식이 아닌가 생각된다. 그리고 이러한 지식은 위에서 열거한 교육적인 기준들에 적합한 내용들이라고 할 수 있다.

이런 시각에서 볼 때, 역사교육에서 중요한 지식이란 역사교과에 기본이 되고, 타당성이 있으며, 오래 지속될 수 있고, 학습자의 필요나 흥미 혹은 발달단계에 맞으며, 사회적 또는 현실적 요구에 맞고, 넓은 범위와 여러 목적에 적용될 수 있는 지식이라고 답변할 수 있다. 정확하게 맞는 말은 아니지만, 이러한 기준들 가운데 앞의 세 가지는 본질적 중요성과 일맥상통하는 기준들이고, 뒤의 세 가지 기준은 도구적 중요성과 서로 통하는 기준이라고 말을 해도 큰 무리는 없다고 본다.

그러면 역사교육의 내용 가운데 가장 기본이 되고, 타당하며, 오래 지속될 수 있고, 넓은 범위와 여러 목적에 적용될 수 있는 지식으로는 어떤 것들이 있을까? 이 문제에 대한 대답은 곧 역사교육에서 중요한 내용이 어떤 것인가에 대한 대답도 될 것이기 때문에 우리의 논의에서는 가장 핵심적인 질문이라고 할 수 있다.

우리는 먼저 역사적 사실 가운데 중요하다고 생각되는 역사적 사실들을 떠올리게 된다. 그 중에서도 역사상의 주요한 주제들이 제일 먼저 거론될 수 있다. 예컨대 한국사에서 주요 주제들인 통일신라 말기의 사회변동, 고려의 대외투쟁, 조선의 왕권강화, 실학운동 등이 바로 그와 같은 것들이다. 또 서양사의 주요 주제들인 봉건제도, 르네상스, 절대주의 등도 비슷한 유형에 속한다. 이러한 주제들은 물론 역사교육의 핵심적 사실들인 것만은 틀림없는 사실이다. 어느 역사 교과서에 보더라도 위와 같은 주제들이 빠져 있는 교과서가 하나도 없다는 것을 보면 위의 주제들은 확실히 중요한 지식이라고 할 수 있다. 이런 의미에서 볼 때 그 주제들과 그것에 관련된 내용들은 본질적 중요성과 도구적 중요성을 아울러 갖추고 있는 내용들임에 틀림없다.

그러나 위의 주제들이 앞에서 열거한 내용선정 기준에 완전히 들어맞는다고 할 수는 없다. 왜냐하면 이러한 내용들은 교과에 기본이 되고 타당성이 있는 지식일지는 몰라도 오래 지속되고, 넓은 범위와 여러 목적에 적용될 수 있는 지식이라고 단정적으로 말할 수는 없기 때문이다. 그렇다면 이러한 기준들을 동시에 충족시킬 수 있는 지식이란 어떠한 것일까? 그것을 우리는 학문중심 교육과정에서 내세우는 '지식의 구조'에 관한 논리를 통해 시사를 받을 수 있다고 본다. 브루너에 의하면, 지식의 구조란 각 교과의 기본적인 개념과 원리 및 탐구방법을 의미한다. 말하자면 역사의 핵심적인 개념과 일반화 및 탐구방법이 곧 역사학의 구조가 되는 셈이다.

(2) 핵심적 개념 및 일반화의 선정

역사의 핵심적 개념과 일반화는 어떠한 것인가? 우선 우리는 역사의 구체적인 내용과 밀착된 개념과 원리를 생각할 수 있다. 예컨대 자유주의와 민족주의라는 개념들과 거기에 관련된 일반화가 이러한 경우에 속할 것이다. 역사에는 구체적인 사실들과 밀착된 개념 및 일반화가 얼마든지 있다. 서양사에서 흔하게 볼 수 있는 봉건사회, 종교개혁, 절대주의, 시민혁명, 자유주의, 민족주의, 제국주의, 전체주의와 같은 개념들과 여기에 관련된 일반화들이 바로 그와 같은 것들이다. 그리고 한국사에서 흔하게 볼 수 있는 호족세력, 귀족사회, 양반사회, 실학운동, 개화와 보수의 갈등과 같은 개념들과 여기에 관련된 일반화들도 같은 범주에 속한다.

그러면 구체적 사실과 개념 및 원리 사이에는 어떤 관계가 있는가? 단적으로 말해서, 구체적 사실은 역사의 핵심적 개념이나 원리를 정당화시켜 주는 구실을 한다. 왜냐하면 구체적 사실의 뒷받침을 받지 못할 때 역사의 개념이나 원리는 공허한 것이 되기 때문이다. 반면에 역사의 핵심적 개념이나 원리는 구체적 사실들에 의미를 부여해 준다. 왜냐하면 역사의 핵심적 개념이나 원리가 없이는 구체적 사실들은 아무런 의미 없는 사실들의 나열에 불과하기 때문이다. 예를 들어보자. 자유주의와 민족주의라는 개념과 이에 따르는 일반화는 프랑스혁명, 7월혁명, 2월혁명, 혹은 이탈리아의 통일, 독일의 통일과 같은 구체적 사실의 뒷받침을 받지 못할 때 공허한 개념의 위치에서 벗어나지 못할 것이다. 반면에 이러한 구체적 사실들은 자유주의와 민족주의라는 개념과 이에 따르는 일반화에 의해 포섭되지 못할 때 별로 의미가 없는 사실들의 나열에 불과할 것이다. 이렇게 볼 때 사실과 개념 및 원리는 서로 상보적인 관계에 놓여 있다. 아니, 보다 엄격히 말한다면, 서로 위계관계에 있다고 할 수 있다.

역사에서 이용되는 개념들 가운데는 시대와 지역에 상관없이 역사적 변화나 계속성의 요인들을 설명하는 중요한 개념들이 있다. 예컨대 문화, 문명, 가치, 권력, 갈등, 개혁, 혁명, 이데올로기, 리더쉽, 탐험과 정복, 상호교류 등과 같은 개념들이 바로 그것들이다. 이 개념들은 역사의 실제적인 전개과정에서 큰 영향을 미치는 사실들을 총괄적으로 설명하는 개념들로서 사회과학적 성격이 강한 개념들이라고 할 수 있다.

한편 역사에서 이용되는 개념들 가운데는 역사학의 본질 및 성격과 관련된 보다 고차적인 개념과 원리가 있다. 예컨대 샌솜(Chris Sansom)은 역사교육 내용의 바탕을 이루는 개념으로 인과관계, 변화, 계속성, 동기 및 의도, 증거 및 역사적 방법 등의 개념들을 제시하고 있는데,[32] 이러한 개념들과 여기에 관련된 일반화들이 바로 고차적인 개념과 원리에 속하는 내용이 될 것이다.

(3) 핵심적 개념 및 일반화의 사례

이상에서 우리는 역사의 개념 및 일반화가 역사의 실제적인 전개과정뿐만 아니라 역사의 본질을 설명하는 데 있어 유용한 수단이 되고 있으며, 또 그만큼 역사교육의 핵심적인 내용이 될 수 있음을 강조하고자 하였다. 그러면 이러한 개념 및 일반화를 중심으로 역사교육의 내용을 구성하려고

32) C. Sansom, "Concepts, Skills and Content", in C. Portal(ed.), *The History Curriculum for Teachers*(London : The Falmer Press, 1987), pp. 129-131.

시도한 경우들을 몇 가지 알아보기로 하자.

우리가 먼저 들 수 있는 사람으로는 뱅크스(J.A. Banks)가 있다. 그는 구체적인 역사적 사실들보다 개념 및 일반화가 더 중요하다는 사실을 다음과 같이 강조하고 있다.

> 학생들은 역사적 사실들을 배울 필요가 있다. 그러나 이런 사실들은 개념, 일반화 및 이론들과 관계되어야 한다. 사람들은 그들이 배운 많은 사실을 잊어버린다. (그러므로) 그들은 세세한 사실들보다는 미국 혁명의 원인과 같은 큰 개념들을 기억하려는 경향이 있다. 대부분의 사람들은 미국 50개 주의 수도명을 다 기억할 수가 없다. 그러나 많은 사람들은 수도가 주 안에서 가장 큰 도시보다는 작은 도시에 위치하려는 경향이 있다는 것을 기억한다. …그들이 배울 때, 주의 수도가 가진 위치와 기능에 대한 일반화는 50개 주의 수도 이름을 기억하는 것보다 더 강조된다.[33)]

뱅크스는 이와 같은 전제 밑에서 역사교육에서 강조되어야 할 핵심적 개념과 일반화를 다음과 같이 제시하고 있다.[34)]

- 변화 : 인간의 역사는 변화에 의해 특징 지워진다.
- 갈등 : 인간이 살아 있는 한 언제나 개인, 집단, 국가들 사이에서 갈등이 일어난다. 갈등은 사회에 부정적인 영향을 주면서도, 다른 한편 사회 변화의 원동력이 되기도 한다.
- 협동 : 역사를 통하여 볼 때, 문화와 경험을 달리하는 개인과 집단이라고 할지라도 동일한 목표를 얻기 위하여 함께 일하는 경우가 많이 있다.
- 혁명 : 조직화된 집단이 그들의 요구를 무시하는 관료들에 대해 참을 수 없는 상태가 되고, 그들의 불만을 경감시킬 수 있는 합법적인 통로가 막혀 있다고 인식하는 사회에서 혁명이 일어날 가능성이 높다.

---

33) J.A. Banks, "History : Structure, Concepts, and Strategies", in *Teaching Strategies for the Social Studies*(New York : Longman, 1990), p. 263.

34) *Ibid.*, pp. 275-280.

◦문화 : 인간이 생활하는 곳에서는 어디서나 그들의 정치적, 사회적 필요를 만족시킬 수 있는 행동 패턴, 예술품, 신앙의 체계를 발전시킨다.

◦탐험 : 탐험은 문화적 변화를 초래할 뿐만 아니라 다른 문화적, 인종적 집단 사이에서 갈등을 초래한다.

◦민족주의 : 민족주의는 민족 중심의 이념으로 국가의 발전에 반드시 필요한 요소이기는 하지만, 과도한 민족적 감정은 때때로 민족간의 갈등과 전쟁을 야기시킨다.

◦역사적 편견 : 과거의 사실에 대한 역사가의 견해는 증거의 효용성, 개인적인 편견, 저자의 목적, 그리고 그들이 살고 있는 사회와 시대에 의해 영향을 받는다.

위에서 뱅크스가 제시한 개념과 일반화를 보면 역사의 전개과정과 관련된 사회과학적 개념(갈등, 협동, 혁명, 문화, 탐험, 민족주의)과 역사의 본질과 관련된 개념(변화) 및 역사의 방법과 관련된 개념(역사적 편견)들이 다 같이 포함되어 있는 것을 알 수 있다. 뱅크스는 이러한 개념과 일반화들이 바로 '역사의 핵심적 구조'라는 점을 강조하고 있다.

한편 엘리스(Arthur K. Ellis)는 역사에 관한 핵심적 개념과 원리로서 13개의 아이디어를 제시하고 있는데, 이 가운데 대표적인 것들을 소개하면 다음과 같다.[35)]

◦변화는 모든 인간 사회의 보편적인 특징이다.

◦단일한 원인에 의해 결과된 역사적 사건은 없다.

◦인간 사회의 변화는 개혁을 통해 점진적으로, 또는 혁명을 통해 폭력적으로 성취된다.

◦특정 개인의 지도력은 역사과정에 깊은 영향을 미친다.

◦모든 사회의 기본적인 가치와 신념은 그들의 창조적인 업적에 반영되어 왔다.

◦과거에 대한 우리들의 해석은 새로운 자료의 발견이나 관점의 변화에 따라 계속 변화한다.

---

35) A.K. Ellis, *Teaching and Learning Elementary Social Studies*(Boston : Allyn and Bacon, Inc., 1986), p. 64.

위의 엘리스가 제시한 일반화는 역사의 전개과정에 영향을 미치는 요인들에 관한 개념들, 혹은 역사의 본질에 관계된 개념들을 설명한 것이라고 할 수 있다.

(4) 핵심적 개념 및 일반화의 효용성

지금까지 우리는 역사의 내용이라고 하면 구체적인 역사적 주제나 사실부터 연상하는 것이 일반적이었다.

그러나 위에서 제시한 개념과 일반화의 사례들에서 보듯이 역사의 내용에는 구체적인 주제와 사실들을 넘어서는 보다 높은 차원의 내용들이 있음을 우리는 인식할 필요가 있다. 역사의 전개과정에 영향을 미치는 요인들과 관계가 있는 개념 및 일반화, 그리고 역사의 본질과 관계가 있는 보다 추상적인 개념 및 일반화들이 바로 여기에 속한다. 이러한 개념 및 일반화들은 역사의 구체적인 주제나 사실들에 의미를 부여하는 동시에 역사적 사고에 있어서 기본적 틀의 역할을 한다. 예컨대 우리가 변화나 인과관계 등의 개념이나 원리를 이해하지 못할 때 우리는 보다 높은 수준의 역사적 사고를 하는 것이 불가능해진다. 샌솜이 이와 같은 개념들을 역사적 '사고의 규칙'(rules of thought)이라고 부르고 있는 것은 바로 이 때문이다.[36]

또 이와 같은 개념들은 역사의식의 기본적인 요소를 이루기도 한다. 일본의 학자들이 강조하듯이 역사의식을 형성하는 기본적 요소로는 고금상이의식(古今相異意識), 변천의식, 인과관계의식, 시대구조의식, 발전의식 등이 있는데 이러한 의식들은 곧 기본적인 역사적 개념들에 대한 이해 정도를 말한다.[37] 고금상이, 변천, 인과관계, 시대성, 발전성 등은 그 자체가 바로 역사의 본질적인 개념들이기 때문이다. 우리는 보통 역사적 사고와 역사의식이 역사교육의 본질적 목표라는 주장은 하면서도 이러한 사실에 대해서는 제대로 이해하지 못한 채 역사적 내용이라 하면 위에서 말한 바와 같은 구체적인 사실만을 머리에 떠올리곤 했던 것이다.

역사교육의 질적인 전환을 추구하는 사람들 가운데는 이와 같이 역사교

---

36) Sansom, "Concepts, Skills and Content", p. 116.
37) 역사의식의 개념에 관해서는 이찬희, 「역사의식의 개념과 역사의식」, 한국사회과교육연구회(편), 『한국사회과 교육학개론』(교육과학사, 1989), 307-316면.

육의 내용을 한 단계 높여서 보려는 사람들이 많이 있다. 이러한 사람들 가운데서 크레인(C. Crane)은 역사교육이 다루어야 할 핵심적 과제로 ① 변화와 계속성을 중심으로 한 발달적 접근, ② 전후관계와 상호관련성, ③ 인과관계와 동기, ④ 비교와 대조, ⑤ 해석, ⑥ 결론의 도출, ⑦ 자료의 비판 등을 제시하고 있는데, 이것은 역사교육에서 다루어야 할 핵심적인 개념을 밝힌 것이다.[38] 한편, 영국 학교교육협의회에서는 역사교육에서 내용 선정상의 기본요소로 ① 역사적 설명의 논리(변화, 계속성, 발달, 진보, 퇴보), ② 역사적 설명의 증거적 기반, ③ 역사적 설명상의 신비(동기, 우연, 원인 등), ④ 인간 연구로서 역사의 이해 등을 열거하고 있는데,[39] 이러한 방식도 역사교육의 내용을 새로운 차원에서 해석한 것이라고 할 수 있다.

여기에서 우리는 역사의 내용 자체가 내포하고 있는 복잡한 위계관계에 주목하지 않을 수 없다. 즉, 역사의 내용에는 ① 구체적 사실, ② 역사적 사실과 밀착된 개념 및 일반화, ③ 역사의 전개과정과 관련된 개념 및 일반화, ④ 역사의 본질 및 성격과 관련된 개념 및 일반화 등이 상호 보완적인 관계에 있으면서 하나의 위계관계를 형성하고 있음을 알 수 있다. 여기에서 구체적 사실들을 포괄하고, 그것들을 설명하는 입장에 있는 ②, ③, ④를 우리는 편의상 역사적 아이디어(idea)라고 부를 수 있을 것이다. 왜냐하면 그러한 개념이나 일반화들은 일정한 사고 단계를 거쳐 추상화된 개념이나 일반화들이기 때문이다. 이러한 역사적 아이디어는 역사교육의 질적 전환을 보장해 줄 수 있는 유용한 도구가 될 수 있다는 의미에서 우리는 이에 대한 관심을 더욱 배가시켜야 할 것이다.

(5) 역사적 탐구방법과 내용선정

위의 크레인이 제시한 내용들을 보면, 비교와 대조, 해석, 결론의 도출, 자료의 비판 등에서 볼 수 있듯이 개념이라기보다 탐구방법에 관한 것이 제시되고 있는 것을 볼 수 있다. 이러한 경향은 위에서 소개한 뱅크스의 글이나 영국 학교교육협의회에서 제시한 내용에서도 찾아 볼 수 있다. 이

---

38) Crane, "History Revisited", p. 6.

39) James Fitzgerald, "History in the Curriculum: Debate on Aims and Values", *History and Theory* 22(4)(1983), p. 94.

것은 역사교육의 내용가운데 개념이나 원리 외에 탐구방법에 관한 사항이 포함되고 있음을 말해 주는 것이다. 아니 어떻게 보면 탐구방법에 관한 사항이 개념 가운데 포함되고 있는 것이다. 이것은 위에서 소개한 샌슴의 경우에 잘 나타나 있다. 그는 증거 및 역사적 방법을 역사의 핵심적 개념으로 간주하고 있는 것이다.

그러면 이와 같이 역사의 내용에서 탐구방법에 관한 사항을 포함시켜야 하는 이유는 무엇인가? 그것은 무엇보다 역사의 어원(語源) 자체가 '탐구'(Historia)라는 사실에서도 찾아 볼 수 있다. 여기에 대해서 클레그(A.A. Clegg)와 스콤버그(C.E. Schomburg)는 다음과 같이 말을 하고 있다.

> 역사는 하나의 산물(a product)일 뿐만 아니라, 하나의 과정(a process)이기도 하다. 탐구가 자연과학에서 현대적인 교육과정의 일부가 된 것처럼 역사교육에서도 마찬가지라고 할 수 있다. 역사는 하나의 활동, 하나의 과정이지 다른 사람이 하는 설명의 수동적인 수용은 아닌 것이다.[40)]

클레그와 스콤버그의 말이 아니더라도 역사적 연구의 과정을 조금이라도 들여다보면 우리는 탐구야말로 역사의 본질임을 깨닫게 된다. 위의 크레인의 경우에서 보았듯이 비교와 대조, 해석, 결론의 도출, 자료의 비판과 같은 탐구방법이 역사의 본질에 속한다는 사실을 부인할 사람은 거의 없을 것이다. 이렇게 볼 때, 역사의 기본적인 내용은 역사에서의 핵심적인 개념과 원리 및 탐구방법의 복합체로 간주해도 큰 무리는 없다고 보여진다.

지금까지의 논의를 가만히 들여다보면, 역사의 내용이 고정적인 것보다는 가변적이고 동적인 성격을 내포하고 있음을 파악할 수 있다. 위에서 제시한 역사의 내용구조에서 ① → ② → ③ → ④로 연결되는 과정은 위계화의 과정인 동시에 일반화의 과정을 의미한다. 이와 같이 구체적인 것에서 추상적인 것으로 나아가면서 내용의 수준도 높아지게 된다.

---

40) A.A. Clegg JR. and C.E. Schomburg, "The Dilemma of History in the Elementary School : Product or Process?", in John Jarolimek and H.M. Walsh(eds.), *Readings for Social Studies in Elementary Education*(New York : Macmillan Publishing Co., Inc., 1974), p. 87.

그런데 이와 같은 일반화, 추상화의 과정은 그 자체가 사고의 과정을 내포하고 있다는 사실에 우리는 주목할 필요가 있다. 왜냐하면 구체적인 사실들에 비추어 일반적인 내용을 정당화시키고, 일반적인 내용에 비추어 구체적인 것에 의미를 부여하는 과정은 그 자체가 복잡한 사고의 과정을 내포하고 있기 때문이다. 그러므로 역사적 내용을 단순히 구체적 사실로만 보지 않고 개념이나 원리 및 탐구방법의 복합체로 파악하는 방식은 역사를 고정되어 있는 지식의 체계로보다는 동적인 '아이디어 더미'로 보려는 태도와 같은 것이라고 할 수 있다.

사실상, 개념이나 원리 혹은 탐구방법 같은 '역사적 아이디어'는 수동적으로 주어지는 것이 아니라 복잡한 사고과정을 거친 후에야 비로소 획득된다. 위에서 우리는 자유주의와 민족주의라는 개념이 18세기와 19세기에 서양에서 전개된 구체적인 역사 사실들을 통하여 학습되어질 때에야 비로소 참다운 이해가 가능하다는 것을 살펴본 바가 있었다. 이것은 말하자면 사실과 개념 사이의 복잡한 사고과정을 그 자체 안에 내포하고 있는 것으로 보여진다. 특히 역사의 본질과 관계 있는 개념들, 즉 변천, 인과관계, 발전성 등의 개념의 획득에 있어서 보다 복잡하고 고차적인 사고과정을 필요로 한다는 것은 두말 할 필요도 없다.

(6) 내용선정 기준에 적합한 역사적 내용

지금까지 우리는 역사적 내용의 의미를 다각적으로 검토해 보았다. 이러한 검토를 통해서 얻을 수 있는 결론은 무엇인가? 그것은 바로, 역사적 내용이 구체적 사실만이 아니라 개념과 원리와 같은 역사적 아이디어에까지 확대가 되어야 한다는 것이다. 또 개념과 원리도 단순히 역사적 사실들에 밀착된 개념과 일반화뿐 아니라 역사의 본질이나 성격을 반영하는 고차적인 개념과 원리, 즉 역사의 기본적 아이디어에 해당되는 사항까지 포함해야 한다는 것이다. 그리고 내용 가운데 탐구방법과 관련된 개념이나 원리까지 포함되어야 한다는 사실을 강조하고자 하였다. 이와 같이 역사의 내용을 몇 단계로 나누어 위계적으로 보려는 태도 가운데는 역사를 보다 동적으로 파악하는 동시에 역사의 내용 한가운데를 흐르고 있는 사고의 과정을 중시하려는 태도가 숨어 있음을 우리는 주목할 필요가 있다.

그러면 이와 같은 논의가 역사교육에서의 내용선정의 원리에 주는 시사점은 어떤 것인가? 우리는 앞에서 내용선정의 기본적 원리로 역사교과에 기본이 되고, 타당성이 있으며, 오래 지속되고, 넓은 범위와 여러 목적에 적용될 수 있는 지식 등 몇 가지 원칙을 제시한 바 있었다. 그리고 이러한 여러 기준에 적합한 지식이 역사에서 중요한 지식이 될 것이라는 원칙을 내세운 바 있었다. 그러면 이러한 기준에 가장 합당한 내용으로는 어떤 것이 있을까? 이 문제에 대해서는 위의 논의를 통해 이미 해답이 나온 것으로 보여진다. 즉, 역사에서 중요한 지식이란 바로 역사의 핵심적인 개념과 일반화, 즉 역사적 아이디어를 말한다. 그리고 이러한 역사적 아이디어를 잘 드러내는 역사적 사실이 역사에서 중요한 내용이 되는 것이다.

예를 들어보자. 유럽의 역사에서 시민혁명은 누구나 중요한 것으로 인정을 하고 있다. 왜냐하면 시민혁명이야말로 근대 시민사회 형성의 핵심적 역할을 담당했으며, 또 그만큼 오늘날 우리의 생활에도 직접적인 영향을 주고 있기 때문이다. 그런데 시민혁명은 혁명이라는 보다 넓은 개념의 한 부류에 속한다. 혁명이라는 말은 비단 시민혁명뿐 아니라 사회주의혁명까지 포함하여 각종의 혁명을 다 포괄하는 말이다. 그러므로 혁명이라는 개념은 시간과 공간을 초월하여 모든 역사적 사실에 적용될 수 있는 포괄적인 개념이라고 할 수 있다.

또 우리는 시민혁명을 공부하면서 역사의 본질과 관계된 개념들을 은연중 익히게 된다. 예컨대 시민혁명을 공부하면서 우리는 혁명의 인과관계를 따지게 되며, 급격한 변화와 발전이 어떤 것인가를 깨닫게 된다. 또한 시민혁명을 탐구하는 과정에서 증거의 중요성, 역사해석의 다양성 등 탐구방법에 관한 사항까지 배우게 된다.

이렇게 볼 때, 프랑스혁명에 관한 내용을 공부할 때 선정해야 할 내용은 비단 프랑스혁명에 관한 구체적 사실만이 아니라, 그것보다 더 높은 수준의 개념들, 즉 시민혁명, 혁명, 변화와 인과관계, 증거 및 해석과 같은 고차적인 개념들까지 포함해야 한다는 사실을 이해해야 할 것이다. 어떻게 보면, 이러한 개념들이야말로 역사교과에 기본이 되고 타당성이 있으며, 오래 지속되고 넓은 범위와 여러 목적에 적용될 수 있는 지식이라고 할 수 있기 때문이다.

Ⅴ. 맺음말

지금까지 본 연구에서는 역사교육에서 내용선정의 기준으로 삼아 왔던 전통적인 준거가 역사교육 자체의 내재적인 기본원리와는 거리가 먼 것임을 밝히면서, 역사과 내용선정의 기준에 따른 복잡한 문제들을 표출시키고, 나아가서 역사학이나 역사교육의 본질에 좀 더 밀착된 내용선정의 가능성을 모색해 보고자 하였다. 이 과정에서 필자는 '중요성'이란 개념이 역사교육에서 내용선정 기준으로 중요한 의미를 지니고 있음을 파악하게 되었다. 물론 중요성이란 개념이 역사가나 역사교사에게 의미하는 내용은 각기 다르다. 역사가에게 있어 그것은 순수하게 역사적 사실 자체가 내포한 가치(본질적 가치)나, 역사적 사실이 후대에 미친 영향력(도구적 가치)을 의미한다. 그러나 역사교사에 있어 그것은 사실 자체의 역사적 가치뿐만 아니라 그것이 학생에게 주는 교육적 가치까지도 포함한다.

어떤 역사적 사실이 중요한 것인가 아닌가에 대해서는 물론 역사가나 역사교사들 사이에 어느 정도 합의를 이루고 있는 측면도 많이 있다. 그러나 중요성에 관한 엄밀하고 객관적인 기준을 정하는 것은 여전히 어려운 과제로 남아 있다. 또, 여기에는 역사해석에 따르는 복잡한 문제까지 내포되어 있기 때문에 역사교육에서 학생들에게 가르쳐야 할 기본적 사실이 어떤 것인가에 대해서는 그 누구도 자신 있게 말할 수가 없으리라 본다.

위의 문제를 해결하기 위한 하나의 방법으로 필자는 내용선정의 일반적 기준으로 이용될 수 있는 여섯 개의 기준을 제시하고, 그 기준들을 이용하여 역사교육에서 내용선정 문제에 새롭게 접근해 보려고 하였다. 이러한 교육적 기준을 적용할 때, 역사교육에서 가르쳐야 할 내용은 단순한 사실의 체계가 아니라, 그 이상의 '어떤 것', 즉 역사의 핵심적인 개념과 원리가 된다. 이러한 지식이야말로 역사적 통찰력의 획득이라는 역사교육의 내재적 목표에 가장 가까울 뿐 아니라, 교과에 기본이 되고 타당성이 있으며, 전이력이 큰 지식을 선정한다는 내용선정의 일반적 기준에도 부합되기 때문이다. 이러한 기준의 채택은 역사의 특수한 사실보다는 그러한 사실들에 의미와 가치를 부여하는 역사의 일반적 아이디어를 더 중시하는 견해를 반영한 것이다.

이러한 아이디어를 중심으로 내용을 선정할 때 우리는 수많은 내용들을 일일이 익혀야 하는 망라(coverage)와 습득(master)의 중압감으로부터 벗어나 역사의 본질에 가까운 내용만을 자유롭게 선정할 수 있으리라 본다. 그러므로 우리는 역사의 기본적 개념과 원리가 어떤 것인가에 대한 보다 치밀한 분석적 연구를 수행하고 이를 토대로 역사교육에서 가르쳐야 할 내용이 어떤 것인가에 대해 보다 참신한 대안을 제시할 필요가 있다고 본다.

우리의 역사수업 현장에서는 주어진 시간에 비해 가르쳐야 할 내용이 너무 많다는 불평들이 쏟아져 나오고 있다. 또한 교사들은 가르치는 내용의 학문적 내지 교육적 의미나 가치에 대해서는 깊은 성찰도 해보지 않은 채 무조건 가르치는 경우가 많이 있다. 이렇게 되다 보니, 역사적 사고의 신장이나 역사적 통찰력의 획득과 같은 고차적 목표에 대해서는 엄두도 내지 못하는 형편에 있다. 따라서 어떤 형태로든 역사교육의 내용은 재구성될 필요가 있음을 우리는 깨닫게 된다. 이를 위해서는 역사교육의 모든 내용에 걸쳐 "이 내용은 도대체 왜 가르칠 필요가 있는가?"라는 질문과 함께 이에 대한 해답이 끈질기게 추구되어야 한다. 그리고 가르쳐야 할 내용에 관한 역사학자 및 역사교육의 담당자들 사이에 기탄 없는 논의와 이를 통한 어떤 합의가 이루어지는 일이 필요하다고 본다. 그러나 무엇보다도 필요한 것은 내용을 보는 사람들의 시각에 있어서 어떤 근본적인 변화라고 하겠다.

(정 선 영)

제 4 장
교실 역사지식의 내용과 형식

Ⅰ. 머리말

제도적 교육기관으로서 학교가 한 사회구조 속에서 어떤 기능과 역할을 수행하느냐에 대하여 많은 학자의 논란이 있어 왔다.

학교의 사회체제 통합적 기능을 강조한 파슨스(T. Parsons)는 귀속된 지위가 아닌 성취된 지위를 결정하는 사회적 선발기능과 사회화기능을 지적하였다. 그는 성취 정도에 의해 학생의 지위가 분화되며, 학생들로 하여금 성취를 가치 있게 여기고 성취에 따른 분화를 기회의 평등원리로 인식하게 함으로써 사회적 가치와 규범을 내면화시키는 곳이 바로 학교라고 하였다. 따라서 학교는 유기체적인 사회구조의 한 부분으로서 그 균형과 존속을 위해 기능한다는 것이다.[1)]

이러한 기능주의적 시각과는 달리 보울즈(S. Bowles)와 진티스(H. Gintis)는 자본주의 사회의 교육을 지배계급의 이해관계를 유지하는 도구로 보는 경제적 재생산론을 주장하였다. 즉, 학교교육은 자본주의 경제구조에 대응하여 경제구조 및 계급관계구조의 재생산에 기여함으로써 자본주의적 질서를 유지하고 존속시킨다는 것이다. 학교의 지배적 기능은 교육적인 것이라기보다 경제적인 것이며, 학교는 제도에 대한 종속과 제도에 의한 위계화를 받아들이는 순종적이고 계층화된 노동력을 사회에 공급한다고 보았다. 이들은 자본주의 사회에서의 교육이 생산과정에서 요구되는 지배-복종

---

* 이 글은 『역사교육』 59집(1996. 8)에 실린 글을 부분적으로 수정, 보완한 것임.

1) T. Parsons, "The School Class as a Social System", *Harvard Educational Review* 29(1959). T. 파슨스, 「사회체제로서의 학급」, 이인효 외 편역, 『교육과 사회』(교육과학사, 1991), 3-28면에서 재인용.

적 인간관계를 재생산하는 장치로 이용된다고 주장했다. 학교체제는 학생들이 자신의 계급지위를 받아들이도록 가르치며, 그를 합리화함으로써 사회적 불평등을 강화하고 계급구조를 재생산하는데 공헌한다는 것이다.[2] 이러한 경제결정론 또는 구조결정론적 시각은 교육을 수동적인 도구적 개념으로 규정하는 점에서 기능주의 시각과 다르지 않았다.

한편 부르디외(P. Bourdieu)와 번스타인(B. Bernstein) 등은 알뛰세(L. Althusser)의 국가론을 배경으로 하여 문화재생산론을 주장했다. 이들은 단순한 경제환원론을 지양하고, 교육이 물질적 토대로부터 영향을 받기는 하지만 직접적으로 연결되어 있는 것은 아니라고 보고 교육을 주로 이데올로기의 영역과 관련지어 논의하였다.[3] 알뛰세가 학교를 억압적 국가기구의 후원 아래 부르주아적 가치들을 전파하여 계급모순을 은폐하고 계급관계의 재생산을 도모하는 가장 지배적인 이데올로기적 국가기구로 파악한 것처럼,[4] 부르디외는 학교가 지배집단에 의해 '임의로' 선택된 지배집단의 문화를 객관적인 것으로 규정하고 가르침으로써 지배집단의 문화자본(cultural capital)을 정당화하고 그 분배구조를 재생산하여 곧 사회구조의 재생산에 기여하고 있다고 보았다. 즉, 교육이 자본주의 국가를 정당화해 주는 이데올로기적 기능을 담당하고 있다는 것이다. 따라서 학교지식의 교수는 지배와 억압의 사회 문화적 재생산에 공헌하고, 임의의 권력에 의해 임의의 문화가 부과된다는 점에서 상징적 폭력행위이며, 이 점에서 학교체제는 물리적 폭력을 합법적으로 사용하는 독점체인 국가와 동일하다는 것이다. 이처럼 문화재생산론은 교육의 표면적 자율성이 학교를 중립적인 기관으로 인식시키고 지배계급이 소유하고 있는 언어적, 문화적 특성(문화자본)만을 보상하는 학교의 역할을 인식하지 못하게 함으로써 현 지배체제의 재생산을 보다 효과적으로 이루어지도록 한다고 보았다.[5]

---

2) S. Bowles and H. Gintis, *Schooling in Capitalist America*(New York : Basic Books, 1976).

3) B. Bernstein, *Class, Codes and Control, Vol. 3 Towards a Theory of Educational Transmissions*(London : Routledge and Kegan Paul, 1975), pp. 189-190. 나병현, 「교육의 상대적 자율성론 비판」, 강영혜 외 공저, 『현대사회와 교육의 이해』(교육과학사, 1994), 484면, 510면에서 재인용.

4) L. Althusser, "Ideology and Ideological State Apparatus", in *Lenin and Philosophy and Other Essays*(London : Monthly Review Press, 1971), pp. 154-155.

그러나 이러한 재생산이론은 교사와 학생들을 구조적 불평등의 희생자들로만 보는 지나친 구조적 결정론이라는 비판이 제기되었다.[6] 특히 교육의 종속적 역할에 대한 자신들의 초기 입장을 수정한 보울즈와 진티스는 사회구조는 토대-상부구조라는 결정적 도식으로만 파악될 수 없으며 학교교육과 사회구조간의 관계는 한층 복잡하고 미묘한 것이라고 하였다. 학교교육은 단순히 경제구조의 재생산 기능만을 수행하는 것이 아니며, 교육체제는 국가의 하위영역이지만 국가와는 근본적으로 다른 자율적인 내적 조직 및 참여의 원리를 가지고 있다는 것이다.[7] 애플(M. Apple)도 역시 학교교육은 기본적으로 불평등 창출기제이며, 학교가 불평등 구조에 맞게 학생들을 선발, 준비시켜 계급관계를 재생산하는 역할을 수행하고 있음에도 불구하고, 교육기회는 자본이나 고용 기회보다는 더 평등하게 분배되고 있으며, 경제나 여타 사회 제도보다 상대적으로 더 평등한 결과를 산출한다고 하였다.[8] 교육체제는 단순히 지배계급의 요구를 충족시키는 도구라기보다는 지식과 이데올로기의 생산에 관한 갈등과 타협의 장이며, 학교교육은 평등, 자유, 인권 등을 증진시키기 위해 노력하는 한편 불평등, 편견, 권위, 복종을 정당화하는데 기여하는 진보적이며 동시에 재생산적인 이중적 역할을 한다는 것이다. 즉, 학교교육은 현존하는 불평등관계를 재생산하고 있으며 동시에 그러한 경향과 모순된다고 보았다.[9]

또한 교육의 보편성, 자율성의 표상이 되는 지식교육이 사실은 지배계급의 이데올로기를 전달하는 편향된 교육에 불과하다는 문화재생산론에 대해

---

5) P. Bourdieu and J. Passeron, trans. by R. Nice, *Reproduction in Education, Society, and Culture*(London : Sage, 1977, Paris : 1970), p. xii, p. 11-13. 나병현, 「교육의 상대적 자율성론 비판」, 493면, 502-510면, 513-514면에서 재인용.

6) F. Erickson, "Qualitative Methods in Research on Teaching", in M.C. Wittrock(ed.), *Handbook of Research on Teaching*(New York : Macmillan, 1986), pp. 119-161.

7) S. Bowles and H. Gintis, "Contradiction and Reproduction in Educational Theory", in M. Cole(ed.), *Bowles and Gintis Revisited*(New York : The Falmer Press, 1988).

8) M. Apple, *Teachers and Text*(London: RKP, 1986), Chapter 8. ; Martin Carnoy and Henry Levin, *Schooling and Work in the Democratic State*(Stanford: Stanford Univ. Press, 1985), p. 24.

9) M. Apple(최원영 역), 『교육과 권력』, 한길사, 1988, 33-34면. ; Carnoy and Levin, *Schooling and Work in the Democratic State*, p. 47, p. 50.

서, 그러한 관점은 "위장된 지배 이데올로기에 불과한 지식의 덩어리를 수동적으로 받아들여서 전달하는 '지식소비'의 관점에 치우쳐 있어서, 학교가 지식생산의 장소일 수 있다는 가능성을 간과하고 있다"는 점이 지적되었다.[10] 학교가 생산해 낼 수 있는 지식에는 지배 이데올로기의 모순을 인식할 수 있는 비판적 의식의 창출이 포함되며, 학생들은 학교에서 지식을 배우는 동안 동시에 합리적 능력이 고양된다는 것이다. 교사는 오로지 지배 이데올로기만을 전파하고 주입하는 사람이 아니며, 지식탐구의 논리에 맞게 교과내용을 가르칠 수 있는 자율성을 갖고 있기 때문에, 만일 교사가 올바로 가르치고자 한다면 지식의 이데올로기적 성격을 폭로하게 될 것이며, 그렇게 되면 그 지배 이데올로기는 더 이상 '지식'으로 제시될 수 없게 된다. 또한 지식의 교수를 그 본질로 삼고 있는 교육은 지식에 내재해 있는 합리성이라는 지식의 성격에 의해서도 자율성을 가질 수 있으며, 교육은 그 내용의 보편성과 객관성을 확보하려고 노력한다는 것이다.[11] 이처럼 교육체제의 독자적인 자율성을 추구하고 교실의 지배구조에 도전하는 교수행위는 '반(反)헤게모니적'인 교수로 일컬어졌다.[12]

여기서 우리는 교육제도와 현장의 기능을 기술하고 비판하는 것은 교육자체만의 문제가 아닌 다른 사회요소와의 관계를 분석하는 것임을 알 수 있다. 교육과정(교육내용과 방법)은 사회적 조건과의 관련 속에서 탐구될 수 있으며, 소위 '객관적 기준으로 정의된 교수능력'이라는 교사의 '교수기술'(教授技術) 개념도 근본적으로 사회적 개념이다. 표준화된 교과서, 표준화된 교사평가 및 학생평가, 교직에 대한 행정가와 정부관료의 간여와 지시 등은 교육과정과 권력 사이의 연관성을 나타낸다.[13] 따라서 교사와 교과서, 교수과정에 관한 질문은 사회의 이데올로기적, 정치적, 경제적 관계에 관한 분석과 연관된다. 교실연구도 단순히 외적인 교수모델보다는 기존의 교실

10) L.W. Benade, "Is the Althusserian Notion of Education Adequate?", *Educational Philosophy and Theory* 16(1)(1984), pp. 43-51. 나병현, 「교육의 상대적 자율성론 비판」, 497면에서 재인용.
11) 나병현, 「교육의 상대적 자율성론 비판」, 520-530면.
12) G.L. Anderson, "Critical Ethnography in Education : Origins, Current Status, and New Directions", *Review of Educational Research* 59(3)(1989), p. 257.
13) M. Apple, "Supporting Democracy in Education", in *Teachers and Text*

상황에서 다루어지는 지식 및 사고의 형식과 수준, 그리고 교수형식과 실행에 대한 구조적 분석을 구축해야 한다. 특히 교실체계가 어떻게 작동하고 그런 환경에서 교과가 어떻게 대변되고 실행되는가에 대한 이해가 필요하며, 교실수업의 상호작용 구조 속에서 교실의 감추어진 문화적 의미와 요구를 드러내는 작업도 중요할 것이다.[14)]

이 연구는 먼저 학교지식의 개념과 그 기능에 대한 종래의 연구를 고찰해 보고, 학교 현장에서 어떤 종류의 지식이 선정, 조직되어 어떤 방식으로 제시되고 있는가를 특히 역사 교실의 내부적인 역동과정을 통해 검토함으로써 역사지식의 내용과 형식 및 그 기능을 분석하고자 한다. 즉, 역사교과의 새로운 정보가 어떻게 학생들에게 소개되는가, 교사들은 교과주제를 어떻게 학생들의 지식과 연결시키고 학문 개념을 이해시키며 그들의 인지수준을 향상시키는가 등을 살펴볼 것이다. 따라서 이 연구의 목적은, 먼저 '역사교실에서 무엇이 일어나고 있는가'를 기술, 묘사하는 것이며, 둘째 '그것은 무엇을 의미하는가'에 대한 분석적인 질문을 제기하는 것이고, 셋째는 '그것이 어떻게 설명되고 이해될 수 있는가'에 대한 이론적 해답을 제시하는 것이다. 이것은 구체적인 교실 현장에서 교육의 기능이 문화적 재생산의 단면을 증거하는지 아니면 지식의 합리성에 기반한 자율성을 드러내는지를 살펴보는 데 유용할 것이다. 이를 위해서 지난 1990년부터 1994년까지 중학교 현장에서 이루어진 8편의 교생실습 수업 및 현장교사 수업을 분석하였다.

Ⅱ. 학교지식의 개념과 기능

인간의 사고와 지식의 '존재구속성'에 기반하여 사고구조와 사회구조의 상관관계를 추적하는 학문인 지식사회학에서는 인간의 사고와 의식은 그

---

14) E. Bredo, Mary Henry, and R.P. McDermott, "The Cultural Organization of Teaching and Learning", *Harvard Educational Review* 60(2)(May 1990), pp. 251-253.

사회집단의 상황, 장소, 시간에 대하여 특정적이라고 본다. 사람들은 자기가 속한 집단의 사고유형을 따라 사고하거나 때로는 다른 집단의 그것과 대립하여 사고하게 되므로 사고는 본질적으로 집단적이며 사회적인 활동이라는 것이다. 따라서 사고 및 지식의 형성과정은 그 사회적 조건과의 관계 속에서 '유의미한 본질'을 파악할 수 있다고 본다. 학교에서 가르치는 지식과 사고체계도 역시, 그 관념이나 지식체계를 떠받치고 있는 사회적, 역사적 맥락과의 관계를 통해 어떤 의미를 함축하고 있는가가 검토되어야 한다. 또한 지식은 제도화, 합리화, 내면화 과정을 거쳐 규범적 질서를 창출하고 사회적 통제에 공헌하므로, 지식이 형성되는 과정 및 그것의 분배와 합리화 과정, 즉 지식이 어떻게 보존되고 확장되고 억압되고 또는 부활되는가 하는 경로들을 기술하고 분석하는 것이 중요하다는 것이다.[15]

이처럼 교육과정에 대한 비판적이고 해석적인 관점을 중시하는 학자들은, 학교에서 명시적으로 혹은 묵시적으로 다루는 교육내용이나 지식을 주어진 것으로 받아들이기보다는 학교에서는 무엇을 지식(아는 것)으로 간주하며 그 교육과정에 내재된 가치체계는 무엇인가를 분석한다. 즉, 교육제도가 사람뿐 아니라 지식도 '처리하고' 있다는 인식하에 학교지식이 특정 집단에 유리하게 규정되거나 조직되어 있지 않은가 하는 점 등을 고찰한다. 부르디외는 역사적으로 보아 사회성원들에게 강요되는 이념이나 규범은 사실상은 지배계급의 이익을 유지하려는 데에 그 주요한 의도가 있었다고 주장했다. 역사적으로 '참된 지식'과 '옳은 문화'는 귀족적인 것이었고, 그들의 고급문화가 더 가치 있고 보편적인 것으로 여겨졌다고 하면서, 학교제도는 무엇이 사회적으로 가치있는 지식인지를 정의해 줄 뿐만 아니라 단편적인 정보의 습득을 넘어 지배적인 가치를 따르는 성향 또는 '습성'을 가지도록 한다고 보았다. 결국 학교는 권력을 가진 자들이 가장 가치 있는 것으로 규정한 문화자본을 전수하여 그들의 정의대로 세상을 보게 하는 대중 사회화의 도구로서 역할한다는 것이다.[16]

영(M. Young)도 지식의 정의(定義)는 '가치로운' 지식을 규정할 수 있는

15) 송호근, 『지식사회학』(나남, 1983), 275면, 298면.
16) P. Bourdieu, "Systems of Education and Systems of Thought", in M. Young(ed.), *Knowledge and Control*(London : Collier Macmillan, 1980), pp. 189-205.

힘을 가진 권력 집단에 의해 이루어지며, 그것은 교육적 성공을 결정하고 곧 계급구조의 형성에 공헌한다고 보았다. '가치로운' 지식의 소유자는 명예로운 사회적 평가를 받고 일종의 '재산'으로서 자신들만의 것인 것처럼 보호하는 지식 '소유권'을 갖게 된다. 따라서 집단에 따라 지식에 접근할 수 있는 가능성이 제한되고, 그것에 접근할 수 있는 사람들은 자신들의 지위를 정당화하고 지식의 이용가능성을 통제한다. 교육제도 및 학교 교육과정은 바로 그 지식을 처리하는 곳이며 지식을 '사회적으로 분배하는' 메커니즘이다. 영은 이러한 과정을 '지식의 계층화'(stratification of knowledge)라고 명명하면서, 교육과정 및 지식의 내용, 조직, 배분은 그것에 관련된 지배적인 이해집단의 가치와 이해관계의 변화에 의해 영향을 받으며, 그 지배집단의 가치와 권력을 유지하는데 기여한다고 보았다. 따라서 그는 학교지식이 선택되고 조직되는 원리는 학교나 교실뿐 아니라 거시적인 사회구조와 관련시켜 이해해야 한다고 주장하였다.[17)]

케디(N. Keddie)는 지식의 계층화와 분배라는 관점에서 실제 영국 중등학교의 역사 및 사회과 교실에서 가르치고 있는 지식을 분석하였다. 그녀는 교사가 학생의 능력과 사회계급이라는 범주에 따라 학생을 구분하여 지각하고 그 판단에 따라 지식을 위계적인 범주로 나누어 달리 분배하며 학생들의 의견이나 질문에 대한 반응도 달리한다는 것을 발견했다. 즉, 교사는 학생들이 접근하는 지식을 분류하여 분배함으로써 교실에서 지식분배가 바로 학교 밖의 사회적 권력 분배구조를 반영하고 있다는 것이다. 교사가 교과에 대해서 알고 있는 '지식' 뿐만 아니라 학생에 대해서 알고 있는 '지식'도 학급에서 지식으로 간주되는 것을 조직하고 평가하는데 작용하는 변인이었던 것이다. 또한 교실에서는 교사와 학생간의 권력이 불균등하게 분배되어 있기 때문에 학생들은 무엇이 지식으로 간주되고 문제가 되는가에 대한 교사의 정의를 받아들여야만 했다고 하였다.[18)]

한편, 맥닐(L. McNeil)은 교실에서 가르치는 지식의 '내용'이 아니라 지식

---

17) M. Young, "An Approach to the Study of Curricula as Socially Organized Knowledge", in Young(ed.), *Knowledge and Control*, pp. 32-35.

18) N. Keddie, "Classroom Knowledge", in Young(ed.), *Knowledge and Control*, pp. 133-160.

의 '형식'이 사회 통제와 재생산에 기여한다고 주장했다. 또한 지식을 전수하는 방법과 형태는 지식 그 자체에 영향을 주며, 결과적으로 학생의 지식에 대한 인식에도 영향을 미친다고 보았다. 미국의 고등학교 사회과 수업을 관찰한 그녀에 의하면 교사는 단편화(fragmentation), 신비화(mystification), 생략(omission), 방어적 단순화(defensive simplification)라는 방식으로 지식을 통제한다. 먼저 교사들은 지식을 전달하는 가장 지배적인 방식으로, 중요하게 생각하는 정보를 '단편화'하여 제시함으로써 시간을 효과적으로 이용하고 그리고 교과내용을 엄격한 '사실'로 보이게 하여 토론과 반대의견을 막는다. 둘째로, 교사들은 복잡하고 난해한 주제는 매우 중요하지만 알기 힘든 것처럼 보이게 하는 '신비화' 방식을 사용하여, 그 용어나 주제를 설명하지는 못하면서 그 가치를 내면화시킨다. 셋째, 역사교사들은 현대사나 시사문제 혹은 논쟁의 여지가 있는 주제를 '역사가들이 아직 의견일치를 보지 못한' 혹은 '가벼운' 주제들이라고 간주하여 생략한다. 넷째, 교사들은 학생들의 관심이 결여되어 있거나 학생들의 능력이 모자란다고 여겼을 때, 내용이 별로 어렵지 않고 또 깊이 들어가지 않을 것이라고 약속하여 학생들의 불평을 제거하는 방식을 사용한다. 즉, 학생들의 저항을 줄이기 위한 타협으로서 '방어적'으로 내용을 간단히 단순화하여 설명하고 개요만 말해 주는 형태이다.[19)]

지식의 생략이나 단편화는 학생들로 하여금 사회를 '전체'로 이해할 기회를 박탈함으로써 사회통제를 효과적으로 수행하는 장치로 역할한다. 신비화는 학생들이 스스로 지식을 추구하지 못하고 외부에서 제공되는 정보에 의존하는 태도를 가지게 하여 '고객'과 같은 태도를 심어준다. 단순화 전략은 교사간의 차이나 학생들의 능력 차이와 상관없이 널리 행해지며, 교수내용을 가장 사소하고 논쟁의 여지가 없는 수준으로 환원시키는 위력을 가지고 있다.[20)] 그러나 무엇보다도 맥닐은 이러한 지식의 형식이 교사의 사상이나 교육관의 반영이 아니라 학급의 질서와 규율을 유지하기 위함이라는 데 주목했다. 교사들이 교과내용을 단순화하는 지식 통제방식을 쓰는 것은 지식을 선택적으로 분배하려는 것이 아니라 '학생과 학급을 통제하려

---

19) L. McNeil, "Defensive Teaching and Classroom Control", in M. Apple and L. Weis(eds.), *Ideology and Practice in Schooling*(London : Temple Univ. Press, 1983), pp. 123-132.

20) *Ibid.*, p. 118, pp. 134-136.

는' 것이며 자신의 권위와 학급 효율성을 유지하기 위함이라는 것이다. 교사들은 교실에서 질서라는 목표를 지키는 것이 제도적 압력으로부터 자신을 보호하는 유일한 길이라고 정당화하면서 그 목표를 강화한다. 즉, 교사들의 학생통제 방식은 교수(敎授)와 질서유지라는 상반된 목표를 합리화하는 방식으로 이루어진다. 맥닐은 이것을 교사처우에 적절한 이상의 노력과 수고를 하지 않으려는 교사들의 저항의 표현으로 보았으며, 한편으로는 교사들이 거대한 제도 속에서의 소외와 통제력 상실에 대한 대응으로 학급을 지배하는 것이라고도 해석하였다.[21]

여기서 맥닐은 학교가 지식을 계층화하고 통제하여 지배적인 문화를 중개하는 방식은 전혀 직접적이지 않으며 매우 미묘한 방식으로 이루어진다는 것을 지적한다. 교사들은 케디가 영국의 교실에서 발견했듯이 학생의 능력과 사회계급의 범주에 따라 지식을 위계적으로 분배하지 않으며 계급적 불평등을 의도적으로 강화하지도 않는다. 그러나 교사들이 사용하는 교수전략이 '질서'와 '효율성'이라는 가치에 의한 교수모형을 실현하고 있으며 그러한 문화형식의 매개가 바로 지배와 억압의 '문화적 재생산'에 기여한다는 것이다.[22] 그렇다면 우리 나라의 역사교실 현장에서는 역사 지식이 어떻게 정의되고 있으며, 그 형식과 내용은 어떠한 기능을 수행하고 있는가? 현장의 교수과정을 이끄는 핵심이념은 과연 '교실통제'일까? 다음 장에서는 교실에서 역사 교수과정을 통해 교육의 기능 그리고 지식의 기능이 드러나는 양상을 고찰해 보기로 한다.

Ⅲ. 교실에서의 역사지식

1. 교실통제와 교실지식

학급통제의 시각에서 보면 교실은 다양한 능력과 관심을 가진 학생들이 조직되고 지시받아야 할 복잡한 곳이다. 교실통제와 질서는 학생들의 배치

21) *Ibid.*, pp. 137-140.
22) *Ibid.*, pp. 137-138.

와 교실내의 의사소통을 포함한 교실활동에 달려 있으며, 교실활동은 특정한 방식으로 학생들을 유도하고 교실장면(events)에 방향을 제공하는 독특한 행동구조를 말한다. 많은 교수기술이 바로 교실통제(classroom management)의 영역에서 생겨났으며, 학습에 방해가 되는 행동을 하는 학생이나 그러한 교수상황을 어떻게 다스릴 것인가에 대한 방안들이 제시되어 왔다.

도일(W. Doyle)에 의하면 교사들은 학생들의 행동에 따라 다른 유형의 교실 통제를 사용하는데, 소위 '성공적인 교실'을 운영하는 교사들은 질서를 세우기 위해 단순화(simplicity), 익숙화(familiarity), 반복(routinization)이라는 세 가지 기본적인 전략을 사용한다고 한다. 먼저 학생들에게 매우 단순한 조직구조를 가진 교실활동, 즉 전체학생 대상의 강의와 좌석활동 등을 시작하고, 다음에도 똑같은 활동형태를 반복하여 학생들이 그 절차에 익숙해지도록 하며, 그러한 활동의 반복을 통해 학생들이 정상적인 교실활동의 순서를 알고 교수를 방해하는 행동을 덜하게 함으로써 교실질서를 유지하는 것을 돕는다는 것이다. 또한 학습과제도 교과서 등의 예시자료를 활용하여 해결할 수 있는 간단한 유형을 제시한다. 그 이유는 상황을 해석하거나 절차나 법칙의 적용 및 문제해결을 요구하는 학습과제를 부과하면, 교실활동이 순조롭지 못하고 느려지고 흩어지게 되어 교실장면들을 조정해야하는 교사의 업무를 복잡하게 하기 때문이다. 따라서 교실질서의 측면에서 보면, 교실상황과 교실행동이 느슨하게 조직될수록 또는 학생들의 선택과 유동성이 많고 교실장면이 복잡할수록 교수에 부적절한 행동이 일어날 확률이 높으며 외적인 교사의 통제행동이 더 많이 필요하게 된다.[23)]

그러나 교실에서의 교수원리는 '교실통제'만이 아니라 복합적인 상황논리의 영향을 받는다. 교수는 복잡한 교실환경에서 특정한 교과내용을 해석하고 실행하는 과정이며, 교사의 지식은 교과지식과 교수상황에 특정적이다. 교실에서는 기본적으로 여러 개의 장면이 동시에 일어나며, 교사는 그러한 교실상황을 해석하고 교실장면의 방향을 예측해야 한다. 따라서 교사가 교과내용 및 교수행동 등에 대해 알고 있는 것, 즉 '교실지식'(classroom knowledge)은 그들이 교실에서 경험해 온 특정한 장면들과 연결되어 있는

---

23) W. Doyle, "Classroom Knowledge as a Foundation for Teaching", *Teachers College Record* 91(3)(Spring 1990), p. 351.

장면구조적(event-structured)인 것이며, 다시 말해서 사례지식(case knowledge)이다. 교사지식의 조직에 있어서 중요한 장면들은 특정한 단원 내용과 관련된 교과적인 것이며 흔히 '교과 극본'(curriculum scripts)이라고 불리는 것이다. 교실장면이 교사들의 지식이 축적되는 형식이라면, 교수에 있어서 사례들은 단순히 그것이 교실상황의 복합성을 전해주어서가 아니라 그것이 바로 교사의 의미가 축적되고 전달되고 새로운 상황에 적용되는 형식이기 때문에 중요하다.[24] 교수는 이처럼 여러 가지 가능한 교실상황에 대한 지식과 교과지식을 토대로 하는 인지활동이므로, 어떤 특정한 교수기술도 교실에 대한 기본적인 이해가 없이는 무용하며, 모든 교수상황에 공통적으로 적용될 수 있는 '만능' 교수법이란 있을 수 없다.

교실현장에서의 교수 기술은 교직 준비과정에 있어서의 전문교육의 취약성과 교사의 사회화과정이 지닌 개인주의적 속성도 반영하고 있다. 예비교사들은 교수기술에 대해서 체계적인 충분한 교육을 받지 못하며, 너무 이론적이고 실제 학습의 상황과 동떨어진 교수이론을 배운다. 따라서 각기 자신의 개인적 경험이나 개성에 맞는 교수법을 실천하는데 무의식중에 이전에 자신을 가르쳤던 교사들의 교수법에 영향을 받는다. 또한 교직은 기본적으로 위계체계의 영향력이 상당히 제한되어 있어 교사들은 자신의 수업을 스스로 관리하며 자신을 학급을 관리하는 핵심적 인물로 생각한다. 교사들은 공식적인 감독체계보다는 동료들끼리의 비공식적인 상호교환을 더 중시하지만, 교사상호간의 영향도 교사에 따라 각기 다르며, 동료들의 생각을 선택적으로 수용하는 경우가 많다. 이처럼 교직에서의 자기사회화(self-socialization) 과정은 교사들의 공통된 교수기술 문화의 형성을 어렵게 한다.[25]

그러므로 기존의 교수방법을 비판하고 대치하고자 하는 처방적인 교수

---

24) Doyle, "Classroom Knowledge as a Foundation for Teaching", pp. 355-356.

25) D. Lotie, "The Limits of Socialization", in *School Teacher*(Chicago : Univ. of Chicago Press, 1975). ; J. Goodman, "Field-based Experience : A Study of Social Control and Student Teachers' Response to Institutional Constraints", *Journal of Education for Teaching* 11(1985), pp. 26-49. ; M.B. Ginsburg and K.K. Newman, "Social Inequalities, Schooling, and Teacher Education", *Journal of Teacher Education* 36(1985), pp. 49-54.

이론이라고 하여, 학교에서의 복합적인 교수상황과 사례지식으로서의 특성을 가진 교실지식의 중요성을 무시하고 소위 '효과적인' 교수의 규칙이나 지침을 마련하여 모든 교사에게 실천케하는 것은 무의미하다. 동시에 '교실통제'가 교수상황을 초월하여 적용되는 보편적인 교수원리인가 하는 것은 다양한 교실현장에서 검증되어야 할 것이다. 교사에 의해 선정, 조직, 분배되는 지식도 역시 교수상황의 복합적 구조 속에서 다양한 교수사례들에 기초하여 그 의미와 이유를 찾을 수 있을 것이다.

2. 교실대화의 구조

카즈덴(C. Cazden)은 교실수업이 선택적 구조(selectional structure)와 순서적 구조(sequential structure)로 조직되어 있다고 지적한다. 수업구조의 선택과 순서의 두 측면은 어떤 유형의 말과 행동이 선택되어지고 어떤 유형의 순서에 따라서 구성되는가를 봄으로써 교사와 학생간의 대화 구조를 분석할 수 있게 한다는 것이다. 교실대화의 구조는 교실의 내재된 문화적 요구를 분석할 수 있는 도구로서, 그 패턴의 형성 및 유지와 구축을 둘러싼 교실환경을 하나의 사회적 형태로서 인식하게 한다.[26] 흔히 교실대화의 구조는 교사의 발문(Initiative), 학생의 반응(Response, Reply), 교사의 평가(Evaluation)로 이어지는 'IRE' 패턴으로 정의된다.[27] 따라서 카즈덴은 일상생활의 대화와 교실대화간의 중요한 차이가 교사의 반응(평가)에 있다고 보고 교실에서 상호작용 패턴은 교사들에 따라 달라진다고 하였다. 그런데 교사는 매우 밀집된 교실환경에서 수십 명의 학생들과 대화의 흐름을 통제할 책임을 지고 있으며, 학생들이 말한 것을 긍정적으로든 부정적으로든 평가를 하여 반응해야 하는 부담 때문에 학생들의 발언기회를 가능한

---

26) C.B. Cazden, *Classroom Discourse : The Language of Teaching and Learning* (Portsmouth, N.H. : Heinemann, 1988), pp. 45-55.

27) H. Mehan, *Learning Lessons : The Social Organization of Classroom Behavior* (Cambridge : Harvard Univ. Press, 1979). ; C. Cazden and H. Mehan, "Principles from Sociology and Anthropology : Context, Code, Classroom, and Culture", in Maynard Reynolds, *Knowledge Base for the Beginning Teacher*(New York : Pergamon Press, 1988), pp. 47-57.

억제하게 된다는 것이다. 역사교실에서 학생들의 질문이 거의 없는 이유도 바로 교실내 권력관계에서 교사가 주도권을 갖는 지위의 차이에 있으며, 교사는 질문을 통해 수업주제를 통제하며 교실활동과 발언을 주도한다는 것이다.[28]

그러나 교사가 교실수업을 주로 장악한다 하더라도 학생들의 역할은 단지 응답하는 데에만 제한되지 않고 상호적인 인과성(reciprocal causality)이 교사와 학생간의 상호관계에 존재한다. 교실의 조직은 교사에게서 활동이 시작되어 학생들에게로 흘러가는 일면적인 것이 아니라 교사와 학생이 함께 그 활동의 흐름에 책임이 있는 다면적인 것이다. 교사의 진술은 학생의 진술과 독립적으로 행해지는 것이 아니며, 모든 발언자들에 의해 대화의 주제가 상호적으로 구성된다. 따라서 교실연구는 교사의 행동과 실천에만 너무 집착할 것이 아니라 대화의 상호관련적인 본질에 주의해야 한다.[29]

대체로 수업 중 교사의 진술은 개념정의, 해석, 사실진술, 설명, 의견제시 등으로 분류되며, 주로 새로운 개념이나 내용을 소개하는 진술이 대부분이고 앞서 배운 내용을 다시 복습하거나 학생들의 이해정도를 확인하는 목적을 갖기도 한다. 또 교사들은 인과관계를 추론하고 일반화로 발전시키게 하는 '왜'라는 질문보다는 '예, 아니오'로 답할 수 있는 질문이나 언제, 어디서, 누가, 어떻게 등 사실적 암기를 묻는 질문유형을 주로 사용한다.[30] 그

---

28) Cazden, *Classroom Discourse : The Language of Teaching and Learning*, p. 30, p. 51, p. 54, pp. 59-60.

29) 학생들의 발문이나 토론을 이끌어 내는 교수기술로는 교사가 질문이 아니라 진술을 한 뒤에 학생들의 반응을 기다리는 무질문(nonquestioning) 혹은 쉬는 간격(pausing)을 갖는 방법도 있다. 즉, 학생의 사고를 자극하여 질문을 이끌어 냄으로써 학생들이 단지 응답만 하는 것이 아니라 교실 대화구조에 주도적인 참여를 할 수 있게 하는 것이다. W. S. Carlsen, "Questioning in Classrooms : A Sociolinguistic Perspective", *Review of Educational Research* 61(2)(Summer 1991), p. 165, p. 167, p. 173. ; H. Mehan, "The Structure of Classroom Events and Their Consequences for Student Performance", in P. Gilmore and A. Glatthorn(ed.), *Children In and Out of School*(Washington, D.C. : Washington Center for Applied Linguistics, 1982), p. 75, p. 79. ; Dillon, "The Remedial Status of Student Questioning", *Journal of Curriculum Studies* 20(1988), pp. 197-210. ; C. Conbleth, "Student Questioning as a Learning Strategy", *Educational Leadership* 33(1975), pp. 219-222.

30) M.T. Farrar, "Why Do We Ask Comprehension Questions? A New Conception of

러나 교사의 질문유형만을 기준으로 현장수업을 '암기식이다 아니다'라고 규정하기보다는, '교사가 왜 그러한 발문을 하는가'에 대한 이해가 보다 중요하다. 실제로 지난 1990년부터 1994년까지 우리 나라의 한 지방도시 중학교에서 교생실습을 한 예비 역사교사들의 수업을 분석해보면, 한 단위 수업시간내에서도 여러 가지 유형의 대화구조가 사용되는 복합적인 형태의 수업이 많았다. 이것은 바로 교실에서 다루어지는 지식의 종류와 상호작용 유형의 관계를 보여준다.[31] 즉, 역사교실에서 다루어지는 지식의 내용은 역사적 사실이나 사건들만으로 구성되어 있는 것이 아니라 그 배경, 원인, 경과, 의의 등으로도 구성되어 있다. 따라서 수업에서 어떤 지식을 다루느냐 하는 것은 교사의 질문내용과 유형에 중요한 영향을 미치며 IRE구조가 아닌 다른 유형의 대화구조를 가져온다.

다음은 역사교실에서 다루어지는 지식의 내용에 따라 그 처리방식이 변화하는 교실의 대화구조를 몇 가지로 분류해 본 것이다.

첫째, 다음 세 편의 예는 교사와 학생이 마치 '말잇기'를 하듯이 꼬리를 물며 역사적 인명, 지명, 연도, 사건 등을 엮어가는 과정을 보여준다.

<사례 1-1>
교　사 : 신해혁명 때 세운 나라 이름은 뭐죠?
학생들 : 중화민국요.
교　사 : 중화민국의 지도자는 누구?
학생들 : 쑨원요.
교　사 : 그러면 쑨원은 무엇을 제창했나요?
학생들 : 삼민주의요.
교　사 : 삼민주의의 내용은 무엇이죠?
학생들 : 민족, 민권, 민생이요.
교　사 : 네. 참 잘했어요.
<사례 1-2>
교　사 : 제일 먼저 세워진 후삼국은 어떤 나라죠?

Comprehension Instruction", *The Reading Teacher* 37(1984), pp. 452-456.

31) Cazden, *Classroom Discourse: The Language of Teaching and Learning*, pp. 252-253.

학생들 : 후백제.
교 사 : 후백제는 누가 세웠죠?
학생들 : 견훤.
교 사 : 견훤은 어디에 후백제를 세웠죠?
학생들 : 완산주.
교 사 : 완산주는 지금의 어디죠?
학생들 : 전주.
교 사 : 후백제를 세운 해가 몇 년도지요?
학생들 : 900년.
<사례 1-3>
교 사 : 아프리카에서 영국이 취한 정책은?
학생들 : 종단정책.
교 사 : 종단정책은 어디와 어디를 잇죠?
학생들 : 카이로와 케이프타운.
교 사 : 케이프타운에 뭐가 많이 난다고 했죠?
학생들 : 다이아몬드.
교 사 : 영국은 종단정책, 그러면 프랑스는?
학생들 : 횡단정책.
교 사 : 어디와 어디를 잇는?
학생들 : 알제리와 마다가스카르.
교 사 : 자, 그러면 그 후 어디에서 두 정책이 대립을 했어요?
학생들 : 파쇼다.
교 사 : 네. 그래서 파쇼다사건이라고 하죠?

이 사례들은 ① 신해혁명-중화민국-쑨원-삼민주의-민족, 민권, 민생, ② 후백제(후고구려)-견훤(궁예)-완산주(송악)-900년(901년), ③ 영국-종단정책-카이로와 케이프타운-프랑스-횡단정책-알제리와 마다가스카르-정책대립-파쇼다사건으로 연결지어지는 지식내용을 다루고 있다. 이때 지식을 처리하는 형식은 일종의 연상작용(association)원리를 적용한 것으로서 교사와 학생들의 주고받기식 문답을 통해 이루어진다.[32] 이것은 마치 탁구공을 주

32) 여기서 연상은 와츠(D.G. Watts)의 '연합적 사고'(associative thinking)와는 구별되는 것으로서, 역사적 사실의 '이미지'(image)를 통해 다른 관련된 사실을 떠올리거나 지각하는 것을 말한다. 김한종, 「역사학습에서의 상상적 이해」, 서울대학교대학

고받는 두 선수처럼 교사와 학생 사이에 장단이 맞지 않으면 곧 리듬이 깨어지게 된다. 따라서 탁구공으로서 다루어지고 처리되는 역사지식은 '단편화'되어 있으면서도 낱개의 사실들로 독립되어 있는 것이 아니라 교사와 학생이 잘 주고 받을 수 있는 일종의 '사실적 연계구조'로 이어져 있다. 여기서 다루어지는 역사지식은 사실, 사건, 연도, 사람, 장소 등의 내용으로서 무엇이(누가), 언제, 어디서 등을 묻는 교사의 질문과 학생의 응답이 연속되는 방식으로 처리된다. 이러한 연상방식은 고도의 사고를 요구하지 않으며 새로운 역사 사실을 제시할 때 보다는 주로 과거 학습을 복습하거나 확인할 목적으로 사용된다. 또한 교사의 일방적인 진술에 의해 사실 제시가 이루어지는 것이 아니라, 기억을 유도하는 교사의 주도적인 자극에 학생들이 반응하면서 지식의 처리과정에 부수적으로 참여하고 있다는 점이 주목된다.

둘째, 다른 종류의 역사지식을 다룰 때는 교사와 학생의 문답 구조가 어떻게 달라지는지를 보기로 하자. 다음은 '신라가 고려에 항복한 이유'와 '고려의 후삼국 통일의 의의'라는 내용을 다루는 수업장면이다.

<사례 2-1>

교　사 : 고려의 통일과정을 보면, 먼저 신라가 항복을 해 오죠? 왜 신라는 항복을 해 오죠?

학생 1 : 후백제의 공격에 시달렸기 때문입니다.

교　사 : 네. 그리고 또 다른 이유는?

학생 2 : 왕의 사치로 백성들의 민심이 고려 쪽으로 기울었기 때문입니다.

교　사 : 왕의 사치는 신라 내부적인 상황 속에서 나온 것이고, 그것 말고 또 하나는?

학생들 : ……

교　사 : 외부에서는 후백제가 자꾸 침략을 해 오는데, 또 무엇 때문에 신라가 항복을 했을까요?

학생 3 : 고려가 신라를 무력으로 통일시키지 않고 화친정책을 폈기 때문입니다.

원 박사학위논문(1994), 115-123면.

교 사 : 맞았어요.

<사례 2-2>

교 사 : 고려의 후삼국통일이 역사적으로 어떤 의의를 가지고 있는지 생각나는 대로 이야기해 봅시다.

학생 1 : 신라는 당의 힘을 빌어서 통일을 했지만, 고려는 자기 스스로의 힘으로 통일했기 때문에 의의가 있다고 생각합니다.

교 사 : 네. 그리고 또?

학생 2 : 반세기에 걸친 여러 나라의 분열을 고려가 재통일을 한 데 의의가 있습니다.

교 사 : 그러니까 분열된 혼란 상태를 고려가 재통일하였다. 또?

학생 3 : 삼국으로 나뉜 우리 민족을 한 민족으로 이룰 수 있게 하였습니다.

교 사 : 또, 없어요?

학생들 : ……

교 사 : 외세의 힘을 빌리지 않은 자주적인 통일이다, 민족의 재통일이다. 그리고 또? 선생님이 원하는 답이 또 하나 있는데?

학생 4 : 무력을 쓰지 않고 평화적으로 통일을 했습니다.

교 사 : 네. 또, 뭐가 있을까?

학생들 : ……

교 사 : 그러면, 통일 신라는 무엇에 의해 사람의 지위가 결정됐어요?

학생들 : 골품제도.

교 사 : 그러면 골품제도는 무슨 제도예요?

학생들 : 신분제도.

교 사 : (혈통에 의해 신분이 결정되는 고대사회에서 능력에 의해 지위가 결정되는 중세사회로의 이행에 그 의의가 있음을 설명한다.)

이 두 편의 사례에서 교사는 역사적 사실의 이유나 의의를 묻고 있는데, 교사는 '왜 그랬을까', '그래서 그것이 무슨 의미가 있는가'에 대하여 학생들이 생각하여 발언하게 하고 그에 반응하며 학생의 사고를 이끄는 역할을 한다. 따라서 이러한 지식처리 방식을 '사고 유도'(思考 誘導) 방식이라 정의할 수 있다. 그런데 외형적으로는 학생들이 고도의 사고과정을 통해 역사지식을 추출해 내는 작업에 주체적으로 참여하는 것처럼 보이지만, 이 문답과정의 함정은 바로 교사의 질문에는 '정해진 정답'이 있다는 것이다. 교사가 비록 학생의 독자적인 사고를 요구하는 질문을 하기는 하지만 그 본질에 있어서는 물음의 형식을 취하고 있는 사실제시의 수업과 다름없다. 예를 들어 교사의 머리 속에는 고려통일의 의의가, 자주적 통일, 평화적 통일, 민족의 재통일, 그리고 고대에서 중세로의 이동이라는 네 가지로 이미 고정되어 있는 것이다. 교사가 질문을 해 놓고 학생들이 원하는 대답을 하지 않자 아예 노골적으로 "선생님이 원하는 답이 하나 있는데?" 하고 묻기도 한다. 따라서 이러한 문답에 참여하는 학생들은 '과연 교사가 원하는 대답은 어떤 것일까'에 관심을 집중하며 자연히 그들의 탐색과정은 교사의 의도에 맞추기 위해 제한된다.

여기서 다루는 지식내용은 주로 역사적 사실의 원인, 배경, 경과, 관계, 의의 등 소위 상위지식이지만, 교사들은 사실적 하위지식을 다룰 때처럼 학생들의 즉각적인 반응을 기대한다. 교사의 발문은 학생의 사고력 증진을 의도하기보다는 '또 다른 형태'의 지식을 전달하고 설명하기 위한 보조적 기제에 그치고 있다. 따라서 발문의 유형은 '사고 유도형'이지만 학생의 사고를 일정한 틀과 범위내에 제한하고, 학생들에게 '스스로 문제를 제기하거나 자신의 관점으로 주체적으로 생각할 필요가 없다'는 인식을 갖게 한다. 다시 말해서 교사의 사고를 모방하게 한다는 측면과 함께, '어떠한' 역사적 질문에도 '정답'이 있으며 또 있어야 한다는 가정을 학생들이 은연 중에 체득하여 수용하게 하는 효과를 가져온다. 따라서 이를 '제한된' 사고 유도방식이라 할 수 있겠다.

셋째, 좀 더 긴 호흡의 교실 대화구조를 분석해 보면, 한 단위의 수업시간에 다루는 역사지식은 단편적인 사실에서부터 원인이나 관계에 이르는 다양한 종류로 구성되어 있다. 따라서 교사는 부분적으로 드러난 연상작용방식이나 '제한된' 사고 유도방식이 혼용된, 하지만 다른 형식의 지식처리를 보여준다. 첫번째 예는 판서내용이 '혁명세력 미약, 반혁명적 군벌세력 대두, 정치불안, 전제정치의 부활 도모(위안스카이)'로 구성되는 수업에서 교사가 판서 이전에 먼저 강의하는 과정이다. 이 수업에서 교사는 군벌, 공화국, 전제정치의 개념설명과 함께 초기 중화민국의 실정을 다루고 있다. 다른 한 예는 '여진의 강성, 여진 정벌, 동북9성의 설치, 금의 건국과 사대요구'를 다루는 내용이다.

<사례 3-1>

교사 : 신해혁명 이후에 혁명세력의 힘이 약해졌다. 이 시기에 위안스카이 같은 보수적인 세력을 그 당시 뭐라고 불렀어요?

학생들: 보수파.

교사 : 보수파, 또?

학생들: 군벌.

교사 : 그러면 여러분이 생각하기에 군벌이 무엇인 것 같아요?

학생들: 군대를 만든 사람들.

교사 : 군인들이 뭉쳐 가지고 군인들이 정치를 하는 거예요. 이전에 중국은 전제정치였는데 이제 중화민국이 성립되고 정치형태는 공화국이었어요. 자 누가 주인이 되는 정치형태를 공화국이라고 했어요?

학생들: 국민.

교사 : 그런데 위안스카이와 같은 군벌세력들이 정권을 장악하고 자기들 마음대로 힘을 발휘하는 그런 상태, 군벌들이 정치를 하는 시대, 이해가 갑니까?

학생들: 예.

교사 : 지금 중화민국의 실정이 이런 상태가 되죠. 그러면 당시의 정치가 참 안정되고 평화로운 그런 세상이었을까요?

학생들: 아니요.

교사 : 그럼 어쨌을 것 같아요?

학생들: 혼란해요.

교사 : 뭐가 혼란해요?

학생들: 중국의 정치가.

교사 : 이런 상황 속에서 대표적인 군벌세력은 누구라고 했죠?

학생들: 위안스카이.

교사 : 그러면 위안스카이는 베이징에 정부를 세우고 정치를 하면서 욕심이 생겨서 황제가 되볼까 하는 생각을 할까요, 안할까요?

학생들: 해요.

교사 : 그러면 황제가 다스리는 정치를 뭐라고 했죠?

학생들: 전제정치.

교사 : 예. 위안스카이가 전제정치를 부활시켜요.

<사례 3-2>

교사 : 여진족은 여러 부족이 여기저기 흩어져 사니까 힘이 강해요, 약해요?

학생들: 약해요.

교사 : 그런데 고구려나 발해의 지배를 받던 여진이 어느 사이엔가 어째요?

학생들: 강해져요.

교사 : 네. 12세기에 완옌부가 부족들을 통일해서 강력한 국가를 성립하고 점차 남쪽으로 내려와요. 그러면 남쪽에 누가 있어, 지금?

학생들: 고려요.

교사 : 고려하고 어쩌겠어요? 그 다음에?

학생들: 충돌해요.

교사 : 그러면 고려는 예전에 조공을 바치던 애들이 힘이 세졌다고 쳐들어오면 그냥 내버려둘까?

학생들: 아니요.

교사 : 그럼 어째야 돼? 고려가 여진을 어째야 돼?

학생들: 막아야 돼요.

교사 : 정벌을 해야지. 그런데 아무 농사짓는 아저씨들 데려가서 정벌할 수 있을까?

학생들: 아니요.

교사 : 그래서 특별한 군대를 세우겠죠? 자, 군대를 세우자고 주장한 사람이 누구였을까?

학생들: 윤관이요.

교사 : 네. 북쪽에 살고 있는 여진족을 정벌하고 윤관이 거기에 뭘 세우죠?

학생들: 9성이요.

교사 : 동북쪽에 있는 아홉 성이라고 해서 뭐라 그래요?

학생들: 동북9성요.

교사 : 그런데 여진족이 다시는 침입하지 않겠다고 하니까 이것을 나중에 어째요?

학생들: 돌려줘요.

교사 : 네. 근데 그것이 화근이 되죠?

학생들: 예.

교사 : 돌려줘버리니까 여진족은 여기서 세력을 키워 가지고 나라를 세

우죠?

학생들: 예.

교사 : 무슨 나라?

학생들: 금.

위의 예에서 교사는 <사례 2-1>과 <사례 2-2>에서처럼 '왜 그랬을까요?', '이것의 의의는 무엇일까?' 하는 식의 포괄적인 사고형 발문을 거의 제기하지 않고 있다. 대신에 교사는 역사적 상황의 이유나 배경을 좀 더 구체적이고 세분화 된 다단계의 질문으로 계속 이어가며 풀어내고 있다. 교사의 발문은 주로 단답형이며 학생의 응답은 일종의 괄호 넣기를 완성하듯이 교사의 진술을 이어주는 것이다. 교사는 '왜 위안스카이는 전제정치를 도모했을까' 혹은 '왜 고려는 여진을 정벌하려 했을까'라는 발문을 하였을 경우, 학생들의 즉각적인 응답이 나오지 않아 대화구조가 느슨해지고 교실 장면이 산만해지는 것을 사전에 차단하고자 하였을 수도 있다. 하지만 교사는 그러한 교실 질서의 측면보다는 단위 수업시간에 다루어지는 지식을 쉽게 이해시킬 것을 목적으로 하고 있다. 따라서 복합적이고 중층적인 한 시대 혹은 한 사회의 모습을 단순명료하게 제시한다. 이것은 학생들의 사고 유도보다는 다양한 역사지식간의 상호 연관을 간결한 논리로 설득시켜 이해시키고자 하는 '이해 추구'방식이라 할 수 있다.

이러한 이해 추구형 수업을 마치고 난 학생들은 '머리 속이 환해지는 경험', 즉 모든 의문이 없어지는 경험을 한다고 한다.[33] 역사적 사실이 왜, 어떻게 일어났는지를 학생들로 하여금 납득이 되게끔 설명하기 때문이다. 따라서 무조건적으로 지식을 수용하게 하고 사실을 나열하는 데만 급급하여 논리적 연결이 부족한 주입식 설명과는 다르다. 또한 이러한 수업은 새로운 의문이 계속 생기는 학습경험을 하는 탐구식 수업과도 구별된다. 즉, 역사이해에 있어서 모든 가능한 인식과 해석의 방안을 동원하여 가설을 제시하고 자료의 수집과 평가를 통해 가설을 검증하는 형식의 수업방식이 아니다.[34] 학생의 응답은 교사의 설명논리에 종속되어 있으며, 따라서 교실 대

33) 이인효, 「인문계 고등학교 교직문화 연구」, 서울대학교대학원 박사학위논문(1990), 198-199면.

34) 정선영은 현장 역사교사들의 설명이 대부분 이야기식이며, 원인과 결과의 관계가

화구조에서 학생의 질문은 등장하지 않는다. 하지만 역사적 현상의 의미를 '이해'한다는 것은 곧 '주관적 의미'를 내포하며, 이 의미 해석을 한 가지로 정의하고 다른 의미의 가능성을 시사하거나 그러한 기회를 주지 않는 것은 역사의 본질적 이해와 거리가 멀다. 결국 이해 추구형 수업에서는 '의문을 제기하는 것'에서 출발하는 비판적 사고가 제한되며, 학생들이 교사의 질문에 '정답'을 말한다고 해도 그것은 사고를 증거하지 않는다.

또한, 사고보다는 이해를 추구하는 교사의 설명방식은 논리의 단순화나 비약의 위험을 내포하고 있다. 예를 들어 '위안스카이는 황제가 되어 보려는 개인적 욕심으로 전제정치를 부활시켰다'는 식의 단순 논리가, 사실적 지식뿐 아니라 역사적 태도나 가치관과 같은 평가적 지식영역을 다룰 때도, 교사 자신의 의견이나 단편적인 감정 표현에 학생들의 동의를 구하는 식으로 드러난다. 다음의 두 예는 <사례 3-2>와 같은 수업의 일부이다.

<사례 3-3>

교사 : (거란의 2차 침입을 설명하며) 그런데 사실은 이 침입의 구실이라는 게 얼마나 웃겨요. 우리 나라에서 (교탁을 탁 치며) 임금을 누가 갈아치우든지 말든지 자기들이 무슨 상관이예요? 이것은 야만족들이 일종의 침입을 하기 위한 구실에 불과했지요?

학생들: 예.

<사례 3-4>

교사 : (금의 사대요구를 수락한 이자겸 일파를 말하면서) 참 안타까운 일이에요. 자, 자신들의 안위를 위해 국가의 기본정책인 북진정책마저도 무시해 버리는 이런 귀족들 좋아요?

학생들: 아니요.

교사 : 나쁘진 않지만 우리가 이 귀족들 다시 한번 생각해 봐야겠죠?

학생들: 예.

교사 : 우리 나라 사극을 보면 귀족은 좋고 평민은 나쁘게 나오는데, 다시 생각해봐야겠죠?

학생들: 예.

명확하지 않고 일반화나 법칙의 제시가 결여되어 있어 과학적 설명양식과는 거리가 멀다고 보았다. 정선영, 「과학적 역사설명논리와 역사교육에의 적용」, 서울대학교대학원 박사학위논문(1993), 173-191면.

여기서 교사는 '우리 나라'의 일에 일개 변방부족인 '야만족'이 간섭을 하는데 대한 경멸적 분노를 나타냄으로써 다른 종족에 대한 멸시와 배척심 혹은 국수주의적 태도를 학생들에게 조장할 수 있다. 또한 금의 사대요구를 수락한 책임을 귀족들에게만 물음으로써 평민과 귀족을 대비하여 은연중에 귀족은 좋고 평민은 나쁜 게 아니라 '귀족은 나쁘고 평민은 좋다'라는 반대 명제적 가치를 강조하고 있다. 이러한 언급은 역사수업에서 가치판단의 단순화를 보여주는 것으로, 교사의 가치를 은연중에 학생들에게 내면화시키는 기능을 할 수 있다. 특히 교사들이 과거의 역사 속에서 소위 '현재적 의의'를 찾기 위한 시도로서 과거의 역사 사실을 현대사의 상황과 연관지으려는 노력에서도 설명논리와 가치적용의 단순화를 볼 수 있다.

<사례 3-5>

교사 : 우리가 오늘 배운 건 후삼국시대를 거쳐 고려가 후삼국을 통일한 것까지 배웠어요. 그러면 지금 우리 나라는 어떤 상태죠?

학생들: 분단상태요.

교사 : 그러면 우리는 통일을 해야할까?

학생들: 예.

교사 : 네. 둘로 나눠져 있는 것보다는 하나로 합쳐 있는 게 훨씬 우리한테 이롭겠죠? 자 그러면 어떻게 통일을 해야 할까요?

학생들: (무력을 쓰지 않고 평화적으로 그리고 자주적으로 해야 한다고 응답)

교사 : 네. 아주 잘 말해 주었어요.

이 예에서 교사는 통일을 '왜' 해야 하는지의 당위성을 '둘로 나눠져 있는 것보다는 하나로 합쳐 있는 게 이롭기 때문'이라는 당연한 이치로 치부해 버리고, 통일의 방법도 역시 고려의 통일 방법과 같은 평화적이고 자주적이어야 한다는 결론을 손쉽게 끌어냄으로써 이의가 있을 수 없다는 인상을 갖게 한다. 역사 지식 제시의 단순 논리가 역사의 '현재적 적용'에서도 드러나는 대목이다.

이상 이 연구에서 분석한 수업들에서는, 교사들이 학생의 능력이나 사회계급에 따라 역사지식을 다르게 분배하는 지식의 계층화는 일어나지 않았지만, 학생들은 교실에서 무엇이 지식으로 간주되고 문제가 되는가에 대한 교사의 정의를 받아들여야 했으며, 그것은 교과서 기술자들의 정의를 반영하고 있다. 즉, 교사가 어떠한 지식내용을 어떻게 다루느냐 하는 것, 다시 말해서 그가 사용하는 설명구도는 교사의 자율권이라기보다는 교과서 지식과 그 진술 논리의 반영이라고 할 수 있으며, 수업장면에서 대화구조는 바로 교과서와 교사의 설명논리 구조의 외형인 것이다.[35] 교과서에 기술된 역사적 사실과 사건은 수업 중에 다루어져야 할 기본지식으로서, 그것이 왜 중요하며 어떤 의미와 맥락 속에서 의의가 있는지에 관한 부분은 교사에 의해 생략된다. 미국의 역사 교과서에 진술된 내용을 중요성(saliency), 확실성(emphatics), 불확실성(hedges), 그리고 사실이나 개념에 대한 태도(evaluative)의 네 가지 종류로 분리해 본 크리스모(A. Crismore)에 의하면 교과서에는 중요성을 강조하는 언급보다는 확실성을 강조하는 진술이 약 3배 정도나 많았으며, 불확실한 표현이나 평가적인 진술은 적었다고 한다.[36] 따라서 분석대상 수업들에서 역사지식이 '중요성'에 대한 비중의 차이가 거의 없이 제시되고 그 '확실성'을 보강하기 위한 교사의 설명구도 속에서 다루어지는 것은 교과서의 진술 양식을 반영하고 있다고 하겠다.

Ⅳ. 맺음말

우리 나라의 예비교사 및 교사들이 교실에서 다루어야 할 역사지식 내용을 조직하고 제시하는 방식은 지식의 종류에 따라 달라진다. 사실적 지

---

35) 정선영은 고등학교 세계사 교과서의 분석을 통해 진술들 사이의 논리적 혹은 인과적 연결이 부족한 점과 성급한 일반화 등을 문제점으로 지적하면서, 이러한 교재분석의 결과가 교사의 설명양식과 비슷한 양상을 나타내고 있다고 하였다. 정선영, 「과학적 역사설명논리와 역사교육에의 적용」, 145면, 191면.

36) '더욱 중요한 것은…', '얼마나 중요한지…', '가장 기본적인 사실…'과 같은 진술은 내용의 중요성을 표현한 예들이다. '이것은 물론…', '이것은 사실이며 진실이다', '확실히…' , '사실…', '정말로…' 등은 내용의 확실성을 표현한 것들이다. 또한, '아마도', '그들은(제3자)…생각했다', '어쩌면' 등은 불확실한 내용을 진술한 표현들이다. '불행하게도', '다행스럽게도', '역설적이게도', '놀랍게도', '흥미롭게도' 등의 용어는 교과서 기술자의 태도나 평가를 보여주는 예들이다. A. Crismore, "The Rhetoric of Textbooks : Metadiscourse", *Journal of Curriculum Studies* 16(3)(1984), pp. 279-296.

식을 확인할 때 주로 사용되는 '연상작용'을 이용한 방식, 사실의 이유나 배경, 의의 등을 추출하고자 할 때 사용되는 '제한적 사고 유도'방식, 복합적인 역사지식을 단순하고 간결한 논리구조로 설명하는 '이해 추구'방식 등을 역사지식의 '형식', 즉 처리방식으로 구별해 볼 수 있었다. 그런데 지식의 종류와 상관없이 공통적인 점은, 역사적 사실들이 파편처럼 낱개로 제시되기보다는 교사와 학생의 문답을 통해 일련의 연결 구도 속에서 다루어진다는 것이다. 특히 한 단위의 수업은 단순화한 설명논리구조를 갖추고 있는데, 이는 맥닐이 말했듯이 학생을 통제하고 학급의 질서를 유지하기 위함이라기보다는 역사지식을 그나마 '의미 있게' 설명하여 '이해'시키려는 노력의 결과라고 보여진다. 즉, 학생의 저항이나 불만을 줄이기 위한 '방어적'인 목적보다는 역사적 사실들을 연결짓기 위한 설명원리에 충실한 결과라고 할 수 있다. 이 과정에서 교사들은 계속되는 발문을 통해 교사의 설명 논리에 학생들의 주의를 집중시키는데, 이것이 결과적으로 교실의 질서를 유지하는 부수적인 효과를 가져온다.

맥닐이 관찰한 미국의 역사교사들이 지식의 단편화나 신비화, 생략을 통해 학생들의 학구적 의욕을 미리 소진시키는 것과 달리, 이 연구 대상인 교사들은 학생들과의 문답과정을 통해 학생 스스로가 역사적 사실들의 연결고리를 교사와 함께 풀어가며 동시에 자신들이 수업에 적극적으로 동참한다는 느낌, 즉 교사와 함께 지식을 다루고 있다는 느낌을 갖게 한다. 하지만 실제에 있어서는 교사의 지식설명구조에 학생들이 종속되어 있으며, 교사의 발문에는 '정답이 있다는 신화'가 학생들의 사고를 지배한다. 교사는 교수내용을 '완벽한' 설명틀 속에 가둠으로써 더이상 논쟁의 여지가 없는 수준으로 고정시킨다. 따라서 토론이나 반대의견의 제시를 어렵게 하며, 더 나아가서 역사적 지식의 고착화와 역사인식의 획일성이라는 내재적 기능의 위험을 안고 있다.

결국 '임의로' 선택되어 교과서에 수록된 역사지식은 역사교실의 현장에서 교사들에 의해 '객관적'인 것으로 규정되어 가르쳐지고 있음을 확인할 수 있다. 교실은 설득력 있는 연계구조와 설명력이 동원된 충직한 지식 '소비'의 장이다. 따라서 새로운 해석이나 비판적 의식의 창출이라는 지식 생산의 기능은 함몰되어 있다. 교과서 지식은 '보편성'과 '객관성'의 포장을 하고 있어 교사들은 최소한 교과서 내용을 그대로 다루어 줌으로써 교사로서 기본적인 의무를 수행했다고 생각한다. 더구나 교과서 지식과 상충되는 교사 자신의 개인적 이념이나 지식을 실천하는 것은 학교와 사회에 대한 도전이요 저항으로 간주될 수 있다. 결국 현장의 교사들은 교과서에 제시된 지식의 내용과 형식의 구조 속에서 나름대로 가능한 역사적 설명원리를 적용하여 지식을 처리하는 기능을 담당하고 있는 것이다. 이러한 교수방식이 교사의 '자율성'을 증거하지 못하고 주어진 지식과 관점의 소비적 전달자로서의 역할을 보여준다는 점에서 중등 역사교육에 있어서 '반(反)헤게모니적'인 교수의 가능성은 희박해 보인다.

(이 영 호)

제 2 부
역사학습에서 설명과 이해

제 5 장
역사수업에서 과학적 설명논리의 적용

Ⅰ. 머리말

다른 어떤 교과와 마찬가지로 역사수업의 대부분은 설명을 통하여 이루어진다. 단순한 용어나 개념에 관한 설명에서부터 인과관계에 관한 설명에 이르기까지 역사교육의 현장에서는 설명을 필요로 하는 경우들이 많이 있다.

그런데 우리의 역사 설명이 지니고 있는 가장 큰 문제점 가운데 하나는 그것이 논리성과 체계성을 결여하고 있다는 점이다. 즉, 우리의 역사수업에서 이루어지는 설명은 과학적 설명의 수준과는 거리가 먼 것이라고 할 수 있다. 왜냐하면 지금까지 이루어진 교과서의 내용서술이나 교사의 설명은 어떤 체계에 따른 논리적 배열이라기보다는 단순한 사실들의 나열에 그치는 경우가 많았으며, 사용하는 개념 자체의 정확성과 적절성의 수준도 크게 떨어지는 것이 일반적이었기 때문이다.

이렇게 된 데에는 물론 역사교재의 서술자나 역사교사의 대부분이 과학적 설명에 관해 관심이 적었다는 데서 그 중요한 원인의 일단을 찾아볼 수 있다. 이들은 역사적 설명에서 직관이나 상상력 등을 강조하는 이른바 관념론적 역사관을 더 선호하는 나머지, 과학적 설명에 대해서는 무조건 반대하는 경향이 있다. 따라서 이들은 과학철학자들이 내세우는 포괄법칙은 역사연구에 전혀 도입할 수 없는 것으로 보고 있다.[1)]

이와 같은 역사관의 영향으로 역사수업에서는 어떤 사실에 대한 과학적 설명보다는 각 사실들의 특성을 강조하는 경향이 강하게 나타나게 되었다. 예컨대 역사를 가르치는 교사는 시민혁명에 관해 가르치면서 영국혁명은

---

1) 이러한 입장에 관해서는 차하순, 『역사의 본질과 인식』(학연사, 1989), 192-202면 참조.

청교도 혁명으로, 미국혁명은 독립혁명으로, 프랑스혁명은 반봉건적인 시민혁명으로만 설명했지 이들이 시민혁명으로 함께 가지고 있는 공통적인 요인은 무시하는 경향이 있었다. 따라서 역사교사의 설명에 있어서 이야기식 설명은 산만하고 비체계적인 성격을 띠게 되었다. 버스톤(W.H. Burston)의 말 그대로 "사건들의 독특성에 대한 전통적인 선입견과 어떤 종류의 그룹핑(grouping)도 역사의 성격에는 맞지 않는다는 의심 때문에 역사학습은 형태나 응집력을 결여하게 되었던 것"이다.[2] 이와 같이 역사수업에서 설명이 내포한 비논리성과 비체계성을 극복하기 위해서라도 우리는 과학적 역사설명의 논리를 적극적으로 도입할 필요가 있다고 본다.

한편, 오늘날의 역사교육에서는 학생들로 하여금 과학적 탐구과정에 참여시키는 것을 목표로 삼는 탐구학습의 비중이 높아지고 있으며, 이와 함께 개념과 기능목표를 강조하는 경향이 높아지고 있는 사실에 대해 우리는 관심을 가질 필요가 있다.[3] 왜냐하면 이러한 경향들은 모두 학생들의 과학적 사고력을 고양시키는 데 주안점을 두고 있기 때문이다. 이것은 동시에 역사수업에서 설명방식이 보다 과학적인 근거 위에 자리를 잡아야 할 필요성이 매우 크다는 사실을 암시해 주고 있다. 역사수업에서 설명이 과학적인 논리와 방법을 갖추게 될 때 역사적 사실에 대한 교사의 설명은 보다 객관적이고 논리적인 기반 위에 세워질 수 있을 것이다. 이와 함께 학생들의 역사적 사고력은 크게 확대될 수 있으리라 본다.

역사수업에서의 내용 설명을 과학적 논리의 기반 위에 세우기 위해서 우리가 먼저 해야 할 일은 과학적 역사 설명의 논리와 방법이 어떤 것인지를 규명하고, 그것이 실제적인 역사수업에서의 내용 설명에 어떤 방식으로 적용될 수 있을 것인가의 문제를 진지하게 탐색해 보는 일이다. 이러한 필요성에 입각하여 본 연구에서 탐색해 볼 문제는 다음과 같다.

① 과학적 설명의 의미와 그것의 논리는 구체적으로 어떤 것인가?

② 과학적 역사설명의 특성은 무엇인가?

---

2) W.H. Burston, *Principles of History Teaching*(London : Methuen and Co. Ltd., 1963), p. 60.

3) 이러한 경향은 영국을 중심으로 전개되고 있는 이른바 '신역사교육'(New History)의 특징이라고 할 수 있다.

③ 역사교사가 일반적으로 이용하는 설명의 방식으로는 어떤 것들이 있으며, 그들이 가진 문제점은 무엇인가? 또 이러한 문제점을 해결하는 방법은 무엇인가?

④ 과학적 설명의 논리를 적용한 역사교사의 설명방식으로는 어떤 것들이 있는가?

이러한 문제들에 해답을 제공하기 위해서 본 연구에서는 먼저 대표적인 과학철학자 가운데 한 사람인 헴펠(C.G. Hempel)을 중심으로 과학적 역사설명의 특징적인 논리를 탐색하려고 한다. 그리고 역사교사가 일반적으로 이용하는 내용 설명방식을 유형별로 분류해 보고, 각각의 유형들이 내포한 문제점이 어떤 것이며, 그것을 해결하는 방안으로는 어떤 것이 있는지를 찾아보려고 한다. 더 나아가 필자는 과학적 설명의 논리가 적용되는 역사교사의 설명방식이 어떤 것인지를 탐색하려고 한다. 이를 위하여 본 연구에서는 과학적 역사설명이 필요한 경우들을 몇 개의 단계로 나누고 각 단계에서 요구되는 과학적 설명모형을 추출하며, 그 모형들이 적용되는 사례들을 구체적으로 예시해 보려고 한다.

Ⅱ. 과학적 역사설명의 논리

1. 역사적 설명의 유형

널리 알려진 것처럼 '설명'(explanation)이란 알려지지 않은 것, 혹은 이해되지 않고 있는 것을 알기 쉽도록 명확하게 하는 것을 말한다. 헴펠이 말한 것처럼, 한 사람에게 어떤 것을 설명한다는 것은 곧 그것을 그에게 분명하게 이해시키는 것이라고 할 수 있다.[4)]

역사서술에서도 설명은 사건을 이해시키기 위해 필수적으로 거쳐야 할 과정이다. 그 사건은 왜 발생했으며, 그리고 어떻게 진행되었는가 하는 것

---

4) C.G. Hempel, *Aspects of Scientific Explanation and Other Essays in the Philosophy of Science*(New York: The Free Press, 1965), p. 425.

을 다른 사람에게 분명하게 이해시키기 위해서는 그 사건에 관해 설명을 해야 하기 때문이다. 클라크(G.K. Clark)의 말대로 설명을 시도함이 없이 역사적 사건들의 씨리즈를 기술하는 것은 불가능한 것이다.[5] 그런데 이러한 역사적 설명의 형태를 둘러싸고 우리는 두 가지의 대립적 견해가 있음을 찾아볼 수 있다.[6] 역사에서의 설명이 과학에서의 설명과 다르다고 보는 견해와 같다고 보는 견해가 그것이다. 여기에서 전자의 입장에 있는 사람들을 관념론자 혹은 해석학자라고 한다면, 후자의 입장에 있는 사람들은 실증주의자라고 할 수 있다.

2. 과학적 설명의 구조

실증주의자들은 말하기를, 역사가들은 자연과학자들이 물리적 세계의 사건들을 설명하는 것과 같은 방식으로 인간 역사의 사건들을 설명해야 한다고 주장한다. 이들이 내세우는 설명의 방식을 우리는 과학적 설명(scientific explanation)이라고 부를 수 있다. 이러한 설명방식에 따른다면 인문·사회과학에서의 설명이나 자연과학에서의 설명은 논리적으로 차이가 없게 된다.

그러면 과학적 설명의 구조는 구체적으로 어떠한 것인가? 과학철학자들은 일반적으로 설명은 설명되어질 것을 일반법칙과 초기조건(初期條件)들로부터 연역해 냄으로써 이루어진다고 보고 있다. 이러한 견해는 다른 누구보다 포퍼(K.R. Popper)와 헴펠의 주장을 통해 분명하게 파악할 수 있다.

먼저 포퍼는 “한 사건을 인과적으로 설명한다는 것은 어떤 특수한 진술들, 즉 초기조건들과 함께 하나 혹은 그 이상의 보편적 법칙들로부터 그 사건의 진술을 연역하는 것을 의미한다”고 말하고 있다.[7] 이러한 포퍼의

5) G.K. Clark, *The Critical Historian*(New York : Basic Books, Inc., Publishers, 1976), p. 26.
6) 이것은 설명의 이원론(dualism)이라고 불리운다. *The Encyclopedia of Philosophy IV* (New York : Macmillan Publishing Co., Inc., 1967), p. 7.
7) Karl R. Popper, *The Logic of Scientific Discovery*(New York : Harper and Row, Publishers, 1968), p. 59.

주장을 보다 상세하게 분석해 보면, ① 피설명항(被說明項 : explanandum)은 설명항(說明項 : explanans)으로부터 연역되어져야 한다. ② 설명항은 피설명항을 가져오는 초기조건의 진술 외에도 하나 혹은 그 이상의 보편적 법칙들을 포함해야 한다는 것이다.

한편, 헴펠은 과학적 설명논리를 보다 구체화하여 상술하고 있다. 그에 의하면, 어떤 특정한 장소와 시간에서 어떤 특정한 종류의 사건 E가 왜 발생했는가 하는 것에 관한 설명은 E의 원인들이나 결정요인들을 지적함으로써 이루어진다. 즉, 어떤 사건 E의 발생에 관한 과학적 설명은 ① 어떤 시기와 장소에서 어떤 사건 C_1, C_2, … C_n의 발생을 나타내는 일련의 진술들과, ② 일련의 일반적 법칙들 L_1, L_2, … L_r로부터 논리적으로 연역될 수 있다.[8] 이상의 사항을 도식화해 보면 다음과 같다.[9]

$$\begin{array}{ll} ① & C_1, C_2, \cdots, C_n \\ ② & L_1, L_2, \cdots, L_r \\ \hline ③ & \quad E \end{array}$$

여기에서 ①은 특수한 사건들의 진술로서 초기조건(antecedent conditions)을 나타내는 표시이고, ②는 일반법칙(general laws)이며, ③은 발생되는 사건을 나타낸다. 한편 ①과 ②는 설명항(Explanans)이고, ③은 피설명항(Explanandum)을 나타낸다. 그리고 설명항과 피설명항을 분리시키는 경계선은 후자가 전자로부터 연역된다는 것을 의미한다. 이러한 구조를 가진 설명을 헴펠은 연역적-법칙적 설명(deductive-nomological explanation)이라고 부르고 있다.

과학적 설명들은 대단히 많은 수가 성격상 연역적-법칙적 설명이라고 할 수 있다. 예를 들어 거울의 상, 숟가락 자루가 유리잔 속에 있는 물에서 구부러지는 모양에 관한 설명은 반사와 굴절의 법칙 아래 연역적으로 포섭함으로써 이루어진다. 마찬가지로 자유낙하와 혹성운동의 어떤 국면들은

8) Hempel, *Aspects of Scientific Explanation and Other Essays in the Philosophy of Science*, p. 247.
9) *Ibid.*, p. 299.

갈릴레오와 케플러의 법칙아래 연역함으로써 설명될 수 있다.[10]

이와 같은 연역적-법칙적 설명 외에 헴펠은 또 하나의 설명모델을 제시하고 있다. 이른바 통계적 설명(statistical explanation)이 바로 그것이다. 전자와 달리 후자는 전제가 주어졌을 때 설명되어야 할 사건이 필연적으로 발생한다는 사실을 보여주는 것이 아니라, 그것이 발생할 가능성이 매우 높거나 혹은 거의 확실하다는 것을 보여주는 것이다. 예를 들어 연쇄상구균에 감염된 죤즈(Jones)라는 사람이 어떻게 해서 그러한 병으로부터 회복되었는가 하는 것에 대한 설명으로서 우리는 그가 페니실린을 맞았다고 말할 수 있다. 그러나 만일에 우리가 페니실린에 의한 치료와 연쇄상구균의 감염으로부터의 회복 사이의 일반적 연결을 가리킴으로써 이러한 주장을 부연하고 싶다면, 그러한 감염의 모든 경우에 페니실린을 이용하면 회복된다고 하는 일반적 법칙을 제기할 수는 없다. 여기에서 제시될 수 있는 설명은 페니실린은 사례의 높은 비율로, 혹은 높은 통계적 확률성을 가지고 치료의 효과를 올릴 수 있다는 것이다.[11]

그러나 헴펠은 통계적 설명 역시 연역적-법칙적 설명과 마찬가지로 과학적 설명 내지 법칙론적 설명에 속한다고 보고 있다. 왜냐하면 통계적 설명은 연역적-법칙적 설명과 마찬가지로 주어진 현상을 일반법칙 아래 포섭함으로써 설명하기 때문이다. 다시 말해서 주어진 현상의 발생은 통계적 형태의 어떤 법칙들을 특수한 선행적 조건에 적용하는 것에 의해 높은 확률성을 가지고 추론될 수 있다는 것을 보여줌으로써 그 현상을 설명하기 때문이다.[12] 이렇게 볼 때, 과학적 설명의 가장 기본적인 구조는 연역적-법칙적 설명 혹은 통계적 설명의 구조로 이루어진 것임을 우리는 알 수 있다. 그리고 이러한 구조를 가진 설명은 일반적으로 포괄법칙적(包括法則的)

---

10) C.G. Hempel, "Explanation in Science and in History", in W.H. Dray(ed.), *Philosophical Analysis and History*(New York: Harper and Row, Publishers, 1966), p. 97.

11) Hempel, *Aspects of Scientific Explanation and Other Essays in the Philosophy of Science*, p. 381.

12) *Ibid.*, p. 302.
과학은 통계역학, 양자론, 유전이론 등의 분야에서 볼 수 있듯이 귀납적-통계적 모델이 적용되는 사례들 로 가득차 있다고 헴펠은 보고 있다.

설명이라고 부르고 있다.[13)]

3. 과학적 설명의 논리와 역사설명

그러면 이러한 과학적 설명의 논리는 역사 설명에 어떻게 적용이 될 것인가? 이 문제에 대해서 가장 분명한 입장을 밝힌 사람은 헴펠이었다. 그는 1942년에 발표한 '역사에 있어서 일반법칙의 기능'(The Function of General Laws in History)이란 논문에서[14)] 일반법칙들은 역사와 자연과학에서 완전히 유사한 기능을 하며, 그들은 역사연구에서 없어서는 안될 도구라고 했다.[15)]

헴펠은 다른 분야의 경험과학에서처럼 역사적 설명에 있어서도 문제되는 그 사건을 우연의 문제로 돌리지 않고, 어떤 선행적, 동시적 조건을 고려하면서 그 사건의 발생을 기대하게 되어 있다고 하는 등 역사와 자연과학 사이에는 아무런 차이가 없다는 것을 전제로 그의 논지를 전개하고 있다. 여기에서 말하는 기대(expectation)는 일상적 의미의 예언(prophecy)이나 예지(豫知, divination)가 아니라 일반법칙의 가정에 기반을 둔 합리적인 과학적 예기(豫期, anticipation)이다.[16)]

여기에서 헴펠은 역사에 있어서 고유한 방법이라고 간주되어 온 방식들을 비판하고 있다.

---

13) '포괄법칙'(covering-law)이란 말을 처음으로 사용한 사람은 드레이(W.H. Dray)였다. 드레이는 헴펠파의 설명양식에 적절한 이름을 붙이기 위해 이말을 사용했는데, 그 후 헴펠 자신이 이 말을 긍정적으로 받아 들임으로써 이 말은 법칙적 설명을 주장하는 사람들의 설명양식을 나타내는 공식적인 명칭처럼 되었던 것이다. C.G. Hempel, "Reasons and Covering Laws in Historical Explanation", in S. Hook(ed.), *Philosophy and History*(New York : New York University Press, 1963), p. 143.

14) 이 논문은 1942년에 *The Journal of Philosophy*지에 처음 발표되었으나 1959년에 P. Gardiner(ed.), *Theories of History*(New York : The Free Press)에 재수록되었다.

15) 헴펠은 "The Function of General Laws in History"에서 일반법칙은 적절한 경험적 증거에 의해 입증되거나 거부될 수 있는 보편적인 조건적 형태의 진술이라고 주장하고 있다. 이것을 한마디로 말한다면, '보편적 형태의 가설'(hypothesis of universal form) 혹은 '보편적 가설'(universal hypothesis)'이라고 말할 수 있다.

16) C.G. Hempel, "The Function of General Laws in History", in Gardiner(ed.), *Theories of History*, p. 349.

첫째, 감정이입적인 방법이 문제가 된다. 헴펠에 따르면, 감정이입적 방법에 의해 전달된 종류의 이해는 과학적 이해와 구분되어야 한다. 왜냐하면, 역사에서 현상의 설명은 그것을 일반적인 경험적 법칙에 포섭함에 의해 이루어지는데, 감정이입적 방법은 이러한 방법과 거리가 멀기 때문이다.

둘째, 헴펠은 또한 역사적 현상에 대한 해석의 방식도 비판하고 있다. 역사에서 실제로 제공되는 해석들은 문제의 그 현상을 과학적 설명이나 혹은 어떤 일반적 아이디어 아래 포섭하려는 시도로 이루어져야 하는데 실제적인 해석은 그렇지 못하다는 것이다.

셋째, 역사적 사건들의 의미를 확인하는 절차에도 똑같은 원리가 적용된다. 하나의 사건이 어떤 역사적 의미를 가지고 있느냐 하는 것은 그 사건 발생의 인과적 분석에 의존하는 객관적 문제인데, 현실에서 의미파악은 이런 점을 등한시하고 있다는 것이다.[17)]

이와 같이 헴펠은 관념론자나 해석학자들에 의해 역사의 고유한 영역으로 취급되고, 또 역사를 다른 학문과 분리시키는 근거로 흔히 간주되어 온 감정이입, 해석, 의미의 확인 등의 절차도 명시적이든 암시적이든 간에 어떤 일반적 법칙이나 일반적 아이디어에 대한 언급 없이는 성립할 수 없다는 것을 강조하고 있다. 더 나아가 그는 역사가들이 설명, 예측, 해석, 관련성의 판단 등을 제공하는데 있어서 분명하게 혹은 암암리에 언급하는 보편적 가설은 여러 분야의 과학적 연구로부터 온 것임을 강조하고 있다. 다시 말해서 그것들은 보통 심리학적, 경제학적, 사회학적, 그리고 부분적으로는 역사의 법칙으로 분류될 수 있다고 본다.

이에 더하여 역사연구에 있어서는 자주 물리학, 화학, 생물학에서 따온 일반법칙에 호소해야 할 경우도 많이 있다. 예를 들어 식량의 결핍, 기후조건의 악화, 질병 등에 언급함으로써 한 군대의 패배를 설명하는 것은 무언중에 그러한 법칙의 가정에 기반을 두고 있는 것이다. 또한 문서, 회화, 화폐 등을 검증하는 방법에 있어서도 절대적으로 물리학적, 화학적 이론 등을 필요로 한다. 과거에 이러한 사실들이 무시된 것은 관련된 일반법칙이 너무 친근한 것이 되어 그들이 전혀 주목할 가치가 있는 것으로 고려가 되지 않았기 때문이다. 그리고 부분적으로는 과거의 사건에 대한 지식을 확

17) *Ibid.*, pp. 352-353.

인하는데 이용되는 여러 가설과 이론을 역사의 보조과학으로 격하시키는 습관 때문이라고 헴펠은 보고 있다.[18]

헴펠은 이와 같이 역사에서 사건에 관한 설명은 그것을 일반적인 경험법칙 아래 포섭하는 것으로 이루어진다고 말하면서도 일반적 법칙을 역사적 설명에 적용할 때 따르는 난점을 어느 정도 인정하고 있다. 헴펠은 "황진지대(黃塵地帶, Dust Bowl)의 농민들이 계속된 한발과 모래 폭풍이 그들의 생존을 점차로 불안정하게 했기 때문에, 그리고 캘리포니아가 그들에게 훨씬 더 좋은 생활조건을 제공하는 것처럼 보였기 때문에 캘리포니아로 이주했다"라는 진술은 "인구는 보다 나은 생활조건을 제공하는 지역으로 이주하는 경향이 있다"라는 보편적인 가설에 기반을 두고 있다고 주장하고 있다. 그러면서도 헴펠은 그것이 잘 확증된 일반법칙이 못된다는 것을 강조하고 있는데, 이것은 바로 헴펠 스스로 역사적 설명에서 법칙을 적용할 때 따르는 난점을 인정한 것이라고 볼 수 있다.[19]

헴펠은 역사나 사회학에서 제공되는 대부분의 설명들은 그들이 전제로 하는 일반적 규칙을 뚜렷하게 나타내지 못하고 있다고 하면서 그 이유를 다음과 같이 말하고 있다.

첫째, 문제되는 보편적 가설들은 일상의 경험을 통해서 모든 사람에게 익숙한 것으로 생각되기 때문이다. 즉, 그러한 가설들은 무언중에 당연하다고 생각되기 때문에 굳이 명시적으로 나타낼 필요를 느끼지 않기 때문이다.

둘째, 문제의 보편적 가설들은 정밀하고 분명하게, 그리고 모든 관련된 경험적 증거와 일치시키는 방식으로 형성하는 것이 대단히 어려운 일이기 때문이다. 예를 들어, 만일에 어떤 특정한 혁명을 설명하면서 어떤 선행조건들과 함께 인구의 대다수 편에서 점증하는 불만에 언급한다면 이 설명에서 일반적 규칙이 가정되는 것은 분명하다. 그러나 우리는 혁명을 초래하기 위해서는 그 불만이 어느 정도로, 그리고 어떤 형태로 나타나야 하는지를 알 수 없으며, 또 어떠한 환경적 조건이 있어야 하는지도 알 수 없다.

이와 같이 하나의 주어진 역사적 설명 속에 암시적으로 가정된 가설들의 내용은 비슷한 수준에서만 재건될 수 있다고 헴펠은 보고 있는 것이

---

18) *Ibid.*, pp. 355-356.
19) *Ibid.*, pp. 349-350.

다.[20] 이런 관점에서 볼 때, 역사에서 제공되는 설명들은 연역적-법칙적인 성격보다는 확률적-통계적 성격을 가지고 있다고 할 수 있다.

더 나아가 헴펠은 역사에서 제공되는 설명적 진술들은 심각한 불완전성을 드러낸다고 말하고 있다. 왜냐하면 설명항 속에 내포되는 진술들은 흔히 주어진 맥락 속에서 암시적으로 내포되어 있는 일반화를 가정하고 있는 경우에조차 특정한 피설명항을 부분적으로만 고려하고 있는 경우가 많기 때문이다. 이와 같이 역사서술의 문헌 속에서 제공되는 설명적 진술의 대부분은 설명항이 피설명항의 현상들을 고려하지 않고 있다는 의미에서 이른바 연역적으로 완전한 설명, 즉 진술된 피설명항이 논리적으로 설명항에 의해 연역되는 방식의 설명과는 구별된다는 것이다.[21] 이와 같이 어떠한 법칙이나 일반화의 제시가 생략된 설명이나, 위에서 제시한 부분적 설명을 헴펠은 '설명스케치'(explanation sketch)라고 부르고 있다. 역사에서 제공되는 설명들은 가장 전형적인 '설명스케치'의 범주에 속한다고 할 수 있을 것이다.

이렇게 볼 때 헴펠은 역사적 설명의 특수성을 나름대로 인정하고 있다고 보여진다. 그러나 헴펠은 이러한 설명의 불완전성은 잠정적인 것이며, 역사적 설명은 어디까지나 과학적 설명의 범주안에서 다루어야 한다고 주장하고 있다는 점에서 포괄법칙론자의 지위를 확고하게 했다고 볼 수 있다.

Ⅲ. 역사수업에서 설명상의 문제와 개선방향

1. 설명상의 문제

역사수업에서 이루어지는 설명은 교사의 강의시간만이 아니라 학생들의

---

20) *Ibid.*
21) Hempel, *Aspects of Scientific Explanation and Other Essays in the Philosophy of Science*, pp. 415-416.

발표시간에도 필요하며, 더 나아가 교사와 학생이 다같이 참여하는 문답학습이나 학생이 중심이 된 토론학습에도 필요하다. 왜냐하면 학생들과 어떤 내용을 다른 사람에게 효과적으로 이해시키기 위해서는 설명을 해야될 경우가 많이 있기 때문이다. 그러나 다른 어느 시간보다 설명이 요구되는 시간은 역시 교사의 강의시간이라고 할 수 있다. 그러므로 우리는 일반적으로 역사 수업시간에 이루어지는 설명의 방식으로는 어떤 것이 있으며, 과학적인 설명의 기준에서 볼 때 그것들이 가지고 있는 현실적인 문제로는 어떤 것이 있는지를 규명하고 넘어가는 것이 좋으리라 본다.

역사교사가 일반적으로 취하는 설명방식에는 다음과 같은 것들이 있다.

① **이야기식 설명**(narrative explanation) : 역사교사의 설명은 대부분 이야기의 형태를 취한다. 역사교사가 취하는 이야기에는 다른 모든 이야기에 있어서와 같이 시작, 중간, 끝이 있고 또 줄거리가 있으며 주역들이 있는 것이 보통이다. 이것은 역사의 묘사적 성격을 잘 나타내 주는 설명방식이다. 이러한 이야기식 설명은 교사에 의해 다양하게 이용되고 있다. 이를테면 영국혁명이나 프랑스혁명의 진행과정을 중요한 사실이나 인물을 중심으로 상세하게 묘사하는 설명방식 같은 것은 가장 전형적인 이야기식 설명방식이라고 할 수 있다. 그것은 평면적인 이야기에 그칠 수도 있고, 때로는 극적 요소를 가미시켜 보다 박진감 넘치는 이야기일 수도 있다.[22] 그러나 이러한 역사 설명의 방식은 엄밀한 논리적 증거에 의해 뒷받침되거나 완전히 납득할 수 있는 결과를 만들어 내지는 않는다. 한 마디로 말해서 이러한 설명에는 과학적 논리가 결여되어 있다고 할 수 있다.

② **개념적 설명**(conceptual explanation) : 역사 수업에서는 어떤 개념에 대한 정의를 중심으로 설명을 해야 할 경우가 많이 있다. 예컨대 유럽 절대주의의 구체적 전개과정을 살펴보기에 앞서서 절대주의의 개념이 무엇이며, 그 일반적 특징이 무엇인지를 먼저 설명하는 경우가 바로 여기에 속한다. 또한 역사교사는 서양 근대사의 주요 주제인 르네상스, 종교개혁, 과학혁명, 계몽사상, 시민혁명, 자유주의와 민족주의의 발달 등을 다루면서 그 개념들의 의미를 학생들에게 이해시키기 위하여 먼저 그 개념들에 관해 설

22) 차하순, 『역사의 본질과 인식』, 206면.

명을 해야 하는데, 이것이 바로 개념적 설명인 것이다. 그러나 교사가 제공하는 개념 설명은 대부분 엄밀하지 못한 데다 논리적 증거에 의해 뒷받침되고 있지 않다는 것이 큰 단점으로 되어 있다.

③ **총괄적 설명**(colligatory explanation) : 역사교사는 수업과정에서 흔히 유사한 성격을 지니는 사건들끼리 묶어서 일정한 주제아래 같이 설명하는 경우가 많이 있다. 예를 들어 19세기 유럽에 나타난 각국의 민족운동을 한데 묶어 민족주의라는 이름아래 한꺼번에 배우는 방법이 바로 여기에 속한다. 이와 같이 총괄은 어떤 특수한 사건을 그때 진행되고 있던 역사적 또는 일반적 운동의 일부로 간주하면서 내용을 설명하는 방식이다.[23] 이때 한데 묶여진 그룹에는 어떤 일반적인 명칭이 붙여질 수 있다. 예컨대 영국혁명, 미국혁명, 프랑스혁명에 관한 사실들을 범주화하여 '시민혁명'이라고 명명하는 것이 바로 여기에 속한다. 위의 세 혁명을 '시민혁명'이라고 명명하는 것은 위의 세 혁명 속에 내재되어 있는 어떤 공통점에 주목하여 이들을 일정한 범주로 묶게 되었다는 것을 의미한다. 그것은 또 이들 세 혁명 속에 나타난 사실들 속에서 일반적인 규칙성을 찾아내었다는 것을 의미한다.

이러한 총괄적 설명은 역사교육에서 흔히 이용되는 설명방식으로 학생들의 역사적 사고를 훈련시키는데 매우 유용한 방식이다. 그러나 교사들은 일반적으로 총괄적 설명의 장점을 충분히 살리지 못한 채 다만 형식적인 수준에서 이러한 설명방식을 채택하고 있는 것이다.

④ **인과적 설명**(causal explanation) : 역사교사가 일반적으로 흔하게 하는 설명 가운데 하나는 인과적 설명이다. 프랑스혁명을 설명할 때 교사는 먼저 프랑스혁명은 왜 일어났을까? 하는 질문을 던짐으로써 수업을 시작하는 것이 보통이다. 그리고 이러한 질문에 대한 해답을 얻기 위하여 구제도의 모순, 계몽사상의 영향, 미국 독립전쟁에의 참가, 재정상의 위기 등을 살펴보게 된다. 그 다음에도 교사는 계속해서 바스티유감옥의 습격이 일어난 원인은 무엇인가? 등 일련의 질문을 계속해서 던질 수 있다. 이렇게 볼 때 인과적 설명은 역사수업에서 가장 일반적으로 행해지는 설명방식의 하

23) W.H. Walsh, *Philosophy of History : An Introduction*(New York : Harper and Row, Publishers, 1967), p. 59.

나이다. 또한 가장 기본적인 설명방식의 하나이다. 그러나 역사수업에서 이루어지는 대부분의 인과적 설명에서는 어떠한 법칙이나 규칙이 전제되어 있지 않기 때문에 원인과 결과를 잇는 연결의 필연성이 희박하거나 불분명한 것이 큰 문제점으로 되어 있다.

이상과 같은 여러 설명방식이 강의시간에 제대로 이용되기만 한다면 역사설명은 보다 큰 성과를 거둘 수 있으리라 본다. 그러나 대부분의 역사설명은 산만하고 비체계적인 것이 특징으로 되어 있다. 이렇게 된 것은 역사수업이 주로 이야기식 설명으로 되어 있을 뿐만 아니라, 설사 다른 설명방법을 이용한다 하더라도 형식적인 수준 이상을 벗어나지 못하기 때문이다.

역사교사들의 설명에서 가장 큰 문제점으로 들 수 있는 것은 이른바 주입식 설명일 것이다. 이유나 근거에 대한 설명없이 교사가 일방적으로 어떤 명제나 문제해결방법을 일방적으로 제공하는 설명은 가장 비효율적인 방법으로 손꼽히고 있다.[24] 어떠한 역사설명이 주입식이 되는 이유는 그것이 학생들에 의해 제대로 이해되지 않은 채 무조건적으로 수용되기 때문이다.

역사수업에서 설명을 한다는 것은 곧 역사적 사실을 학생들로 하여금 이해하도록 만든다는 것이며, 이해하도록 만든다는 것은 곧 역사적 사실이 왜, 어떻게 일어났는지를 학생들로 하여금 납득이 되게끔 설명한다는 것이다. 이 점에 대하여 헬러(A. Heller)의 설명을 들어보자

> 나는 설명이란 개념을 최대한 광범위하게 사용할 것이다. 즉, 여기에서 설명은 어떤 것을 이해하도록 만든다는 것과 동일하다. 우리는 역사적 설명을 통해서 사회문제들의 시간적·공간적 변화를 이해할 수 있다. 우리들이 설명을 통해서 사회문제와 사회변화들을 이해할 수 있는 경우에 그 설명은 완벽한 것이다. 이것이 일단 정리되면 설명은 "이제 나는 그것을 이해하게 되었다"는 합리적인 감정을 유발시킨다. 설명은 욕구충족이다. 즉, 설명은 세계에 관한 우리들의 표상(表象)에서 채워지기를 바라는 공백들을 메워주고 따라서 긴장들을 감소시켜 준다.[25]

24) 이용숙 · 조영태, 『수업방법』(배영사, 1989), 279면.

그런데 주입식 설명은 이런 과정을 소홀히 한 채 주어진 사실을 학생들에게 제시하는 데만 급급했다고 할 수 있다. 그것은 그만큼 사실들간의 논리적인 연결이 부족했음을 말해 주며, 더 나아가 설명이 설명답지 못하고 사실들의 나열에 불과한 경우가 많았다는 것을 말해 주는 것이다. 이것은 또 역사 설명이 보다 과학화될 필요가 있음을 말해주는 것이기도 하다.

2. 설명상의 개선방향

과학적인 논리에 따른 교사의 설명이 이루어지기 위해서 교사의 강의는 보다 체계적으로 구성될 필요가 있다. 이를 위해 교사의 강의는 보다 조직화되고 그 계열이 분명해야 한다. 또 조직된 내용은 학생들에게 명료하게 전달되어야 한다. 이를 위해서는 법칙과 사례가 합리적으로 선택되어야 하고, 인과관계를 논리적으로 구성하여야 되며, 용어의 선택이 보다 명료하게 이루어져야 한다.[26] 이와 같이 교사의 설명이 보다 논리적 기반 위에 세워지고 어떤 지적 양식(intelligible fashion)속에 관련을 맺게될 때 역사학습은 보다 과학적인 기반을 갖게 된다. 또 이것은 학생들의 역사적 사고력의 신장에도 크게 기여하리라 본다.

이와 같이 교사의 강의가 보다 큰 체계성을 확보하기 위해서 우리는 구체적인 사실에 못지 않게 일반성의 문제에 관심을 가질 필요가 있다. 만일에 역사교사가 특수성의 관점에서만 사건을 취급한다면 그는 어떤 주제에 관련된 모든 사실을 빠짐없이 언급해야 한다. 예컨대 절대주의에 관해서 공부할 때 그는 스페인, 프랑스, 영국, 프로이센, 러시아 등 유럽 각국 절대주의의 특성과 전개과정을 낱낱이 소개해야 할 필요가 있다. 이렇게 될 때 우리는 역사사실의 망라적 습득이라는 고질적인 악습에서 벗어날 수 없다. 그러나 일반성의 관점에서 접근할 때 역사교사는 산만하고 비체계적인 설명방식을 극복하여 보다 응집력있는 설명을 할 수 있게 될 것이다.

위에서 소개한 개념적 설명이나 총괄적 설명에서 볼 수 있는 것처럼 교

25) A. Heller(강성호 역), 『역사의 이론』(문예출판사, 1988), 205면.
26) 이희도, 「수업의 유형」, 김순택 외, 『현대수업원론』(교육과학사, 1991), 303-304면.

사가 단순히 개념의 의미를 풀이해 주거나 혹은 공통적인 성격을 지닌 사실들을 묶는 것만 가지고는 과학적 설명이라고 할 수 없다. 이러한 설명들이 과학적 설명이 되기 위해서는 어디까지나 사실들 가운데서 어떤 규칙성 내지 일반규칙을 발견하고, 더 나아가 그것을 다른 사태에 적용하는 수준에까지 올라가야 할 것이다.

예컨대 역사교사는 여러 혁명으로부터 어떤 공통점이나 일반적 원리를 발견하고, 그것을 통해서 시민혁명의 특성을 규명하며, 더 나아가 다른 혁명적 사태에까지 적용시켜 보는 작업을 병행해야 비로소 과학적 설명을 수행했다고 할 수 있다. 버스톤이 말한 것처럼 역사교사가 역사에 반복되는 상황의 여러 국면을 무시하지 않는다면 우리는 그의 설명의 일부가 포괄법칙의 관점에 있다고 결론지어야 할 것이다.[27]

역사교사는 더 나아가 사회이론에 있어서의 일반적 법칙을 이용해야 할 경우도 많이 있다. 쉬운 예로 프랑스혁명 당시의 아시냐 지폐의 남발에 따른 물가폭등 현상에 관해 설명하면서 경제학에서의 인플레이션원리에 대해 언급하는 것과 같은 것이 그런 경우에 속한다. 그 밖에도 역사교사는 불경기, 산업혁명, 계급갈등 등의 사회현상을 이해시키기 위하여 해당분야의 법칙이나 원리를 학생들에게 제시할 필요가 있다. 역사교사는 역사설명을 위해서 경제적 변화를 설명하는 경제적 법칙, 집단의 행동에 영향을 미치는 사회학적 법칙, 심리학적 행동의 법칙 등을 이용하는 경우가 많이 있다.[28] 뿐만 아니라 역사교사는 어떤 사건과 관계있는 인구의 변화나 자연조건의 변화 등을 설명하면서 인구의 법칙이나 자연과학적인 법칙을 이용할 수 있다.[29] 역사교사는 이러한 법칙이나 원리를 당연한 것으로 생각하면서 필요할 때 자연스럽게 학생들에게 제공하게 되는 것이다. 역사는 종합적인 학문이기 때문에 필요할 때 다른 분야의 개념이나 법칙을 자유롭게 이용할 수 있는 위치에 있다. 따라서 위와 같은 역사교사의 조치는 별로 문제될

---

27) Burston, *Principles of History Teaching*, p. 87.

28) L.R. Perry, "The Covering Law Theory of Historical Explanation", in W.H. Burston and D. Thompson(eds.), *Studies in the Nature and Teaching of History*(New York : Humanities Press, 1967), p. 32.

29) J.H. Hexter, *The History Primer*(New York : Basic Books, Inc., Publishers, 1971), p. 27.

것이 없다고 본다.

교사의 설명이 과학적인 기반 위에 세워지기 위해서는 교사의 설명 가운데 큰 비중을 차지하고 있는 인과관계의 설명도 보다 일반적인 관점에서 다루어질 필요가 있다. 역사적 설명의 주된 기능 가운데 하나가 역사적 사건들 사이의 인과관계를 분명히 하는데 있음은 앞에서 이미 밝힌 바 있다. 또 과학적인 역사 설명은 다름 아니라 원인과 결과 사이에 어떤 필연적인 관계가 있음을 밝히는 데 있음도 고찰한 바 있다.

따라서 교사는 어떤 사건에 관한 과학적 설명을 시작할 때 먼저 그 사건의 선행조건으로서의 원인들을 제시해야 한다. 예컨대 프랑스혁명을 설명하면서 구제도의 모순, 계몽사상의 영향, 루이 16세의 무능, 재정상의 위기 등을 나열하는 것이 여기에 해당된다. 그런데 설명을 위한 선행조건들인 혁명의 원인들은 교사가 일방적으로 제시해 주는 것보다 학생들의 발표나 학생들과의 질의·응답을 통해 자연적으로 제시되는 것이 일반적이라고 할 수 있다.

대부분의 역사가나 역사교사들이 어떤 사건에 관한 원인을 말할 때 그들이 하는 일은 보통 그 사건을 초래했으리라 생각되는 사실들을 상세하게 나열하는 것이다. 그러나 아무리 선행조건들을 상술한다고 할지라도 그 사건의 원인들을 남김없이 설명했다고 말할 수는 없는 일이다. 왜냐하면 아무리 완벽하게 설명한다 하더라도 어딘가 빠진 구석이 있게 마련이기 때문이다. 또 상술되는 조건들이 그 사건의 진정한 원인이라는 것도 우리는 보증할 수가 없다. 왜냐하면 우리는 우연의 일치를 가지고 원인으로 간주하는 경우도 있을 수 있기 때문이다. 우리가 지금까지 원인이라고 간주해 왔던 것이 사실은 역사가의 단순한 오류에 불과한 것이었다는 추측도 얼마든지 가능한 일이다. 그러므로 인과적 설명에서는 어느 정도 그 관계의 필연성을 보장할 수 있는 어떤 조건이 충족될 필요가 있다. 여기에서 과학적 설명의 필연성이 제기된다.

엄밀한 의미에서 볼 때, 과학적인 설명에서는 인과적 필연성에 의해 어떤 사건의 발생을 설명한다. 그러므로 만일에 우리가 "A는 B의 원인이다"라고 말한다면, 우리는 "A가 있을 때마다 B가 필연적으로 따라오며, B가 일어날 때마다 A가 선행되어야 한다"고 말해야 한다. 역사가들이 이러한 원인에 관해 말할 때 그는 어떤 포괄법칙의 존재, 그리고 반복되는 상황의 존재를 상정하고 있다. 더 나아가 과학철학자들은 이러한 종류의 인과적 요소의 존재 때문에 전제로부터 결론을 도출하는 것이 가능하다고 믿고 있다.

그러나 이런 식의 엄격한 인과관계는 역사에 적용되기가 곤란하다. 역사에서 인과관계는 보다 완화된 형태, 즉 "A가 있을 때마다 B가 필연적으로 따라온다"라는 것이 아니라, "A가 있을 때마다 B의 발생이 기대된다" 또는 "A가 있을 때마다 B가 일어날 확률이 높다"와 같은 확률적 설명의 원리가 적용되는 것이 바람직하다고 본다. 이렇게 볼 때 역사에서 어떤 사건에 관한 설명은 그것의 발생을 있음직한(probable) 것으로 믿게 만드는 선행사건들(antecedents)에 언급하는 것으로 이루어진다.[30] 어찌되었든, 과학적인 인과관계가 성립되기 위해서는 엄격한 형태의 것이든, 보다 완화된 형태의 것이든 간에 법칙의 사용이 필수적이라고 할 수 있다.

Ⅳ. 과학적 설명논리에 따른 역사의 수업방식

앞에서 소개한 과학적 역사 설명의 논리와 과학적인 역사수업의 조건 등을 고려하면서 과학적 설명논리에 따른 역사의 수업방식을 탐색해 보기로 하자. 교사에 의한 과학적 설명의 방식을 우리는 한 사건의 원인에 관한 설명을 제공하는 경우, 사건들의 연속적인 진행과정을 설명해야 하는 경우, 인간의 행위를 설명하는 경우 등에 적용할 수 있다. 이러한 각각의 경우에 있어서 적용될 수 있는 과학적 설명논리는 연역적·법칙적 설명논리, 발생적 설명논리, 상황의 논리에 의한 설명논리 등이라고 할 수 있다. 이러한 설명논리에 따른 역사의 수업모형 및 구체적인 사례 등을 소개하면 다음과 같다.

30) D.H. Fischer, *Historians' Fallacies*(London : Routledge and Kegan Paul, 1971), p. 183.

1. 연역적 · 법칙적 설명논리에 따른 수업방식

어떤 사건의 원인에 대하여 과학적 설명을 해야 하는 경우 역사교사는 연역적·법칙적 설명이나 확률적 설명방식을 이용할 수 있다. 이 경우에는 물론 설명되어야 할 경험적 현상은 선행조건과 일반법칙으로부터 논리적으로 연역함으로써 설명되어진다. 이러한 설명방식에 따른 역사의 수업모형을 구상해 보면 다음과 같다.

① 설명되어야 할 현상을 제시한다.

② 그 현상의 원인을 질문해 본다.

③ 교사의 설명이나 학생들의 답변을 통해서 사건의 중요한 원인을 있는대로 나열한다.

④ 교사의 설명이나 학생들의 발표를 통해서 제시된 원인 하나하나가 지니는 의미를 탐색한다.

⑤ 선행조건을 정리한다.

⑥ 위에서 열거된 사건을 포괄할 수 있는 법칙을 제시한다.

⑦ 제시된 법칙의 의미를 사례를 들어 설명한다.

⑧ 선행조건과 법칙으로부터 논리적인 연역을 통해 결과를 도출한다.

위의 설명모형은 연역적-법칙적 설명이나 확률적 설명 등에 다 같이 이용할 수 있다. 여기에서 가장 중요한 단계는 역시 법칙의 제시 단계이다. 역사교사는 법칙의 이용에 있어 역사가들보다는 훨씬 자유로운 위치에 있다. 말하자면 그는 교육적 내지 실용적인 입장에서 어떠한 법칙도 이용가능하다고 본다.

그러므로 교사는 자명한 이치에 해당되는 법칙뿐 아니라, 필요에 따라서는 사회과학이나 자연과학에서의 법칙, 혹은 인간성에 관한 일반적인 이론 같은 법칙을 자유롭게 이용해도 무방하다고 본다. 또한 역사교사는 역사적 사실들로부터 추론해 낸 일반화를 설명을 위한 준거틀(the frame of reference)로 활용할 수도 있다.[31] 다만 이들 법칙들은 그 법칙의 이용에

---

31) 예컨대 절대주의 시대의 전쟁들로부터 추론한 세력균형의 원리나 국가이익에 관계된 일반화를 다른 사태를 설명하는 데 있어서 준거틀(the frame of reference)로 이

따른 여러 가지 난점을 충분히 고려하는 바탕 위에서 이용해야 할 것이다.

그러면 연역적·법칙적 설명이론에 따른 설명방식을 이용하여 프랑스 혁명의 원인에 관한 설명을 시도해 보자.

① 영국과 미국뿐 아니라 프랑스에서도 시민혁명이 일어났다는 것은 여러분이 잘 알고 있지요? 그러면 지금부터 프랑스 혁명에 대하여 살펴보기로 하겠어요.

② (교사가 질문한다.) 프랑스혁명이 일어난 원인은 무엇일까요? 있는 대로 한번 말해 보세요.

③ (학생들 대답한다.) 구제도의 모순, 계몽사상의 영향, 미국 독립전쟁에의 참가, 정부의 무능, 재정상의 위기 등

④ 교사 : 구제도의 모순은 구체적으로 무엇을 말할까요?
학생 : 불평등한 신분제도를 말합니다.
교사 : 신분제도는 구체적으로 어떻게 불평등했을까요?
학생 : (교과서 기타 다른 자료를 통해 조사한 내용을 발표한다.)
교사 : 이러한 신분제도의 모순은 계층간의 반목 대립을 가져오게 되었어요. 그러면 계몽사상이 어떤 결과를 가져왔는지 말해 보세요.
학생 : 사람들로 하여금 낡고 모순된 제도를 타파하고 자유롭고 평등한 사회를 건설하겠다는 생각을 갖게 했습니다.
교사 : 그러한 사상을 보급한 사람은 어떤 사람들일까요?
학생 : 문필가, 철학자, 교사와 같은 지식인들입니다.
교사 : 정부의 무능은 어떤 것일까요?
학생 : 국가의 재정문제를 제대로 해결하지 못했고 또 그 과정에서 귀족계급을 제대로 설득하지 못했습니다. 또한 3부회가 소집되었을 때 제대로 의사진행을 하지 못했습니다.
교사 : 지배계급인 성직자계급과 귀족계급도 여러 갈래로 나누어져 있어서 단결된 힘을 내지 못했어요. 또 이 중 상당수가 계몽사상의 영향을 받아 제3신분에 대하여 협조적이었어요. 그러면 재정상의 위기에 대하여 말할까요? 재정상의 위기가 초래된 원인은 무엇일까요?

용할 수 있다.

학생 : 루이 14세 이래의 무모한 대외전쟁, 왕실의 사치 때문입니다.
교사 : 이러한 재정문제를 해결하기 위해 정부는 어떻게 했습니까?
학생 : 유능한 재정 전문가를 등용시켜서 문제를 해결하려 했습니다.
교사 : 그런데 왜 실패했습니까?
학생 : 재정개혁을 위한 모든 노력은 귀족들의 반대로 모두 실패했습니다.
교사 : 그래서 국왕이 취한 마지막 방법은?
학생 : 삼부회입니다.
교사 : 삼부회가 소집된 결과는?
학생 : 표결문제 때문에 귀족과 제3신분이 서로 대립하다 결국은 제3신분이 별도로 국민의회를 조직했습니다.
교사 : (국민의회가 혁명으로 연결되었음을 강조한다.)

⑤ 교사 : (선행조건을 정리한다.) 지금까지 말한 것을 정리하여 종합적으로 프랑스혁명이 일어난 원인을 말한다면?
학생 : 구제도의 모순, 계몽사상의 영향과 지식인의 이탈, 정부의 무능, 재정상의 위기 등입니다.

⑥ (법칙을 제시한다.) 크레인 브린톤에 의하면 "혁명은 경제적인 발전, 계층간의 반목 대립, 지식인의 이반, 지배계급의 무능, 그리고 정부의 재정적 위기를 내포하고 있는 사회에서 일어난다"고 했습니다.

⑦ (법칙을 설명한다.) 이미 학습한 바 있는 영국혁명의 경우를 사례로 들어 설명한다.

⑧ (선행조건과 법칙으로부터 논리적인 연역을 통해 결과를 도출한다.)
교사 : 지금까지 살펴본 원인들과 법칙을 통해서 볼 때 우리가 결론적으로 말할 수 있는 것은?
학생 : 프랑스혁명은 일어날 수밖에 없었다고 생각합니다.

만일에 위에서 제시된 법칙이 지나치게 결정론적이라 거부감이 있을 경우에는 ⑥에 나오는 법칙을 "혁명은 경제적인 발전, 계층간의 반목 대립, 지식인의 이반, 지배계급의 무능, 정부의 재정적 위기를 내포하고 있는 사회에서 일어나기 쉽다"라고 수정할 수 있다.

2. 발생적 설명논리에 따른 수업방식

두 개 이상의 사건들의 연속적인 진행과정을 설명해야 하는 경우에는 발생적 설명방식을 이용할 수 있다. 발생적 설명은 어떤 현상을 하나의 전개과정의 최종단계로 제시하며, 따라서 그 과정의 각 단계를 차례로 묘사함으로써 그 현상을 설명하는 방식이다. 그런데 이러한 발생적 설명이 과학적 설명의 조건을 갖추려면 사건들의 연결과정을 나열하는 것만으로서는 충분하지 않고, 각 단계 사이의 논리적인 연결을 보장해 주는 어떤 법칙이 필요하다. 이렇게 될 때에만 후속단계는 그 전단계 때문에 일어나게 되었다고 말할 수 있는 것이다.[32]

여기서 중요한 것은, 이와 같은 발생적 설명에서는 최초의 단계로부터 최종단계까지 전과정에 걸쳐서 하나의 법칙 또는 이론이 사용되는 것이 아니라, 단계가 바뀔 때마다 별개의 법칙이 사용된다는 점이다. 그리고 각 단계마다 어떤 기술(記述)을 추가한다는 점이 보통 말하는 연역적-법칙적 설명과 차이가 있다.[33] 이러한 설명논리에 따른 역사의 수업모형을 구상해 보면 다음과 같다.

① 최초 단계의 내용을 설명한다.
② 법칙을 제시하며 다음 단계의 내용과 연결짓는다.
③ 추가로 보충될 내용을 설명한다.
④ 제2단계의 내용을 설명한다.
⑤ 법칙을 제시하며 다음 단계의 내용과 연결짓는다.
⑥ 추가로 보충될 내용을 설명한다.
⑦ 제3단계의 내용을 설명한다.
⑧ 최종 단계의 내용을 설명한다.

그런데 교사의 내용설명에 있어서는 사실상 각 단계마다 일일히 법칙을 제시해 주는 것은 불가능한 일이다. 그러므로 제시되는 법칙이 상식적 수

---

32) Hempel, *Aspects of Scientific Explanation and Other Essays in the Philosophy of Science*, pp. 447-453.
33) 강신택, 『사회과학 연구의 논리』(박영사, 1992), 97면.

준의 것이면 생략해도 무방하리라 본다. 이러한 법칙은 설명 속에서 암시적으로 가정되었다고 볼 수 있기 때문이다. 법칙은 어디까지나 주요한 단계에 한하여 제시되는 것이 좋다. 이러한 법칙은 위의 경우와 마찬가지로 주로 사회과학이나 자연과학 혹은 인간행동에 관한 일반적인 견해로부터 차용할 수 있으며, 동시에 역사적 사실들로부터 추론해 낸 일반화를 법칙처럼 활용할 수도 있다. 이러한 모형에 따른 역사수업의 구체적인 예시는 지면 관계상 생략하기로 하겠다.

3. 상황의 논리에 따른 수업방식

역사수업에서는 지금까지의 양식들을 가지고는 쉽게 적용이 잘 안되는 문제에 직면할 때가 있다. 그 가운데 가장 대표적인 것은 바로 인간의 행위를 설명해야 할 경우이다.

첫째, 인간의 행위에 관한 설명은 일반적으로 과학적 설명의 논리가 적용되기 어려운 분야로 알려져 있다. 그러나 포퍼는 행위자의 상황에 대한 이상화된 재구성을 시도함으로써 행위자의 행위를 합리적으로 이해 가능한 것으로 만들려고 하였다. 그는 포괄법칙모형을 지지하면서도 '상황의 논리(situational logic)'에 의해 이를 보완하고자 했던 것이다.[34]

포퍼는 역사가들이 흔히 성공적으로 세우는 설명의 종류에 관심을 집중하고, "우리의 행동들은 넓은 범위에 걸쳐 그들이 일어나는 상황에 의해 설명이 될 수 있다"고 말했다.[35] 물론 상황만으로 완전한 설명이 이루어지는 것은 아니다. 예컨대 한 사람이 거리를 지날 때 달리는 차들을 피하는 방식에 관한 설명은 상황을 넘어서 그의 동기들, 즉 자기보존의 본능이나 고통을 피하려는 욕구 등을 언급함으로써 가능할 수 있다는 것이다. 그러나 이러한 설명의 심리학적 부분은 '상황의 논리'가 지니는 인간행위의 결정론과 비교할 때에는 하찮은 것에 지나지 않는다고 포퍼는 강조하고 있

34) 상황의 논리에 대해서는 K.R. Popper, *The Poverty of Historicism*(London : Routledge and Kegan Paul, 1961) 참조.

35) *Ibid.*, p. 97.

다.[36]

상황의 분석(situational analysis)이라고도 불리어지는 이 방식은 인간의 행위에 관한 설명에다 '합리성의 원리(rationality principle)'를 적용한 것으로 볼 수 있다.[37] 즉 '상황의 논리'란 인간을 어느 정도 합리적 존재로 보고 '합리성의 원리'를 인간행위의 상황에 적용하는 방법이라고 할 수 있다. 그러면 이러한 '합리성의 원리'는 과학적 논리를 가진 것이라고 할 수 있을까? 여기에 대한 대답은 다음의 논의를 통해 찾아볼 수 있으리라 본다.

대부분의 사회적 상황에는 논리성의 요소가 존재한다. 그리하여 "만일 누구든지 A의 상황에 놓이면 X와 같이 행동할 것"이라는 합리적 추론이 가능하다. 여기에는 사람들이 어떠한 상황에 놓이면 어떻게 행동할 것이라는 인간행동에 관한 일반법칙이 내포되어 있다. 그리하여 헴펠은 합리성의 원리를 인간행동에 관한 일반법칙과 동일시한다. 이 점이 드레이(W.H. Dray)의 합리적 설명과 다른 점이다.

드레이의 합리적 설명모델에서 가장 중요하게 고려하고 있는 것은 행위자의 목적 및 동기이다. 인간 행동에 관한 일반법칙은 여기에 들어갈 여지가 없다. 역사적 설명에 있어서는 어떤 행위자의 행동이 합리적인 이유에 따라 시작된 것이며, 그것은 그 당시의 상황과 관련지어 볼 때 매우 적절한 것이었음을 밝혀주는 것만으로 충분하다는 것이다. 설명을 더이상 완전하게 만들어야 한다고 주장하는 것은 아마도 역사가가 도달할 수 없는 그 무엇을 요구하고 있는 것이라고 드레이는 주장하고 있다.[38] 그리하여 드레이가 제시한 설명모델은 다음과 같다.

① A는 C 유형의 상황에 있었다.
② C 유형의 상황에서 할 수 있는 일은 X였다.
③ 그러므로 A는 X를 수행했다.[39]

이러한 드레이의 설명모델에 대하여 헴펠은 이의를 제기하고 있다. 드레이의 모델에서 행위의 원리가 되는 이념의 기본 전제들은 보다 명확히 밝

36) *Ibid.*
37) K.R. Popper, *Objective Knowledge*(London : Oxford University Press, 1975), p. 179.
38) W.H. Dray, *Laws and Explanation in History*(London : Oxford University Press, 1956), p. 135.
39) *Ibid.*, p. 124.

혀져야 한다는 것이다. 그리하여 헴펠은 드레이의 설명모델에다 새로이 두 개의 전제, 즉 "행위자는 그때 합리적 행위자였으며, 그 행위자는 어떠한 상황에 있을 때 필연적으로 어떤 행위를 하게되어 있다"는 경험적 일반화를 추가하고 있다. 여기에서 헴펠은 드레이의 합리적 설명모델을 다음과 같이 수정하고 있다.[40]

① A는 C 유형의 상황에 있었다.
② A는 합리적으로 행위하는 성향을 가졌다.
③ 합리적 행위의 성향을 가진 모든 사람은 C 유형의 상황이 주어지면 항상(혹은 높은 개연성을 가지고) X를 행할 것이다.
④ 그러므로 A는 X를 수행했다.

드레이의 합리적 설명모델은 본래 포괄법칙모델을 비판하기 위해서 그 대안으로 제기된 것이었다. 그러나 헴펠은 여기에다 인간행동에 관한 법칙을 추가하므로 그 모델 자체를 포괄법칙모델로 환원시켜 버린 것이다.

이와 같은 헴펠의 모델을 적용할 때 인간행위에 관한 설명은 그대로 과학적 설명의 지위로 올라서게 된다. 그리고 상황의 논리에 의한 설명은 과학적 설명의 범주로 들어오게 된다. 동시에 합리성의 원리는 과학적 논리를 가진 것으로 해석이 될 수 있다. 이렇게 되면 상황의 논리에 의한 설명은 일정한 법칙을 전제하고 그것으로부터 인간행위의 결과를 연역해 낸다는 의미에서 연역적-법칙적 설명, 또는 확률적 설명과 큰 차이가 없다는 것을 발견하게 된다. 다시 말해서 그것은 포괄법칙적 설명의 범주내에 포함될 수 있다는 말이 된다. 다만 그것은 인간의 행위에 초점을 두고 있으며, 또 그것을 합리성의 원리 및 상황적 논리와 관련시켜 설명한다는 점에서 일단은 연역적-법칙적 설명이나 확률적 설명으로부터 분리시켜 취급하는 것이 타당하다고 본다. 포퍼가 상황의 논리에 의한 설명을 연역적-법칙적 설명과 분리시켜 별도로 상세하게 다루고 있는 것은 바로 이런 점을 염두에 둔 것이라고 생각된다.[41]

이러한 상황의 논리에 의한 설명방식을 도입할 때 우리는 또한 인간행위에 관한 설명에서 예측과 대단히 유사한 종류의 활동을 도입할 수 있다.

---

40) Hempel, "Reasons and Covering Laws in Historical Explanation", pp. 152-157.
41) Popper, *Poverty of Historicism*, pp. 147-512.

예컨대 우리는 청교도혁명 때 크롬웰이 직면하고 있었던 문제를 완전히 분석하고 학생들로 하여금 그들 자신을 그의 위치 속에 놓고 그들이 그러한 상황 속에서 무엇을 했을 것인지를 물어볼 수 있다. 이것은 사실상 크롬웰이 했던 것은 그와 동일한 상황 속에 놓인 어떤 사람도 그렇게 했을 것이라는 가정을 함축적으로 내포하고 있다. 그것은 또, "이러한 상황 속에서 모든 사람은 이러한 방식으로 반응할 것이다"라는 포괄법칙에 기반을 두고 있다고 볼 수 있다.

둘째, 이와 같은 일반적인 법칙말고도 우리는 상황의 논리에 의한 설명에서 보다 제한된 종류의 법칙도 도입할 수 있다. 예컨대 '청교도주의를 신봉하는 젠트리'라는 개념을 가지고 크롬웰의 행동을 설명하는 방식이 그와 같은 것이다. 여기에는 모든 사람에 대한 것이 아니라 '청교주의를 신봉하는 젠트리'와 관련된 법칙에 대한 호소가 있다.

셋째, 우리는 성향적 법칙도 도입할 수 있다. 예컨대 "크롬웰은 엄격하고 독선적인 성향을 지닌 사람이다. 왜냐하면 그는 일반적으로 과거의 그러한 상황 속에서 엄격하고 독선적인 성향을 나타내었기 때문이다"라고 말하는 것이 그것이다. 이와 같은 크롬웰의 행위에 관한 성향적 법칙을 이용하여 우리는 영국혁명 당시에 크롬웰이 취한 행위를 보다 합리적으로 설명하는 것이 가능하다고 본다.

위의 세 가지의 반응, 즉 일련의 상황들에 대한 일반적인 인간의 반응, 청교주의를 신봉하는 젠트리의 반응, 그리고 개인적 반응들은 다같이 어떤 종류의 일반화와 포괄법칙을 내포한다. 이들은 다같이 역사 설명에서 유용하게 활용될 수 있으며, 학생들에게 역사적 상상력에 대한 탁월한 훈련의 기회를 제공한다.[42]

이러한 상황의 논리에 의한 설명에서는 하나의 역사적 행위자에게 얼마나 많은 선택의 자유가 있었는가에 대한 고려와 함께 역사 속의 특수한 상황들의 분석을 요구한다. 크롬웰은 찰스 1세의 처형을 회피할 수 있었을까? 아마 그는 피할 수 있었다. 그러나 대안은 매우 제한되어 있었다. 이와 같이 크롬웰이 처한 상황을 이해한다면 이러한 문제들에 대한 그의 반응은

---

42) Burston, *Principles of Teaching*, p. 57.

예언할 수 있는 것이었다고 논의할 수 있다. 또한 청교주의를 신봉하는 젠트리의 입장이나, 크롬웰의 개인적인 성향에 비추어 해석한다 하더라도 결과는 마찬가지이다. 어찌되었든 상황의 논리를 분석하는 것의 본질적인 특징은 상황의 사실들과 인간성에 대한 일반화 사이의 융합이라고 할 수 있다.[43]

상황의 논리에 따른 설명방식을 단계별로 나누면 다음과 같다.

① 어떠한 역사적 행위자의 행위를 역사수업에 도입한다.

② 그 행위자가 왜 그런 행위를 했는지 질문한다.

③ 교사와 학생들은 그 행위자가 처했던 상황을 탐색한다.

④ 그 행위자에게 가능했던 대안적인 행위의 과정들을 탐색한다.

⑤ 그 행위자가 합리적으로 행동하는 인간이었음을 인식한다.

⑥ 그 행위자의 선택이 내포한 필연성(불가피성)을 인식한다.

⑦ 결론을 내린다.

이와 같은 설명모델을 영국혁명 당시의 크롬웰의 행위에 관한 설명에 적용해 보면 다음과 같다.

① (교사의 설명) 영국혁명의 과정에서 크롬웰의 역할은 절대적이었다. 크롬웰은 특히 찰스 1세를 처형하고 공화정을 수립한 사람으로 유명하다.

② (교사의 질문) 크롬웰은 왜 찰스 1세를 처형하고 공화정을 수립했을까?

③ (교사와 학생들은 크롬웰이 처했던 상황을 분석적으로 탐색한 후에 다음과 같은 사실을 발견한다.)

제1차 내란에서 패배한 국왕 찰스 1세가 포로가 되어 감금생활을 하는 동안 의회파는 장로파와 독립파로 분열되어 서로 대립하게 되었다. 이때 장로파는 입헌군주제를 주장하며 국왕과의 타협을 모색하고 크롬웰이 지휘하는 의회군의 해산을 종용했다. 이에 반해 독립파는 군주제의 폐지와 국왕의 처형을 희망했다. 이 와중에서 찰스 1세가 감금생활에서 도망하여 스코틀랜드와 조약을 맺고 스코틀랜드군과 함께 영국의 국경을 넘어 침입해 왔으므로 제2차 내란이 발생하

43) Burston, "Laws, Generalization, and the History Teacher", in Burston and Thompson (eds.), *Studies in the Nature and Teaching of History*, p. 59.

였다. 이 내란에서 의회군이 재차 승리하여 찰스 1세를 감금하게 되었다. 이때 독립파의 프라이드 대령은 의회에 침입하여 장로파를 숙청하였다. 그리하여 의회는 독립파 의원만이 남게 되어 이른바 잔여의회(殘餘議會)를 구성하게 되었다. 이들은 국왕의 반역죄를 규정하는 법령을 통과시켰다. 찰스 1세는 결국 재판에 회부되고 특별 고등 재판소에서 사형이 결정되어 1649년 1월 30일에 사형이 집행되었다. 이리하여 영국은 공화정으로 들어서게 되었다.

④ 학생 : 크롬웰에게 가능했던 대안들에는 어떤 것이 있었을까요?

교사 : (다음과 같이 설명한다.)

첫째, 국왕과 타협하여 입헌군주제를 실시하는 것을 생각해 볼 수 있습니다. 그러나 이것은 불가능한 일입니다. 왜냐하면 이것은 장로파의 요구에 굴복하는 것이며, 결국 장로파의 요구대로 크롬웰의 세력기반인 군대를 해산해야 하기 때문입니다. 만일에 이렇게 될 경우 크롬웰 이하 독립파는 반역죄의 누명을 쓰고 처형될 가능성도 배제할 수 없게 되는 것입니다.

둘째, 찰스 1세 대신에 새로운 국왕을 세우는 경우도 생각해 볼 수 있습니다. 그러나 이것도 불가능하다고 할 수 있습니다. 왜냐하면 튜더왕조는 이미 단절되었으며, 다른 왕조의 옹립도 사실상 불가능하게 되어 있었기 때문입니다. 그리고 찰스 1세의 다음 후계자로는 그의 아들인 찰스 2세가 내정되어 있었는데, 찰스 2세를 왕으로 세울 경우 역시 보복당할 가능성을 배제할 수 없었습니다. 또한 크롬웰을 비롯한 독립파는 대체적으로 스튜어트 왕조의 왕들을 불신하고 있었기 때문에 이러한 경우는 상상도 할 수 없었습니다. 그러므로 크롬웰은 공화정을 선택하는 것 외에는 다른 대안을 갖고 있지 못했다고 할 수 있습니다.

⑤ 학생 : 크롬웰은 합리적으로 행동하는 사람이었습니까?

교사 : 그렇습니다.

학생 : 왜 그렇다고 할 수 있습니까?

교사 : 그 전까지의 여러 가지 행적(그의 출신배경, 교육, 의회파로서의 활동상, 철기군의 조직과 전쟁에서의 승리 등)으로 보아 합리적으로 행동하는 인간이었음을 알 수 있습니다.

⑥ 교사 : 합리적으로 행동하는 사람이라면, 그가 만일 크롬웰이 처한 것과 같은 상황에 놓이게 되면 크롬웰이 한 것처럼 왕정을 폐지

하고 공화정을 수립하게 되었을 것이라고 우리는 추론할 수 있습니까?

학생 : 그렇습니다.

⑦ 교사 : 그러므로 크롬웰은 공화정을 실시하게 되었던 것입니다.

이러한 식으로 상황의 논리에 의한 설명을 제공하는데 있어 우리는 몇 가지 제한 요소를 찾아낼 수 있다. 첫째, 역사적 행위자의 개인적 성격이나 기질과 같은 요소를 고려하는데 따르는 제한, 둘째, 그 행위자의 민족성이나 종교적 신념과 같은 요소들에 의해 부과된 제한, 셋째 이른바 여론에 의해 야기된 선택의 자유에 대한 제한 등이 바로 그것이다.

또한 역사적 행위자의 행위는 일반적인 인간성에 대한 것이든, 개인의 성향에 관한 것이든 간에 비전형적인 방식으로 행해지는 경우가 많기 때문에 일반성의 관점에서만 해석하는 것이 과연 가능한 것인가 하는 문제도 제기될 수 있다.[44]

그러나 이상의 제한점을 고려하더라도, 상황의 논리분석을 통한 설명방식은 교육적으로 큰 의미를 지닐 수 있다고 본다. 왜냐하면 이러한 설명방식은 학생들로 하여금 역사적 상황 및 행위자의 동기에 대한 과학적 분석의 기회를 제공할 뿐 아니라, 이를 통해 역사적 사고력의 기회를 신장시킬 수 있는 좋은 조건도 마련해 주고 있기 때문이다. 그것은 또 학생들로 하여금 행위자의 미래 행동도 예측해 볼 수 있는 훈련의 기회도 제공해 줄 수 있다. 그러므로 상황의 논리에 따른 역사교사의 설명방식은 역사교육에서 중심적인 과제가 될 수 있는 것이다.

Ⅴ. 맺음말

본 연구의 목적은 과학적 역사설명의 특징적인 논리가 어떤 것인지를 이론적인 측면에서 밝히고, 그것이 실제적인 역사수업에서의 내용설명에

---

44) *Ibid.*

어떻게 적용될 수 있는지를 탐색해 봄으로써 역사교육에서 과학적 설명논리의 적용 가능성과 적용 방법을 명확하게 규명해 보려는 데 있었다.

이러한 목적을 달성하기 위하여 본 연구에서는 먼저 헴펠의 논리를 중심으로 과학적 역사 설명의 논리적 특성을 알아 보았다. 무엇보다 헴펠은 역사와 자연과학 사이에는 아무런 차이가 없다는 것을 전제로 그의 논리를 전개하고 있다. 역사가들은 설명, 예측, 해석 및 관련성의 판단 등을 하는 데 있어서 분명하게 혹은 암암리에 일반법칙을 이용하고 있다는 것이다. 그러면서도 헴펠은 일반적 법칙을 역사적 설명에 적용할 때 따르는 난점을 어느 정도 인정하고 있다. 역사에서 제공되는 대부분의 설명들은 그들이 전제로 하는 일반적 규칙을 뚜렷하게 제시하지 못한다는 것이다. 그리하여 헴펠은 역사적 설명은 전형적인 '설명 스케치'에 속한다고 보고 있다.

이러한 실증주의적 논리를 역사수업에 어떻게 적용할 것인가를 탐색하기 위하여 필자는 역사수업시간에 채택하는 일반적인 설명방식들의 특징과 문제점을 해명하려고 하였다. 이들 설명방식들을 교사는 거의 형식적으로 이용하는 경우가 많은데 그 결과 교사의 설명은 산만하고 비체계적이며 엄밀하지 못하게 되었다고 할 수 있다. 이러한 난점들을 극복하기 위해서라도 교사의 설명은 보다 체계적이고 논리적인 성격을 띨 필요가 있음을 필자는 구체적으로 제시하고자 하였다.

이와 같은 연구를 토대로 필자는 과학적 설명논리에 따른 교사의 설명방식이 어떤 것인가를 탐색하였는데, 그것은 연역적-법칙적 설명논리에 따른 수업방식, 발생적 설명논리에 따른 수업방식, 상황의 논리에 따른 수업방식 등으로 나누어 볼 수 있다. 그리고 각 경우에 따른 적절한 설명모형과 그 모형에 따른 설명의 과정을 예시함으로써 과학적 설명논리에 따른 교사의 설명방식이 어떠해야 하는가를 논리적, 실제적으로 규명하려고 하였다.

지금까지의 논의를 바탕으로 본 연구의 결론을 내려보면 다음과 같다.

역사수업에서 설명을 실시하는 교사는 역사교육의 궁극적 목표인 역사적 사고력의 신장을 위해서 다양한 형태의 과학적 설명의 양식을 이용할 수 있다. 다만 일반법칙의 이용에 따르는 난점 때문에 그는 연역적-법칙적 설명보다는 확률적 설명의 방식을 이용하는 것이 보다 적절한 것 같다. 뿐만 아니라 역사교사는 필요에 따라 발생적 설명이나 상황의 논리에 의한 설명도 적절하게 이용할 수 있다고 본다.

그런데 일반적으로 역사수업에서의 내용설명은 대부분 과학적 설명의 요건을 갖추지 못해 산만하고 비체계적인 것이 특징이다. 그러므로 역사수업에서 이루어지는 내용설명이 보다 과학적인 요건을 갖추기 위해서는 설명자체가 논리적으로 조직되어 제시될 필요가 있다. 그리고 명시적이든 암시적이든 설명과정 속에 어떤 법칙이나 일반화를 내포하고 있어야 한다. 또 설명의 과정에서는 원인과 결과의 관계를 보다 명확히 하는 것은 물론, 사건의 단순한 전개과정보다는 인과관계의 추론에 더 관심을 가져야 한다. 또한 내용제시에 있어서는 명확하게 정의된 개념이나 용어를 사용해야 하며, 내용 자체의 객관성과 정확성을 유지할 수 있어야 한다.

역사의 설명방식에는 여러 가지가 있는데도 교사는 거의 이야기식 설명과 같은 단조로운 설명방식에 의존하고 있어서 과학적 설명과는 거리가 먼 위치에 있을 때가 많다. 그러므로 역사를 가르치는 교사는 과학적인 설명의 여러 양식에 대해 관심을 가지고 주어진 여건에 따라 적절한 설명방식을 취사선택해서 이용할 수 있어야 할 것이다. 어쨌든 역사수업에서 의사전달의 필수적 수단이라고 할 수 있는 '설명'은 보다 논리적이고 과학적인 기반 위에 세워질 필요가 있는 것이다.

이러한 과학적 설명의 논리가 이용될 때 역사교육에서의 모든 설명, 즉 역사 교재의 서술이나 교실에서의 수업과정, 혹은 학생의 발표 등에서 볼 수 있는 설명은 지금보다 훨씬 논리적이고 분석적인 차원에서 전개될 수 있다고 본다. 이를 위해서 역사교사는 역사철학의 논리를 실제적인 역사교육에 적용하는 문제에 보다 적극적인 노력을 기울여야 하리라 본다. 본 연구는 이러한 노력을 촉진하기 위한 하나의 기초적 연구로서 시도된 것이다. 이를 통해 본 연구는 역사교육을 보다 과학적인 기초 위에 세우는데 일조를 제공할 수 있으리라 본다.

(정 선 영)

제 6 장
역사학습에서 '총괄'(Colligation)의 이용

Ⅰ. 머리말

오늘날 효과적인 역사학습을 위해 많은 방법이 제시되고 있고, 이들 방법이 실제 수업에서 부분적으로는 활용되고 있다. 그러나 대부분의 교사가 사용하고 있는 일반적인 방법은 여전히 많은 역사적 사실을 교과서 내용에 따라 단순히 나열식으로 해설하는 강의식 수업의 형태일 것이다. 이렇게 단순히 연대기적으로 나열된 사실은 그것간의 상호관련성이 부족하기 때문에 학생들이 그 사실을 학습하는 데 어려움이 있을 뿐만 아니라, 비록 학생들이 그 사실을 학습했다 하더라도 이 학습을 통해서 학생들의 역사적 사고력의 신장을 기대하기는 어렵다.

이러한 문제점을 해결하기 위하여 역사학습에서도 역사학의 구조화된 지식을 학생들에게 가르쳐야 한다는 주장이 나와 교육과정의 개편에 반영되었고,[1] 구조화된 지식을 찾고자 하는 연구가 진행되고 있다.[2] 역사학습에서 구조화 문제를 연구한 정선영은 구조화를 위한 방안으로 총괄방식, 사회과학적 접근방식, 사례연구방식 등을 제시하고 있으나,[3] 그가 제시한 방식은 그 자신의 말대로 구조화 문제의 해결을 위한 하나의 작은 시도에 불과하다. 따라서 이러한 방식을 역사학습에 이용하기 위해서는 각 방식에 대한 보다 구체적인 검토가 필요한데, 본고는 바로 이러한 문제점 해결의 한 방법으로 총괄방식에 의한 역사학습의 문제를 다루어 보기 위한 것이

---

1) 정선영, 「역사학습의 구조화를 위한 시론」, 『역사교육』 30·31 합집(1982), 1-2면 참조.
2) 1972년에 국사교육강화위원회에서 발표한 "학교교육을 중심으로 한 국사의 중심개념"은 구조화된 지식으로 볼 수 있으나, 이런 류의 구성은 개념이라기보다는 일반화로서, 너무 그 내용이 개괄적이어서 실제의 역사수업에서 활용하는 데 어려움이 있다.
3) 정선영, 「역사학습의 구조화를 위한 시론」, 21-25면.

다.

'총괄'(colligation)이라는 용어는 19세기 영국의 논리학자인 휴웰(W. Whewell)이 자연과학에서 사실을 설명하는 데 처음 사용한 말로서,[4] 그 후 왈쉬(W. Walsh)가 역사적 설명의 방식을 뜻하는 것으로 사용한 용어이다. 역사적 설명의 특성을 둘러싸고 실증론자와 관념론자 사이에 첨예한 의견대립이 있어 왔는데,[5] 실증론자는 역사의 설명이 과학의 설명과 마찬가지로 법칙적이라고 주장한 반면에, 관념론자는 역사의 설명은 과학의 설명과 달리 독특성을 지니며 법칙의 사용이 불가하다고 주장하였다. 이에 대해 왈쉬는 역사의 과학성을 어느 정도 긍정하고 있다는 측면에서 볼 때는 실증론자의 입장을 취하고 있는 듯하나 실증론자가 주장하는 역사의 법칙적 설명은 부정하고 있다. 반면, 그는 역사의 고유성 또는 독특성을 인정하고 있다는 측면에서 볼 때는 관념론자의 입장을 취하고 있는 듯하나 관념론자의 설명이론의 문제점을 비판하고 있다. 이렇게 실증론자와 관념론자 사이의 중도적 입장에서 관념론자의 설명이론의 문제점을 보완하기 위해 왈쉬가 제시한 설명 방식이 바로 총괄인 것이다.[6]

총괄에 관한 여러 가지 기존 연구가 있으나,[7] 이것은 대개 역사철학자가

---

4) 휴웰이 사용한 총괄의 의미는 다음과 같다.
"사실은 적당한 개념의 도움에 의해서 함께 묶여진다. 이렇게 형성된 지식을 사실의 총괄이라고 부른다 … 그렇게 연결되고, 축적되며, 체계화된 지식이 과학이다." Y. Elkana(ed.), *William Whewell's Selected Writings on the History of Science* (Chicago : The University of Chicago Press, 1984), p. 206.

5) 아트킨슨의 구분에 의하면 실증론자는 역사학을 자연과학 또는 사회과학에 동화시키려는 경향이 있는 동화론자이고, 관념론자는 역사의 자율성을 주장하고, 역사학이 다른 학문과 구별되는 특성이 있다는 것을 강조하는 경향이 있는 자율성론자이다. R.F. Atkinson, *Knowledge and Explanation in History*(New York: Cornell University Press, 1978), p. 23.

6) W.H. Walsh, "Colligatory Concepts in History", in W.H. Burston and D. Thompson (eds.), *Studies in the Nature and Teaching of History*(New York : Humanities Press, 1967), p. 72.

7) 총괄의 특성에 관한 기존 연구는 다음과 같다.
Walsh, Philosophy of History : An Introduction(New York : Harper & Row, Publishers, 1967) ; Walsh, "Colligatory Concepts in History" ; D. Thompson, "Colligation and History Teaching", in W.H. Burston and D. Thompson(eds.), *Studies in the Nature and Teaching of History* ; L.B. Cebik, "Colligation and the Writing of History", *The Monist* 53(1969) ; C.B. McCullagh, "Colligation and Classification in

행한 연구로서 역사학습에 총괄을 이용하는 방안을 제시해 주고 있지 못하다. 따라서 본고에서는 다음과 같은 점을 살펴보고자 한다.

① 역사적 설명방식으로서 총괄은 어떠한 특성을 지니는가?

② 역사학습에서 총괄을 도입할 경우 어떤 유용성이 있는가?

③ 역사학습에서 총괄을 이용하는 방법은 무엇이며, 이에는 어떤 문제점이 있는가?

이상과 같은 점을 중심으로 본고는 총괄을 이용한 학습내용의 구성방법과 구성된 내용의 학습방법을 살펴보고자 하는데, 여기서 제시된 총괄의 학습방법이 실제의 역사학습에서 어떤 결과를 낳게될 것인지에 관한 실험연구도 필요하겠으나 본고는 이론의 검토에만 한정시키고자 한다.

Ⅱ. '총괄'의 특성

1. 역사적 설명과 '총괄'

(1) 설 명

역사가는 사실의 이해를 위하여 설명을 하게 된다. 그러면 '설명'(explanation)이란 무엇일까? 우리가 어떤 것을 설명한다고 할 때, 우리는 보통 설명이라는 어휘의 의미를 "사물의 내용, 이유, 뜻 같은 것을 풀어서 밝힌다."[8]는 뜻으로 사용하고 있다. 그런데 역사철학자가 역사가의 설명하는 행위에 대해 연구할 때 사용하는 '설명'의 의미는 일상적 의미와는 구별된다는 점에 유의해야 한다. 관념론자는 설명의 의미를 "사실의 복잡성이나 모호성을 상세하게 밝혀내는 것, 또는 사실이 가지고 있는 의미나 원인을 명백히 하는 것"[9] 등으로 사용하고 있는 데 반하여, 실증론자는 설명의

History", *History and Theory* 17(3)(1978).
국내에서는 정선영의 「역사학습의 구조화를 위한 시론」과 한경자의 「역사이해·역사의식 발달을 위한 교수방법의 모색」『이원순교수화갑기념 사학논총』(교학사, 1986)에서 총괄에 대한 논의가 다루어졌다.

8) 이희승(편저), 『국어대사전』(민중서림, 1982).

의미를 "사실을 과학적 이론이나 법칙 아래에 포섭(subsume)하는 것"[10]으로 사용하고 있다. 이렇게 설명이란 어휘가 서로 다른 의미로 쓰이는 것은 실증론자와 관념론자가 역사를 바라보는 관점이 서로 다르기 때문이다.

실증론자는 역사적 설명의 특성이 과학적 설명의 특성과 일치해야 한다고 생각하였다. 대표적인 실증론자인 포퍼(K. Popper)는 역사적 설명을 인과적 설명이라고 보면서, 역사적 설명이 과학의 설명처럼 연역적 설명의 형태를 가져야 한다고 생각하였다. 연역적 설명이란 피설명항(explicandum, explanandum)[11]이 설명적 전제[12]로부터 논리적으로 도출되는 필연적인 결과인 경우를 말한다.[13] 따라서 연역적 설명의 전제는 피설명항이 진리가 되기 위한 충분한 조건을 진술하게 되는데, 이 형태의 설명이야말로 모든 '진짜' 설명의 모범으로 간주되어 왔다.[14]

포퍼는 어떤 사건에 대해 인과적 설명을 한다는 것이 선행조건과 몇몇 보편적 법칙을 연역의 전제로 사용하여 그 사건을 묘사하는 진술을 연역적으로 도출하는 것이라고 하였다.[15] 이와 같은 포퍼의 주장은 "피설명항은 설명항으로부터 연역되어야 한다."와 "설명항은 설명될 사건이 발생한 선행조건에 대한 진술 외에도 몇몇의 보편적 법칙을 포함해야 한다."는 두 부분으로 나누어 볼 수 있는데, 도나간(A. Donagan)은 전자를 연역적 명제, 후자를 포괄법칙 명제라고 부르고 있다.[16] 이 두 개의 명제는 실증론자

---

9) *Webster's Third New International Dictionary.*

10) *Ibid.*

11) explicandum과 explanandum은 모두 "설명될 것의 진술"을 뜻하는 말이다. 이것을 피설명항이라고 부른 것은 이한구의 『역사주의와 역사철학』(문학과 지성사, 1986)의 내용에 따른 것이다.

12) 포퍼나 헴펠은 전제(premises)라는 말 대신에 explanans라는 어휘를 쓰고 있다. explanans는 "설명하는 것의 진술"을 뜻하는 말로 이한구의 『역사주의와 역사철학』에서 설명항이라고 번역되고 있다.

13) E. Nagel, *The Structure of Science*(New York : Harcourt, Brace & World Inc., 1961), p. 21.

14) *Ibid.*, p. 21.

15) K.R. Popper, *The Open Society and Its Enemies II*(London : Routledge and Kegan Paul Ltd., 1966), p. 262.

16) A. Donagan, "The Popper-Hempel Theory Reconsidered", in W.H. Dray(ed.), *Philosophical Analysis and History*(New York : Harper and Row, Publishers, 1966), p. 128.

의 설명이론의 골격이지만, 과학에서조차도 이 명제를 만족시키지 못하는 많은 설명이 존재한다. 이 점에 주목한 헴펠(C. Hempel)은 포퍼의 주장을 다소 완화시켰다. 그는 포퍼의 연역적 명제인 "피설명항은 설명항으로부터 연역되어야 한다."를 "피설명항은 설명항으로부터 논리적으로 연역될 수 있다."[17]로 수정하였고, 포괄법칙 명제의 경우는 보편적 법칙 대신에 확률적인 통계적 법칙을 포함하는 것으로 수정하였다.[18] 그는 이렇게 수정된 설명을 확률적·통계적(probabilistic-statistical) 설명이라고 부르면서 포퍼의 두 명제를 만족시키는 연역적·법칙적(deductive-nomological) 설명과 구별하였다.

그러나 실제로 대부분의 역사가가 행하는 설명은 연역적·법칙적 설명이나 확률적·통계적 설명의 특징을 지니고 있지 못한 경우가 대부분이다. 포퍼 자신도 역사에서는 보편적 법칙이 실제로 흥미를 끌지 못하고 주제를 정돈해 줄 수도 없다는 것을 알면서도,[19] 역사적 설명이 과학적 설명처럼 법칙에 의한다고 생각했기 때문에 역사적 설명에서 굳이 법칙을 찾아내려고 하였던 것이다. 그러나 그가 찾아낸 것은 대개가 상식의 범주에 속하는 하찮은 보편적 법칙에 불과하였다.[20]

포괄법칙(covering law)이라는 말은 드레이가 실증론자의 법칙적 설명을 지칭하여 사용한 용어이다. 실증론자의 인과적 설명은 설명할 것을 일반적 법칙 아래에 포섭해야만이 가능한 설명의 방식이기 때문이다. W.H. Dray, Laws and Explanation in History(Oxford: The Clarenden Press, 1957), p. 1.

17) C.G. Hempel, "The Function of General Laws in History", in P. Gardiner(ed.), *Theories of History*(New York : The Free Press, 1959), p. 345.

18) Hempel, "Explanation in Science and in History", in W.H. Dray(ed.), *Philosophical Analysis and History*, pp. 100-102 참조.

19) Popper, *The Open Society and Its Enemies II*, pp. 264-265.

20) Popper, *The Poverty of Historicism*(London : Routledge and Kegan Paul Ltd., 1961), p. 145.

포퍼는 브루노(Giordano Bruno)의 죽음의 원인을 설명할 때 화형에 처해졌기 때문이라고 말한다면, 이 때에 모든 생명체는 강렬한 열에 노출될 때 죽는다는 보편적 법칙이 생략되었다고 주장하였다. 그러나 "모든 생명체는 강렬한 열에 노출될 때 죽는다."는 것은 상식적인 하찮은 보편적 법칙일 뿐이다. 그리고 브루노가 화형에 처해졌기 때문에 죽었다는 것은 죽음의 자연과학적 원인에 대한 설명이기는 하지만, 브루노가 왜 화형에 처해졌는가, 브루노는 왜 그의 박해자들에게 도전했는가 등과 같은 역사학적인 의문에 대한 답이 될 수는 없는 것이다.

헴펠도 실제로 역사가가 행하는 설명이 과학의 설명과 같은 법칙적 설명이 되기에는 불완전하다는 것을 인정하면서, 이러한 역사의 설명을 '설명 스케치'(explanation sketch)라고 불렀다. 설명 스케치란 적절하다고 생각되는 법칙과 선행조건을 다소 막연하게 제시하고 있는 설명을 말하는데, 헴펠은 설명 스케치의 형태를 띠고 있는 역사의 설명이 경험적 탐구를 통해 완전한 설명이 된다고 하였다.[21] 헴펠은 경험적 탐구의 내용을 구체적으로 밝히지는 않았으나, 경험적 탐구를 거친다 하더라도 역사적 설명이 과학적 설명과 같은 특성을 지니게 될 수는 없을 것이다. 왜냐하면 역사가는 과학자처럼 법칙을 발견하고, 법칙을 사용하는데는 관심이 없으며, 역사가가 사용하는 언어는 일상적으로 사용되는 보통의 언어이기 때문에 과학의 용어처럼 그 의미가 일의적(一義的)이 아니라 다의적(多義的)이므로 역사의 법칙은 과학적 법칙의 지위를 가지기 어렵기 때문이다.[22] 그리고 역사적 설명에서 법칙이 발견된다고 하더라도 그것은 역사적 법칙이 아니라 자연과학이나 사회과학에서 사용되는 법칙인 경우가 대부분이다.[23]

(2) 총 괄

실제로 역사가는 특정한 역사적 사건에 대해 설명할 때, 실증론자가 주장하는 것처럼 법칙을 사용해서 설명하는 것이 아니라, 문제의 그 사건이 그 시대에 진행되고 있었던 일반적 움직임의 부분으로 보인다고 말함으로써 그의 설명을 시작하는 경향이 있다.[24] 이 때에 역사가가 사용하는 방법

---

21) Hempel, "The Function of General Laws in History", p. 351.

22) P. Gardiner, *The Nature of Historical Explanation*(Oxford : Oxford University Press, 1961), pp. 59-63 참조.

23) 이 점에 대해 포퍼도 다음과 같이 말하고 있다.
"우리가 1772년의 폴란드 1차 분할을 설명할 때, 폴란드가 러시아, 프로이센, 오스트리아의 연합세력에 저항할 수 없었다는 것을 지적함으로써 설명한다면, 우리는 다음과 같은 하찮은 보편적 법칙을 암암리에 사용하고 있는 것이다. '거의 동등하게 잘 무장되고, 지휘되는 두 군대 중에서 한 군대가 숫자상으로 월등하게 우세하다면 다른 군대는 결코 이길 수 없다.' 이러한 법칙을 병력에 관한 사회학 법칙이라고 말할 수 있을 것이다. 그러나 그것은 너무 하찮아서 사회학자의 주의를 끌지 못하고 그들에게 중대한 문제를 야기시키지도 못할 것이다."(*Popper, The Open Society and Its Enemies II*, pp. 264-265.)

24) Walsh, *Philosophy of History : An Introduction*, p. 59.

은 그가 다루는 사실을 밝힐 어떤 지배적 개념이나 지도적 관념을 찾고, 이들 관념 사이의 연관관계를 추적하고 나서, 문제되는 시기의 사건에 관한 '의미 있는' 이야기를 구성함으로써 개개의 사실을 어떻게 이해할 수 있는가를 보여주는 것이다.[25] 이렇게 역사가가 적당한 개념 아래에 여러 개의 사건을 묶는 행위를 '총괄'이라고 한다. 이 때에 사건을 모으는 기준인 '적당한 개념'은 통시대적인 보편적 개념이나 역사의 궁극적인 동력이 아니라 역사가가 연구하고 있는 시대내에서 영향력을 가지는 개념이다.[26]

총괄의 특성을 이해하기 위해 왈쉬가 제시한 예를 살펴보자.

> 1936년에 히틀러의 라인란트 점령은 그가 권력을 잡았을 때부터 추구해 온 독일의 자기주장과 영토확장이라는 일반적 정책과 관련하여 설명할 수 있을 것이다. 이러한 정책을 언급하고, 그것을 수행함에 있어서 전후의 단계, 즉 단독적 군비축소의 거부, 국제연맹에서 독일의 탈퇴, 오스트리아 합병과 수데텐 지방의 병합 등을 상술하는 것은 각각의 고립적 행위를 좀더 이해할 수 있게 하는데 도움이 된다.[27]

위의 예는 "왜 히틀러가 라인란트 지방을 점령했는가?"라는 의문에 대해 히틀러의 라인란트 점령을 '자기주장과 영토확장'이라는 적절한 개념 아래에 일련의 사건을 묶어 설명할 수 있다는 것을 보여준다.

이와 같은 총괄에 의한 설명은 관념론자의 설명이론의 약점을 보완하기 위해 왈쉬가 제안하였다. 관념론자는 실증론자의 주장을 거부하고 역사적 사건의 독특성과 개별성을 강조한다.[28] 이들은 실증론자와 달리 역사적 이해 또는 설명이 과학적 탐구에서 추구되는 것과 개념상 다르다고 주장한다.[29] 이들은 역사가의 진정한 대상이 인간의 과거의 행위와 경험이라고

---

25) *Ibid.*, p. 61.

26) *Ibid.*, p. 62.

27) *Ibid.*, p. 59.

28) 대표적인 관념론자인 오크쇼트는 역사를 법칙적으로 설명하는 것이 역사의 완전한 파괴라고 하면서, 역사에서 유일하게 가능하고 적절한 설명은 단지 변화에 대한 완전한 기술뿐이라고 하였다. M. Oakeshott, "Historical Continuity and Causal Analysis", in Dray (ed.), *Philosophical Analysis and History*, p. 209.

29) 관념론자 중에서도 역사가 과학이라고 말하는 사람도 있다. 그러나 그들이 사용하

생각하면서 과거의 인간의 행위와 경험은 정신작용에 의한 것이므로 자연히 외부로부터의 관찰에 의해서 이해될 수 있는 것에 반해, 인간의 행위와 경험은 내부로부터의 재사고(re-think)에 의해서 이해될 수밖에 없다고 보았다.[30]

대표적인 관념론자인 콜링우드(R. Collingwood)도 이해가 재사고의 과정을 통해서 이루어진다고 하면서, 재사고한다는 것은 역사가 자신이 역사적 행위자가 처해 있던 상황을 직시해서 행위자가 그 상황을 어떻게 생각하였고, 그 상황에 어떻게 대처하였는가를 생각해 보는 것을 뜻한다고 하였다.[31] 이렇게 행위자의 사상이 행위자의 행동을 결정한다고 보는 콜링우드의 이론은 드레이(W. Dray)의 합리적 설명이론으로 발전하였다.

합리적 설명이란 행위자가 어떤 행동을 했을 때, 그 행위자가 그렇게 행동한 이유가 있었다고 보고, 그의 행동의 합리적 근거를 보여주는 설명을 말한다.[32] 그에 의하면 일반적으로 역사적 행위에 대한 이해를 얻기 위해서 역사가가 추구하는 것은 행위자가 예상했으리라고 생각되는 행위 결과와 행위자가 그의 상황에서 옳다고 믿었던 것, 그가 달성하고자 했던 것, 즉 의도, 목표, 또는 동기 등에 대한 정보이다.[33] 이러한 정보를 바탕으로 역사적 행위자가 그의 신념과 의도에 따라 행했던 것이 인간의 이치에 부합하는 행위라고 보일 때, 비로소 역사가는 그 행위자의 행동을 이해할 수 있으며, 그의 행위가 그 때에 적절한 것이었다고 설명할 수 있는 것이다.[34]

는 '과학'이란 우리가 보통 과학이라고 부르는 자연과학을 지칭하는 것은 아니다. 콜링우드는 과학을 우리가 알지 못하는 것에 관심을 가지고 그것을 발견하고자 하는 연구 또는 탐구의 과정이라고 하면서 역사학도 사실을 찾아내는 일종의 탐구 또는 조사이므로 과학이라고 하였다. R.G. Collingwood, *The Idea of History*(Oxford : Oxford University Press, 1961), p. 9.

월쉬도 역사가 조직적으로 획득되고 서로 연결된 일단의 지식을 제공하기 때문에 하나의 과학이라고 하면서, 보통의 과학이 아니라 특수한 종류의 과학이며, 추상적인 과학이 아니라 구체적인 과학이라고 하였다. Walsh, *Philosophy of History : An Introduction*, p. 43.

30) Walsh, *Philosophy of History : An Introduction*, p. 44.
31) Collingwood, *The Idea of History*, p. 215.
32) Dray, *Laws and Explanation in History*, p. 124.
33) Dray, "The Historical Explanation of Actions Reconsidered", in S. Hook(ed.), *Philosophy and History*(New York : New York University Press, 1967), p. 108.

이러한 관념론자의 설명이론은 실증론자의 설명이론이 약점을 지니고 있는 것과 마찬가지로[35] 다음과 같은 약점을 지니고 있다. 관념론자는 인간의 모든 행위를 그 안에 담겨 있는 사상을 발견함으로써 합리적으로 설명할 수 있다고 보았으나, 실제로 인간의 많은 행위 중에는 행위자의 사상에 의해 표현되지 않은 충동적인 행위와 불합리한 사고방식에 의해 표출된 행위가 있는데,[36] 이러한 행위에 대해서는 합리적 설명이 어렵다. 그리고 관념론자의 설명이론이 행위자의 개별적 행위에 대한 이해에 중점을 두고 있기 때문에 수많은 사람의 종합적인 행위의 결과로 나타난 사건이나, 직접적인 인간의 행위에 의하지 않는 중요한 역사상의 변화나 운동, 국가 또는 제도 등에 대해서는 합리적 설명이 어렵다는 점도 약점으로 지적될 수 있다. 또한 관념론자는 역사가가 재사고를 통해서 행위자의 사상을 이해할 수 있다고 보았는데, 그들의 이같은 주장에는 모든 인간이 같은 성격을 가지고 있고, 같은 판단을 하여서 같은 행위를 하리라는 가정이 담겨 있다고 볼 수 있다.[37] 그러나 이러한 가정은 실증론자의 경우와 마찬가지로 인간 성격의 다양성과 가치판단의 다양성을 무시한 것이다.

(3) 설명과 총괄의 관계

지금까지 살펴본 것처럼 실증론자와 관념론자의 역사적 설명이론이 뚜렷한 논리적 구조와 체계성을 지니고 있음에도 불구하고, 그들의 이론이 약점을 지니고 있는 이유는 그들이 실제의 역사가의 작업에 주목하기보다는 역사가 어떠해야 한다는 당위성을 강조했기 때문이다. 이에 반해 총괄이론은 뚜렷한 논리적 구조와 체계성을 지니고 있지는 못하나 실제의 역사

---

34) *Ibid*., p. 108.

35) 일반적으로 실증론자의 설명이론은 인간의 모든 행위를 법칙적으로 설명하고자 하는데, 포퍼가 제시한 '상황의 논리'와 헴펠이 제시한 성향적 법칙이론이 그 예이다. 그러나 포퍼의 상황의 논리는 인간행위의 심리적 부분을 무시하고 상황에 의해 법칙적으로 설명하려고 했다는 점에서 문제점이 있고, 헴펠의 성향적 법칙이론은 행위자의 성향이 실제로 일어나는 행위자의 행동을 항상 결정하는 것이 아니라는 점에서 문제점이 있는 것이다.

36) Dray, *Philosophy of History*(Englewood Cliffs, New Jersy : Prentice-Hall Inc., 1964), p. 12.

37) Walsh, *Philosophy of History : An Introduction*, p. 57 참조.

가가 행하는 설명의 과정을 잘 나타내 주고 있다.[38] 실증론자와 관념론자의 설명이론처럼 총괄이론도 인간의 행위에 대한 설명이론이다. 그러나 실증론자가 상황이나 성향에 의해서 인간행위를 설명하려고 했던 것과 달리, 왈쉬는 행위에 영향을 준 의도와 동기라는 점에서 인간행위를 설명하고자 하였다.[39]

그런데 왈쉬의 총괄방식이 인간행위를 설명함에 있어서 그 행위에 영향을 준 의도와 동기에 주목한다는 점은 관념론자의 합리적 설명과 유사하지만, 합리적 설명이 개별적인 인간행위 자체에 중점을 두는 데 반해, 총괄적 설명은 개별적인 인간행위 자체보다는 그 행위 때문에 발생한 사건이 일련의 역사적 사건 속에 어떻게 위치하는가에 중점을 둔다. 다시 말하면 여러 가지 역사적 사건은 함께 모여서 어떤 단일한 과정을 형성하며, 각 사건은 이 단일한 과정의 모든 부분으로서 특별히 밀접하게 그 안에 속하는데,[40] 이 사건 사이의 밀접한 관계를 찾아내고, 그 관계를 적절한 개념으로 표현하면서 여러 사건을 묶는 과정이 총괄의 과정인 것이다. 역사가가 15세기 이탈리아의 많은 사건을 '르네상스'로 설명하거나, 18세기 프랑스의 많은 사건을 '혁명'으로 설명하는 것은 총괄의 좋은 예로서,[41] 이때 르네상스, 혁명 등을 총괄개념이라고 부른다.

그런데 총괄은 역사적 사건을 설명함에 있어서 그 사건의 발생원인에 대한 설명이라기보다는 "그 사건이 실제로 무엇이었는가, 또는 그 사건이 결국 무엇이 되는가"[42]와 같이 사건의 실체나 사건의 과정에 대한 설명이다. 따라서 관념론자와 실증론자의 역사적 설명이 비록 그 방법이나 성격의 차이는 있을지라도 모두가 '왜'라는 의문에 답하는 인과적 설명인데 반하여 총괄은 엄밀한 의미의 인과적 설명은 아니다. 드레이도 역사적 설명에는 때때로 해석으로 간주되지만 어떤 사건이 실제로 무엇이 되는가에 대

38) W.H. Dray, "'Explaining What' in History", in Gardiner(ed.), *Theories of History*, p. 407.
39) Burston, *Principles of History Teaching*(London : Methuen Educational Ltd., 1972), p. 79.
40) Walsh, *Philosophy of History : An Introduction*, p. 24.
41) L.B. Cebik, "Colligation and the Writing of History", p. 40.
42) *Ibid.*, p. 40.

한 설명의 유형이 있다고 하면서 총괄은 이 유형에 속한다고 하였다.[43] 그렇지만 총괄에 의해 어떤 사건이 일련의 과정속에 어떻게 위치하는가를 보여줌으로써 그 사건이 왜 일어났던 것과 똑같이 실제로 일어났는가를 보여줄 수 있기 때문에,[44] 총괄이 인과적 설명처럼 보일 수도 있지만 이것이 곧 총괄의 본질적 특성은 아닌 것이다.

결국 총괄은 인간의 행위 사이의 관계에 주목하기 때문에 관념론자의 설명방식과 구별되며, 증거에 대한 해석을 바탕으로 이루어진다는 점에서 재사고를 통한 관념론자의 설명방식의 약점을 지니고 있지 않다. 또한 총괄은 인간의 행위를 법칙적으로 설명하지 않는다는 점에서 실증론자의 설명방식과도 구별된다. 드레이는 총괄에 의한 설명이 실증론자의 과학적 설명모형과 어떠한 논리적 유사점도 가지고 있지 않다고 하였다.[45] 그런데 총괄이 여러 사건을 묶어서 설명하는 것이라고 할 때, 여러 사건을 묶는다는 것은 그 사건을 분류한다는 것을 뜻하고, 분류한다는 것은 일반화한다는 것을 의미하기 때문에 일반화를 통해서 설명한다는 점에서 총괄은 실증론자의 법칙적 설명이론과 유사점을 찾을 수 있다. 그러나 이 때의 일반화는 실증론자가 말하는 법칙적 일반화는 아니다. 이 점에 대해서 좀더 자세히 살펴보겠다.

2. 역사적 일반화와 총괄개념

(1) 일반화

관념론자가 역사의 개별성, 독특성을 주장함에도 불구하고, 대부분의 역사가는 의식적으로든 무의식적으로든 그들의 설명에 일반화를 사용한다. 다시 말하면 역사가는 단지 사실이나 개념만을 나열함으로써 설명을 할 수는 없으며, 사실이나 개념 사이의 관계를 밝혀야만 설명을 할 수 있는데, 이 때에 필연적으로 일반화가 사용되는 것이다. 일반화에 대한 정의는 사람마다 다르나 대개의 경우 개념이 어휘나 용어인데 비해 일반화는 문장으

43) Dray, *Philosophy of History*, p. 19.
44) C.B. McCullagh, "Colligation and Classification in History", p. 272.
45) Dray, *Philosophy of History*, p. 20.

로 나타난다.[46] 그러나 모든 어휘나 용어가 개념이 아닌 것과 마찬가지로 모든 문장이 일반화는 아니다. 예를 들어 "갑은 을과 결혼했다."라는 문장은 사실적 진술이다. 이 문장은 개념 사이의 관계를 보여주지 못하기 때문에 일반화가 아니다. 그러나 "남자는 여자와 결혼한다."는 진술은 일반화이다. 그것은 이 문장에 갑과 을이 특별한 예로써 적용될 수 있기 때문이다.[47]

이렇게 볼 때 일반화는 두 개 혹은 그 이상의 사실이나 개념 사이의 관계를 나타내며 추론에 바탕을 두고 성립하는 요약된 진술이기 때문에,[48] 어떤 것이 하나의 전체적 부류의 일부 또는 모든 구성분자에 대해 진실이라는 것을 보여주는 단언이며, 진리와 정당성을 위해 판단될 수 있는 단언이기도 하다. 또한 일반화는 개념보다 더 높은 수준의 추상화로서 포함된 개념의 의미를 뜻하지만, 개념의 의미와 일치하지는 않고 그 의미보다 더 큰 자체의 의미를 가지는 것이다.[49]

역사적 설명에서 사용되는 역사적 일반화는 종류나 수준이 다양하나,[50] 가장 초보적이고 필수불가결한 일반화는 분류적(classificatory 또는 labeling) 일반화라고 할 수 있다.[51] 분류적 일반화란 사건을 어떤 부류에 모아 놓는 일반화를 말하는데, 일반적 용어를 선택하거나 만들고 범주를 형성함으로써 일반화하는 것으로 역사가가 일상적으로 사용하는 많은 용어가 분류적 일반화를 통해 만들어진 것이다.[52] 예를 들어 "공화당의 급진파는 링컨의

---

46) H.D. Mehlinger(ed.), *UNESCO Handbook for the Teaching of Social Studies*(London : Croom Helm Ltd., 1981), p. 135.

47) *Ibid.*, p. 135.

48) 정선영, 「역사교육에서의 일반화문제 연구」, 『역사교육』 35(1984), 4면.

49) M.L. Tanck, "Teaching Concepts, Generalizations, and Constructs", in D.M. Fraser(ed.), *Social Studies Curriculum Development : Prospects and Problem 39th Yearbook*(Washington, D.C.: NCSS, 1969), p. 107.

50) 역사적 일반화의 종류에 대해서는 D.M. Fischer, *Historians' Fallacies*(New York : Harper and Row, Publishers, 1970), pp. 103-104 참조. 역사적 일반화 수준에 대해서는 L. Gottschalk(ed.), *Generalization in the Writing of History*(Chicago : The University of Chicago Press, 1980), pp. 113-114 참조.

51) M.I. Finley, "Generalization in Ancient History", in Gottschalk(ed.), *Generalization in the Writing of History*, p. 21.

52) A.F. Wright, "On the Uses of Generalization in the Study of Chinese History",

온건한 계획을 좌절시키고, 철저한 재건의 시대를 열었다."와 같이 비교적 간단해 보이는 문장 속에도, 구성원의 숫자가 몇이나 되는지 밝히지 않은 채 그들을 어떤 집단으로 분류하는 일반화에 의한 개념인 '급진파', 어떤 시간적 구획을 지어서 그 시기에 의미를 부여하는 연대기적 일반화에 의한 개념인 '재건의 시대', 그리고 정도에 관한 일반화인 '온건한', '철저한' 등의 여러 가지 일반화가 포함되어 있다는 것을 알 수 있다.[53] 대체로 역사적 설명에서 사용되는 용어는 분류적 일반화를 거쳐 형성된 개념이 많은데 '급진파'란 용어도 분류적 일반화에 의해 형성된 개념인 것이다.

분류적 일반화 외에도 역사가는 일반화와 법칙적(규칙적) 일반화와 준법칙적(law-like, semi-nomological) 일반화를 사용하는 경우가 있다. 법칙적 일반화는 법칙 자체와 같은 것으로 어떤 장소, 어떤 시기에도 예외없이 진실인 일반화를 말하고,[54] 준법칙적 일반화는 어떤 조건하에서 진실인 일반화를 말하는 것으로 그 조건을 벗어나는 경우에는 성립되지 않는 일반화이다. 라이트(A. Wright)는 "왕조의 몰락이 가까울수록 지세가 증가한다.", "사상은 일반적으로 상업로를 따라 전파된다." 등의 예를 법칙적 일반화의 예로 보고 있으나,[55] 이 예는 준법칙적 일반화로 보는 것이 타당하다. 왜냐하면 왕조의 몰락이 가까운데도 불구하고 지세가 오르지 않는 경우가 발견될 수 있으며, 사상이 반드시 상업로를 따라 전파되는 것도 아니기 때문이다.

역사가가 광범위하게 일반화를 사용하고 있다 하더라도 그들은 역사적 사건을 법칙화하는데 관심이 없기 때문에 역사를 과학과 마찬가지로 법칙적으로 설명하여야 한다는 실증론자의 의견에 동의할 수는 없다. 그것은 역사에서 사용되는 일반화가 법칙적 일반화인 경우는 드물고, 대개의 경우에 준법칙적 일반화이기 때문이다. 이러한 준법칙적 일반화는 과학의 법칙처럼 과거, 현재, 미래의 모든 경우에 적용되고 성립될 수 있는 것이 아니

---

in Gottschalk(ed.), *Generalization in the Writing of History*, p. 36.

53) D.M. Potter, "Explicit Data and Implicit Assumptions in Historical Study", in Gottschalk(ed.), *Generalization in the Writing of History*, pp. 184-185.

54) McCullagh, *Justifying Historical Descriptions*(Cambridge : Cambridge University Press, 1984), pp. 132-133.

55) Wright, "On the Uses of Generalization in the Study of Chinese History", p. 36.

라, 일정한 시대, 일정한 지역의 일정한 사건에만 적용되는 것이 특색이다.[56]

(2) 일반화에서 총괄

지금까지 살펴본 역사적 일반화는 총괄과 어떤 관계에 있을까? 앞에서도 말했듯이 분류적 일반화란 여러 사건이나 사실을 공통속성을 기준으로 하여 특정한 부류에 모으는 과정을 말하는데, 이 점은 총괄의 과정과 형식적으로 볼 때 유사하다. 왜냐하면 총괄의 과정은 역사가가 사료를 통해 밝혀낸 사건 중에서 어떤 동기나 의도에 의해 계속적으로 발생했던 것을 모아서 묶는 과정인데, 이때 "공통속성을 기준으로 하여 특정한 부류에 모은다."는 것은 "동기나 의도와 관련된 사건을 모아 묶는다."는 것과 비슷하기 때문이다. 따라서 분류적 일반화를 거쳐 형성된 개념과 총괄을 통해 형성된 개념이 같은 경우가 많다. 예를 들어 '르네상스'란 개념은 총괄의 과정을 통해서 형성된 총괄개념인데, 이것은 르네상스의 속성을 지니는 여러 사건을 르네상스라는 부류에 모을 수 있기 때문에 분류적 일반화의 과정을 거친 개념으로 볼 수도 있다. 그러나 핀리(M. Finley)가 분류적 일반화를 내포한 개념으로 제시한 '그리스 인'이란 개념은[57] 총괄의 과정을 거쳐서 형성될 수 없기 때문에 총괄개념이 아니다.

한편, 총괄은 형식적인 면에서 볼 때는 분류적 일반화와 유사하지만, 적용범위에서 보면 준법칙적 일반화와 유사하다. 앞에서 말했듯이 총괄은 모든 시대, 모든 사건에 대해서 행할 수 있는 것이 아니라 특정한 시대, 특정한 사건에 대해서만 가능하다. 이와 마찬가지로 준법칙적 일반화도 일정한 시대, 일정한 사건에만 적용되는 것이 특색이므로 총괄을 준법칙적 일반화로 보아야 될 것이다. 그리고 총괄은 제한된 범위에만 적용되기 때문에 법칙적 일반화로 볼 수는 없다.

---

56) 월쉬에 의하면 과학적 법칙은 개방부류(open class)에 속한다. 개방부류란 구성요소가 무한하기 때문에 구성요소를 모두 열거할 수 없는 부류를 말한다. 그러나 역사적 일반화는 구성요소가 원칙적으로 모두 열거될 수 있으므로 폐쇄부류(closed class)에 속한다고 할 수 있다. *Walsh, Philosophy of History*, p. 40.

57) M.I. Finley, "Generalization in Ancient History", p. 21 참조.

그러면 총괄의 과정을 거쳐 형성된 총괄개념은 어떠한 특성을 지니는 것일까? 총괄개념도 개념의 일종이므로 먼저 개념의 특성을 파악해야 할 것이다. 개념에 대한 정의는 다양하고 혼란의 여지가 있으나 대체로 볼 때, 구체적 사실과 일반화의 중간에 위치하는 것이 개념이다.[58] 개념이란 일단의 사물, 상념, 사건 등을 분류, 혹은 구분하는데 사용되는 추상적인 단어나 구로서,[59] 공통된 특징과 속성을 가진 항목을 분류해 넣을 수 있는 인지적 범주이며,[60] 본질적 특성을 나누어 갖는 사물, 사건 및 과정을 조직하고 분류하는데 사용되는 어휘이다.[61] 이러한 개념은 특별한 사례나 구체적 사실로부터 추출되는 것으로 기준에 따라 여러 가지 범주로 분류될 수 있는데,[62] 하나의 개념은 이들 구분방법에 따라 여러 범주에 속하게 된다.

개념의 일반적 분류와 별도로 맥컬라프(C. McCullagh)는 총괄개념을 그것의 적용범위에 따라 일반적인 것과 단일한(singular) 것으로 나누었고, 그것의 특성에 따라서는 형식적인(formal) 것과 성향적인(dispositional) 것으로 나누었다. 단일한 총괄개념이란 역사상의 다른 시대, 다른 지역에서 발견될 수 없는 유일한 것으로 14-15세기 이탈리아의 문화상의 여러 변화를 가리키는 '르네상스'가 그 예이다. 그러나 르네상스란 총괄개념은 문화사의 다른 시기에도 적용해서 사용할 수 있는데, 이 때에는 일반적인 총괄개념으로 간주된다. 다시 말하면 일반적인 총괄개념이란 하나의 역사적 과

58) 물론 앞의 분류적 일반화에서 보았듯이 일반화의 과정을 거쳐서 형성되는 개념이 있을 수 있으므로 개념이 일반화보다 반드시 낮은 수준이라고 말할 수는 없을 것이다. 강우철은 일반화를 종합개념 또는 총괄개념이라고 부르고 있는데, 용어상의 혼란도 있지만 개념과 일반화가 뚜렷이 구분되지 못하는 측면도 있다고 보겠다. 강우철, 『역사의 교육』(교학사, 1974), 289면 참조.

59) 한국교육개발원 사회과교육연구실(편), 『사회과 탐구수업』(교육과학사, 1983), 26면.

60) J.L. Nelson and J.U. Michaelis(전숙자 역), 『중등사회과』(도서출판 풍만, 1983), 100면.

61) H.D. Mehlinger(ed.), *UNESCO Handbook for the Teaching of Social Studies*, p. 133.

62) 예를 들어 개념은 추상화의 수준에 따라 구체적 개념과 한정적(정의적) 개념으로 나누어 볼 수 있고, 속성의 결합에 따라 결합적 개념, 분리적 개념, 관계적 개념으로 나누어 볼 수 있으며, 가치의 개재 여부에 따라 가치중립적 개념인 기술적 개념과 가치적 개념으로 나누어 볼 수 있다. 이들 각 개념의 특성에 대해서는 J.U. Michaelis, *Social Studies for Children: A Guide to Basic Instruction*(7th ed.) (Englewood Cliffs : Prentice-Hall Inc., 1980), pp. 276-277과 J.L. Nelson and J.U. Michaelis(전숙자 역), 『중등사회과』, 101면 참조.

정보다는 좀더 많은 과정, 또는 전체를 묘사할 수 있는 것으로,[63] 역사적 설명에서 사용되는 많은 총괄개념이 이에 속한다.

형식적 총괄개념이란 단지 역사적 변화의 형식만을 가리키는 총괄개념이기 때문에 역사적 설명에서 단독적으로 쓰이지 못하고 변화의 주제를 가리키는 다른 용어와 함께 사용된다.[64] 예를 들어 '혁명'이란 용어는 역사상에서 일어난 일련의 급격한 변화를 모은 총괄개념으로 단지 변화의 형식만을 가리키기 때문에 형식적 총괄개념이라 할 수 있는데, '프랑스 혁명', '과학적 혁명' 등과 같이 다른 용어와 함께 사용된다. 이러한 형식적 총괄개념과 달리 성향적 총괄개념은 일단의 관념과 가치를 바탕으로 일어나고 지시되는 사건의 집합에 관련되는 개념으로, 이들 관념과 가치에 의해 총괄되는 사건에는 그것과 관련되는 성향이 나타나게 된다.[65] 예를 들어 '절대주의'란 용어는 16-18세기 유럽의 역사상에서 일어난 정치상의 여러 사건과 사실을 총괄한 총괄개념으로, 이 개념 속에는 당시의 절대주의라는 성향을 지니는 사건이나 사실이 포섭되기 때문에 성향적 총괄개념이라고 볼 수 있다. 결국 혁명과 같은 형식적 총괄개념은 과학적 혁명, 사회적 혁명, 문화적 혁명 등과 같이 여러 가지로 다양하게 사용될 수 있는 반면에, 절대주의 같은 성향적 총괄개념은 '과학적 절대주의', '사회적 절대주의' 등으로는 사용될 수 없다. 그것은 앞에서 지적했듯이 어떤 가치나 성향이 그 개념 안에 담겨 있기 때문이다.

그런데 형식적 총괄개념과 성향적 총괄개념은 '프랑스혁명', '영국의 절대주의'처럼 따로 쓰이기도 하지만 두 가지가 합쳐서 복합적으로 쓰일 수도 있다. 예를 들어 '민주주의적 혁명'이란 용어의 경우에 민주주의라는 말은 성향적 총괄개념이고 혁명은 형식적 총괄개념이다. 이렇게 형식적 총괄개념과 성향적 총괄개념이 합쳐서 사용되는 경우에는 형식적 총괄개념이 성향적 총괄개념에 포섭된다고 보는 것이 타당하다. 왜냐하면 '민주주의적 혁명'은 형식적으로 볼 때 혁명이지만 그것은 단순히 변화의 형식만을 가리키는 것이 아니라 민주주의라고 하는 성향을 지닌 변화의 형식이기 때문이

63) McCullagh, "Colligation and Classification in History", pp. 277-278.

64) *Ibid.*, p. 272.

65) *Ibid.*, p. 272.

다. 따라서 '민주주의적 혁명'이란 용어는 성향적 총괄개념으로 보는 것이 좋을 것이다.

결국 하나의 총괄개념은 적용 범위에 따라서는 단일하거나 일반적인 것으로 분류되고, 특성에 따라서는 형식적이거나 성향적인 것으로 분류되므로 모든 총괄개념은 단일한 형식적 총괄개념, 일반적인 형식적 총괄개념, 단일한 성향적 총괄개념, 일반적인 성향적 총괄개념 중의 어느 한 가지에 속하게 된다. 대개의 경우 일반적인 형식적 총괄개념과 일반적인 성향적 총괄개념은 실제의 역사적 설명에서 단독으로 쓰이지 못하고, 어떤 사건이나 사실 또는 인물과 결합되어 쓰이게 되는데, '나폴레옹의 유럽정복', '나폴레옹의 자유주의적 개혁' 등이 그 예이다. 맥컬라프는 전자를 단일한 형식적 총괄개념, 후자를 단일한 성향적 총괄개념이라고 불렀다.[66]

한편, 역사적 사실의 집합을 나타내는 용어에는 총괄개념처럼 보이면서도 실제로는 총괄개념이 아닌 것이 많이 있다. 이에 대해 맥컬라프는 '나폴레옹의 제국주의적 통치'는 실제로 어떤 주목할 만한 통일성이 부족한 것처럼 보이는 다양성, 즉 경제적·사회적·정치적·종교적 문제와 관련되는 활동의 집합을 단순히 가리키므로 총괄개념이 아니라고 한다.[67]

지금까지 살펴본 총괄개념은 개념의 일반적인 분류에서 볼 때 어떤 종류의 개념에 속하는 것일까? 미카엘리스(J. Michaelis)에 의하면 개념은 추상화의 정도에 따라 구체적 개념(concrete concept)과 정의적 개념(defined concept)으로 나뉘어진다.[68] 구체적 개념이란 직접 관찰에 의해서, 또는 속성이나 특성이 나타나는 형상을 봄으로써 만들어지는 개념으로 '둥근', '붉은', '호수', '섬', '가구' 등이 이에 속한다. 이에 대해 정의적 개념이란 좀 더 추상적이고 직접적으로 관찰할 수 없는 의미를 가지는 개념으로 '정의', '자유' 등과 같은 추상적 개념이 이에 속한다. 그런데 총괄개념은 직접 관찰할 수 있는 개념이 아니고, 구체적 사실로부터 추출된 일관된 동기나 의도에 관련되는 사실을 포섭하는 개념이므로 정의적 개념이라고 할 수 있다.

또한 미카엘리스는 개념을 속성의 조합에 따라 결합적(conjunctive) 개

66) *Ibid.*, p. 279.

67) *Ibid.*, p. 279.

68) J.U. Michaelis, *Social Studies for Children: A Guide to Basic Instruction*, p. 276.

념, 분리적(disjunctive) 개념, 관계적(relational) 개념으로 나누었다.[69] 결합적 개념은 속성이 부가적으로 통합되어 형성된 개념을 말하는데, 예를 들어 '국회의원'이란 개념이 이에 속한다. 국회의원이란 개념 속에는 속성인 나이, 거주 등의 자격요건과 선출방법 등이 포함되어 있는데, 이와 같은 개념을 결합적 개념이라고 한다. 그런데 총괄개념은 그 안에 포섭되는 여러 가지의 공통속성을 지니므로 결합적 개념으로 볼 수 있다.

결합적 개념과 달리 분리적 개념은 양자택일적인 속성을 지니는 개념인데, '시민권' 같은 개념이 이에 속한다. 시민권은 출생에 의해 획득되기도 하지만 장기간의 거주나 귀화에 의해서 획득되기도 하기 때문이다. 그리고 관계적 개념은 속성 사이의 관계에 의해 규정되는 개념으로 '인구밀도' 같은 개념이 이에 속한다. 인구밀도는 어떤 지역의 사람수와 그 지역의 면적 같은 속성의 관계에 의해 결정되기 때문이다.

(3) 총괄개념과 역사적 일반화의 관계

지금까지 총괄개념의 특성에 대해 살펴보았는데 이러한 총괄개념은 역사적 일반화와 어떤 관계에 있을까? 앞에서도 지적했듯이 일반화와 개념을 엄격히 분리한다는 것은 어려우며, 특히 분류적 일반화는 개념의 특성과 유사점이 많았다. 분류적 일반화는 대개 개념의 형태를 띠고 있으며 개념의 특성과 마찬가지로 구체적 사실이나 사건을 분류하고 있다. 총괄개념도 형태상 개념의 특성을 지니고 있는데, 그것은 총괄개념이 단어나 구의 형태를 띠고 있기 때문이다. 그리고 총괄개념은 성격상 일반화의 특성을 지니고 있는데, 그것은 총괄개념이 구체적 사실이나 개념 사이의 관계를 밝히면서 추론을 통해 형성되기 때문이다.

---

69) *Ibid.*, p. 277.

Ⅲ. '총괄'과 역사학습

1. 역사학습에서 '총괄'의 유용성

총괄은 역사가가 역사적 사실을 설명하는 방식이므로 학생이 역사학습을 함에 있어서 총괄의 과정을 이해하게 되면 학습효과를 증대시킬 수 있다. 그 이유는 총괄의 과정과 총괄개념이 지식의 구조화의 한 방법으로 이용될 수 있기 때문이다. 그러면 지식의 구조화가 총괄 및 총괄개념과 어떤 관계를 가지는지 살펴보자.

효과적인 역사학습을 위해 학생에게 제시하는 내용을 구조화해야 한다는 것은 주지의 사실이나, 아직도 많은 사람에게는 구조화의 의미가 논란의 대상이 되어 있고. 역사에서는 구조화된 지식의 내용도 확정되지 못한 상태이다. 그러나 대체로 볼 때 역사의 구조를 가르친다는 것은 역사가가 역사를 탐구하는 방식에 따라 학생들로 하여금 역사의 기본개념과 핵심적 아이디어를 발견하고, 그것을 조직할 수 있도록 가르치는 것이라고 할 수 있다.[70] 학생에게 학문의 방대한 지식의 내용을 다 가르칠 수는 없기 때문에 효과적인 학습을 위해 구조화된 지식을 교수할 필요가 생기게 된다. 브루너(J.S. Bruner)는 구조화된 지식을 가르치게 되면 교과를 훨씬 쉽게 파악할 수 있고, 학생들의 기억에 오래 남으며, 비슷한 새로운 지식을 쉽게 이해할 수 있게 해준다고 하였다.[71]

그런데 종래의 역사학습은 사건의 고유성에 대한 전통적인 선입견과 어떤 종류의 분류도 역사의 특성에는 맞지 않는다는 의심 때문에 역사학습에 일관성이 부족한 경우가 많아서, 사건이 중심주제에 연결되지 못하고, 서로 연관되지 못한 사실, 사건, 연대가 산만하게 나열되어 있는 수업이 되었던 것이다.[72] 따라서 학생들은 시간의 순서에 따라 일어난 사건이 서로 연관

70) 정선영, 「역사학습의 구조화를 위한 시론」, 4면.

71) J.S. Bruner(이홍우 역), 『교육의 과정』(배영사, 1983), 85-89면 참조.

72) Burston, *Principles of History Teaching*, p. 69.

되지 않은 채 병렬적으로 나열된 연대기만을 공부함으로써 잡다한 사실을 개별적으로 암기해야 하는 어려움을 겪고 있다.[73] 이러한 문제점을 해결하기 위해서는 역사학습에서 다루는 사실에 통일성을 부여해야 하며, 학생에게 그들이 배우는 것이 상호관련된 전체의 부분이라는 것을 인식시켜 주어야 한다. 이렇게 특정한 사건을 전체의 부분으로 간주하고 일련의 사건에 통일성을 부여하는 과정이 바로 총괄의 과정인 것이다.

총괄의 과정은 대체로 다음과 같이 이루어진다. 역사가는 일차적으로 설명하고자 하는 주제를 설정하게 된다. 여기서는 '공민왕의 동녕부 공격'을 주제로 설정해 보자. 공민왕이 동녕부를 공격한 의도나 동기를 알기 위해서 역사가는 우선 공민왕과 관련된 사료를 수집하게 될 것이다. 수집된 사료를 바탕으로 역사가는 정동행성 폐지, 기철의 축출, 구관제 복구, 쌍성총관부 공격, 몽고풍속 금지 등 일련의 사실을 발견할 것이다. 그리고 이런 사실 모두가 원의 정치적 압력배제와 친원세력의 축출이라는 일관된 목적 하에서 행해진 사실임을 알게 될 것이다. 그 다음에 이러한 일관된 의도를 표현할 적절한 개념을 추출하게 되는데, '자주적 개혁'이라는 개념이 적절한 개념이라고 볼 수 있다. 물론 역사가가 일련의 사실에 일관된 의도를 표현할 적절한 개념을 반드시 찾아내서 설명하는 것은 아니지만, 개념을 추출해서 설명하게 되면 사실 이해에 도움을 받을 수 있을 것이다. 이와 같은 설명의 과정을 총괄의 과정이라고 할 때, 이것을 다음과 같은 도표로 만들어 볼 수 있다.

총괄의 과정
① 주제의 설정 ② 사료의 수집 ③ 관련사실의 발견 ④ 일관된 의도(속성)의 인지 ⑤ 총괄개념의 추출

73) F.J. Teggart, *Theory and Processes of History*(Berkeley : University of California Press, 1977), p. 25.

위의 과정은 한 사람의 행위자가 행한 사건을 총괄하는 경우에 적합한 과정이나, 특정 시기의 일련의 변화를 총괄하는 경우에는 네번째 단계인 '일관된 의도의 인지'를 '일관된 속성의 인지' 또는 '일관된 동향의 인지' 등으로 바꾸는 것이 적합하다.

이상으로 볼 때 총괄은 역사가가 역사를 탐구하는 방식이고, 역사의 기본개념과 핵심적 아이디어가 총괄의 과정을 통해 추출된 총괄개념일 수 있기 때문에 총괄을 역사학습의 구조화의 한 방법으로 볼 수 있는 것이다. 따라서 총괄의 과정을 학생에게 이해시키고 총괄개념을 찾아서 가르친다면 학생들의 역사학습은 훨씬 더 효율적이 될 것이다.

그렇다면 총괄과 총괄개념은 역사학습에 어떤 도움을 줄 것인가? 하나의 역사적 설명방식으로서 총괄은 학생의 역사이해를 도와준다. 따로따로 떨어져 있었을 때는 별개의 것처럼 보일 수도 있는 사건을 총괄의 과정을 통해 추출한 총괄개념 아래에 모아서 학습하게 되면 사건의 전후관계를 보다 확실하게 파악할 수 있게 된다. 즉, 개별적 사건은 좀더 광범위한 내용에 끼워졌을 때에만 그 과정이나 의미가 충분히 나타날 수 있기 때문에 총괄에 의해 개별적 사건을 전체의 부분으로 보여 주어야만이 충분히 이해할 수 있는 것이다.[74] 또한 학생들은 총괄의 과정을 통해서 광범한 자료의 조직과 분류의 경험을 가질 수 있는데, 이 과정은 학생에게 관련정보를 어떻게 찾으며, 문제해결을 위해 그 정보를 어떻게 이용할 것인가 하는 것을 가르쳐 주고,[75] 세상에 존재하는 것처럼 보이는 관계를 확실히 이해하게 해주며 세계가 움직여가는 방식에 대한 통찰력을 제공해 준다.[76]

74) D. Thompson, "Colligation and History Teaching", p. 90.

75) R.V. Daniels, *Studying History: How and Why*(Englewood Cliffs: Prentice-Hall Inc., 1972), p. 10.

76) J.R. Fraenkel, *Helping Students Think and Values: Strategies for Teaching the Social Studies*(Englewood Cliffs: Prentice-Hall Inc., 1973), p. 104.

2. 총괄개념을 이용한 학습내용의 구성과 유의점

(1) 총괄개념에 따른 학습내용의 구성

(가) 총괄개념의 학습내용의 추출

총괄개념이 역사학습에 이용되기 위해서는 먼저 총괄개념을 추출해야 한다. 총괄개념은 일차적으로 역사가의 역사연구과정에서 추출될 수 있으므로 많은 역사가가 역사교육을 위해 총괄개념을 활발하게 추출해야 할 것이다. 이렇게 추출된 총괄개념을 가지고 교육과정 및 교과서를 집필한다면 보다 효과적인 역사학습을 할 수 있으리라 생각한다. 물론 현행 교육과정이나 교과서에 많은 총괄개념이 사용되고는 있지만 더 많은 총괄개념이 제시되어야 할 것이다. 역사교사도 역사가와 마찬가지로 역사연구를 통해 총괄개념을 추출할 수 있으며, 교과서내에서도 새로운 총괄개념을 추출해서 역사학습에 이용할 수 있을 것이다.

총괄개념을 이용해서 학습내용을 구성하기 위해 고려해야 할 중요한 사항은 총괄개념의 종류이다. 대체로 볼 때 단일한 총괄개념은 특정한 지역의 한정된 사실만 관계되기 때문에 그 사실을 시간의 흐름에 따라 배열하는 것이 알맞다. 사실을 시간의 흐름에 따라 수직적으로 배열하게 되면 총괄개념하에 포섭되는 사실의 전후관계가 잘 드러나게 되기 때문이다. 그리고 일반적인 총괄개념이 특정한 주제나 사실과 결합되어 사용되는 경우에도 이 방법을 이용해서 배열하는 것이 알맞다. 예를 들어 이탈리아의 '르네상스'라는 단일한 총괄개념에 의해 구성된 학습내용을 학습할 경우 여러 사실을 시간의 흐름에 따라 배열하는 것이 알맞고, '공민왕의 자주적 개혁' 처럼 일반적인 총괄개념이 특정한 인물과 결합된 경우에도 사실을 시간에 따라 배열하는 것이 알맞다.

이와 달리 일반적인 총괄개념에 의해 구성된 학습내용을 학습하기 위해서는 그 개념이 적용될 수 있는 여러 사실을 추출하여서 수평적으로 배열하는 것이 알맞다. 그렇게 되면 학생들은 여러 사례를 통해 일반적인 총괄개념의 속성을 명확하게 이해할 수 있을 것이다. 예를 들어 '고대왕국'이란 일반적인 총괄개념을 가지고 우리 나라의 고구려, 백제, 신라, 중국의 진·

한, 일본의 대화조정 등을 배열하여 학생에게 학습시킴으로써 고대왕국의 특성을 잘 드러낼 수 있을 것이다.

총괄개념을 이용해서 학습내용을 구성하기 위해서 부차적으로 고려해야 할 사항은 학생의 사고수준이다. 대체로 중학교 2-3학년의 학생들은 사상(事象)을 여러 측면에서 사고하고, 사회의 여러 기능이 횡적 연관을 가지고 상호작용하는 가운데 역사가 전개되며, 인과관계를 가지고 시간계기적으로 변천하고 있다고 느끼게 되므로 사상을 다각적으로 탐구하고 비판할 수 있고, 상호관련적으로 이해할 수 있게 된다고 한다.77) 그런데 총괄개념은 여러 사실의 일관된 의도나 속성이 담겨 있는 개념이므로 여러 사실 사이의 관계를 파악하고, 그 관계를 바탕으로 추출된 총괄개념을 이해하기 위해서는 중학교 수준 이상의 학생이라야 가능할 것이다.

(나) 총괄개념에 따른 학습내용의 예

이와 같은 점을 고려하여 총괄개념을 이용한 학습내용 구성의 예를 살펴보자. 다음은 각각의 총괄개념을 이용한 학습내용 구성의 예이다.

(a) 단일한 성향적 총괄개념의 예

단일한 성향적 총괄개념의 예로 '실학'을 들 수 있다. 실학의 성격에 대해서는 여러 가지 견해가 있지만, 대체로 실학은 조선후기의 시대적 조건 속에서 당시의 사회 경제적 현실과 대결한 독특한 개혁유학의 체계라고 볼 수 있다.78) 실학을 단일한 성향적 총괄개념으로 보는 이유는 한국사라는 특수한 상황에서 17세기에서 19세기에 걸친 학문상의 일관된 흐름을 지칭하는 개념으로 이 개념에는 그것에 포함되는 구체적 사실의 성향이 나타나고 있기 때문이다. 아래 표에 사용된 '중간개념'이란 용어는 총괄개념보다 포섭되는 내용이 적은 개념으로 총괄개념에 대한 하위개념을 말한다.

---

77) 이원순 · 이정인, 『역사교육 -이론과 실제-』(정음문화사, 1985), 66면.
78) 독서신문사(편), 『한국사의 재조명』(독서신문사, 1975), 454면.

총괄개념	중간개념	구체적 사실
실학	실증적 연구방법	◦ 한백겸, 이중환, 김정호 등의 지리연구 ◦ 유형원, 이익, 정약용 등의 전제개혁안 ◦ 김정희의 금석학 ◦ 박세당, 홍만선 등의 농업방법 연구
	국학연구	◦ 안정복, 유득공, 한치윤 등의 국사연구 ◦ 한백겸, 이중환, 김정호 등의 지리연구 ◦ 신경준, 유희, 이성지 등의 국어연구
	중농사상	◦ 유형원의 전제론, 자영농 육성론 등 ◦ 이익의 전제론, 환곡폐지론 등 ◦ 정약용의 전제론, 자영농 육성론 등
	중상사상	◦ 유수원의 상공업 육성론 ◦ 박지원, 박제가, 홍대용 등의 상공업 육성론

(b) 단일한 형식적 총괄개념의 예

단일한 형식적 총괄개념의 예로 '프랑스혁명'을 들어볼 수 있다. '프랑스혁명'은 하나의 구체적 사례이기 때문에 개념으로 볼 수 없다는 주장이 있을 수 있으나, 본질적 특성을 나누어 갖는 사건과 과정을 조직하고 분류하는데 사용된 어휘이므로 개념이라고 보았다. 프랑스혁명을 단일한 형식적 총괄개념이라고 볼 수 없다면 실제의 역사적 설명에서 단일한 형식적 총괄개념을 발견하기는 어렵다. 그 이유는 형식적 총괄개념은 어떤 변화의 형식만을 가리키는 것으로서 전역사적 과정을 통해 단한번 존재한 변화의 형식을 설명하는 개념을 찾아낼 수는 없기 때문이다.

총괄개념	중간개념	구체적 사실
프랑스혁명	구제도의 모순 심화	◦ 국가재정의 파탄 ◦ 신분간의 차별 및 대립
	개혁사상의 대두	◦ 계몽사상의 전파 ◦ 미국의 독립혁명 정신의 전파 ◦ 인권선언
	개혁정치의 실시	◦ 헌법제정－봉건제 폐지, 선거권 확대 ◦ 공화정 수립－루이 16세 처형, 공포정치

(c) 일반적인 성향적 총괄개념의 예

일반적인 성향적 총괄개념의 예로 '자유주의'를 들어볼 수 있다. 자유주의라고 하는 것은 18-19세기에 걸친 유럽의 역사상에서 나타난 일련의 자유와 권리를 추구하려는 움직임을 지칭하는 용어이다. 자유주의를 일반적인 성향적 총괄개념이라고 보는 이유는 특정 국가에서만 발견되는 움직임이 아니라, 그것이 거의 유럽 전역에 걸쳐 나타난 역사적 동향으로서 자유, 권리추구라는 성향이 나타나는 개념이기 때문이다.

총괄개념	소주제	구체적 사실
자유주의	영국의 자유주의	◦ 청교도혁명 ◦ 명예혁명 ◦ 심사율, 곡물법, 노예제도 폐지 ◦ 선거법 개정
	프랑스의 자유주의	◦ 프랑스혁명 ◦ 7월혁명과 2월혁명 ◦ 노동권 보장 ◦ 선거법 개정
자유주의	미국의 자유주의	◦ 독립혁명 ◦ 남북전쟁 ◦ 노예제도 폐지 ◦ 선거법 개정
	유럽 여러 나라의 자유주의	◦ 오스트리아의 3월혁명 ◦ 보헤미아의 독립운동 ◦ 헝가리의 독립운동 ◦ 프로이센의 3월혁명

단일한 총괄개념의 경우는 그 개념의 학습을 통해서 일반화를 끌어내는 것이 어렵지만 일반적인 총괄개념의 경우에는 일반화가 가능하다. 자유주의란 총괄개념을 가지고 학습할 때 나타날 수 있는 일반화는 "시민계층의 지위가 성장하고 경제적 발달이 뒷받침될 때 시민은 정치·사회적 불평등을 해소하고자 시민의 자유와 권리를 확보하기 위한 자유주의 운동을 전개하게 된다."와 같은 것이 될 것이다. 그런데 일반적인 총괄개념 아래에 포

함되는 소주제[79] 및 구체적 사실이 많아서 학생들이 개념 파악에 어려움이 있을 경우에는 2-3개의 소주제만 선택하여 학습내용을 구성할 수도 있다.

(d) 일반적인 형식적 총괄개념의 예

일반적인 형식적 총괄개념의 예로써 '혁명'을 들어볼 수 있다. 혁명이란 개념은[80] 앞에서도 말했듯이 단지 역사적 변화의 형식만을 가리키고 역사상의 다른 시기에도 적용될 수 있으므로 일반적인 형식적 총괄개념이다. 혁명과 같은 형식적 총괄개념의 학습은 구체적 사실의 개별성보다는 공통성의 파악에 중점을 두게 된다. 혁명이란 총괄개념을 이용해서 학생들이 구체적인 혁명을 학습하기 위해서 여러 가지 혁명의 사례가 제시되어야 하므로 다음과 같이 학습내용을 구성하여 보았다.

총괄개념	중간개념	구체적 사실
혁 명	정치·사회적 혁명	◦ 영국의 청교도혁명 ◦ 프랑스혁명, 7월혁명, 2월혁명 ◦ 미국의 독립혁명 ◦ 중국의 신해혁명 ◦ 러시아혁명
	경제적 혁명	◦ 산업혁명
	문화적 혁명	◦ 이탈리아의 르네상스 ◦ 중국의 문학혁명 ◦ 유럽의 과학혁명 ◦ 종교개혁

혁명이란 개념의 학습을 통해서 가능한 일반화의 예는 "정치, 사회, 경제, 문화적 모순과 갈등이 심화될 때는 이의 해결을 위해 혁명이 일어난다." 같은 것이 될 것이다.

---

79) 여기서 중간개념 대신에 소주제라고 한 까닭은 열거되는 내용이 개념이 아니기 때문이다. 소주제는 총괄개념이 특정한 사례와 연결된 것이라고 보면 된다.

80) 혁명이란 개념은 뱅크스가 제시한 역사학의 주요개념(key concept) 중의 하나이다. 그는 역사학의 주요개념으로 변화, 충돌, 혁명, 문명, 탐험, 민족주의, 역사적 편견 등을 들고 있다. J.A. Banks and A.A. Clegg, *Teaching Strategies for the Social Studies : Inquiry, Valuing and Decision-making*(Massachusetts : Addision-Wesley Publishing Co., 1977), pp. 215-218 참조.

(e) 성향적 총괄개념과 형식적 총괄개념이 결합된 예

'근대화 운동'이란 개념은 근대화라는 일반적인 성향적 총괄개념과 운동이라는 일반적인 형식적 총괄개념이 결합되어 있는 경우인데, 근대화라는 성향이 운동이라는 형식과 결합되어 전체적으로 성향이 나타나므로 근대화 운동은 일반적인 성향적 총괄개념이라고 볼 수 있다.

총괄개념	중간개념	구체적 사실
근대화 운동의 전개	우리 나라의 근대화운동	◦ 정부의 개화운동 ◦ 갑신정변 ◦ 동학 농민운동 ◦ 갑오경장 ◦ 을미개혁 ◦ 독립협회 활동 ◦ 대한제국의 개혁
근대화 운동의 전개	중국의 근대화 운동	◦ 태평천국운동 ◦ 양무운동 ◦ 변법자강운동 ◦ 신해혁명－삼민주의
	일본의 근대화 운동	◦ 메이지 유신－신분제도 폐지, 특권적 무사 계급 해체, 토지제도 개혁, 기초교육의 의무화, 중·고등 교육의 강화, 군사제도 개혁
	인도의 근대화 운동	◦ 국민회의의 조직－유럽의 학교제도 도입, 힌두교의 우상숭배 반대, 스와라지·스와데시 운동
	투르크의 근대화 운동	◦ 은혜개혁 ◦ 미드하트 헌법제정－입헌정치
	베트남의 근대화 운동	◦ 서양 경제제도와 과학 도입 ◦ 근대적 신문, 잡지 발행 ◦ 베트남 광복회 조직
	필리핀의 근대화 운동	◦ 애국계몽운동 ◦ 필리핀연맹 조직

이 경우에 가능한 일반화의 예는 "국가가 외세의 침입으로 위기에 처했을 때 국력신장을 위한 근대화 운동이 일어난다."의 형태가 될 것이다.

(2) 학습내용 구성의 유의점

이상과 같이 총괄개념을 이용해서 학습내용을 구성하는 것이 가능한 경우는 총괄의 특성에도 나타나듯이 역사적 사실이 어떤 일관된 의도나 동기에 의해 계속적으로 발생한 경우이거나, 어떤 시기의 역사적 변화가 일관된 동향이나 속성을 지니는 경우이다. 따라서 다른 사건과 별다른 관련이 없이 일회적으로 발생했던 사건이나 사실에 대해서는 총괄개념을 이용한 학습내용 구성이 가능하지 않다. 따라서 역사학습에서는 총괄개념을 이용한 학습과 그렇지 않은 학습이 조화롭게 이루어져야 한다. 또한 총괄에 의한 설명은 역사적 변화의 과정에 중점을 두고 있기 때문에 인과적 설명을 빠뜨릴 수가 있으므로 총괄개념의 학습시에는 그 사건의 원인이나 배경에 대한 학습이 병행되어야 한다. 그리고 이와 같은 총괄개념의 학습이 여타의 주제학습이나 개념학습과 전혀 별개의 것은 아니고, 학습할 주제가 총괄개념이라는 점이 다른 학습과 다른 점이다.

3. 총괄개념을 이용한 학습방법

총괄개념을 이용해서 구성된 학습내용을 가지고 학습할 수 있는 방법은 교사중심의 설명식 강의수업과 학생중심의 탐구학습이다. 설명식 수업은 우수한 교사의 사려깊은 설명과 제시방식에 따라 학생들이 여러 수준의 지적 학습을 할 수 있다는 전제에서 취해지는 수업방식으로,[81] 학생에게 많은 양의 지식을 비교적 빠른 시간내에 전달하기 위해 행한다. 미카엘리스가 제시한 설명식 수업의 과정은 학습과정의 제시, 정의 설명, 자료의 제시, 사례의 분류, 사례의 속성설명 등으로 진행된다.[82]

이와 같은 수업방식은 제한된 지식과 저급한 논리적 사고능력을 가진 학생에게 효과적으로 행할 수 있는 수업의 방식이다. 총괄개념을 설명식

81) 이원순 · 이정인, 『역사교육 -이론과 실제-』, 219면.
82) J.L. Nelson and J.U. Michaelis(전숙자 역), 『중등사회과』, 111-112면.

수업방식으로 가르칠 경우에는 교사가 앞에서 제시되었던 총괄의 과정을 거쳐서 추출한 총괄개념 아래에 포섭되는 학습내용을 학생에게 설명해 주고, 학생들의 이해를 돕기 위해 구체적 사례를 제시하면서 총괄개념이 구체적 사례에서 어떻게 나타나는가를 학생에게 설명하게 된다. 그리하여 학생들이 총괄개념의 특성을 인지하게 되면 수업의 목표가 달성되는 것이다. 이러한 수업방식의 과정을 제시해 보면 다음과 같다.

총괄개념을 이용한 설명식 수업 과정

① 학습과제의 제시(총괄개념의 제시)
② 속성의 설명(총괄개념의 속성 설명)
③ 사례의 제시(총괄개념이 포섭하는 사례 제시)
④ 사례의 속성 설명(사례에 나타난 총괄개념의 속성 설명)
⑤ 속성의 인지(총괄개념의 속성과 구체적 사례의 속성 동일시)

이와 같은 설명식 수업은 효과적으로 총괄개념 아래에 포섭된 학습내용을 학생에게 가르칠 수는 있으나 학생의 탐구능력이나 역사적 사고력의 신장에는 도움을 주지 못하며, 총괄의 과정을 학생이 경험할 수도 없다. 따라서 총괄의 과정을 학생이 경험하고 이해할 수 있는 방법이 모색되어야 하는데, 학생이 스스로 총괄의 과정을 통해 총괄개념을 추출해낼 수 있는 학습방법이 바로 탐구학습이다. 그러나 설명식 수업은 중학생이나 고등학생에게 모두 할 수 있는 방법이지만 탐구학습을 중학생에게 효과적으로 적용하기 위해서는 좀더 쉬운 주제를 선정하도록 고려해야 할 것이다.

탐구학습의 모형은 여러 가지가 있지만 역사학습에서는 대체로 정선영이 제시한 모형을 효과적으로 이용할 수 있을 것이다. 정선영은 역사과의 탐구과정을 문제의 설정, 가설의 형성, 자료의 수집, 자료의 비판 및 해석, 가설의 검증, 원리와 개념의 도출 및 일반화의 여섯 단계로 나누었다.[83]

이와 같은 탐구학습의 과정과 총괄의 과정을 비교해 보면 유사점을 발견할 수 있다. 총괄의 과정 중에서 주제의 설정, 사료의 수집, 총괄개념의

83) 정선영, 「인지과정에 따른 역사교과의 탐구방법 연구」, 『역사교육』 25(1979), 31면.

추출은 그대로 탐구학습 모형의 문제의 설정, 자료의 수집, 원리와 개념의 도출의 각 단계와 일치한다는 점을 알 수 있고, 관련사실의 발견과 일관된 의도(속성)의 인지는 가설의 검증 단계와 일치할 수 있다고 생각한다. 왜냐하면 관련사실을 발견하고 일관된 속성을 인지한다는 것은 결국 어떤 문제의 해결을 위한 가설을 검증하는 것이기 때문이다. 따라서 총괄의 과정을 이용해서 어떤 주제를 학습한다는 것은 탐구학습의 과정을 거쳐서 학습한다는 것을 뜻한다. 그리고 역사가의 탐구방식을 이용해서 모형화한 것이 역사교과의 탐구학습 모형이고,[84] 총괄의 과정이 역사가의 설명방식이라는 점은 위의 주장을 뒷받침해 준다. 총괄의 과정과 탐구학습 모형을 결합하여 행하는 학습과정은 다음과 같을 것이다.

'총괄'의 과정을 이용한 탐구학습 과정

① 주제의 설정
② 가설의 형성
③ 자료의 수집
④ 관련사실의 발견 및 가설의 검증
⑤ 일관된 의도(속성)의 인지
⑥ 총괄개념의 추출

이와 같은 과정에 따라 '자유주의'라는 일반적인 성향적 총괄개념을 학습하는 과정을 예시해 보면 다음과 같다.

학습의 과정	학습 활동 및 내용
주제의 설정	◦ 학습목표 : 영국의 혁명과 프랑스의 혁명을 바탕으로 시민이 혁명을 일으킨 목적을 설명할 수 있다.
가설의 형성	◦ 학생들은 영국과 프랑스의 혁명이 왜 일어났는가를 생각하며 가설을 세운다. 다음은 예상되는 가설이다. ◦ "시민은 자유와 권리를 얻고자 혁명을 일으켰다." ◦ "시민은 불평등한 여러 가지 요소를 해소하고자 혁명을 일으켰다."

84) 같은 논문, 31면 참조.

자료의 수집	◦ 학생들이 스스로 자료를 구하는 것이 바람직하나 현실적으로 어려운 경우에는 교사가 자료를 준비하여 제공 해 준다. 다음과 같은 것이 자료로서 제공될 수 있다. ◦ 권리청원, 권리장전, 심사율, 곡물법, 선거법, 인권선언 ◦ 각 혁명의 배경에 관한 요약문
관련사실의 발견 및 가설의 검증	◦ 학생들은 자료 속에서 가설의 검증에 필요한 사실을 찾아낸다. 이 때에 잘못 형성된 가설이 있을 경우에는 다시 가설을 세우도록 도와준다.
일관된 의도의 인지	◦ 학생들은 계속해서 일어난 혁명과 각종 자료에 나타난 내용을 바탕으로 시민이 자유와 권리를 획득하고자 한 목적을 이해한다.
총괄개념의 추출	◦ 교사는 학생들에게 시민의 자유와 권리획득을 위한 일련의 움직임을 표현할 수 있는 개념을 정하도록 지시한다. ◦ 학생들은 자유와 권리획득이라는 점을 고려하여 '자유주의'라는 개념을 추출한다.

이와 같은 총괄의 과정을 이용한 탐구학습의 과정이 여타의 탐구학습 과정과 두드러지게 다른 점은 없으나, 전자가 후자에 비해 개념 및 원리의 도출에 중점을 둔다는 점이 차이가 있다. 그런데, 이러한 수업을 할 때 가장 어려운 점은 학생들이 일관된 의도나 속성을 바탕으로 총괄개념을 이끌어 내기가 어렵다는 점이다. 이 점을 보완하기 위해서 교사는 학생에게 여러 가지 개념을 제시하고 그 중에서 알맞은 총괄개념을 선택하도록 할 수도 있다.

Ⅳ. 맺음말

본고의 목적은 총괄의 과정을 이용한 총괄개념의 학습방법이 역사학습의 구조화의 한 방법임을 밝히는 데 있었다. 이를 위해 총괄과 총괄개념의 특성을 살펴보고 총괄개념을 이용한 학습내용 구성의 방법과 그 내용의 학습방법을 역사학습의 구조화와 관련시켜 고찰해 보았다.

총괄은 역사가가 실제로 역사적 사실을 설명할 때 사용하는 한 방식이다. 역사가는 특정한 사건을 설명할 때 그 사건이 발생한 시기에 있었던 일반적 동향을 바탕으로 그 사건의 전후에 있었던 다른 사건과 그 사건을 연결시켜서 설명을 한다. 이렇게 일련의 사건을 일관된 의도나 동기 아래에 묶어서 설명을 하는 방식을 총괄이라고 하는데, 이것은 실증론자나 관념론자가 주장하는 역사적 설명의 방식과 구별된다.

실증론자는 역사적 사건을 과학의 사실처럼 법칙적으로 설명을 해야 하고, 과학자처럼 역사가도 법칙을 찾는 데 관심을 가져야 한다고 주장을 하였는데, 이들은 역사의 고유성을 간과하고 있다는 문제점을 지니고 있다. 이에 반해 관념론자는 역사적 사건의 개별성 및 독특성을 주장하면서 인간사상의 표현인 인간의 행위를 합리적으로 설명하고자 하였으나, 그들의 설명이론은 역사상의 중요한 변화나 제도 등을 설명할 수 없다는 결점이 있다.

이러한 실증론자와 관념론자의 설명이론의 문제점을 보완할 수 있는 설명방식이 바로 총괄인 것이다. 총괄은 관념론자의 설명방식처럼 역사적 행위자의 행위를 합리적으로 설명할 수 있을 뿐만 아니라 관념론자의 설명방식이 행하지 못하는 역사상의 중요한 변화나 제도 등도 설명할 수 있는 장점을 지니고 있다. 또한 총괄은 비록 완전한 법칙은 아니지만 준법칙적 일반화의 성격을 가지고 있으므로 과학적 설명에 근접하고 있으면서도 역사의 고유성을 잃지 않고 있다는 장점을 지니고 있는 것이다. 따라서 총괄이란 역사적 설명의 방식은 실증론자의 법칙적 설명방식과 관념론자의 개별적 설명방식의 중간에 위치한다고 보아도 무방하겠다.

총괄의 과정은 역사가가 구체적 사실로부터 총괄개념을 추출해 내는 과정을 말하며 이렇게 추출된 총괄개념은 적용범위에 따라서는 일반적인 총괄개념과 단일한 총괄개념으로, 특성에 따라서는 형식적 총괄개념과 성향적 총괄개념으로 구분될 수 있는데, 일반적인 총괄개념은 여러 사례에 적용될 수 있는 것을 말하고, 단일한 총괄개념은 사례가 하나인 경우를 말한다. 형식적 총괄개념은 단지 변화의 형식만을 나타내는 것을 말하고 성향적 총괄개념은 그 개념 아래에 포섭되는 구체적 사례의 성향이 잘 나타나는 것을 말한다.

총괄의 과정은 역사가가 역사를 탐구하는 방식이고 총괄개념은 역사의 기본개념이 될 수 있다는 점에서 총괄과 총괄개념은 역사학습의 구조화의 한 방법이다. 따라서 이러한 총괄과 총괄개념을 역사학습에 이용하게 되면 학생들은 역사적 사건을 전체적 흐름 속에서 파악할 수 있어서 정확한 역사지식을 지닐 수 있게 되고, 사건의 전후관계를 잘 이해할 수 있으며, 이론적이고 분석적인 사고능력이 신장될 것이다.

총괄개념은 원칙적으로 실제의 역사연구에서 추출되어 교육과정 및 교과서 집필에 반영되어야 하는데, 총괄개념을 이용해서 학생에게 학습시키기 위해서는 교사도 풍부한 역사지식을 지녀야 할 것이다. 다만 편법으로 교과서에 사용된 총괄개념이나 교과서 내용의 재구성을 통해 추출된 총괄개념을 이용할 수도 있을 것이다. 총괄개념을 이용해서 학습내용을 구성할 때 대체로 일반적인 총괄개념은 그 개념의 속성을 이용해서 학생들이 학습하는 것이 효과적이므로 그 개념이 나타나는 사례를 수평적으로 배열하는 것이 알맞고, 단일한 총괄개념은 개념의 속성보다는 일관된 의도나 동기의 파악에 중점을 두기 때문에 사건을 시간의 흐름에 따라 수직적으로 배열하는 것이 알맞다.

총괄과 총괄개념을 이용해서 학습하는 방법은 크게 설명식 수업과 탐구학습이 있는데, 탐구학습이 설명식 수업보다 총괄과 총괄개념의 학습에 더 효과적이다. 설명식 수업의 경우에는 학생들이 스스로 총괄의 과정을 경험하지 못하기 때문에 학습효과가 떨어지게 된다. 그러나 설명식 수업의 경우에도 총괄개념을 이용해서 설명하게 되면 학생들의 역사이해를 도와줄 수는 있다.

탐구학습의 경우에는 학생들이 스스로 총괄의 과정을 경험할 수 있기 때문에 탐구학습을 통해 학생들이 총괄의 과정을 경험하고, 학생들 스스로 총괄개념을 추출하게 되면 역사학습의 효과가 증대될 것이다.

(최 상 훈)

제 7 장
역사철학의 〈행위설명이론〉과 역사교육에의 적용
- 인물학습지도방법을 중심으로 -

Ⅰ. 머리말

과거의 인간활동을 탐구의 대상으로 하는 역사교육에 있어서 역사적 인물의 활동을 통해 역사적 사고력과 판단력을 배양하는 것은 유용한 방법의 하나이다. 역사적 사고력과 판단력은 역사적 사실들에 대한 지식의 단순한 축적만으로는 형성되기 어려우며, 그것은 역사적 사건이나 인간활동에 대한 구조적이고 분석적인 접근으로 원인이나 이유를 규명하는 노력 속에서 형성된다.[1)]

역사교육에 있어서 역사적 사고력을 신장하려는 노력은 탐구학습, 사료학습, 문답식학습, 토론학습, 역할극학습 등의 다양한 학습지도 방법의 발달을 가져왔다. 그러나 대부분 역사적 사건에 대한 학습지도 방법에 국한되고 있는 실정이다. 역사의 주체가 되는 역사적 인물에 대한 학습을 통해서 역사적 사고력, 비판력, 분석력을 신장시키려는 노력은 상대적으로 활발하지 못한 감이 있다.

역사상의 인물을 학습대상으로 하는 인물학습지도는 현재까지 볼 때, 대체로 한 인물의 전 생애의 업적을 기준으로 하는 가치교육에 치중하는 종합적인 접근법에 기초하여 그 방법론이 연구되고 있다.[2)]

---

1) 이원순(외) 저, 『역사과교육』(한국능력개발사, 1975), 67면.
2) 이에 대한 선행 연구로는 다음과 같은 것이 있다.
송춘영, 「고등학교 국사교육에 있어서 효과적인 인물지도의 방안(상, 하)」, 『역사교

그러나 역사적 인물에 대한 학습에 있어서 가치교육을 우선하면 그 인물에 대한 객관적 이해뿐만 아니라 그가 살았던 시대상을 올바르게 이해하는데 오히려 장애를 초래할 수도 있다. 한 인물에 대한 올바른 이해를 하기 위해서는 먼저 그가 살았던 시대의 상황을 객관적으로 이해하고, 그것을 바탕으로 그의 행동이나 업적을 판단하는 것이 순서라고 생각된다.

본고는 이제까지 종합적인 접근법에 의해 이루어져 왔던 인물학습지도 연구와는 달리, 분석적인 접근법에 의해 어떤 역사적 인물의 개개의 행위를 분석하고 추론하는 방안을 찾아보는데 연구의 중점을 두기로 한다.

이러한 방향을 설정한 것은 역사적 인물의 행위결정에 대한 과정을, 그의 목적과 그가 처한 상황, 그리고 그 상황 속에서 어떤 계산으로 자신의 목적 달성에 필요한 수단을 선택하는가에 대한 것으로 보고, 그 과정을 학생들이 논리적으로 추리하여 나가면 역사적 사고력과 비판력을 함양할 수 있을 것이라는 가정에 근거하고 있다. 또한 이러한 학습과정을 통해서 역사적 인물의 행위결정에 대한 객관적 이해가 이루어진다면, 학생들에게 그 인물에 대한 가치 판단을 올바르게 할 수 있는 소양도 형성될 것이라는 기대도 가능해질 것이다.

이러한 관점에서 본고는 역사적 인물의 행위에 대한 설명이론을 둘러싸고 전개된 여러 학자의 서로 다른 견해를 포괄적으로 검토하지는 않을 것이다. 왜냐하면 역사철학자나 역사학자들이 주장하고 있는 전문적이고 이론적인 역사학 자체의 순수한 논리를 현장교육에 그대로 적용하기에는 학습 지도방법상에 많은 제약요소가 뒤따르기 때문이다. 따라서 인간행위에 대한 다양한 설명이론 중에서 역사학습에 적용될 수 있다고 판단되는 것을 중심으로 설명 모델을 추출하는데 중점을 두고, 그 이론적 배경을 검토하는데 연구의 범위를 제한할 것이다.

육』 18(1975), 19(1976) ; 송춘영 · 이창옥, 「중학교 국사교육에 있어서 효과적인 인물지도의 접근방안」, 『역사교육』 22(1977) ; 송춘영, 「국민학교 국사교육에 있어서 인물학습지도에 관한 조사연구」, 『역사교육론집』 2(1981) ; 박동원, 「인물교육에 대한 관견」, 『광주교대논집』 13(1976).

Ⅱ. 역사학의 행위설명이론

1. 인간행위에 대한 '이해'와 '설명'

역사학은 과거의 인간활동을 탐구의 대상으로 하고 있으며, 그 중에서도 사회적 의미가 있는 것을 중심주제로 다룬다. 사회적 의미가 있는 행위에는 우연히 이루어진 것도 있겠지만, 대부분 그 행위가 이루어진 배후에는 이유가 있는 것으로 간주되고 있다. 행위의 이유에는 통상적으로 행위자의 목적과 그가 생각한 상황에 대한 믿음이 포함되어 있다.[3] 즉, 행위의 이유에는 어떤 목적을 달성하고자 하는 행위자는 자신이 처한 상황 속에서 자신의 목적 달성에 필요하다고 여겨지는 여러 가지 수단을 찾으려 할 것이며, 그러한 수단 중에서 자신의 목적 달성을 최대한 가능하게 해 줄 수단을 선택할 것이라는 가정이 내포되어 있다.

일반적으로 인간의 행위를 해명한다는 것은 그러한 수단을 선택할 때 행위자가 마음 속으로 생각하였을 계산을 밝혀내는 것을 말한다.[4] 이것은 어떤 상황에 처한 행위자가 자신의 목적, 상황, 수단의 관계 속에서 하나의 행위를 행하게 된 근거가 되는 이유를 밝혀낸다는 것을 의미한다.

역사적 인물의 행위에 대한 이유를 밝혀내어 인간행위를 '이해'하거나 '설명'하는 방법에 대해서는 대체로 관념주의자와 실증주의자로 나뉘어져 있으며, 이들의 견해는 크게 상반되어 있다.

관념주의자들은 인간행위는 물리적 자연현상이 아니라 그 안에 동기와 의도를 가지고 있기 때문에, 역사가가 그것을 알기 위해서는 역사적 인물의 행위에 대한 추체험(追體驗)을 통해서 인간행위를 '이해'(understand)해야 한다고 주장하고 있다.[5] 이들은 자연과학이 어떤 가설과 원리에 의해

---

3) K. Nielsen, "Rational Explanation in History", in S. Hook(ed.), *Philosophy and History* (New York : New York University Press, 1963), pp. 303-304.

4) W.H. Dray, *Laws and Explanation in History*(Londn : Oxford University Press, 1970), p. 122.

5) 이러한 주장을 펴는 대표적인 관념론자로는 딜타이(W. Dilthey), 크로체(B. Croce),

관찰과 실험의 방법으로 구체적인 사실들의 범주에 관한 일반적 이해를 추구하는 법칙정립적(nomothetic)인데 비하여, 역사학을 포함하는 정신과학은 인간에 의해서 구성된 삶의 세계에 관한 '이해'를 추구하는 것이기 때문에 일반화와 보편화의 대상이 될 수 없다고 하였다.[6)]

이러한 주장이 의미하는 바는 비록 인간이 생리적으로는 자연법칙 아래서 파악된다고 하더라도, 인간이 갖는 가치와 윤리, 자유의지와 창조정신 등의 사상적 측면은 내적인 정신세계에 관한 것이기 때문에, 결국 역사가가 역사적 인물의 입장에서 추체험을 통해 그것을 '이해'할 수밖에 없다는 것으로 해석할 수 있다.

이와 같은 관념주의자들의 주장에 대해 실증주의자들도 인간행위가 갖는 동기와 의도의 특수한 측면을 인정하면서 '이해'에 의한 방법에 대해 일단 긍정을 하고 있다. 그러나 이들은 이해의 방법이 전제로 하고 있는 추체험은 과학적 방법에 포함시킬 수 없으며, 인간의 행위결정의 이유에 대한 객관적 지식을 얻기 위해서는 어떤 법칙을 토대로 인과적으로 '설명'(explain)할 수 있어야 한다고 하였다.[7)] 즉, 역사학도 경험과학의 한 분과로서 객관적 지식의 획득을 표방하는 한, 과학적 설명의 논리에 충실해야 된다고 하였다.

이러한 주장을 하고 있는 실증주의자 중의 한 사람인 헴펠(C.G. Hempel)은, 모든 과학적 설명이 이상형으로 삼을 수 있는 설명의 논리적 형식은 사건 발생을 보편적 가설, 또는 통계적 법칙하에 포섭하여 '설명'할 수 있는 것이어야 한다고 하였다.[8)] 그는 각 학문 분야별로 발견의 맥락은 다를

콜링우드(R.G. Collingwood) 등이 있다.

6) 박순영, 「사회과학 방법론과 해석학」, 김동일 외 『사회과학 방법론 비판』(청람문화사, 1983), 108면, 118-120면.

7) 이러한 주장을 하는 실증주의자로는 헴펠(C.G. Hempel), 포퍼(K.R. Popper), 오펜하임(P. Oppenheim) 등이 있다.

8) 헴펠은 소위 '포괄법칙이론'(covering law theory) 모델에서 어떤 사건의 발생을 설명한다는 것은,

(1) 일련의 선행조건의 발생을 표현하는 진술과 그 선행조건들을 경험적 증거에 의해 검증할 수 있는 일련의 보편적 가설들이 있을 때, 그 두 가지 전제로부터 설명대상사건의 발생이 논리적으로 연역된다는 것을 보여줄 수 있거나,

(2) 위의 (1)의 보편적 가설 대신에 통계적 법칙이 있어서 역시 그 두 가지 전제(선행조건과 통계적 법칙)로부터 설명대상사건의 발생이 높은 귀납적 확률로 기대

수 있어도 결국 발견한 사실을 '설명'한다고 할 때에는, 선행조건과 법칙을 전제로 하는 자신의 두 가지 설명 모델 중에서 한 가지를 준수하여야 지식의 타당화라는 맥락에서 사실에 대한 논리적 설명력을 가질 수 있다고 주장하고 있다.[9] 이러한 주장은 바로 모든 경험과학의 '설명'에 있어서 방법론적 통일을 의미하는 것으로 이해된다.[10]

이와 같은 헴펠의 설명이론에 대해 많은 찬반의 견해가 제시되었으며, 그 결과 역사학의 설명이론에 대한 다양한 대안이 제시되었다.[11] 이 중에서 역사 서술에 있어서 헴펠이 주장하고 있는 법칙적 인과율에 의한 '설명'을 반대하고 있는 오크쇼트(M. Oakeshott)는 역사적 '이해'의 한 모델로서 연속 계열형(continuous series model)을 제시한 바 있다. 그는 사건의 변화에 대한 서술은 변화 그 자체에 대한 상세한 진술로써 연속성을 보여 주는 것으로 가능하다고 하였다.[12] 또한 갤리(W.B. Gallie)도 사건과 사건 사이의 연결에 대한 서술은 선행단계와 후속단계 사이를 이어줄 수 있는 필요한 조건들만 보여 주는 것으로도 역사적 사건에 대한 '설명'이 가능하다고 하였다.[13]

된다는 것을 보여주어야 한다고 주장하였다. 헴펠의 설명이론은 C.G. Hempel, "Explanation in Science and in History", in W.H. Dray(ed.), *Philosophical Analysis and History*(New York : Harpers & Low, Publishers, 1966), pp. 100-103 참조

9) C.G. Hempel, "Explanation in Science and in History", p. 123.

10) 그러나 헴펠의 설명 모델은 설명에 대한 객관적인 논리적 구조를 갖고 있다는 점에서 가장 이상적인 설명형식으로 인정할 수 있으나, 역사학에서는 선행조건과 법칙의 구분이 애매하기 때문에 그 요건을 충족하기가 어려운 점이 있다. 또 역사적 자료(사료)의 빈약함과 그 자료의 불완전성은 가설이나 이론을 수립하는데 제약요소가 되고 있으며, 이런 이유로 역사학에서 발견할 수 있는 것은 고작해야 확률적 가설에 불과한 것으로 간주되고 있다. 왜냐하면 역사학의 탐구대상은 비반복적인 일회적이고 유일한 개별 사건들이 중심을 이루고 있기 때문이다.

11) 이에 대한 여러 학자의 다양한 견해가 종합적으로 수록된 문헌으로는 다음과 같은 것이 있다.
P. Gardiner(ed.), *Theories of History*(New York : The Free Press, 1959) ; *The Philosophy of History*(London : Oxford University Press, 1978) ; W.H. Dray(ed.), *Philosophical Analysis and History*(New York : Harpers & Low, Publishers, 1966) ; S. Hook(ed.), *Philosophy and History*(New York : New York University Press, 1963).

12) Dray, *Philosophy of History*(Englewood Cliffs, N.J. : Prentice-Hall, Inc., 1964), p. 9.

헴펠은 이러한 반론에 부딪치게 되자 역사학이 갖는 주제의 특수성을 어느 정도 인정하면서, 자신의 과학적 설명 모델의 요건을 완화한 형식인 '설명 스케치'(explanation sketch)는 역사학에 적용될 수 있다고 하였다.[14)]

역사학의 탐구대상은 이제까지 고찰해 본 사건 자체에만 국한되는 것이 아니고, 그 사건 안에 있는 목적과 의도를 가진 인간의 행위도 포함한다. 인간의 행위를 실증주의자들의 주장과 같이 법칙적 인과율로 설명하기에는 더욱 곤란한 점이 많다. 왜냐하면 인간행위의 내면에는 사상적 측면이 있기 때문이다. 이러한 사상적인 측면을 이해하기 위해서는 역사가가 행위자의 입장에서 '재사고'를 할 필요가 있다.[15)]

그러나 관념론자들이 역사적 인물의 행위를 이해하는데 사용하는 감정이입(empathy)의 방법은 헴펠의 주장과 같이 막연한 심리적 가설에 의존하고 있어서, 인간행위를 주관적으로만 판단할 가능성이 있다. 이러한 한계를 보완하기 위해서 인간행위를 이해하는데 실증주의자들의 엄격한 설명형식에 의존할 수는 없다고 하더라도, 어느 정도 타당한 '이해의 기준'을 마련할 필요가 있는 것으로 생각된다. 이때 인간행위에 대한 이해의 기준은 대체로 인간의 합리성에 근거를 두어야 한다. 인간의 합리성은 어떤 사람은 어떤 상황 속에서 자신의 목적을 달성하려고 할 때, 자신에게 주어진 정보의 범위내에서 최선의 적절한 행위를 선택한다는 가정에 토대를 두고 있다.[16)]

---

13) W.B. Gallie, "Explanation in History and the Genetic Science", in Gardiner(ed.), *Theories of History*, pp. 391-392 참조. 이밖에 총괄(colligation)이론을 주장하고 있는 월쉬(W.H. Walsh), 규범적 일반화에 의한 설명을 시도하는 스크리븐(M. Scriven), 제한된 시기와 지역에만 적용되는 '제한적 일반화'에 의해 설명을 시도하는 레셔(N. Rescher)와 헬머(O. Helmer) 등이 있다.

14) Hempel, *Aspects of Scientific Explanation and other Essays in the Philosophy of Science*(New York : The Free Press, 1965), p. 424. 설명 스케치는 선행조건과 법칙들이 다소 모호하게 연결되어 있지만, 완전한 설명으로 향하는 방향이 있기 때문에 역사학자들이 경험적 탐구를 충실히 하여 애매한 점들을 보완(filling out)하여 나가면, 과학적인 설명형식으로 전환될 수 있는 형식을 취하고 있다.

15) R.G. Collingwood, *The Idea of History*(London : Oxford University Press, 1967), p. 215.

16) Hempel, *Aspects of Scientific Explanation and other Essays in the Philosophy of Science*, p. 464.

인간의 합리성을 토대로 인간행위를 설명하기 위해서 실증주의자의 한 사람인 포퍼(K.R. Popper)는 '상황의 분석'에 의한 방법을 제시하고 있다. 그가 제시한 상황의 분석이란, 인간을 어느 정도 합리적 존재로 보고 합리성의 원리(rationality principle)를 적용하는 방식이다.[17] 이 방법은 사회적 상황에는 합리성의 요소가 있으며, 인간은 상당할 정도로 합리적으로 행동한다는 가정 하에, 인간들의 행동과 그 상호작용에 관한 비교적 단순한 모형을 구성하여, 그 모형을 근사치(approximation)로서 사용하는 방식을 말한다.[18]

인간의 합리성을 토대로 인간행위에 대한 이해의 기준을 마련하려는 노력은 관념론적 입장에 선 학자들에 의해서도 이루어지고 있다. 이들은 실증주의자들의 인간행위의 설명에 대한 엄격한 설명형식에 대해 비판적 입장을 취하면서, 그 대안으로 '이해의 기준'을 제시하고 있다. 이들 중에서 뚜렷한 설명 모델을 제시한 대표적인 사람으로는 '행위의 원리'를 주장한 드레이(W.H. Dray), 특정한 개인의 목적 지향적인 의지를 강조하는 도나간(A. Donagan), 실천적 추론 방식을 주장한 라이트(G.H. von Wright) 등이 있다.

한편, 인간의 합리성을 보편적인 인간의 특성으로 보지 않고 그것을 행위결정에 규칙적으로 영향을 미치는 요인, 즉 성향(disposition)으로 보려는 견해도 제시되고 있다. 이러한 성향에 의한 행위설명을 시도하려는 학자로는 헴펠, 가디너(P. Gardiner), 라일(G. Ryle) 등이 있다.

그리고 최근에는 심층심리학(深層心理學)의 이론이 역사적 인물의 행위설명에 시도되고 있는데, 이 이론은 인간의 잠재의식적 동기까지도 해명하여 행위의 근원을 밝히고 있어 주목을 받고 있다.[19] 그러나 이러한 심층심

---

17) K.R. Popper, *Objective Knowledge*(London : Oxford University Press, 1979), p. 179.

18) Popper, *The Poverty of Historicism*(New York : Harper & Row, Publishers, 1964), p. 140. 포퍼는 그러한 모형의 예로서 영좌표(零座標)의 방법(zero method)을 제시하였는데, 이 방법은 모든 관계되는 개인은 완전한 합리성을 갖고 있으며, 또 완전한 정보도 갖고 있다는 가정하에 사람의 현실적 행동이 모형으로부터 얼마나 이탈되는가를 평가하는데 사용될 수 있다고 하였다.

19) F.E. Manuel, "The Use and Abuse of Psychology in History", in F. Gilbert and S.R. Garubard(eds.), *Historical Studies Today*(New York : W.W. Norton & Company, Inc., 1972), pp. 211-234.

리학의 원리를 현장 역사교육에 적용하기에는 아직은 상당한 난점을 가지고 있다. 그 이유는 학생들의 인지능력의 발달이 미숙하다는 데도 문제가 있지만, 그 이론에 지나치게 의존하면 인간행위의 자율적인 측면이 무시되고, 모든 행위는 심리적 동기요인에 의해 결정된다는 인간행위에 대한 과일반화(過一般化)의 위험성을 안고 있기 때문이다.

본고는 주로 행위자의 행위이유가 비교적 뚜렷하게 나타나는 의식적인 행위에 대한 설명 모델을 대상으로 그 이론적 배경을 검토하고, 역사교육에 적용 가능한 설명 모델을 추출하는데 그치고자 한다.

2. 합리적 설명이론

(1) 합리적 설명이론과 설명도식

역사학에서 인간행위에 대한 설명방식의 하나로 실증주의자들의 견해에 비판적인 입장을 취하고 있는 합리적 설명이론을 들 수 있다. 이 이론을 대표하는 드레이는 '행위의 원리'(principle of action)를 인간행위의 이해에 도입하였는데, 콜링우드의 관념론적 행위이해의 입장을 계승하고 있다.[20]

그러나 콜링우드의 공감적 이해(empathetic understanding)에 의한 인식론적 방법은 자기 발견적 수단에 지나지 않을 뿐만 아니라, 인간행위에 대한 객관적 이해의 기준이 될 수 없다는 실증주의자들의 비판을 받게 되자, 드레이는 이에 발전적인 방향으로 대응하여 '행위의 원리'를 행위이해의 기준으로 제시하였다. 그는 인간의 행위를 설명한다는 것은 "행위자 자신이 발견한 상황의 입장에서, 그 자신이 선택한 목적을 위해서 채택한 수단에 대한 행위자 자신의 계산(calculation)을 재구성하여 보여주는 것"[21]이라고

---

20) Dray, *Laws and Explanation,* p. 122.
콜링우드는 자연에서 발생한 사건은 외부로부터 설명되기 때문에 실증주의자의 이론에 해당되지만, 역사학의 탐구대상은 그 사건 안에 있는 사상(thought)을 찾는 일이므로 자연과학과는 다른 인식방법, 즉 역사가가 역사적 인물의 입장에서 그 인물의 행위를 재사고(再思考)하는 방법에 의존해야 한다고 하였다. 이것은 역사에 나타난 모든 행위에는 사상적인 측면이 있기 때문에 그것을 역사가의 정신 속에 추체험(re-enactment)해야 된다는 것을 의미한다(Collingwood, *The Idea of History*, p. 214 참조).

하였다. 아울러 "합리적 설명이란 어떤 행위가 의도된 계산과 부합된다는 일종의 논리적 균형(logical equilibrium)에 도달하려는 시도이며, 행위에 대한 설명의 요구는 그 균형이 부합되지 않을 때 제기되는 것이다."[22]라고 하였다.

그러면 여기서 행위자 자신이 생각한 계산은 어떠한 논거에 입각하고 있는가? 드레이는 그것을 "만약 행위자가 충분한 시간을 가질 수 있었고, 그것을 갑자기 해야 할 일로 보지 않았었으며, 그 사건 이후에 자신이 했던 행위에 대해 설명할 것을 요청받았었더라면, 그가 철저하게 생각하였을 그러한 계산이다."[23]라고 하였다. 여기서 행위자의 계산을 도출함으로써 행위를 설명한다고 할 때, 전제가 되는 것은 행위자의 목적이 뚜렷이 나타나는 행위에 제한되고 있는 것으로 간주될 수 있다.

드레이에 의하면 합리적 설명의 목적은 '행해진 것'(what was done)은 주어진 이유 때문에 의당 '했어야 할 일'(the thing to have done)이었다는 것을 보여 주는데 있다.[24]

그러면 행위자의 의당 '했어야 할 일'을 역사가가 어떻게 추론할 수 있는가? 드레이는 이를 행위의 원리에 참조함으로써 추론이 가능하다고 하였다. '행위의 원리'란

> "만약 y는 A라는 사람이 x를 행할 합당한 이유라면, y는 A와 매우 유사한 사람이 매우 유사한 상황하에서 x를 행할 만한 합당한 이유가 된다.[25]

---

21) *Ibid.*, p. 122.
22) *Ibid.*, p. 125.
23) *Ibid.*, p. 123.
24) *Ibid.*, p. 125.
이때 했어야 할 일은 다수의 할 수 있었던 여러 갈래의 일 중에서 선택된 오직 하나의 행위라는 점에서 평가적 요소를 갖고 있다. 그러나 그것은 그 행위가 도덕적으로 옳고, 적절하다거나 지적(知的)인 것을 말하는 것은 아니다. 다만 행위자 자신이 처한 특수한 상황의 입장에서 선택할 수 있었던 일 중에서 하나라는 것을 의미한다.
25) *Ibid.*, p. 132.

는 것을 말한다. 여기에 내포된 암시적 법칙은 인간행위에 대한 '일반화'라기보다는 '행위의 원리'가 되는데, 그것은 주어진 상황 속에서 행위자가 하나의 특정한 행위를 '해야 할 일'로 선택하는 합리적 논거(rationale)를 의미한다. 이 경우 합리적 논거는 행위의 적절성 또는 합리성을 나타내기 때문에 일종의 규범적 원리(normative principle)에 근거하고 있다.

'행위자 A가 왜 x를 행하였는가'에 대한 질문을 행위의 원리에 의해 설명도식으로 구성해 보면 다음과 같다.[26)]

> <행위설명도식 I>
> •행위자 A는 C_1, C_2, …… C_n 종류의 상황하에 있었다.
> •C_1, C_2, …… C_n 종류의 상황 속에서 해야 할 적절한 일은 x이다.
> •그러므로 행위자 A는 x를 행하였다.

위에서 제시한 드레이의 설명도식에서는 행위자 A가 해야 할 적절한 일은 x였다는 사실에 대한 합당한 근거를 제시하고 있다. 그러면 비합리적인 행위도 드레이의 논리에 따라 설명이 가능한가? 물론 드레이는 가능하다고 한다. 즉, 어떤 행위자가 자신의 목적 달성에 필요한 적절한 수단을 선택했다고 할 때, 역사가의 관점으로는 그 행위가 비합리적인 것으로 평가되겠지만, 행위자 자신으로 보면, 어쨌든 그 당시로서는 합리적인 선택을 했다고 할 수 있기 때문이다.[27)]

이러한 사실로 볼 때, 드레이는 '합리적'이라는 용어를 인간의 보편적 이성에 토대를 두고 사용하고 있는 것이 아니라, 행위자가 목적-상황-수단의 관계 속에서 해야 할 적절한 일은 행위자 자신의 관점에서는 적절했다는 의미로 사용하고 있음을 알 수 있다.

드레이의 설명이론은 비합리적으로 결정된 행위에 대해서는 그 행위의 동기를 충분히 밝혀 주고 있지 않기 때문에 한계가 있다. 그러나 뚜렷한 목적을 가지고 의식적으로 행동하는 행위자의 행위이유는 잘 밝혀 준다는 점에서 목적의식이 뚜렷한 역사적 인물의 행위에 대한 인물학습에는 유용

26) Hempel, "Explanation in Science and in History", p. 117.
27) Nielsen, "Rational Explanation in History", p. 305.

한 시사를 주고 있다.

한편, 행위자의 행위결정에 있어서 개인의 목적 성취에 대한 결심과 의지를 중심으로 행위를 설명하려는 방식이 도나간에 의해 제시되었다. 그는 이러한 설명을 개인적 선택이 우선하는 행위설명방식이라고 하면서, 다음과 같은 설명도식을 제시하고 있다.[28)]

<행위설명도식 II>
- A는 목적 E를 반드시 성취하려고 결심하였다.
- A는 자신의 상황을 C로 판단하였다.
- A는 만약 x를 행한다면 목적 E는 C상황에서만 성취될 수 있다고 판단하였다.
- 그러므로 A는 x를 행하였다.

위의 설명도식에는 행위자의 결심이나 판단에 합리성을 전제하기보다는 어떤 상황에 처한 행위자가 자신의 목적을 성취하려는 의도가 다른 조건에 의해 거짓으로 나타나지 않는다면, '행위자 A는 C상황하에서 x를 행하게 된다'는 것을 나타내 주고 있다. 이를테면 부르투스가 로마 공화정을 반드시 유지하기 위해서는 그 당시 상황으로는 카시우스의 음모에 가담하는 것이 반드시 필요하다고 판단한 것이 그 예가 되겠다.

이러한 설명이론은 특정한 개인에 국한된 일반화로서 모든 유형, 또는 모든 종류의 인간이나 사건에 보편적으로 적용될 수는 없으며, 특정한 개인의 목적 지향적 결심이나 성격에 의해 개인의 행위를 설명하는데 사용될 수 있다.[29)]

인간행위에 대한 또 하나의 이해기준으로 실천적 추론(practical inference)에 의한 방식이 있다. 라이트(G.H. von Wright)는 이미 어떤 행위가 존재한다고 가정하고, 그 행위에 대한 설명이나 정당화를 위한 논의가 제기되었을 때, 실천적 추론의 방법이 적용될 수 있다고 하였다.[30)] 그는 삼단논법

---

28) A. Donagan, "The Popper-Hempel Theory Reconsidered", in W.H. Dray(ed.), *Philosophical Analysis and History*(New York : Harper & Low, Publishers, 1966), p. 155.

29) Dray, *The Philosophy of History*, p. 17.

의 논증방법을 이용하여 행위결정과정을 추론하고 있는데, 실천적 추론을 통해 이해된 행위는 그 행위가 반드시 그렇게 행해진다는 결정론을 함축하지 않으며, 그것은 행위가 이루어진 후에 이해되어지는 필연성과 같은 것이라고 하였다.[31]

라이트는 행위결정의 추론에 있어서 가장 핵심적으로 고려해야 될 사항으로 목적 달성과 관련되는 시간조건과 방해되는 상황적 요소를 들고 있다. 그가 제시한 행위이해에 관한 도식은 다음과 같다.[32]

<행위설명도식 Ⅲ>

- 지금부터 A는 t시간에 p를 성취하려고 의도한다.
- 지금부터 A는 만약 t′시간 이전에 a를 행하지 않으면, t시간에 p를 성취할 수 없다고 생각한다.
- 그러므로 t′시간 이전에 A는 만약 시간을 잊어 먹지 않고 방해도 받지 않으면, a를 행하기 시작한다.

이 설명도식은 행위자의 상황에 대한 조건을 좀더 명세화함으로써 목적달성의 과정을 손쉽게 추론할 수 있는 방안을 제시하고 있다. 이 도식의 전제와 결론과의 관계는 인과적인 것이 아니고 논리적인 관계가 되는데, 그것은 증명을 위한 논리적 필연성이 아니라 실천적 필연성을 나타내고 있다.[33]

(2) 역사교육에의 적용

이제까지의 합리적 설명이론과 그 이론을 보완하기 위해 제시된 설명모델에 대한 검토를 통해서 역사교육에 응용할 수 있는 시사점을 찾아보기로 하자.

과거의 역사적 인물에 대한 단순한 추체험만으로는 역사학습 시에 학생

30) G.H. von Wright, *Explanation and Understanding*(New York : Cornell University Press, 1971), pp. 96, 117.
31) *Ibid.*, p. 117.
32) *Ibid.*, p. 107.
33) *Ibid.*, p. 117.

들이 행위의 결정과정을 논리적으로 추리하는 데에 어려움이 있을 것으로 보이기 때문에, 행위이해에 대한 기준이 필요할 것으로 생각된다.

주어진 상황 속에서 자신의 목적 달성을 가능하게 하여줄 수단을 선택하는 데에 대한 행위자의 계산을 밝혀주고 있는 드레이의 '행위의 원리'로부터, 학생들은 인간의 행위는 목적-상황-수단의 관계 속에서 이루어진다는 사실을 깨달을 수 있을 것이다. 드레이의 행위에 대한 원리는 잠재의식적 동기에 의한 행위나 우발적으로 이루어진 행위에 대한 행위자의 계산을 밝히는 데에는 한계가 있다. 그러나 목적의식이 뚜렷하고 상황적 배경이 분명한 의식적으로 행위하는 행위자의 계산을 잘 밝혀 줄 수 있다는 점에서, 학습의 대상인물 선정에 하나의 방향을 제시하고 있다.

인지능력이 발달하지 못한 학생들에게는 도나간의 목적 지향적인 행위설명이론이 특히 유효할 것 같다. 목적 지향적 행위는 복잡한 상황적 배경에 대한 행위자의 계산을 그다지 깊게 요구하지 않기 때문에 행위결정과정이 비교적 쉽게 이해될 수 있기 때문이다.

라이트의 '실천적 추론'에 의한 행위결정의 분석은 상황적 배경이 특히 복잡한 행위자가 자신이 처한 상황 속에 있는 여러 수단 중에서, 목적 달성을 가능하게 하여줄 수단을 시간적 선후조건과 관련지어 선택하는 과정을 논리적으로 보여주고 있기 때문에, 학생들의 분석적 사고력 향상에 기여할 것으로 전망된다.

3. 성향적 설명이론

인간의 어떤 결정이나 행위를 인간의 합리성에 기반을 두기보다는 인간의 의향, 믿음, 태도, 개성 등의 일반적인 성향을 근거로 설명하는 것을 성향적 설명(性向的說明)이라고 한다. 여기서 성향(disposition)이란 일정한 상황하에서 특정한 방식으로 반응하려는 경향을 의미한다. 성향적 설명은 인간의 의식적인 목적이나 동기를 설명의 전제로 삼지 않으며, 그것을 행위의 이유로 간주한다. 그리하여 인간의 행위는 이유 자체만으로 결정되기보다는 특정한 방향으로 행위하려는 성향에 의해 결정된다고 간주되고 있다.

성향적 설명론자의 한 사람인 가디너는 인간의 행위 가운데 어떤 행위는 인간성의 규칙성이 전제된 성향에 의해 설명될 수 있다고 하였다. 그는 "甲은 망치로 乙을 쳤다. 왜냐하면 甲은 나쁜 성질을 갖고 있기 때문이다."와 같은 형식을 가진 행위설명의 한 예를 제시하면서, 이 문장 안에 '왜냐하면'이라는 원인을 내포하는 용어가 있지만, 그것은 인과적인 의미에서의 원인이 아니라 甲의 통상적인 행동유형내에서 甲의 행위가 설명될 수 있는 근거라고 하였다.[34]

이러한 행동유형은 행위자가 특정한 상황하에서 일반적으로 행동할 것으로 기대될 수 있는 하나의 예로서, 그 유형은 우리 자신의 경험과 다른 사람들이 행동하는 방식에 대한 우리의 경험, 그 양자로부터 우리들에게 친숙한 것이라 할 수 있다.[35] 개인의 성향과 결합되어 나타나는 이러한 행동유형에 의해 어떤 행위를 추론도 할 수 있고, 그것을 설명도 할 수 있을 것으로 보인다. 이를테면 권력욕, 명예욕, 정복욕 등의 성향을 가진 행위자들이 일반적으로 나타내는 행동유형을 보고 그들의 행위를 추론 또는 설명할 수 있다.

이와 같은 성향에 의한 행위설명은 인간성에 대한 어떤 규칙성을 전제하고 있다는 점에서 인간성에 대한 일반화(一般化)를 수립하려는 시도로 간주될 수 있다.

대표적인 실증주의자의 한 사람인 헴펠은 이러한 개인적 성향을 토대로 하는 설명형식을 긍정하면서도, 행위결정에 영향을 미치는 성향에 대한 요건이 강화되어야 한다고 하였다.[36] 예컨대 '겁이 없는 사람'의 어떠한 행위를 단순히 '그가 겁이 없었기 때문에 그렇게 행동했다.'라고 말하는 것은 문장 속의 분석적 진술에 지나지 않기 때문에, 겁이 없는 사람의 그러한 행위에 대한 다수의 사례를 검증하여 얻어지는 일반화로써 설명해야 된다는 것이 그러한 예라 하겠다.

헴펠은 합리적 설명에서 전제로 하고 있는 인간의 합리성도 그것을 단

34) P. Gardiner, *The Nature of Historical Explanation*(London : Oxford University Press, 1958), pp. 124-125.

35) *Ibid.*, p. 125.

36) Hempel, "Explanation in Science and in History", pp. 118-119.

순한 규범적 원리로 보는 것에 반대를 하고 있다. 그는 드레이의 합리적 설명도식은 '행위자가 해야 할 적절한 행위는 x였다.'는 사실을 믿게 해 주는 합당한 근거는 제시해 주지만, '행위자가 실제로 x를 행하였다.'라는 사실을 믿게 해 주는 충분한 근거는 제시해 주지 못하고 있다라고 하였다.[37] 그 이유는 합리적으로 행위하려는 성향을 가진 사람이 여러 가지 비슷한 상황하에서 규칙적으로 반응을 나타내는 행위에 대한 일반화가 전제되어 있지 않기 때문이라는 것이다.

헴펠은 합리적 행위자를 전제로 하는 행위설명에 있어서도 '왜 어떤 행위자는 실제로 x를 행하였는가'를 설명하기 위해서는 문제의 시간에 그 행위자는 합리적으로 행위하려는 성향이 있었으며, 그 행위자는 C라는 종류의 상황 속에서는 변함없이(또는 높은 확률로) x를 행할 것이라는 가정이 전제되어야 한다고 하면서, 다음의 설명도식을 제시하고 있다.[38]

<행위설명도식 Ⅳ>

- (행위자) A는 C종류의 상황에 처해 있었다.
- A는 합리적으로 행위 하려는 성향이 있었다.
- 합리적으로 행위하려 하는 사람은 누구나 C종류의 상황에 처하면 변함없이(또는 높은 확률로) x라는 행위를 한다.

위의 도식에서 설명적 논거로 삼는 세번째 문장은 합리적으로 행위하려는 성향에 대한 일반화이다. 이러한 일반화는 단순히 하나의 조건에만 반응하는 한정적인 것이어서는 안되며, 그 성향이 나타낼 수 있는 여러 가지 행위에 대한 일반적 진술의 전체 덩어리가 되어야 한다.[39] 이러한 전체 덩어리를 징후진술(徵候陳述, symptom statement)이라 부른다.

여기에서 징후는 그러한 성향을 가진 사람은 특정한 자극조건(刺戟條件)하에서 반응하거나 행위한다는 것을 나타낸다. 예컨대 어떤 막대자석은 그것을 여러 토막으로 나누었을 때라도 각각의 토막은 원래의 자석처럼 기능

37) *Ibid.*, p. 120.
38) *Ibid.*, p. 118.
39) C.G. Hempel, "Reasons and Covering Laws in Historical Explanation," in Hook (ed.), *Philosophy and History*, p. 126.

을 하는 것과 같은 이치로 볼 수 있다.[40)]

이상과 같은 헴펠의 성향적 설명이론은 어떤 방식으로 행위하려는 성향에 대한 일반화를 전제하고 있기 때문에, 논리적으로는 행위의 원인을 가장 충실히 설명할 수 있는 것으로 여겨진다. 그러나 역사적 인물들의 개개의 행위에 대한 일반화를 그들의 성향에 의거해서 도출할 수 있느냐에 대한 문제가 제기될 수 있다. 야심만만한 정치가의 어떤 행위를 일반화하기 위해서 그와 비슷한 다수의 사례를 가능한 한 많이 모은다고 하더라도, 결국 그러한 개개의 행위는 제 각각 다른 목적과 다른 상황의 조건하에서 이루어진 것이기 때문에 그것들을 일반화하기란 매우 어려울 것으로 생각된다.

역사학에서 인간행위에 대한 일반화가 어렵다고 해서 헴펠의 설명이론이 실제상으로 약화되는 것은 아니다. 그의 이론은 설명의 논리에 관한 한 이상형(理想型)으로 간주될 수 있다. 그러나 역사학이 탐구의 대상으로 삼는 인간행위의 자유의지와 사상적 측면까지 고려하여 볼 때, 그의 이론은 현실적으로 적용되기가 매우 어려운 것 같다.

그러나 헴펠의 설명도식의 세번째 문장 안에 있는 '높은 확률로'라는 조건을 주목하여 보자. 이것은 사실상 역사학에 있어서 일반화는 자연과학의 법칙과는 달리 개연성을 가지고 있다는 것을 인정하고 있는 셈이다. 이러한 점에서 인간의 성향은 라일의 표현과 같이 결정적(determinate)이라기보다는 결정 가능한(determinable) 것으로 간주될 수도 있다.[41)]

사실 특정 방향으로 행위하려는 성향은 그것 자체가 행위를 설명할 수는 없으며, 행위자가 자신의 목적을 달성하려 할 때, 여러 갈래의 선택적 대안 중에서 그러한 성향에 부합되는 것을 선택할 가능성이 높을 것이라는 사실을 의미한다고 할 수 있다.

이러한 점에서 성향적 설명은 합리적 설명과 상호 대립되는 관계가 아닌 것으로 볼 수 있다. 왜냐하면 합리적 설명의 행위의 원리에서 '(행위자가) C_1, C_2, ……, C_n 종류의 상황하에 처해 있을 때 해야 할 일은 x이다.'라

---

40) Hempel, *Aspects of Scientific Explanation and other Essays in the Philosophy of Seience*, p. 460.

41) W.H. Dray, "Historical Explanation of Action Reconsidered", in Hook(ed.), *Philosophy and History*, p. 126.

고 표현한 것을, 성향적 설명에서는 '(어떤 방향으로 행위하려는 성향을 가진 행위자는) C_1, C_2, ……, C_n 종류의 상황하에 처해있을 때 x를 행할 가능성이 높다.'라고 표현할 수 있기 때문이다.

이러한 통합적 관점에서 본고는 합리적 설명이론을 토대로 하고 성향적 설명이론은 전자의 설명력을 보완하는 요소로 채택할 것이다. 물론 헴펠의 설명도식에서 '변함없이'라는 조건은 인간행위에 대한 엄격한 일반화로부터 연역(演繹)되는 것이기 때문에 역사학에서나 역사교육에서 현실적으로 적용 불가능한 것으로 보고 제외하기로 한다.

Ⅲ. 행위설명이론과 역사교육

1. 인물학습지도에 행위설명이론의 도입

역사는 인간활동에 의하여 창조되고 인간은 역사를 형성·발전시켜 온 주체이기 때문에 역사교육에 있어서 역사적 개인에 대한 인물학습지도는 불가결한 요소가 된다. 이러한 이유로 한 시대, 한 사상(事像)을 대표할 만한 특정 인물을 선정하여 그의 역사적 활동과 그 때의 역사적 배경을 연관적으로 탐구하여 가는 인물사 중심의 역사학습은 학생들에게 친근감을 주고 흥미와 욕구를 자극할 수 있는 학습이 될 것이다.[42]

역사학습에 있어서 인물학습지도가 갖는 목적은 학자들마다 견해가 조금씩 다르게 나타나고 있다.[43] 그러나 대체로 인물학습지도의 목적은 첫째, 가치교육을 통한 인격형성을 도모한다는 정의적 측면과 둘째, 역사적 인물을 통해 그 시대에 대한 역사적 사고력과 비판력을 배양한다는 지적 측면으로 크게 나눠지고 있다.

---

42) 이원순·이정인, 『역사교육』(정음문화사, 1985), 168면.

43) 역사교육에 있어서 인물학습을 논급하고 있는 참고문헌으로는 다음과 같은 것이 있다. 이원순·이정인, 『역사교육』, 168-172면 ; 이원순·윤세철·허승일, 『역사교육론』(삼영사, 1981), 276-280면 ; 강우철, 『역사의 교육』(교학사, 1980), 334-337면 ; 이원순(외), 『역사과교육』(한국능력개발사, 1975), 279-284면. 연구 논문은 주 2) 참조

그런데 이제까지의 인물학습지도의 방법에 대한 국내 학자들의 연구는 대체로 전자에 치중되어 있다.[44] 이러한 현상은 교육과정상에 국사과 교육의 목표가 민족공동체의식 함양, 민족사적 정통성 확립, 민족문화의 창조적 계승 등과 같은 국민정신교육을 강조해 왔던 시대적 배경과 관련이 있는 것으로 보인다.

그러나 인물학습에 있어서 정의적 측면의 강조는 한 인물에 대한 도덕적, 윤리적 판단에 치중하게 되어, 특정 시대의 시대적 상황과 결부되어 있는 한 개인의 전모를 파악하는데 오히려 장애를 초래할 수도 있다.[45] 그 결과 한 인물에 대한 평가가 특정한 측면에 치우치게 되어 왜곡된 인물상을 빚어내게 된다. 이러한 영향으로 학생들은 선입견을 가지고 한 인물을 주관적으로 판단하는 경향을 보이고 있다. 또한 현장교육에 있어서도 교사들은 어떤 인물에 대해 자신의 주관적 관점에서 인물학습 지도를 하고 있는 것이 일반적인 실정이다.

이러한 잘못을 시정하기 위해서는 역사적 인물의 행위가 결정되는 과정에 대한 이해가 선행될 필요가 있다고 본다. 역사적 인물의 행위를 이해함에 있어서 그의 목적, 의도, 상황과의 관련하에 분석적으로 밝혀 낸 후에, 그 인물에 대한 가치판단을 하는 것이 바람직한 과정이라 생각된다. 역사적 인물을 대상으로 행위의 결정과정에 대한 분석적 추론을 하는 것은 근래에 강조되고 있는 탐구학습에 있어서 학생도 전문학자와 같은 방법으로 탐구하여야 한다는 정신과도 부합된다. 따라서 인물 학습지도에도 역사학에서 응용되고 있는 행위설명이론이 도입될 필요가 있다. 예를 들어 고려말 명의 철령위(鐵嶺衛) 설치 통고에 반발하여 일으킨 요동정벌 도중에 위화도 회군을 단행한 이성계의 행위를 설명한다고 할 때, 그의 행위를 단지 그 자신의 개인적 야망 때문이었다든가, 아니면 만주지방을 회복할 기회를 스스로 포기한 어리석은 결정이었다는 식의 현재적 가치의 관점에 따라 판단하는 것은 올바른 설명으로 보기가 어렵다. 오히려 그가 출정 이전부터

44) 주 2) 참조

45) Ann Low Beer, "Moral Judgement in History and History Teaching" in W.H. Burston and D. Thompson(eds.), *Studies in the Nature and Teaching of History*(New York, N.Y : Humanities Press Inc., 1967), pp. 137-139.

주장했던 공료(攻遼) 불가의 건의내용을 토대로 그가 처했던 상황을 먼저 분석적으로 추론할 필요가 있다. 즉, 이성계와 같은 군사경험이 많은 무장의 처지라면 어떻게 할 것인가를 그의 입장에서 먼저 생각해 보고, 다음으로 그와 동시대인이 만약 똑같은 상황의 입장에 처했더라면 어떤 결정을 내릴 것인가를 추론할 필요가 있다. 이러한 추론과정을 통해서 학생들은 고려 말의 국내외 정세에 대한 이해는 물론 이성계의 행위결정에 대한 분석적 사고력과 비판력을 함양할 수 있게 될 것이다. 이러한 학습과정에서 유의할 점은 어떤 인물의 행위를 합리화시켜 준다는 의미로 그 행위를 이해해서는 안된다는 점이다.

행위결정에 대한 또 다른 하나의 예로서 조선 후기 흥선대원군이 열강의 문호개방 압력에 직면했을 때, 그가 취할 수 있었던 행위의 선택에는 어떤 것이 가능했으며, 그 중에서 통상·수교 거부정책을 채택한 동기와 의도는 무엇인가를 알기 위해서는 그가 결정한 행위의 계산을 밝혀 볼 필요가 있다. 이렇게 함으로써 어떤 정책은 한 개인의 즉흥적인 결정에 따라 이루어지는 것이 아니라, 그 상황 아래서 가능한 여러 갈래의 수단 중에서 목적-상황-수단의 관계 속에서 결정된 것임을 알 수 있게 될 것이다. 이와 같은 분석방법으로 흥선대원군의 정책을 차례 차례로 파악하여 나가면, 19세기 중엽의 시대상과 흥선대원군이라는 한 인물의 전모에 대한 이해는 물론, 역사적 사실에 대한 분석력과 비판력을 함양할 수 있는 토대가 마련된다.

역사적 인물의 행위결정에 대한 이러한 분석적 접근은 역사적 사실에 대한 객관적인 이해는 물론, 학습의 대상으로 선정된 특정 인물에 대한 종합적인 이해와 평가를 할 수 있는 선행절차로서도 활용될 수 있다는 점에서, 역사교육의 인물학습지도에 도입될 필요가 있는 것으로 판단된다.

2. 인물학습지도를 위한 행위결정 분석모형

역사적 인물의 행위결정을 분석하기 위해서는 일반적으로 그 행위자가 달성하고자 했던 목적을 먼저 인지하여야 하며, 그 다음 단계로 그가 처했던 상황을 알고 나서, 마지막으로 그 상황 속에서 어떤 수단을 선택하여 자신의 목적을 성취하려 했는가를 밝혀내는 절차를 취하고 있다.

역사학의 행위설명이론은 상기한 세 단계 중에서 두번째 단계까지는 거의 공통적으로 전제를 하고 있으며, 마지막 단계에서 각 이론들이 내포하는 의미에서 차이가 있다.

그러나 앞에서 서술한 행위설명이론들 중에서 헴펠의 엄격한 논리적 연역을 요구하는 성향에 대한 일반화는 앞서 언급한 바와 같이, 현장의 역사교육에는 적용하기가 어렵기 때문에 제외하기로 하고, 나머지 이론들이 시사하는 바를 종합하여 인물학습을 위한 행위결정의 분석모형을 구성하여 보기로 한다. 왜냐하면 나머지 네 가지 이론들은 넓은 범주로 볼 때, 드레이의 합리적 설명이론에 내포될 수 있으며, 그의 이론에 설명력을 보완하는 요소를 가지고 있는 것으로 해석되기 때문이다.[46]

역사교육에 응용할 수 있는 행위결정의 분석모형을 얻기 위해서, 먼저 역사가들이 실제로 역사적 인물의 행위를 이해하고 설명하는 절차를 살펴보기로 하자.

자신의 목적과 자신이 처한 상황을 잘 알고 있는 의식적인 행위자의 행위에 대한 설명은 일반적으로 먼저 행위자의 목적과 상황에 대한 진술로부터 시작된다. 그 다음으로는 행위자가 어떠 어떠한 계산을 근거로 하여 행위를 결정하게 되었는가에 대한 행위의 이유를 진술함으로써 그 행위에 대한 설명을 완료한다. 그러면 이런 절차를 실제 예에서 찾아보자.

다음은 아델만(H. Adelman)이 실제로 합리적 설명이론을 바탕으로 행위결정에 대한 사례분석을 통해 구성했던 분석모형이다.[47]

<행위결정 분석모형 Ⅰ>

① 목표의 진술
② 배경상황에 대한 진술
③ 상황이 주어졌을 때 목표를 성취하려는 가능한 행위에 대한 사실

---

46) Dray, "Historical Explanation of Action Reconsidered", p. 126.
47) H. Adelman, "Rational Explanation Reconsidered : Case Studies and the Hempel-Dray Model", *History and Theory*, Vol. XIII. N0. 3(1974), p. 215.

적 계산
④ 각각의 가능한 행위의 역작용과 여파에 대한 필연적 계산
⑤ 각각의 역작용과 여파의 발생 확률에 대한 필연적 계산 및 각 행위로부터 생기는 목표에 대한 후속적인 계산
⑥ ◦여러 가지 수단-목적 결합의 적절성
◦수단-목적 결합의 적절성, 확률성 및 확신의 정도에 의해 대안적인 다른 수단-목적 결합의 채택 가능성
] 에 대한 행위자의 계산 기준과 일치하는 평가적 계산

위의 모형을 좀더 구체적으로 명세화하여 보면 다음과 같다.[48]

① 행위자의 목표는 일련의 단기적·중기적·장기적 목표 중에서 어느 하나가 되거나 일련의 여러 목표를 완전하게 하는 것이 된다.
② 정책은 목표와 서로 얽혀 있으며, 도덕적·법적·사회적 규범도 아니며 단지 목표에 대한 제한조건이다.
③ 행위자의 상황에 대한 믿음은 세 가지 요소로 구성된다.
◦목표 성취를 방해했던 과거의 상황
◦목표 달성의 기회를 가져다 줄 새로 나타난 상황
◦과거·현재·미래에 각각 존재했거나, 존재할 상황으로 예기된 결과를 정당화시켜 줄 것 같은 상황
④ 결과는 새로운 상황이 발생한 이후로 행위자에게 일어났던 행동 하나에 제한되며, 행위의 이행을 수반하는 것으로 믿어지는 목표와 관련된 일련의 사건을 형성한다.

이러한 설명모형을 가지고 역사적 인물의 행위에 대한 역사가의 실제 역사 서술을 분석하여 보기로 하자. 다음은 영국의 명예혁명을 전후한 시기의 영·불간의 상황의 하나로서 '루이 14세가 왜 1688년 여름에 네덜란드로부터 군대를 철수함으로써 생애 최대의 실수를 저질렀는가'라는 물음에 대한 사례분석이다.[49]

Ⅰ. 목표

48) *Ibid.*, p. 216.
49) *Ibid.*, pp. 216-217.

① 단기 : 내분에 의한 영국의 무력화(無力化), 제임스 2세에 대한 복수
② 중기 : 독일 황제 레오폴드 1세를 패배시킴.
③ 장기 : 여유있는 유럽 정복

Ⅱ. 정책 또는 제한조건 : 여유있는 유럽 정복 달성

Ⅲ. 상황
① 과거의 영・불연합
② 프랑스 후원자(루이 14세)의 도움과 충고를 거절하는 제임스 2세의 행동
③ 제임스 2세가 대외정책을 전적으로 루이 14세에 의존하고 있음.

Ⅳ. 필연적 계산
① 군대를 네덜란드에서 철수한다면 윌리엄 왕은 안심하고 영국으로 갈 것이며, 그 결과 윌리엄 왕과 제임스 2세 사이에 내란이 예상되고 있음.
② 네덜란드는 영국으로부터 벗어나게 되고, 영국은 내란으로 무력해질 것이며, 그 결과 루이 14세 자신은 여유있게 유럽을 정복할 기회를 가질 것으로 예상되고 있음.

이상의 분석적 절차를 통해서, 우리는 루이 14세가 네덜란드로부터 그의 군대를 철수하게 된 행위결정의 계산을, 그의 상황과 그의 목표로부터 도출하여 그의 행위를 이해하고 설명할 수 있다. 이러한 설명에는 자신의 목적을 달성하기 위해서 네덜란드로부터 군대를 철수하는 것이 루이 14세의 관점에서 볼 때, 합리적으로 해야 할 일의 하나였다는 것을 밝힐 수 있다. 이러한 루이 14세의 행위결정에는 합리적 설명이론의 '행위의 원리'는 물론, 개인의 목적 지향적인 측면을 강조하는 도나간의 이론도 내포되어 있으며, 정복욕과 같은 성향을 가진 행위자의 행위까지도 포괄되어 있음을 알 수 있다.

역사적 인물의 행위결정에 대한 이해의 방법으로 또 다른 하나의 예로서 마틴(R. Martin)이 제시한 실천적 추론을 들 수가 있다. 그는 리트의 실천적 추론의 원리를 도입하여 콜링우드가 카이사르(Caesar)의 영국 정복을 어떻게 이해하고 그것을 설명하였는가를 분석하고 있는데, 다음은 마틴이 이해한 콜링우드 자신의 행위이해의 방법이다.[50]

50) R. Martin, *Historical Explanation, Re-enactment and Practical Inference*(New

① 행위자는 스스로 어떤 상황하에 처해 있다고 알고 있었다.
② 그 상황에서 그는 어떤 행위를 행하려 하였다.
③ 그는 자신의 상황과 관련이 있는 목적을 가지고 있었다.
④ 어떤 특정한 행위는 그 목적을 달성하게 할 것이라고 생각하였다.

그러나 위에서 제시된 콜링우드의 행위이해의 방식은 설명적 정확성이라는 관점에서 볼 때, 다수의 선택적 행위 방향 중에서 왜 하나를 선택하는가에 대한 설명력이 부족한 것으로 보인다. 또한, 행위자가 생각한 상황과 실제 상황 사이에 불일치가 있기 때문에 이에 대한 조건을 제한적으로 규정해야 상황과 상관성이 있는 목적을 명시할 수 있을 것이다.

마틴은 이러한 콜링우드의 행위이해의 방법이 갖는 한계를 보완하기 위해서, 다음과 같은 행위결정 분석모형을 제시하고 있다.[51)]

<행위결정 분석모형 II>

① 행위자는 스스로 어떤 상황하에 처해 있는 것을 알고 있으며, 어떤 한정적인 방식으로 그것을 위해 행위하려 하고 있다.
② 위의 ①의 상황적 동기를 가진 행위자에게 다수의 선택적인 행위의 대안들이 개방되어 있다.
③ 행위자는 그의 상황적 동기를 만족시켜 줄 것으로 여겨지는 목적을 수행하거나 달성하기를 원했다.
④ 그는 위의 상황 속에서 A를 행하는 것은 자신의 목적의 일부를 성취하는 수단이라고 믿었다.
⑤ 그에게는 목적 성취의 수단으로 A 이외에는 다른 우선적인 것이 없었다.
⑥ 그는 자신의 목적을 뒤엎을 만한 다른 목적을 갖고 있지 않았다.
⑦ A를 행할 수 있는 방도를 알고 있는 그는 그것을 행할 물리적 능력을 갖고 있었으며, 그 당시 상황 속에서도 그것을 행할 능력이 있었으며, 또 그러한 기회를 가지고 있었다.

이상의 실천적 추론에 의한 행위결정의 과정을 카이사르의 영국 정복이

York : Cornell University Press, 1977), p. 71.
51) *Ibid.*, pp. 77-78.

라는 구체적인 역사적 사실에 적용하여 보기로 하자.

① 상황의 인지 : 카이사르는 영국의 적대적 개입에 대한 제재(制裁) 필요성을 느꼈음.
② 행위의 선택 : 무력 제재 또는 외교적 협상 등
③ 상황적 동기 : 무력 제재가 가능한 상황임.
④ 상황-수단의 결합 : 무력 제재만이 갈리아 지방의 평화를 가져올 것 같음.
⑤ 최우선의 선택 : 무력 제재를 선택
⑥ 최우선의 목적 : 단순한 무력 제재와 영구적인 정복 중에서 후자를 결정
⑦ 능력과 기회 : 충분한 군사력 보유, 영국 정복을 방해할 만한 다른 요인이 없음.

이제까지 논의한 실천적 추론에 의한 행위결정 분석방법은 이미 결과로서 주어져 있는 역사적 인물의 행위에 대한 행위이유를 밝히고 있기 때문에, 학생들의 논리적인 분석력과 추리력의 향상에 도움을 줄 수 있을 것이다. 위의 사례연구에서 볼 수 있듯이, 갈리아 지방의 평화를 정착시키기 위해서 영국내의 반란 갈리아인들에 대한 제재를 생각했던 카이사르가 결국은 자신의 목적을 확고히 보장해 줄 수 있는 영국에 대한 영구적 정복이라는 행위를 결정하게 된 과정을 논리적으로 잘 밝혀 주고 있다.

이러한 행위결정 분석모형은 역사적 사실로서 학습자에게 주어지는 어떤 인물의 행위를, 그가 처한 상황과의 관련하에 자신의 목적 달성을 가능하게 하여 줄 수단을 어떠한 계산하에 선택하는가를 잘 보여주고 있어서, 역사학습활동에 유용한 분석틀로 활용될 수 있을 것으로 판단된다.

3. 행위설명학습을 위한 교수-학습전략

역사학의 행위결정 분석모형을 이용하여 역사적 인물의 행위에 대하여 학습을 할 경우, 학생은 그 인물이 처했던 상황과 그의 목적에 대한 역사적 상상(historical imagination)을 하게 된다. 이때 학생은 그 인물의 관점

에서 그가 달성하고자 했던 목적, 그가 처했던 상황, 그가 생각한 여러 갈래의 대안으로서의 수단들을 생각하여야 한다.

그러나 역사학습에 있어서 과거 인간의 의도는 어린 학생들의 경험의 한계를 훨씬 넘어서고 있기 때문에, 인간의 의도를 해석하기 위해서는 판단력의 성숙을 필요로 한다. 또 과거 인간의 의도와 행위의 결과 및 그 상호작용을 알기 위해서는 심리학적 통찰력 역시 필요할 것이다.[52] 또한 현재의 학습자에게는 과거와의 시간적 거리감이 행위자의 의도를 파악하는데 장애요소가 되고 있다는 사실이 고려되어야 할 것이다. 왜냐하면 과거와 현재의 단순 산술적 동일시간내에 일어나는 변화의 속도와 양은 과거보다 오늘날 엄청나게 크기 때문이다.[53]

이와 같이 학생들에게는 시간적으로도 먼 과거의 일이며 행위의 복합성과 의도의 은닉성으로 말미암아 인간행위를 이해한다는 것은 상당히 어려운 일이기 때문에, 교사가 학습할 내용과 학생들이 갖고 있는 기경험(旣經驗)간의 유추작업을 통하여 친숙하게 만들어 줄 필요성이 제기된다. 이때 유추의 절차는 학생들에게 친숙한 것으로부터 생소한 것으로, 단순한 것에서 복잡한 것으로 이루어져야 하며, 학생들이 오해를 불러일으킬 가능성에 대한 사전 인지와 대비가 있어야 한다.[54]

이러한 인간행위의 동기, 의도가 복잡한 상황 속에서 어떤 행위의 방향을 선택할 것인가에 대한 이해의 어려움은 현장연구의 결과로 볼 때 입증이 되고 있다.[55] 디킨슨(A.K. Dickinson)과 리(P.J. Lee)는 실험연구를 통해서 교전 중인 함대 사령관의 의도, 그가 생각한 자신의 전투 상황에 대한 학생들의 이해와 설명의 수준을 네 가지로 분석하였는데, 각 수준에 따라

---

52) E.A. Peel, "Some Problems in Psychology of History Teaching", in Burston and Thompson(eds.), *Studies in the Nature and Teaching of History,* p. 160. 그러나 피일은 역사학에서 심리학은 단지 보조적 역할에 그쳐야 한다고 주장하였다.

53) *Ibid.*, p. 164.

54) *Ibid.*, p. 182.

55) A.K. Dickinson and P.J. Lee, "Understanding and Research", in A.K. Dickinson and P.J. Lee(eds.), *History Teaching and Historical Understanding*(London : Heinemann Educational Books Ltd., 1986), pp. 112-120. 두 공동 연구자는 1916년의 영 · 독간의 해전에 관한 내용을 상세한 해설자료와 전투 배치도에 담아 학생들에게 제시하고, 함대 사령관의 행위결정에 대한 과정을 질문지 형식으로 실험연구를 하였다.

이해와 설명의 범주가 다시 분열되어 총 여섯 가지의 범주로 분류하고 있다.[56]

<제1 수준>

범주 1 - 행위자의 의도와 상황을 파악하는데 실패하는 집단.

<제2 수준>

범주 2 - 의도와 상황에 대해 학생 나름대로의 고정관념으로 행위를 설명하는 집단.

범주 3 - 행위의 여러 가지 대안적인 복합성으로 인하여 행위를 이해하는데 실패하는 집단. 행위자의 상황과 역사가의 상황[57]에 대한 구분의 실패로 행위와 상황간의 균형을 이루지 못하고 있음.

<제3 수준 >

범주 4 - 행위자의 특정한 의도와 행위자의 상황을 참조하여 행위를 설명하는 집단. 그러나 행위의 의도에 대한 이해는 높으나 상황을 전반적 맥락에서 파악하지 못하여 행위자의 후속적인 목적에 대한 판단은 분열되어 있음.

범주 5 - 행위자의 상황과 역사가의 상황은 이해했으나, 더 넓은 맥락에서 관련짓지 못해서 행위 이해에 실패한 집단.

<제4 수준>

범주 6 - 행위자의 상황과 역사가의 상황을 폭넓은 관점에서 구별함으로써 행위설명이 가능했던 집단으로, 상황에 대한 다양한 관점과 제한된 맥락과 확대된 맥락으로부터 나타나는 행위의 여러 측면을 종합적으로 이해하고 있음.

이상의 현장 실험적인 연구결과에 따르면, 12세에서 18세에 이르는 총 응답자 118명 중에서 과반수가 조금 넘는 64명이 <제1 수준>과 <제2 수준>의 이해에 머물고 있음을 나타내 주고 있다. 그러나 17, 8세의 연령 그룹에서는 <제3, 4 수준>의 응답률이 <제1, 2 수준>의 응답률에 비해 19 :

56) P.J. Lee, "Explanation and Understanding in History", in. Dickinson and Lee(eds.), *History Teaching and Historical Understanding*, pp. 86-88.

57) 역사가의 상황이란 학생들에게 제시된 전투 해설자료를 작성한 자료 집필자의 관점, 즉 그 자료에 서술되어 있는 상황에 대한 내용을 의미한다.

2로 압도적으로 높은 것으로 나타났다.[58]

그러면 이 현장연구가 역사적 인물의 행위설명을 목표로 하는 인물학습에 시사하는 바는 무엇인가를 검토하여 보자.

첫째, 학생들은 행위자의 의도를 이해하는 것보다 상황에 대한 이해가 더 어렵다는 것을 보여준다. 그 이유는 교사에 의해 상황이 충분히 설명되지 않았거나, 학생들이 행위자의 상황을 역사가의 상황으로 오해 한데서 비롯되고 있다.[59] 따라서 교수활동에 있어서 상황에 대한 진술이 충분히 이루어져야 하며, 상황의 재생(re-creation)에 대한 노력이 필요한 것으로 보인다. 그리고 행위설명 학습모형에 있어서 상황과 의도의 결합에 더 많은 비중을 두어야 할 것이다.

둘째, 행위자의 의도된 행위를 그와 유사한 다른 행위로 오해하고 있는 현상이 보이는데, 이것은 경험의 폭이 좁은 미성숙 상태의 학생들이 성인의 복잡한 세계에 대한 지식을 갖지 못한 데에 기인되고 있다.[60] 따라서 이러한 오해를 방지하기 위해서는 연령에 따른 학습방법의 재조정이 필요한데, 이때 콜링우드의 구분처럼 낮은 연령층에게는 행위의 외부로부터 인식하게 하고 높은 연령층에게는 내부로부터 인식하게 하는 것이 하나의 방법이 될 수 있다.

셋째, 예상되는 여러 갈래의 대안적인 행위선택에 대한 이해가 부족한 것으로 나타나고 있다. 그것은 상황과 의도간의 결합이 엄격하게 제한되어 제시되지 못한 데서 비롯된 것으로 보인다. 따라서 행위설명학습의 대상을 선정할 때, 상황적 배경이 현저하고 행위자의 의도를 뚜렷이 알 수 있는 인물을 선택하는 것이 바람직할 것이다.

역사학의 행위설명이론을 현장교육에 적용할 때, 이상에서 논의된 유의사항은 충분히 고려되어야만 학생들이 역사적 인물의 행위결정을 제대로 이해할 수 있을 것이다.

그러면 이러한 고려 사항을 토대로 역사적 인물의 행위결정에 대한 학

---

58) 이러한 사실은 행위결정을 제대로 추리하려면 인지능력의 발달이 충분히 이루어져야 논리적 추론을 할 수 있다는 것을 입증하고 있다.

59) Lee, "Explanation and Understanding in History", p. 82.

60) *Ibid.*, p. 83.

습모형을 얻기 위해서, 앞에서 논의한 합리적 설명의 행위분석모형과 실천적 추론의 행위분석모형을 종합하여, 학생들이 행위결정을 손쉽게 추론할 수 있도록 재구성하여 보기로 하자.

먼저 학습내용의 조직에 있어서는 행위자의 목표와 정책은 학생들에게 명시적으로 제시될 필요가 있다. 행위설명학습의 목적은 행위자의 목표를 이해하는 것이 아니라, 그 목표를 달성하기 위해 그가 처한 상황하에서 어떠한 의도를 가지고, 어떠한 수단을 선택하여, 어떠한 계산하에, 자신의 행위를 선택하였는가에 대한 과정을 논리적으로 분석하고 추론하게 하는데 있다. 이러한 학습과정을 거치는 동안 역사적 분석력과 비판력이 함양될 것이며, 그 결과 역사적 사고력의 신장이 이루어질 것이기 때문이다.

다음으로 행위자의 상황에 대한 충분한 추론의 방법이 제시되어야 한다. 상황에 대한 이해의 실패는 행위결정과정에 대한 잘못된 가정과 비논리적인 결론을 유도하기 때문이다. 행위자의 상황에 대한 충분한 이해는 행위결정의 이유를 용이하게 밝혀 줄 수 있다. 이상의 관점을 토대로 행위설명학습의 내용과 위계를 구성해 보면 다음과 같다.

〈표 7-1〉 행위설명학습의 내용과 위계

학습내용의 위 계	행위결정의 추론	행위설명도식과의 관련
목 표	◦ 가능하다면 단기적, 중기적, 장기적 목표의 명세화 ◦ 각 시기별 목표와 논리적 위계와 일관성 유지	Ⅰ, Ⅱ, Ⅳ
정 책	◦ 행위자의 장기적 목표와 일관성 유지 ◦ 정책간의 위계 설정	Ⅰ, Ⅳ
상 황	◦ 목표 달성을 방해했던 과거의 상황 ◦ 목표 달성의 기회를 제공해 줄 새로운 상황 ◦ 과거에도 있었고, 현재에도 있으며, 미래에도 있을 것 같은 상황으로, 기대되는 결과를 실현시켜 줄 것 같은 상황	Ⅰ, Ⅱ, Ⅲ, Ⅳ
성향과 의 지	◦ 행위자의 성향이 행위선택에 영향을 줄 가능성의 정도 ◦ 행위자의 목표 달성의 의지와 결심의 정도	Ⅱ, Ⅳ

수단선택과 행위의 결정	◦ 목표 달성을 가능하게 해 줄 수단의 탐색 ◦ 대안으로 선택할 수 있는 수단의 존재 여부에 대한 판단 ◦ 각 수단이 갖는 역작용과 여파에 대한 판단 ◦ 최우선의 하나의 행위를 선택	Ⅰ, Ⅱ, Ⅲ, Ⅳ
상황-수단-목표간의 계산	◦ 수단-목적 결합의 적절성 ◦ 대안적인 수단-목적 결합의 가능성 에 대한 행위자의 계산	Ⅰ, Ⅲ, Ⅳ

Ⅳ. 행위설명 학습모형에 의한 학습지도

1. 학습내용의 조직과 학습의 절차

본고는 한 인물에 대한 종합적인 접근법에 의한 인물학습지도에 중점을 두지 않고, 역사적 인물의 행위결정에 대한 분석과 추론을 중심으로 하는 분석적 접근법에 입각하고 있다. 따라서 일반적인 학습지도의 계획이 종합적인 접근법에 기초를 두고 있는 것과는 달리, 대상인물이 역사적 상황 가운데에서 내린 행위결정을 학습자가 논리적으로 추론할 수 있도록 지도계획이 추진될 것이고, 이를 위해 우선 학습자의 인지발달이 어느 수준에 도달했는가를 살펴보고, 이어서 구체적인 작업과정으로서 인물 선정의 기준 및 학습내용의 조직에 초점을 맞추어 진행하여 나갈 것이다.

(1) 학습자의 인지능력 수준과 학습내용의 선정

피일(E.A. Peel)은 역사적 사건은 인간행위의 보다 깊은 상호작용이어서 어떤 사건의 원인에 대한 의문을 학생들이 가질 때, 학생들은 자신의 제한된 인식, 사고 및 조합능력으로써 과거의 인간이 처했던 상황의 복합성과 그 후속 결과에 대하여 분석, 해석, 판단 및 평가를 하게 된다고 하면서,[61]

61) Peel, "Some Problems in Psychology of History Teaching", p. 171.

이런 경우에 학생들은 자신의 경험과 개념을 가지고 비교, 유추를 하며, 이로써 인간행위를 설명하려 하지만, 역사적 사고력이 아직 미성숙 상태에 있기 때문에 그 설명이 효율적인 것이 되지 못한다고 하였다.[62]

이와 같이 학습자의 인지적 기초가 미숙하다는 점에 대한 지적은 14세 정도의 연령에 이르러서야 추상적 사고를 통해 논리적 추론이 가능해진다고 하는 피아제(J. Piaget)의 인지능력 발달단계설이나, 문제의식에 대한 경험의 조직화가 새로운 경험에도 적용 가능해지는 성숙한 역사적 사고의 형성이 15-6세 정도에서 비로소 이루어진다고 하는 윤세철의 견해에서도 잘 나타나고 있다.[63]

그렇다면 학습자를 과거의 어느 개인이나 집단에 상상적으로 귀속시켜, 행위자의 객관적인 상황뿐만 아니라 행위의 동기와 의도까지 추리하게 하는 과정이 어느 정도 어려운 작업인가는 쉽게 예상할 수 있다. 이러한 유추의 작업은 학습자 단독으로는 불가능하며 교사의 지도와 조언이 제한된 범위내에서 행해져야 할 것이다. 그러나 무엇보다도 행위설명의 학습에 있어서 역사적 행위자가 선택한 수단으로서의 행위를 역사적 상황과의 관련하에서 논리적으로 추론하고 분석할 수 있으려면, 학습자에게 충분한 인지적 추리력이 형성되어 있어야 한다.

이러한 점에서 볼 때, 행위설명의 학습은 대상이 되는 행위자의 상황에 대한 교사의 조언 등에 따라 가변성이 있을 수는 있겠지만, 현행 학제상 논리적 추상의 능력이 발달하고 역사적 사고력이 형성되기 시작하는 중학교 상급생 또는 고등학교 하급생부터 적용할 수 있을 것으로 판단된다.

이러한 학습자를 위해서는 어떠한 인물이 학습대상으로 선정되어야 할까? 선정의 기준으로서 우선적으로 지적될 수 있는 것은, 개인에 대한 도덕적, 윤리적 편견을 배제하고 한 시대와 한 분야를 대표할 수 있는 인물이어야 한다는 것이다. 예컨대 국사교육의 경우 초등학교나 중학교에서 한 시대나 한 주제의 역사 단원을 인물 중심으로 조직하여 한 시대를 교수한다 하더라도, 그 시대의 일반사 이해에 큰 지장을 주지 않는 범위내에서 선정하여야 한다.[64]

---

62) *Ibid.*, p. 171.
63) 이원순 · 윤세철 · 허승일, 『역사교육론』, 157면.

그러나 이와 같은 일반론적인 기준만으로는 그 대상 선정이 한 인물의 전 생애에 대한 종합적 접근법에 그치고 말 우려가 있기 때문에, 본고의 주제인 행위설명학습을 위해서 보다 발전된 선정기준이 제시될 필요가 있다. 우선 행위설명의 학습에서 가장 중요한 변인은 행위자의 목적과 의도, 그가 처한 상황과 선택 가능한 수단 등이 된다. 행위자가 자신의 목적을 성취하기 위해서 자신이 처한 상황하에서 어떤 의도를 가지고 어떠한 수단을 선택하여 행위의 방향을 결정하는가에 대한 분석적 추론을 통하여 분석력과 비판력을 함양하는 것이 행위설명학습의 목적이다.

그러나 Ⅲ의 3에서 서술한 바와 같이 학습자들은 상황의 복잡성과 의도의 복합성 때문에 행위의 이해에 많은 곤란을 겪고 있으며, 또한 과거의 인간행위에 대한 인지적 기초가 성숙되어 있지 못하다. 그 중에서도 특히 상황에 대한 이해가 쉽게 이루어지지 않고 있는 점을 고려할 때, 행위설명학습의 대상인물은 역사적 전환기의 상황적 배경이 뚜렷한 인물을 선정하여 그의 의식적인 행위를 학습대상으로 선택하는 것이 바람직하다. 또한 대립하고 있는 쌍방의 의도가 분명히 파악될 수 있는 정치적 갈등기의 주역 인물이나, 교전 중에 있는 양 진영에서 각각 전략·전술을 수립하는 중심인물, 또는 신·구 문화의 교체기에 활약한 주역 인물 등을 선정하여 학습을 진행시키면, 학습자의 학습동기 유발이나 학습의 효과면에서 바람직할 것이다. 한편, 인지능력이 그 중에서도 더욱 미성숙한 학습자를 대상으로 할 때에는 큰 범위의 상황, 예컨대 왕조 교체기의 중심 인물 등을 선정하면 상황에 대한 이해가 쉬울 것이다.

한편, 한 시대나 한 분야의 주요 인물이 행한 중요한 행위결정이 그 후의 역사 전개에 어떠한 영향을 미치는가에 대해 계속 학습을 하여 나가면, 결과적으로 그 인물의 전모를 파악할 수도 있게 된다. 특히 인물평가가 통일적으로 내려져 있지 않아서 논란이 많은 인물을 선택하여 그의 행위결정과정을 분석·추론의 방법으로써 단계적으로 파악해 나가면, 그 인물에 대한 종합적이고 객관적인 평가에 도달할 수 있는 소양이 마련될 것이라 여겨지는데, 이는 어느 정도 인지능력이 발달한 고등학교 이상의 학생들을

---

64) 강우철, 『역사의 교육』, 336-337면.

대상으로 할 때 가능하다.

(2) 학습내용의 조직

앞서 살펴본 바와 같이 디킨슨과 리의 역사적 인물의 행위결정에 대한 공동 실험연구의 결과는 학생들이 행위자의 의도를 잘 파악하지 못한 원인은 행위자의 상황을 잘못 판단한데 있었음을 보여주고 있다. 따라서 행위설명학습에 있어서 학습내용의 조직은 상황에 대한 충분한 명세화를 토대로 조직될 필요가 있다. <표 7-1>에서 제시된 행위자의 상황은 역사적 인물의 특정한 하나의 행위에 대한 분석을 위한 것이기 때문에 그 인물의 시대적 상황이 생략되어 있다. 여기서는 학습자들이 대상인물에 대한 상황을 좀더 폭넓게 알고 행위결정을 이해할 수 있도록 하기 위해서 시대적 상황을 추가할 필요가 있는 것으로 판단된다. 동시에 행위자의 개인적 배경상황도 포함시킬 필요가 있다. 그 다음으로 학습대상이 되는 특정한 행위결정 시의 제한적 상황이 포함되어야 한다.

또한 행위결정에 영향을 미칠 성향이나 의지 등도 개인적 상황의 일부로서 포함시킬 필요가 있다. 이러한 요소를 종합하여 행위자의 상황에 대한 학습내용을 조직하여 보면 <표 7-2>와 같다.

〈표 7-2〉 행위자의 상황에 대한 학습내용의 조직

상 황	교수 - 학습내용
시대적 상황	◦ 국내적 상황은 어떠한가? ◦ 국내 상황에 영향을 끼치고 있는 국제적 상황은 어떤 것이 있는가? ◦ 행위자 자신의 정치·사회·경제·문화적 배경은 어떠한가?
행위결정의 제한적 상황	◦ 목표 달성을 방해했던 과거의 상황은 무엇이었는가? ◦ 목표 달성의 기회를 제공해 줄 새로운 상황은 무엇인가? ◦ 새로운 상황의 지속성은 어느 정도인가? ◦ 목표 달성을 방해할 상황이 장차 발생할 가능성이 있는가?
행위자의 성향과 의지	◦ 행위자는 주어진 상황 속에서 행위결정에 영향을 미칠 어떤 특징적인 성향을 가지고 있는가? ◦ 행위자의 목표 성취의 의지와 결심의 정도는?

다음으로 행위결정의 전 과정에 대한 학습내용을 조직하여 보기로 하자.

먼저 행위자의 목표와 정책에 대한 내용이 조직되어야 하는데, 이때 목표와 정책은 서로 관련을 맺을 수도 있고, 단기, 중기, 장기적인 위계를 형성할 수도 있다는 사실이 고려되어야 한다.

그 다음으로 <표 7-2>에서 주어진 상황하에서, 자신의 목적 달성을 위해 여러 갈래의 대안적인 수단 중에서 하나의 수단을 선택하는 절차를 담은 '수단의 선택과 행위의 결정'이 조직되어야 할 것이다.

마지막으로 행위자가 하나의 행위를 결정하게 된 논거를 밝혀주는 행위자의 계산이 목적-상황-수단의 관계 속에서 조직되어야 한다. 이상의 여러 요소를 종합하여 <표 7-1>의 행위설명학습의 내용과 위계를 바탕으로 행위결정의 과정에 대한 학습내용을 조직하면 <표 7-3>과 같다.

〈표 7-3〉 행위결정의 과정에 대한 학습내용의 조직

행위 결정과정	교 수 - 학 습 내 용
목표와 정책	◦ 복수의 목표와 정책이 있다는 것을 확인한다. ◦ 장·단기별 목표와 정책을 확인한다. ◦ 각 시기별 목표와 정책 사이에 위계가 있음을 확인하다.
상 황	<표 7-2> 참조
수단의 선택과 행위의 결정	◦ 목표 달성을 가능하게 하여 줄 수단은 어떤 것이 있는가? ◦ 대안으로 선택할 수 있는 수단은 존재하는가? ◦ 각 수단은 어떤 역작용과 여파를 초래할 것으로 예상되는가? ◦ 선택된 수단을 유효하게 하여 줄 물리적 능력은 보유하고 있는가? ◦ 목적-상황-수단간의 결합은 적절한가? ◦ 최우선적으로 결정할 행위는 무엇인가?
행위결정의 계산	◦ 결정된 행위의 합리적 논거는 무엇인가? ◦ 그것은 '행위의 원리'에 부합되는가?

역사적 인물의 행위 결정과정을 분석하기 위해서 앞의 <표 7-3>의 학습내용 조직을 활용할 때, 행위자의 목적에 지나치게 비중을 두어 어떤 행

위를 분석하게 되면 상황적 동기가 경시되기 쉽다. 달성하고자 하는 목적이 확고하다 할지라도 상황이 여의치 않으면 목적은 수정되기 마련이다. 목적은 선재(先在)하는 불변의 성격을 갖는 것은 아니고, 그 목적을 달성하게 해 줄 기회가 주어졌을 때, 행위결정에 영향을 줄 수 있는 것이다.[65] 따라서 행위설명학습에 있어서 행위자의 상황에 대한 정보가 매우 중요함을 알 수 있다. 이러한 고려 사항은 <표 7-2>에서 이미 제시하였듯이 상황에 대한 충분한 명세화가 이루어졌을 때, 제대로 반영될 것이다.

그러나 학습대상이 되는 특정한 행위와 직접적 관련이 없는 상황에 대한 정보는 제시되어서는 곤란할 것이다. 왜냐하면 학습자가 불필요한 상황정보 때문에 행위결정에 대한 추론을 잘못할 가능성이 있기 때문이다.

(3) 학습지도의 절차

행위설명학습을 효율적으로 실시하려면 실제 수업의 지도계획은 의도하고 있는 학습의 목적에 부합하게끔 수립될 필요가 있다. 역사적 인물의 행위결정을 분석하고 추론하여 역사적 사고력을 함양할 것을 목적으로 하는 수업도 학습의 대상을 역사적 인물로 한다는 점에서, 일반적인 인물학습 지도계획과 절차상에서는 거의 같다고 볼 수 있다. 그러나 학습 지도과정은 종합적인 접근법과는 달리, 보다 발전적인 방향에서 강구될 필요가 있다. 왜냐하면 행위결정에 대한 추론을 중심으로 하는 수업은 가치교육에 비중을 두는 수업과는 성격을 달리하기 때문이다.

먼저 전반적인 학습 지도계획을 종합적인 접근법의 순서에서 원용하여 보면, 대체로 ① 인물 선정 ② 진단 검사 ③ 인물 지도계획 수립 ④ 학습 지도과정 ⑤ 평가의 단계로 구성할 수 있다.[66]

그러나 각 단계별로 행위설명학습의 목적상 다음과 같은 사항이 특히 고려되어야 할 것이다.

① 인물 선정은 전술한 바와 같이 상황적 배경이 뚜렷하거나 목적 지향적인 인물에 국한되어야 할 것이다.

② 진단 검사는 선정된 인물에 대한 학습자의 선수학습의 정도를 예비

65) Adelman, "Rational Explanation Reconsidered", p. 221.
66) 송춘영 · 이창옥, 「중학교 국사교육에 있어서 효과적인 인물지도의 접근방안」, 61면.

적으로 평가하여 인물 교재의 분석에 반영하는 과정이다. 이때 그 인물에 대한 학제 계열상의 선수학습은 물론 타 교과의 선수학습의 내용과 성격도 파악할 필요가 있다.

③ 지도계획 수립은 교수-학습 계열이 조직되는 단계로서 학습자료의 준비와 그 활용 계획이 마련되어야 한다. 이때 상황적 배경이 풍부한 자료가 준비되어야 하며, 그것을 이용한 시간 배당에 대한 계획이 자료의 난이도와 관련지어 조절될 필요가 있다.

④ 학습 지도과정이 바로 행위설명학습에서 가장 높은 비중을 두는 단계로서 <표 7-3>의 학습 내용조직에 의거하여 행위결정의 과정을 탐구하는 과정이다. 이때 한 인물의 특정한 행위에 대한 추론이 끝나면 그의 또 다른 행위를 여기에 대입하여 추론을 하게 한다. 예컨대 흥선대원군의 '통상·수교 거부정책'에 대한 행위결정의 추론이 끝나면, '서원 철폐령', '경복궁 중건', '천주교도 탄압' 등과 같은 흥선대원군의 전체 행위를 이해하는데 필요한 핵심적 행위를 순차적으로 대입하여 나간다. 각각의 행위결정에 직접적 영향을 끼쳤던 목표와 상황은 그때마다 관련되는 것을 적절히 재구성하여 제시되어야 한다.

⑤ 평가는 두 개의 단계로 나누어서 실시할 수 있다. 첫째 단계에서는 각각의 행위결정이 목적-상황-수단의 관계 속에서 행위자의 계산이 타당한가를 평가하며, 둘째 단계에서는 그들 행위에 대한 가치판단을 하게 할 수 있다. 가치판단에 대한 기준은 본고의 범위를 벗어나며, 그것은 별도의 연구 과제가 될 수 있을 것이다.

2. 행위설명학습의 탐구방법

역사학습의 지도방법에는 주지하듯이 강의법, 토의법, 모의법, 문답법, 역할극 및 탐구학습법 등이 있는데, 그 중에서 행위 결정과정의 추론에 적합한 학습방법으로는 탐구학습법이 가장 효율적인 것으로 여겨진다. 왜냐하면 탐구학습은 문제해결의 과정에서 가설을 설정하고 그것을 검증해 나가는 과정을 취하는데, 이는 행위설명학습에서 학습자에게 주어진 어떤 행위로부터 행위자의 행위결정에 대한 계산을 상황과의 관련하에 검증하여 나가는 방법과 절차상에서 유사하기 때문이다.

그러나 이 방법은 학습자료의 준비와 학생들이 행위 결정과정을 추론하는데 많은 시간이 소요된다는 난점이 따른다. 그에 따라 차선의 방법으로서 문답법도 필요하다고 여겨지는데, 이 양자에 대해서 살펴보기로 하자.

(1) 탐구학습과 학습모형

역사가의 연구 결과인 '산물로서의 역사'보다 '과정으로서의 지식'을 중시하는 것이 탐구학습의 원리이다. 탐구학습에 있어서는 교과를 가르친다는 것은 그 교과의 '아는 방식', 즉 연구의 결과를 주입하는 것이 아니라, 결과에 이르는 과정을 따라서 탐구해 나가는 방식을 가르친다는 것을 의미한다. 여기에서 탐구의 과정은 인지 발달단계설에 있어서 형식적 사고(formal thinking) 단계에 도달한 학습자가 가설이나 명제로부터 자료를 검증하고 일반화로 나아가는 과정과 합치하기 때문에 학습자의 인지능력 향상을 가져온다. 이렇게 역사의 학습과정에 역사가들이 역사적 사실을 탐구하는 방식을 도입하는 것은 곧 '아는 방식'에 대한 학습이 되며, 아울러 이를 통하여 역사적인 전망(historical perspective)을 획득하는 데에도 도움이 될 것이다.

역사교육에도 탐구학습의 원리가 적용 가능하며 그 유용성을 강조하고 있는 뱅크스(J.A. Banks)는 학생들도 역사가들이 사용하는 방법으로 역사적 여러 문제를 해결할 수 있도록 훈련받아야 한다고 하면서, 이렇게 하는 것은 학생들로 하여금 동일한 사건을 보는 데에도 여러 가지 관점과 방법이 있음을 깨닫게 함으로써 탐구력과 비판력을 강화시킬 수 있기 때문이라고 하였다.[67)]

이러한 탐구의 과정에의 참여를 통하여 학생들은 과거의 사실을 재구성하는데 내재하는 곤란들을 올바르게 인식하게 될 것으로 생각된다. 구체적으로는 역사적 인물의 행위 결정과정을 대상으로 할 때, 동기·의도·목적·상황 및 목표 달성을 위한 수단의 선택과정 등에 대하여 탐구학습의 원리

67) 정선영, 「인지과정에 따른 역사교과의 탐구방법연구」, 『역사교육』 25(1979), 24면.

에 따라 학습자가 분석·추리할 수 있게 되면, 역사적 사고력의 형성에 도움을 줄 것으로 여겨진다.

탐구학습의 일반적인 절차는 연구자들에 따라 다양하게 제시되고 있으나,[68] 윤세철은 이들을 종합하여, ① 문제의 제기 및 인지, ② 가설의 설정, ③ 자료의 수집, ④ 자료의 해석 비판, ⑤ 가설의 검증이라는 탐구수업 모형을 제시하여 역사교과에 적용하고자 하였다.[69]

또 본 연구의 논지 전개와 관련되어 주목할 만한 것으로서, 카시디(E.W. Cassidy)와 쿠르프만(D.G. Kurfman)의 모형을 들 수 있는데, 이들이 구안한 의사결정에 대한 탐구과정은 다음과 같다.[70]

① 결정된 실례와 대안의 확인(내려야 할 결정을 정의하고 목적과 실행할 대상을 확인)

② 선택된 결정의 검토와 평가(가능한 결과를 검토하고 선택된 결정을 평가하여 서열을 결정)

③ 내려진 결정의 확정·반영(가장 좋은 대안의 결정, 결정사항 중 부족한 부분의 보충계획 수립, 행동의 결과 평가, 과정의 feed-back을 고려).

위에서 제시된 탐구학습의 절차를 토대로 역사적 인물의 행위결정에 대한 탐구의 방법을 구성할 때 고려하여야 할 사항으로는, 인간행위에 대한 일반화가 어려우므로 가설의 설정은 행위자의 행위결정의 이유로 대치하고, 그것으로부터 행위자의 목적-상황-수단의 관계 속에서 행위자의 계산을 도출하고 검증하는 것이 타당할 것이다. 이러한 관점에서 행위설명학습을 위한 탐구의 절차를 구성하여 보면, ① 문제의 인지, ② 가설의 설정, ③ 자료의 수집, ④ 자료의 해석, ⑤ 가설의 검증, ⑥ 이해와 평가와 같은 순서가 된다.

이러한 순서를 토대로 앞서 살펴 본 <표 7-1, 2, 3>을 종합하여 인물 행위설명을 위한 탐구학습의 모형을 구성하여 보면 다음의 <표 7-4>와 같다.

---

68) 탐구학습모형에 대한 참고문헌으로는 다음과 같은 것이 있다.
한국교육개발원 사회과교육연구실(편), 『사회과 탐구수업』(교육과학사, 1985) ; J.L. Nelson and J.U. Michaelis(전숙자 역), 『중등사회과』(도서출판 풍만, 1983) ; 정세구, 『탐구수업』(배영사, 1986) ; 정선영, 「인지과정에 따른 역사교과의 탐구방법연구」

69) 이원순·윤세철·허승일, 『역사교육론』, 208면.

70) Nelson and Michaelis(전숙자 역), 『중등사회과』, 133면.

〈표 7-4〉 행위설명학습의 탐구모형

탐구학습 과 정	행위설명의 탐구 과정	교수 - 학습 활동
① 문제의 인 지	행위자의 특정한 행위 인지	◦ 교사와 학생들이 공동으로 토의하여 행위자의 특정한 행위를 선정한다.
② 가설의 설 정	행위결정의 이유	◦ 학습주제로 선정된 특정한 행위의 이유를 설정한다.
③ 자료의 수 집	행위자의 상황과 성향에 대한 자료 수집	◦ 교사의 안내에 따라 대상인물에 대한 자료를 학생이 수집한다. ◦ 교사에 의해 수업에 알맞게 발췌, 정리, 번안된 기본자료가 제공된다. ◦ 학생은 보완자료를 추가로 수집한다.
④ 자료의 해 석	수단의 선택과 행위의 결정	◦ 각종 자료에 의거 행위자의 성향과 상황을 파악한다. ◦ 목표 달성을 가능하게 해줄 수단을 찾는다. ◦ 대안적인 수단의 존재 여부를 확인하다. ◦ 각 수단이 초래할 역작용, 여파를 검토한다. ◦ 선택된 수단을 이행할 수 있는 물리적 능력이 있는가를 검토한다. ◦ 최적의 하나의 행위를 결정한다.
⑤ 가설의 검 증	행위자의 계산을 검증	◦ 목적-상황-수단간의 결합은 적절한가? ◦ 결정된 행위와 행위자의 계산간의 관계를 '행위의 원리'에 의해 검증한 후 수용과 배척을 결정한다.
⑥ 이해와 평 가	행위결정 이유를 행위자의 계산에 의거하여 이해 및 평가	◦ 행위의 결정은 목적-상황-수단의 관계 속에서 이루어진다는 것을 이해한다. ◦ 결정된 행위가 목표, 정책과 일관성을 가지고 있는지를 평가한다.

<표 7-4>의 탐구학습모형에 의거하여 구체적인 수업전개안을 조직하여 보기로 하겠다. 다음은 조선 후기 흥선대원군이 천주교도를 탄압한 행위를 사례로 하여 조직한 수업전개안이다.

탐구 주제 : 흥선대원군의 천주교도 탄압[71]

〈표 7-5〉 행위설명 탐구 학습모형에 의한 수업전개안

탐구학습 과 정	교수 - 학습 활동		
	교 사		학 생
① 문제의 인 지	천주교도 탄압		◦ 1866년(고종 3년), 병인박해로 8,000여 천주교도가 처형되었음.
② 가설의 설 정	이유	목표	◦ 단기 : 천주교 옹호자라는 혐의를 벗고 정치적 위기를 해소 ◦ 중기 : 정치적 지위 재확립으로 개혁 정치 완수 ◦ 장기 : 전제 왕권의 재확립
		정책	◦ 왕실 중심의 집권체제 재정비 ◦ 외세 침략의 격퇴와 국권 수호
③ 자료의 수 집	관련자료 안내		◦ 주 71)의 참고 자료를 수집한다.
④ 자료의 해 석	대외적 상황		◦ 서구 열강에 의한 베이징 함락 ◦ 러시아의 연해주 점령과 통상 요구로 위기감 고조 ◦ 천주교도들이 포교의 자유 획득을 위해 朝·佛 동맹을 건의하여 추진했으나 성사되지 못함.
	국내적 상황		◦ 천주교도는 외세침략의 향도(嚮導)이며, 강상(綱常)을 문란케 하는 사교의 무리라는 인식이 널리 퍼져 있었음. ◦ 흥선대원군 자신이 천주교 옹호자라는 여론이 조정에 유포되어 정치적 지위에 위협을 받고 있었음. ◦ 개혁정치의 여파에 따라 민중과 양반층의 불만이 점증되고 있었음.
	성 향		◦ 권력 지향성, 공격성, 과단성이 강한 성향임. ◦ 이러한 성향이 천주교도 탄압에 영향을 줄 가능성 판단

71) 이에 대한 참고 문헌으로는 다음과 같은 것이 있다.
국사편찬위원회 편, 『한국사』 16, 탐구당 ; 유홍열, 『증보한국천주교회사』하권, (카돌릭출판사, 1981) ; 이원순, 『한국천주교회사』(탐구당, 1983) ; 최석우, 「병인양요소고」, 『역사학보』 30(1966) ; Charles Dallet(정기수 역), 『달레조선교회사 서론』(서울, 1966).

⑤ 가설의 검 증	목적-상황-수단의 결합	∘ 천주교도 탄압을 통해 정치적 지위를 재확립하여야 한다. ∘ 외세 침투를 배격하고 국권을 수호하여야 한다. ∘ 외국 선교사의 추방, 천주교의 신교(信敎) 금지 정도의 조치로는 별다른 효과를 거두지 못하고 있다.
	행위 결정	∘ 천주교도 탄압령
	행위결정의 계산	∘ 자신에 대한 천주교 연루혐의는 결백함이 밝혀질 것이다. ∘ 민중과 양반의 대내적 불만은 대외적인 적개심으로 유도될 것이다. ∘ 대학살을 통해 왕실 권력의 위엄은 정치적 반대세력에게 과시될 것이다. ∘ 자신의 정치적 지위가 확고해지고 안정된 권력행사가 보장될 것이다.
⑥ 이해와 평 가	행위 이유를 행위자의 계산에 의해 평가	∘ 위와 같은 상황에서는 천주교 탄압은 불가피한 결정이었는가? ∘ 다른 선택적인 대안은 목적 달성에 유효하지 못하였는가? ∘ 평가 ┌ 장기적 목표와 일관성이 있는가? 　　　└ 국가정책과 일관성이 있는가?

(2) 문답식 학습과 학습모형

학습지도에 있어서 질문은 필수적인 한 요소이다. 체계적인 질문에 의한 수업의 전개는 학습자의 사고력을 심화시키고 문제해결의 능력을 향상시켜 준다. 특히 교사의 일방적인 지시적 언어에 의한 강의식 수업방식보다 비지시적 언어에 의한 질문-응답의 수업방식은 학습자를 학습의 주체로 하며, 교실내의 언어적 상호작용을 촉진시켜 주어서 학습의 흥미 유발은 물론 학습된 지식을 내면화시켜 준다.

문답식 학습은 역사교육에 있어서도 사실과 사실간의 관련체계를 추리하는데 유용하게 응용될 수 있다는 것을 선행연구에서 이미 밝혀 놓은 바 있다.[72] 그 연구의 결과에 의하면 역사적 사실에 대한 지식의 이해에는 다

72) 최양호, 「문답식중심의 수업형태가 사고에 미치는 영향에 관한 연구」, 『역사교육』

소 문제가 있으나, 사실과 개념, 사실과 사실간의 상호관계를 규명하는 데에는 문답식 수업방식이 현저한 효과를 갖고 있다는 것이 입증되고 있다.

역사적 인물의 행위결정에 대한 학습도 상황과 행위자의 목적 달성간의 관련체계를 추리한다는 점에서 문답식 수업방법이 효율적인 것으로 여겨진다. 즉, 행위결정의 과정을 체계적이고 논리적인 질문을 통해 학습자들로 하여금 추리하게 하면 역사적 사고력의 배양에 도움을 줄 것이다. 이러한 효과를 달성하기 위해서는 질문의 유형과 전략은 학습자의 인지능력의 발달 수준과 학습내용과의 관련하에 조직될 필요가 있다.[73]

행위설명학습에 알맞는 질문전략으로는 체계적인 질문을 통해 단순한 사실들로부터 하나의 타당한 결론으로 유도하고 있는 하이만(R.T. Hyman)의 고원식 전략(高原式戰略 : plateau strategy)을 들 수 있다. 이것은 학습내용의 위계에 따라 동일한 학습내용을 수 명의 학생에게 반복적으로 질문하여 하나의 학습위계, 즉 고원에 도달하면, 그것을 토대로 다음 단계의 내용을 역시 수 명의 학생에게 반복적으로 질문하여, 상위의 학습위계를 형성하여 나가는 방식이다.[74]

이러한 방법은 프라엔켈(J.R. Fraenkel)의 수평적 사고의 확장을 위한 질문 유형과 유사한 방법인데, 그는 주어진 상황 속에서 행위의 결정에 대한 질문전략으로 ① 사실 확인의 질문, ② 이유를 묻는 질문, ③ 이유 추론의 질문, ④ 결론을 묻는 질문의 단계가 유용하다고 하였다.[75]

이러한 질문전략을 응용하여 역사적 인물의 행위결정 분석학습에 알맞는 문답식 학습모형을 구성하여 보면, ① 사실 확인의 질문, ② 상황에 대한 질문, ③ 행위 결정과정에 대한 질문, ④ 행위결정의 논거에 대한 질문으로 조직할 수 있다. 이 내용을 토대로 하나의 문답식 학습모형을 세부적으로 구성해 보면 다음과 같다.

15(1973), 35면.

73) Ronald T. Hyman(곽병선 · 김홍원 · 서혜경 공역), 『좋은 수업을 위한 질문법』(교학사, 1986), 15-27면 및 59-92면.

74) Ronald T. Hyman(곽병선 · 김홍원 · 서혜경 공역), 『좋은 수업을 위한 질문법』, 45면.

75) Jack R. Fraenkel(송용의 역), 『가치 탐구 수업을 어떻게 할 것인가』(교육과학사, 1986), 136-138면.

〈표 7-6〉 행위설명학습의 문답식 학습모형

질문과정	교수 - 학습 활동	
	교 사	학 생
① 사실 확인	◦ 어떤 행위가 있었는가?	◦ 학습주제로 선정된 행위에 대해 사실적 측면에서 대답한다.
② 상황	◦ 행위자의 배경적인 상황은? ◦ 시대적인 상황은? ◦ 행위결정 당시의 상황은? ◦ 행위자의 특별한 성향은?	◦ 정치・사회・경제・문화적인 배경을 대답한다. ◦ 국내적 상황과 국제적 상황으로 구분하여 대답한다(필요시). ◦ 행위결정과 직접적 관련이 있는 상황을 대답한다. ┌ 목적 달성을 방해했던 과거의 상황을 열거한다. └ 목적 달성을 가능하게 해줄 새로운 상황의 속성을 대답한다. ◦ 행위결정에 영향을 미칠 성향적 요인을 대답한다.
③ 행위 결정 과정의 추론	◦ 행위자의 목표, 정책은? ◦ 목적 달성을 가능케 해 줄 수단은 주어진 상황에서 무엇인가? ◦ 대안으로 선택할 수 있는 수단은? ◦ 선택될 수단이 가져올 결과는? ◦ 선택된 수단을 가능케 해 줄 물리적 능력의 보유는? ◦ 그 상황하에서 자신의 목적을 달성하게 해 줄 최선의 행위는?	◦ 목표와 정책을 위계에 따라 명세화하여 대답한다. ◦ 다수의 채택 가능한 수단을 대답한다. ◦ 대안으로 선택 가능한 수단을 탐색하여 대답한다. ◦ 후속적인 여파, 영향을 열거하고, 그것이 목적 달성에 영향을 미칠 긍정적인 측면과 부정적인 측면을 대답한다. ◦ 행위자의 능력을 탐색하여 대답한다. ◦ 상황-수단-목적간의 결합관계를 토대로 가장 합리적인 행위를 대답한다.
④ 행위 결정의 합리적 논거	◦ 그러한 행위가 결정된 합리적 논거는?	◦ 행위자의 행위결정에 대한 계산을 대답한다.

이러한 문답식 학습모형에 의한 행위설명학습에 있어서 학습의 효과를 극대화하기 위해서는 학습자의 대답을 그때그때 적절히 처리해 주어야 체계적인 추론이 이루어질 것이다. 따라서 발문(發問)에 대한 기술과 함께 응답 처리의 기술이 무엇보다도 중요한 것으로 여겨진다.[76]

Ⅴ. 맺음말

역사학의 탐구대상인 인간의 활동을 이해하기 위한 설명의 방법으로 행위설명이론이 활용되고 있다. 이 이론은 주어진 상황 속에서 자신의 목적을 달성하기 위해서 어떠한 계산으로 여러 갈래의 대안적인 수단 중에서 최적의 수단을 선택하는가에 대한 행위결정의 논거를 밝히는데 초점을 두고 있다.

행위결정의 논거가 설명력을 가지려면 목적-상황-수단의 관계가 합리적으로 이루어지면 가능하다는 드레이의 주장에 비해, 헴펠은 합리적으로 행위 하려는 성향이 전제되어야 하며, 이때 성향은 단순한 개인적 성향이 아니라 그러한 방향으로 행하여진 다수의 많은 사례로부터 일반화된 것이어야 한다고 주장하였다. 헴펠의 설명논리는 설명의 형식에 있어서는 과학적인 이상형이라고 할 수 있지만, 인간행위에 대한 일반화가 어렵다는 점에서 역사교육에는 적용 불가능함이 밝혀졌다.

역사학습에 응용할 수 있는 행위설명이론은 드레이의 '행위의 원리'에 의한 합리적 설명이론으로 진단되었으며, 다른 설명이론들은 그것의 설명력을 보완하는 요소로 삼을 수 있음이 밝혀졌다.

행위결정에 대한 추론을 손쉽게 하기 위해 구성해 본 행위결정의 분석모형은 행위자의 목적이 뚜렷하고 상황적 배경이 분명한 의식적 행위자의 행위에 적용되었을 때, 학생들이 행위결정을 제대로 추리할 수 있음이 나타났다. 그러나 과거 성인 행위자들의 폭넓은 행위의 복합성과 의도의 은

---

76) J. Jarolimek and C.D. Foster(김재복 역), 『인지, 정의, 기능학습을 위한 전략』(배영사, 1986), 207-215면.

닉성은 어린 학생들로 하여금 행위결정의 추론을 방해하는 요소로 드러났기 때문에, 이에 대한 학습전략이 수립될 필요가 있었다. 행위자의 목적으로부터 상황과의 관계 속에 수단을 선택하는 과정은 상당한 인지능력의 발달을 요하였으며, 대략 중학교 상급생 단계부터 행위설명학습이 가능한 것으로 파악되었다.

효율적인 행위설명학습을 위하여 학습내용의 조직에 가장 큰 비중을 두어야 될 일은 행위자의 상황을 구체적으로 명세화시켜서 제시하는 것이다. 그 이유는 학습대상으로 선정되는 인물은 비교적 그 개인의 업적이 많이 알려진 저명한 인물이기 때문에 학생들에게 행위의 목표는 쉽게 인지될 수 있지만, 그가 구체적으로 특정한 행위를 결정했을 당시의 상황은 알려져 있지 않는 경우가 많기 때문이다. 즉, 상황에 대한 이해의 실패는 행위 결정과정에 대해 잘못된 가정을 하게 만들며, 그에 따라 비논리적으로 결론에 도달하게 만들 가능성이 높기 때문이다.

학습의 성패는 학습내용의 조직보다는 사실 학습 지도방법에 크게 좌우된다. 근래 교과를 그 교과의 '아는 방식'에 따라서 학습해야 한다는 탐구학습의 원리가 강조되고 있다. 역사적 인물의 행위결정에 대한 학습방법의 하나로 탐구학습이 효율적인 것으로 판단된다. 그것은 탐구학습이 문제해결의 과정에서 가설을 설정하고 그것을 검증해 나가는 과정을 취하듯이, 행위결정에 대한 학습도 행위의 이유로부터 행위자의 목적-상황-수단의 관계 속에서 행위자의 계산을 이끌어 내고, 그것의 타당성을 '행위의 원리'에 의해 평가하는 과정을 취하고 있기 때문이다. 탐구학습에 따른 행위결정의 과정에 대한 논리적 추리는 학생들의 역사적 사상에 대한 분석력과 비판력을 행위자가 처한 역사적 상황 속에서 형성하게 한다는 점에서 역사적 사고력의 향상에 기여할 수 있을 것으로 기대된다.

문답식 학습도 체계적인 질문에 의해 행위결정의 과정을 논리적으로 추리할 수 있다는 점에서 응용가치가 높다. 특히 이 방법은 가장 관행적으로 사용되고 있는 강의법과 병행하여 실시될 수 있는 장점을 갖고 있다는 점에서 더욱 그렇다.

이제까지 고찰해 본 바와 같이 행위결정에 관한 학습방법은 학생들의 역사적 사고력을 증진시키기 위한 하나의 방향 제시였다고 할 수 있다. 또한 행위결정에 대한 이해가 바르게 되면 그 인물에 대한 평가를 바르게 할 수 있는 소양이 마련될 수 있다는 점에서 인물학습지도의 효율화를 기할 수 있다는 측면도 고려하였다.

그러나 본고의 방법론은 이론적인 기초연구에 제한되어 있어서 현장교육을 통해 그 타당성이 검증되어야 할 필요가 있으며, 이는 별도의 연구과제로 추진해 볼 가치가 있을 것이다.

(김 환 길)

제 8 장
역사교육에 있어서 역사적 맥락을 통한 '이해'의 문제

Ⅰ. 머리말

역사교육은 본질적으로 넓은 의미에서 교육 활동의 하나라는 측면1)과 역사학이라는 학문을 교육한다는 측면을 갖고 있다. 역사로서 교육하느냐, 역사를 교육하느냐 하는 해묵은 논쟁은 어느 측면도 무시할 수 없는 근거를 가지고 있다. 그렇지만 역사교육에 역사학의 학문적 본질을 어떻게 적용하느냐 하는 고민은 역사교육의 본질을 구성하는 중요한 측면임에 틀림없다. 역사학의 연구 방법과 연구 성과를 바탕으로 역사교육이 이루어져야 한다는 당위성이 존재하는 것이다.

역사학의 본질을 거론하게 되면 과학철학의 중요한 논쟁점인 실증론과 관념론으로 전개되고, 이는 역사학이 사회과학이냐 인문학이냐의 논쟁으로 연결된다. 이러한 논쟁의 연장선상에서 다시 역사교육의 입장이 결정된다. 역사학이 갖는 사회과학적 성격이나 방법론의 유용성에 주목하는 경우 역사교육은 탐구 이론이나 개념, 일반화 이론에 관심을 갖고 가설 → 검증 → 확증이라는 과학적인 과정을 수업에 적용하기 위한 수업이론이나 모형 개발에 관심을 두게 된다.2) 역사학의 인문학적 성격이나 방법론에 관심을

---

1) 이원순 · 윤세철 · 허승일, 『역사교육론』(삼영사, 1983), 11면.

2) 개념, 일반화, 사회과학적 성격 등에 관한 연구는 대체로 다음과 같다.
정선영, 「역사교육에 있어서 일반화 문제 연구」, 『역사교육』 35, (1984) ; 정선영, 「역사교육에 있어서 사회과학적 접근」, 『이원순교수정년기념 역사학논총』(교학사, 1991) ; 김한종, 「역사적 개념의 학습방법과 '정의'의 활용」, 『역사교육』 41(1987) ; 김창성, 「역사수업에서 일반화 문제와 '이상형'의 활용」, 『이원순교수정년기념 역사학논총』(교

갖는 입장에 서는 역사교육은 역사학의 예술적인 측면에 주목한 역사이해 문제에 그 연구의 초점을 두게 된다.[3] 물론 역사학은 사회과학이나 인문학의 한 분야로 편입시키기보다 역사학 자체로 파악하는 것이 바람직하다. 역사교육도 역사학 고유의 성격을 반영해야 함은 당연하다. 따라서 역사교육은 역사학의 고유한 성격에 주목하여 이를 적극적으로 도입하고 적용하는 다양한 방안을 모색해야 한다. 그렇지만 역사학에 대한 논쟁이 계속되는 한 역사교육의 입장은 둘 중의 어느 한 입장에 설 수밖에 없다는 한계를 가지고 있다.

역사학의 인식방법을 분석하는 패러다임은 사회과학과 해석학에서 비롯되었다. 그러므로 역사학의 본성에 대한 논쟁은 그 결말이 명쾌하기 어렵다. 따라서 역사교육도 실증적 관점이나 관념론의 입장에 서게 되는데, 이제까지는 실증적 관점, 즉 사회과학적 입장에서 접근한 연구가 많았다. 관념론으로 포괄되는 분야에 대한 연구는 상대적으로 소홀한 형편이다. 본고에서는 인문학에서 거론되는 해석학의 패러다임을 적용하여 역사이해의 과정을 밝히고 이를 역사교육에 적용하는 방법을 모색하고자 한다.

해석학의 패러다임으로 역사교육에 접근하는 방법은 역사학의 본성논쟁 이전의 원점으로 돌아가 실제로 역사학자가 역사이해에 도달하는 방법 가운데 해석학적 측면을 규명하고, 이를 역사교육에 관련시켜 새로운 역사교육 방안을 모색하는 것이다. 역사는 사실의 의미를 이해하여야 된다는 점과, 그러기 위해서는 개별적 사실이 전체적인 의미 맥락에 비추어 이해되는 것이라는 점에서 해석학적 이해와 관련이 된다. 특히 이해가 가지는 해석학적 순환의 과정이 역사이해에서는 역사적 맥락을 통한 이해로 나타난다는 점이 해석학과의 관련에 중심을 이룬다. 따라서 해석학과의 관련성을 구체적으로 규명하여 이를 역사학습에 활용하는 방법을 모색해 보고자 한

학사, 1991).

3) 대체로 다음과 같은 연구들이 이러한 연구 방향에 선다.
P.J. Lee, "History Teaching and Philosophy of History", *History and Theory* 22(4)(1983). ; P.J. Lee, A.K. Dickinson and P.J. Rogers(eds.), *Learning History* (London : Heinemann, 1984). ; A.K. Dickinson and P.J. Lee(eds.), *History Teaching and Historical Understanding*(London : Heinemann, 1978) ; Christopher Portal(ed.), *The History Curriculum for Teachers*(London : The Falmer Press, 1987) ; Louis O. Mink, *Historical Understanding*(Ithaca, New York : Cornell Univ. Press, 1961).

다. 해석학 자체의 논의 과정[4]은 다음 기회로 미루고, 역사이해의 과정과 학습과정의 논리적 분석에만 유의하여 논의를 전개한다.

Ⅱ. 역사적 맥락을 통한 역사이해

'설명'과 '이해'를 처음 구분한 것은 드로이젠이고 반 실증주의라고 할 수 있는 사람으로는 드로이젠(J.G. Droysen), 딜타이(W. Dilthey), 짐멜(G. Simmel), 막스 베버(Max Weber), 빈델반트(W. Windelband), 리케르트(H.E. Rickert), 크로체(B. Croce), 콜링우드(R.G. Collingwood) 등을 들 수 있다.[5] 딜타이는 '우리는 자연을 설명하지만 인간은 이해(Verstehen)해야 한다'는 말로 이해의 성격을 압축한다.[6] 즉 이해의 대상은 자연적이고 물리적인 대상이 아니라 인간의 정신적 산물이라는 것이다. 해석학에서 말하는 이러한 '이해'란 인식의 주체인 내가 인식 대상에 들어가는 것을 뜻한다. 이 경우 체험이 이해의 토대가 되는데 그 체험은 타자를 이해하는 토대가 되지만 또한 대상 그 자체의 입장에서 그 내용을 다시 체험하는 것을 포함한다. 이처럼 이해는 정신적 산물을 대상으로 한 추체험이라는 측면을 갖는다.

이해가 갖는 또 다른 측면은 생애는 의미가 있어 이해 가능하고, 이해는 의미를 파악하는 것이라는 점이다.[7] 하나의 역사적인 작품이나 사건은 결코 일치하게 인과적으로 설명될 수 없으며, 그것은 오히려 의미로 이해되

4) 역사학에서 해석학적 이해에 관한 논의는 대체로 다음 논문을 참고한다.
민석홍, 「역사인식과 역사세계의 구조-리케르트와 딜타이를 중심으로-」, 『서양근대사연구』(일조각, 1991) ; 허승일, 「현대의 역사인식과 역사서술」, Harry Elmar Barnes (허승일·안희돈 역), 『서양사학사』(한울, 1994).

5) William Outhwaite, *Understanding Social Life: The Methode Called Verstehen* (George Allen and Unwin Ltd., 1975), p. 12 ; 이명현, 「사회과학의 방법론」, 김태길 외, 『현대사회와 철학』(문학과 지성사, 1989), 60면.

6) Wilhelm Dilthey, *Gesammelte Schriften, Bd. V*(Stuttgart : G. Teubner, 1957), s. 144.

7) G.H. von Wright, *Explanation and Understanding*(New York : Cornell Univ. Press, 1971), p. 135.

어야 한다. 그리고 추체험으로 재구성한다는 것은 사실이 갖는 의미를 파악하는 것이며, 이러한 이해는 결국 창시자에게 은폐되어 있던 새로운 국면과 시각을 열어줄 수 있다는 것을 의미한다.

이러한 '이해'의 과정에서 중요한 것은 개별적인 것과 전체적인 것의 관계이다. 사실의 의미는 전체적인 배경과 의미 연관 위에서 해명되고, 이 의미 전체성은 이해 가능성의 조건이 된다. 코레트(E. Coreth)는 이 관계에 대해 다음과 같이 말하고 있다.

> 전체성은 그 자체에 있어서 직접 파악되지 않는다. 그것은 오히려 개별 내용들의 인식과 이해에서부터 함께 성장하고 세속적인 경험의 과정 속에서 끊임없이 형성되고 확장되어 풍부해지며, 그로 말미암아 우리가 만나는 개별 내용의 한층 더 충실한 이해를 위한 전제를 제공한다. 개별적인 것의 이해가 포괄적이고 전체적인 것의 해명을 통하여 제약되어 있는 것처럼 이 전체적인 것은 또한 개별적인 내용의 이해를 통하여 매개되어 있고, 이 개별적인 내용들은 우리가 갖는 이해 세계의 전체성 속에서 용해되어 온 우리의 이해세계를 끊임없이 계속 규정한다.[8)]

이러한 관계를 해석학적 순환이라고 부른다. 개별적인 내용들이 잘 이해되면 될수록 더 분명하게 그 의미 배경의 전체성이 드러나고 전체성이 한층 더 충실하고 깊게 해명되며, 이 전체성은 다시 개별적인 내용의 의미를 보다 잘 드러내준다는 것이다. 양자는 끊임없는 상호작용 속에서 원을 그리면서 나선형으로 확산하는 이해의 과정을 형성한다. 여기서 말하는 전체성이란 선이해(先理解)를 말한다. 선이해를 바탕으로 개별적인 것이 이해되고, 그런 이해를 바탕으로 전체적인 이해가 심화되고 수정된다. 이것이 다시 개별적인 것의 이해를 심화시킨다. 이러한 순환의 과정으로 확실성이 확보되고 객관적인 이해에 이르게 된다. 그렇지만 이해는 선이해에서부터 논리적으로 추론되지 않는다. 선이해는 논리적 전제가 아니라 의미를 해명하는 이해 가능성의 조건이다. 이처럼 해석학적 이해는 사실을 법칙의 한

---

8) Emerich Coreth(신귀현 역), 『해석학』(종로서적, 1986), 138-139면.

예로서 파악하는 것이 아니라, 추체험으로 파악하는 것이며 광범한 의미 맥락 속에서 개별적 사실의 의미를 깨닫는 것이다.[9] 또한 무엇인가가 아니라 무엇을 뜻하는가를 아는 것이므로 이해의 대상은 물리적 속성을 아무리 밝혀도 존재적 특성이 나타나지 않는 의미론적 대상이다.[10] 그리고 개별성과 전체성이 순환과정을 통해 객관적 이해에 이른다는 점이 특색이다.

이러한 이해의 특성에 비추어 역사이해를 논하는 경우에 주목되는 것은 논리적 전제에서 추론되는 이해가 아니라, 사실을 추체험을 통해 직접적으로 파악한다는 점과, 공통 속성에 따른 개념에 비추는 것이 아니라 개별 자체의 의미로 이해한다는 점이다. 비트겐슈타인(L. Wittgenstein)의 가족 유사성(family resemblance) 개념은 이러한 이해의 한 가지 예가 된다. 가족 유사성 개념이란 각 성원이 개별적 공통성을 갖지만 전체의 성원이 모두 하나의 공통점으로 포섭되지 않는 경우에 사용하는 개념이다. 즉, 사실 A{p,q}, 사실 B{q,r}, 사실 C{r,s}로 표시될 때 A는 B와 q라는 공통성이 있고 B는 C와 r이라는 공통성을 갖지만 모두가 갖는 공통성은 존재하지 않으며, 각자의 속성을 모두 비교한다고 해도 개념은 형성되지 않는다. 따라서 여기서는 공통성의 추출에 의해 형성되는 개념이 아니라 전체적으로 보고 내리는 '김씨 집안'이라는 판단이 이해의 단서가 된다.[11] '김씨 집안'이라는 개념은 외부에서 주어지는 기준이고 이런 이해의 기준이 제시되면 직접적으로 이해된다. 밍크(Louis O. Mink)는 가족 유사성 개념으로 역사이해를 설명하면서, 역사이해는 가족 유사성의 경우처럼 전체적으로 파악(hold together)하는 개요적 판단(synoptic judgment)으로 구성된다고 보았다.[12]

여기서 유의할 것은 개요적 판단이 자의적인 것이 아니라 진술의 의미를 해석하는 반성적(reflective) 판단이라는 점과 그 진술의 의미는 관계된 특수한 맥락에서 해석된 것들의 의미로 분석될 수도 있고, 더 큰 변화의 맥락에서 해석된 구성사건(component events)으로서 분석될 수도 있다[13]

9) L.O. Mink, *Historical Understanding*, p. 76.
10) G.H. von Wright, *Explanation and Understanding*, p. 135.
11) 정대현, 「비트겐슈타인-일상언어 분석의 방법」, 소흥렬 외, 『철학하는 방법』(이화여대출판부, 1980), 228-232면.
12) Mink, *Historical Understanding*, p. 77, p. 82.

는 점이다. 이는 판단의 객관성을 따지는 중요한 근거이다. 즉, 사실의 의미는 다양한 의미로 해석될 가능성이 있고, 그 다양한 해석의 객관성은 반성적인 판단뿐만 아니라 특수한 맥락과 큰 변화의 맥락간의 순환 과정으로 확보될 수 있다.

이처럼 이해의 양식이란 일정한 관점(perspective)에서 사실을 보고 전체적이고 직접적이며(total and immediate) 최종적(terminal)인 판단을 내리는 것이다.[14] 판단을 내리기 위해 관점을 갖는다는 것은 다른말로 하면 가설(hypothesis)을 수립하는 것을 말한다. 이 가설은 사실이나 사건에 대한 개요적 판단을 내리는 데 사용된다. 역사이해를 위해 세우는 가설은 자연과학에서 설정하는 잠정적 법칙(potential law)과 다르다. 역사가의 가설은 탐구를 위한 제안(suggestion)이고 안내자(guides)의 역할을 하며, 질문을 던지기 위한 그리고 탐구의 범위를 한정하고 증거의 적합성(relevance)을 결정하는 잣대(rule)의 역할을 하게 된다. 이러한 가설에 의하여 내리는 판단, 즉 역사이해는 단순한 감성의 일치인 감정이입에 의해 일어나는 이해처럼 주관적인 것이 아니라 불확실성이나 모순을 제거하여 얻는 객관적 판단이다.[15] 따라서 역사이해란 판단의 잣대이고 안내자이자 제안인 가설을 수립하고 그 가설에 비추어 사실이나 사건을 전체적으로 보고(seeing together) 직접적으로 내리는 개요적 판단이다.[16] 여기서 판단은 사실이 입증된 연후에 일어나며 사실의 의미를 해석하는 것이다.

실제로 역사연구에서는 역사이해의 안내자이며 사건이나 사실을 전체로 보기 위한 준거틀이자 전망인 가설을 사용한다. 역사연구의 과정에서 역사가들은 자료를 무턱대고 검토하는 것이 아니라, 어떤 가설을 가지고 자료를 검토, 분류하는 방법을 쓴다. 그리하여 가설에 맞는 자료가 확보될 경우 이를 토대로 학술 논문을 쓰게 되는데, 이 때는 자료를 제시하여 결론을 이끌어내는 방법을 쓰게 된다. 결국 논문 구상단계에서와는 반대의 순서로 학술논문을 완성하게 되는 것이다.

---

13) *Ibid.*, p. 80.
14) *Ibid.*, p. 81.
15) *Ibid.*, pp. 85-87.
여기서 객관성은 판단의 적연성(plausibility)과 정도(degree)상의 문제이다.
16) *Ibid.*, pp. 74-75.

이러한 과정은 연구사를 정리할 때 연구자가 사실을 밝혀 궁극적으로 주장하려는 내용이 무엇이었나를 추구할 때도 드러난다. 역사적 사실을 밝힌다는 것은 궁극적으로 전체 역사 흐름에서 그 사실의 의미가 규정되는 것을 지적하는 것으로 연구가 완료되는 것이다. 그리고 이를 밝혀내는 것이 연구사를 정리하는 태도이다. 중국의 근대화 문제에 대한 연구[17]를 예로 들어보자. 중국의 근대화를 보는 입장은 ① 연진론자(evolutionalist), ② 심리주의자(psychologist), ③ 기조주의자(fundmentalist)로 나뉜다. 연진론자는 중국의 근대화와 서구와의 차이는 단지 발전 단계일 뿐이라고 이해한다. 심리주의자는 중국인이 과학적 사고를 결여했기 때문에 중국의 근대화가 지연되었다고 이해한다. 기조주의자들은 사회발전의 측면에서 중국은 본질적으로 서구와 다르다는 것으로 이해한다.[18] 이러한 각각의 이해는 역사학자들이 먼저 중국의 근대화과정을 검토하여 내린 결론이라고 볼 수 있다. 이들의 연구과정을 재구성해보면 우선 증거나 자료 등을 검토하여 사실을 확증하였을 것이다. 그리고 이러한 사실 가운데 자신의 관점에 부합되는 사실들로 역사적 맥락을 구성하여 각각의 주장을 정당화시켰을 것이다. 이처럼 같은 자료나 증거를 두고 달리 이해하는 이유는 각자의 관점을 가지고 구성한 각각의 역사적 맥락에서 자료나 증거를 검토하였기 때문이다.

그렇다면 문제는 이들 견해 가운데 가장 타당한 것을 결정하는 기준이다. 이들 연구의 가치는 그 타당성을 인정받는 것으로 판가름나기 때문이다. 실제로 이들 견해의 타당성에 대한 판단은 내려진다. 예컨대 심리주의자는 설득력이 있기는 하지만 허구적이며 취약한 데 반하여, 기조주의는 구체적이고 설득력이 있다는 주장이 있다.[19] 여기서 주목할 것은 사용된 실증적 증거 자체가 아니라 논지 전체의 설득력, 즉 적연성(適然性, plausibility)이 판단기준이 된다는 점이다. 즉, 판단의 객관성은 전체적으로

17) 윤세철, 「역사과에서 '근대화' 지도를 위한 한 시론」, 『역사교육』 24(1978).

18) 윤세철 교수는 연진론자(演進論者)로 Hegel, Marx를, 심리주의자로 F.S.C. Northrop, Levy-Bruhl 등을, 기조주의자(基調主義者)로 Max Weber, Karl Wittfogel, Fairbank, M. Levy 등을 들어서 그들 각각의 이해를 예시하고 있다. 윤세철, 「역사과에서 '근대화' 지도를 위한 시론」, 13-20면 참조. 여기서 자세한 언급은 피한다.

19) 같은 논문, 15면.

보아 그럴듯한(plausible) 정도에 따라 확보되며 그럴듯한 정도는 개별적 사실들이 전체적인 판단에 어느 정도 부합하느냐에 비례한다. 역사학의 본성상 개요적인 판단은 논리적으로 연역되는 것이 아니라 전체적인 것에 비추어 내리는 예술적 특성이 있기 때문이다. 비슷한 예로 역사적 사건의 참 원인을 가려내는 경우를 들 수 있다. 즉, 참 원인을 찾아내는 모든 사람의 판단이 같지 않은 이유를 따져보면 역사가는 알려진 사실을 통하여, 마치 예술가가 그의 마음에 있는 그림을 그리듯 원인을 끌어내는 측면이 있기 때문이다.[20]

왈쉬(W.H. Walsh)의 총괄 개념은 몇 가지 점에서 이러한 예의 범주에 속한다고 할 수 있다. 우선 그는 총괄을 설명하면서 사건을 전체적으로 묶어낼 수 있는 내적 관련을 나타내는 지배적 개념이나 지도적 관념을 필요로 한다는 것을 지적하고 있다.[21] 그리고 총괄이란 역사가가 관점(perspective)에 의하여 의미하려는 것이며, 그 관점을 갖는 것은 선행사건은 물론 결과까지도 알아야 가능하다[22]고 주장하는 점에서 사전 구도에 의한 사실의 포섭이라는 측면을 갖는다고 볼 수 있다. 이때 지배적 개념이나 지도적 관념으로 표현되는 일정한 관점 아래 모아지는 사건은 인과적으로 정리된 것이 아니라 일정한 역사적 맥락 아래 정리된 것으로 볼 수 있다. 이처럼 총괄은 앞서 말한 개요적 판단과 공통점이 있다.

터너(Frederick J. Turner)의 프론티어(frontier)는 역사이해를 위한 가설의 전형적인 예를 보여주고 있다.[23] 프론티어를 가설로 설정하고 프론티어(자유지)의 존재라는 역사적 맥락에서 사실의 의미를 이해하는 태도는 개요적 판단과 같다. 프론티어 사관이란, 미국사는 대체로 대서부 개척의 역사였고 자유지의 존재와 아메리카 이주지의 서부로의 전진 등이 미국의 발전을 설명해 준다는 것이다. 이를 구체화시킨 설명 가운데 하나는 이른바 안전판설이다. 안전판설은 동부에서 자본가가 노동자를 압박하려 하거나

20) 윤세철, 「역사학습에 있어서 '원인' 선별의 문제」, 『이원순교수화갑기념 사학논총』(교학사, 1986), 873-874면.
21) W.H. Walsh, *Philosophy of History : an Instruction*(New York : Harper and Row, Publishers, 1967), p. 61
22) Mink, *Historical Understanding*, pp. 71-72.
23) *Ibid.*, p. 73.

정치적으로 속박하려 했을 때는 언제나 서부에 프론티어라는 도피구가 존재하고 있어서, 개인주의, 경제적 평등, 자유민주주의를 촉진했으므로 이들 자유지의 존재가 개인주의, 경제적 평등, 자유민주주의 발전의 안전판 역할을 하였다는 것이다.24) 여기서 물론 이러한 주장이 사실이나 증거에 대한 포섭력을 가지고 있는지를 검토해 보아야 하고 포섭여부에 관련하여 주장의 설득력이 결정된다. 안전판설에 대해서는 경제사가들은 많은 반론을 제기하였고 수많은 결점이 지적된다.25) 그렇지만 결국 '미국사를 이해하는데 그것이 아직도 중요한 가설'임을 인정26)하고 있는 것은 판단의 객관성이 확보되는 과정을 잘 보여준다. 그리고 프론티어 사관은 그 때까지 미국의 역사발전에 대한 개괄적인 해석의 시도가 없었던 당시 학계에 개괄적인 해석의 시도를 한 것으로 평가된다.27)

17세기 영국혁명에 대한 해석은 역사적 맥락을 통한 역사이해의 예라고 할 수 있다.28) 대체로 영국의 청교도혁명에 대한 해석은 크게 세 가지로 분류될 수 있다.

첫째가 휘그적 해석으로 혁명의 원인을 헌정적, 종교적 요인이 결정적인 것으로 보고, 사회적 내지 경제적 요인을 무시하고 등한시하는 것이다. 즉, 영국의 혁명은 물질적 이해관계나 계급적인 탐욕의 시녀로서가 아닌 자유나 종교 자체로서 사랑한 결과29)라고 해석한다. 이것은 17세기 일련의 영국혁명을 자유와 입헌주의의 발전이라는 역사적 맥락에서 이해한 것이다.

---

24) 이보형, 「터너의 프론티어 사관」, 『사관이란 무엇인가』(청람, 1984), 142면.

25) 터너의 안전판설은 Fred A. Shannon 등의 학자들이 인구통계에 의한 실증적 작업으로 부인된다. 그러나, Ray Allen Billington은 1850년까지는 서부의 잠재적 노동력을 끌어들임으로써 안전판적 역할을 했고 그 후는 개척지대와 공업지대와의 거리가 멀어짐으로써 그러한 역할이 감소되었다고 주장하여 어느 정도 잠재적 노동력의 입장에서 안전판설을 시인하게 된다. 이보형, 같은 논문, 144면.

26) 같은 논문, 149면.

27) 같은 논문, 140면.

28) 여기서는 해석의 타당성에 대한 문제는 논외이다. 역사를 이해하는 예로서 제시하는 것이다. 영국의 청교도 혁명에 대한 해석과 논쟁점을 정리한 논문을 참고하였다. 민석홍, 「17세기 영국혁명의 해석에 관한 몇가지 문제」, 『서양근대사 연구』(일조각, 1975).

29) G.M. Trevelyan, *England under the Stuarts*(rev. ed., 1925), pp. 195-196. 민석홍, 「17세기 영국혁명의 해석에 관한 몇가지 문제」, 51면에서 재인용.

둘째가 마르크스적 입장에서 경제적 요인, 계급적 대립을 주요 원인으로 보고, 왕당파와 의회파의 대립을 사회경제적 요인에 기인하는 계급적 대립으로 보는 것이다. 즉, 구제도를 옹호하고 있던 국가 권력이 폭력에 의해 타도되고 국가 권력은 새로운 계급의 수중으로 넘어감으로써 더 자유로운 자본주의의 발전이 가능하게 되었다는 것이다. 따라서 내란은 계급투쟁이었다[30]고 해석한다. 이것은 영국혁명을 자본주의 성립이라는 역사적 맥락에서 이해한 것으로 이렇게 되면 청교도혁명은 부르주아혁명이 된다.

셋째는 단순한 정치권력에 대한 주도권 싸움으로 보려는 견해로 자본주의 발전과는 관계가 없다는 것이다. 혁명의 주체가 된 '독립파'는 중앙집권에 반대하였지만, 그들은 이를 대신할 만한 적극적인 정치이론이나 사회계획을 하나도 가지고 있지 않았다[31]는 것이다. 이러한 해석은 정치권력 투쟁이라는 역사적 맥락에서 이해한 것으로 청교도혁명은 혁명이 아니고 반란에 불과한 것이 된다.

이러한 각각의 입장은 각기 다른 안목에서 구성된 역사적 맥락을 갖고 사실에 접근한 결과이다. 이 여러 견해에 대한 설득력 여부는 실증적 연구에 의한 사실의 포섭력으로 판가름난다. 그러나 각각의 입증근거로 들고 있는 실례는 어느 편이 정당하다고 단정을 내릴 만한 증거를 제공하지 못하는 경우가 많고,[32] 같은 자료의 해석 결과가 상이한 경우도 있다. 그렇지만 각각의 해석이 모두 옳다거나 설득력에 차별이 없는 것으로 보지는 않는다. 예컨대 휘그적 해석에 대하여 또는 부르주아혁명론에 대하여 정치권력을 장악하기 위한 주도권 싸움으로 보는 견해는 사건을 전체적으로 볼 때 정당하지 않을 뿐 아니라, 역사를 이해하는 올바른 태도라고 할 수 없다는 주장이 있다.[33] 이것은 사실을 전체적으로 보아 내리는 개요적 판단이 자의적일 수 없음을 나타내는 예이다. 또 사실에 관한 지식이 많으면 많을수록 그에 대한 판단 능력은 증대되며, 판단능력이 증대될수록 객관적 판단이 가능하다[34]는 것을 보여준다. 딜타이가 이해의 방법은 객관적이라

30) Christopher Hill, *The English Revolution, 1640 : an Essay*, 1940, p. 6. 같은 논문, 52면에서 재인용.
31) H.R. Trevor-Roper, La Revolution Anglaise, pp.336-337. 같은 논문, 57면에서 재인용.
32) 같은 논문, 61면.
33) 같은 논문, 62면.

는 사실을 지적[35]한 바와 같이 사실의 환경, 즉 맥락을 알면 알수록 판단은 객관적이 된다. 결국 객관성의 문제는 판단기준이 얼마나 정확한가의 문제이면서도 그것은 정도(degree)의 문제가 된다. 그리고 객관적 판단기준의 정도가 높아질수록 설득력, 즉 적연성이 높아진다. 역사가는 일반인에게 역사적 논증의 과정을 보여주기 어렵고 하나의 제안으로서 제시하는 경우가 많은데, 이때 적연성은 중요한 기준이 된다.[36]

요컨대 역사이해는 어떤 관점을 가지고 구성되는 역사적 맥락에서 사건 전체를 한꺼번에 보고 개요적으로 판단을 내리는 것이다. 그리고 그 이해의 객관성은 순환 과정 속에서 이루어지는 적연성으로 확보된다는 것을 알 수 있다. 이러한 역사이해는 역사가들이 의식적이든 무의식적이든 실천하고 있는 것이다.

Ⅲ. 역사적 맥락을 통한 이해과정의 분석

역사연구에서 가설이 잠정적 법칙이든 해석적 가설이든 역사가는 일정한 이론이나 인식의 틀을 바탕으로 역사를 밝히는 작업에 들어간다. 역사에서 형이상학이 불가하다고 주장하는 포퍼(K.R. Popper)조차도 역사는 아무런 관점없이는 탐구할 수 없고, 이 관점은 반증 불가능한 형이상학적 관점이라고 지적하였다.[37] 앞서 지적한대로 역사이해를 위한 가설은 제안적인 것이며 논증되어야 할 잠정적 법칙이 아니라, 전체 사건을 관련시킬 수 있는 안내자이자 잣대이다. 여기서 가설로 표현되는 관점은 사실을 아는 것과 사실의 의미를 이해하는 것 사이에 매개자의 역할을 한다고 볼 수 있다. 다시 말하면 역사학습에서 연구 과정상의 가설은 사실과 역사이해 사이에서 매개요인(mediate factor)으로 작용하는 것이다. 매개요인은 한정되고 특정한 맥락이라면 구체적인 개념일 수도 있지만 대개 추상적 개념으로

---

34) Mink, *Historical Understanding*, p. 86.
35) 민석홍, 「17세기 영국혁명의 해석에 관한 몇 가지 문제」, 19면.
36) Mink, *Historical Understanding*, pp. 85-87.
37) 이한구, 『역사주의와 역사철학』(문학과 지성사), 1987, 176면.

사실의 재조명에 도움이 되는 개념이다. 그리고 그것은 형이상학적 개념일 수도 있고 사전에 의도적으로 학습된 개념이나 지식이 아닐 수도 있다. 이러한 점에서 오스벨(D.P. Ausubel)의 선행조직자(advanced organizer)[38]보다 광의의 개념이라 할 수 있다. 역사적 사실을 보는 관점, 역사적 맥락을 구성하는 준거틀이 모두 매개요인이므로 그것은 로저스(P.J. Rogers)가 말하는 준거틀(frame of reference)[39]의 역할과 유사하다. 그것은 이미 정착된 개념이나 사실과 그것의 의미 사이에 다리를 놓아 준다. 매개요인에 의한 새로운 사실의 탐구는 또 하나의 개념을 이해하는 것으로 그치는 것이 아니라, 이미 알고 있는 사실에 역사적 관련성을 부여하고 의미를 밝히는 것을 포함한다.

매개요인을 통한 이해 과정은 학습자의 사고 과정으로서 논리적으로 분석하여 간략히 나타내면 다음과 같다.

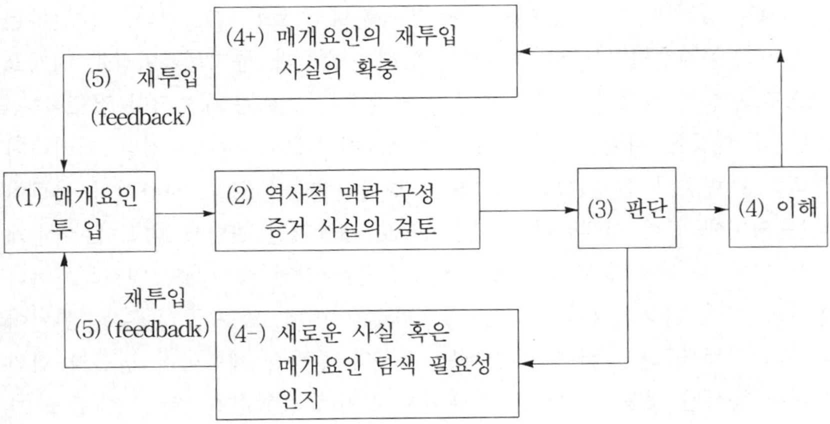

[그림 8-1] 역사 이해의 자동 제어적 과정[40]

38) 김학수, 『현대교수학습론』(교육과학사, 1980), 139-145면 ; 김순택, 『목표별수업』(교육과학사, 1978), 178-181면 참조.

39) P.J. Rogers, "Why Teach History", in Lee, Dickinson and Rogers(eds.), *Learning History*, p. 3, pp. 10-16. 여기서 로저스는 사건을 적절히 분류하고 이해할 수 있게 해 주는 보는 방법(way of looking)이라고 하였다.

40) 이 그림은 매개요인 투입을 시작으로 역사적 맥락의 검토를 통해 사실이나 개념간의 의미를 부여하는 작업을 통해 역사이해에 이르는 과정을 간략히 해 본 것이다.

중동전쟁을 이해하는 경우 매개요인을 종교분쟁으로 설정해보자. 매개요인은 중동전쟁을 이해하기 위한 인도 관념이다. 위 도표에서 (1)의 과정이 매개요인의 투입(input)이다. 이 매개요인이 투입되면 (2)의 과정이 된다. 학습자는 매개요인에 따라 십자군의 의미와 아랍제국에 대한 침략, 그리고 이스라엘 건국의 의미를 모아 역사적 맥락을 구성한다. 그리고 이러한 맥락에서 역사 서술이나 사실, 즉 증거를 검토하게 된다. 거기서 1, 2, 3, 4차 중동전쟁의 자료와 아랍과 이스라엘의 종교, 건국의 과정, PLO의 테러에 대한 자료, 그리고 이스라엘과 아랍제국의 외교관계, 나아가 십자군 이래의 종교분쟁 등에 대한 자료 등이 검토된다. 여기서 자료는 증거를 의미하는데, 증거는 1차 사료만을 의미하는 것은 아니다. 증거는 창조된다는 의미에서, 역사 서술은 다시 증거로서 활용이 가능하다는 의미에서, 그리고 비전문가의 작업이라는 면에서 직·간접 사료 모두가 대상이 된다.[41] 그리고 종교분쟁의 역사적 맥락에서 의미가 있다고 생각되는 사실이나 증거, 즉 아랍제국의 성전에 관한 자료나 아랍 민족주의 자료를 검토한다. 이때 하는 작업은 중동전쟁의 의미를 판단하기 위해 사실들을 종교분쟁이라는 매개요인으로 구성한 역사적 맥락에 비추어 전체적으로 보는 개요적인 검토이다.

(3)의 과정은 사실을 관찰하고 역사적 맥락에 부합되는 것을 가려내어 선택하고 변화나 단절 그리고 주도적 경향, 대세의 흐름, 사건이나 사실이 갖는 의미에 대한 전체적이고 직접적으로 개요적인 판단을 내린다. 이렇게 해서 (4)의 단계로 넘어가 중동전쟁은 단순한 인접 국가간의 영토분쟁이나 경제적 이권 다툼이라기 보다는 종교의 차이에서 오는 뿌리 깊은 연원이 있다는 이해를 하게 된다. 사고자는 자신의 주관적 체험이나 경험의 범위 안에서 형성된 정형을 가지고, 이해되지 않거나 불확실한 것, 모순 등을 가려내고 그것을 해결하겠다는 문제의식이나 의욕을 가지고 이해나 해석에 도달한다. 역사적 인물의 행위의 동기나 의도, 사건이나 사실의 의미, 그리고 인물의 의도와는 무관하게 이루어진 제도나 사회적 결과까지도 설명하고 이해한다. 논리적으로는 (3)에서 (4)의 계열로 이해가 이루어지지만 사실은 동시에 일어나는 경우도 많다. 이렇게 하여 중동전쟁은 그리스도교와

41) R.G. Collingwood(문학과 사회 연구소 역), 『역사철학론』(청하, 1986), 110면 ; Lee, "History Teaching and Philosophy of History", p. 30.

이슬람교간의 종교분쟁이라는 맥락에서 보아야 의미가 드러나며 단순한 전쟁으로만 보아서는 안된다는 것을 이해하게 된다. 이것은 역사에서 탐구된 객관적 사실이 구체적인 맥락 또는 상황이 주는 의미와 관련시켜 학습자가 비로소 사실이나 개념의 구체적 의미를 깨닫는 것을 보여준다.

모든 것이 성공적으로 이해되었다면 (4+)의 과정을 거치게 된다. 이때 사고자는 여기에 포섭될 수 있는 제3의 사실을 탐색하여 똑같은 매개요인과 역사적 맥락을 가지고 이해를 넓혀간다. 이미 투입된 매개요인에 따라 검토된 사실 외에도 역사적 맥락을 보강할 수 있는 사실을 탐색, 추가하는 한편, 이 때까지 그 사건의 의미가 확실하지 않았던 사실에 매개요인을 재투입(feedback)하는 (5)의 과정을 거쳐 의미를 부여한다. 예컨대 종교분쟁으로서 중동전쟁을 이해할 때 적합하다고 판단이 되면 다시 그에 적합한 그 밖의 사실을 탐색하여 이해를 모든 역사로 확산시켜 나가는 것이다.

그런데 기존의 매개요인에 의한 역사적 맥락에서 사실이 잘 포섭되지 않는다거나 적합한 새로운 사실이 탐색될 필요가 있다고 판단되어 새로운 매개요인을 탐색해서 설정해야할 필요성을 느낄 때를 나타내는 것이 (4-)의 과정이다. 예컨대 중동전쟁을 단순한 종교분쟁의 측면만으로 해석하고 이해할 때 사고자가 이해되지 않는 사실이 있어 새로운 매개요인이 필요하다는 것을 인지하고 수행하는 단계이다. 여기서는 판단을 보강하기 위해 검토되지 않은 사실을 다시 찾아 기존의 매개요인을 재투입할 것인지 검토한 사실을 연관시킬 수 있는 새로운 매개요인을 탐색하여 투입할 것인지를 결정하는 단계이다. 이때 검토한 사실을 포섭할 수 있는 새로운 매개요인 탐색의 필요성을 느낀다면 사고자는 새로운 매개요인을 설정하려고 시도하게 된다. 새로운 매개요인은 초심자의 경우 대개 교사나 다른 보조물을 통해 지원을 받지만 반복하여 이러한 과정을 경험한 학습자는 스스로도 가능하다. 예컨대 학습자가 종교분쟁의 측면만으로는 이스라엘이 석유 부국인 아랍제국과 싸워서 승리한 사실에 대한 이해를 할 수 없고 모순된 것이라 판단할 수 있다. 학습자는 스스로든 교사에 의해서든 새로운 매개요인으로 제국주의의 속성[42]을 재투입하여 제국주의 시대의 국가 이익 관철이라는

---

42) Rogers, "Why Teach History", p. 20.

역사적 사실이 갖는 의미를 가지고 제2차 세계대전 이후까지 강대국의 이익이 관철되어 나가는 과정을 역사적 맥락으로 구성한다. 강대국의 이익 관철이라는 역사적 맥락에서 새롭게 중동전쟁의 의미를 검토해 보면 학습자는 이스라엘 건국의 배경이 단순하지 않은 것, 서방제국과 아랍이 대립하는 것, PLO가 직접적 관련이 없다고 생각되는 서방국들에 대한 테러를 하는 것 등의 의미를 깨닫는 새로운 역사이해를 하게 된다. 이렇게 하여 학습자는 새로운 매개요인에 의한 역사적 맥락에서 중동전쟁이라는 사실의 의미를 이해하는 과정을 체험하는 것이다. 이와 같이 학습자의 외부에서 도입된, 또는 학습자 내부에서 생성된 안목을 매개요인으로 역사적 사실의 맥락적 이해를 도모하게 되고 그 과정을 통하여 시행착오와 반복적인 순환과정으로서 검토·비판을 거쳐 점차 객관적인 역사이해가 이루어진다.

이처럼 역사적 맥락을 통한 이해과정은 [그림 8-1]과 같이 진행되고 다양한 매개요인의 재투입체계(feedback system)로 말미암아 자동제어적 순환과정이 반복된다. 이러한 반복을 통하여 고립된 대상으로서 사실들(facts)이 구체적인 내용(content)과 의미를 얻어 역사적인 사실로 되는 것이다. 즉, 해석학적 순환과정과 마찬가지로 사실이라는 부분은 역사적 맥락이라는 전체를 통하여 이해되고 이해된 개별적 사실은 역사적 맥락, 즉 전체에 대한 이해를 풍부하게 하면서 역사이해는 박진(迫眞)한다.

Ⅳ. 수업에의 활용방안

역사이해과정이 판단을 내리는 일종의 사고양식이라면 수업과정은 명확한 대상물의 제시나 결론의 전달이라기보다는 학습자가 사고과정을 내면화하여 자신의 사고를 통해 역사이해에 이를 수 있도록 돕는 것이다. 따라서 수업모형은 학습자가 역사적 맥락을 통해 역사이해에 이르는 사고를 경험할 수 있게 체계적으로 제시하는 방법이다. 수업모형을 활용한 구체적 수업의 과정을 예시해보고 본 수업모형의 특성을 살펴보고자 한다.

1. 수업모형

일반적인 수업이론의 단계나 역사적 맥락을 통한 이해과정을 고려하여 다음과 같은 수업모형을 상정할 수 있다.

수업모형

수업목표 설정
↓
수업계획 ↑
↓
자료제시
↓
매개요인 투입(제시) ↑ 재투입
↓
역사적 맥락의 구성(제시)
↓
사실의 의미 이해(예시) ↑
↓
학습성과 평가

표에서 수업목표는 사실이나 증거, 자료의 역사적 의미를 이해시키는 것으로 설정한다. 역사적 사건이나 사실의 의미를 알아보기 위해 또는 사실을 판단하는 거시적 안목을 갖도록 하기 위해 학습자의 추상적 개념을 사실들의 의미로 구성되는 역사적 맥락에 비추어 그 의미를 이해할 수 있게 하는 것을 목표로 한다. 따라서 대개 이미 학습자가 학습한 사건의 다른 면모를 일깨워주거나 새로운 의미를 부여할 수 있게 해주는 목표가 설정된다. 따라서 사건이나 사실을 학습하고 난 이후에 수업목표가 설정되는 것이 일반적이다.

수업계획은 역사적 맥락을 설정하고 제시할 자료(사실)를 정리하여 체계적으로 계열을 정하는 것을 말한다. 학습자의 사전 인지 구조나 지식의 상태를 상정하고, 제시하는 사실과 심리 발달단계와의 적합성을 고려하여 자료를 재구성하고 계열을 정한다. 그리고 투입될 매개요인을 선정하고 그에 맞는 역사적 맥락을 구성할 사실이나 사건의 의미를 사전에 면밀히 조사하여 제시하기 쉽도록 준비한다.

자료제시는 이미 학습한 지식을 묻는 과정으로 진행되는데, 이 과정은 선행학습의 의미를 갖는다. 자료 제시과정은 이미 교과서나 다른 어떤 것으로부터, 또는 자신의 노력으로 형성한 지식의 확인과정이다. 따라서 역사적 사실의 의미보다는 객관적 사실을 알고 있는지 확인한다. 왜냐하면 사실은 의미를 이해하는 자료이기 때문이다. 예컨대 중동전쟁의 과정, 이스라엘 건국과정, PLO의 테러, 또는 시오니즘에 대한 지식을 확인하는 과정이다.

수업절차에서 가장 핵심적 요소는 매개요인의 투입이다. 이러한 매개요인의 투입은 교사의 입장에서는 제안이나 질문을 통해 이루어진다. 매개요인은 질문이나 작문제목, 교과서서술의 지적, 신문기사 등 주변의 것도 이용할 수 있다. 매개요인 투입은 '이런 안목을 가지고 다음과 같은 사실의 의미를 생각해보자.'는 제안의 형식이 된다. 이때 교사는 매개요인이 새로운 사실을 탐구하기 위한 가설이라기보다는 이미 알고 있거나 확정된 사실의 의미를 부여하기 위한 관점임을 학습자에게 주지시킨다. 역사수업은 역사를 보는 관점을 학습자 스스로 형성하여 투입할 수 있게 하는 것이 중요하다. 그러므로 교사는 전문가가 역사연구작업 속에서 사용한 매개요인을 제시한다. 여기서 교사의 역할은 역사가나 역사 철학자들이 사용한 매개요인을 통해 학습자가 우선 매개요인을 갖도록 하는 것이다. 일단 매개요인이 제시되면 그것을 가지고 역사적 맥락을 탐색하는 것이 매개요인 투입과정이다.

역사적 맥락의 구성은 학습자가 역사가들이 행한 역사적 맥락의 구성과정을 알아보고 역사가가 어떤 역사적 맥락에서 사실을 해석하고 이해했는가 알아보는 과정으로 시작한다. 학습자 스스로 매개요인을 투입하여 매개요인으로 관련시킬 수 있는 사실의 의미를 생각하고, 역사적 맥락을 구성해보는 것이다. 여기서 매개요인은 역사적 맥락 구성의 안내자의 역할을 하게 된다. 그리고 학습자는 역사가가 역사적 맥락과 사실의 관련이 적합한지를 판단하고 재투입을 결정하는 과정을 교사의 안내에 따라 추적한다. 그리하여 만약 사실의 관련이 적합하지 않다면 적합한 사실을 찾아나서고, 매개요인이 부적합하다면 새 매개요인을 탐색하는 과정을 터득하는 것이다. 그리하여 기존의 역사적 맥락에서 사실을 이해하기 어려운 경우에 새로운 매개요인을 탐색, 투입하여 새로운 역사적 맥락을 구성하여 사실의 의미를 이해하고, 기존의 역사적 맥락에서 이해되었다면 그에 적합한 그 밖의 사실들을 검토하여 의미를 부여해 나가는 과정을 학습자가 내면화하게 하는 것이다.[43] 이것은 한꺼번에 이루어지는 것이 아니고, 사실의 선택과 포섭 여부를 검토하여 객관적인 이해에 이르는 과정을 반복적으로 추적, 경험케 함으로써 달성된다. 교사는 학습자가 매개요인과 역사적 맥락에 사실을 포섭하는 과정을 도와주는 협력자가 된다.

평가의 단계에서는 학습자가 어떠한 인식의 변화가 일어났는가를 확인하는 것과 함께 학습자가 기왕의 매개요인을 재투입하여 이전 단계에서 형성한 역사적 맥락을 통하여 기존의 사실들에 대한 역사적 의미를 새롭게 이해하고, 그 이해를 전 역사로 확장시켜 나가는지를 평가하는 것이다. 나아가 새로운 매개요인을 생성할 수 있는지 살피는 단계이다. 구체적인 사실을 가지고 이해과정을 실행하게 한 다음 교사가 사실의 궁극적 의미, 인물의 행위 동기, 제도 운영의 진정한 목적 등을 묻는 몇 갈래의 질문과 역사적 맥락을 통해 역사적 사실을 거시적으로 이해했나를 확인한다.

이 단계에서는 사실의 재조명을 통해 매개요인이 정착되고, 그것이 다시 재투입되어 새로운 학습의 순환이 이루어지는지 판단할 수 있다. 여기서 교사는 자료로서 사실의 제시가 미흡했거나, 자료로서 관련을 짓기가 어려운 점, 포섭하기 어려운 매개요인, 포섭 단계에서 조력의 부족 등을 세밀히 평가해야한다. 아울러 모든 과정은 [그림 8-1]에서 보는 바와 같이 각 단계마다 재투입되는 체계를 가지고 있다. 이러한 재투입 체계를 잘 활용하여 역사의 객관적인 이해는 물론 확장되어가는 역동적 이해과정이 가능하다는 점을 유의해서 수업에 임해야 한다.

2. 수업에의 활용

수업모형을 가지고 수업하는 과정을 중동전쟁을 가지고 예시해 보면 다음과 같다.

---

43) Mink, *History Understanding*, p. 84. 여기서 중요한 문제는 개요적 판단의 능력인데 이는 역사교육에서 증진시키려는 역사이해 능력이다.

<table>
<tr><td>

제시 자료

- 1, 2, 3차 중동전쟁 · 발포어(Balfour)선언 · 이스라엘 건국과정 · 팔레스티나분쟁
- 수에즈 분쟁 · 바그다드 조약 · 중동조약기구 · 아이젠하워 독트린
- 통일아랍공화국과 아랍연방 · 중앙조약기구 · 애스완댐 건설문제 · 예멘사태
- PLO설치 · PLO테러 · 십자군

</td></tr>
</table>

<table>
<tr><td colspan="4" align="center">수업진행 과정</td></tr>
<tr><td>영토분쟁</td><td>종교분쟁</td><td>강대국의 속성</td><td>그 다음?</td></tr>
<tr><td colspan="4">—↗ ↘——→——↗ ↘——→——↗ ↘——→———↗</td></tr>
<tr><td>(1)</td><td>(2)</td><td>(3)</td><td>(4)</td></tr>
</table>

수업진행에서 (1)~(4)까지의 과정은 매개요인이 투입되는 순서를 예시한 것이다. (1)의 경우는 중동전쟁을 단순한 영토분쟁의 맥락에서 국토분쟁의 하나라는 것으로 이해하는 경우이다. 여기서 이해된 결과를 예시해 보면 다음과 같다.

① 이스라엘은 건국 이후 골란고원이나 가자지구, 요르단강 서안, 동예루살렘지구, 시나이반도 등을 점령하였으나, 전략적으로 중요하고 수자원 등 자원 부존 가능성이 많은 지역은 돌려주지 않고 시나이 반도는 돌려주었다.

② 팔레스타인인들의 투쟁은 그들이 살았던 영토를 찾기 위한 것이다.

③ 전쟁은 무기나 국민의 단결력 등에서 우세한 나라가 승리한다.

여기서 대 이스라엘전쟁에 아랍국가들이 아랍민족주의하에 공동대처했다는 점과 이스라엘에 많은 해외송금이 들어오고, 특히 서방국가들이 원조를 한 사실이 영토분쟁이라는 역사적 맥락에서 이해되지 않았다면, 새로운 매개요인으로 종교분쟁을 투입하여 종교분쟁의 맥락에서 중동전쟁을 검토하게 되는 것이 (2)의 과정이다. (2)의 단계에서 이해된 결과를 예시해보면 다음과 같다.

① 이스라엘은 십자군 원정 이래 이슬람교와 기독교와의 전쟁의 담당자였다. 그러므로 기독교인들은 당연히 이스라엘을 돕게 되고 아랍은 단순한 전쟁의 차원을 떠나 성전으로 선포하고 공동 대처하게 된다.

② 중동전쟁은 승리와 패배가 확연히 갈리는 전쟁이라기보다는 앞으로도 상당한 기간 계속될 뿌리깊은 연원이 있는 종교전쟁이다.

여기서 다시 아랍의 석유자원의 문제나 영향, 그리고 석유 부국인 아랍이 영토나 인구면에서 열세인 이스라엘에 패배한 점 등이 이해되지 않는다면, 새로운 매개요인으로 강대국의 속성(제국주의의 속성)으로 역사적 맥락을 구성하여 이해하는 경우가 (3)의 과정이다. (3)의 과정을 구체적으로 나타내면 다음 표와 같다.

수업목표	다양한 준거를 통해 중동 전쟁을 이해한다.
수업계획	제시할 사건, 매개요인, 역사적 맥락 계획
자료제시	교과서, 신문 기사, 1·2차 사료를 통한 사실 제시
매개요인	제국주의의 속성(자신의 이익을 위해 약소국을 희생시킴)을 통해 중동전쟁의 의미를 알아보자.
역사적 맥락	제2차 세계대전 후 세계 질서의 재편과정에서 강대국의 이익이 관철되어 나가는 맥락에서 의미를 생각해보자.
이해 예시	1. 이스라엘 건국이 독일에 의해 학살당하는 유대인에 대한 피난처 제공 목적도 있었지만 아랍국가에 대한 통제 장치로서 시오니즘과 유대인을 이용하여 강대국의 이익을 관철시킨 면이 있다. 2. PLO는 중동문제의 책임이 서방 국가들에게도 있다고 보기 때문에 대서방국, 대이스라엘 테러를 행했다. 3. 이스라엘 원조자는 서구의 국가들이고, 중동전쟁에서 이스라엘이 승리한 것은 서구 국가의 막대한 무기원조에 힘입은 바가 크다. 4. 서구의 선진국들은 아랍의 석유 자원을 확보하기 위해 아랍지역에 교두보 확보의 필요성을 느꼈고 이러한 결과 영국을 중심으로 이스라엘 건국을 주선하였다. 5. 성전의 기치 아래 아랍의 단결이 무너진 이유는 석유를 둘러싼 각국의 이해 대립이 첨예화되었기 때문이다. 6. 중동문제의 해결을 위해서는 서구제국과 아랍제국 그리고 이스라엘이 모두 그들의 이익을 도모할 수 있는 방안이 모색되어야 하겠다.
재 투 입	기존 또는 새로운 매개요인의 재투입

위 표는 하나의 사실에 매개요인을 투입하여 구성되는 역사적 맥락에서 사실의 의미를 이해하는 과정을 보여준 것이다. 여기서 이러한 이해에 적연성이 부족하다고 판단하거나 새로운 이해의 필요성이 있다고 한다면 새로운 역사적 맥락을 구성하여 중동전쟁의 새로운 의미를 모색해야 하고, 그것이 (4)의 단계이다. 새로운 역사적 맥락이 구성되었다면 그에 따라 새로운 역사이해가 이루어지게 된다.

다른 예로 러시아나 중국의 변화를 수업하는 경우를 간략히 예시해 본다. 수업에서 기대되는 역사이해는 다음 몇 가지 매개요인으로 이루어질 수 있다고 본다.

① 사회주의의 몰락이나 퇴조

② 중·러 분쟁

③ 유목민족과 농경민족의 대립

④ 한반도를 둘러싼 해양세와 대륙세의 대립

이들로 구성되는 역사적 맥락에서 이루어지는 역사이해는 모두 다르게 된다. 소련과 중국의 변화가 우리에게 주는 의미를, 매개요인 (4)로 구성되는 역사적 맥락으로 이해하는 경우를 예시하면 다음과 같다.

① 러시아와 중국의 변화가 그들의 국력의 쇠퇴라고 본다면, 우리의 입장에서는 대륙세의 약화라는 의미가 되며, 앞으로 해양세력의 영향력이 커진다는 의미로 이해된다. 그리고 과거에 식민지로 전락한 과정을 다시 살펴보면 두 세력의 균형이 무너진 데서 찾을 수 있어, 현재 미·일로 상징되는 해양세의 강성은 또 다른 문제로 될 가능성이 있다는 것을 의미한다.

② 통일의 과정은 한반도를 둘러싼 두 세력의 힘의 향배와 밀접한 관련을 두고 진행될 것이다. 따라서 대륙세의 약화나 해양세의 강성이 우리의 역사에 미치는 영향을 가늠해 볼 수 있다.

④ 대륙세인 러시아와 중국의 영향력이 감소되면 한반도에서 해양세의 영향력이 증가될 것이고, 그렇게 되면 언젠가는 우리가 새로운 세계질서 속에서 해양세력과 대립하게 된다는 전망도 가능하다.

⑤ 일본의 재무장, 군사 대국화 움직임은 해양세의 강성을 의미한다.

여기서 물론 지금의 정세를 대륙세와 해양세로 볼 수 없다거나 예시한 이해가 타당하지 않다고 주장할 수도 있다. 그러나 이 과정은 이러한 의미로 이해될 수 있는 사건이나 사실을 확인하는 의미가 있다. 학습자의 입장에서는 역사적 사실을 이해하는 사고 과정을 학습하는 동시에 역사적 사실의 의미를 터득하고 가장 설득력있다고 생각하는 것을 선택하면 된다. 사실이나 증거에 대한 포섭력이나 설득력이 없을 때는 또 다른 매개요인을 탐색하여 타당하다고 생각되는 이해에 도달하도록 노력해야 하는 것이다.

역사를 거시적으로 조망하는 자세는 사실이나 사건에 관한 지식만으로는 키워주기 어렵다. 삼국 통일에 관한 수업의 경우 매개요인을 문화적 건강성으로 설정하여 도덕적 건강성이나 정치적 건강성, 외래 문화의 수용태도 등의 역사적 맥락에서 신라가 삼국을 통일한 동인(動因)은 백제나 고구려의 의자왕의 실정, 지배층의 내분과는 다른 의미에서 문화적 건강성이라고 이해할 수도 있다.[44] 사실만을 가지고는 이런 이해에 이르기 어렵다. 다른 경우로 대원군의 정책이 갖는 역사적 의미를 학습하는 경우 매개요인은 '봉건 지배층의 세력 강화'로 할 수 있다. 이때 역사이해를 예시하면 다음과 같다.

① 대원군의 등장의 본질은 봉건세력의 내부질서 재편의 시작이고 봉건세력의 자기 정비라는 의미를 갖는다.

② 대원군의 개혁정책은 세도정치의 폐단 제거라는 긍정적인 면에도 불구하고 무너져가는 봉건질서의 회복이라는 의도가 배후에 깔려 있었으므로 개혁적일 수 없었다.

③ 개국정책은 봉건질서강화에 치명적인 타격을 줄 수 있어서 통상거부정책이 불가피하였다.

④ 조선건국은 봉건질서의 재편이고, 양란은 봉건질서의 해이이며, 영·정조시대는 일정한 정도 봉건질서의 회복기이고, 세도정치는 봉건적 모순의 극대화라는 의미를 갖게 된다. 따라서 대원군의 통상거부정책은 봉건질서 강화의 의미이다.

여기서 특히 ④의 경우는 왕권강화라는 매개요인으로 구성한 역사적 맥락에서 그치지 않고 거시적인 봉건질서의 변화라는 역사적 맥락에서 사실의 의미를 이해하는 모습을 보여 준다.

---

44) 김철준, 『한국문화사론』(지식산업사, 1976), 254-255면.

3. 역사이해 수업모형의 특성

이 역사이해 수업은 우선 역사수업에 있어서 가장 어려운 문제인 가치 문제에 대한 해결책을 제시해 준다. 교사나 학생이 특정한 매개요인만을 고집할 경우 역사교육은 편향된 관점으로만 역사를 인식시키게 된다는 위험성이 있다. 그것은 역사교육이 엄격한 가치 중립을 추구해야 된다는 점에서 고려해야 될 문제이다.

가치관에 대해서 기왕의 논의가 많이 있어 왔으나, 이데올로기론이나 계급적 관점에서 보면 역사해석의 선택적 관점은 불가피한 것이다. 지식의 상대성이나 가치관의 개입문제는 그것을 만하임(Karl Mannheim)처럼 수동적으로 인식하느냐,[45] 포퍼의 탐조등이론(searchlight theory)[46]처럼 능동적으로 이루느냐의 차이이다. 골드만(L. Goldmann)은 사실을 이해하는 데 사회적 영향을 깊이 받는다는 점을 지적하면서, 오히려 그 영향을 제거하는 것이 문제가 아니라 반대로 그것을 의식화시키고, 왜곡된 행위를 피하거나 최소한으로 줄이기 위해 과학적인 연구로 통합시켜야 한다고 주장한다.[47] 결국 가치편향의 문제는 탐구자가 가치에 대한 편파성을 알고 그것을 최소한으로 줄이려는 노력이 문제이다. 따라서 가치 중립적 태도는 증거에 근거하는 것, 즉 증거를 포섭할 수 있는 가치로의 접근 노력에 의존하는 수밖에 없다.

그렇다면 가치교육에 대한 해결책은 무엇인가? 원래 역사학은 주관적인 것과 객관적인 것의 통일체이다. 객관성의 기준은 항상 증거에 의존해야 하는 특성에서 찾아지며, 주관성의 논리는 역사가 끊임없이 재창조되고 재기술된다는 점에서 입증이 된다. 따라서 역사교육은 역사학이 주관성과 객관성의 통일체라는 전제에서 출발해야 한다. 역사에서 주관적 성격이 강한 가치란, 궁극적으로 역사를 보는 역사가의 관점, 즉 준거틀의 문제로 환원된다. 같은 사건의 의미를 달리 판단하는 이유는 그가 갖고 있는 가치, 즉

45) 이명현, 「사회과학의 방법론」, 81면 참조.
46) 이한구, 『역사주의와 역사철학』, 179면.
47) Lucien Goldmann(김현 · 조광희 공역), 『인문과학과 철학』(문학과지성사, 1991), 52-53면.

관점이 다르기 때문이다. 이 점을 고려하여 이 수업에서는 특정한 매개요인과 역사적 맥락을 통한 이해를 단선적으로 완결하지 않는다. 학습자는 항상 개방적인 자세로 다양한 매개요인을 투입해야 하고 학습자 스스로 여러 각도에서 생성한 매개요인을 투입해야 하므로, 궁극적으로 학습자는 각 관점의 비교와 사실에 대한 검토를 할 수 있다. 여기서 역사교육의 가치문제 해결의 실마리를 제공하는 것은 다양한 매개요인의 설정과 투입인 셈이다. 특정 가치의 주입이 아니라, 다양한 가치에 접촉시키고 그 가치가 주장되는 기반을 검토하도록 하여 스스로가 판단을 내려볼 수 있도록 하는 데서 가치교육 문제의 해결점을 찾는다. 즉 증거에 대한 포섭력을 기준으로 한 객관성을 가지고 진리에 접근하는 학문적 태도를 기를 수 있고 다양한 역사인식을 비교할 수 있다. 증거나 사실의 포섭력을 판단하는 사고의 과정은 순환적 과정으로 박진(迫眞)하기 때문에 객관적인 이해가 가능하게 된다.

둘째로, 이 수업모형에서는 매개요인 투입요령을 교수하는 것이 중요한데, 그 이유는 매개요인 투입의 과정 자체가 역사교육의 중요한 목표이기 때문이다.[48] 매개요인의 선정은 역사를 보는 관점이므로 그것 자체가 역사교육에 중요한 목적이다. 문제는 그런 매개요인을 설정하는 것이 비전문가인 역사 학습자의 입장에서 용이한가 하는 것이다. 역사학자의 경우는 증거를 토대로 매개요인을 설정하는 것이 용이하지만, 일반 학습자에게는 쉽지 않으며 역사적 맥락의 설정도 학습자의 능력으로는 제한이 될 수밖에 없다는 지적이 가능하다.[49] 그러나 이 문제는 처음부터 학습자가 스스로 매개요인을 생성하여 적용하는 것이 아니라, 역사가들이 관점을 적용하는 과정 자체를 경험함으로써 연구자가 매개요인 투입에서부터 어떤 역사적 맥락에서 사실을 선택하고 해석해냈는가를 학습자가 체험함으로써 해결된다. 이때 유의할 점은 역사가가 일정한 관점에서 구성한 역사적 맥락으로

---

48) Rogers, "Why Teach History", pp. 10-16. 로저스는 준거틀이 역사 학습하는 과정에서 형성되며 이것이 역사를 공부하는 주된 이유임을 지적하였다.

49) D. Shemilt, "Adolescent Ideas about Evidence and Methodology in History", in C. Portal(ed.), *The History Curriculum for Teachers*(London : The Falmer Press, 1987), pp. 59-60. 쉐밀트는 학습자에게는 맥락적 지식이나 정보의 사용방법이 제한됨을 지적하고 있다.

사실에 어떤 의미를 부여하는 과정이 전형적인 경우를 선택하여 요령있게 제시해야 한다는 점이다. 그래야만 학습자는 역사가의 이해와 해석과정을 재사고 내지 추체험하기가 용이하기 때문이다. 학습자는 주어진 통로를 따라 가는 것이지만 매개요인을 설정한 역사가의 관점을 터득하는 과정이며, 아울러 모든 역사가의 관점이 나름대로의 주장 근거를 증거로 뒷받침하고 있음을 깨닫는 과정이기도 하다. 여기서 역사관이 어떻게 형성되고 어떠한 역사관이 있는가를 구체적 증거에 대한 포섭력의 검토와 함께 알게 되고, 또 학습자 자신의 역사관을 형성하게 하는 실마리를 주게 된다. 그리고 학습자 스스로가 매개요인을 이용하여 역사적 맥락 속에서 주어진 사건을 이해하고 사실을 분류하여 이해의 폭을 넓히거나 제외된 사실들을 이해하기 위한 새로운 매개요인을 탐색하게 된다는 점에서 학습자가 사실에 대한 탐구기능뿐만 아니라 역사를 이해하고 해석하는 준거틀을 학습한다. 이런 과정에서 매개요인 투입 요령에 대한 학습은 큰 어려움이 없이 해결된다.

셋째로, 이 수업모형은 자율적 순환구조를 갖는다. 학습자 스스로가 매개요인을 생성하여 재투입하고 새로운 사실에 대한 이해 노력이 순환되면서 역사적 사실에 접근해가고 최종의 의미를 터득해가는 구조이다. 따라서 학습자는 스스로 주어지는 모든 사실에 관한 정보의 의미를 이해하고 해석하려는 태도를 갖게 될 것으로 기대된다. 그리고 학습자가 배제된 지식 전수를 탈피하여 이른바 방법적 지식을 교수한다는 의미가 있다.

넷째로, 이 모형은 역사를 정지한 하나의 대상으로 이해하지 않고 역동적으로 움직이는 사실의 관련으로 파악하게 한다는 점이다. 한 사실을 대하면 그 사실의 객관적 모습을 아는 것으로 만족하지 않고 그 사실이 역사 속에서 갖는 의미를 다양한 관점으로 접근하여 당시의 상황하에서 종합적 고찰을 하게 된다. 역사는 객관적 사실이 구체적인 맥락 속에서 이해될 때 생명력을 얻는 것이고, 그런 과정에서 학습자에게 역사에 대한 안목이 주어지며 그 안목은 바로 다시 매개요인으로 살아난다. 그러므로 학습자 스스로가 역사에 대한 안목을 가질 수 있도록 개방적인 자세를 가진다면 이해의 과정에서 바람직한 실천성을 부여받아 역사의식의 발달을 도모할 수 있게 된다.

다섯째로, 이 모형은 역사가들의 입장을 매개요인과 역사적 맥락으로 구성하여 그들의 실제 작업과정을 수업에 도입하는 것이 가능하다. 역사학의 실증적 작업은 물론이고 전체적으로 의미를 부여하는 문화사적 관점이나 형이상학적 입장을 교육할 수 있다. 역사가의 실증적 작업으로 밝혀진 사실이 갖는 역사적 의미를 부여하는 과정을 제시하기 때문에 학습자는 역사 연구의 학문적 특성을 이해할 수 있다. 그리고 형이상학적 관점이라는 이유로 역사교육에서 기피하고 있는 콩트나 헤겔, 마르크스나 토인비, 비코나 슈팽글러 등의 형이상학적 역사가들의 단선적 발전 단계에 입각한 주장을 경험할 수 있다. 이들이 뚜렷한 증거가 없다는 약점에도 불구하고 고도의 추상적 개념을 맥락 속에서 이끌어내는 과정은 학습자가 역사이해의 범위를 넓히는데 유용하다.

여섯째로, 이 수업모형은 사실을 효과적으로 기억하게 해 준다. 오스벨은 먼저 포괄적인 지식을 제공하고 점차 세부적인 것으로 분화시켜 나가는 것이 효과적이라는 것을 지적하였다.[50] 이것은 인지 구조상 상위개념인 추상적 개념이 하위개념을 쉽게 포섭할 수 있다는 것을 말한다. 매개요인의 투입은 상위의 개념이 투입되는 것으로 볼 수 있으며, 사실의 검토와 탐색을 통해서 새로운 사실이나 기존의 지식이 구체적 맥락 속에 포섭되므로 기억이 잘 된다.

마지막으로 ,이 수업모형은 거시적 안목으로 역사의 변화를 조망할 수 있게 한다. 역사적 맥락은 대개 긴 시간의 흐름을 대상으로 하기 때문에 학습자는 시대의 흐름과 변화를 조망할 수 있다. 그리고 변화의 인식은 역사의 시대구분 의식을 심어주는 효과가 있다. 예를 들면 고대사회에서 중세사회로의 변화를 역사적 맥락을 통하여 하나의 큰 변화의 흐름으로 이해할 수가 있는 것이다.

V. 맺음말

역사교육은 역사학의 고유한 성격과의 관련에서 논의되어야 한다. 그러

50) 김학수, 『현대교수학습론』, 139-145면. ; 김순택, 『목표별 수업』, 178-181면.

므로 학문의 성격에 대한 입장은 역사학은 물론이고 역사교육의 입장에서도 통일되어야 바람직하다. 일원론에 입각한 개념과 일반화 방식은 역사학의 객관적 특성을 나타내며, 이원론에 입각한 이해의 방식은 주관적 특성을 나타낸다. 역사학에 대한 이러한 여러 논의는 역사학의 고유한 성격을 강조하는 방향으로 전개될 필요가 있다. 이 점에서 역사교육은 역사학자들이 일상적으로 행하는 고유한 방식에 유의하여 접근하는 것도 유용하다. .

이런 점에서 제기한 것이 역사적 맥락을 통한 역사이해이다. 역사학자는 사실을 이해할 때 어떤 관점을 가지고 접근하여 이해된 사실을 서술한다. 이 점에 유의하여 역사이해가 갖는 해석학적 순환과의 관련성을 주목하였다.

이상의 논의에서 역사이해는 사실을 전체적으로 보고 직접적으로 내리는 개요적 판단이며, 개요적 판단이란 일정한 관점에서 구성되는 역사적 맥락에 비추어서 의미를 깨닫는 역사이해의 방식임을 밝혔다. 그리고 사실과 역사적 맥락은 해석학에서 말하는 부분과 전체라는 의미이고 그들의 순환이 바로 해석학적 순환의 과정과 일치함을 알 수 있었다.

역사적 맥락을 통한 이해는 보는 관점, 즉 매개요인을 설정하여 역사적 맥락을 구성하고 그것에 사실을 위치시켜 의미를 이해한다. 이렇게 하여 객관적 사실의 개념적 이해에서 나아가 역사적 의미를 밝혀내고, 보편적인 것에 비추어 사실의 특수성(particularity)과 함께 사실이 갖는 독특성(uniqueness)까지 이해하게 된다.[51] 이 과정은 매개요인의 투입 → 역사적 맥락의 구성 → 사실이나 증거의 검토 → 이해 → 판단 → 재투입의 순서를 갖는다. 이것은 사고과정 자체이며, 이 과정은 자율적 순환구조를 갖는다. 이 순환구조는 수업과정에서 사고자의 자율적 순환구조를 유발시켜 끊임없는 역사인식의 확대가 가능하다. 그리고 다양한 관점, 즉 가치의 객관적 판단이 가능하고, 사실간의 관련성 파악요령 터득, 역사철학적 입장의 검토와 인지, 사실의 효과적인 기억, 역사에 대한 거시적 안목의 생성 등을 가능하게 한다는 특성을 갖는다.

이러한 수업을 위해서는 다양한 역사적 맥락을 통한 역사이해의 예를

51) Rogers, "Why Teach History", p. 24. 여기서 독특성(uniqueness)은 보편성이 전제되지 않고 특수성(particularity)은 보편성이 전제된 것이다.

어떻게 제공하느냐 하는 문제가 남는다. 다양한 예를 제공하기 위해서는 기존의 역사지식을 역사적 의미로 구성되는 계열로 분류할 필요가 있다. 이는 역사학자의 몫인 학문적 연구가 역사교육의 입장에서 재정리되어야 하며, 연구자의 성과는 역사교육에서 그 의미가 판단된다는 것을 의미한다. 역사학의 학문적 연구과정은 일반 대중의 역사교육이든 학교 역사교육이든, 역사교육에 반영됨으로써 마무리 된다고 할 수 있다. 이러한 점에서 보면 역사교육 담당자로서, 역사교사는 학자의 연구성과를 수동적으로 받아들이는 소비자가 아니라 능동적으로 연구자에게 방향을 제시하는 연구의 안내자임을 알 수 있다. 따라서 역사교사는 역사학의 최종과정에서 전체적인 연구를 조망하는 자리에 있음을 확인하고 연구에 적극적으로 참여하는 동시에 기존의 연구방향을 가늠하는 자세가 필요하다.

아울러 역사교육이 갖는 교과나 과목의 성격을 규정할 때 인문학(인문과학)이라는 측면을 고려해야 하는 이유는 지금까지 논의한 역사이해의 특성에 있다. 현재 논의되고 있는 교육문제에서 역사학의 학문적 특성을 고려하지 않는 교과와 과목 논의는 재고의 여지가 있으며, 교과 성격에 대한 논의는 역사학의 고유한 성격을 고려해야만 올바른 자리매김을 할 수 있을 것이다.

(송 상 헌)

제 9 장
역사학습에서 상상적 이해의 방안

Ⅰ. 머리말

교과교육의 중요한 목적 중의 하나는 적절한 내용과 학습방법을 통하여 해당 교과의 본질을 이해하고, 그에 필요한 사고능력을 기르는 데 있다고 할 수 있다. 역사교육에서도 역사적 사고력을 기르는 데 관심을 쏟아야 한다는 주장이 널리 받아들여지고 있다.[1] 교육이나 학문에서 사고란 일반적으로 과제를 적절한 방식으로 해결해 가는 지적 활동을 가리킨다. 따라서 역사적 사고란 역사적 과제를 해결해 가는 역사학의 특징적인 이해방식이라고 할 수 있다.[2] 역사가들이 역사적 과제를 이해하는 방법으로는 두 가지 형태를 생각할 수 있다. 첫째는 흔히 과학적 사고라고 일컬어지는 비판적·분석적 방법이며, 둘째는 감정이입, 직관, 통찰, 상상적 추론 등으로 일컬어지는 상상적 이해 방법이다. 역사는 재창조와 설명, 예술과 과학의 양면성을 가지고 있다고 한다. 이 중 역사가 설명 또는 과학의 성격을 가졌다는 것은 역사적 이해를 위해서는 과학적 사고가 필요하다는 것을, 재창조 또는 예술의 성격을 가졌다는 것은 상상적 이해가 필요하다는 것을 말해 주는 것이라고 할 수 있다. 따라서 역사적 이해를 위해서는 이 두 가지 측면을 모두 고려하여야 된다.

역사적 사고력에 대한 연구는 역사교육의 다른 분야에 비하여 비교적 활발히 행해져 왔다. 이들 연구는 주로 학생들의 역사적 사고력을 육성하

---

1) 이정인, 「역사교육의 목적」, 이원순 외 5인, 『역사과교육』(능력개발, 1977), 67면. ; 이원순·윤세철·허승일, 『역사교육론』(삼영사, 1980), 128면. ; 이원순·이정인, 『역사교육』(정음사, 1985), 68면. ; 최양호, 『역사교육의 현장』(청년문화, 1991), 369-372면.

2) Trygve R. Tholfsen, *Historical Thinking*(New York : Harper and Row, Publishers, 1967), p. vi.

기 위한 교수-학습방법을 검토하는데 중점을 두어 왔다.[3] 그러나 이제까지 역사적 사고력에 대한 연구는 분석적·비판적 사고에만 치우쳐 상상적 이해의 측면에 대한 연구는 찾아보기 어려운 실정이다.

역사교육에서 상상적 이해의 문제가 무시되거나 소홀히 취급되어 온 것은 합리적 사고 능력의 육성을 강조해 온 교육적 전통 때문이라고 할 수 있다. 이러한 교육 전통에서는 사고를 합리적 사고 또는 논리적 사고와, 비합리적 사고 또는 개인적 사고의 이분법적으로 파악하면서, 상상을 비합리적 사고의 형태로 여겨 왔다.[4] 그러나 교육에서 사고의 비판적 요소와 상상적 요소는 이분법적으로 그렇게 명확히 구분될 수 있는 것은 아니다. 상상 역시 마음 속으로 이미지(image)를 그리는 의식적인 행위라고 할 때, 교과교육에서 상상은 엉뚱한 공상이나 불합리한 사고가 아닌 합리적이고 지적인 정신 작용일 수 있다.[5] 더구나 역사적 이해는 자연과학이나 사회과학보다 상상을 더 필요로 한다. 교육에서 사고의 문제를 다루고 있는 대표적 학자로 손꼽히는 라일(Gilbert Ryle)은 역사가의 문제해결방식을 탐정의 문제해결방식과 비유하면서, 역사가는 가설을 세우는 데 풍부한 창조력을 가져야 하고 각종 자료에 유의해야 한다고 주장한다. 여기에서 풍부한 창조력을 가져야 한다는 것은 상상력, 자료에 유의하는 것은 분석력과 관계가 있다. 즉, 역사적 문제해결을 위해서는 한편으로는 상상적으로 사고하고, 다른 한편으로는 논리적, 조직적, 비공상적으로(unfancifully) 사고해야 한다는 것이다.[6] 특히 오우크쇼트(Michael Oakeshott), 크로체(Benedetto Croce), 콜링우드(R.G. Collingwood) 등 관념론자(idealist)들은 역사적 이해

3) 최양호, 「문답식 중심의 수업형태가 사고에 미치는 영향에 관한 연구-고교 세계사 개념학습과 두 수업유형의 언어적 상호작용을 중심으로-」, 『역사교육』 15(1973). ; 송춘영, 「역사적 사고력 신장을 위한 사료학습 방안-이론적 기초연구를 중심으로-」, 『사회과교육 연구』 2(1986). ; 송춘영, 「역사적 사고력 신장을 위한 사료학습 방안」, 『이원순교수화갑기념 사학논총』(교학사, 1986). ; 김희석, 「역사적 사고력의 신장을 위한 발문 연구」, 충북대학교 교육대학원 석사학위논문(1990).

4) Kieran Egan, "The Origins of Imagination and the Curriculum", in Kieran Egan and Dan Nadaner(eds.), *Imagination and Education*(Milton Keynes : Open University Press, 1988), p. 91.

5) Michael Degenhardt and Elaine Mckay, "Imagination and Education for Intercultural Understanding", in Egan and Nadaner(eds.), *Imagination and Education*, p. 242.

6) Gilbert Ryle, *On Thinking*(Oxford : Oxford University Press, 1979), pp. 51-52.

와 자연과학적 이해는 근본적으로 다르다고 주장하면서, 역사 이해의 독자성을 강조한다. 이들이 역사이해의 방법으로 제시하고 있는 추체험(追體驗, Nacherleben), 감정이입(empathy), 재연(再演, re-enactment), 상상(imagination) 등은 상상적 이해의 측면이라고 할 수 있다.

이러한 논의들은 역사교육의 주요 목적 중의 하나가 학생들로 하여금 역사의 본질을 인식하고 역사가의 사고방법을 받아들이게 하는 데 있다고 할 때, 상상적 이해력은 효율적인 역사학습을 위해 반드시 필요한 지적 능력이라는 것을 말해 준다고 할 수 있다. 이에 비추어 본고에서는 역사학습에서 상상적 이해의 방안에 대해 검토해 보고자 한다.

과학적 사고와 상상적 이해는 역사적 이해를 위해 상호 보완적인 성격을 띠는 경우가 많다. 본고에서는 역사적 사고가 다른 교과나 학문과 공통적인 측면, 역사학의 고유한 측면이라는 양면성을 가지고 있다는 관점에서, 과학적 사고와 상상적 이해 중 어느 것이 보다 본질적인 역사적 사고방식인가에 대해서는 논하지 않기로 한다. 이는 역사교육보다는 역사철학적인 문제로 역사교육이 역사철학자를 기르는 것은 아니며, 역사이론에서 이에 대한 논쟁이 역사교육에서 어느 한가지 사고방식을 배제해도 좋다는 의미는 아니기 때문이다.

Ⅱ. 상상적 역사이해의 논리

1. 상상적 이해의 개념

이해(understanding)란 일반적으로 사물이나 현상 및 그 속에 나타나 있는 말이나 행동의 의미, 중요성이나 요점 등을 파악하는 정신적 과정을 총칭하는 용어로 사용된다. 사전적 정의에 의하면 지적 능력으로서의 이해는 '개별 사실을 일반 원칙 속에 포섭하거나, 개별 사실의 전반적인 관계를 파악할 수 있는 능력', '감각을 통하여 깨달은 개별 사실을 적절한 개념에 비추어 생각함으로써 자신의 경험을 보다 명료하게 만들 수 있는 능력', '개념과 범주를 명확하게 표현하고, 경험에 적용하며, 판단을 하고, 논리적인 추론을 이끌어 낼 수 있는 능력'을 뜻한다.7) 즉, 지적 능력으로서의 이해는 연구 대상 사물이나 행동의 의미를 파악하는 '방법을 아는'(knowing how) 능력이라고 할 수 있다. 그러나 이해는 광범위하게 사용되는 용어이기 때문에 그 실제적 개념은 이해라는 말이 사용되는 맥락에 따라 달라지게 마련이다. 따라서 이해를 할 수 있는 능력은 이해의 대상이 되는 말이나 행동이 어떤 맥락에서 사용되거나 행해졌는가를 아는 데 달려 있다고 하겠다.

이해의 대상은 학문의 성격에 따라 달라진다. 역사는 그 대상이 과거 인간의 사회적 행위라는 점에서 다른 학문과 차이가 있다. 역사학이 인간의 행위를 다룬다고 할 때, 그것은 겉으로 드러난 외형적 행동 및 그 결과를 다루는 데 그치는 것이 아니라 인간의 내면, 즉 정신에 더 관심을 둔다는 의미이다. 역사가는 단순히 물리적 사실과 제도만을 연구하는 것이 아니라 내적 영역, 즉 그 안에서 생활하는 인간, 그들의 믿음, 사고, 의지, 행위에 지속적인 관심을 쏟는다.8) 따라서 역사적 이해에서 중요한 것은 인간 활동의 내면에 대한 이해라고 할 수 있다. 이를 강조하는 역사학자들은 역사적 이해의 방법은 자연과학적 이해의 방법과는 다르다고 주장한다. 왜냐하면 자연적 사건은 외부로부터만 파악될 수 있으므로 자연과학적 방법은 외면만을 이해하는데 반해, 인간의 내면을 이해하기 위해서는 고전적인 자연과학적 방법의 시각에서는 존재하지 않는 직관과 감정이입에 의존해야 하기 때문이라는 것이다.9)

해석학에서는 자연적 현상을 다루는 자연과학(Naturwissenshaften)의 방법론을 '설명'(erklären, explain), 인간의 행위를 다루는 정신과학(Geisteswissenschaften)10)의 방법론을 '이해'(Verstehen, understanding)로 보다 명

7) P.B. Gove(ed. in chief), *Webster's Third International Dictionary*(Springfield, Massachuetts: Merrian-Webster, Inc., 1981), p. 2490.

8) Tholfsen, *Historical Thinking*, p. 201.

9) John Tosh, *The Pursuit of History*(London : Longman, 1984), p. 110.

10) Geisteswissenschaften은 밀(J.S. Mill)이 『논리학(Logic)』에서 사용한 'moral science'를 곰페르츠(Theodor Gomperz)가 독일어로 번역한 것에서 유래한 용어이다. 좁은 의미로는 인문학(humanities), 넓은 의미로는 인문학과 사회과학을 포괄한 인간과학

백히 구분하고 있다. 여기에서 설명은 개별 현상을 보편적 법칙으로 환원시키는 것을 의미한다. 만일 개별 현상이 자연법칙의 상호작용에서 추론되고 원인과 결과의 연관성이 인식된다면, 그것은 설명이 된다. 이와 반대로 이해는 모든 인과적 설명을 넘어서는 보다 고차적인 의미 파악을 뜻한다.[11] 즉, 이해는 자연과학과 같이 인과적 법칙에 의존하는 것이 아니라 행위자의 행동의 요점이나 의미를 사회적 상황에 비추어 파악하는 것이다. 이를 위해서는 단순히 사건 자체를 아는데 그칠 것이 아니라 전체적 맥락 속에서 사건을 파악해야 한다. 그러므로 역사적 이해는 자료에 바탕을 두게 되며, 시간의 변화에 따른 역사적 맥락에 대한 지식을 필요로 하게 된다.

상상적 이해 역시 이와 같은 역사적 이해의 한 형태라고 할 수 있다. 상상의 개념에 대해서는 다양한 견해가 있으나, 일반적으로 상상은 사물이나 현상에 겉으로 드러나 있지 않은 어떤 것을 발견하거나, 감각을 통하여 직접 얻을 수 없는 것을 인식하는 것을 의미한다. 즉, 사물의 외면에 나타나 있는 것 이상이나 거기에 빠져 있는 것을 보거나, 새로운 관점에서 기존의 해석과는 다른 대안적 해석을 생각해 내는 것이 상상이다.[12] 따라서 역사에서 상상적 이해란 역사적 자료에 빠져 있거나 명백히 나타나 있지 않은 의미를 파악하는 것이라고 할 수 있다.

사고활동에서 나타나는 상상의 형태에 대한 분석의 기준으로 흔히 이용되는 것은 훠어롱(E.J. Furlong)의 구분이다. 훠어롱은 사고 활동으로서의 상상을 ① 상상 속에서(in imagination), ② '가정'(supposal)으로서의 상상, ③ 상상력을 가지고(with imagination)의 세 가지로 구분하고 있다.

'상상 속에서'는 두 가지 개념으로 사용된다. 첫째는 '실제적으로'(in reality)와 대조되는 의미로 사용되는 경우이다. 이와 같은 상상은 증거와 관련 없이 행해지는 것이므로 역사적 상상은 아니다. 둘째는 '유도된 상상'(directed imagination)으로, 이것이 역사적 상상과 관련 있는 '상상 속에

(human science)을 뜻하는 용어이다. 이한구, 「딜타이의 이해의 분석」, 『역사주의와 역사철학』, 문학과 지성사, 1986, 262면 참조.

11) E. Coreth(신귀현 역), 『해석학』(종로서적, 1985), 55면.

12) Maxine Greene, "What Happened to Imagine", in Egan and Nadaner(eds.), *Imagination and Education*, p. 49.

서' 이루어지는 사고의 형태이다. 웅변가의 연설을 들을 때 우리는 웅변가가 이야기하는 상황을 머리 속으로 그릴 수 있다. 이 경우의 상상은 외부로부터 유도된 것이다.[13] 이에 반해 역사적 이해에서 나타나는 유도된 상상은 자기 내부로부터 유도되는 것이 보통이다. 훠어롱은 내부로부터 유도되는 상상의 예를 다음과 같이 들고 있다.

> 프랑스혁명이라고 알려진 사건을 이해하려고 하는 역사가는 그 사건들이 나타내는 유형이 있다면, 그것이 어떤 유형인지를 식별하기 위하여 일련의 사건들을 상상 속에서 재구성한다. 그러한 상상은 쓸데없는 환상(idle reverie)은 아니다. 그것은 역사가의 목적에 의하여 유도되는 것이다.[14]

여기에서 역사가는 자신의 상상력 속에서 사건들의 유형을 판별한다. 그러나 이러한 유형은 자연적인 것이 아니라 역사가가 스스로의 필요에 따라 분류한 것이다. 이는 자기 자신의 지식이나 기능을 활용하여 표면적으로 드러나 있지 않은 이미지를 이끌어 내는 역사적 상상이다.

가정으로서의 상상은 자신을 어떠한 입장이나 상황에 처해 있다고 가정하고, 그러한 입장이나 상황에서 어떠한 생각 또는 행동을 할 것인지를 고려하는 것이다. 가정으로서의 상상은 가정된 상황을 묘사하거나 자신이 그 상황에 있는 것처럼 행동하는 형태를 띤다.[15] 따라서 역사에서 가정으로서의 상상은 감정이입과 같은 성격의 것이라고 할 수 있다. 역사가는 자신이 가지고 있는 것과는 다른 일련의 믿음이나 목적, 그리고 통상적이고 합리적인 관념을 받아들여 역사적 사건을 재기술한다. 이것이 곧 역사에서 가정으로서의 상상이다.[16]

'상상력을 가지고' 행동한다는 것은 정해진 틀, 관례로부터 벗어날 수 있는 능력을 의미한다. 창조(creation)와 발명(invention), 즉 거의 없는 것

---

13) E.J. Furlong, *Imagination*(London : Allen and Unwin Ltd, 1961), pp. 31-32.
14) *Ibid.*, p. 32.
15) *Ibid.*, p. 28.
16) P.J. Lee, "History Teaching and Philosophy of History", *History and Theory* 22(4)(1983), p. 38.

(little)으로부터 많은 것을 만들어 내고, 옛 자료로부터 새로운 구조를 만들어 내는 것은 상상력을 가지고 행동하는 사람의 특성이라고 할 수 있다.[17] 스탠포드(Michael Stanford)는 역사가가 증거를 다루는 방법을 고풍의(archaic) 방법, 실증주의적 또는 제한적 방법, 상상적 또는 확장적 방법으로 구분하고 있다. 이 중 상상적 또는 확장적 방법은 역사적 사건을 새로운 증거에 의해 해석하거나 같은 증거를 사용하더라도 해석을 새롭게 하는 것, 관점을 달리 하거나 당시 상황의 다양한 측면에 비추어 해석하는 것을 말한다. 여기에서 역사적 상상은 무엇이 일어났는가 뿐만 아니라 무엇이 일어날 수 있는가를 연상하는 것이다. 이러한 상상의 기능은 역사적 맥락에서 사건의 중요성을 판단할 수 있게 해주며, 역사가에게 더욱 창조적인 태도를 가지게 해준다.[18] 역사가가 증거를 상상적 또는 확장적 방법으로 사용하는 것은 '상상력을 가지고'(with imagination) 역사적 자료를 다루는 것이라고 할 수 있다.

2. 역사적 이해의 논리

(1) 드로이젠의 논리

자연과학적 방법과 구별되는 이해방법의 기초를 제시한 사람은 19세기 독일의 철학자인 드로이젠(J.G. Droysen)이다. 드로이젠은 사고의 대상과 본질에 따라 세 가지 가능한 과학적인 방법을 제시하였다. 첫째는 철학의 방법으로 '인식'(erkennen)하는 것이고, 둘째는 수학이나 물리학과 같은 자연과학적인 방법으로 '설명'(erklären)하는 것이고, 셋째는 역사적 사고에 근거한 방법으로 '이해'(verstehen)하는 것이다.[19] 이 중 보다 명백히 대비되는 개념은 '설명'과 '이해'이다. 드로이젠에 있어서 '설명'은 개별적인 현상을 보편적이고 필연적인 법칙에 의해 인과적으로 파악하는 것이며, '이

---

17) Furlong, *Imagination*, pp. 82-84.

18) Michael Stanford, *The Nature of Historical Knowledge*(Oxford : Basil Blackwell, 1986), pp. 81-82.

19) G.H. von Wright, *Explanation and Understanding*(Ithaca, New York : Cornell University Press, 1971), p. 172.

해'는 이와 반대로 개별적인 것을 그 특성과 의미에 입각해서 파악하는 것을 뜻한다.[20] 따라서 역사적 이해는 개개의 역사적 사실의 특성과 의미를 파악하는 것이라고 할 수 있다. 이를 위해서는 사실적 근거, 즉 사실에 관한 연구를 기본적이면서 우선적인 작업으로 해야 하지만, 이에 그치는 것이 아니라 사상까지 이해해야 한다. 연구대상에 대한 역사가의 이해적 몰입이 역사학의 방법이라는 것이다.[21] '설명'과 '이해'에 대한 드로이젠의 이러한 구분은 해석학적 입장과 맥을 같이 한다.

(2) 딜타이의 논리

19세기 중엽까지 개척되었던 해석학적 전통을 계승하여, 자연과학적 방법과 대비되는 인간에 관한 학문의 방법을 정립한 것으로 평가되는 학자가 딜타이(Wilhelm Dilthey)이다. 딜타이의 이론은 인간 세계는 물리학, 화학, 생물학과 같은 과학이 주제로 삼고 있는 자연세계와는 근본적으로 다르다는 데 토대를 두고 있다. 인간은 자신들이 놓여 있는 상황을 해석하고 장래의 목적과 계획에 대하여 생각하며 의사소통을 한다는 점에서 자연세계와는 크게 다르며, 이를 고려하지 않고는 인간을 연구할 수 없다는 것이다.[22] 이에 따라 딜타이는 과학을 다루는 대상, 즉 주제와 내용면의 차이에 초점을 맞춰 정신과학(Geisteswissenschaften)[23]과 자연과학(Naturwissenschaften)으로 나눈다.

자연과학은 자연을 취급하는데 반해 정신과학은 인간의 정신 영역을 취급한다는 점에서 근본적인 차이가 있다. 자연과학과 정신과학이 다루는 대상의 차이는 외적 지각과 내적 지각의 차이로 귀결된다. 자연과학적 지식은 외면적 여러 현상에 대한 감각적 지식이며, 정신과학적 지식은 내면적

---

20) Coreth(신귀현 역), 『해석학』, 25면.

21) 이상신, 『서양사학사』(개정판)(신서원, 1993), 524-525면.

22) H.P. Rickman, "Introduction", in *Dilthey : Selected Writings*(Cambridge : Cambridge University Press, 1976), p. 6.

23) 딜타이가 말하는 Geisteswissenschaften은 인문학(humanities)보다는 인간과학(human studies)에 가깝다. 이를 영역할 때는 일반적으로 human studies 또는 human sciences라는 말이 사용되고 있다. 때로는 문화과학(culture sciences)도 같은 의미로 사용된다. 주10) 참조.

체험에 대한 이해, 즉 인간의 심리 상태에 대한 총체적인 인식이다. 여기에는 인간에게 일어나는 모든 것, 즉 인간이 생각하고 행하는 것, 인간이 살아가는 목적, 개인이 모여 살고 있는 사회의 외적 조직, 외적으로 관찰될 수 없는 인간의 감정까지 포함된다.[24]

딜타이는 이해의 과정이 체험(Erlebnis)-표현(Ausdruck)-이해(Verstehen)의 순환구조를 갖는 것으로 보고 있다. 딜타이에 의하면 체험은 모든 정신적 세계에 대한 인식의 전제 조건이다. 모든 정신적 세계에 대한 인식은 체험으로부터 나온다. 체험이 외부로 나타난 것이 표현이다. 표현에는 인간의 지성만이 아니라, 감정과 충동, 사상과 목적, 사회 환경의 배경 등 인간의 삶 전체가 나타난다. 이해는 외부로 나타난 삶의 표현을 통하여 삶이 파악되는 과정이다. 따라서 우리에게 영향을 주는 삶의 표현의 변화는 새로운 이해를 촉진시킨다. 우리는 겉으로 드러난 표현을 통해서 다른 사람의 내적 체험을 이해할 수 있다. 그러므로 체험과 이해는 상호 의존관계이다. 이해를 통하여 체험의 한계가 극복된다. 다른 사람에 대한 이해를 통하여 체험내용의 애매함이 명료해지고 사물에 대한 폭좁은 인식으로부터 발생하는 오류가 바로잡히게 되며, 체험 자체의 폭이 넓어지고 완성된다.[25] 우리는 다른 사람의 삶을 이해하는 가운데서 우리 자신의 체험에 상응하는 것을 재발견함으로써, 다양한 인간적 삶을 추체험할 수 있다. 그러므로 딜타이에 있어서 이해란 바로 '다른 사람 속에서 나를 발견하는 과정'[26]인 것이다.

이해는 다른 사람의 정신 세계에 자신의 입장을 전이(Transposition)시킴으로써 이루어진다. 이러한 입장의 전이에 필요한 심리적 조건이 상상이다. 입장의 전이는 추체험(Nacherleben)을 통하여 이룩된다. 추체험이란 다른 사람의 체험을 상상적으로 다시 체험하는 것 내지는 재구성하는 것이다. 추체험에 의하여 우리는 표현 속에 들어 있는 삶의 관계를 재생시킬 수 있다.[27] 우리 자신에게 외적으로 주어진 것을 기초로 다른 사람에게 외

24) Wilhelm Dilthey, *Gesammte Schriften, Bd.7*(Stuttgart: B.S. Teubner, 1963), s. 83.
25) *Ibid.*, ss. 145-147.
26) *Ibid.*, s. 191.
27) *Ibid.*, s. 243.

적으로 나타난 것을 감각 지각과 상상의 힘을 통하여 유추의 원리에 따라 해석하는 것은 단순한 추체험으로도 가능하다. 그러나 이해는 여기에서 한 걸음 더 나아가 다른 사람이 느끼는 것을 확인함으로써 다른 사람의 삶에 대한 인식을 높이려는 상상적 전이에서 극에 달한다. 예를 들어 역사적 발전에 대한 완전한 이해는 발전이 일어나는 시점의 역사적 과정이 상상 속에서 추체험될 때 비로소 성취될 수 있다는 것이다.[28]

딜타이는 이해 자체를 상상으로 여기고 있지는 않다. 이해는 감정이입(Einfühlung), 공감(Mitfühlung), 또는 단순한 추체험을 포함할 수는 있으나, 이 중 어느 하나와 동일하지는 않다. 그러나 상상은 이해를 명확히 하는데 유용하다. 상상은 우리 자신의 삶 속에 포함된 태도, 힘, 감정, 열정, 이념을 강화시키거나 약화시킴으로써 다른 사람의 정신을 재창조(nachbilden)할 수 있게 한다.[29]

역사에 대한 이해의 과정도 정신과학에 대한 이해의 과정과 마찬가지이다. 딜타이는 역사를 '정신·언어·법·관습 영역'내의 모든 것과 동일시하였다. 그는 역사의 영역을 단지 정신의 영역으로 파악하였으며, '정신세계'와 '역사적 세계'는 딜타이의 후기 저술의 많은 부분에서 상호교환적으로 사용되었다.[30] 즉, 정신과학의 범위는 이해의 범위이며, 이는 역사의 범위와 거의 동일시되는 것이다. 따라서 역사학의 최종 목적은 결국 정신의 탐구에 있는 것이다. 역사이해도 우리를 둘러싸고 있는 제반 현상들에 대한 이해를 바탕으로 이루어진다. 역사가 만들어 낸 현상들에 대한 이해는 관련된 과거의 유물을 인간의 경험과 연관지어 해석함으로써 시작된다. 그러므로 역사적 분석의 과제는 시대를 지배하는 구체적 목적·가치·사유방식의 공통성에 대한 동의를 발견하는 것이다.[31] 그러나 역사의 경우 동시대인들처럼 언어·습관·일반적 시각을 공유하지 못한다. 따라서 과거 인물의 행위를 이해하려면 상황과 배경에 대한 지식을 가져야 하며, 역사적 상상을 필요로 한다. 실제 역사연구에서는 이러한 과정이 자료의 수집과

---

28) Wilhelm Dilthey, *Gesammte Schriften, Bd.1*(Stuttgart : B.S. Teubner, 1958), s. 254.
29) Dilthey, *Gesammte Schriften, Bd.7*, s. 215.
30) Theodore Plantinga, *Historical Understanding in the Thought of Wilhelm Dilthey* (Toronto : University of Toronto Press, 1980), p. 129.
31) Dilthey, *Gesammte Schriften, Bd.7*, s. 155.

선별을 지속적으로 면밀하게 함으로써 이루어진다. 여기에 적용되는 상상력은 특별한 것 속에서 보편적인 것을 본다는 점에서 예술가의 상상과 비슷하다고 딜타이는 말하고 있다.[32]

(3) 콜링우드의 논리

이해에 관한 이러한 이론은 관념론적 역사철학자들에 의하여 이어지면서 다른 학문의 이해와는 근본적으로 구별되는 역사적 이해의 독자성이 강조된다. 대표적인 것이 콜링우드의 이론이라고 할 수 있다. 콜링우드는 역사를 과학과는 다른 독자적 목적과 방법을 가진 개별과학(individualizing science)으로 보고 있다. 그에 의하면 역사적 사고는 알려진 것과는 별개의 사실, 즉 일반법칙이 아닌 개별 사실의 세계가 존재하며, 이러한 사실을 전부는 아니더라도 부분적으로, 그리고 거의 진실에 가깝게 발견하는 것이 가능하다는 태도에서 비롯된다. 하지만 콜링우드는 역사와 일반과학의 보다 더 근본적인 차이를 과학은 자연계의 사건을 연구하는데 반해, 역사적 사건은 인간의 행위라는 데 두고 있다. 자연계의 사건은 단지 '외면'만을 가지고 있는데 반해, 인간의 행위는 '외면'은 물론 '내면'까지 가지고 있다. 인간행위의 내면이란 그와 같은 행동을 하게 된 동기 또는 이유를 의미한다. 이러한 동기나 이유를 알지 못하고는 역사 자체를 알 수 없다. 그러므로 역사적 사건의 원인을 아는 것은 사건을 일어나게 한 목적과 계획을 아는 것으로, 이는 인간의 목적적 활동에 관한 연구이다.[33] 사건의 외면적 원인은 자연과학적 탐구, 즉 일반법칙에 의하여 밝혀질 수 있으나 내면은 그렇지 못하다.

이러한 입장에서 콜링우드는 역사연구방법이 구체적으로 다른 과학적 방법과 어떻게 다른지를 다음과 같은 세 가지 원리를 통해 제시하고 있다.

첫째, 질문과 대답의 원리로, 역사연구는 올바른 질문과 대답에 의

32) Dilthey, *Gesammte Schriften, Bd.1*, s. 40.
33) William Debbins, "Introduction", in William Debbins(ed.), *R.G. Collingwood : Essays in the Philosophy of History*(New York : McGraw-Hill Book Company, 1965), pp. xxii-xxiv.

하여 진전된다.

둘째, 모든 진정한 역사는 사상(thought)의 역사이다.

셋째, 어떤 역사적 문제도 2차적(second-order), 즉 역사적 사유의 역사이다.[34]

이 중 본고에서 다루는 역사이해의 논리와 좀더 관련이 깊은 것은 첫번째와 두번째 원리이다.

우선 질문과 대답의 원리에 대하여 살펴보기로 하자. 역사가도 다른 과학자들과 마찬가지로 자료를 이용하여 연구를 하며, 역사가들이 이용하는 자료가 특별한 것에만 국한되는 것은 아니라고 한다. 역사가가 인간 행위의 내적 측면, 즉 이념을 다룬다고 해서 인간 행위의 내면에 관한 자료만을 취급하지는 않는다는 것이다.[35] 따라서 문제의식을 가지고 자료를 대한다는 점이 역사가를 일반 과학자와 구별시켜 주는 요소가 된다. 역사가의 문제의식은 올바른 질문과 대답으로 이루어진다. 여기에서 '올바르다'(right)는 말은 반드시 '참이다'(true)는 것을 의미하지는 않는다. 질문에 대한 올바른 대답이란 질문과 대답의 과정에 따라 연구를 진행시킬 수 있게 해 주는 대답이다.[36] 올바른 질문과 대답에 의해 역사를 연구해야 하는 것은 역사 자체가 목적을 가진 행위의 이야기이기 때문이다. 역사와 유사역사(pseudo-history) 사이의 차이는 목적의 개념이 있느냐의 여부에 따라 결정된다. 현존 유물들은 역사가가 목적을 가지고 생각하는 만큼, 즉 그것이 무엇을 위해 존재하였는가를 이해하는 만큼 증거가 된다.[37] 따라서 역사가는 먼저 자료를 모은 다음 그것을 해석하는 것이 아니다. 문제의식을 가졌을 때 비로소 그와 관련된 자료를 모으기 시작한다. 해석할 수 있는 방법을 발견만 한다면 무엇이건 간에 역사가는 자료로 이용할 수 있다.[38]

---

34) R.G. Collingwood, *Autobiography*(Oxford : Oxford University Press, 1939), pp. 122-130.

35) Paul Q. Hirst, "Collingwood, Relativism and Purpose of History", in *Marxism and Historical Writing*(London : Routledge and Kegan Paul, 1985), p. 55.

36) Collingwood, *Autobiography*, p. 37.

37) *Ibid.*, p. 109.

38) R.G. Collingwood, "The Philosophy of History", in William Debbins(ed.), *R.G. Collingwood : Essays in the Philosophy of History*(New York : McGraw-Hill

이런 의미에서 콜링우드는 증거를 "발견한다"기 보다는 "창조한다"고 말하고 있는 것이다.[39]

"그것이 무엇을 위해 존재하는가"라는 목적 의식에 대한 관념으로부터 역사에 대한 콜링우드의 두번째 원리인 '모든 역사는 사상의 역사'라는 것이 나온다. 역사의 과정은 단순한 사건의 과정이 아니라 행동의 과정이며, 그것은 사상으로 구성되는 내면성을 가지고 있다. 역사가가 찾고자 하는 것은 이러한 사상의 과정이다. 따라서 모든 역사는 사상의 역사이다.[40] 콜링우드가 말하는 사상이란 행위자가 자신의 행동 방침을 결정할 때 실제로 고려하는 것들이다. 여기에는 그 상황의 여러 사실에 대한 행위자의 관념, 행동을 함으로써 그가 달성하고자 했던 목적, 채택할 수 있었던 방법들에 대한 행위자의 지식, 이러한 방법들을 채택할 때 행위자가 가질 수 있었던 망설임 등 고려될 수 있는 모든 것이 포함된다.

콜링우드는 사상의 역사를 이해하기 위한 세 가지 과제를 제시하고 있다. 첫째, '과거에 무엇이 일어났는지 어떻게 알 수 있을까?' 둘째, '그것이 왜 일어났는지 어떻게 알 수 있을까?', 셋째, '무엇이 일어났고 왜 일어났는지 아는 것이 어떤 가치가 있을까?'이다.[41]

첫번째 과제에 대한 콜링우드의 대답은 역사란 과거 사건의 상상적 재구성(imaginative reconstruction)이라는 것이다. 콜링우드에 있어 이해의 과정은 과거의 사상을 체계적으로 재구성하고 검토하는 것과 동일한 것이다. 그런데 과거의 사상, 즉 내적인 관념에 상세한 내용을 부여하려고 노력하는 것이 상상의 행위이다. 과거의 상상적 재구성은 상상행위의 대상이 되고 있는 과거를 지금 여기에서 지각되는 대로 재구성하는 것을 목적으로 한다.[42] 이러한 재구성이 상상으로, 콜링우드는 이를 선험적 상상(先驗的 想像, apriori imagination)이라고 부른다. 선험적 상상이란 주어진 증거로부터

Book Company, 1965), p. 137.

39) Collingwood, "Nature and Aims of a Philosophy of History", in Debbins(ed.), *R.G. Collingwood : Essays in the Psychology of History*, p. 52.

40) R.G. Collingwood, *The Idea of History*(Oxford : Oxford University Press, 1961), p. 215.

41) Debbins, "Introduction", in Debbins(ed), *R.G. Collingwood : Essays in the Philosophy of History*, p. xvi.

42) Collingwood, *The Idea of History*, p. 247.

논리적으로 연역되는 것이며, 역사적 지식의 필수적 조건이다. 외부에서 주어진 고정된 관점에서 벗어남으로써 역사가가 능동적으로 과거에 대한 상상적 상을 만드는 것이 곧 선험적 상상이다.[43)]

두번째 과제인 과거의 사건이 왜 일어났는가, 즉 행위자의 사상이 무엇인가를 역사가가 아는 방법은 자신의 마음 속에 행위자의 사상을 재사고(rethinking)하는 길뿐이라고 콜링우드는 주장한다. 콜링우드는 이러한 재사고의 예를 다음과 같이 제시하고 있다.

> 예를 들어 역사가가 테오도시우스(Theodosius) 법전을 읽고 있으며, 어떤 황제의 칙령을 앞에 놓고 있다고 가정하자. 단순히 그것을 읽고 번역할 수 있다고 해서 그 역사적 의미(historical significance)를 알게 되는 것은 아니다. 그 의미를 알기 위해서는 황제가 다루려고 했던 상황을 머리 속으로 그리되, 황제가 생각했던 것과 같이 그려야 한다. 그런 다음 황제가 처했던 상황을 자신이 처한 상황인 것처럼 받아들여 그 상황을 어떻게 다룰 것인지를 스스로 생각해야 한다. 역사가는 당시 황제가 선택할 수 있었던 방안들과, 황제가 다른 방안이 아닌 그 방안을 택한 이유를 찾아내고, 이러한 방침을 결정하는 데 황제가 겪은 과정을 경험해야 한다. 따라서 역사가는 황제의 경험을 자신의 마음 속에 재연하고 있는 것이다. 이렇게 함으로써만 역사가는 칙령의 의미에 대하여 단순한 문헌학적 인식이 아닌 역사적 인식을 할 수 있다.[44)]

여기에서 볼 수 있는 바와 같이 재사고는 행위자의 사상을 재연하는 것, 즉 역사적 행위자의 머리 속에 들어가서 그들이 상황에 대처하는 방식이 올바른 방식인지의 여부를 생각하는 것을 의미한다. 역사적 이해는 이러한 재연에 의해서만 가능하다. 따라서 콜링우드의 견해에 따르면 역사적 행위자의 입장에서 과거의 상황을 보지 않는다면 진정한 역사적 이해는 이루어질 수 없다.

콜링우드는 사상의 역사를 아는 것이 우리에게 주는 가치를 자기인식

---

43) *Ibid.*, p. 245.
44) *Ibid.*, p. 283.

(self-knowledge)에서 찾고 있다. 콜링우드에 있어서 역사는 죽은 과거가 아니라 현재 속에 살아 있는 것이다. 역사적 사실도 주어지는 것이 아니라 구성되는 것이며, 선택도 현재와 관련된다. 역사적 인식은 현재 우리 자신에 대한 인식과 마찬가지다. 따라서 역사가가 발견해야 하는 사상은 현재라는 맥락에 둘러싸여 있는 사상이다.[45] 그러므로 역사가의 인식은 과거에 대한 지식도, 현재에 대한 지식도 아니다. 현재 속의 과거에 대한 지식이다. 즉, 과거의 경험을 현재에 재생한 것으로, 과거에 대한 역사가의 자기 인식이다.

(4) 드레이의 논리

역사적 이해의 논리에 대한 논의는 분석철학자들(analytical philosophers) 사이에서도 계속되었다. 이 중에는 인간의 행위에 대한 분석과 설명에 과학적 설명의 논리를 적용하는 것은 부적당하며, 역사에는 과학과는 구분되는 이해 방식이 있다는 주장도 나타났다. 이러한 입장의 대표적인 학자가 드레이(William Dray)라고 할 수 있다.[46] 드레이는 관념론자들과는 달리 역사적 행위에 대한 개별적인 이해보다는 일반적 원리를 밝히려고 하였으며, 자연과학적 방법의 유용성 자체를 부정하지는 않고 있다. 그러나 드레이는 자연과학적 방법은 역사적 이해를 위한 필요조건에 지나지 않기 때문에 충분한 역사적 이해를 위해서는 또 다른 이해 방법이 필요하다고 보고 있다. 역사적 탐구는 매우 중요한 특성이 있으므로 역사를 조건 없이 과학이라고 부르는 것은 잘못이라는 것이다.[47] 드레이에 따르면 우리가 역사를 배우는 동기는 인간에 대한 호기심, 즉 다른 시대와 장소에 살았던

---

45) Collingwood, *Autobiography*, p. 114.

46) 이와는 달리 논리 실증주의자들은 역사와 과학의 방법론에 대한 구분을 부정하고 역사적 설명과 기술에도 역사 서술에 과학적 설명 논리를 적용하고자 하였다. 이러한 입장의 차이는 역사적 설명의 방법을 둘러싼 헴펠(C.G. Hempel)과 드레이의 논쟁에서 단적으로 드러난다. 그러나 이 논쟁은 본고의 주제와는 거리가 있으므로 다루지 않기로 한다. 이에 대해서는 정선영, 「과학적 역사설명의 논리와 역사교육에의 적용-시민혁명에 관한 설명을 중심으로-」, 서울대학교 박사학위논문(1983), 11-57면 참조.

47) William Dray, *Philosophy of History*(Englewood Cliffs, N.J. : Prentice-Hall, Inc., 1964), p. 3.

사람들의 생활을 발견하고 상상적으로 재구성하는데 대한 흥미에 있다고 한다.[48] 따라서 드레이의 역사관은 역사적 탐구의 대상은 과거의 인간, 그것도 사회적 의미(social significance)를 가지는 인간의 활동이라는 인식에서 출발한다.

드레이는 역사가 사회적 의미를 가지는 인간의 활동을 탐구하는 것이라고 할 때, 역사가의 과제는 먼저 그러한 활동이 무엇인지를 밝히는 것, 즉 "사실을 확정짓는 것"이지만 이에 그치는 것이 아니라 한걸음 더 나아가 이를 이해하는 데 있다고 주장한다.[49] 여기에서 이해는 어떤 역사적 행위가 일어난 것이 행위자의 동기나 믿음에 비추어 합리적이라는 것을 밝혀 냄으로써 이루어진다. 이를 위해서는 겉으로 드러난 행동 양식만을 이해하는 것으로는 불가능하며 행위자의 내적 사상도 이해해야 한다. 역사가는 행위의 외면 속에 감추어져 있는 것을 알아야 하고, 상황을 통찰해야 하고, 주인공과 자신을 공감적으로 동일시해야 하고, 행위자가 처한 상황에 자기 자신을 상상적으로 투사해야 한다. 즉, 이해하고자 하는 인물의 희망, 공포, 계획, 욕망, 견해, 의도 등을 재생(revive), 재연, 재사고, 재경험(re-experience)해야 역사적 행위를 이해할 수 있다는 것이다.[50]

드레이에 의하면 인간의 행위를 이해하였다고 생각할 때 역사가는 한걸음 더 나아가 이를 설명하게 된다. 드레이는 인간의 행위에 대한 이해와 밀접한 관련이 있는 설명을 합리적 설명(rational explanation)이라고 부르고 있다. 드레이가 말하는 합리적 설명은 인간 행위의 원리(rationale)를 보여주는 설명이다. 합리적 설명의 목적은 인간의 행위는 어떠한 법칙에 따라 이루어지는 것이라기보다는 이유(reason) 때문에 행해지는 것이라는 점을 보여주는 데 있다.[51] 따라서 합리적 설명은 목적적 설명, 즉 'A did x in order to Y'의 형태를 띠게 된다. 이에 따라 합리적 설명은 당시 상황에

---

48) William Dray, "Historical Explanation of Action Reconsidered", in Sidney Hook(ed.), *Philosophy of History : A Symposium*(New York : New York University Press, 1963), pp. 132-133.
49) Dray, *Philosophy of History*, pp. 4-5.
50) William Dray, *Laws and Explanation in History*(Oxford : Clarendon Press, 1957), p. 119.
51) Dray, *Laws and Explanation in History*, p. 124.

서 행위자가 믿고 있던 것과 달성하려고 했던 것에 관심을 두게 된다. 즉, 상황에 대한 행위자의 관점 및 행위의 동기와 실제 나타난 행위 사이의 관계를 밝혀 주는 설명이 합리적 설명이다.[52] 이런 점에서 합리적 설명의 설명은 해석학적 개념으로는 설명이 아니라 이해에 해당한다.

(5) 역사적 이해의 독자적 논리

이상에서 살펴본 역사적 이해의 논리에 대한 딜타이, 콜링우드, 드레이의 견해에는 많은 차이가 있다. 딜타이와 콜링우드는 역사적 이해가 자연과학적 방법에 의해서는 가능하지 않다고 주장하지만, 드레이는 자연과학적 방법만으로는 충분한 역사적 이해에 도달할 수 없다고 강조하면서도 자연과학적 방법도 역사적 이해를 위해 필요하다는 점은 인정하고 있다. 딜타이와 콜링우드는 개개의 인간 행위를 이해하는 데 관심을 두고 있지만, 드레이는 인간 행위의 일반적 원리를 규명하는 데 초점을 맞추고 있다. 한편 딜타이는 역사를 포함한 모든 정신과학의 이해가 심리학적 방법에 의해서 가능하다고 보고 있으나, 콜링우드는 심리학은 일종의 자연과학이므로 역사적 이해는 심리학적 방법에 의해서는 가능하지 않다고 주장하고 있다. 또한 딜타이는 정신과학의 이해 방법인 추체험을 역사가의 직접적 체험과 같은 성격으로 보지만, 콜링우드는 이를 부인한다. 그러나 이들은 모두 과학의 통합이라는 실증주의적 이념에 반대하면서, 다른 학문과 구분되는 역사적 이해의 논리를 제시하고 있다. 이들의 견해를 중심으로 역사 이해의 독자적인 논리를 정리해 보면 다음과 같다.

첫째, 역사는 인간의 행위를 다룬다. 인간의 행위는 겉으로 드러난 행동의 결과라는 외면과, 행동의 동기나 목적, 이유, 상황에 대한 행위자의 관점이라는 내면의 두 측면을 가지고 있다. 이 중 역사가 본질적으로 다루어야 할 대상은 인간의 내면이다.

둘째, 자연과학이 추구하는 것과 역사학이 추구하는 것은 다르다. 자연과학은 법칙적 일반화를 만들고 이를 검증하기에 노력하지만, 역사학은 역사적 사건을 해석하고 이해하기에 힘쓴다. 법칙적 일반화를 만드는 것은

52) Dray, "Historical Explanation of Action Reconsidered", p. 108.

역사가의 주된 관심이 아니며, 사실상 가능하지도 않다.

셋째, 자연과학과 역사학은 방법론적으로 차이를 가지고 있다. 역사적 이해는 논리적, 과학적 추론만으로는 가능하지 않으며, 자연과학적 법칙이나 일반화는 역사적 이해를 하는 데 별다른 역할을 하지 못하거나 중심적 역할을 하지 못한다. 역사적 이해를 위해서는 자료에 대한 다양한 해석, 인간 행위에 대한 재연 또는 감정이입이 필요하다. 역사적 상상은 이를 촉진시킨다.

3. 역사적 상상의 특성

사고활동으로서 상상의 역할은 두 가지 측면에서 논의되어 왔다. 첫째는 이성이나 감각경험과는 대조되는 개념으로, 현실에는 존재하지 않는 것에 대한 정신적 이미지(mental image)를 그리는 활동으로 보는 입장이며, 둘째는 이성이나 감각경험을 뒷받침해 주는 것으로 보는 입장이다.[53] 이 중 교육적으로 의미가 있는 것은 후자에 해당하는 상상이라고 할 수 있다.

역사적 상상 역시 감각경험을 뒷받침해 준다. 콜링우드는 감각작용(sensation)을 '실제로 보는' 행위와 '상상하는' 행위를 포괄하는 용어로 사용하고 있다. 상상은 하나의 감각작용으로, '실제적 감각작용'에 의하여 직접 경험할 수 없는 것에 대한 사고를 의미하는 것이다.[54] 이런 점에서 역사적 상상은 추상적 개념이 아닌 구체적, 개별적인 것을 대상으로 하는 사고이다.

역사적 상상은 직관적 사고의 성격을 갖는다. 크로체는 상상에 의하여 얻어진 지식을 직관적 지식으로, 지력(知力)에 의하여 얻어진 지식을 논리적 지식으로 구분하고,[55] 역사적 사고에서 직관과 상상의 역할을 같은 것으로 취급하고 있다.

> … 직관이나 상상이 없는 개념, 이들은 사실 아무런 성과도 거둘 수

---

53) Mary Warnock, *Imagination*(London : Farber and Farber, 1976), pp. 197-201.
54) R.G. Collingwood, *Principle of Art*(Oxford : The Clarendon Press, 1938), p. 173.
55) 길현모, 「크로체의 역사이론」, 노명식·길현모(편), 『서양사학사론』(법문사, 1977), 315면.

> 없다. 바로 이 점을 여기에서 나는 사람들이 서술하고자 하는 사건에 대한 살아 있는 경험을 강조하면서 수 차에 걸쳐 언급하였는데, 이것은 그 경험을 직관과 상상으로서 다시 해결하는 작업을 의미한다. 이러한 재구성 혹은 상상으로 이루어지는 보충이 없이는 어떠한 역사도 사고 또는 재사고될 수 없다.[56)]

가디너(Patrick Gardiner)는 직관이라는 용어가 역사적 상상을 나타내는 데 사용되는 경우에는, 직관을 다른 사람의 행동에 대하여 해석하는 방식의 하나로 여기는 것이라고 말하고 있다.[57)]

사고는 지적인 측면과 정의적 측면의 양면성을 가지고 있다. 사고와 마찬가지로 상상도 양면성을 가지고 있다. 그러나 일반적으로 상상의 성격을 논할 때는 사고의 성격을 논할 때보다도 정의적 측면이 더 강조되고 있다. 상상의 특성으로는 흔히 창안성(inventiveness), 독창성(originality), 융통성(freedom) 등이 지적된다.[58)] 고정적이고 협소한 사고의 틀과 시각에서 벗어나 다양한 관점에서 사물을 보고 새롭고 색다른 것을 받아들일 수 있는 태도가 곧 상상의 특성이라는 것이다.

그러나 역사적 상상은 본질적으로 인지적 성격을 지닌 지적 활동이다. 이는 역사적 이해가 상황에 대한 지식을 바탕으로 하기 때문이다. 상상적 이해도 상황과의 관련 속에서만 이루어질 수 있다. 과거 사건을 상상적으로 이해하는 데는 사건의 배경에 대한 지식이 필수적이다.

상황에 대한 일반적 지식은 자료를 통하여 얻어진다. 역사에서 상상적 이해도 자료를 토대로 이루어진다. 역사적 증거를 토대로 해야만 역사적

---

56) Benedetto Croce(이상신 역), 『역사의 이론과 역사』(삼영사, 1978), 36면.
크로체는 후기 역사 서술에서 사상이 결여된 채로 직관과 상상만으로 알 수 있는 역사를 시적(詩的) 역사라고 하여 위역사(僞歷史, pseudo-history)라고 규정한다. 그러나 여기에서는 직관과 상상이 비슷한 작용을 한다는 점만을 지적해 두기로 한다. 크로체가 말하는 진짜 역사와 위역사의 개념에 대해서는, 길현모, 「크로체의 역사이론」, 341-342면 참조.

57) Patrick Gardiner, *The Nature of Historical Explanation*(Oxford : Oxford University Press, 1952), p. 132.

58) Louis E. Rath(et.al.), *Teaching for Thinking*(2nd ed.)(New York : Teacher's College, Columbia University, 1986), p. 14.

상상이 성립할 수 있으며, 이 때문에 역사적 상상은 허구(虛構, fiction)가 아니라 사실을 밝히는 비판적 작업이다.[59] 이 점이 역사적 상상을 다른 종류의 상상과 구별해 주는 가장 중요한 차이점이다. 콜링우드는 역사적 상상의 특징을 소설가의 상상과 비교하면서 다음과 같이 말하고 있다.

> 상상이라는 작업을 하는데 있어서 역사가의 작업과 소설가의 작업 자체가 다른 것은 결코 아니다. 역사가의 상상과 소설가의 상상이 다른 점은 역사가가 만드는 상(像, picture)은 진실이어야 한다는 점이다. 소설가는 이치에 닿는 일관성 있는 상을 구성해야 한다는 한 가지 과제만을 가지고 있다. 역사가는 소설가가 하는 일을 해야 하며, 실제 있었던 그대로의 사물의 상과 그대로의 사건의 상을 구성해야 한다.[60]

역사가의 상상은 논리적이어야 할 뿐 아니라 사실의 추구여야 하며, 이를 위한 방법은 증거를 재고려하고 증거에 토대를 두고 반복해서 연구를 함으로써 이루어질 수 있다는 것이다.

역사적 상상은 증거를 토대로 하는 것이기 때문에, 역사에서 상상적 이해는 신비롭거나 저절로 일어나는 것이 아니라 역사가가 준비를 해서 자료를 분석하는 활동이다. 역사가가 찾는 증거의 종류와 그것을 어떻게 모을 것인가에 대해서는 차이가 있을 수 있지만, 인간의 과거에 대한 신뢰성 있는 해석을 하기 위해 남아 있는 자료를 분석한다는 점은 모든 역사적 이해에 공통되는 "역사적 방법"인 것이다.[61] 따라서 상상적 이해 또한 이러한 분석적 절차를 거치게 된다.

자료에 대한 분석적 능력은 다른 사람의 사상을 상상 속에서 재연하기 위해서도 필요하다. 역사에서 재연의 대상은 보통 구체적이면서 특별하거나 세세한 것을 대상으로 한다. 분석적 과정이 없이는 구체적이고 세세한 사건에 나타난 과거인의 사상을 재연할 수 없으며, 다른 문화 속에서 살아가는 사람들의 관점 속으로 들어갈 수 없다. 분석적 과정을 통하여 세밀하

---

59) Vivienne Little, "What is Historical Imagination", *Teaching History* 36(1983), p. 27.
60) Collingwood, *The Idea of History*, p. 246.
61) Louis Gottschalk, *Understanding History*(2nd ed.)(New York : Alfred A. Knopf, 1951), pp. 28-29.

고 일관성 있는 과거의 상을 형성할 수 있는 능력은 재연에 필요한 요소이다.[62)]

이상에서 살펴본 바와 같이 역사에서 상상적 이해는 증거와 관계없이 이루어지는 것이 아니라, 오히려 증거를 토대로만 가능한 사고 활동인 것이다. 주어진 증거가 상상을 필요로 하지 않을 만큼 명확하지 않을 때, 증거에 함축되어 있는 의미를 알게 해주는 것이 역사적 상상이다. 따라서 역사적 상상은 연구 대상이 되고 있는 사건이 증거에 명확히 나타나 있지 않은 행위자의 관점에서는 어떠한 것이었으며, 사용되는 증거의 종류와 그 내용에 따라서 이제까지와는 달리 이해될 수 있는지를 연구하는 것이다.[63)]

역사적 이해는 다른 시대, 다른 인간의 가치를 이해해야 하고, 그 가치를 그들의 행위와 결부시켜야 하기 때문에, 역사적 행위를 완전히 재생(re-living)하는 것은 불가능하다. 따라서 역사가가 역사적 상상에 의해 얻은 지식은 실제로는 상황에 대한 지식인 동시에 역사가 자신의 자기 인식이다. 역사가가 상상에 의해 재연할 수 있는 과거는 과거의 모든 것이 아니라 역사가가 인식하고 알 수 있는 작은 세계에 대한 지식이다.[64)] 이러한 점에 비추어 보면, 역사적 상상은 창조적 성격을 띠고 있다고 할 수 있다. 그러나 역사적 상상에 의한 창조는 문학이나 예술 작품을 만들어 내는 것과 같은 순수한 의미의 창조가 아니라, 과거의 사건을 상상에 의해 재창조한다는 의미의 창조를 말한다. 과거 사건이나 상황의 재창조는 우리로 하여금 과거 인간의 상황에 대하여 통찰력을 갖게 해준다. 또한 자기 인식과 다른 사람에 대한 감정이입에도 도움을 준다.[65)]

---

62) Degenhardt and Mckay, "Imagination and Education for Intercutural Undrstanding", p. 244.

63) P.J. Lee, "Historical Imagination", in A.K. Dickinson, P.J. Lee and P.J. Rogers (eds.), *Learning History*(London: Heinemann Educational Books), p. 94.

64) Collingwood, *Autobiography*, pp. 114-115.

65) Tosh, *The Pursuit of History*, p. 23.

Ⅲ. 상상적 역사이해의 방식

1. 구조적 상상

구조(structure)란 일반적으로 사물이나 사건, 현상을 구성하는 각 부분이나 요소의 상호관계 및 이에 의해 결정되는 전체의 특성이나 성격을 의미한다.[66] 따라서 구조를 이해한다는 것은 주어진 자료를 통해 연구대상 주제를 구성하는 각 요소나 부분의 관계를 파악하고, 그 주제의 성격에 관한 모델이나 상(像, icon)을 만드는 것이라고 할 수 있다.

사물이나 현상의 구조는 크게 두 가지 종류로 나눌 수 있다. 첫째는 그 사물이나 현상이 본래부터 가지고 있는 구조이고, 둘째는 사람들에 의해 부여되는 구조이다. 전자는 사물이나 현상을 구성하는 요소들 사이에 내재하는 관계나 패턴을 의미하며, 후자는 사물이나 현상을 분류 또는 종합하고, 거기에 패턴이나 성격을 부여하는 것을 의미한다. 따라서 사물이나 현상이 본래 가지고 있는 구조는 발견하는 것이고, 거기에 부여되는 구조는 만들어 내는 것이다.[67] 역사가는 역사적 사건을 이해하는데 어떤 특정한 법칙에 의거하지 않으며 기존에 자신이 알고 있는 지식을 활용하지만, 그 틀 속에서만 이해하려고 하지는 않는다. 역사가는 자신이 이용할 수 있는 자료에 대한 해석을 토대로 역사적 구조를 파악한다. 따라서 역사적 이해와 관련이 있는 것은 역사적 사건이 본래부터 가지고 있는 구조가 아니라 역사가에 의해서 부여되는 구조이다.

역사적 자료는 완전하지 못하거나 간격(gap)을 가지고 있는 경우가 많다. 과학자들은 종종 실험에 의하여 자료를 만들어 낼 수 있으나 역사가는 그렇지 못하다. 이 경우 역사가는 상상에 의하여 증거의 간격을 메울 수밖에 없다. 구조적 상상은 이와 같이 자료에 직접 나타나 있지 않은 역사적 사건을 구성하는 여러 요소 사이의 관계를 상상에 의하여 이해함으로써 역

66) Stanford, *The Nature of Historical Knowledge*, p. 7.
67) *Ibid.*, pp. 7-15.

사적 사건의 구조를 파악하는 것을 의미한다.

구조적 상상의 주요한 기능은 역사의 재창조이다. 상상에 의하여 역사를 재창조한다는 것에는 두 가지 의미가 내포되어 있다. 첫째는 발생했던 사건뿐만 아니라 기록에는 직접 나타나 있지 않으나 증거로부터 추론할 수 있는 일어났을 법한 사건을 재창조하는 것이다.[68] 둘째는 같은 자료를 다루더라도 새롭게 해석하는 것이다. 동일한 증거를 종전과는 달리 해석하거나, 새로운 관점에서 해석할 수 있는 능력은 역사에서 상상적 이해의 중요한 기능이다.[69] 이와 같이 있을 법한 사건의 추론이나 새로운 해석에 의해 역사적 구조를 파악하는 것이 구조적 상상에 의한 역사의 재창조라고 할 수 있다.

구조적 상상으로서 역사적 상상의 또 다른 중요한 기능은 증거가 완전하지 못할 때, 즉 증거가 어떤 사건이나 현상을 완전하게 나타내 주지 못할 때, 그 증거 사이의 간격을 메우는 기능이다. 역사가는 기존에 자신이 알고 있는 역사적 지식을 토대로 자료에 빠져 있는 간격을 메우고 역사적 사실에 대하여 상상적 추론을 한다. 이와 같이 증거의 간격을 메우는 기능을 보통 보간(補間, interpolation)[70]이라고 한다.

콜링우드는 역사가의 보간 행동에는 두 가지 중요한 특성이 있다고 말한다. 첫째, 보간은 결코 자의적이거나 단순한 환상이 아닌 필연적인 것이라는 점이며, 둘째, 보간에 의해 추론되는 것은 본질적으로 상상된 어떤 것이라는 점이다.[71] 그런 의미에서 콜링우드는 역사적 자료에 대한 보간을 선험적 상상으로 보고 있다. 콜링우드는 보간의 예를 다음과 같이 들고 있다.

---

68) Gottschalk, *Understanding History*(2nd ed.), p. 48.

69) Little, "What is Historical Imagination", p. 29.

70) interpolation은 보간 · 삽입 · 내삽 · 추론 등으로, extrapolation은 추론 · 삽입 · 외삽 · 부연 등으로 번역되고 있다. interpolation과 extrapolation을 대비되는 용어로 사용할 때는 내삽, 외삽이 적절할 것이다. 그러나 역사에서 두 용어는 반드시 대비적인 의미로 사용되지는 않는다. 양자는 때로는 특별한 구분 없이 사용되며, 때로는 한 가지가 다른 한 가지를 포함하는 용어로 사용된다. 내삽 · 외삽은 너무 조어적인 느낌을 주며, 추론이라고 할 때는 inference와 혼동될 가능성이 있으므로 본고에서는 interpolation을 보간으로, extrapolation을 삽입이라고 부르기로 한다.

71) Collingwood, *The Idea of History*, pp. 240-241.

> 전거(典據)는 우리에게 카이사르(Caesar)가 어떤 날 로마(Rome)에 있었고 그 후 어느 날 갈리아(Gaul)에 있었다는 것을 말해 준다. 전거는 그가 한 지역에서 다른 지역으로 여행하였다는 것에 대해서는 아무런 언급도 하고 있지 않다. 그러나 우리는 카이사르가 여행하였다고 조금도 거리낌없이 설명한다.[72]

여기에서 콜링우드가 말하는 상상은 선험적이면서 구조적인 것으로, 자료에 대한 해석을 포함하고 있다. 이러한 상상은 증거가 쓰여져 있는 직접적 내용 이상의 어떤 의미를 포함하고 있다고 해석될 때 채택된다.[73]

학자에 따라서는 이러한 역사적 이해를 보간 대신 삽입(extrapolation)이라고 말하기도 한다. 예컨대 고대사가인 핀리(M. Finley)는 삽입의 예로 다음과 같은 역사적 사실에 대한 이해를 들고 있다.

> 우리는 6세기 초 아티카(Attica)에서 심각한 식량 위기가 있었으며, 솔론(Solon)이 이를 해결하지 못한 반면, 5세기에는 소농계급이 많았는데 그들은 부유하지는 않았을지라도 적어도 상대적으로 안정되어 있었다는 것을 안다. 그러므로 몇몇 역사가들은 참주 피시스트라투스(Peisistratus)가 상당한 땅을 재분배했을 것이라는 추론을 한다.[74]

역사가는 알려진 사실을 토대로 증거에 빠져 있는 역사적 사실에 대하여 상상적 추론을 한다는 것이다. 따라서 삽입이란 곧 증거의 여러 부분이 모순되지 않기 위해서, 명시적 증거와 명시적이지는 않지만 있어야만 하는 것(What must-have-been) 사이의 간격을 메우는 데 필요한 사유 절차이다.[75]

삽입은 또한 주어진 상황이 장차 어떻게 전개될 것인가에 대하여 예상을 하는 능력을 포함한다.[76] 이는 언뜻 보기에는 새로운 사건에 역사가가

---

72) *Ibid.*, p. 240.

73) Little, "What is Historical Imagination", p. 28.

74) M.I. Finley, "Generalizations in Ancient History", in Louis Gottschalk(ed.), *Generalization in the Writing of History*(Chicago : The University of Chicago Press, 1963), p. 30.

75) Louis Gottschalk, "Categories of Historiographical Generalization", in Gottschalk(ed.), *Generalization in the Writing of History*, p. 118.

76) Dennis Gunning, *The Teaching of History*(London : Croom Helm, 1978), p. 82.

기존에 가지고 있던 원리나 일반화를 적용하는 것과 유사하게 보인다. 그러나 원리나 일반화의 적용은 사건을 법칙적 틀에 맞추어 해석하는 것인데 반해, 삽입은 사실 자체를 밝히는 것이라는 점에서 차이가 있다. 이렇게 볼 때 역사에서 삽입은 보간과 같은 형태의 상상적 이해로, 크게 보아 보간에 포함된다고 할 수 있다. 구조적 상상이 자료에 명확히 나타나 있지 않은 역사적 사건을 구성하는 여러 요소 사이의 관계를 상상적으로 추론하는 것이라고 할 때 보간은 구조적 상상의 주요 형태라고 할 것이다.

2. 감정이입적 이해

감정이입은 일상 생활이나 여러 학문에서 다양한 의미로 사용되고 있다. 다른 사람에 대한 '관용', '공감'(sympathy)과 같은 태도나 성향을 나타내기도 하고, 상상력, 창조력과 유사한 정신적 능력을 가리키기도 한다. 또한 다른 사람을 대하는 능력이나, '과학적 방법'과는 대조되는 방법론적 절차나 기법을 가리키기도 하며, 과거 사람들에 대한 일련의 주장을 나타내기도 한다.[77]

근대학문 중 감정이입의 개념을 가장 먼저 체계화한 미학에서는 감정이입을 감정 및 정서의 표현 수단으로 여겼다. 미학에서 감정이입은 인간의 감정(feeling), 정서(emotion), 태도(attitude)를 무생물에 투사함으로써 생명을 불어넣는 것을 뜻한다. 지각할 수 있는 대상과 나의 정서적 상태를 통합하는 체험이 곧 감정이입이다.[78] 따라서 미학에서 감정이입은 주로 정의적 개념으로 취급되고 있다.

이에 반해 사회과학이나 심리학에서는 감정이입을 다른 사람이나 집단을 자기의 입장에서 더 잘 이해하기 위한 수단으로 여긴다. 이런 의미의 감정이입은 자기 자신을 다른 사람의 입장에 놓을 수 있는 능력, 다른 사람과 입장을 주고 받을 수 있는 능력을 의미한다. 예컨대 "다른 사람의 입

---

77) D. Shemilt, "Beauty and Philosopher: Empathy in History and Classroom", in Dickinson, Lee and Rogers(eds.), *Learning History*, p. 39.

78) K.E. Gilbert and Helmut Kuhn, *A History of Esthetics*(New York : Dover Publications, Inc., 1972), pp. 537-539.

장에서 세계를 보는 것", "내가 다른 사람의 입장이라면 사물을 어떻게 볼 것인가를 생각하는 것"이 감정이입이다.79)

감정이입적 이해를 강조하는 많은 사람이 감정이입을 인간의 행위를 이해하기 위한 총체적 또는 필수적 수단으로 여긴다. 감정이입을 다른 사람을 이해하기 위한 총체적 내지 필수적 수단으로 여길 경우 이해와 관련된 광범한 행위가 감정이입적 이해에 포함된다. 다른 사람을 이해하고자 하는 태도, 자신을 다른 사람의 입장에 투사하는 동일시(identification), 다른 사람의 관점에서 상황을 이해할 수 있는 능력, 다른 사람의 생각이나 감정에 동감을 표하는 공감 등이 모두 감정이입에 포함되는 것이다. 이와 같은 감정이입에는 인지적, 정의적 요소가 모두 포함된다. 감정이입의 정의적 요소가 다른 사람의 정서적 상태를 경험할 수 있는 능력이라면, 인지적 요소는 다른 사람의 관점에서 상황을 이해하기 위해 다른 사람의 정서적 상태를 식별하고, 다른 사람의 관점을 파악할 수 있는 능력을 말한다.80)

역사적 이해에서 감정이입의 역할에 대해서는 크게 두 가지 입장이 있다.

첫째, 사회과학에서와 마찬가지로 역사에서도 감정이입을 총체적 내지 필수적인 이해 수단으로 보는 입장이다. 이러한 입장에서 역사적 이해를 위해서는 감정이입적으로 이해하려는 태도가 반드시 필요하다고 보고 있으며, 역사적 감정이입에 동일시와 공감의 개념도 포함시킨다. 동일시와 공감을 감정이입적 이해를 위해 반드시 필요한 전제조건이자 감정이입적 이해의 전형적 형태로 여기는 것이다.

둘째, 많은 역사가는 감정이입적 이해가 역사에서 중요하다는 것을 인정하지만 그것이 역사의 모든 영역을 이해할 수 있게 해 준다든지, 역사적 이해의 총체적 수단이라고 보고 있지는 않다. 또한 역사적 상상과 감정이

---

79) Shemilt, "Beauty and Philosopher : Empathy in History and Classroom", p. 40.

80) Kathryn P. Scott, "Achieving Social Studies Affective Aims : Values, Empathy and Moral Development", in James P. Shaver(ed.), *Handbook of Research on Social Studies Teaching and Learning*(New York : Macmillan Publishing Company, 1991), p.359.
이 밖에도 감정이입의 전달적(communicative) 요소도 관심을 끌고 있다. 전달적 요소란 카운슬러와 대담자 사이의 정신요법과정과 같이 감정이입적 이해를 전달하려는 것이다.

입이 동일한 것은 아니며, 감정이입을 하였다고 해서 역사적 상상력의 모든 측면을 가졌다는 것은 아니라고 주장한다. 예를 들어 레프(Gordon Leff)는 역사가의 상상력을 과거의 현장, 선언, 논쟁, 화폐를 그 당시 통용되었던 대로 만드는 것과 같이 증거의 의미를 부활시키는 것으로 보고, 감정이입만으로는 이를 해결할 수 없다고 주장한다. 왜냐하면 인간의 동기를 파악하는 것만으로는 그의 행동의 일부를 형성하는 상황이 설명되지 않기 때문이라는 것이다.[81] 이러한 입장에서는 역사적 행위를 이해하기 위해서는 행위가 발생한 객관적 상황에 대한 맥락적 틀과, 행위자 개인의 사상이나 감정, 동기에 대한 이해라는 양면이 필요한 것으로 보고 있다. 양자는 분리할 수 없을 정도로 긴밀히 관련되어 있는 것으로, 역사적 행위에 대한 이해는 상황에 대한 객관적 지식을 바탕으로 해야 한다는 것이다.[82] 여기에서 감정이입은 상황에 대한 맥락적 지식을 바탕으로 하는 역사적 행위에 대한 상상적 이해의 방식으로 파악되고 있는 것이다. 감정이입을 이와 같이 이해할 때 감정이입적 역사이해는 정의적이라기보다는 기본적으로 인지적 능력이다.

리(P.J. Lee)는 감정이입의 형태를 능력(power), 성취(achievement), 과정(process), 성향(disposition)의 네 가지로 구분한다. 능력으로서 감정이입은 감정이입을 증거와는 관련이 없거나, 적어도 증거에서 추론할 수 없는 어떤 종류의 특별한 능력으로 취급하는 것이다. 성취로서 감정이입은 행위자가 믿고, 가치있다고 여기고, 느끼고, 획득하려고 했던 것을 아는 것, 행위자의 믿음을 받아들이고(반드시 공유하지는 않더라도), 행위자의 감정(emotion)의 영향을 고려하는 것(반드시 느끼지는 않더라도)을 의미한다. 과정으로서 감정이입에서는 감정이입을 행위자나 사회 집단이 믿었던 것이나 그 가치가 무엇인지를 아는 과정, 즉 다른 방법과 구별되는 특별한 발견

---

81) Leff, *History and the Social Theory*, p.116.
레프는 역사의 특성으로 통찰(insight), 직관(intuition), 상상(imagination), 감정이입(empathy)을 들고 있다. 이러한 것들은 병렬적으로 나열된 별개의 특성은 아니고 상호연관된 것이다. 그러나 레프는 그 관계에 대해서는 명확한 언급을 하고 있지는 않다.

82) P.J. Rogers, *The New History : Theory into Practice*(London : Historical Association, 1978), pp. 12-13.

수단으로 취급하는 것이다. 성향으로서 감정이입에서는 감정이입을 다른 관점을 고려하려는 성향 또는 경향(propensity)으로 여긴다.[83]

리는 능력으로서 감정이입은 역사적 이해에서는 별다른 역할을 하지 못하며, 과정으로서 감정이입은 감정이입을 증거와 관련 없는 특별한 발견 수단으로 여겨서 능력으로서 감정이입으로 환원될 가능성이 있다고 말하고 있다. 따라서 역사적 이해와 관련이 있는 것은 성취로서 감정이입과 성향으로서 감정이입이라고 할 수 있다. 성취로서 감정이입은 감정이입의 인지적 측면, 성향으로서 감정이입은 감정이입의 정의적 측면에 중점을 두는 것이라고 할 수 있다. 감정이입적으로 이해하려는 성향을 갖는 것은 역사적 감정이입의 필요불가결한 조건이다. 역사적 감정이입을 위해서는 역사적 믿음과 목적 사이에는 사람들이 파악할 수 있는 합리성이 있다는 것을 인정하는 전제가 필요한데, 이러한 전제가 성향으로서 감정이입이다. 그러나 성향으로서 감정이입은 감정이입적 이해를 위해 필요한 전제 조건이지만, 그 자체가 역사에서 감정이입적 이해라고 할 수는 없다.[84] 따라서 역사적 이해와 본질적으로 가장 밀접한 관련이 있는 것은 성취로서 감정이입이다.

감정이입의 인지적 측면을 강조하는 사람들은 공감을 감정이입적 이해와 다른 것으로 본다. 공감은 일상적으로는 두 가지 의미를 가지고 있다. 첫째는 어떤 사람의 감정이나 정서를 공유하는 것, 둘째는 그러한 감정을 적절하다고 느끼는 것이다. 여기에서 첫번째 의미는 감정이입과 비슷한 의미이지만, 역사에서 공감은 두번째 의미이다.[85] 역사에서 감정이입은 믿음, 가치, 목표, 목적 등에 대한 동의나 수용을 요구하지는 않는다. 감정이입적 이해를 위해서 학생들은 오늘날 자신들이 느끼는 것과 똑같이 과거 사람들도 느꼈다고 상상할 수도 있다. 그러나 과거 사회는 오늘날과는 다른 가치관, 태도를 가지고 있었으며 과거인의 시각도 여러 가지였다는 것을 이해하고, 때로는 우리의 생각과는 정반대로 과거 사람들은 생각했다고 상상할 수 있어야 감정이입이 가능하다.[86] 리는 공감을 감정이입적 이해의 중심으

83) Lee, "History Teaching and Philosophy of History", pp. 35-37.
84) *Ibid.*, p. 40.
85) *Ibid.*, p. 39.

로 삼는 것은 두 가지 측면에서 논리적으로 불가능하다고 지적하고 있다. 첫째, 역사가는 잘못이라고 생각하는 믿음을 공유할 수는 없으며, 역사적 행위자가 믿고 있는 것이 잘못된 경우도 자주 있다. 둘째, 역사적 이해에서는 정서도 인지적 기초 위에서 생겨난다. 예를 들어 나라의 장래를 위해 선거에서 자신이 승리해야 한다고 생각한 정치가의 평가가 잘못이라는 것을 지금 우리가 알고 있다면, 우리는 선거가 끝난 직후 그 정치가가 가졌던 승리감과 희망을 공유할 수는 없다.[87]

이와 같이 역사적 감정이입의 특성을 강조하는 입장에서는 동일시도 역사적 감정이입과 구별하며, 동일시를 역사적 감정이입에 필요한 요건으로 보지도 않는다. 역사적 이해의 독자성을 강조하는 대표적 학자의 하나인 밍크(Louis Mink)는 역사적 사건의 이해는 분석적 방법이 아니라 그 사건을 말해 주는 "모든 사실을 함께 살펴보고" 개괄적으로 판단을 함으로써 가능한데, 이에 필요한 것이 감정이입이라고 주장한다. 그는 역사적 이해에 필요한 능력은 감정이입에 의한 개괄적 판단이므로 루비콘(Rubicon)강을 건넌 카이사르의 결정을 이해하기 위해서 역사가는 반드시 카이사르가 될 필요는 없다고 말하고 있다.[88] 밍크의 주장에서 볼 수 있듯이 역사적 감정이입을 위해서는 반드시 역사적 행위자가 될 필요는 없으며, 자료를 바탕으로 당시의 상황을 파악함으로써 역사적 행위를 이해할 수 있다는 것이 역사적 이해의 독자성을 강조하는 사람들의 입장인 것이다.

이상에서 논의한 바와 같이 역사적 감정이입은 과거인의 사상과 감정, 즉 목적, 믿음, 의도, 기질, 가치관, 감정 등을 파악하고 그 영향을 고려하는 것으로, 이는 성취로서 감정이입이다. 역사에서 감정이입적 이해는 기본적으로는 인지적 능력이라고 할 수 있다. 역사적 감정이입을 위해서도 감정이입을 하려는 태도가 필요하며, 이는 감정이입적 이해를 위해 필수적 전제 조건이다. 그러나 그 자체가 역사적 이해는 아니다. 따라서 역사에서

86) Southern Regional Examinations Board, *Empathy in History : from Definition to Assessment*(Eastleigh : SREB, 1986), p. 10.

87) Lee, "History Teaching and Philosophy of History", p. 40.

88) Louis Mink, "The Autonomy of Historical Understading", *History and Theory* 5(1) (1966), p. 42.

감정이입적 이해는 공감이나 동일시와는 구분하여야 될 것이다.

Ⅳ. 역사학습에서 상상적 이해의 단계

1. 역사학습기능으로서 상상적 이해의 구성요소

상상적 이해능력은 역사학습을 위해 필요한 지적 기능이다. 학습기능으로서 상상적 이해가 어떠한 지적 능력을 의미하는가는 그 구성요소를 검토함으로써 알 수 있을 것이다. 여기에서는 역사교육 목표 또는 역사학습 기능의 분류에 나타나 있는 상상적 이해의 요소들을 검토함으로써 역사학습에서 상상적 이해의 내용과 그 성격을 고찰해 보기로 하겠다. 여기에서 검토의 대상으로 삼은 것은 상상적 이해를 역사적 기능에 포함시키고 있는 견해들이다.

영국 교육과학부(Department of Education and Science : 이하 DES)는 1985년 초·중등학생이 증진시켜야 하는 역사기능의 교수목표로 '참조 및 정보 발견 기능', '연대기 기능', '언어 및 역사적 아이디어', '증거의 사용 및 분석', '감정이입적 이해', '역사적 문제의 제기', '기초적 아이디어를 사용하는 종합 및 전달'의 일곱 가지를 제시하였다.[89] 이 중 상상적 이해와 관련이 있는 것은 '감정이입적 이해'이다. DES가 제시하고 있는 각 연령별 감정이입적 이해의 목표는 다음과 같다.

◦ ~8세

종전에 들었던 어떤 역사적 이야기에 대해서 그것이 어떠한 것 같았다는 생각을 말하거나 쓰거나 이끌어 낼 수 있다.

◦ ~10세

이야기를 이끌어내거나, 모델을 만들거나, 드라마화 하거나, 쓰거나 말하기 위하여 활용할 수 있는 증거를 사용하여 과거의 상황과 그 상

89) DES, *History in the Primary and Secondary Years*(London : Her Majesty's Stationery Office, 1985), pp. 18-19.

황이 과거에 살았던 사람들에게 어떻게 보였는지를 단순하게 상상적으로 재구성할 수 있다.

◦ ~12세

역사 소설을 포함한 여러 증거에 토대를 두고, 관계자가 당시 가졌던 감정을 탐구하여 과거 상황을 시대착오적이 아니도록 상상적으로 재구성할 수 있다.

◦ ~14세

주어진 역사적 상황내에서 다른 사람의 관점을 이해할 수 있다. 반대되는 입장이나 공감을 느끼지 않는 사람들의 관점을 고려할 수 있다.

◦ ~16세

주어진 과거의 상황에서 개인이 활용할 수 있었던 선택의 정도를 확인할 수 있다. 과거 사람의 행동이 어떤 가치나 태도에 토대를 두고 행해졌는가를 확인할 수 있다.[90]

여기에서 8세까지의 교육목표는 증거에 토대를 두고 있지 않다는 점에서 역사적 감정이입이라고 할 수는 없으며, 그 이후의 목표가 역사의 감정이입적 이해라고 할 수 있다. DES는 감정이입을 동일시나 공감과 구별하면서도, 포괄적인 역사적 상상력으로 파악하고 있다.

> 역사적 감정이입은 과거에 살았던 다른 사람의 입장이나 관점을 인식할 수 있는 능력이다. 그것은 증거에 대한 상상적 해석, 특히 시대착오를 알고 당시로서는 결과를 알 수 없었던 역사적 상황을 상상할 수 있는 능력에 달려있다. 감정이입한다는 것은 과거에 살았던 사람들과 자신을 동일시하는 것은 아니며, 과거 사람들에게 공감을 느끼는 것은 더욱 아니다. 감정이입은 과거의 경험 속으로 들어가려고 하면서도 동시에 외부인의 입장에서 과거를 파악하려고 하는, 증거에 토대를 두고 연구를 하는 상상력을 나타내는 데 사용되는 단어이다.[91]

DES는 1988년 이와는 달리 역사교육의 목표를 분류하지는 않은 채 학

90) *Ibid.*, p. 19.
91) *Ibid.*, p. 3.

교급별로 7~11개씩 목표를 제시하고 있다. 그 중 역사적 상상에 해당하는 목표를 보면 다음과 같다(번호는 인용자).

◦ ~7세

i) 과거의 생활을 기술하기 위해 상상과 증거를 사용한다.

◦ ~11세

ii) 여러 사회는 그 시대에 따라 서로 다른 믿음, 가치, 태도를 가지고 있으며, 현대 영국인의 믿음, 가치, 태도는 사람들의 과거 경험으로부터 싹텄다는 것을 인식한다.

iii) 활용할 수 있는 증거와 일치하도록 과거의 상황을 상상적으로 재구성한다.

iv) 간단한 인과관계, 특히 역사적 인물과 그들의 행위를 포함하는 인과관계를 설정한다.

◦ ~16세

v) 어떤 시대가 상당한 시간 동안 가지고 있던 특별하면서도 공통적인 성격(propensity), 열망(aspiration), 성취(achievement)에 대한 인식을 발달시킨다.[92]

여기에서 i)은 상상과 증거를 이용하여 과거를 이해한다는 것을 의미한다기보다는 상상과 증거를 사용하는 태도를 가리키는 것으로, 상상적 이해에 필요한 조건이라고 하겠다. 따라서 상상적 이해에 해당하는 목표는 ii) ~ v)로, ii), iv), v)는 감정이입적 이해, iii)은 상상적 재구성이라고 할 수 있다. ii)는 감정이입적으로 이해하려는 태도, iv)와 v)는 수준의 차이는 있지만 실제의 감정이입적 행동이며, iii)은 감정이입적 이해를 포함한 역사의 상상적 이해에 공통되는 요소이다. DES가 이전 제시했던 목표와의 차이점은 감정이입이라는 용어를 쓰고 있지 않다는 점이다. 역사교육 목표 서술에서 이러한 변화를 보인 것은 역사적 상상은 증거에 토대를 두고 있다는 점을 강조하기 위한 것이다. 즉, 감정이입이라는 용어를 사용하였을 때, 그 용어가 풍기는 정의적 느낌을 꺼린 때문이다.[93]

---

92) DES, *History from 5 to 16*(London : Her Majesty's Stationery Office, 1988), pp. 4-5.

1972년 시작되어 역사교육의 목표, 주제, 학습 방법 등에 대한 광범한 이론적 기초를 제시한 영국 학교교육협의회 역사교육연구위원회(School Council History 13-16 Project : 이하 SCH 13-16)는 역사교육을 통하여 길러야 할 목표를 'A. 아이디어', 'B. 능력', 'C. 경험', 'D. 흥미'의 네 영역으로 분류하고 각 영역의 구성요소를 제시하고 있다. 이 중, 역사의 상상적 이해 능력과 관련하여 검토하여야 할 것은 'B. 능력' 중의 '판단'(B,ii)과 '감정이입'(B,iii)이다.[94] 판단이란 탐구에 활용할 수 있는 여러 가지 자료의 비중을 평가하거나, 자료들로부터 과거의 사건이나 시대를 설득력 있게 해석할 때 필요한 것이다. 과거를 재구성하려고 할 때 역사가들은 그들이 연구하는 사람들이나 시대의 믿음과 가치에 입각하여 판단을 해야 한다.[95] 이렇게 볼 때 판단은 역사적 상상은 아니지만, 역사적 상상은 판단을 하는데 필요한 하나의 조건이라고 할 수 있다.

SCH 13-16은 감정이입을 '자기 자신의 경험 및 행동과 다른 사람이 처한 상황에 대한 정보를 토대로 다른 사람의 행동을 이해할 수 있는 능력'[96]으로 정의하고, 역사적 이해를 감정이입 속에 총체적으로 제시하고 있다.

> 역사가의 관점을 특징지어 주는 과거 사람들에 대한 이해를 제공하기 위해서는 분석과 판단이 상상에 의하여 조명되어야 한다. 주어진 상황에서 과거의 행위자가 왜 그렇게 행동하였는가를 이해하려면 역사가는 사건에 관련된 모든 사람의 마음 속이나 감정 속에 들어갈 수 있어야만 하고, 그들의 동기에 반드시 찬성하지는 않더라도 여러 가지 태도를 인식할 수 있어야만 한다. 그러나 여기에서 유의해야 하는 중요한 점은 상상력은 활용할 수 있는 증거에 의해 길러져야 한다는 것이다.[97]

---

93) Viv Wilson and Jayne Woodhouse, *History through Drama*, Teaching of History Series 65(London : Historical Association, 1990), p. 10.

94) SCH 13-16, *A New Look at History*(Edinburgh : Holmes McDougall, 1976), p. 38. 'B. 능력'은 '분석(B. i)', '판단(B. ii)', '감정이입(B. iii)'의 3개 요소로 구성되어 있다.

95) SCH 13-16, *A New Look at History*, p. 40.

96) Wilson and Woodhouse, *History through Drama*, p. 9에서 재인용.

97) SCH 13-16, *A New Look at History*, p. 41.

여기에서는 감정이입과 공감을 구분하고 있기는 하지만, 감정이입을 포괄적인 역사적 상상의 의미로 사용하고 있다. 상상적으로 과거 사건을 재구성하는 것도 감정이입으로 보는 것이다. SCH 13-16은 상상적 재구성 및 현재와의 대조를 포함하는 과거의 여러 측면에 대한 심화학습(study in depth)의 목적을 다음과 같이 말하고 있다.

> 이 학습의 기본적 목적은 학생들로 하여금 다른 시대나 장소의 사람들을 이해하도록 도와주는데 있다. 과거 사람들에 대한 이해는 과거의 모든 주요 측면을 당시 사람들의 입장에서 인식하는 것과 직결되는, 한정되고 명확히 규정된 시대에 대한 탐구에 의해서 얻어지는 것이다. 학생들에게 어떤 시대의 사람들과 사건을 연결해 주는 관계의 복잡성을 보여주는 것, 현재와의 대조에 의해 당시의 사건들을 조망하게 하는 것, 학생들에게 그들과는 다른 관점이나 가치를 가지고 있거나 다른 시대에 생활했던 사람들에 대하여 감정이입할 수 있는 학습경험을 제공하는 것 등이 보조적인 목적이 될 수 있는데, 이러한 목적들에 의해 학습 방법이 결정된다.[98]

결국 SCH 13-16이 제시하고 있는 감정이입은 자신의 경험과 행동, 그리고 다른 사람의 상황에 대한 정보를 토대로 다른 사람의 행동을 이해할 수 있는 능력이라고 할 수 있다. 이는 역사학습에서 상상적 이해 전반에 걸친 기능이다.

SCH 13-16은 분석, 판단, 감정이입과 같은 능력에 포함되는 역사적 기능으로 정보의 발견, 정보의 상기, 증거의 이해, 증거의 평가, 추론과 가설, 종합을 들고 있다.[99] 이 중 추론과 가설에 속하는 기능은 다음과 같다.

① 간격(gap)이 있는 곳에 관련 정보를 자료로 제시하기
② 증거로부터 논리적이거나 직관적으로 추론하기
③ 결론을 이끌어내어 진술하기
④ 행위나 사건의 원인 및 결과를 제시하기

---

98) *Ibid.*, p. 46.
99) *Ibid.*, pp. 41-42.

⑤ 추가 탐색을 위한 출발점으로 가설을 설정하기[100)]

이 중 상상적 이해능력과 관련이 있는 것은 ①과 ②이다. ①은 보간 또는 삽입의 기능에 해당하는 것이며, ②에서 논리적 추론이란 분석적 방법에 의한 증거의 해석, 직관적 추론이란 상상적 방법에 의한 증거의 해석이라고 할 수 있다.

영국 중등교육 일반자격시험(General Certificate of Secondary Education : GCSE)에서는 역사 교과과정의 목표를 다음과 같이 네 가지로 제시하고 있다.

① 상황과 관련된 지식을 상기하고, 평가하고, 선택하고, 그것을 명확하고 조리있는 형태로 제시한다.
② 원인 및 결과, 계속성과 변화, 유사성과 차이의 개념을 사용하고 이해한다.
③ 다른 사람의 관점에서 사건 및 이슈를 관찰할 수 있는 능력을 보여준다.
④ 1, 2차 문헌자료, 통계 및 시각자료, 고기물(古器物), 교과서 및 말로 전달된 정보를 포함하는 광범하고 다양한 역사적 정보를 학습하는데 필요한 능력을 나타낸다.[101)]

이 중 상상적 이해와 관련이 있는 것은 ①과 ③이다. ①은 사건이나 상황의 재구성이라고 할 수 있다. ②의 한 가지 형태가 상상적 재구성이다. 상상적 재구성은 자료에 나타나 있는 내용 이상을 이해하고, 제공된 정보를 그대로 반복하는 것이 아니라 다른 형태로 받아들이는 것이다. 이를 위해 필요한 것이 역사적 상상에 의해 과거의 물리적 조건을 재구성하고, 정보를 종합할 수 있는 능력이다.[102)] ③은 감정이입에 해당한다고 할 수 있다. 감정이입적 이해는 어떤 시대의 가치와 믿음은 시대가 흘러감에 따라

---

100) *Ibid.*, p. 42.
101) DES, *General Certificate of Secondary Education(History) : The National Criteria* (London : Welsh Office, 1989), p. 1.
102) Ian Colwill and Haureen Burns, *Coursework in GCSE(History) : Planning and Assessment*(London : Hodder and Stoughton, 1989), p. 29.

변하며 과거인들은 오늘날의 사람들과 다른 가치 및 태도에 따라서 행동한다는 것을 인식하는 것을 전제로 한다. 감정이입의 핵심은 과거인들이 왜 그런 방식으로 행동하였는가를 이해하는 것으로, 이를 위해서는 그들의 동기에 영향을 주는 요인과 이슈나 사건에 대한 그들의 반응이 어떠하였는지 아는 것이 필수적이다.[103]

스코틀랜드 교육평가위원회 자격시험(Scottish Certificate of Education Examination Board : 이하 SCEEB로 줄임)에서는 평가해야 할 역사 기능을 A. 정보(information) 기능, B. 탐구(inquiry)기능, C. 해석(interpretation) 기능, D. 재구성(reconstruction)기능으로 나누고 있다.[104] 이 중 상상적 이해와 관련이 깊은 것은 재구성이다. SCEEB가 말하는 재구성은 이야기, 설명, 비교, 주장과 관련된 기능으로, 다음과 같은 하위기능으로 이루어져 있다.

C1a 이야기, C1b 상상적 이야기
C2 설명
C3a 비교, C3b 상상적 비교
C4a 주장, C4b 평가적 주장, C4c 기억에 토대를 둔 주장
C4d 상상적 주장[105]

이 중 상상적 재구성에 해당하는 것이 C1b, C3b, C4d의 기능이다. 상상적 재구성에 해당하는 목표 진술은 다음과 같다.

C1b 자신을 어떤 특정한 상황 속에 상상적으로 집어넣고, 증거를 선택해서 그 시대의 사건, 가치, 생활 방식을 보여준다.
C3b 두 가지 이상의 상황에 자신을 상상적으로 집어넣고, 그 상황들 간의 유사점과 차이점을 보여준다. 이러한 상상적 상황은 광범한 환경을 포괄할 수 있는데, 여기에 포함될 수 있는 환경의 범위는 상상적 상황이 어느 정도 현실적 또는 전형적인 것

---

103) *Ibid.*, p. 41.
104) SCEEB, *Testing Skills in History*, Dalekeith(Midlothian : S.C.E. Examination Board, 1980), p. 13.
105) *Ibid.*, pp. 13-14.

인가에 달려 있다.

C4d 상황 속에 상상적으로 자기 자신을 넣고, 문제와 관련된 아이디어나 정보를 기억 또는(그리고) 확인하는 것으로 당시 사용되었을 수도 있는 어떤 주장에 이 증거를 선택하고 사용한다.[106]

역사적 사건이나 상황을 재구성하기 위해서는 모든 역사적 기능을 사용하여야 된다.[107] 상상적 재구성에도 여러 가지 기능이나 태도가 종합되어 나타난다. 상상적 재구성 속에 포함되는 것으로는 다음과 같은 것을 들 수 있다.

① 적절한 역사적 정보
② 정확한 세부상황 묘사
③ 개인적 연관
④ 시간 및 공간 감각
⑤ 당시의 태도
⑥ 역사적 상황에 적합한 언어의 사용
⑦ 당시의 상황에 대한 언급[108]

이상의 여러 견해에서 나타난 상상적 이해의 요소와 내용을 정리한 것이 <표 9-1>이다.

〈표 9-1〉 역사교육에서 상상적 이해의 영역과 내용

분류자	상상적 이해 요소	내 용
DES (1985)	감정이입적 이해	◦과거 상황에 대한 상상적 재구성 ◦과거인의 감정을 탐색 ◦과거인의 관점을 이해 ◦과거인의 선택을 확인

106) *Ibid.*, pp. 61-62.
107) *Ibid.*, p. 45.
108) *Ibid.*, p. 62.

DES (1988)	감정이입적 이해	◦ 과거인의 믿음, 가치, 태도에 대한 고려 ◦ 역사적 행위의 이유를 규명 ◦ 과거 사회의 성격, 열망, 성취를 탐색
	상상적 재구성	◦ 과거 상황을 증거에 일치하도록 상상적으로 재구성
SCH 13-16	감정이입	◦ 경험 및 정보를 토대로 다른 과거인의 행동을 이해
	상상적 추론 및 가설	◦ 관련 정보를 이용하여 증거의 간격을 메움 ◦ 증거로부터 직관적으로 추론
GCSE	상상적 재구성	◦ 자료에 나타난 것 이상을 이해 ◦ 자료에 대하여 다른 형태로 반응
	감정이입	◦ 과거인의 행위에 대한 이해 ◦ 행위나 행위를 포기하는 데 영향을 준 요인이나 이유를 이해 ◦ 역사적 사건에 대한 과거인의 반응을 파악
SCEEB	상상적 재구성	◦ 과거의 사건, 가치, 생활방식을 그 시대의 입장에서 상상적으로 기술 ◦ 두 가지 이상의 상황의 유사점과 차이점을 상상적으로 비교 ◦ 어떤 역사적 문제에 대하여 과거에 행해졌을 것 같은 주장을 상상하고, 이를 위해 증거를 선택하고 사용

이상에서 검토한 역사교육 목표 또는 역사적 기능의 분류에 나타나 있는 상상적 이해의 구성요소로는 감정이입적 이해와 상상적 재구성을 들 수 있다. 감정이입적 이해는 과거 인물의 입장에서 과거의 상황을 보는 것, 역사적 행위자의 의도, 사상, 감정 등을 이해하는 것을 의미한다. 이러한 감정이입의 개념은 역사가들이 일반적으로 말하는 감정이입의 개념과 별 차이가 없다. 상상적 재구성은 주어진 자료를 토대로 어떤 역사적 사건에 관해 자료에 명백히 나타나 있지 않은 사실들을 상상적으로 추론하여 역사적 사건을 재구성하는 것이다. 여기에는 역사가가 말하는 보간 또는 삽입이나, 대안적 해석이 포함된다. 상상적 재구성은 인지적 목표, 감정이입은 대체로 인지적 및 정의적 목표로 취급되고 있다. 하지만 감정이입적 이해와 상상적 재구성은 때로는 구분되지 않은 채 포괄적인 상상적 이해의 개념으로

사용되기도 하며, 두 가지 기능이 혼합되어 제시되기도 한다.

2. 사료의 상상적 해석단계

학생들의 역사적 이해능력에 대한 많은 연구는 역사적 자료를 다룰 수 있는 능력을 규명하고 조사하는데 중점이 두어졌다. 역사적 자료를 다룰 수 있는 능력은 자료의 본질과 자료에 들어 있는 제반 요인들을 얼마나 충분히 고려하여 자료를 해석하고, 거기에 포함된 의미를 잘 이해할 수 있는가에 대한 것이다. 역사가들은 사료에 대한 해석에 의해 역사적 사건의 구조를 부여하므로, 역사적 구조에 대한 이해는 사료를 다룰 수 있는 능력을 바탕으로 한다. 따라서 사료에 대한 해석능력은 구조적 상상력을 결정지을 수 있는 척도가 된다고 할 수 있다. 사료 이해의 기준을 제시한 선구적 연구로는 디킨슨, 가드 및 리(A.K. Dickinson, A. Gard, and P.J. Lee)의 연구를 들 수 있다. 이들은 학생들이 역사적 자료의 본질을 이해하는 방식에 따라 역사적 이해의 단계를 다음과 같이 구분한다.109)

[단계1] 역사적 자료를 과거의 상(picture of past)으로 여기는 단계.
잠재적 증거(potential evidence)를 과거에 접근할 수 있는 창구나, 과거에 대한 직접적 관찰에 활용할 수 있는 것으로 여긴다. 전증거적(pre-evidential) 단계이다.

[단계2] 역사적 자료를 과거에 대한 예시(illustration)로 여기는 단계.
잠재적 증거를 어떤 역사적 주장이나 해석을 예증하는데 사용한다. 그러나 사실이나 해석을 잠재적 증거로부터 이끌어 내지는 않는다. 역사가의 주장은 증거에 의존한다는 것에 대하여 최소한의 이해를 한다. 전문적 역사가의 복잡한 해석 행위에 이르는 연속선상의 출발점이다.

---

109) 이러한 조사 연구들은 학생들의 역사적 이해의 발달을 수준(level), 국면(phase), 단계(stage) 등으로 분류하고 있으며, 수준이나 단계를 다시 범주(category)로 세분하는 경우도 있다. 앞으로의 논의에서 나타나듯이 이러한 구분에서 수준, 국면 등은 모두 역사적 이해의 단계를 가리키며, 범주는 각 단계내에서 나타나는 이해의 유형을 의미한다. 본 논문에서는 혼동을 피하기 위해 큰 구분에 해당하는 분류는 '단계', 각 단계내의 이해 범주의 구분은 '유형'으로 통일하기로 하겠다.

[단계3] 역사적 자료를 특별한 추론을 위한 증거로 사용하는 단계.
어떤 것이 증거이며, 그것이 어떻게 증거가 될 수 있는지를 안다. 증거는 맥락과 상호의존적이라는 것을 알며, 양자를 함께 학습한다. 증거에 대한 광범한 질문을 던지며, 이를 위해 적절한 증거를 선택하지만 한정적으로만 가능하다.

[단계4] 역사적 자료를 해석 및 역사를 위한 증거로 사용하는 단계.
[단계3]과 본질적으로 같지만 한정된 주장을 다루는 것이 아니라, 역사의 틀 내에서 증거를 공적 형태의 지식으로 보다 복합적으로 해석하는 데 사용한다.[110]

여기에서 제시된 단계는 역사적 자료에 대한 이해 수준이라기보다는 학생들이 자료를 해석해 가는 과정의 논리적 단계(logical phase)이다. 또한 각 단계의 구분은 실험연구나 조사연구의 결과가 아니라, 실험연구를 위한 가설의 성격을 띠는 개념적 범주(conceptual category)이다.

이들에 따르면 역사학습에서 역사적 자료를 사용하는 목적은 학생들로 하여금 [단계3]의 능력에 효율적으로 도달하게 하려는 것이다. 그러나 학생들을 [단계3]에 효율적으로 도달하게 만들기 위해서는 원자료만을 이용하는 교수요목만으로는 가능하지 않으며, 역사적 맥락에 대한 학습도 해야 한다. 따라서 역사내용을 학습하는 것과 탐구양식으로서 역사적 방법을 학습하는 것을 이분법적으로 보는 것은 잘못이다.[111] 역사적 자료를 절대적인 것으로 인식하거나, 주장을 예증하는데 사용하는 [단계1], [단계2]에서는 자료에 대한 상상적 이해는 가능하지 않다. 자료에 대한 상상적 이해는 자료를 추론의 도구로 이용하는 [단계3]에 접어들어서야 가능하다. 이들이 제시한 자료 해석 단계의 기준은 이후의 연구에 널리 활용되었으며, 이들의 견해는 이후의 연구에 의하여 지지를 받았다.

SCH 13-16은 역사적 자료를 활용한 수업과 전통적인 강의 위주의 수업을 받은 학생들 사이에서 나타나는 역사적 사고의 수준을 구분하였다. 이

---

110) A.K. Dickinson, A. Gard and P.J. Lee, "Evidence in History and the Classroom", in A.K. Dickinson and P.J. Lee(eds.), *History Teaching and Historical Understanding*(London : Heinemann, 1978), pp. 15-16.

111) *Ibid.*, pp. 16-17.

중 학생들이 역사적 자료를 이해하는데 사용하는 개념적 틀(conceptual appratus)에 대한 조사 결과를 이 연구팀의 평가위원인 쉐밀트(Dennis Shemilt)는 다음과 같이 제시하고 있다.

> [단계1] 과거에 대한 지식을 당연한 것으로 받아들인다.
> 증거와 지식을 같은 것으로, 역사가를 훌륭한 기억력을 가지고 있는 사람으로 생각한다. 증거(evidence)와 정보(information)를 구분하지 못한다.
> [단계2] 증거를 과거에 대한 특별한 정보로 여긴다.
> 역사적 사실은 논의의 여지가 있다는 것을 깨닫는다. 기록과 유물, 사건이나 상황을 보고하는데 사용되는 자료(고기록, 기록부, 인명록 …)와 입증된 사건이나 상황을 구성하는 데 사용하는 자료(의회의 조례, 민요,광고 …)를 구분하지 못한다.
> [단계3] 증거를 과거에 대한 추론의 기초로 여긴다.
> 증거와 정보의 개념을 식별한다. 역사적 탐구는 사실 발굴을 위해 기록을 찾는 것 이상의 작업이라는 것을 안다. 증거에 대하여 엄격하고 기계적으로 접근한다. 시뮬레이션과 같은 방법으로 역사적 탐구를 실행한다.
> [단계4] 증거의 역사성을 인식한다.
> 서술된 역사를 과거 사건의 재구성(현대인이 이해하지 못하는 시각적 관련, 연속성, 도덕성 및 동기의 재구성)으로 인식한다. 맥락적 지식의 사용에 대해서는 한정적으로 인식한다.112)

쉐밀트는 SCH 13-16의 연구 결과를 디킨슨, 가드 및 리가 제시한 것과 비슷하다고 하면서 그 결과를 다음의 두 가지로 제시하고 있다.

> 첫째, '역사적 추리'(historical reasoning)와 '역사적 탐구'(historical inquiry) 사이의 구분은 불필요하고 정당한 근거가 없다.
> 둘째, 역사적 이해의 증진 없이 지식을 기억하고 언어적 능력을 증

---

112) D. Shemilt, "Adolescent Ideas about Evidence and Method in History", in Christopher Portal(ed.), *The History Curriculum for Teachers*(London : The Palmer Press, 1987), pp. 42-60.

진시키는 것의 효용성에는 의문의 여지가 있다.[113]

역사적 사고의 주된 특성이 인증적 사고(引證的 思考, adductive thinking)[114]라고 주장한 부우스(Martin Booth)는 19세기 후반에서 20세기 사이에 활동했던 12명의 주요 인물이나 사건의 사진, 그림, 유명 연설이나 문서에서 뽑은 12개의 짧은 인용문을 제시하고 분류하게 한 후, 인터뷰를 통해 학생들의 역사적 사고의 본질 및 구조를 조사하였다. 부우스는 학생들의 반응을 2단계의 유형으로 구분하고 있다. 첫 단계는 자료의 직접적 내용에 토대를 두고 분류하는 유형이다. 이 단계에서는 자료에 명백히 겉으로 나타난 내용을 토대로 분류를 하며, 분류 이유를 기술적 방법으로 제시한다. 둘째 단계는 좀더 대담하고 창조적이면서도 면밀한 상상적 사고를 사용하는 분류이다. 이 단계에서는 자료를 종합하고 분석하며, 여러 가지 항목(item)을 근거로 분류를 한다. 또한 직접적으로 관찰할 수 있는 특징에 의거해서가 아니라 추론된 특성이나 아이디어에 근거하여 분류를 한다. 자료를 외형이 아닌 내면으로부터 관찰하며 잠재적 또는 내재적 의미를 깨닫는다. 부우스는 두번째 단계의 사고가 창조적, 인증적인 역사적 사고의 주요 특징이라고 한다.[115]

이상에서 살펴본 여러 연구의 결과를 종합하면 학생들이 사료를 해석하는 과정은 다음과 같은 단계로 구분할 수 있을 것이다.

첫째 단계는 사료 자체를 역사적 사실로 여기는 단계이다. 이 단계에서는 사료에 나타난 내용 그대로 역사를 이해한다.

둘째 단계는 사료를 역사 이해의 증거로 사용하되, 사료에 외형적으로

---

113) *Ibid.*, p. 39.

114) 인증적 사고는 피셔(D.H. Fischer)가 사용한 개념이다. 피셔는 추리(reason)를 가설로부터 유도되는 연역적 추리인 연역, 이론에 대한 실험적 검증인 귀납, 설명적 가설을 만들어 가는 과정인 외전(外轉)의 세 가지로 구분하고, 인증을 외전적인 것과 귀납적인 것의 조합으로 보고 있다. 따라서 인증적 사고란 자료를 토대로 가설을 만들되, 자료에 비추어 논리적으로 모순이 없는 사고라는 의미이다. D.H. Fischer, *Historian's Fallacies*(New York : Harper and Row Publishers, 1970), p. xv. 참조.

115) M.B. Booth, "A Modern World History Course and the Thinking of Adolescent Pupils", *Educational Review* 32(3)(1980), pp. 248-250.

명확히 나타나 있는 내용에만 관심을 쏟는 단계이다. 이 단계는 다시 내용 중의 한 가지 요소에만 관심을 쏟는 단계와 두 가지 이상의 요소를 동시에 고려하는 단계로 구분할 수 있다.

셋째 단계는 사료를 종합하여 분석하고, 해석하는 단계이다. 이 단계에서는 사료에 외형적으로 나타나 있지는 않으나 거기에 내포되어 있는 의미를 고려하며, 자신의 역사적 개념이나 지식을 토대로 사료를 해석한다. 사료에 대한 상상적 해석도 이 단계에서 이루어진다.

3. 감정이입적 이해의 단계

학생들의 사료 해석 단계에 대한 연구와 마찬가지로 감정이입적 이해의 단계에 대한 연구들도 역사적 자료에 대한 학생들의 이해능력에 관심을 쏟고 있다. 그러나 감정이입적 이해에 대한 연구에서는 학생들이 과거 인간의 행위를 어떻게 이해하느냐에 더 중점을 두고 있다. 리의 연구는 감정이입적 이해의 단계를 구분하는 하나의 기준을 제공해 주었다. 리는 역사이해에서는 인간의 동기와 의도를 파악하는 것이 중요하며, 이는 공적 증거에 대한 해석이라고 규정한다. 여기에서 역사이해란 바로 감정이입적 이해라고 할 수 있다. 리는 학생들의 감정이입적 이해를 네개의 단계, 여섯개의 유형으로 다음과 같이 구분하고 있다.

[단계1]

◦ 유형1

행위를 이해할 수 없는 것으로 취급한다. 행위자의 의도나 상황을 조리 있게 파악하지 못하며, 명백한 증거에 직접적으로 모순된 이해를 한다.

[단계2]

◦ 유형2

행위를 행위자의 의도 및 상황과 관련지어 설명한다. 상황에 대한 행위자의 관점과 역사가의 관점을 구분하지 못하며, 관습적 요인 또는 고정관념(stereotype)에 의하여 행위나 상황을 설명한다. 증거를 적절히 해석하지 못한다.

◦ 유형3

'유형2'에서 도달한 이해의 내적 모순과 행위자의 행위 중 어떤 것을 문제로 삼아야 하는지를 깨달음으로써 행위를 다시 이해하지 못하게 된다. 상황에 대한 역사가의 관점과 행위자의 관점을 식별하지 못한다.

[단계3]

◦ 유형4

행위를 행위자의 특별한 의도 및 상황에 대한 그의 관점에 의해 설명한다. 행위자의 의도를 이해하며, 그 이해가 적합할 수도 있다. 상황에 대한 행위자의 관점과 역사가의 관점을 구분한다. 그러나 국지적 맥락에서만 가능하며, 광범한 맥락에서 이해하지는 못한다.

◦ 유형5

'유형4'의 이해가 광범한 맥락에서는 적합하지 않다는 것을 깨달음으로써 행위를 다시 이해하지 못한다. 이에 대한 대안적인 행위 과정을 제시하거나 광범한 맥락에 대한 언급이 있을 수도 있지만 고려해야 할 여러 요인을 적절히 조화시키지 못한다.

[단계4]

◦ 유형6

상황에 대한 역사가의 관점의 차이를 지적함으로써 행위를 설명하고, 광범한 맥락에서 행위를 파악한다. 행위자의 의도를 이해하고, 상황에 대한 폭넓은 시각을 가진다. 모순처럼 보이는 행위의 여러 측면을 효율적으로 통합시키며, 행위의 적절성을 여러 특성에 의해서 판단한다.[116]

여기에서 '유형3'은 [단계2]에서 [단계3]으로, '유형5'는 [단계3]에서 [단계4]로 넘어가는 이행 단계에 해당한다고 할 수 있다. 따라서 '유형1', '유형2', '유형4', '유형6'이 각 단계를 구분하는 이해의 특징이라고 하겠다.

리가 분류한 이와 같은 감정이입적 이해의 단계는 이후 여러 연구에서 수용되어 실제의 실험연구에 사용되었다. 쉐밀트는 학생들이 감정이입적으로 혼란을 느낄 수 있는 문제와, 현재 사람들의 행위와는 대조적인 과거인

---

116) P.J. Lee, "Explanation and Understading in History", in Dickinson and Lee(eds.), *History Teaching and Historical Understanding*, p. 86.

의 행위에 대한 학생들의 이해 단계를 조사하였다. 전자의 방법으로 쉐밀트는 13세기 사람들은 에드워드(Edward) 왕이 환자에게 손을 대면 병이 낫는다고 믿었다는 사실을 학생들에게 알려주고 왕이 환자를 치료하는 상황을 그린 그림을 보여준 뒤 "왜 병이 치료되지 않았는데도 그들은 치료된다고 믿었을까?"라는 질문을 던졌다. 쉐밀트가 학생들의 이해 능력에 대한 분석의 기준으로 삼은 것은 다음과 같다.

[단계1]

역사적 지식과 감정이입적 이해를 타당하지 않게 적용한다. 동어반복적인 설명을 하거나, 기껏해야 판에 박힌 설명이나 상식적 설명, 역사주의적인 설명을 하는 데 그친다.

(예) - 그들은 아둔하고 어리석어서
- 우리만큼 발달하지 못해서
- 원시시대에 살아서 발달이 뒤떨어지고 미신을 믿었으므로

[단계2]

타당한 역사적 분석을 한다. 그러나 '외면으로부터'의 분석에 머물고 있으며, 감정이입적 이해에 이르지는 못한다. 감정이입적 설명 대신 조건적 설명을 한다.

(예) - 르네상스 이전의 종교시대에 살았으므로 초자연적인 치료의 힘을 믿었다.

[단계3]

과거 인간의 행위를 '내면으로부터' 설명한다. 그러나 단지 일상적 감정이입(everyday empathy)에 머무른다. 당시 사람들이 왜 에드워드 왕의 치료를 합리적으로 여겼는지를 보여주려고 한다. 그러나 20세기적 세계관내의 재구성으로, 현대인과는 다른 삶의 형태나 사고 방식을 재창조하려고 하지는 않는다.

(예) - 믿음은 프라세보(placebo) 효과나 자연적 치유처럼 때로는 치료의 효과를 발휘한다.
- 종교나 왕정의 효율적인 선전이었다.
- 사람들은 항상 기적적 치료에 대한 이야기를 들어왔다.
- 사람들은 달리 의지할 것이 없었으므로 자포자기의 심정이었고 더 이상 잃어버릴 것은 아무 것도 없었다.

[단계4]

진정한 역사적 감정이입을 한다. 왕의 치료에 대한 믿음이 왜 중세인의 정신에는 합리적이었는가를 보여주고자 한다. 20세기적인 선입견에서 벗어나 현대와는 다른 세계관을 재창조하려고 진정으로 시도한다.

(예) - 병은 죄의 대가이며, 치료는 용서를 상징한다. 그러므로 환자들은 용서를 받아야만 했고, 왕의 주위를 도는 것은 고해성사로 여겨졌을 것이다.
- 왕은 단지 신의 목적을 위한 도구이다. 이 도구는 "깨끗하다." 그리고 신의 은총을 받고 있는 상태에 있다.117)

현대인의 행위와는 대조적인 과거인의 행위에 대한 학생들의 이해능력을 조사하는데는 다음과 같은 질문이 사용되었다. "19세기 초 사람들은 기차 여행이 마차 여행보다 2배나 빠르다는 생각을 바보 같다고 여겼다. 우리는 콩코드 여객기가 기존의 여객기보다 2배나 빠르다는 것을 당연하다고 생각한다. 그런데 왜 당시 사람들은 기차 여행이 마차 여행보다 2배나 빠르다는 생각을 바보 같다고 생각한 것일까?" 쉐밀트가 이에 대한 학생들의 응답을 분류하는 데 적용한 기준은 다음과 같다.

[단계1] 특별한 일련의 상황을 재창조
기차가 도입되는 상황을 콩코드가 날기 시작한 상황과 비교할 수 없다고 주장하거나 콩코드에 대해서는 아예 언급하지 않는다. 당시 사람들이 어떻게 이런 믿음을 가지고 있었는지를 설명하려고 하지 않는다.

[단계2] 상황의 감정이입적 재구성
초기의 기차에 승객으로 타는 것이 어떠하였는지를 재구성하려고 한다. 콩코드와의 대조가 은연중에 나타난다. "뛰어 타고 내리는 습관 때문에 2배나 빠른 기차는 위험하였다. 불타는 석탄 때문에 기차는 위험하였다.…"는 대답은 그러한 예이다. 터널, 높은 사고율, 마차에 타듯이 기차 꼭대기에 탄 사람들의 죽음 등을 언급하기도 한다.

[단계3] 관점의 감정이입적 재구성

---

117) Shemilt, "Beauty and Philosopher: Empathy in History and Classroom", p. 76.

과거 사람의 관점을 재창조하고 설명한다. 1825년에 살았던 보통 사람의 눈으로 사물을 보려고 한다. "오늘날의 사람들은 점점 더 빨리 달리는 데 익숙해 있으나 1825년의 사람들은 그렇지 않았다. 수천년 동안 아무 것도 말이 달리거나 바람이 배를 움직이는 것보다 빠르지 않았다. 그런데 기차가 발명되고 훨씬 빨리 달리자 사람들은 무엇이 일어날 것인가에 대해 걱정하였다. 만약 블랙홀에 의하여 우주선이 빛보다 빨리 빨려 들어가지 않을까 우주비행사는 조금은 걱정하였을 것이다." 이러한 응답은 사실성은 부족하지만 역사 감각은 탁월하다. '우주비행사'에 대한 부적절한 언급을 통하여 증기기관차와 오늘날의 유사점을 찾으려고 한다.

[단계4] 시대의 감정이입적 재구성

19세기 초의 생활 및 사상의 광범한 맥락 위에서 철도를 이해하려고 한다. 19세기적 상상으로 증기기관이 준 영향을 파악하려고 한다.[118]

쉐밀트의 조사연구는 제시한 상황이 학생들이 당혹감을 느낄 수 있는 갈등 상황이라는 점에서 의미가 있다. 갈등 상황을 제시하면 학생들의 감정이입적 이해를 촉진시킬 수 있다. 감정이입적 딜레마의 문제는 학생들로 하여금 과거인의 행위를 그들의 동기에 비추어 이해할 수 있도록 개방적인 시각을 가지게 해주며, 현대인의 행위와는 대조가 되는 과거인의 행위에 대한 연구는 여러 가지 다른 역사적 상황에도 적용해 볼 수 있고 직접적으로 비교할 수 있는 여러 가지 결과를 제공해 준다.[119]

어쉬비와 리(Asalyn Ashby and P.J. Lee)는 감정이입적 이해를 과거 인간의 행위에 대한 이해로 보고 그 단계를 다음과 같이 구분하고 있다.

[단계1] 결함 있는 과거(the 'devi' past)

과거의 행위와 제도 등을 이해할 수 없는 것으로 본다. 과거 사람들은 '더 훌륭한' 행위의 과정을 채택하지 못하였기 때문에 중요한

118) *Ibid.*, pp. 77-78.

119) Chris Sansom, "Concepts, Skills and Contents : A Developmental Approach to the History Syllabus", in Christopher Portal(ed.), *The History Curriculum for Teachers*, p. 137.

측면에서 정신적으로 결함이 있다고 여긴다. 과거인의 행위를 불합리한 것으로 생각한다.

[단계2] 일반화된 정형(generalized stereotype)

행위, 제도 등을 사람들의 의도, 상황, 가치, 목적에 대한 '관습적'(conventional) 또는 정형화된 해석에 의하여 이해한다.

[단계3] 일상적 감정이입(everyday empathy)

행위, 제도 등을 특정한 상황에 대한 증거에 의해서 이해한다. 그러나 그 상황을 현대적 의미로 파악한다. 우리가 지금 그것을 보는 방식과 당시대인이 그것을 보았던 방식, 행위자가 알았던 것과 우리가 지금 아는 것을 구분하지 않는다.

[단계4] 제한적인 역사적 감정이입(restricted historical empathy)

행위, 제도 등을 특정한 상황에 대한 증거에 의해서 인식한다. 과거인의 믿음, 목적, 가치가 우리와는 다르다는 것을 인식한다. 그러나 좁은 맥락 속에서만 가능하며 특정한 환경을 뛰어넘어 이를 채택하지는 못한다.

[단계5] 맥락적 역사적 감정이입(contextual historical empathy)

광범한 맥락 속에서 이해나 설명을 하려고 한다. 정보나 증거가 충분하지 않으면 사색(speculation)을 사용한다. 현재와 당시 상황의 차이가 중요하다는 것을 인식하고 자신의 관점을 바꾸려고 노력한다.[120]

어쉬비와 리의 연구 결과는 감정이입적 이해의 단계에 대한 이제까지의 연구를 종합하여 제시한 것이라고 할 수 있다. 이를 종합해 볼 때 역사적 사실에 대한 학생들의 감정이입적 이해의 단계는 크게 ① 역사적 행위를 이해하려고 하지 않는 단계, ② 특정한 관념에 의하여 역사적 행위를 이해하려는 단계, ③ 사회적 맥락에 비추어 역사적 행위를 이해하려는 단계로 구분할 수 있다. ①은 어쉬비와 리의 단계1, ②는 단계2와 단계3, ③은 단계4와 단계5에 해당한다고 하겠다. ①은 감정이입적 이해가 아니며, ②는 감정이입적 이해이기는 하지만, 역사적 감정이입은 아니며, ③의 단계가 역사적 감정이입이라고 할 수 있다. 역사적 감정이입을 위해서는 이해하려는

120) Asalyn Ashby and P.J. Lee, "Children's Concepts of Empathy and Understanding in History", in Portal(ed.), *The History Curriculum for Teachers*, pp. 68-84.

행위가 일어난 사회적 상황에 대한 배경지식이 필요하다. 당시의 사회 상황에 대한 여러 가지 요인을 더 많이 체계적으로 고려할수록 역사적 감정이입은 더 효과적으로 이루어질 수 있다.

여기에서 말하는 감정이입적 이해의 단계는 피아제와 같은 발달론자들이 말하는 단계(stage)의 개념은 아니다.[121] 어쉬비와 리는 높은 수준의 이해는 낮은 수준의 이해를 포섭하거나 대치하지만 각 수준은 발달적 위계관계가 아니라 감정이입적 이해를 하는 논리적 과정을 뜻한다고 지적하고 있다. 학생들의 감정이입적 이해 수준은 익숙한 내용일수록 높게 나타내며, 이질적 제도나 낯선 행위를 다루는 과정을 거치면 높아질 수 있다.[122] 이와 같이 역사적 이해의 단계를 발달적 위계관계가 아닌 논리적 과정으로 보는 것은 리에 의하여 하나의 가설로 제기되었던 것으로, 감정이입적 역사 이해에 대해 연구한 여러 학자에 의해서도 그대로 수용된 것이다. 또한 여기에서 제시된 단계가 감정이입적 이해의 논리적 과정이라고 할 때, 역사학습에서 이러한 단계를 거쳤을 때 감정이입적 이해는 더욱 효율적으로 이루어질 수 있다.

Ⅴ. 맺음말

역사교육이 역사적 사고력을 기르는 데 힘을 기울여야 한다고 할 때, 과학적 사고뿐만 아니라 상상적 이해의 측면도 역사의 본질에 비추어 볼 때

121) 피아제가 말하는 단계는 아동 발달의 연속적 시기를 뜻한다. 따라서 단계는 인지발달의 수준에 의하여 결정된다. 피아제는 단계의 특징을 다음과 같이 불변적 계열, 기본 구조, 계속적인 통합의 세 가지로 요약하고 있다.
첫째, 활동의 불변적 계열이 있어야 한다. 활동이 나타나는 순서는 모든 아동에게 동일하다.
둘째, 각 단계의 특징은 아동의 표면적 행동을 결정해 주는 하나의 핵심적 체제, 즉 기본구조에 의해서 정해진다.
셋째, 각 구조는 다음에 오는 구조를 위한 길을 예비한다. Ginsburg and Opper(김억환 역), '피아제의 지적발달론'(성원사, 1984), 218면.

122) Ashby and Lee, "Children's Concepts of Empathy and Understanding History", pp. 66-67.

역사교육에서 중시되어야 한다. 이제까지 역사교육에서 상상적 이해의 측면이 소홀히 취급되어 온 것은 역사학습이 역사의 본질을 충분히 고려하지 않은 채 전개되어 왔기 때문이다. 그러나 역사교육이 역사의 본질적 성격과 역사가의 사고 방식에 따라 가르쳐야 한다는 점에 비추어 볼 때 상상적 이해 또한 역사학습의 방법으로 중시되어야 한다. 이러한 관점에서 본고에서는 상상적 역사이해의 논리와, 역사학습에 필요한 지적 기능의 하나로서 상상적 이해의 요소와 단계에 대해 검토해 보았다.

역사는 이해의 대상이 인간의 내면이라는 데서 다른 학문과 차이가 있다. 인간의 내면에 대한 이해를 위해서는 역사적 자료에 대한 분석만으로는 불충분하며, 재연, 추체험, 감정이입과 같은 상상적 이해가 필요하다. 또한 역사적 자료는 과거의 사건을 충분히 알 수 있을 만큼 명확하거나 완전하지 못한 경우가 많은데, 이를 해석하여 역사적 사건의 의미를 이해하기 위해서도 상상적 이해는 필요하다. 역사에서 상상적 이해의 유형으로는 구조적 상상, 감정이입적 이해를 들 수 있다.

상상적 이해는 분석과 비판을 토대로 하는 과학적 사고와는 대비되는 독자적인 역사 이해의 방식이다. 역사를 이해하기 위해서 상상력이 필요하다는 주장은 역사학의 대상, 목적, 방법은 본질적으로 다른 학문과 구분되는 고유한 성격을 가지고 있다는 논리를 전제로 한다. 교과교육의 측면에서 볼 때 이러한 이론은 역사가 독립교과로서 존재할 수 있는 이론적 기초와 역사학습은 곧 역사적 이해의 과정이 되어야 한다는 역사교육의 방법론적 원리를 제공해준다고 할 수 있다.

본고에서 상상적 이해의 중요성을 강조하는 것이 역사학습에서 과학적 사고 방식이 필요하다는 것 자체를 부인하는 것은 아니다. 과학적 사고와 상상적 이해는 역사학습에서 학생들의 효율적인 역사이해를 위한 상호보완적인 사고방식이라고 할 수 있다. 따라서 역사적 사고의 이 두 가지 측면을 포함하는 역사교육의 목표 또는 역사기능 전체에 대한 체계화가 요구된다. 또한 상상적 역사이해능력을 신장시키는 데 효율적인 보다 다양한 학습방법의 모색과 이를 역사수업 현장에 적용하는 실험연구도 필요하다. 이러한 문제들은 역사교육 연구에서 앞으로 다루어야 할 과제라고 하겠다.

(김 한 종)

제3부
역사적 사고력과 역사수업

제 10 장
역사적 사고력의 개념과 그 교육적 의미

Ⅰ. 머리말

역사적 사고력의 육성을 역사교육의 중요 목표로 삼아야 한다는 주장은 널리 행해지고 있다.[1] 그러나 이에 대한 연구는 그리 활발하지 못하다. 그 원인 중의 하나는 개념이나 성격에 대하여 언급하지 않은 채 막연히 역사적 사고력이라는 말을 사용하였기 때문이다.[2] 사실 역사적 사고력의 개념을 명확하게 규정하기는 어렵다. 여기에는 두 가지 이유를 생각할 수 있다.

첫째는 사고라는 용어가 매우 포괄적으로 쓰이고 있기 때문에 개념상 애매한 경우가 많다는 점이다. 타바(Hilda Taba)는 교육에서 사고라는 말은 머리 속에서 일어나는 모든 것을 포괄하는 총체적 절차로 여겨져 왔기 때문에 갖가지 혼란이 일어났으며, 이로 인하여 사고의 요소 또는 사고를 구성하는 기본적 절차와 문제해결과 같이 사고력을 기르는 전략을 구분하지 못하였다고 지적하고 있다.[3]

---

* 이 글은 『이원순교수정년기념 역사학논총』(교학사, 1991)에 실린 것을 부분적으로 수정, 보완한 것임.

1) 이원순 · 윤세철 · 허승일, 『역사교육론』(삼영사, 1980), 128면. ; 이기영 외 3인, 『사회과교육(Ⅰ)』(한국방송통신대학, 1984), 191면 ; 이정인, 「역사교육의 목적」, 이원순 외 6인, 『역사과교육』(능력개발사, 1977), 67면 ; 이원순·이정인, 『역사교육』(정음사, 1985), 68면.

2) 역사적 사고력의 개념에 대하여 논의하고 있는 논저로는 다음과 같은 것을 들 수 있다. 강우철, 『역사연구방법과 그 교육적 접근』(탐구당, 1975) ; 김여칠, 「역사교육에 있어서 역사적 사고력의 신장」, 『사회과교육』 6, (1972) ; 송춘영, 「역사적 사고력의 신장을 위한 사료활용방안」, 『이원순교수화갑기념 사학논총』(교학사, 1986).
특히 송춘영의 논문은 역사적 사고력의 개념에 대하여 비교적 상세히 설명하고 있어 참고될 만하다. 그러나 일본 학자들의 견해를 소개하는 데 그치고 있으며 역사적 사고력이 무엇인가에 대해서 명확히 논하고 있지는 않다.

둘째는 역사적 사고의 개념은 역사의 본질과 밀접한 관련이 있다는 점이다. 역사의 본질에 대해서는 많은 역사철학자가 언급하여 왔으나 결론이 날 수 있는 문제는 아니며 역사의 본질을 어떻게 보느냐에 따라 역사적 사고가 무엇인가에 대한 입장도 달라질 수 있다. 따라서 우리가 보다 관심을 가져야 할 것은 다른 교과와 비교될 수 있는 역사적 사고력의 특징은 무엇이며, 그것이 교육적으로 어떠한 학습능력을 가리키는 것인가 하는 점이 될 것이다. 이에 대한 고찰이 역사교육에서 역사적 사고력을 연구하는 데 혼란을 방지하고 장차 역사교육의 목표를 세우는 바탕이 되리라고 여겨지기 때문이다.

역사적 사고력에 대한 연구에서 특히 주목할 만한 것은 피아제(Jean Piaget)의 사고발달이론을 역사교육에 도입하려는 노력이다. 본고에서는 이를 둘러싼 논의를 살펴봄으로써 역사적 사고력의 성격을 좀더 확실히 해두고자 한다.

Ⅱ. 역사적 사고력의 개념

1. 인지이론과 사고

사고에 대한 논의는 교육학자들 사이에 오래 전부터 계속되어 왔으나, 교육의 목표를 사고의 육성에 두어야 한다고 강조한 대표적 학자는 듀이(John Dewey)이다. 듀이는 사고력을 길러야 의식적인 목적을 가지고 행동할 수 있으며, 체계적인 준비와 창의성을 가능하게 해 주고, 사물을 대할 때 그 의미를 풍부하게 할 수 있다고 주장하였다.[4] 듀이가 길러야 한다고 주장하는 사고력은 곧 문제해결능력을 뜻한다. 듀이는 이러한 사고를 반성

---

3) Hilda Taba, "Implement Thinking as an Objective in Social Studies", in Jean Fair and F.R. Shaftel(eds.), *Effective Thinking in the Social Studies*(Washington: National Council for the Social Studies, 1967), p. 26.

4) John Dewey, *How We Think*(Boston : Heath and Company, 1933), pp. 17-19.

적 사고(reflective thinking)라고 규정하였다. 반성적 사고는 사물을 신중하고 논리적으로 생각하는 사고의 형태이다. 그저 무의식적으로 머리 속으로 스쳐 지나가는 관념이 아니라 체계적이고 연속적으로 생각을 하며, 직접 느낄 수 있거나 지각되는 것에 그치는 것이 아니라 마음 속으로 이미지를 가지는 것이다. 또한 단순한 믿음이 아니라 그 믿음을 근거와 그것이 지향하는 결론에 비추어 적극적·지속적으로 주도 면밀하게 고찰하는 것이다.[5)]

반성적 사고는 두 가지 단계를 거쳐 일어난다. 첫째는 사고의 대상인 사물에 대하여 의심하고, 주저하고, 당황하는 정신적 어려움의 단계이다. 둘째는 그 의혹을 풀고 당혹감을 가라앉히기 위하여 자료를 검토하고 처리해 나가는 탐색(searching), 수색(hunting), 탐구(inquiring)의 단계이다.[6)] 듀이에 따르면 교육이란 결국 학생들로 하여금 이러한 반성적 사고의 과정을 효과적으로 수행할 수 있는 능력을 기르는 것이다.

듀이는 반성적 사고능력을 기르기 위해서는 학습자의 태도가 매우 중요하다고 주장하였다. 반성적 사고를 훈련하는 능력은 단지 가장 훌륭한 형태의 사고방식을 안다는 것만으로 성취될 수는 없으며, 자기 나름으로 독자적으로 판단하고 반복적으로 사고할 수 있는 태도를 가져야만 이루어질 수 있는 것이다.[7)] 이를 위하여 길러야 할 사고의 태도로는 문제를 새로운 각도에서 바라볼 수 있는 사고의 개방성, 어떤 대상이나 원인에 흥미를 느껴 거기에 몰두하는 성실성, 사고의 결과에 대한 책임감 등이 있다.[8)]

듀이의 이러한 견해는 사고에 대한 이후의 연구에 커다란 영향을 끼쳤

---

5) *Ibid.*, pp. 3-9.

6) *Ibid.*, p. 12.
반성적 사고의 과정을 좀더 세분하면 다음과 같다.
- 착상(suggestion) : 잘 모르거나 어렵다고 느끼는 상황에 부딪혀 의문을 해결해야 하겠다는 문제의식을 갖는 단계
- 지식화(intellectualization) : 문제의 본질과 범위를 명확히 파악하는 단계
- 가설(hypothesis) : 개인의 경험과 관심을 토대로 가설을 세우고 문제 상황에 대한 분석을 시작하는 단계
- 논증(reasoning) : 가설이 논리적으로 맞는가를 검토하는 단계
- 가설의 검증(testing the hypothesis) : 세심한 관찰이나 실험을 통하여 가설을 검증하고 최종적인 판단을 내리는 단계

7) *Ibid.*, pp. 28-29.

8) *Ibid.*, pp. 30-32.

다. 사고를 교육의 목표로 삼아야 한다고 주장하는 사람들은 사고를 주로 인지활동으로 여기게 되었다. 베느(Kenneth D. Benne)는 "사고는 고정되지 않은 문제의식을 갖는데 초점을 둔다. 그것은 아직 만족스러운 대답을 찾지 못한 질문에 의하여 유도된다."[9]고 말하고 있으며, 미카엘리스(John U. Michaelis)도 사고를 하는 데는 사물이나 사건을 나타내는 상징(symbol)을 사용하게 되는데, 이는 질문이나 문제의식, 당혹감, 알고자 하는 욕구에서 시작된다고 한다.[10] 길포드(J.P. Guilford)는 이러한 인지적 입장에서 사고를 수렴적 사고(convergent thinking), 확산적 사고(divergent thinking), 평가적 사고(evaluative thinking)의 세가지로 구분하고 있다. 그에 따르면 수렴적 사고는 주어진 정보에 의하여 한 가지의 '옳은 답'을 찾는 것이고, 확산적 사고는 몇 가지의 '답'이 가능할 때 주어진 정보로부터 다양하고 참신한 답을 도출하는 과정이며, 평가적 사고는 정보 또는 결론의 적절성, 정확성, 가치를 결정하는 과정이다.[11]

인지적 입장에서 사고를 연구하는 또 하나의 중요한 경향은 사고의 개념과 절차를 탐구하여 인간의 성장에서 사고가 어떻게 발달하는가를 밝히려는 것이다. 피아제나 브루너(J.S. Bruner)로 대표되는 이러한 연구들은 주로 사고가 어떤 단계(stage)를 거쳐 발달하는가에 집중되었다. 이들이 말하는 단계란 개인이 육체적 성숙, 사회적 특성, 사고의 질에서 보이는 뚜렷한 발전적 변화, 즉 개인이 육체적·사회적·정신적 발달에서 어떠한 점에 도달하였는가를 나타내 주는 상대적인 표시이다.[12] 브루너에 따르면 아동은 사고의 발달에 따라 세 가지의 표현방식을 나타낸다고 한다. 첫번째는 적절한 감각 반응을 통하여 표현하는 작동적 표현(enactive representation), 두번째는 지각할 수 있는 상(image) 속에 사건을 조직하는 영상적 표현(iconic representation), 세번째는 상징(symbol)이나 단어를 통한 상징적 표

---

9) Kenneth D. Benne, "The Major Tasks of Contemporary Thinking", in Fair and Shaftel(eds.), *Effective Thinking in the Social Studies*, p. 3.

10) John U. Michaelis, *Social Studies for Children in a Democracy*(7th ed.)(Englewood Cliffs, N.J. : Prentice Hall Inc., 1980), pp. 269-271.

11) Hilda Taba, "Implement Thinking as an Objective in Social Studies", p. 28.

12) Peter H. Martorella, *Elementary Social Studies*(Boston : Little, Brown and Company, 1985), p. 25.

현(symbolic representation)이다. 이러한 표현방식은 단계를 가지고 발달한다.[13] 아동은 발달과정을 통하여 각각의 단계마다 독특한 방법으로 세계를 지각하고 설명하므로 교과를 가르칠 때는 그 아동의 지각방식에 맞도록 교과의 구조를 번역하여 가르쳐야 한다고 브루너는 주장하였다.[14]

이러한 입장에 서 있는 학자들에 따르면 아동의 사고는 사회와의 상호작용에 의하여 발달하며 그것은 성숙의 정도에 따라서 달라진다. 콜버그(Lawrence Kohlberg)는 사고의 발달에는 단계가 있으며, 아동의 사고는 성숙함에 따라 발전한다고 주장하였다. 그에 의하면 어린 아동들은 주로 권위 있는 인물에 의존하여 판단을 하지만 나이가 많아질수록 상호관계와 협력의 원리를 고려하게 된다는 것이다.[15]

이러한 인지발달론은 사회과 교육에 많은 함축성을 주었다. 학습자료와 학습활동은 아동들의 사고능력에 적합해야 한다. 수업에서는 구체적 학습활동이 강조되어야 하며, 사회적 상호작용을 위한 기회가 자주 제공되어야 한다.[16] 초등학교에서는 현실감 있고 일상 생활에 영향을 줄 수 있는 문제를 다룰 기회를 부여해야 하며, 초등학교 학생들은 관찰이나 기록, 추론에 토대를 둔 자료수집절차를 수행할 수 있다.[17]

2. 역사적 사고의 성격

(1) 역사적 사고에 대한 두 가지 견해

역사적 사고를 보는 견해는 크게 두 가지로 나눌 수 있다. 하나는 일반적인 사고를 역사라고 하는 교과나 역사 교재에 적용하였을 때 이를 역사적 사고라고 보는 입장이고, 다른 하나는 각 교과에는 고유한 사고의 형태가 있으며, 역사적 사고도 다른 교과의 사고 형태와는 구별된다는 입장이

13) Jerome S. Bruner, "The Course of Cognitive Growth", *American Psychology* 19(1) (1964), pp. 1-15.
14) J.S. Bruner(이홍우 역), 『교육의 과정』(배영사, 1973), 102-103면.
15) Martorella, *Elementary Social Studies*, p. 29.
16) *Ibid.*, p. 32.
17) Arthur E. Ellis, *Teaching and Learning in Elementary Social Studies*(3rd ed.) (Boston : Allyn and Bacon, Inc., 1986), p. 39

다.[18)]

전자의 입장에 서 있는 사람들은 교육학 일반에서 제시되고 있는 교육목표나 교수모델을 역사교육이나 사회과 교육에도 적용하려고 한다. 탐구학습을 사회과나 역사교육에 적용하려는 시도 등이 그 대표적이라고 할 수 있다.[19)]

이에 반해 후자의 입장은 역사학자나 역사철학자들 사이에서 자주 제기되었다. 콜링우드(R.G. Collingwood)는 역사적 사고는 과학적 사고의 방식과는 다르다고 주장하였다. 콜링우드에 의하면 과학에 있어서는 사건을 지각함으로써 발견을 하고, 그것을 분류하여 다른 종류와의 관계를 결정함으로써 원인을 찾아낸다. 이에 반해 역사의 과정은 단순한 사건의 과정이 아니라 행동의 과정이며, 행동의 과정은 사상(thought)의 과정이라는 내면성을 가지고 있다. 역사에서 발견해야 하는 것은 바로 사건 속에 포함되어 있는 사상이다. 과거의 사건 속에 들어 있는 사상을 알 수 있는 길은 과거의 역사를 역사가 자신의 정신 속에 재연(re-enactment)하는 길뿐이다.[20)] 이러한 콜링우드의 견해에 따르면 역사적 사고란 과거 사건 속에 포함되어

---

18) 山中壽夫, 「歷史敎育と歷史的思考力」, 尾鍋輝彦・豊田武・平田嘉三(編), 『歷史敎育學事典』(東京 : きようせい, 1980), 67면.

19) 이러한 시도는 듀이가 반성적 사고를 주장한 이래 꾸준히 계속되고 있으며, 브루너에 의하여 탐구학습이 강조된 이후로 더욱 활발히 전개되었다. 이에 대한 연구로는 다음의 논저를 참조.
한국교육개발원 사회과교육연구실, 『사회과 탐구수업』(교육과학사, 1982) ; B.K. Beyer(한면희 외 3인 공역), 『사회과 탐구논리』(교육과학사, 1988) ; Lawrence R. Metcalf, "Research on Teaching the Social Studies", in N.L. Gage(ed.), *Handbook of Research on Teaching*(Chicago : Rand Mcnally, 1963) ; Shirley Engle, "Decision Making : The Heart of the Social Studies Instruction", *Social Education* 24(7)(Nov. 1960) ; Byron G. Massialas and Benjamin Cox, *Inquiry in the Social Studies*(New York : Mcgraw-Hill, 1966) ; Rodney F. Allen, John V. Fleckenstein and Peter M. Lyon(eds.), *Inquiry in the Social Studies*(Washington : National Council for the Social Studies, 1967).

20) R.G. Collingwood(김봉호 역), 『서양사학사』(탐구당, 1976), 329-330면.
물론 역사를 사상의 역사로 보는 콜링우드의 견해에 대한 실증론자들의 비판도 거세다. 그러나 본고에서 고찰하고자 하는 것은 역사의 본질이 무엇이냐 하는 것이 아니라 다른 학문과 구별되는 역사적 사고의 특징이므로 이에 대한 논쟁은 다루지 않기로 하겠다.

있는 인간의 사상을 재연하는 것이다. 역사적 사고의 대상은 상황이 이미 종료되어 더 이상 존재하지 않는 사건이므로 현재의 경험과 관련짓는 한 과거는 존재하지 않는다. 과거의 사건은 증거를 다루는 역사가의 상상력 속에서 재구성될 뿐이다.[21]

톨젠(T.R. Tholfsen)도 역사학에는 고유한 사고의 형태가 있으며 역사적 사고는 기본적으로 상식 및 과학과는 상반된다고 주장한다. 톨젠에 따르면 상식은 자기가 잘 모르는 것을 자기가 잘 아는 것에 비추어 유사성을 추구하며, 과거를 현재에 동화시키고 현재의 경험에 의하여 설명하므로 비역사적이다. 자연과학은 상식을 선호하며 포괄법칙(covering law)이나 전형적 예를 들어 사실을 설명한다. 이에 반해 역사적 이해는 과거에 대하여 개별적 접근을 필요로 한다는 점에서 근본적으로 다르다.[22]

역사가는 사건을 시간의 차원 속에서 다룬다. 어떤 사건을 특정한 시간과 관련지어 관찰하며 시간의 흐름에 따라 변형되는 과정에서 변화의 절차와 그 산물로 본다.[23] 역사가는 시간의 흐름에 따라 일어나는 다양성을 추구하며, 어떤 사건과 다른 사건과의 관계, 즉 변화와 연속성을 추구한다. 그러므로 역사적 접근의 기본적인 범주는 시간을 통한 다양성, 변화, 연속성이다.[24]

(2) 역사적 사고의 특성

앞에서의 논의에 비추어 볼 때 역사적 사고의 특성은 대체로 다음의 세 가지로 요약될 수 있다.

첫째, 역사적 사고란 과거의 사건 뒤에 숨어 있는 사람들의 사상을 추체험(追體驗)하는 것이다.

둘째, 역사적 사고는 사건의 유사성보다 개별성, 다양성에 관심을 둔다.

셋째, 역사적 사고는 시간 속에서 계속성과 변화를 추구한다.

---

21) Vivienne Little, "What is Historical Imagination", *Teaching History* 36(1983), p. 27.

22) T.R. Tholfsen, *Historical Thinking*(New York : Harper and Row, Publishers, 1967), p. 13.

23) *Ibid.*, p. 6.

24) *Ibid.*, p. 249.

효과적인 역사학습을 위해서는 역사적 사고의 이러한 특성을 고려해야 한다는 주장도 제기되고 있다. 버스톤(W.H. Burston)은 어떤 주제를 효과적으로 가르치기 위해서는 사건을 알기 쉬운 형태로 그룹화해야 할뿐만 아니라 해당 교과에 적합한 형태로 그룹화해야 한다고 주장한다. 그에 의하면 학생들에게 주제나 교과의 독특한 사고양식을 가르치지 않는다면 일반적 사실 이상의 것은 거의 전달하지 못한다. 따라서 역사적 사고 속에서 학습한다는 것은 이를테면 혁명과 같은 사건을 설명하는 역사가의 특징적인 패턴을 발견하는 것이다.[25)]

그러나 역사적 사고와 관련하여 역사교육에서 보다 관심을 쏟아야 할 점은 학생들이 어느 정도 역사가의 사고방식이나 그 결과에 따라서 내적으로 사고할 수 있느냐 하는 문제이다.[26)] 즉, 역사적 사고의 대상이나 관심이 다른 과학에서 다루고 있는 사고와 어떻게 다른가 하는 점과 함께 사고의 방법이 어떻게 다른가 하는 점도 중요하다고 할 수 있다.

근대 역사학이 과학에서 사용하는 방법을 부인하는 것은 아니다. 역사가 사건의 개별성, 변화와 계속성을 추구한다고 하더라도 그것에 접근하는 방법은 관찰, 조사, 분석, 종합 등을 토대로 하는 과학자와 비슷하다. 오히려 20세기 들어와 신사학(new history)에서는 경제학, 심리학 등 사회과학의 방법론을 도입하는 연구가 더욱 활발한 실정이다.[27)] 그러나 역사와 과학의 사고방법이 전적으로 같은 것은 아니다. 그 차이로 흔히 지적되는 것은 역사가는 과거를 재구성할 때 그들이 연구하는 사람들이나 시대의 믿음과 가

---

25) W.H. Burston, *Principles of History Teaching*(2nd ed.)(London : Methuen Educational Ltd., 1972), pp. 7-8.

26) Michael Honeybone, "The Development of Formal Historical Thought in Schoolchildren", *Teaching History* 2(6)(Nov. 1971), p. 147.

27) 신사학이라는 용어는 로빈슨(James Robinson)이 처음 사용한 이래 그 의미가 확대되어 문헌 자료에 토대를 둔 정치사 중심에서 탈피하여 심리학, 사회학, 경제학, 정치학 등 사회과학 방법들을 도입한 20세기의 새로운 사학경향을 총칭하게 되었다. 신사학의 경향과 방법에 대해서는 다음의 논저를 참조.
박성수, 『새로운 역사학』, 종로서적주식회사, 1981. ; 박성수, 「신사학이란 무엇인가」, 이광주·이민호 편, 『역사와 사회과학』, 한길사, 1978. ; Arthur Marwick, *The Nature of History*(3rd ed.)(New York : A Delta Book, 1970), pp. 72-141 ; T.K. Rabb and R.I. Rotberg(eds.), *The New History : The 1980s and Beyond*(N.J. : Prinston Univ. Press, 1982).

치에 의하여 판단을 한다는 점이다.[28] 이는 보통 역사적 상상(historical imagination)이라고 불리고 있다. 과거를 이해하기 위해 상상적 행위를 이용한다는 것은 과거인의 사상뿐만 아니라 그들의 감정(feeling)까지 고려함을 뜻한다. 물론 역사에서의 상상은 증거와 관련되어 있으므로 일반 과학에서 사용하는 상상과는 다른 개념으로 사용된다. 그러나 증거가 상상을 필요로 하지 않을 만큼 결정적이지 않는 한 과거 사람의 행위를 이해하기 위해서는 어느 정도 추측이 불가피하다.[29] 이것이 역사의 사고방법이 과학의 사고방법과 다른 점이라고 할 수 있다.

이러한 역사적 상상은 직관적 사고(intuitive thinking) 또는 주관적 사고(autistic thinking)나 추론(inference)에 크게 의존한다. 와츠(D.G. Watts)에 따르면 역사적 자료는 아동들이 주관적 사고를 발달시키는데 많은 기여를 하며, 주관적 사고는 그 자체로서 효과적인 역사적 사고의 방법이라고 한다. 주관적 사고는 반성적 사고가 나타나는 7-8세 이전에 역사학습을 하는 것을 가능하게 해 준다는 것이다.[30]

그러나 이러한 역사적 상상은 단순한 견해나 가치판단의 문제와는 다르다. 콜링우드는 이 점에 대하여 역사가는 사물이 실제로 존재하거나 일어

---

28) School Council History 13-16 Project, *A New Look at History*(Edinburgh : Holmes McDougall, 1976), p. 40.

29) P.J. Lee, "History Teaching and Philosophy of History", *History and Theory* 22(4)(1983), p. 38.

30) D.G. Watts, *The Learning of History*(London : Routledge and Kegan Paul), 1976, p. 38.
여기서 사용하고 있는 주관 또는 직관이라는 말은 우리가 일상적으로 사용하고 있는 주관 또는 직관이라는 의미와는 다르다. 즉, 역사에서 이러한 사고능력은 가지고 태어나거나 교과나 학문과 무관한 것이 아니라 해당 교과에 대한 많은 지식을 가지고 있으면 쉽게 행할 수 있는 사고능력이다. 학습에서 직관적 사고의 중요성을 강조한 브루너는 직관적 사고를 '면밀하고 명백하게 계획된 단계를 따라 전개되는 것이 아니라 전체 문제 사태에 대한 포괄적 지식을 기초로 하여 전개되는 사고'로 규정하고 있다. 그러나 브루너는 역사에서도 직관적 사고가 필요하다는 것을 지적하는 데 그치고 있으며 직관적 사고가 가장 표면화된 분야는 수학이나 과학과 같이 연역과 귀납의 형식적인 절차가 가장 고도로 발전된 분야에 있다고 말함으로써 증거에 토대를 두는 역사에서의 직관적 사고와는 의미상 또 다른 차이를 보이고 있다. 브루너가 이야기하는 직관적 사고에 대해서는 Bruner(이홍우 역), 『교육의 과정』, 140-162면 참조.

난 그대로 심상(image)을 구성해야 하기 때문에 역사가의 심상은 시공 속에 자리잡아야 하고 증거와 연관되어야 하며, 모든 역사는 그 자체와 모순되지 않아야 한다고 지적하고 있다.[31]

이상의 논의에서 역사적 사고에는 두 가지 측면이 있음을 알 수 있다. 하나는 일반 과학에서와 마찬가지로 논리적 탐구방법을 사용하는 측면이고, 다른 하나는 역사적 상상의 측면으로 과학적 사고의 경우보다 직관적인 방법을 더 많이 사용한다. 와츠가 역사적 사고를 상상 또는 직관에 토대를 둔 연합적 사고(associative thinking)와 합리적 또는 논리적 사고의 혼합으로 보고 있는 것은[32] 역사적 사고의 이러한 두 가지 측면을 고려한 것이라고 할 수 있다.

3. 역사의식과 역사적 사고력의 관계

역사의식은 역사적 사고력과 더불어 학생들의 역사적 발달을 밝히는 중요한 요소로 역사적 사고력과 밀접한 관련을 가지고 있다. 그러나 이 두

---

31) Collingwood(김봉호 역), 『서양사학사』, 374-375면.

32) Watts, *The Learning of History*, p. 20.
와츠가 주장하는 역사적 사고력의 발달 모델은 다음과 같다.

판단(judgement)
↗ ↖
창의성 (creativeness) | 의식적 논리적 사고 (conscious logical thinking)
↑ | ↑
연합 (association) | 형식적 조작 (formal operation)
↑ | ↑
상상 (imagination) | 구체적 조작 (concrete operation)
↑ | ↑
꿈과 공상 (dream and daydream) | 감각 동작적 사고 (sensori-motor thinking)
↖ ↗
초보적 지각과 인지적 행동
(primitive perceptual and cognitive activity)

가지 개념은 거의 구분되지 않은 채 우리 나라 학생들의 역사적 능력발달에 대한 연구에는 주로 역사의식이라는 개념이 사용되어 왔다.

확실한 정설은 없으나 일반적으로 역사의식은 '시간과 시대의 흐름에 따른 역사의 변화와 계속성을 파악하는 시간의식 및 변천의식, 역사 속에서 자기 자신의 위치와 역할을 깨닫는 자아의식 또는 존재의식'으로 규정되고 있다.[33] 그러나 역사교육과 관련지어 고찰할 때 역사의식의 내용은 흔히 시원의식, 고금상위, 변천, 역사적 인과관계, 시대구조, 역사발전 등으로 분류된다.[34] 이는 아동의 성장 및 사회성의 발달에 따라 역사의식을 계열화한 것이다.

이러한 역사의식의 발달은 매우 정태적이고 고정적이어서 역사의식의 발달 수준을 끌어올릴 수 있는 힘이나 조건, 발달과정 등에 대해서는 알기가 어렵다.[35] 또한 역사의식을 이와 같이 파악하는 경우 역사적 사고력의 신장은 역사의식이 발달한 후에야 가능하게 된다. 이를테면 초등학교에서 사고력을 기르기 위한 역사학습은 변천, 발달의식이 성장하고 어느 정도 시간의 흐름을 파악할 수 있는 4학년 이후에야 가능하다고 생각하게 된다.[36] 그러나 아동들이 자생적으로 성장하여 역사의식을 가진 후에야 역사적 사고력의 신장이 가능하다면 학교에서 역사교육의 역할은 극히 미미한

---

33) 역사의식의 일반적 개념에 대해서는 강우철, 「역사교육과 역사의식」, 『전국 역사학대회 발표요지』, 1978.에 비교적 포괄적으로 제시되어 있어 참고할 만하다.

34) 역사의식의 요소를 이와 같이 구분한 것은 齋藤博의 연구에서 비롯된다. 齋藤博, 「歷史的意識の發達」, 『信濃敎育硏究所紀要』 19(1953). 齋藤博에 따르면 아동의 역사의식은 고금상위의식 → 변천의식 → 인과관계의식 → 시대구조의식 → 역사발전의식 순으로 발달한다고 한다. 齋藤博의 이러한 연구는 이후 일본의 역사교육 연구에 커다란 영향을 주어서 역사의식을 유형화, 계열화하려는 노력이 전개되었다. 그 중 가장 대표적인 것이 일본 사회과교육연구회의 연구이다. 日本社會科敎育硏究會, 『歷史意識の硏究』(東京: 第一學習社, 1971). 일본사회과교육연구회는 이 연구에서 역사의식을 시원의식, 고금의식, 변천의식, 인과의식, 시대의식, 발전의식으로 구분하고 있다. 우리 나라에서도 대체로 이를 받아들여 역사의식의 내용을 구분하고 있는 실정이다. 이에 대한 상세한 분석은 본고의 목적이 아니므로 다른 기회로 미루기로 한다. 분류된 각각의 역사의식이 무엇을 의미하는가에 대해서는 이찬희, 「역사의식의 개념과 역사교육」, 『사회과교육』 22(1989) 참조.

35) 木全淸博, 「歷史意識の發達と歷史敎育」, 加藤章・佐藤照雄・波多野和夫(編), 『講座歷史敎育 3 : 歷史敎育の理論』(東京 : 弘文堂, 1982), 266면.

36) 송춘영, 「역사적 사고력의 신장을 위한 사료활용방안」, 939면.

것이 되고 만다.

이와는 달리 역사의식을 역사에 대한 흥미나 관심, 역사접근의 태도와 방법, 역사인식에 토대를 둔 고찰과 판단(역사적 변화, 역사에서 인간의 역할, 집단의 일원으로 인식과 연대감, 역사를 다룬다는 참가의식 고양) 등으로 나누기도 하며[37] 역사의식의 내용에 역사적 비판의식을 추가하기도 한다. 이러한 역사의식의 내용은 사회적 측면에서 역사의식을 바라본 것으로 역사교육의 목적이 역사의식을 기르는 것이라고 할 때 흔히 연상되는 것이다. 이는 아동들의 성장에 따라 자연히 발달하는 역사의식이 아니라 생활환경이나 경험, 역사학습을 통하여 길러지는 역사적 문제의식이다.

이렇게 볼 때 역사의식과 역사적 사고력의 관계는 두 가지 측면으로 파악할 수 있다. 아동의 성장에 따라 일반적으로 발달하는 심리적 역사의식은 역사학습의 목표와 내용을 정하는 토대가 될 수 있다. 그러나 역사교육을 통해 길러야 하는 것은 역사적 문제의식이다. 역사적 문제의식은 역사적 사고력을 기름으로써 높아지게 된다. 보다 과학적이고 객관적인 토대에 근거한 건전한 문제의식을 기르기 위해서는 과학적인 역사적 사고력을 가져야 한다. 이러한 능력은 역사가의 연구 시점이나 방법과 밀접한 관련을 갖는다. 역사가는 역사적 사건이나 인물을 사회구조 속에서 파악하려고 하며 능력이 미치는 증거에 입각하여 과거의 역사상을 재구성한다. 역사적 사고력은 이러한 역사가의 사고 방법을 아동들에게 습득하게 하는 것이다.[38]

Ⅲ. 피아제의 인지이론과 역사적 사고력

1. 피아제의 인지발달론

피아제는 사고를 새로운 환경에 대한 적응과정으로 보고 주로 관찰과

37) 高川淸行, 「歷史意識とその育成」, 加藤章・佐藤照雄・波多野和夫(編), 『講座歷史教育 3 歷史教育の理論』, 255-260면.

38) 金子邦秀, 「歷史的思考力と歷史意識の育成」, 熊谷幸次郎 外 3人(編), 『歷史教育への道』(京都 : 法律文化社, 1984), 57면.

수학적 실험을 통하여 이를 입증하였다. 피아제는 사고의 성장을 '사고의 절차가 어떻게 안정적인 평형의 상태로 향하는가', '구조가 어떻게 생겨나고 연결되는가'라는 두 가지 관점에서 연구하였다.[39] 구조의 형성에 영향을 주는 요인으로는 신경체계의 성숙(maturation), 경험(experience), 환경과의 상호작용(interaction), 평형(equilibrium)을 들 수 있는데, 이들 요인의 통합적 역할을 하는 것이 평형이다. 평형은 동화(assimilation)와 조절(accommodation)의 과정을 통하여 이루어진다. 동화란 '환경이 지니고 있는 요소를 자신이 기존에 가지고 있는 인지구조에 알맞게 변형시켜 흡수하는 것'을 의미하며, 조절은 이와는 반대로 '기존에 자신이 가지고 있는 인지구조를 새로운 환경이나, 상황, 요소에 맞추어 변형시키는 과정'을 뜻한다. 동화와 조절은 가역적으로 결합하여 상호보합(相互補合)하는 작용을 하며, 이 과정을 거쳐 동화와 조절이 균형을 이루는 상태를 평형이라고 한다. 동화와 조절을 통하여 평형에 이름으로써 인지구조가 성장하고 발달한다.[40]

피아제의 심리학은 조작(operation)이라고 알려진 논리적, 상호연관적 체계 또는 사고 패턴의 발전과 관련된다. 조작은 행위가 내면화되고 유기적으로 통합되는 것이다. 피아제는 조작을 단순한 목적지향적인 행동과 구분하여 다음과 같이 설명하고 있다.

> 첫째, 받아들여 자기 것으로 만든 활동, 일반적인 가역적 체계를 형성할 수 있도록 다른 행동과 통합된 활동
> 둘째, 내면화하고 통합되었다는 특성의 결과로 자신의 행동 기법과 협응에 대한 인식에 따라 행해지는 활동[41]

피아제는 조작을 할 수 있는 능력은 아동과 환경의 상호작용의 결과로

39) Bäbel Inhelder and Jean Piaget, *The Growth of Logical Thinking from Childhood to Adolescent*(London : Routledge and Kegan Paul Ltd., 1958), p. 243.
40) Barry J. Wadsworth, *Piaget's Theory of Cognitive and Affective Development* (4th ed.)(New York : Longman, 1989), pp. 27-29.
41) Inhelder and Piaget, *The Growth of Logical Thinking from Childhood to Adolescent*, p. 6.

발달한다고 보고 있다. 따라서 아동의 활동과 그것을 행하는 환경은 아동들의 정서적·지적 발달에 기본적으로 중요하다. 그러나 피아제에 의하면 아동들의 사고를 촉진시키는 데는 한계가 있으며, 그 한계는 신경 및 생리학적 구조에 따라 결정된다. 아동들의 사고력발달은 성숙에 커다란 영향을 받으므로 연령이 높아짐에 따라 아동들의 사고력수준도 높아지게 된다.

피아제의 인지발달론의 또 하나의 두드러진 특징은 사고의 발달에는 뚜렷한 단계가 있다는 생각이다. 사고의 발달단계는 일정하여 반드시 한 단계를 거쳐야 다음 단계에 이를 수 있으며 단계의 순서가 바뀐다든지, 어떤 단계를 뛰어넘는 일은 있을 수 없다는 것이다.[42] 상위의 사고단계는 하위의 사고단계를 극복함으로써 이루어지므로 높은 사고단계에 도달한 사람은 이전의 사고 방식을 극복하고 새로운 방식에 따라서 사고하게 된다. 그렇기 때문에 아동과 성인의 사고방식은 다르며, 아동은 성인이 더 이상 기억하지 못하는 방식에 따라 사고한다고 그는 주장하였다.[43] 피아제가 구분하고 있는 사고력의 발달단계는 대체로 다음과 같다.

① **감각운동기**(sensori motor stage, 0세-2세) : 자극이나 직접적 경험에 대하여 반사적으로 행동한다. 자신과 환경을 구분하는 자아개념이 형성되며 1-2 단어로 이루어진 문장을 표현할 수 있다.

② **전조작기**(pre-operational stage, 2세-7세) : 사고 작용을 시작하여 사물을 범주화하고 사물들 간의 관계를 이해한다. 그러나 논리적이 아니라 자기 중심적인 자유로운 연상에 지나지 않는다. 이 시기에는 8-10단어로 이루어진 문장을 사용할 수 있다.

③ **구체적 조작기**(concrete operational stage, 7세-11세) : 사고가 가역성을 가지게 되며 부분과 전체 사이의 관계를 파악하고 사물의 논리적 관계를 이해한다. 그러나 논리적 사고는 아직 불완전하고 구체적이어서 직접적으로 접할 수 있는 자료의 한계 안에서만 가능하며 새로운 사실을 접하여도 자신의 생각을 쉽게 바꾸려고 하지 않는다.

④ **형식적 조작기**(formal operational stage, 11세 이후) : 완전한 논리적 사고를 하며 직접 접하지 않은 사물에 대하여도 명제나 가설을

---

42) H. Ginsburg and S. Opper(김억환 역), 『피아제의 지적 발달론』(성원사, 1984), 89-93면.
43) Ellis, *Teaching and Learning in Elementary Social Studies*, p. 33.

이용한 추론을 할 수 있다. 여러 변인을 동시에 고려할 수 있으며 추상적 개념을 사용한 일반화가 가능하다.[44]

피아제 자신이 교육적 결론을 이끌어 내는데 거의 관심을 두지 않았음에도 불구하고 그의 이론은 교육에 많은 영향을 끼쳤다. 피아제의 이론은 교육행위를 위한 몇 가지 원리를 제공하여 주었으며, 교육과정과 교수방법의 개발에 도움을 주었다. 아동중심의 접근, 아동의 자발적 활동을 바탕으로 한 교수, 개별화 학습, 사회적 상호작용을 경험할 수 있는 학습기회의 제공이 중요함을 이론적으로 뒷받침하였다. 또한 피아제가 사용한 연구방법은 교사에게 귀중한 진단적 및 평가적 방법을 제공하여 준 것으로 평가받고 있다.[45] 역사교육에서도 피아제의 이론에 따라 역사적 사고력을 규명하려는 노력이 활발히 전개되어 영국의 경우 1955년부터 1980년 사이 24편 이상의 연구논문이 발표되었다.[46]

2. 피아제이론의 적용

피아제의 인지발달론을 역사에 적용하기 위한 연구의 대상이 된 점들은 다음과 같다.

- ◦피아제가 설명한 사고의 발달단계와 역사적 사고의 발달단계는 어느 정도 관련이 있는가?
- ◦아동들의 역사적 사고발달이 피아제가 말한 단계를 거친다면 그 발달단계는 과학과 같은 다른 교과에서와 같은 연령에서 발생하는가?
- ◦역사적 사고의 발달단계를 가속화하는 것은 가능한가, 가능하다면 이는 바람직한 것인가?
- ◦아동들이 도달한 사고의 수준을 어떻게 평가할 것인가?

44) 사고의 작용이 시작되는 것은 전조작기 이후이므로 사고력의 발달단계에서 감각동작기는 별 의미가 없다. 따라서 피아제의 사고 발달단계를 전조작기, 구체적 조작기, 형식적 조작기의 3단계로만 구분하는 경우도 많다.

45) Ginsburg and Opper(김억환 역), 『피아제의 지적 발달론』, 300-312면.

46) M.B. Booth, "A World History Course and the Thinking of Adolescent Pupils", *Educational Review* 32(3)(1980), p. 245.

◦ 어떤 학습수준에 어떠한 학습방법과 자료가 적절할 것인가?[47)]

톰슨(Donald Thompson)은 사고의 발달에 대한 피아제의 이론이 너무 경직되어 있다는 점을 인정하면서도 피아제의 이론이 사고의 발달을 연구하는데 근본적으로 기여했다고 주장하고, 이에 따라 역사적 사고력의 발달을 논하고 있다.[48)] 저드(M.F. Jurd)도 역사적 자료를 다루는 능력에 대한 실험연구에서 각 발달단계 사이가 명백히 불연속적인가는 확실하지 않으나 역사적 사고력의 발달에는 단계가 있으며, 피아제 이론에 따른 조작적 사고의 발달에 근거하여 일련의 학습경험을 조직할 수 있다고 함으로써 역사적 사고와 피아제가 주장한 사고의 양식이 마찬가지임을 주장하고 있다.[49)]

이 밖에도 할람(R.N. Hallam), 콜담(Jeanette Coltham), 스톤스(S.K. Stones), 드 실바(W.A. DeSilva), 하니본(M. Honeybone) 등 많은 학자가 피아제이론을 받아들여 역사적 사고력의 발달에 대하여 연구하여 왔다.[50)] 이러한 연구결과는 크게 다음의 두 가지로 요약될 수 있다.

첫째, 피아제가 제시한 사고의 양식과 발달단계는 역사학습에서도 적용될 수 있다.

둘째, 일반적으로 역사적 사고력의 발달 속도는 다른 교과의 경우보다

---

47) Ian Steele, *Developments in History Teaching*(Somerset : A Wheaton and Co. Ltd., Exeter, 1976), p. 15.

48) Donald Thompson, "Some Psychological Aspects of History Teacher", in W.H. Burston and C.W. Green(eds.), *Handbook for History Teachers*(2nd ed.)(London: Methuen Educational Ltd., 1972), pp. 18-38.

49) M.F. Jurd, "Adolescent Thinking in History-Type Material", *Australian Journal of Education* 17(1)(March 1973), p. 17.

50) R.N. Hallam, "Logical Thinking in History", *Educational Review* 1(1967). ; R.N. Hallam, "Attempting to Improve Logical Thinking in School History", *Research in Education* 21(1979). ; Jeanette B. Coltham, *The Development of Thinking and the Learning of History*, Teaching of History Series 34(London : Historical Association, 1971). ; S.K. Stones, *An Analysis of the Growth of Adolescent Thinking in Relation to the Complexities of School Historical Material*, Unpublished Research of the University of Birmingham(1965). ; W.A. DeSilva, "The Formation of Historical Concepts through Contextual Cues", *Educational Review* 24(3)(1972). ; Honeybone, "The Development of Formal Historical Thought in Schoolchildren".

늦다.[51]

특히 피일(E.A .Peel)은 피아제의 인지이론을 역사교육에 적용하여 역사적 사고의 개념을 체계화하였다. 피일은 피아제의 이론을 받아들여 역사적 사고력의 발전에는 단계가 있으며, 피아제가 말하는 사고의 단계는 역사에서도 나타난다고 주장하고 이를 기술적 사고(describer thinking)와 설명적 사고(explainer thinking)로 구분하고 있다. 기술적 사고란 사건이나 현상을 이해하고 그것을 서로 관련지을 수 있지만 그 이상의 독립적 사고를 한다든지 추론이나 일반화를 하는 데는 이르지 못하는 단계를 뜻한다. 이에 반해 설명적 사고란 직접적 경험뿐만 아니라 일반화나 추론을 통해 사건의 세세한 부분이나 인과관계를 논리적으로 파악할 수 있으며, 상황에 영향을 줄 수 있는 여러 가지 가능성을 고려할 수 있는 사고의 단계를 의미한다.[52] 설명적 사고는 '이것은 왜 이렇게 되었는가?, 개념적 기초는 무엇인가?, 그것의 예는 무엇인가?, 그것은 어떤 상황에 적합한가?'라는 질문에 대답하는 것으로 역사적 사고에서는 설명적 사고가 보다 근본적이라는 것이다.[53] 피아제의 인지발달단계로 기술적 사고는 구체적 조작의 사고, 설명적 사고는 형식적 조작의 사고에 해당한다고 할 수 있다. 피일은 설명적 사고에서 문제해결을 위해서는 다음과 같은 지적 과정을 거치게 된다고 한다.

첫째, 몇 가지 가능한 설명을 상상한다.

둘째, 학습하고 있는 문제를 설명하기 위해 그 중 하나 이상을 선택한다.

셋째, 필요하지 않은 설명을 차례대로 배제한다.

넷째, 문제에 관한 자료와 관련지어 가설로부터 연역을 하거나 추론

---

51) 많은 연구 결과는 이 중 후자에 초점을 맞추고 있다. 특히 역사적 사고를 형식적 사고로 생각하고 역사학습에서 언제 형식적 사고의 단계로 접어드는가에 대한 실험 연구가 활발하였다. 그러나 본고의 목적상 주로 전자에 대하여 검토할 것이다.

52) E.A. Peel, "Some Problems in the Psychology of History Teaching", in W.H. Burston and D. Thompson(eds.), *Studies in the Nature and Teaching of History*(New York : Humanities Press, 1967), p. 182.

53) E.A. Peel, *The Nature of Adolescent Judgement*(New York : Wiley-Interscience, A Division of John Wiley and Sons, Inc., 1971), pp. 28-29.

을 한다.[54)]

이러한 과정을 거쳐 이루어지는 청소년의 설명적 사고로 피일은 다음과 같은 예를 들고 있다.

> 가장 널리 유행하였고 잘 알려진 고대사회 초기의 노예 형태는 광업, 농업, 수공업에 종사하던 노예가 아니라 집안에 딸린 노예이다. 왜냐하면 인류학자들에 의하여 보통 연구되듯이 초기 그리스, 로마에서는 가족이 사회의 기초이기 때문이다.

이 설명에서는 노예에 대하여 일찍이 알려진 사실을 설명하기 위하여 가족의 개념을 이용하고 있다. 이러한 형태가 설명적 사고라는 것이다.[55)]

피일은 역사적 사고력은 역사적 인과관계의 두 측면, 즉 평형의 유지와 변화를 이해함으로써 발달할 수 있다고 한다. 작용과 반작용이 어떠한 상태로 행해지느냐에 따라 평형이냐 변화냐가 정해진다. 이를테면 고용인이 임금인상을 요구하면 고용주는 연장근무나 작업의 효율성을 요구함으로써 상호간에 보합작용이 일어나 균형이 이루어진다. 그러나 보합작용이 이루어지지 않으면 인과적 변화가 일어나게 된다. 이러한 역사적 인과관계의 두 측면이 바로 학생들의 역사적 사고 구조의 형태이다.[56)]

피일의 이론은 피아제가 말하는 사고의 단계를 기술과 설명이라는 역사학에서 자주 사용되는 개념을 통해 체계화함으로써 역사적 사고력에 대한 연구에 크게 기여한 것으로 평가되고 있으며, 실제로 이후의 많은 연구들이 피일의 이론을 받아들여 전개되었다.

3. 피아제이론의 적용에 대한 반론

1970년대 후반에 들어서 피아제이론을 역사교육에 그대로 적용하는 것

---

54) Peel, "Some Problems in the Psychology of History Teaching", pp. 183-184.
55) Peel, *The Nature of Adolescent Judgement*, p. 37.
56) Peel, "Some Problems in the Psychology of History Teaching", pp. 183-184.

을 비판하는 입장에서 역사적 사고력에 대한 연구도 활발해졌다. 이러한 연구들은 대체로 다음과 같은 경향을 띠고 있다.

> 첫째, 학습에서 실패보다는 성공의 사례를 찾고자 하였다.
> 둘째, 피아제이론이 확실한가를 검토하기 위하여 이전의 가정들에 의문을 품고 문제를 새롭게 규정하려고 하였다.
> 셋째, 역사적 사고가 완전히 논리적인가, 그리고 나이와 관련하여 미리 정해진 단계를 따라 발전하는가에 대하여 의문을 가졌다.[57)]

이러한 연구에서는 우선 역사교육에 피아제이론을 적용하기 위한 연구들이 방법적으로 문제가 있었음을 지적하고 있다. 연구의 양과 그 대상 학생의 수가 적었으며, 조사된 것은 역사적 사고 능력이 아니라 역사학습을 통하여 학생들이 도달한 교육목표에 대한 파악이었다는 것이다.[58)]

그러나 피아제이론에 입각한 역사교육 연구들에 대한 보다 근본적인 비판은 피아제가 말하는 사고의 개념은 자연과학에 적당한 것으로 역사적 사고의 성격은 이와는 다르다는 것이다. 디킨슨(A.K. Dickinson)과 리(P.J. Lee)는 "역사는 행위자들이 유의해야 하는 고려대상의 문제이다. 역사에서는 기술적(記述的) 이야기라고 하여도 이미 설명적이다. 왜냐하면 그것은 사건을 조직하는 것으로 행위자의 목적과 의도를 드러내기 때문이다."[59)] 라고 주장하고 있다.

부우스(Martin Booth)도 다양한 측면에서 피아제가 이야기하는 사고의 구조와 역사적 사고는 다르다고 주장한다. 부우스는 역사적 사고의 성격에 대해 다음과 같이 말하고 있다. 역사적 사고는 기본적으로 가설, 연역과 귀납, 또는 고증이나 새로운 법칙의 창조에 있는 것이 아니라 과거에 대한 신뢰할 만한 해석을 하는 것이다. 이를 위해서 역사적 사고는 세심한 고려

---

57) John Fines, "Children's Capacity", in John Fines(ed.), *Teaching History*(Edinburgh : Holmes Mcdougall, 1983), p. 146.
58) School Council History 13-16 Project, *A New Look at History*, p. 10.
59) A.K. Dickinson and P.J. Lee, "Understanding and Research", in A.K. Dickinson and P.J. Lee(eds.), *History Teaching and Historical Understanding*(London : Heinemann, 1978), pp. 97-98.

(speculation), 직접적 상상, 또는 대리적 삶(vicarious living)의 형태를 띠게 된다. 피아제이론의 틀은 너무나 제약되고 한정적이어서 학생들이 역사적으로 사고하고 이해하는 복잡한 요소를 분석하는데 사용할 수 없다.60) 피아제의 이론을 적용하는 것은 역사적 사고의 작은 일부분에만 관심을 집중시킨다. 엄격하고 논리적인 사고에만 관심을 쏟는 것은 메마른 과거의 골격에 생명력을 주고 역사적 지식을 역사 이해로 바꾸어 주는 풍부한 상상력과 감정이입적 요소를 배제하는 것이다. 그러므로 역사적 사고에 대하여 관심을 가질 때 먼저 필요한 것은 교과의 특수한 속성과 그것에 적합한 교수 학습방법을 결정하는 것이다. 그런 다음에야 비로소 학생들이 얼마나 깊이 그리고 어떤 방법에 의하여 그러한 행위에 실제로 참여할 수 있는지를 확정할 수 있다.61)

역사적 사고력의 발달에는 단계가 있다는 주장에 대해서도 의문이 제기되었다. 와츠에 의하면 역사에서 직관적 사고는 비합리적인 행동을 하는 정적 단계가 아니라 조작적 사고를 위한 준비의 단계이다. 따라서 학생들이 조작적 사고의 수준에 도달한다고 하더라도 직관적 사고는 여전히 역사적 사고의 중요한 부분을 차지한다. 합리적 사고(조작적 사고-필자)가 반드시 주관적 사고(직관적 사고-필자)를 소멸시키지는 않는다. 몇몇 인지적 기능에서는 합리적 사고가 주관적 사고를 대체하지만 그 밖의 부분에서는 그것을 보충하거나 도와주는 역할을 한다.62) 로벨(R. Lovell)과 슬래터(A. Slater)도 피아제이론에 토대를 두고 100명의 초등학교 학생들을 대상으로 시간개념의 여러 측면에 대하여 연구를 한 결과 시간개념이 연령에 따라 성숙되어 가지만 그 발달은 점진적으로 이루어진다고 주장하였다.63)

결국 이러한 반론들에 따르면 역사적 사고력은 과학과 같이 단순한 발

60) M.B. Booth, "Ages and Concepts : A Critique of Piagetian Approach to History Teaching", in C. Portal(ed.), *The History Curriculum for Teachers*(London : The Palmer Press, 1987), p. 27.

61) *Ibid.*, pp. 26-27.

62) Watts, *The Learning of History*, pp. 26-28.

63) Findlay C. Penix, "Teaching Social Studies in Elementary School", in B.G. Massiallas and F.R. Smith(eds.), *New Challenges in the Social Studies*(Belmont : Wadsworth Publishng Co., Inc., 1965), p. 65.

달모델로 설명할 수는 없다. 높은 수준의 역사적 개념이라고 할지라도 구체적으로 조작될 수 있으며, 이러한 개념을 다룰 수 있는 능력은 일상적인 교육활동 속에서도 촉진될 수 있다. 그러나 이러한 반론의 핵심이 역사적 사고와 자연과학적 사고는 다르다는 것임에도 불구하고 역사적 사고력이 무엇인가에 대한 설명은 충분하지 못하다. 그 까닭은 피아제이론의 적용에 대한 반론의 대부분은 역사적 사고의 두 측면, 즉 논리적 탐구능력과 역사적 상상력 중 후자에만 집중하고 있기 때문이다. 이는 피아제 이론의 적용론자들이 주로 논리적 사고의 측면에 집중해서 역사적 사고력을 논하고 있는 것과는 대조적이다.[64] 또한 역사적 사고력의 증진에서 성숙 이외에 다른 요인이 중요하다는 것을 주장하였으나 그 요인들이 무엇인가 하는 점은 명백히 밝히지 못하고 있으며, 그것이 피아제의 주장과 어떻게 다른가도 규명하여야 할 점이다.

이러한 문제점의 해결을 위해서는 역사적 사고력의 두 가지 측면을 모두 고려해야 할 것이다. 인지발달론자들이나 피아제이론을 역사에 적용하려는 사람들이 중점을 두고 있는 논리적 사고의 측면과 이에 대한 비판론자들이 강조하는 역사적 상상력을 역사적 사고력의 양 측면으로 놓고 학생들의 성장이나, 학습내용과 주제에 따라 적절한 목표의 영역을 정하여 그에 알맞은 교수 방법이나 자료를 구상하여야 역사적 사고력에 대한 연구는 역사교육에 많은 도움을 줄 수 있을 것이다.

---

64) 물론 피아제이론을 적용하려고 하였던 모든 학자가 역사적 상상력이라는 면을 무시한 것은 아니다. 이를테면 피일은 설명적 사고가 상상적 반응을 필요로 하는 행위라고 말하고 있으며(Peel, "Some Problems in the Psychology of History Teaching", pp. 182-186 참조), 톰슨은 감정이입을 피아제나 피일의 사고발달단계에 맞추어 해석하고 있다(Thompson, "Some Psychological Aspects of History Teacher", pp. 31-32). 그러나 대부분의 경우 역사적 상상력에 대해서는 다루지 않거나 극히 간략히 언급하는 데 그치고 있다.

Ⅳ. 역사적 사고력의 영역

1. 역사적 탐구기능

교육의 목표를 사고력의 육성에 두거나 사고를 넓은 의미의 학습으로 생각할 경우 학습과정에서 일어나는 행위는 모두 사고의 기능에 포함될 수 있다. 그러나 일반적으로 탐구기능은 교육에서 인지적 영역으로 분류되고 있는 것들이다. 이러한 사고영역으로 지적되고 있는 것은 흔히 블룸(B.S. Bloom)의 교육목표 분류학 중 인지적 영역에 토대를 둔 것이 많다.65)

미카엘리스는 블룸의 분류 중 인지적 영역을 토대로 학습 프로그램을 통하여 개발해야 하는 사고의 절차를 다음과 같이 제시하고 있다.

A. 단순한 기억 절차
◦기억, 관찰－탐구를 위한 자료의 제공
◦정의, 해석－의미를 명확히 함
◦비교/대조, 분류/위계화, 일반화－자료를 조직
B. 보다 복잡한 지적 절차
◦분석, 종합－자료의 재조직
◦추론, 가설, 예언－자료를 적용하고 확대
◦평가－자료의 가치를 명확히 하고 판단하기 위하여 관련된 기준을 사용66)

A의 절차를 탐구를 위한 준비 단계라고 한다면 B는 본격적인 탐구의 단계이다. 따라서 학습을 통하여 향상시켜야 하는 사고의 능력은 탐구기능

65) 블룸의 교육 목표 분류학 중 인지적 영역은 다음과 같다.
1.00 지식(knowledge) 2.00 이해(comprehension) 3.00 적용(application)
4.00 분석(analysis) 5.00 종합(synthesis) 6.00 평가(evaluation)
위의 분류에서 각 항목간에는 위계적인 순서를 이루고 있다. 즉, 번호가 높아질수록 더욱 높은 지적 영역이다. 이에 대한 상세한 것은 B.S. Bloom(임의도·고종열·신세호 공역), 『교육목표분류학(Ⅰ): 지적 영역』(교육과학사, 1984) 참조.

66) Michaelis, *Social Studies for Children in a Democracy*, pp. 284-303.

이라고 할 수 있다.

콜담과 화인즈(J.B. Coltham and John Fines)는 블룸의 교육목표 분류를 직접 적용하여 역사교육의 목표를 분류하였다.[67] 콜담과 화인즈가 분류한 역사교육의 목표를 보면 다음과 같다.

A. 역사학습에 대한 태도
  1. 관심 2. 반응 3. 상상
B. 교과의 본질
  1. 정보의 본질 2. 조직 절차 3. 결과
C. 기능과 능력
  1. 어휘 획득 2. 참고 기능 3. 기억 4. 이해 5. 번역
  6. 분석 7. 외삽 8. 종합 9. 판단과 평가 10. 전달 기능
D. 학습의 교육적 결과
  1. 통찰 2. 가치의 지식 3. 합리적 판단

콜담과 화인즈는 이 중 A와 D의 영역을 정의적 영역, B와 C의 영역을 인지적 영역으로 구분하였다.[68] 콜담의 목표 분류가 역사적 사고력의 영역을 나눈 것은 아니나 이를 역사적 사고력에도 적용할 수 있으리라고 여겨진다. 이들의 구분에 따르면 B는 탐구를 위한 준비, 또는 그 결과, C는 탐구의 과정에 해당한다고 볼 수 있다. 이들은 본격적인 탐구작업을 이해로부터 시작되는 것으로 보고 있다.[69] 역사적 사고력을 정의적 태도로만 볼 수는 없으며, 판단과 평가, 그리고 전달기능을 역사적 탐구기능으로 보는데는 문제가 있으나 콜담의 분류는 역사적 탐구기능의 전체적인 틀을 제공하여 주었다는데서 의의를 찾아볼 수 있다.

거닝(Dennis Gunning) 또한 브루너와 피아제의 발달이론과 블룸의 교육목표 분류에 따라 역사학습의 지적기능을 번역(translation), 해석(interpretation), 적용(application), 삽입(extrapolation), 평가(evaluation), 분석(analy-

---

67) J.B. Coltham and John Fines, *Educational Objectives for the Social Studies*, Teaching of History Series 35(London : Historical Association, 1971).
68) *Ibid.*, p. 5.
69) *Ibid.*, p. 18.

sis), 종합(synthesis) 등으로 나누고 있다.[70] 거닝에 의하면 이러한 기능들은 위계적 순서를 이루고 있다고 한다. 거닝이 말하는 역사에서의 지적 기능은 정확히 일치하는 것은 아니나 대체로 역사적 탐구기능이라고 보아 무방할 것이다.

이러한 역사적 탐구기능은 일반적으로 역사적 자료를 다룰 수 있는 능력으로 취급되고 있다. 우리 나라 교육과정 중 세계사 교육목표에서는 "세계사에 관한 사료를 비판, 해석, 종합해 가는 탐구과정의 훈련을 통하여 폭넓은 역사적 사고력을 기른다."[71]거나 "세계사에 관한 자료의 활용과 탐구학습과정을 통하여 역사적 사고력과 문제해결력을 기른다."[72]고 함으로써 역사교육에서 탐구는 사료를 다루는 과정이며, 탐구능력의 신장을 곧 역사적 사고력의 육성으로 보고 있다. 스코틀랜드 교육평가위원회 자격시험(Scottish Certificate of Educational Examination Board)에서도 역사학습목표에서도 탐구를 증거의 발견, 증거의 기록, 기록된 증거의 분류로 제시하고 있다.[73] 영국 중등교육 일반자격시험(general certificate of secondary education)에서는 역사과 학습목표 중 이러한 기능을 다음과 같이 좀 더 상세히 제시하고 있다.

> 1, 2차 자료, 통계, 시각 자료, 옛날 물건, 교재, 말로 번역된 정보를 비롯하여 폭넓은 역사적 자료를 학습할 수 있는 능력을 보여준다.
> 1. 역사적 자료로부터 정보를 이해하고 발췌한다.
> 2. 사실과 의견, 판단 등을 해석하고, 평가하고 구별한다. 차이점이나 일치되지 않은 부분과 같은 자료 내의 모순을 찾아내고 왜곡을 발견한다.
> 3. 여러 형태의 역사적 자료를 비교하고 이 비교에 의거하여 결론에 도달한다.[74]

---

70) Dennis Gunning, *The Teaching of History*(London : Croom Helm, 1978), pp. 34-142.
71) 교육부, 『제5차 고등학교 교육과정』(1988), 82면.
72) 교육부, 『제6차 고등학교 교육과정』(1992), 162면.
73) D.M. Elliot, *Testing Skills in History*(Midlotian : Dalkeith, 1980), pp. 18-32.
74) Ian Colwill and Maureen Burns, *History : Planning and Assesssment, Coursework in GCSE*(London : Hodder and Stoughton, 1989), p. 26.

이상의 논의를 종합하여 볼 때 역사적 탐구기능에는 다음과 같은 능력이 포함된다고 할 수 있다.

◦ 문제의 파악능력 : 역사의 본질과 주제의 성격에 비추어 다루어야 할 문제가 무엇이며 그것이 왜 다루어야 할 가치가 있는가를 파악하는 능력
◦ 정보의 수집능력 : 학습문제의 해결을 위하여 조사와 답사, 관찰, 견학 등을 통하여 자료를 수집하고 필요한 자료를 선택하는 능력[75]
◦ 자료의 취급능력 : 역사적 자료를 해석하여 필요한 정보를 찾아내고 분석, 종합, 비교하는 능력
◦ 결과의 적응능력 : 자료의 검증을 통하여 각 요소간의 상호 관계를 파악하여 일반화하고 추론 등을 통하여 그것을 새로운 역사적 사실에 적용하는 능력[76]

2. 역사적 상상력

탐구기능에 비하여 역사적 상상력이 어떤 사고기능을 포함하는가에 대한 연구는 아직 체계적으로 이루어지지 못하고 있다. 그러나 일반적으로 역사연구나 학습에서 상상적 이해란 역사적 자료에 빠져 있거나 명백히 나타나 있지 않은 역사적 사실의 의미를 파악하는 것을 가리킨다. 상상적 이해는 어떠한 감정을 느끼거나 어떤 일을 하는 것이 무엇인지 인식하는데 있어서 자신의 제한된 경험을 뛰어 넘어 다른 사람의 입장에 설 수 있는

75) 송춘영 교수는 답사와 관찰을 통하여 역사적 자료를 조사하고 필요한 자료를 선택하여 학습 자료로 활용할 수 있도록 하는 능력을 행동적 처리능력이라고 말하고 있다. 송춘영, 「역사적 사고력의 신장을 위한 사료활용방안」, 929면 참조.

76) 필자는 뒤에 역사적 탐구기능을 다시 일반적 기능과 역사적 기능의 두 영역으로 구분하고, 일반적 기능의 구성요소에는 문제의 인지, 자료의 수집, 자료의 처리, 결론의 도출, 일반화 능력이 포함되며, 역사적 기능에는 역사적 개념의 사용, 역사적 자료의 활용, 역사적 연구방법의 수행능력이 포함될 수 있을 것이라는 견해를 제시한 바 있다(김한종, 「역사적 사고력의 구성 요소와 역사수업의 발문」, 『사회과교육』 29(1996), 87-90면). 하지만 여기에서는 역사적 사고력의 영역을 역사적 탐구기능과 역사적 상상력의 두 영역으로 구분하는데 초점을 맞추었던 원래 논문의 취지대로 그대로 제시하기로 한다.

능력을 포함한다.[77] 따라서 역사에서 상상의 기능은 검토하고 있는 증거에 대하여 좀더 창조적인 의미를 부여하는 것이라고 할 수 있다.[78] 이러한 기능으로 흔히 지적되는 것으로는 판단력(judgement), 감정이입(empathy), 삽입(extropolanion) 등을 들 수 있다.

(1) 역사적 판단력

판단은 행동의 과정을 선택하는 결정이다. 판단행위는 어떻게 반응해야 하는지 배우지 않은 상황에 직면하였을 때 나타난다. 따라서 최종적이고 정확한 반응이 아닌 것이 보통이다.[79] 역사적 판단은 보통 역사연구에 활용할 수 있는 자료의 중요성을 평가하고 그 자료로부터 연구대상이 되는 과거의 사건이나 시대에 대하여 설득력 있는 해석을 하는데 필요하다. 이는 증거가 어떤 것을 밝히는데 적합한가, 그들이 이끌어 내는 결론은 그 증거에 부합되는가를 결정하는 것이므로 주관적이라고 할 수는 없다. 다만 자연현상과 같이 명백한 객관성이 결여되어 있으므로 어느 정도 의견(mind)에 의존하는 것 뿐이다.[80] 또한 역사적 판단은 다른 교과들에서 필요로 하는 것과 같이 전문적 용어에 의존할 필요가 없다. 보통 사람들의 상식적 사고와 밀접하게 관련되어 있으며, 일상적인 언어로 표현된다.[81] 이런 점에서 학자들에 따라서는 역사적 판단의 탐구기능적 성격을 강조하기도 한다. 그러나 역사적 상상이란 역사적 사실과 별개의 것이 아니라 기존에 알고 있는 역사적 사실을 바탕으로 자료에 명확히 나타나 있지 않거나 자료를 통해 직접적으로 알기 어려운 역사적 사실에 대한 해석이라는 점에서 역사적 판단력은 역사적 상상력으로 구분하는 것이 타당하다고 하겠다.

역사적 판단의 또 다른 기능은 역사적 사실과 역사서술을 연결시켜 주는 것이다. 역사가는 역사적 사실을 생생하게 서술하기 위해 역사적 상상

77) Patrick Gardiner, *The Nature of Historical Explanation*(Oxford : Oxford University Press, 1952), p. 132.
78) Michael Stanford, *The Nature of Historical Knowledge*(Oxford : Basil Blackwell, 1987), pp. 82-83.
79) Peel, *The Nature of Adolescent Judgement*, pp. 18-19.
80) Stanford, *The Nature of Historical Knowledge*, pp. 63-64.
81) School Council History 13-16 Project, *A New Look at History*, p. 40.

력을 필요로 한다. 역사서술은 역사적 사실 자체는 아니며, 역사적 사실에 대한 역사가의 해석과 동일한 것도 아니다. 역사서술은 이를 어떻게 하면 적절하게 전달할 수 있을 것인가에 대한 역사가의 판단의 결과이다.[82] 이는 단순히 역사적 사실을 밝히는 것이 아니라 그것을 알맞게 표현하는 능력이라는 데서 다른 교과나 학문에서 말하는 판단과 차이가 있다.

이러한 역사적 판단에는 학생들의 도덕적 가치가 포함되기 쉽다. 역사교육의 목적이 도덕적인 가치관의 형성에 있지는 않으므로 가능한 한 이는 피해야 한다.[83] 그러나 학습에서 학생들이 역사적 판단을 할 때 가치가 포함되는 도덕적 판단을 하는 것을 전적으로 막을 수는 없다. 따라서 역사적 판단에서 중요한 것은 학생들로 하여금 자신의 판단이 하나의 견해라는 것을 알게 하는 일이다.[84]

(2) 역사적 감정이입

역사적 상상력 중 중요한 요소로 지적되는 것이 감정이입이다. 감정이입은 상상력과 구분되기도 하고 혼용되어 쓰이는 경우도 있다.[85] 그러나 일반적으로 감정이입은 '자기 자신을 다른 사람의 입장에 놓는 능력' 또는 '입장을 주고 받는 것'을 뜻한다. 예를 들어 '다른 사람의 입장에서 세계를 보는 것'이나 '당신의 입장이라면 그가 사물을 어떻게 볼 것인가'를 생각하는 것이 감정이입이다.[86] 따라서 역사에서 감정이입은 과거 사람들의 입장에 들어가 역사적 행위와 관련된 그들의 동기나 관점을 파악하고 그들의 감정을 함께 느끼는 것을 가리키는 말로 사용된다. 때로는 역사적 행위

---

82) *Ibid.*, p. 73.

83) 물론 역사적 판단이 도덕적 판단인가에 대해서는 역사철학자들 사이에 상당히 논란이 되는 문제이다. 이에 대한 논의는 다음을 참조.
R.F. Aktinson, *Knowledge and Explanation in History*(London : The Macmillan Press, Ltd., 1978), pp. 198–210 ; H.S. Commager, *The Nature and the Study of History*(Columbus, Ohio : Charles E. Merrill Books, Inc., 1965), pp. 60–71.

84) School Council History 13–16 Project, *A New Look at History*, p. 41.

85) Lee, "History Teaching and Philosophy of History", p. 35.

86) D. Shemilt, "Beauty and Philosopher : Empathy in History and Classroom", in A.K. Dickinson, P.J. Lee and P.J. Rogers(eds.), *Learning History*(London : Heinemann, 1984), p. 40.

의 동기나 관점, 감정뿐만 아니라 사상까지 공유하는 것을 의미하기도 한다.[87] 이러한 사고행위를 하는데는 자기 자신의 경험이나 행동, 과거 행위자의 상황에 대한 정보, 즉 증거가 토대가 된다.[88] 역사를 감정이입에 따라 재구성하는데는 '첫째, 과거인의 생각은 현재 사람의 생각과는 다르다. 둘째, 우리는 과거 사람들과 공통의 인간성을 공유하고 있다. 셋째, 과거의 생활 형태는 역사가 자신과 계통적으로 관련되어 있다. 넷째, 과거의 사람들은 합리적으로 행동한다'[89]는 것과 같은 몇 가지 전제가 따른다. 리는 이러한 전제에 따른 감정이입을 다음과 같이 네 가지로 나누고 있다.

- 능력(power)으로서 감정이입 : 감정이입을 증거와는 관련이 없거나 적어도 추론할 수 없는 어떤 종류의 능력으로 취급.
- 성취(achievement)로서 감정이입 : 감정이입을 행위자가 믿고, 가치있다고 여기고, 느끼고, 획득하려고 했던 것을 아는 것으로 취급. 행위자의 믿음을 받아들이고 행위자의 정서의 영향을 고려하는 입장에 선다.
- 과정(process)으로서 감정이입 : 감정이입을 행위자나 사회 집단이 믿었던 것이나 그 가치가 무엇인지를 아는 과정으로 여김.
- 성향(disposition)으로서 감정이입 : 감정이입을 다른 사람의 관점을 고려하려는 성향(disposition)이나 경향(propensity)으로 여김. 이는 정의적 영역과 연결되지만 증거에 기초하고 있다는 측면에서 정의적은 아니다.[90]

리는 능력으로서 감정이입은 어떤 신비스러운 능력에 의해 다른 사람의 사상이나 감정을 이해하려고 한다는 점에서 역사에서는 적당하지 않으며, 성취로서 감정이입은 행위자의 믿음과 목적이나 사회 집단의 가치와 믿음 사이의 내적 관계를 이해하는 것을 포함한다는 점에서 충분하지는 않으나 역사적 이해를 위하여 필요하다고 한다. 또한 과정으로서 감정이입은 감정

87) Little, "What is Historical Imagination", p. 30.
88) Viv Wilson and Jayne Woodhouse, *History through Drama*, Teaching of History Series 65(London : Historical Association, 1990), p. 10.
89) Shemilt, "Beauty and Philosopher : Empathy in History and Classroom", pp. 47-48.
90) Lee, "History Teaching and Philosophy of History", pp. 35-37.

이입을 특별한 발견수단으로 여겨서 능력으로서 감정이입으로 환원될 염려가 있으며, 성향으로서 감정이입은 역사적 감정이입에 필요한 전제 조건이기는 하지만 그 자체가 감정이입적 이해는 아니라고 말하고 있다. 이에 따르면 역사적 감정이입을 위해서는 과거의 제도나 관습, 가치, 믿음을 그 사회적 상황과 관련시켜 이해하여야 하며, 과거 행위자의 성향도 고려해야 한다.

어쉬비와 리(Rosalyn Ashyby and Peter Lee)도 11-18세의 학생들을 대상으로 한 실험연구를 통하여 역사에서 감정이입은 맥락적 감정이입(contextual empathy)이 되어야 한다고 말하고 있다. 맥락적 감정이입이란 이해하고 설명해야 하는 역사적 사실을 당시 상황에 비추어 보다 폭넓은 관계 속에 조화시키는 것이다. 이를 위해서는 부족한 증거를 상당한 정도의 우회성을 가진 세심한 고찰로 보완하고 과거인의 행동이나 믿음을 사회환경과 관련지어 생각한다. 이와 더불어 역사학습에서 역사적 감정이입을 올바로 활용하기 위해서는 역사적 행위자와 역사가의 입장이나 시각은 다르며, 과거의 제도나 사회적 관습에 포함되어 있는 믿음과 가치, 목적, 습관 등은 우리 사회와는 다르다는 것을 인식해야 한다는 점도 지적하고 있다.[91]

이상의 논의에서 역사적 감정이입을 대체로 "증거와 자신의 경험을 토대로 과거의 상황과 행위자의 성향을 고려하여 과거의 제도나 행위자의 의도, 목적, 가치 등을 이해하는 역사적 기능"으로 규정지을 수 있다. 여기에는 과거 사람들도 합리적으로 생각하고 행동하였으며 과거와 오늘날의 믿음, 가치 등은 다를 수 있다는 생각이 전제되어야 한다.

감정이입의 한 가지 형태로 자주 언급되는 것이 공감(sympathy)이다. 공감이란 감정이입과 마찬가지로 다른 사람의 느낌이나 감정을 공유한다는 의미로 사용되기도 하고, 다른 사람의 느낌이나 감정을 적절하다고 인식하는 것이 될 수도 있다. 그러나 역사에서 공감은 감정의 공유보다는 감정을 적절하다고 인식하는 것을 의미한다. 역사적 공감은 도덕적 교의, 생활양

91) Rosalyn Ashby and P.J. Lee, "Children's Concept of Empathy and Understanding History", in C. Portal(ed.), *The History Curriculum for Teachers*, pp. 81-85.

식, 사회구성원의 이념 등 어떤 특정 시기의 가정이나 전제를 매우 기초적 수준에서 동의한다는 의미를 함축하고 있다.[92] 감정이입은 역사적 사고의 중심 요소이지만 공감이 역사적 감정이입의 중심이 될 수는 없다. 많은 경우 이것은 논리적으로 불가능하다. 역사가는 자신이 잘못되었다고 느끼는 믿음을 공유할 수는 없으며, 역사적 행위자들은 종종 잘못된 믿음을 갖고 있다.[93] 역사교육에서도 공감은 학습의 목표가 될 수는 없다. 학생들에게 역사적 관습이나 인물들에 대한 공감을 요구한다는 것은 어느 특정한 가치관을 주입시키는 위험에 빠지게 된다.

(3) 삽 입

역사적 상상력의 또 한 가지 요소로 포함시킬 수 있는 것이 삽입이다. 삽입은 교육목표에서 일반적인 지적 기능의 하나로 취급되고 있다. 예를 들어 블룸은 삽입을 필자가 설정한 제한을 넘어서 자료를 확장, 해석할 수 있으며, 거기에 표현된 생각을 원래의 자료내에는 분명히 표현되어 있지 않은 사태나 문제에도 적용할 수 있는 능력으로 보고 있다.[94] 이에 비추어 보면 삽입은 학습에 필요한 탐구기능의 한 가지 요소로 취급될 수도 있다. 그러나 블룸이 말하는 삽입은 자료에 나타난 사실을 이해하고 그 결과를 추정하는 것인데 반해, 역사연구나 학습에서 삽입은 자신이 알고 있는 사실을 토대로 증거에 명확히 나타나 있지 않은 사실에 대한 상상적 추론을 통해 역사적 사실을 재구성하는 것이라는 점에서 차이가 있다. 여기에는 역사적 사건이나 현상을 말해 주는 증거의 일부가 자료에 빠져 있을 경우 그 증거의 간격(gap)을 메우는 다른 사실들을 밝혀내는 보간(interpolation)과 종전과는 다른 새로운 관점에서 증거를 해석하는 대안적 해석이 포함될 수 있다.

---

92) Lee, "History Teaching and Philosophy of History", p. 39.
93) *Ibid.*, pp. 39-40.
94) Bloom(임의도 · 고종열 · 신세호 공역), 『교육목표분류학(I) : 지적 영역』, 106면.

Ⅴ. 맺음말

본고에서는 사고라는 개념을 인지적 입장에서 접근하여 역사적 사고력을 역사적 탐구기능과 역사적 상상력의 두 측면을 뜻하는 용어로 사용해야 함을 살펴보았다. 전자가 다른 교과에서도 공통적으로 볼 수 있는 사고능력이라고 한다면, 후자는 역사에서만 고유한 사고능력이라고 할 수 있다. 본고에서는 이를 규명하기 위하여 피아제이론을 역사교육에 도입하는데 대한 찬반 논의를 살펴보고 이러한 논의가 각각 역사적 사고력의 한쪽 측면만을 강조하고 있음을 지적하였다. 또한 역사적 탐구기능을 문제의 파악능력, 자료의 수집능력, 자료의 취급능력, 결과의 적용 능력으로 구분하였으며, 역사적 판단력, 감정이입, 삽입 등이 역사적 상상력에 해당하는 사고능력임을 살펴보았다.

역사의 본질이 다른 학문, 특히 사회과학과 구별되는가 하는 것은 역사철학자들 사이의 해묵은 논쟁이다. 그러나 이러한 논쟁이 역사적 사고에는 양 측면이 있다는 것 자체를 부정하지는 않는다. 역사학습을 통하여 역사적 사고력을 기른다고 할 때 이는 역사의 본질이 무엇이냐 하는 역사철학자들의 견해를 가르치는 것은 아니다. 오히려 그것은 학생들이 스스로 역사의 본질에 대하여 생각해 볼 수 있는 능력을 기르는 것이다. 따라서 역사적 사고력의 양 측면은 역사교육에서 함께 다루어야 할 문제이다.

이러한 논의는 하나의 시론으로 장차 역사교육에서 역사적 사고력에 관한 연구를 위한 바탕을 마련해보자는 데 있었다. 이를 위해서는 다음과 같은 앞으로의 연구가 필요할 것이다.

첫째, 역사교육에서 사용되는 용어나 개념의 통일문제이다. 비슷비슷한 용어들을 구분하지 않고 사용하거나 서로 다른 의미로 사용함으로써 이에 대한 연구에 커다란 지장을 받고 있다. 본고에서 자주 사용된 탐구, 직관적 사고, 감정이입, 역사적 판단 등의 개념도 그러한 예에 포함될 수 있다. 그 이유 중의 하나는 다른 교과나 학문에서 사용되는 개념을 충분한 검토 없이 그대로 차용하는데서 오는 것이라고 생각된다.

둘째, 본고에서 소략하게 언급하기는 하였으나, 역사적 사고력의 각 영역이 어떠한 사고기능을 뜻하는가에 대한 좀더 상세한 분석이 필요하다. 이것은 장차 역사교육의 목표를 세우거나 역사적 사고력의 발달에 대한 연구를 하는 토대로서 중요하다.

셋째, 역사적 사고력의 각 영역이 어떻게 발달하는가에 대한 실증적이고 체계적인 연구가 진행되어야 한다. 외국에서는 이에 대한 연구가 활발하게 진행되었으나, 아직까지 확실한 결론은 나와 있지 않으며, 연구자에 따라 다른 결론을 내리고 있다.[95]

넷째, 역사적 사고력을 육성하기 위한 학습모델을 개발해야 한다. 교육학 일반에서 사고력 향상을 위한 모델은 종종 제시되고 있으나, 그것이 역사학습에 실제로 활용되는 경우는 별로 없다. 역사 교과의 특성을 고려하여 역사적 사고력의 각 영역별 기능을 효과적으로 기를 수 있는 학습 모델이 요청된다.

(김 한 종)

95) 본고에서는 주로 영국의 연구성과를 빌어 역사적 상상력은 조작적 사고능력을 갖기 이전에도 기를 수 있다는 점을 논증하였으나, 일본 학자 중에는 이와는 반대로 역사적 상상력은 고등학교에 들어간 이후 육성해야 한다고 주장하기도 한다. 金子邦壽, 「歷史的思考力と歷史意識の育成」, 59면 참조.

제 11 장
역사적 사고력을 기르기 위한 사료 활용방안

Ⅰ. 머리말

최근 역사교육에 있어서는 역사학의 연구방법을 교육 현장에 적용하여 학습자의 역사적 자료처리능력과 태도를 기르고 역사적 사실을 객관적으로 파악하도록 하여야 한다는 소리가 학계뿐만 아니라 현장의 역사 교사들에 의해서도 주창되어 왔다.[1] 이것은 역사교육의 목적이 단순한 과거의 사실을 암기하거나 교재의 평면적인 나열이나 해설에 그쳐서는 안된다는 것을

---

* 이 글은 「역사적 사고력의 신장을 위한 사료활용방안」, 『이원순교수화갑기념사학논총』(교학사, 1986)을 보완한 것임.

1) 역사학의 연구방법을 역사교육 현장에 적용시키려는 노력은 19세기 말 반즈(Mary Sheldon Barnes)에 의해 사료학습이 제창되어 미국에 있어서는 1929년 고등학교 과정에 사용할 미국사 사료집 5권이 하트(Albart Bushnell Hart)에 의하여 간행되었다. 이로써 사료학습은 역사교육에 있어서 중요한 학습방법으로 주목을 받게 되었으며, 각국에서도 이같은 방법에 관한 연구가 나타났다. 사료학습에 관한 연구 성과를 보면 다음과 같은 자료를 찾아볼 수 있다.
강우철, 「사료학습」, 『역사의 교육』(교학사, 1974) ; 강우철, 『역사교육연구방법과 그 교육적 접근』(탐구당, 1975) ; 이원순 외 6인, 「사료학습」, 『역사과교육』(한국능력개발사, 1975) ; 이원순·윤세철·허승일, 「교재로서의 사료」, 『역사교육론』(삼영사, 1980) ; 이원순·이정인, 「사료학습」, 『역사교육』(정음사, 1985) ; 서굉일, 「역사교육을 위한 사료학습 연구」, 『역사교육』 26(1979) ; 한상준, 「역사교육에 있어서 사료학습의 접근 방안」, 『교육연구지』 22(1980), 경북대학교 사범대학 ; 박종하, 「고등학교 역사교육에 있어서 사료 이용에 관한 연구」, 경북대학교교육대학원 석사학위논문(1983) ; 徳永春夫, 「高等學校 歴史教育における史料の利用－日本史について－」, 『歴史教育』 15(11)(日本書院, 1963) ; 明石總一, 「高等學校 歴史教育における史料の利用－西洋史について－」, 『歴史教育』 15(11)(日本書院, 1963) ; 宮原免一, 「中學校 歴史教育書にあらわれる文獻資料」, 『歴史教育』 15(11)(日本書院, 1963).

강조한 것이다. 즉, 교사 중심의 주지주의적 역사교육으로부터 벗어나 학습자의 생활 주변에서 쏟아져 나오는 다양한 자료를 취사·선택하여 분석·비판하고 종합·해석함으로써 자기학습의 자료로 활용할 수 있는 능력과 태도를 기르도록 하여야 한다는 것이다. 그러나 역사교육에 있어서는 역사학의 연구방법을 원리 원칙 그대로 적용할 수 없으며, 역사적 사실을 모두 전수해야 하는 것도 아니다. 왜냐하면 역사교육은 역사학에서 이룩해 놓은 학문적 연구 성과의 바탕 위에서 필요한 교육목적을 달성하기 위하여 역사로서 가르치는 교과교육의 하나이기 때문에 역사학의 학문적 방법을 그대로 적용할 수 없는 것이다. 그러나 역사학자에 의하여 연구된 다양한 자료는 각급 학교의 학년 수준에 알맞도록 학습자료로 재개발하여 활용함으로써 학습자의 역사적 태도와 능력을 기를 수 있을 것이다. 이런 점에서 사료가 갖는 학습 자료적 가치는 대단히 중요할 뿐 아니라, 사료학습은 이와 같은 목적을 달성하는 데 효과적인 방법이라 생각된다.

그럼에도 역사교육 현장에서는 각급 학교의 학년 수준에 알맞는 사료집 개발의 미비[2]와 사료학습방법에 관한 교사의 이해 부족, 교과서와 지침서 일변도의 입시위주교육 등으로 사료학습이 제대로 이루어지지 못하고 있는 것 같다.

이에 연구자는 역사교육에 있어서 역사적 사고력을 기르기 위한 사료학습방법에 관한 이론을 모색하여 현장의 역사 학습지도 방법 개선에 자료의 일단을 제시하고자 한다.

2) 사료학습을 위한 역사교육 자료집으로는 『국사교육자료집』, 역사교육연구회(편)(교학사, 1989)와 김철준 외(편), 『사료로 본 한국문화사』 1~5(일지사, 1986)이 있으며 이들 자료는 역사가에 의해서 편찬된 것이기 때문에 사료학습을 위한 기본 자료로서 활용성이 높은 객관적 사료집이다.

Ⅱ. 역사의식과 역사적 사고력

1. 역사학습과 역사의식

(1) 역사의식의 개념과 발달단계

사회과 교육의 궁극적인 목적은 학습자의 생활 주변에서 일어나는 사회의 여러 사실과 현상을 바르게 파악할 수 있는 능력과 태도를 기르고 공정한 판단력을 길러 사회의 사실과 현상을 정확하게 이해하도록 하는 데 있다. 이와 같은 목적은 사회과 국사교육에 있어서도 예외일 수는 없다. 역사교육의 본령은 단순한 사실을 암기하거나 이고위감(以古爲鑑)이라는 교훈을 얻는 데 그 목적이 있는 것이 아니라, 바람직한 역사의식을 길러 역사적 사실을 객관적으로 파악하고 역사적 능력과 태도를 기르는 데 있다.

특히, 오늘과 내일을 살아가는 인간으로서 변화하는 사회현상에 대처해 나가기 위해서는 역사적 능력과 태도뿐만 아니라 올바른 가치관을 기르고 투철한 역사의식을 길러야 한다. 여기서 역사적 능력이란 자료처리능력을 의미한다. 역사적 자료처리능력이란 기호적 처리능력, 영상적 처리능력, 행동적 처리능력으로 대별할 수 있다. 그 중에서도 기호적 처리능력이란 연감·문서·신문·잡지 등 각종의 기록에서 필요한 자료를 수집·분석하고, 비판·해석하며 종합·정리하여 자기 학습에 활용할 수 있도록 하는 능력을 말한다. 영상적 처리능력이란 화면에 나타나는 영상자료 중 필요한 자료를 관찰하고 취사·선택하여 학습에 활용하도록 하는 능력을 말한다. 행동적 처리능력이란 박물관·미술관·민속관·선현관 등을 견학하거나 역사적 유적지를 직접 답사·관찰하고 조사하며 필요한 자료를 선택하여 학습자료로 활용할 수 있도록 하는 능력을 말한다. 또한 사상을 보고 그것을 역사적으로 고찰하려는 의욕적인 행동을 의미하기도 한다.

이처럼 역사적 능력이란 곧 학습에 필요한 자료를 수집·분석하고, 비판·해석하며, 종합·정리하여 역사적 사실을 객관적으로 바르게 파악하려는 능력이라 하겠다. 그러므로 역사적 능력은 자료의 수집력·비판력·사고력 · 종합력 · 해석력 · 독사력(讀史力) · 추리력 · 관련 비교력 · 이해력 · 적용력 등을 총칭하는 광의의 개념이라 하겠다. 이에 대해서 역사적 태도란 선인의 업적을 존중하려는 태도, 민족문화를 계승 발전시키려는 태도, 민족의 전통과 가치를 존중하고 계승 발전시키려는 태도뿐만 아니라 제사상(諸事象)이나 자료를 접했을 때 역사적으로 고찰하고 거기에 내포되어 있는 가치와 의미를 탐구하려고 노력하는 행동적 의욕이며, 역사발전에 이바지하려는 의욕적 · 실천적 행동이라 하겠다.

이와 같은 역사적 능력과 태도는 우연히 이루어지는 것이 아니라 학습자의 역사의식의 발달단계에 알맞는 학습지도가 의도적·계획적으로 이루어질 때 더욱 발달할 수 있는 것이다. 아무리 좋은 자료와 학습방법을 적용한다 하더라도 학습자의 역사의식의 발달단계를 무시한 수업은 소기의 목표를 달성할 수 없을 것이다. 그러므로 역사학습과 역사의식은 불가분의 관계에 있으며, 역사교육의 목적은 곧 바람직한 역사의식을 기르는 데 있다고 생각된다.

역사의식이란 역사적 인식과 역사적 행위의 근저가 되는 존재의식이며 자아개념이다. 다시 말하면 학습자가 역사학습을 통하여 얻어지는 역사적 관심과 역사적 이해력이고 역사적 견식이며, 역사적 능력과 태도로서 그것은 계기적 · 병렬적으로 성장하여가는 가변적인 역사적 감각이다.[3] 이러한 역사의식은 학습자의 능력과 교육정도, 가정의 문화적 환경에 따라 그 발달단계는 다소의 차이가 있으며, 이것은 고정 불변의 것이 아니라 가변성이 있는 것이다.

역사의식은 감고의식(感古意識)으로부터 성장하여 점차 고금상이(위)의식

3) 역사의식의 개념에 대해서 강우철은 『역사교육연구방법과 그 교육적 접근』이라는 연구에서 '역사의식은 가변적이고 창조적이며 미래 지향적'이라고 하였으며, 이원순은 『역사교육론』 및 이원순 외, 『사회과교육』(서울대학교출판부, 1975)에서는 '역사적 행위의 근저가 되는 존재 의식이며 자아개념, 즉 역사적 자아의 바탕'이라 하였다. 또 由良哲次는 『歷史哲學研究』(目黑書院, 1942)에서 '역사의식은 경험적 의미에서는 직관론이고 내용으로서는 시간론이며 옳은 의미에서 chronologie'라 하였고, 藤井千之助·永井滋郎은 日本社會科教育研究會, 『歷史意識の研究』(東京 : 第一學習社, 1971)에서 역사의식을 '심리적 측면으로서의 역사의식, 역사적 사고력, 역사적 문제의식'으로 나누고 역사적 사고력을 역사의식에 포함시켰으며, 矢野幸一은 『社會科教育』 21(1965)에서 역사의식을 '역사적 이해와 인식, 사고력 · 판단력 또는 변혁 의식을 포함하는 것이라고 하면서 역사의식의 성립 전제로 생활의식 · 문제의식이 존중되어야 하며 역사적 사고력은 역사의식의 중핵'이라 하였다.

→ 변천발달의식 → 인과관계의식 → 시대구조의식(또는 시대관련의식) → 발전의식으로 발달하여 간다.[4] 이 중에서도 변천의식 이하의 역사의식은 하위의식이라 하고 인과의식 이상의 역사의식은 상위의식이라 하며 역사의식은 하위의식에서 상위의식으로 발달하여 간다. 이와 같은 역사의식은 관념적·추상적인 것이 아니고 특정의 역사적 사실이나 개개인의 인생 체험과 교육을 통하여 성장하여 가며, 보다 구체적인 것으로 나타난다[5]

(2) 학년별 역사의식의 특징

각급 학교의 학년과 역사의식의 발달단계는 어떤 관련이 있는지 그 특징을 살펴보면 아래와 같다.

먼저 초등학교 학생의 역사의식의 발달단계와 그 특징을 보면 <표 11-1>과 같다.[6]

〈표 11-1〉 초등학교 학생의 학년별 역사의식의 단계와 그 특징

학 년	역사 의식의 단계	특 징
1, 2학년	감고의식 ↓	◦막연하게 옛 것을 느낌 ◦자기 중심적임 ◦역사적 시(時)의식을 신변적인 것을 중심으로 파악 ◦사물에서 옛 것을 느낌(직관적임) ◦현실과 허구와의 구별 곤란 ◦역사 학습 불가능 ◦고금(古今)의 상위 구별 불명확 ◦동화적 이야기 좋아함
3학년	고금의식 ↓	◦옛것과 오늘날의 것을 구별함 ◦자기 중심의 해소 ◦옛 것과 지금 것을 비교하여 다르다는 것을 이해 ◦현실적 영역과 비현실적 영역이 분화하기 시작 ◦시간의 거리를 느낌

4) 송춘영, 「중학교 국사교육에 있어서 인물지도의 효과적인 방안」, 『역사교육』 22 (1977) 참조.
5) 日本社會科教育研究會, 『歷史意識の研究』, 225면.
6) 이원순 외, 『사회과교육』, 1975 참조.

4학년	변천의식 ↓	◦시간의 흐름을 어느 정도 느낌 ◦직접적 인과관계 파악하기 시작 ◦동간격 단위의 시간성을 느낌 ◦역사의식의 전환기임 ◦신변적인 사실과 현상에 관심 커짐 ◦연표학습 활동가능 ◦영웅적 무용적 이야기 좋아함
5학년	인과의식 ↓	◦시간의 흐름을 종적으로 파악 가능함 ◦사회생활의 의미 비교 ◦변천 발달의식 심화 ◦역사적 사실에 대한 인과관계 파악함 ◦생활 주변의 문화 현상에 대한 역사적 관심 커짐 ◦주제별 학습가능
6학년	시대의식 ↓	◦인과의식의 심화 ◦인물을 시대와 관련지어 파악 ◦사회사상 상호간의 기능적 관계 파악 곤란 ◦체계적 역사교육 가능함(초보적 구조임) ◦시대구조나 시대관련의식은 미약함 ◦통사학습 가능 ◦전기적 일화적 이야기 좋아함

<표 11-1>에서 보는 바와 같이 초등학교 학생의 역사의식은 시대의식까지 발달함을 알 수 있으나 그것은 단순한 시대의식이다. 따라서 초등학교 6학년 학생에 있어서는 시대구조의식이나 시대관련의식은 발달하지 않고, 관심과 흥미, 사상의 변천·발달의식, 인과관계의식이 발달하므로 지나치게 시대구조와 시대관련의식이라든가 시대의 특색과 흐름을 강조하거나 요구해서는 안된다.

다음은 중·고등학교 학생들의 역사의식의 발달단계와 그 특징을 살펴보자. 중·고등학교 학생들의 역사의식의 발달단계와 그 특징을 보면 <표 11- 2>와 같다.[7]

---

7) 尾鍋輝彦·豊田武·平田嘉三(編著), 『歷史教育學事典』(1980), p. 65면. 日本社會科教育研究會, 『歷史意識の研究』, 219면.

〈표 11-2〉 중·고등학교 학생의 역사의식의 발달 단계와 그 특징

학교	학년	역사의식의 단계	특징
중학교	1	시대의식 (시대관련의식, 시대구조의식)	◦ 인과의식의 발달 ◦ 인물을 시대적·사회적 배경과 관련 파악 ◦ 인물사적 영웅전기적임 ◦ 시대구조의식 싹틈 ◦ 개인적·도덕적임
	2		◦ 사상 상호간의 기능적 관계 파악 ◦ 사실과 사실의 관련 파악 ◦ 사실과 시대적 배경과의 관련 파악 ◦ 중 2년은 역사의식의 전환기임 ◦ 영웅 숭배적 경향 ◦ 사회의식이 싹틈 ◦ 사회 도덕적임
	3		◦ 사회의식 확대 ◦ 3학년 2학기에는 발전의식 싹틈 ◦ 시대구조와 시대관련 파악 ◦ 사실과 시대적 사회적 배경과 관련 파악
고등학교	1	발전의식	◦ 시대구조와 시대관련 파악 ◦ 사회의식의 확대 ◦ 세계의식 확대 ◦ 역사의 동적 파악가능 ◦ 인간성의 성찰
	2~3		◦ 인간 이해의 심화(비판적임) ◦ 사회의식의 심화(비판의식 발달) ◦ 사회사상의 비판적 관련적 파악 ◦ 현대적 사상에 관심 증대 ◦ 역사의 발전적 파악 ◦ 역사 의미의 통찰력 싹틈

<표 11-2>에서 보는 바와 같이 중학교 학생에 이르면 초등학교 때에 성장한 역사의식이 더욱 발달하면서, 특히 시대의식이 발달하고 인과관계를 이해할 수 있다. 고등학교 학생에 이르면 시대구조와 시대관련을 파악

할 수 있게 되고, 역사적 사상의 발전적 파악이 가능하다. 그러나 사실의 개성적 파악과 역사적 의미의 통찰은 대학에 가서 이해가 가능하다. 그러므로 각급 학교에서는 학습자의 역사의식의 발달단계에 알맞은 역사학습이 이루어지도록 하여야 할 것이다.

2. 역사탐구와 역사적 사고력

1970년대에 학문중심의 교육과정이론이 발달함에 따라 학문적 연구방법을 교육현장에 적용시키려는 노력이 나타나면서 학문적 접근방법의 하나로 탐구학습을 중요시하게 되었다. 이에 따라 역사교육에 있어서도 교사 중심의 일방적인 학습지도방법에 대한 비판이 일면서 사료학습이 탐구적 학습방법의 하나로 등장하게 되었다.

역사교육은 단순한 역사적 지식의 습득이나 교훈을 얻거나, 배타적인 애국심을 기르는 데 있는 것은 아니다. 그것은 역사적 사실을 객관적으로 이해할 수 있는 역사적 능력과 태도를 기르고 바람직한 역사의식을 길러 민족사의 발전에 이바지할 수 있는 자주적 실천적 인간을 육성하는 데 그 목적을 두어야 할 것이다. 그러기 위해서는 탐구과정을 통하여 자료처리능력을 기르고 역사적 사고력을 기르도록 하여야 한다 즉, 역사탐구기능을 익히고 여러 사상을 역사적으로 사고할 수 있는 능력과 태도를 기르도록 하여야 한다.

(1) 역사적 탐구

탐구과정이 학습에서 중요시된 것은 듀이(John Dewey) 이후라 생각된다. 그는 "교육이란 지적 측면에서 반성적 사고(reflective thinking)와 태도를 개발하는 것이며, 탐구란 어떤 신념 혹은 상정(想定)되어 있는 어떤 지식형태를, 이 신념 혹은 지식형태를 뒷받침하고 있는 여러 근거에 비추어 적극적이며 끈기있고 세심하게 고찰하는 것, 또 이 신념 혹은 지식형태가 지향하는 여러 결론에 대하여 고찰하는 것"[8]이라 하였다. 이것은 학습과정

8) 강우철, 『역사교육방법과 그 교육적 접근』, 20면

에서 탐구기능이 큰 비중을 차지하게 되는 시원점으로 신념이나 지식이 불확정한 상황하에서 그 해결을 필요로 할 때 비로소 나타난다는 것이다. 즉, 학습자가 어떤 문제에 부딪혀 혼돈된 상태에 있을 때 이를 해결해 가는 데 있어서 그 전제와 관찰·객관적 판단을 확실한 상태로 나가는 반성적 사고 과정이라 설명하였다. 이에 대해서 마시알라스(B.G. Massialas)는 "탐구란 어떤 특정한 기능이 아니라 특수한 세계에 대한 지각, 사회 속에서의 개인의 역할, 학습이론과 지식을 이루는 것, 그 지식과 인간과의 관계를 포함하는 전반적인 생활의 형태"라고 정의하고 교육에 있어서는 이러한 모든 생활의 형태에 대하여 관심을 둘 필요가 없을 뿐 아니라 교실에 전부를 투입할 수 없으므로 교육에서 탐구란 발견의 과정, 분명히 표현하고자 연결(articulating)하는 과정, 그리고 인간과 그의 환경에 대한 판단과 중요한 아이디어를 검사해 가는 과정이라고 하였다.[9] 그리고 정세구는 "교육에서의 탐구란 사실과 가치를 인지하여 개인의 가정(假定)에 비추어 관찰하고 어떤 기준에 입각하여 입증하는 과정"[10]이라고 하였다.

이상에서 살펴본 바와 같이 탐구란 인간이 제기한 불확정한 문제들을 해결하기 위하여 세운 어떤 가정을 준거에 따라 평가하고 검사해 가는 일련의 사고과정으로서 이것은 사고와 불가분의 관계에 있음을 알 수 있다. 여기서 우리는 탐구란 개념의 바탕에는 듀이의 반성적 사고가 뿌리깊게 박혀 있으며, 탐구기능이란 사물의 확인에서 서술에 이르기까지 나타나는 일련의 사고 절차요 문제 해결을 위한 원동력이 곧 사고라는 것을 알 수 있다. 따라서 탐구와 사고는 표리를 이루는 것으로 양자는 동질의 것이며, 지식을 파악하는 데 필요한 능력이라 하겠다.[11] 브루너(J.S. Bruner)가 말한 학습하는 방법에 대한 학습(Learn how to learn)이란 곧 역사적 사실의 무의미한 전수나 단순한 사실의 암기로부터 벗어나 역사적 탐구과정과 역사적 사고과정을 겪음으로써 역사 이해의 방법을 체득하도록 하여야 한다는

한경자, 「탐구와 탐구의식」, 『사회과탐구수업』(교육과학사, 1983), 40면.

9) Byron G. Massialas, *"Evaluating Social in the Classroom"*, *The High School Journal* 53(2)(Nov. 1969), p. 75.

10) 정세구, 『사회과탐구수업 』(교육과학사, 1974) 참조.

11) 박태암 외, 『사회과교육』(형설출판사, 1990), 315-316면.

것을 강조한 것이다.

역사적 탐구모형에 대해서 강우철은 사실탐구(史實探究)와 의미탐구(意味探究)로 나누었다. 사실탐구란 과거에 존재하였던 흔적(사실)들을 역사적 사실로 바꾸기 위한 분석과 비판의 과정, 즉 사료가 하나의 사실로서 인정받기 위한 탐구로 사료에 대한 내적·외적 비판이 이에 속하며, 의미탐구란 사실로 확정된 것에 대한 해석을 통하여 역사적 사실과 그에 관련된 다른 사실들이 역사를 구성하는 데 있어 어떤 의미를 규정하고 내리는 절차, 즉 역사를 서술하기 위하여 역사의 의미를 탐구하는 것[12]이라고 하면서 사실탐구와 의미탐구와의 관계를 아래와 같이 도식하였다.[13]

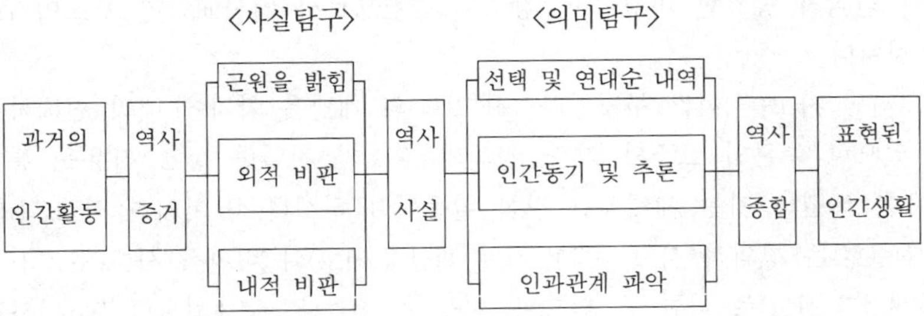

[그림 11-1] 사실탐구와 의미탐구와의 관계

위의 그림에서 보면, 사실탐구란 역사적 자료를 수집하여 역사 증거의 근원을 밝히고 그 증거의 내적·외적 비판을 거쳐 하나의 역사적 사실을 밝히는 과정이다. 의미탐구란 사실탐구를 거쳐 밝혀진 역사적 사실의 연대적(시대적) 계열을 밝히고 사실의 동기를 파악하여 추론하며 인과관계를 규명하여 설명함으로써 사실에 대한 의미를 찾아 종합하는 과정이라 생각된다.

여기서 우리는 역사학습의 방법을 비판적·해석적인 탐구과정을 거치게 함으로써 차원 높은 역사의식을 기를 수 있으며, 역사적 능력과 태도를 기

12) 강우철, 「역사학습과 탐구기능」, 『역사연구방법과 그 교육적 접근』, 69-87면.
13) 강우철, 『역사연구방법과 그 교육적 접근』, 61면.

를 수 있는 가능성과 시사성을 발견하게 된다. 즉, 역사학습에 있어서도 학생들로 하여금 학습과제나 문제를 해결하도록 하기 위하여 자료를 수집·분석하고 비판·해석하며, 비교·종합하도록 함으로써 역사적 사실을 객관적이고도 실증적으로 파악할 수 있으며, 역사적 능력과 태도를 기를 수 있다는 것이다.

(2) 사고와 역사적 사고력

탐구과정을 통한 역사적 사고력을 신장시킬 수 있는 학습방법은 여러 가지 형태를 들 수 있겠지만, 그 중에서도 사료학습방법이 가장 효과적인 방법이라는 것은 이미 선행연구에서 밝혀진 바 있으며, 역사적 사고력은 역사 인식의 중요한 바탕이며, 창조의 원천으로서 역사교육의 목표이기도 한 것이다.

그러면 사고(력)이란 무엇인가? 사고(력)의 개념은 학자에 따라 견해차이가 있으나 추론의 요소와 직관, 창의의 요소가 긴밀한 상호 작용을 통해 문제를 해결해 가는 체계적인 정신 활동이라 하겠다.[14] 이러한 사고(력)의 종류(유형)는 창의적 사고(수평적 사고, 확산적 사고)와 비판적 사고(수렴적 사고, 반성적 사고)로 나눌 수 있으며, 이들 사고(력)은 문제해결력 및 의사결정능력 등과 더불어 고등사고(력)에 속한다. 사회과에서 사고력의 신장을 위한 노력은 이같은 고등사고력을 기르기 위함이다.

사고(력)이 어떤 문제를 해결하는 정신적 작용이라고 할 때, 문제해결 과정에는 다양한 사고의 요소가 상호 작용한다. 이 지적 활동인 사고활동은 지식, 조작, 성향 세 가지 요소의 상호 작용에 의하여 이루어진다. 이러한 사고의 3요소의 관계를 보면 [그림 11-2]와 같다[15].

---

14) 한면희, 「사회과에서의 사고력 교육」, 『사회과교육』 29(1996), 28-30면.
15) 같은 논문, 30면.

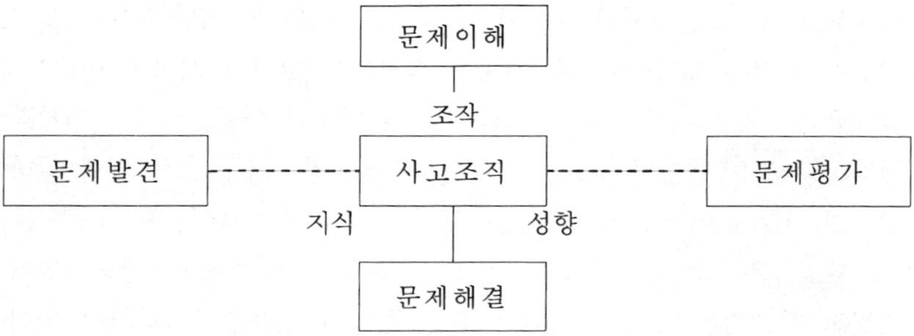

[그림 11-2] 문제해결과 사고조직과의 관계

사고가 잘 이루어지기 위해서는 그 영역에 대한 풍부한 지식이 있어야 하며, 사고를 철저하게 하고자 하는 습관과 태도와 같은 올바른 성향이 필요하다. 또한 사고의 기술인 분석, 분류, 비교, 관련, 조직, 종합, 유추, 추론, 해석 등의 각종 인지적 조작술이 있어야 한다. 그러므로 사고(력)를 신장시키기 위해서는 사고와 유관한 의미있는 유용한 지식을 많이 습득하도록 하고 바람직한 조작능력과 습관·태도를 기르도록 하여야 한다. 사고력을 기르기 위한 노력은 듀이 이래 많은 학자에 의해서 연구가 이루어져 왔다. 그러나 역사교육에 있어서 역사적 사고력에 관한 개념이라든가 사고력을 신장시킬 수 있는 실질적인 방법론은 크게 개발되지 못하였다. 역사적 사실을 객관적으로 파악하도록 하기 위해서는 자료를 수집·분석하고 비판·해석하며, 비교·종합하는 과정을 겪도록 하여야 하며, 그런 과정을 거침으로써 역사적 사고력을 더욱 기를 수 있을 것이다.

그러면 역사적 사고력이란 무엇인가? 역사적 사고력의 본질에 대한 입장은 두 가지 견해가 있다. 하나는 합리적 사고, 논리적 사고, 과학적 사고와 같다는 입장에서 과학적 사고(력)를 역사적 사고(력)에 그대로 적용할 수 있다는, 즉 일반적 사고력을 역사 교과에 적용했을 때에 나타나는 역사적 사고력과, 다른 하나는 영역별 인지이론에서 말하는 것과 같이 각 교과에는 고유한 사고(력)가 있다는 입장에서 역사과에는 고유한 역사적 사고력이 있다는 견해가 그것이다.[16] 그러나 역사교육을 통하여 길러야 할 역

16) 김한종, 「역사적 사고력의 구성요소와 역사수업의 발문」, 『사회과교육』 29(1996), 85면.

사적 사고력은 학습 주제나 목표에 따라 다르기 때문에 어떤 하나의 입장만을 고수하여서는 안될 것이다. 전자에 속하는 사고력의 개념에 대해서 四方實一은 「사고력의 진단과 평가」라는 그의 연구에서 사고력에는 인지적·연역적·귀납적·연합적·비판적·문제해결적·창조적 사고력 등이 있다고 하였으며,[17] 平田嘉三·藤原正教는 「역사적 사고에 대하여」라는 제하(題下)에서 사고력은 관계적·비교적·분석적·실증적·유추적·통괄적·연역적·비판적 사고력이 있다고 하였다.[18] 또한, 山口康助는 「사회과에 있어서 사고력의 인자와 그 형성」이라는 제하에서 사고력에는 관련적·비교적·조건적·인과적·발전적 사고력이 있다고 하였으며,[19] 靜岡大學附屬島田中學校에서는 「중학생의 사고과정」이라는 연구를 통하여 감각적·개념적·법칙적·응용적·실천적 사고력 등으로 분류하였다.[20] 이것은 사고력을 일반적으로 개념·추리·판단 등의 능력을 포함하는 것으로서 이와 같은 사고력을 역사 교과에 적용할 수 있다는 것이다. 이에 대해서 각 교과에는 그 교과의 독특한 사고력이 있다고 보는 견해를 보면, 金子廉은 「소학교 사회과에 있어서 사고력 육성」이란 연구에서 역사적 사고력으로는 발전적·인과적·시대적 사고력이 있다고 하면서 역사적으로 보고 고찰하는 데 바탕을 둔 사고력을 중시하였다.[21] 이것은 역사교육의 기본적인 목표를 역사적 사고력에 두고 역사학습에 있어서는 이같은 역사적 사고력을 신장시켜야 함을 강조한 것이다. 여기서 역사적 사고력이란 무엇을 의미하는가? 森分孝治는 「시간에 관한 인식을 기르는 지도방법」이라는 그의 연구에서 '사회사상 및 문제를 역사적으로 파악하는 능력'이라고 하면서 그 구성 요소로서 ① 옛날과 오늘날의 다름을 파악하는 능력, ② 변천 발달을 파악하는 능력, ③ 인과관계를 파악하는 능력, ④ 시대 관련을 파악하는 능력 등 네 가지를 들고 있다.[22] 여기서 파악이라는 것은 의식·이해·인식을 포함하는 광범

17) 四方實一, 「思考力の診斷と評價」, 『兒童心理』(明治圖書, 1971), 116면.
18) 平田嘉三·藤原正教, 『歷史, その教育』(蔡書房, 1965), 146-147면.
19) 山口康助, 「社會科における思考力の因子とその形成」(明治圖書, 1968), 25면.
20) 砂澤喜代治, 「中學生の思考過程」(靜岡大學附屬島田中學校, 1964), 42면.
21) 金子廉, 「小學校社會科におけろ思考力の育成」, 『社會科教育』(明治圖書, 1968), 51면.
22) 森分孝治, 「時間に關する認識を育てる指導方法」, 『社會科教育』(明治圖書, 1968), 51면.

위한 지적 능력을 의미하는 것이라 하겠다. 橫山十四男은 「역사의식 · 역사적 사고력의 육성」이라는 그의 연구에서 '과학적 객관성을 본질로 하는 지적 능력'이라고 하면서 그 구성 요소로는 ① 금석(今昔)의 상위(相違) · 변천, ② 인과관계, ③ 시대구조, ④ 역사의 발전을 이해하는 능력이라 하였다.[23] 이에 대해서 山中壽夫는 「역사적인 것을 보고 고찰하는 방법에 대한 일 고찰」이라는 그의 연구에서 역사적 사고력은 역사 연구 능력과 기본적으로 같다는 입장에서 ① 사물의 인지적(확인적), ② 내면적(소급적), ③ 외연적(발전적), ④ 관계적, ⑤ 해석적(비판적) 사고력으로 나누었다.[24]

香川縣 中學校 社會科硏究室에서는 「사회과에 있어서 학습구조」라는 연구에서 역사적 사고력을,

① **사실적 사고** : 시대배열적 · 공간적 · 개념적 사고
② **상관적 사고** : 인과적 · 관련적 · 비교적 · 조건적 · 의미적 사고
③ **시대성적 사고** : 특색적 · 의의적 · 경향적 사고

등으로 분류하고, 그 요소로서

① **사물의 변화를 고찰할 수 있는 능력**(변천발달) : 고금 사상(事象)의 대비(사물의 단시간 · 장시간 변화), 인간의 변화(출생 · 성인 · 노인), 춘하추동의 4계절 순환
② **변화의 요인을 파악하는 능력**(인과관계) : 내적 요인과 외적 요인(내적 행위가 갖는 비중과 동기의 종류 : 본능적 · 충동적 · 심리적 · 합리적 · 도덕적 · 종교적 등)
③ **변화가 타에 미치는 영향을 추구하고 파악하는 능력** : 시대의 흐름 속에서 차지하는 위치, 그 의미성 파악
⑤ **변화를 통해서 미래에 대한 전망과 변화의 방향을 통찰하는 능력**(통찰력) : 미래지향적 통찰력
⑥ **사물의 변화를 종합적으로 고찰하는 능력** : 사물의 변화의 총체를 시대구조 속에서 고찰하는 능력

---

23) 橫山十四男, 「歷史意識·歷史的思考力の育成」, 『歷史の授業を掘りさける』(明治圖書, 1971), 15면.

24) 山中壽夫, 「歷史的なものの見方·考え方ついての一考察」, 『西日本社會科敎育硏究會年報』 9(1963), 81면.

등을 들었다.[25] 이같은 요소는 일반적 사고력과 역사적 사고력을 잘 결합시킨 예로서, 교육 현장에서 시사하는 바가 자못 크다 하겠다.

이상에서 보았을 때 역사적 사고력이란 고금상위 · 변천발달 · 인과관계 · 시대구조 및 시대관련 등을 파악하는 모든 능력과 역사를 발전적으로 파악하려는 능력이라 하겠다. 이 중에서도 분석적 · 관련 비교적 · 인과 관계적 · 실증적 · 비판적 · 종합적 · 해석적 사고력 등은 역사교육에 있어서 길러야 할 중요한 요소라 생각된다. 역사교육에 있어서는 이같은 역사적 능력을 길러서 역사적 사실을 바르게 파악하도록 하여야 한다. 특히 인간이 사회적 존재로서 시간적 공간적으로 변천 · 발전하여 온 사실을 바르게 이해하도록 하기 위해서는 변화를 관찰하는 능력, 변화의 과정과 의의, 특색을 파악하는 능력, 변화가 타에 미친 직접 · 간접의 영향을 파악하는 능력, 미래를 통찰하는 능력, 변화상을 종합적으로 파악하는 능력 등을 기르도록 하여야 한다.[26] 이처럼 역사적 사고력의 구성요소는 학자에 따라 견해를 달리하고 있으나, 김한종은 역사적 탐구기능과 역사적 상상력으로 나누고, 역사적 탐구기능은 일반적 기능과 역사적 기능으로 분류하였는 바, 그 분류 내용을 요약하면 <표 11-3>과 같다.[27]

이 외에도 역사적 사고력의 여러 요소는 ① 사물의 변화를 추구하는 능력, ② 변화의 동인을 추구하는 능력, ③ 변화의 영향을 추구하는 능력, ④ 변화를 거시적 · 종합적으로 파악하는 능력, ⑤ 변화를 과거로부터 현재 · 미래를 통찰하는 능력, ⑥ 변화를 종합적으로 보는 견해도 있다.[28] 여기서 변화란 단순한 시간적 변화나 자연과학적 변화를 의미하는 것이 아니라 인간이 무한한 시간의 계기적 흐름 속에서 변천 발전하여 온 것을 말하며, 이것은 연속적 시간의 변화의 구체상을 의미하는 것이다.

25) 香川縣中學校 社會科硏究室, 『社會科における學習構造』(1966), 91-95면.
26) 尾鍋輝彦·豊田武·平田嘉三(編著), 『歷史教育學事典』, 68-69면.
27) 김한종, 「역사적 사고력의 구성요소와 수업의 발문」, 92면.
28) 尾鍋輝彦·豊田武·平田嘉三(編著), 『歷史教育學事典』, 68-69면.

〈표 11-3〉 역사적 사고력의 구성요소

역사적 탐구 기능		역사적 상상력
일반적 기능	◦ 문제 인지 : 문제의 소재, 가설 설정, 가설 탐색 ◦ 자료 수집 : 참조기능, 정보의 회상, 자료 소재 파악, 자료의 선택 ◦ 자료 처리 : 번역, 해석, 분석, 비교/대조, 분류 ◦ 결론 도출 : 정보 종합, 가설 검증 ◦ 일 반 화 : 결론을 다른 문제에 적용, 원리의 도출	◦ 삽입 : 관련 정보에 의해 증거의 간격 메움, 증거에 대한 새로운 해석 ◦ 감정이입적 이해 : 역사적 행위의 동기나 이유, 역사적 인물의 사상이나 감정 파악, 과거인의 관점에서 역사적 사건을 인식, 과거 사회의 관습과 생활 방식 이해 ◦ 역사적 판단 : 역사연구방법, 역사적 자료의 선택, 자료의 용도에 대한 직관적 선택, 탐구 결과의 상상적 서술
역사적 기능	◦ 역사적 개념 사용 : 계속성/변화, 인과 관계, 발전, 시간 개념, 유사성/차이점, 일반성/고유성 등의 개념 이해 및 적용 ◦ 역사적 자료의 활용 : 1·2차 사료, 사료 비판, 정보 평가, 역사 지도, 연표 활용 ◦ 역사적 연구방법의 수행 : 연구 절차의 계획, 조직, 연대기 능력, 편견 인식	

이같은 역사적 사고력을 기르기 위해서는 학생들에게 역사를 왜 학습하며 역사에서 무엇을 배울 것인가라는 목적 의식을 분명히 갖도록 하여 여섯 가지 원칙에 입각하여 역사적 사실을 학습하도록 하는 습관과 태도를 길러주어야 하고, 역사적 사고력을 기를 수 있는 사고의 장면과 학습환경을 제공해 주어야 한다. 즉, 역사적 문제의식을 가지고 이를 해결할 수 있는 의도적이고 계획적인 집단사고의 장을 마련하여 주체적으로 학습할 수 있는 분위기를 조성하여 주어야 한다. 그러기 위해서는 역사적 사고력을 기를 수 있는 최적의 교재를 갖춘 역사교실을 마련하여 주어야 한다. 뿐만 아니라 역사적 사고력의 모든 요소를 구사할 수 있도록 적극적인 학습활동과 행동을 조장하여 획일적 학습방법으로부터 벗어나 유동적, 가변적 방법

과 방향·형태를 취하여야 할 것이다. 그러나 이같은 능력은 학습자의 발달단계에 따라 차이가 있다.

(3) 학년별 역사적 사고력의 특징

가. 초등학교 학생의 역사적 사고력[29)]

초등학교 학생의 역사적 사고력의 발달단계를 보면 다음과 같은 특징을 찾아볼 수 있다.

① **학령이전의 유아기**(5세 이전) : 역사적 관심·흥미는 전무하며, 사물의 변화나 변천에 관한 사고력은 없다.

② **저학년**(6·7세) : 사물의 새로운 것과 옛것을 구별함, 시간의 경과, 계절의 추이와 순환, 주(週)·일(日)의 경과, 자기 성장의 변화를 안다. 다만, 사물에 대한 관심·흥미를 가지나 타인의 질문을 받거나 이야기에 대해서 소극적이다.

③ **중학년**(8·9세) : 출생·성장·노쇠·죽음 등 인간의 개체 변화와 조부모·부모·자신의 세대적 간격과 변화를 알 수 있다. 시간의 흐름과 연대의 고찰이 가능하며 역사적 사고력의 초보단계이다. 독서를 통한 의문을 느끼고 비교·탐구 등의 일반적 사고활동이 나타나며 초보적 역사학습이 가능하다.

④ **고학년**(10·11세) : 역사적 사고력의 활동·신장이 가능하고 분석·종합·비교(대비)·인과관계 등을 추구할 수 있으며, 또한 변화의 원인·과정·의의·영향, 시간의 종적 흐름을 파악할 수 있으며, 사물의 변화를 파악할 수 있어 주제 중심의 통사학습이 가능하다.

이처럼 초등학교 학생의 사고력의 발달단계를 살펴볼 때, 초등학교에서의 역사적 사고력을 기르기 위한 역사수업은 변천발달의식이 성장하고 시간의 흐름을 어느 정도 파악할 수 있는 역사의식의 변혁기인 4학년 이후부터 가능하리라 보이며,[30)] 특히 고학년(5·6학년)에 있어서는 어느 정도의

29) 같은 책, 72-74면.
30) 日本社會科敎育硏究會, 『歷史意識の硏究』, 9-17면.

역사수업이 가능하다고 생각된다.

나. 중·고등학교 학생의 역사적 사고력[31)]

중·고등학교 학생의 역사적 사고력의 발달단계에 관한 연구 결과를 보면, 다음과 같은 특징을 찾아볼 수 있다.

① **중학교 1·2학년생**(12-13세) : 중학교 1·2학년은 기억력(기계적 기억 포함)이 왕성한 시기이므로 풍부한 역사적 지식의 축적이 가능하며 사상(事象)의 변천과 상호 관계를 고찰할 수 있다. 또한 시대의 흐름과 변천상을 파악할 수 있으나 논리적 사고는 부족하다.

② **중학교 3년 및 고등학교 1학년생**(14-15세) : 중학교 때의 역사적 지식과 사실의 이해의 바탕 위에서 사고력이 더욱 발달한다. 그리하여 역사의 동인(動因)에 대한 사고력, 인과관계의 사고력, 경제력 생산력의 발전을 이론적·구조적으로 파악할 수 있으며, 논리적·구조적 고찰이 가능하다. 그러나 역사의 이해에 대한 통찰력이나 총합적 구조적 사고력은 성인에 이르러 더욱 발달하게 된다.

이상에서 살펴본 바와 같이 역사의식과 역사적 사고력의 육성은 역사교육의 바탕이며, 역사학습의 중핵적 목표로서 양자는 서로 떨어질 수 없는 불가분의 관계에 있다. 역사적 사고력을 기르기 위해서는 학습자로 하여금 항상 명확한 목적 의식과 문제 의식을 가지고 문제 해결을 위한 여러 요소를 발견하도록 하고 문제해결을 위한 방법과 수단을 찾도록 하여야 한다.[32)] 또한 학습자에게 사고력을 기를 수 있는 사고의 장과 기회를 많이 주되, 사고력을 기를 수 있도록 단계에 맞는 다양한 자료를 제시하여야 한다.[33)] 이와 같은 방법으로는 발문학습이나 과제학습이 효과적이며, 특히 사료학습은 역사적 탐구기능과 역사적 사고력을 신장하는 데 가장 효과적인 방법이라 생각된다. 역사적 사고력을 기르기 위한 수업분위기로서 교사는 권위주의적 분위기를 지양하고 방법·방향·형태 등을 고려하고 학습분위

31) 尾鍋輝彦·豊田武·平田嘉三(編著),『歷史教育學事典』, 73-75면.
32) 平田嘉三·藤原正教,『歷史,その教育』, 146-147면.
33) 尾鍋輝彦·豊田武·平田嘉三(編著),『歷史教育學事典』, 234면.

기를 자유롭고 가변적·유동적으로 이끌어 가도록 하여야 할 것이다.[34)]

(4) 사고의 조작과 역사인식

역사적 사고력을 기른다는 것은 제사상(諸事象)을 역사적으로 보고 생각하여 사실을 객관적으로 파악할 수 있는 능력을 기른다는 것을 의미한다. 이러한 역사적 사고력을 기르기 위한 사고의 조작 과정과 역사인식의 과정을 도식화하면 [그림 11-3]과 같다.

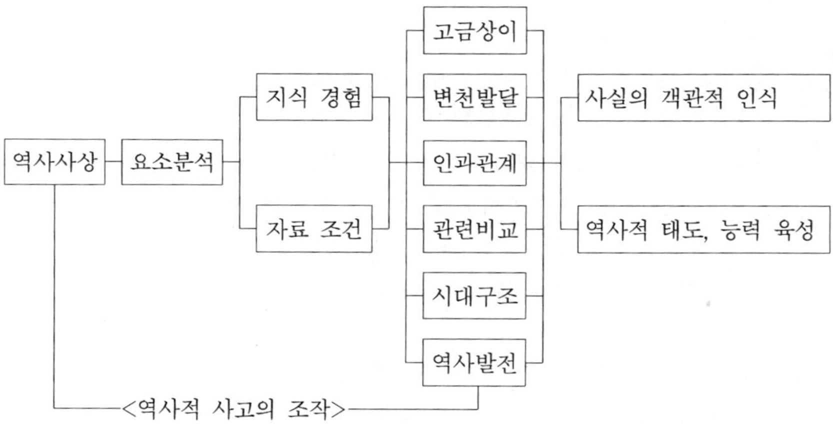

[그림 11-3] 사고와 역사 이해

위의 도식은 학습자가 역사적 사상을 접하였을 때 그 사상에 대한 문제의식을 가지고 그것을 해결하기 위하여 여러 요소를 분석·발견한 다음, 학습자 자신의 기존지식과 경험의 지각범위를 확대하여 문제해결을 위한 방법과 수단을 찾도록 하고, 그것을 비판·해석·관련비교·종합함으로써 사실을 바르게 인식하는 과정을 나타낸 것이다. 이와 같은 과정을 겪도록 함으로써 역사적 사고력을 기르고 역사를 주관적 인식으로부터 객관적 인식으로 바꿀 수 있다는 것이다. 역사적 사고력을 기르고 역사적 사실을 객관적으로 파악하도록 하기 위해서는 [그림 11-4]와 같은 역사인식의 과정

34) 같은 책, 75면.

을 겪도록 하여야 할 것이다.[35)]

◦ 역사학습에 의한 지식의 획득
↓
◦ 지식의 증대와 확실화 …… 주관적 정서적 인상
↓
◦ 역사 사실간의 관련성 인식 …… 객관적 비판적 고찰
↓
◦ 사실과 사회적 기반과의 관련 파악 …… 역사적 문제 인식의 자각
↓
◦ 역사적 의미의 통찰 …… 주체적 실천적 역사건설의 행동적 의욕

[그림 11-4] 역사인식의 단계

Ⅲ. 사료의 개념과 그 교육적 기능

1. 사료의 개념과 분류

(1) 사료의 개념

'사료없이 역사 없다'[36)]는 말이 있다. 이것은 역사연구의 대상이 사료가 아니라 역사연구에 있어서 가장 기본이 되고 필수적인 자료가 사료라는 것을 강조한 말이라 하겠다. 사료는 역사 연구에 있어서만 중요한 것이 아니라, 역사교육에 있어서도 역사적 사실을 객관적으로 인식하고 역사적 태도와 능력은 물론 역사적 사고력을 기르는 데 빼놓을 수 없는 핵심적인 학습 자료이다.

역사가가 과거 인간 활동의 여러 사실에 대한 인식은 직접적이 아니라 사료의 매개를 통하여 현재에서 간접적으로 인식하는 것이다. 그러므로 과

35) 日本社會科敎育硏究會, 『歷史意識の硏究』, 202면.
36) 杜維運(권중달 역), 『역사연구방법론』(일조각, 1984), 138면.

거의 인간이 남긴 전거와 자료들은 역사연구에 있어서 역사가와 사실을 연결하여 주는 귀중한 매개물이라 생각된다.

사료의 개념은 그 견해가 다양하다.[37] 사료란 과거의 인간행동과 사상이 남긴 흔적의 총체이며 역사가와 사실을 매개하여 주는 자료로서 직접 경험할 수 없는 과거 인간활동의 사실을 인식하는 데 필요한 역사적 자료라 하겠다.[38] 이같은 사료는 우리들의 생활 주변에 광범하고도 다방면에 걸쳐 무질서하게 잔존하고 있다. 그럼에도 사료라 하면 대부분 문서자료만을 생각하는 경향이 적지 않다. 이러한 것은 중세 이후의 문서숭배사상에 기인하는 것으로 근세 이후까지 계속되었다. 그러나 근래에 전자 미디어의 발달로 역사학에 있어서는 이같은 문서숭배사상이 점차 사라져 다양한 각종 자료를 포함하여 보조과학까지도 중요한 사료로 취급하고 있다.[39]

우리의 주변에 광범하게 산재해 있는 각종 사료는 모두 역사연구에 활용되는 것은 아니다. 사료는 역사가에 의하여 수집·정리되고 비판·해석되어 사료로서의 가치 판단이 내려졌을 때 비로소 역사연구에 사용될 수 있는 것이다. 그러므로 역사가는 과거 인간활동의 여러 사실을 밝히기 위

37) 사료에 대한 개념은 개인의 견해에 따라 다소의 차이가 있으나 베른하임(E. Bernheim)은 '역사학이 그로부터 얻게 되는 자료'라 하였으며(조기준 역, 『사학개론』(정연사, 1957, 138면), 김기웅은 '사료란 인간 활동에 있어서 과거의 잔존물, 인류활동에 의하여 생산된 산물'이라 하였고(『역사학개론』, 정음사, 1974, 86-87면), 박성수는 사료를 '인간의 사상과 행동이 남긴 흔적'이라 하였다(『역사학개론』, 삼영사, 1977, 245면). 또 윤혜원은 사료란 '과거를 인식함에 유용한 역사적 자료'라 하였으며(『사학개론』, 수도출판사, 1973, 76면), 齋藤孝는 사료를 '인간의 행동이나 사상이 담긴 다양한 흔적'이라 하였다(최민 역, 『역사와 역사학』, 형성사, 1983, 138면).

38) 한상준, 「역사교육에 있어서 사료학습의 접근 방안」, 17면.

39) 역사학의 보조과학을 분류하는 기준은 개인에 따라 다소의 차이가 있으나, 박성수는 일반적 보조과학(철학·법률·재정학·민속학·지리학·인류학·자연과학 등), 기술적 보조과학[금석학·비문학(碑文學)·서체학(書體學)·문자학·고문서학·인장학(印章學)·문헌학·연대학·사적학(史籍學)·고전학(古錢學)·문장학(紋章學)·휘장학(徽章學) 등]으로 나누고 새로운 보조과학으로서 연대기학·금석학·서체학·고문서학·인장학·고전학·언어학·지리학·고고학(이상을 전통적 보조과학이라 함)·통계학·심리학·사회학·경제학·문화인류학(이상을 새로운 타이프의 보조과학이라 함) 등으로 나누었다(『역사학개론』, 272-277면). 杜維運은 협의의 역사보조과학으로서 언어학·문자학·고문자학·고문서학·공문학(公文學)·인장학·화폐학·족보학·가세학(家世學)·휘장학(徽章學)·연대학·지리학·역사지리 등을 들고, 광의의 역사보조과학으로서 정치학·사회학·경제학·심리학 등을 들었다(『역사연구방법론』, 186-201면).

해서는 사료를 수집·분류하여 비판하고 그 가치를 판단하여야 한다.

(2) 사료의 분류

사료를 분류하는 기준은 사료가 갖는 가치나 형태, 내용과 목적 또는 연구의 성질과 개인의 창의적 노력 등에 따라 차이가 있다.[40] 그러므로, 사료의 종류를 획일적으로 분류한다는 것은 어려움이 없지 않다. 다만 사료를 형태상의 내용과 가치를 중심으로 분류하여 보면 아래와 같다.[41]

가. 형태상 분류

① 문헌 및 문서자료

② 유물 및 유적자료

③ 구비전승자료

④ 언어 및 문학적 자료

나. 가치상 분류

① 1차사료(原史料)

② 2차사료

③ 3차사료

---

40) 사료를 분류하는 방법이나 기준은 개인에 따라 다소의 차이가 있으나 몇 가지 분류 기준을 보면 다음과 같다.

① 김기웅은 사료를 연고별(직접 사료와 간접 사료), 가치별[등급별·정조별(精粗別)·경과별·인별(人別)·건별(件別)·지역별·연대별], 형태별[고문서류·편찬물·유물·구비(口碑)] 등 세 가지로 대별하였다.

② 박성수는 벙어리 사료와 말하는 사료, 사서(史書)와 문서, 원사료와 2차·3차 사료 등으로 분류하였다.

③ 윤혜원은 사료의 가치와 신용도를 중심으로 근본사료(1등사료·2등사료·3등사료·4등사료)와 참고사료(5등·6등사료)로 나누고 그 종류를 직접 관찰자료·기억자료·보고자료(언어에 의한 보고, 문자에 의한 보고), 유물(자연의 잔존물, 기념물) 등 네 가지로 분류되었다.

④ 林健太郎은 형태에 따라 물적 사료(침묵사료·유물·유적·박물관·종교적 의식·법률·제도), 진술적 사료(전승·보고·이야기·연대기·전기·회상록)로 나누었다(林健太郎, 『史學槪論』(東京 : 有裵閣, 1964)). 이같은 분류방법은 A. Feder나 Lauglois and Seingnobos의 분류 방법과 같다.

⑤ 大類伸은 사료를 서술적 증거[편찬물·정사(正史)·야사·문집·기타 기록]와 비서술적 증거(문서·계보·언어·문자·예술작품·토속·유물·지리)로 분류하였다(大類伸, 『史學槪論』(東京 : 共立社, 1940)).

41) 한상준, 「역사교육에 있어서의 사료학습의 접근 방안」, 20면.

④ 보조과학자료

이러한 사료는 역사교육에 그대로 사용될 수 없다. 역사교육에 있어서의 사료란 우리 주변에 광범하게 산재되어 있는 다양한 인간 흔적의 자료가 모두 그대로 활용되어지는 것이 아니라 역사가에 의하여 비판·정리되고 해석·서술되어진 것으로서 역사교육의 목표 달성에 가치가 있는 것이어야 한다. 즉, 학습자가 역사적 사실을 객관적으로 인식하고 역사적 태도와 능력(역사적 사고력 포함)을 기르는 데 가치와 증빙성이 있는 것이어야 하며, 학습자의 발달단계에 맞는 사료이어야 한다. 이와 같은 사료를 학습 자료로 사용할 때는 학습자로 하여금 역사학적 연구방법을 체득케 함으로써 사실을 바르게 이해하고 역사적 능력과 태도를 기를수 있으며, 사료학습은 행동적인 학습으로서 역사적 사고력을 기르는데 효과적인 학습방법이라 하겠다.

2. 사료의 교육적 기능

사료가 갖는 교육적 기능은 견해 차이는 있으나 학습지도라는 입장에서 볼 때 교사와 학습자의 측면에서 중요한 의의를 갖는다. 사료학습이 지니는 교육적 의의나 그 기능에 관한 선행 연구결과[42]를 종합하여 보면 다음과 같다.

먼저 교사의 측면에서 보면,

---

42) 사료학습의 교육적 기능과 의의에 관한 여러 견해를 보면 다음과 같다.

① 이원순은 사료학습의 의의와 기능에 대해서 역사학습의 생동적 활동, 역사적 감각의 육성, 동일 내용의 반복 상태 방지, 사실의 포착기능, 관찰능력, 발전적 수용태도를 기름, 향토사 자료의 활용 등을 들었다 ; 이원순·윤세철·허승일, 『역사교육론』 및 이원순·이정인, 『역사교육』 참조

② 서굉일은 역사적 이해의 심화와 역사적 태도와 능력의 신장, 올바른 역사의식의 육성, 지식 위주의 교육 탈피, 사실의 행동적 파악, 학습의 파지 오래 지속, 교과서의 한계성 극복 등을 들었다 ; 서굉일, 「역사교육을 위한 사료학습연구」 참조.

③ 한상준은 교사의 노력과 시간의 낭비 감소, 교재 내용의 보충 심화, 자료 처리 능력과 역사학 연구법 체득, 동일 학습 내용의 반복 지양, 생동적 학습의 장 제공, 역사에 대한 관심과 흥미 유발, 역사적 능력과 태도 기름, 학습의 파지 지속과 사실의 객관화, 독사능력(讀史能力)의 육성, 공정한 판단력의 육성 등을 들었다 ; 한상준, 「역사교육에 있어서의 사료학습의 접근 방안」 참조.

① 지식 중심의 주지주의 교육과 교사 중심의 강화법(講話法)으로부터 벗어날 수 있다는 점
② 교과서의 평면적인 내용의 한계성을 극복하여 교재의 내용을 보충 심화할 수 있다는 점
③ 교사도 자료처리능력과 역사연구방법을 체득할 수 있다는 점
④ 각급 학교별로 동일한 학습 내용의 지도를 방지할 수 있으며 생동적 학습의 장을 제공할 수 있다는 점
⑤ 교사와 학습자 간의 협동 수업이 이루어질 수 있다는 점
⑥ 교사 중심의 강의법에서 오는 교사의 노력과 판서를 하는 데에서 오는 시간의 낭비를 줄일 수 있다는 점

등을 들 수 있다.

다음으로 학습자의 측면에서 보면,

① 사료를 직접 대하고 경험함으로써 역사에 대한 관심과 흥미를 불러 일으키고 지적 호기심을 유발할 수 있다는 점
② 사료를 접하여 분석·비판·해석·종합해 봄으로써 사상(事象)을 공정하게 판단하고 이해할 수 있다는 점
③ 사료를 접하여 역사적 연구의 방법을 체득함으로써 사실을 객관적으로 인식하고 역사적 태도와 능력, 역사 의식과 역사적 사고력을 기를 수 있다는 점
④ 다양한 사료를 활용하여 사실을 실증적으로 파악함으로써 학습의 파지가 오랫 동안 지속될 수 있다는 점
⑤ 실증적 자료를 활용함으로써 역사에 대한 이미지를 풍부히 하고 독사능력(讀史能力)을 기를 수 있다는 점

등을 들 수 있다.

이처럼 사료학습은 역사교육에 있어서 교사나 학습자 양자에게 주는 교육적 의의는 지대할 뿐 아니라 역사적 사고력을 육성하는 데 중요한 방법이다.

Ⅳ. 사료의 개발과 활용방안

1. 사료의 선정 개발

사료학습의 교육적 의의와 기능이 아무리 중요하다 하더라도 역사교육에 있어서 사용되는 사료란 역사연구에 사용되는 사료가 모두 사용되는 것은 아니다. 그것은 적어도 교재의 내용을 학습해 가는 데 있어서 사실을 객관적으로 파악하고 역사적 능력과 태도를 기르는 데 실증적 가치가 있는 것이어야 한다. 그러므로 사료라 하여 우리 주변에 산재되어 있는 다양한 자료를 그대로 다 사용할 수는 없다. 그것은 적어도 역사가에 의하여 사료로서의 가치와 증빙성이 인정된 것이어야 하며, 교재의 목표와 과제 해결에 알맞고 학습자의 능력과 발달단계에 알맞는 것이어야 한다. 교사가 사료의 개념과 종류에 대한 충분한 이해와 교재에 대한 정통한 이해 없이 사료를 선정한다는 것은 쉬운 일이 아니다. 그러므로 사료 선정을 위한 적절한 기준을 마련하여야 한다.

(1) 사료의 선정

사료 선정의 기준을 마련한다는 것은 매우 어려운 일이나 사료의 가치성과 형태, 교재의 목표와 내용, 학습자의 능력과 발달단계, 지역성, 교사의 능력 등을 고려하여 다음과 같은 몇 가지 기준을 설정할 수 있을 것이다.

① 사료는 학습자에게 역사적 사실을 객관적으로 인식시키고 역사적 능력과 태도를 기를 수 있는 것을 선정하여야 한다. 특히 역사적 사고력과 역사의식을 기르는 데 필요한 사료를 선정하여야 한다.[목표성]

② 사료는 학습 내용에 직결되는 것으로서 학습 과제나 문제 해결에 알맞는 것을 선정하여야 한다.[내용성]

③ 사료는 학습자의 능력과 발달단계에 맞는 것을 선정하여야 한다. 초등학교 학생들에게 원사료인 1차사료나 어려운 한자로 된 사료를 사용하거나 해석하기 어려운 통계·도표 등을 활용하는 것은 무리이

다.[능력과 발달성]

④ 사료는 역사가에 의하여 그 가치와 증빙성이 인정되는 것을 선정하여야 한다. 역사가에 의하여 판정되지 않은 사료는 사료로서의 가치 여부를 판단하기 어렵다.[가치와 증빙성]

⑤ 사료는 시기와 작자 및 출처가 분명한 것을 선정하여야 한다.[근원성]

⑥ 문헌 및 문서자료(한자)는 학습자의 능력을 고려하여 번역된 권위있는 단행본이나 문고판을 선정하여야 하며, 번역의 정확성을 고려하여야 한다.[정확성]

⑦ 사료는 문자에 의해 서술된 자료 외에도 비서술적 자료와 보조과학적 사료도 선정하여 활용하여야 한다.[다양성]

이상과 같은 선정 기준이 절대적인 것이 될 수는 없으나, 사료의 가치성과 형태성, 교재의 목표와 내용성, 학습자의 능력과 발달단계, 현장의 실태 등을 충분히 감안하여 선정하되 교사의 창의적이고도 의욕적인 노력이 있어야 한다. 이러한 기준에 의하여 사료를 선정하면 선정한 사료를 어떻게 개발하여 활용할 것인가?

(2) 사료의 개발

사료는 인쇄매체로서 뿐만 아니라 교재로서의 성격을 지니고 있기 때문에 학습자의 능력과 발달단계에 알맞도록 학습자료로 재개발하여 활용하도록 하여야 한다.

사료를 학습자료로 개발하기 위해서는 다음과 같은 과정을 거쳐야 한다.

① 교육과정과 교과서를 분석하여 사료를 추출한다.[43]

---

43) 참고로 초·중·고등학교의 국사 교과서(제5차)에 수록된 문헌 사료(번역)와 통계 도표의 자료를 보면 다음과 같다(학교간의 중복된 사료도 다수 있음).

◦ 초등학교 사회 6-1 국사교재에는 개천절 노래, 왕오천축국전(원본사진), 농가월령가, 독립신문, 황성신문 사설(국한문겸용) 등 5개가 수록되어 있다.

◦ 중학교는 광개토대왕릉비문, 세속오계, 민정문서, 찬기파랑가, 고려형법, 고려척경입비도, 노비문서, 고려 토지제도 문란상, 직지심경, 연분 9등법, 용비어천가, 김종서 시, 황진이 시, 향약 4대절목, 이이의 향약, 조선 후기의 전국 호구수, 척화비, 열강의 경제침략 대조표, 미곡 생산과 일제의 수탈, 의병활약상, 대한광복회원의 서약문, 공약 3장, 임시헌장 10조, 독립군의 활동, 물산장려회 구호, 우리말 큰 사전의 머리말 등 26개가 수록되어 있다.

교사는 역사교육과정을 분석하여 교육과정의 목표와 지도상의 유의점을 정확히 파악한 다음 역사 교재를 분석하여 본시 목표와 교재의 발전계통을 밝히고 과제 해결에 필요한 사료를 <표 11-4>와 같은 양식에 의하여 추출한다.

〈표 11-4〉 사료의 추출양식

차시	단원(주제)명	학습목표	학습요항	관련사료	출전	비고

② 추출된 사료를 유형별로 분류하여 정선하고 목록을 작성한다.

교과서를 분석하여 추출한 사료를 <표 11-4>와 같은 양식에 의하여 유형별로 분류하여 전문가의 지도·조언을 받아 취사·선택하여 최적의 기본사료를 정선하고 사료목록을 작성한다.

③ 사료의 목록에 따라 도서관·박물관·미술관 등을 찾아 사료를 수집하고 정리한다. 이때 권위있는 번역된 문고판이나 단행본의 이용은 바람직한 방법이다.

◦ 고등학교는 광개토대왕릉비문, 골품과 관등표, 민정문서, 금강삼매경론, 왕오천축국전, 이두, 무녕왕 지석, 다라니경, 정효공주묘지, 향가, 팔만대장경, 10훈요 부분, 전시과 토지 지급액수, 동명왕편, 관동별곡, 해주향약, 울산부 호적대장, 노비매매문서, 하회동약, 울산부 호적대장, 순천부 향안, 토지매각문서, 토지결수 증감표, 공명첩, 교지, 탕평비, 백두산 정계비, 토지문서, 19세기초 도별 저수지수, 장시 구역도, 강화도조약 내용, 갑신정변 14개조 개혁요강, 전봉준의 격문, 폐정개혁 12조, 홍범14조, 한말 애국가의 한 종류, 만민공동회 헌의 6조, 대한국제, 황성신문 논설, 국채보상국민회의 취지문, 독립협회보, 백정 박성훈의 만민공동회 연설문, 2·8독립선언, 광주학생운동보도신문, 임시정부 대일선전성명서, 한글 맞춤법 통일안, 대한민국 임시정부 헌장선포문, 연도별 소작쟁의 자주독립 선언문, 신탁통치 반대 유인물, 대한민국 헌법전문, 공산국작전 및 공격명령1호, 수출액 증가표 등 53개가 수록되어 있으나, 이같은 사료에 대한 구체적 활용 지침이 제시되어 있지 않다.

④ 수집된 사료를 전문가의 지도·조언을 받아 비판·해석한다.

⑤ 비판·해석한 사료는 종합·정리하여 사용에 편리하도록 분류하여 사료카드를 작성한다. 이때 사료의 출전, 시기(연도), 작자, 사료 내용을 <표 11-5>와 같은 양식에 의하여 정리한다.

〈표 11-5〉 사료카드

사료명		출전		출판사		연도		페이지	
사료내용									

⑥ 사료카드가 작성되면, 사료를 학습자료로서 개발하기 위하여 <표 11-6>과 같은 양식에 의거하여 사료제작설명서와 활용지침서를 작성한다.

〈표 11-6〉 사료학습자료 제작설명서

차시		단원명(주제)		사료명		출전	
착안점	◦사료 제작의 목적 ◦제작할 사료의 선정 이유						
사료내용	◦문헌(문서) 사료의 내용을 번역한 것이라든가 또는 원문 수록 ◦비서술적 자료의 도해(사진, 지도, 연표, PT, 슬라이드, 도표 등)						
제작상 유의점	◦인쇄매체로서의 제작 과정 ◦개별 자료로서의 가치 고려(비닐 커버) ◦지질 및 규격 표시 ◦자료의 크기 종류 등을 명기할 것						

활용방안	◦학습 과정에서의 활용 방안(분단, 개별, 전체, 도입, 전개, 정리단계, 평가) ◦활용상의 유의점 ◦타자료와의 관련 활용 ◦학습 요소별 제시 방법 ◦활용 시간 등에 대하여 구체적으로 방안을 제시함
보조사료	◦사료와 함께 활용할 보조 자료명 명시 (슬라이드, 사진, 지도, 연표 등)

⑦ 학습 자료로 제작된 사료는 수업과정에 투입하여 활용해 보고 문제점이 있으면 수정·보완하여 재제작하고 그것을 수업에 재차 활용한다.

⑧ 수정 보완된 사료(학습자료)는 단원별로 분류하여 본시 수업에 활용할 수 있도록 교재와 관련시키고 활용에 관한 본시안을 작성하여 활용한다.

2. 사료의 활용방안

개발한 사료를 역사교육 현장에서 어떻게 활용할 것인가 하는 문제는 사료학습에 있어서 가장 중요한 과제라 하겠다. 개발한 사료를 활용하는 방법으로는 두 가지 유형이 있다. 하나는 분산적 접근방법과 다른 하나는 단원접근방법(주제접근방법)이다. 분산적 접근방법이란 연간 진도계획에 따라 통사학습과정에서 본시학습 내용과 관련이 있는 사료가 있으면 그 때마다 활용하고 계속 본시수업을 전개해 나가는 방법이며, 다른 하나는 사료를 주제로 하여 사료를 중심으로 그 시대의 역사적 사실을 탐구하도록 함으로써 역사적 태도와 능력을 기르고, 사실을 개관적으로 파악하도록 하는 방법이다.

(1) 분산적 접근방법

분산적 접근방법은 본시수업 과정에서 필요할 때마다 수시로 사료를 활용하는 방법으로 이는 3단계 수업(도입·전개·정리) 과정에 따른 일반적인 지도안을 적용하는 방법이다. 그러므로 이 방법에 있어서는 본시학습 문제나 과제를 해결하는 데 필요한 사료를 몇 분간 활용하고 본시 수업을 전개함으로써 교재의 평면적인 내용을 보충·심화시킬 수 있다. 따라서 이 방법에 있어서는 특별한 수업모형이나 지도안을 필요로 하지 않는다.

(2) 단원접근방법

단원접근방법(주제접근방법)이란 사료학습 그 자체를 한 단원으로 설정하여 사실탐구와 의미탐구를 하도록 즉, 역사연구 방법을 교육적 접근방법으로 적용하기 위한 사료학습을 연중 4~6회(1회 : 2~3시간 요함) 정도 실시하여 역사연구의 방법을 체득하도록 하는 방법이다. 그러므로 이 방법에 있어서는 분산적 접근방법과는 다른 수업모형이 요구된다. 이에 필자는 선행 사료학습모형[44]을 바탕으로 하여 다음과 같은 사료학습 절차와 수업모형을 구안하였다.

가. 사료학습절차

① **사료학습단원의 선정**(제1단계) : 교사는 먼저 사료 선정의 기준을 참고하여 지도하고자 하는 사료학습단원을 <표 11-7>과 같은 양식에 의거하여 선정하고 사료를 정선한다.

② **사료학습단원에 대한 진단검사 실시**(제2단계) : 사료학습단원이 선정되면 교사는 구체적인 수업계획을 수립하기 위하여 그 단원의 교재

---

44) 사료학습에 관한 여러 모형을 보면 다음과 같다.

① 이원순의 모형(이원순 외, 『역사과교육』, 255면)
교사의 사료 준비 단계 → 단원 전개의 안내서 준비 단계 → 단원 학습 → 결과 도출 단계 → 완전 이해와 보고서 작성 단계

② 강우철의 모형(강우철, 『역사의 교육』, 335-339면)
목표 및 주제의 제시 → 사료 제공 → 방법 제시 → 학생 활동 → 학습 과정의 검토 → 결과 방법의 제시 → 보고서 작성

③ 한상준의 모형(한상준, 「역사교육에 있어서의 사료학습의 접근 방안」, 32-34면)
진단 단계 → 계획 단계 → 지도 단계 → 발전 단계 → 평가 단계

④ 서광일의 모형(서광일, 「역사교육을 위한 사료학습연구」, 11~18면)
도입 및 준비 단계 → 단원 전개 단계 → 학생활동 단계 → 결과도출 단계 → 완전 이해 단계

〈표 11-7〉 사료학습단원 선정

차 시	주 제	목 표	학습요항	사료명	출전

에 대한 관심과 흥미도, 기존 학습도와 자료처리능력, 학습환경, 요구사항 등에 대한 진단검사를 실시하여 학습자의 실태를 파악한다. 진단검사는 지도계획을 수립하기 위한 것이기 때문에 인지적·정의적인 면을 충분히 고려하여 기본적인 사항을 진단하도록 하여야 한다. 이때 교사는 진단검사의 결과를 잘 정리하여 지도계획을 수립하는 자료로 활용하도록 하여야 한다.

③ **지도계획의 수립**(제3단계) : 진단검사가 끝나면 그 결과의 바탕 위에서 지도계획을 구체적으로 수립하여야 한다. 지도계획을 수립할 때는 사료학습의 목표를 구체적으로 명시하고, 학습과제를 분석하여 학습의 위계와 계열을 밝히며, 학습 용어의 규명, 사료의 수집 및 정리, 사료의 개발과 활용계획, 지도상의 유의점, 학습 형태, 학습 활동, 시간 배당, 지도안 작성, 평가, 지도상의 유의점 등에 이르기까지 구체적인 계획을 세워 실질적인 수업이 전개되도록 하여야 한다.

④ **지도과정**(제4단계) : 지도계획이 수립되면 교사는 그 계획대로 본시 수업(사료학습)을 전개해 나간다. 이때 교사는 부드럽고 자유로운 학습 분위기를 만들어 주고 사료학습에 관한 오리엔테이션을 하면서 학습목표와 과제를 제시하여 준다. 그리고 학습자에게 과제해결을 위한 사료를 수집하도록 하되 사료를 수집하지 못하거나 어려울 때는 교사가 제작한 사료를 학습자에게 배부하여 주고 사료학습 방법을 제시하여 준다. 그 후 사료를 분석·비판·해석·종합하도록 하고 비판·해석한 자료를 발표·토의하도록 한다. 이때 교사 주도형의 수업을 지양하고 개인의 발표 내용이 무시당하지 않도록 교사는 수업의

주재자로서의 역할만을 하여야 하며, 개인의 의견 대립으로 학습자간의 감정이 대립되거나 무질서한 토의가 되지 않도록 하여야 한다. 또한 학습자가 언어(표현)를 정확히 구사하여 발표하도록 하고 발표 자세가 흐트러지지 않도록 하여야 한다.

⑤ **학습평가**(제5단계) : 학습과제에 대한 발표·토의가 끝나면 교사는 학습자로 하여금 각자가 발표·토의한 내용을 바탕으로 학습내용을 정리하도록 하며, 보고서를 작성하도록 한다. 이때 교사는 보고서의 체제(양식)·용어·문체 등에 관한 작성 요령을 설명하여 주고 간결 명료하게 자기의 견해를 피력하도록 한다. 보고서 작성이 끝나면 교사는 보고서를 거두어 친절히 읽고 좋은 보고서는 교실뒷편 게시판에 붙여 놓고 다른 학생이 읽어 보도록 한다. 그리고 본시학습 내용에 대한 평가를 한다. 이때 교사는 사료학습과정에서 얻어진 자료를 바탕으로 역사에 대한 관심도, 역사적 사실의 객관적 이해도, 사료의 정리 능력과 태도, 역사의식의 변화도 등에 대해서 다양한 평가방법을 적용하여 형성평가를 하여야 한다. 이때 진단검사를 한 문항에다 수업 후 필요한 문항을 더 작성 보완하여 평가를 하고 전후비교하여 학습자의 학습 능력의 변화상을 파악하도록 하여야 한다.

이상의 사료학습의 절차를 도식화해 보면 [그림 11-5]와 같다.

Ⅰ단계	Ⅱ단계	Ⅲ단계	Ⅳ단계	Ⅴ단계
사료학습 단원선정	진단검사	지도계획	지도과정	평가
◦사료학습 단원 선정 ◦사료 선정	◦관심도, 흥미도 ◦기존 학습도 ◦학습 능력 ◦욕구도	◦목표 설정 ◦과제 분석 ◦사료 준비 ◦지도안 작성 ◦유의점 ◦시간 배당	◦목표·과제 제시 ◦사료정선, 제공 ◦방법 제시 ◦사료분석, 비판, 해석, 종합 ◦발표·토의	◦교사 조언 ◦정리 ◦보고서 작성 ◦관심도·능력·태도·이해도 등 평가

[그림 11-5] 사료학습의 절차

나. 사료학습의 본시수업모형

[그림 11-5]와 같은 절차에 따라 사료학습을 전개해 갈 때 중요한 것은 본시수업모형이다. 제4단계인 지도과정에서 밝힌 본시학습 과정의 모형을 도식화하면 [그림 11-6]과 같다.

Ⅰ단계	Ⅱ단계	Ⅲ단계	Ⅳ단계	Ⅴ단계
문제제시	사료결정	문제추구	정 리	평 가
◦오리엔테이션 ◦주제, 목표 및 과제 제시시 ◦문제나 목표 파악	◦사료 정선 ◦사료 제공 ◦방법 제시 ◦문제 해결 방안 모색	◦사료분석, 비판, 사료 관련, 해석, 종합 ◦발표·토의	◦교사의 조언 ◦보고서 작성	◦관심도, 흥미도, 태도, 가치 ◦이해도, 사고력 ◦자료처리능력 ◦일반화

[그림 11-6] 사료학습을 위한 본시수업모형

위의 본시수업모형을 좀더 구체적으로 도해하여 살펴보면 [그림 11-7]과 같다.

단계	과정	시간	사료명	지도상 유의점
1. 문제제시	◦ 오리엔테이션 ↓ ◦ 주제, 목표, 과제 제시 ↓ ◦ 문제나 목표 파악	7~10분		◦사료학습의 개요와 단원의 개괄 설명 ◦사료학습의 주제·목표·과제 제시 ◦목표·과제·문제를 파악하도록 함

2. 사료 결정	◦ 사료정선 및 제공 ↓ ◦ 방법제시 및 문제 해결 방안 모색	15~20분		◦ 사전에 과제를 제시하여 문제 해결을 위한 사료를 수집하도록 하거나 교사가 사료를 제공해 준다→최적 사료를 정선 결정함 ◦ 문제 해결 방안을 모색함
3. 문제 추구	◦ 사료 분석, 비판 ↓ ◦ 사료 해석·관련 ↓ ◦ 사료 종합, 정리 ↓ ◦ 발표, 토의	30~40분		◦ 사료를 분석·비판하여 의미와 가치를 조사하도록 함 ◦ 비판한 사료를 유기적으로 관련시켜 해석하도록 함 ◦ 해석·종합한 사료를 과제별로 분류, 정리함. ◦ 정리·해석한 사료를 발표·토의하되 학습형태를 고려하여야 함.
4. 정리	◦ 교사의 조언 ↓ ◦ 정 리 ↓ ◦ 보고서 작성	15~20분		◦ 발표·토의한 내용을 과제별로 정리하여 종합적으로 파악하도록 함. ◦ 과제별로 체계있게 정리함. ◦ 보고서 작성 요령을 설명하고 간결 명료하게 보고서를 작성하도록 함.
5. 평가	◦ 사실의 이해, 자료처리능력, 관심도, 흥미도, 사고력 ↓ ◦ 일 반 화	10분		◦ 학습자의 관심도·흥미도·이해력·자료처리능력·가치관·태도 등 평가 ◦ 보고서를 읽고 평가함 ◦ 논문·작문법·작품분석법·관찰법·면접법 등 다양한 방법 적용 ◦ 전후 비교법을 적용하여 결과 고찰

[그림 11-7] 본시수업모형의 도해

3. 사료 활용상의 유의점

모든 교과가 학습지도에서 지도상의 유의점을 밝혀야 하듯 사료학습에 있어서도 학습내용의 범위, 학습자의 능력, 자료활용, 수업절차, 시간배당, 타교과와의 관련, 학습활동, 평가 등에 이르기까지 지도상의 유의점을 밝혀야 한다. 특히 사료학습은 역사연구의 방법을 역사교육에 적용코자 하는 노력이기 때문에 지도계획으로부터 평가에 이르기까지 지도상의 유의점을 구체적으로 밝혀야 한다.

사료학습의 유의점에 대해서 이원순은 사료학습을 매시간 실시할 수 없기 때문에 연간 4~6회 정도 시행하되 사료는 1회에 두 가지 이상 사용하여야 한다고 하면서 즉흥적이고 무계획적인 지도를 지양하고 연간 지도계획을 세워 교육적 차원에서 교재로서의 사료를 선택 활용하여야 하며, 역사성을 파악할 수 있도록 단계적 훈련과 독서 과제의 방법을 써서 역사물을 가까이 하는 습성을 키워주도록 하여야 한다고 하였다.[45]

강우철은 사료학습단원의 지도계획, 학습자료, 경험의 진단, 활용방법, 평가, 교사의 주재적 역할 등에 대해서 충분히 고려하여야 한다고 하였다.[46]

서굉일은 주제 선정, 사료의 선정 제공, 과제 부과, 주제 해결을 위한 독서, 학습 분위기, 학습활동, 교사의 주재적 역할, 보고서 작성, 평가 등에 이르기까지 유의점을 상세히 밝혔다.[47]

이상에서 보았을 때 사료학습 지도상의 유의점은 한 두 가지 면에서 고려될 수 있는 것은 아니라 생각된다. 다만 위의 모든 유의점을 종합하여 공통적인 항목으로 나누어 보면, 다음과 같은 유의점을 제시할 수 있을 것 같다.

① 교사는 연간 진도계획을 세울 때 연간 사료학습 지도계획을 수립하여 사료학습단원을 선정하여야 한다.

② 사료학습단원을 선정할 때는 학습자의 관심과 욕구를 고려하고, 교재내용을 충분히 검토하여 사료가 풍부한 단원(주제)을 선정하여야 한

45) 이원순 외, 『역사과교육』, 254-257면.
46) 강우철, 『역사의 교육』, 339-340면.
47) 서굉일, 「역사교육을 위한 사료학습연구」, 12-17면.

다.

③ 사료학습 단원이 선정되면 학습 내용을 구체적으로 분석하여 학습 위계를 밝히고 과제를 작은 단계로 나누어 각 단계에 맞는 자료를 선정하되 학습자의 능력과 발달단계에 맞도록 제작하여야 한다.

④ 사료는 역사가에 의하여 증빙성이 인정된 것으로 문헌 사료인 경우는 권위 있는 번역서(문고판·단행본)와 전기물은 좋은 자료이며, 그 외에도 비서술적 사료와 보조과학적 사료 등 다양한 사료를 선정하여야 한다.

⑤ 역사교육에 있어서 활용되는 사료란 역사연구에 사용되는 사료가 아니라 역사교육이란 교육적 차원에서 학습 자료로서의 사료이어야 한다.

⑥ 교사는 자유로운 수업 분위기를 조성하면서 수업의 주재자로서의 위치에서 학습활동을 조정해 나가도록 하여야 한다.

⑦ 사료학습은 연간 4~6회 계획하되 1회의 시간배당은 적어도 2~3시간이 소요될 수 있도록 구체적인 계획을 수립하여야 한다.

⑧ 보고서를 작성할 때는 체제와 서술에 유의하여 학습자의 견해를 간결·명료하게 진술하도록 하여야 한다.

⑨ 평가는 인지적 영역뿐만 아니라 정의적 영역의 변화상도 평가하도록 하고 평가 결과에 대한 처리는 전후비교법을 써서 학습능력과 태도의 변화상을 파악하도록 하여야 한다.

⑩ 평가를 할 때는 객관 테스트법 외에 논술적 방법(자유기술법, 작문법), 작품분석법, 관찰법, 면접법 등 다양한 평가방법을 적용하여야 한다.

이처럼 사료학습지도에 있어서의 유의점은 사료학습단원의 선정으로부터 사료의 개발, 지도 계획과 지도과정, 보고서작성, 평가 등에 이르기까지 교사의 의도적인 계획과 창의적인 노력이 있어야 한다.

V. 맺음말

이 연구는 역사교육방법의 일환으로 사료를 현장의 역사학습에 활용하여 탐구과정을 겪도록 함으로써 사실을 객관적으로 인식시키고, 역사적 사고력뿐만 아니라 역사적 능력과 태도를 기르려는 이론적 방법을 모색해 보고자 한 것이다. 이같은 목적을 달성하기 위하여 전개한 연구 결과를 요약함으로써 맺음말에 대신하고자 한다.

오늘날 역사교육의 방향은 단순한 역사적 사실을 교사 중심으로 전달하거나 해설하는 데 있는 것이 아니다. 즉, 교사 중심의 맹목적인 기계적 나열주의에 그치는 수업을 통하여 학습자에게 단순한 사실을 암기하도록 하는데 있는 것이 아니라, 역사연구방법을 체득케 함으로써 역사적 사실을 바르게 인식시키고 역사적 능력과 태도·역사적 사고력을 기르도록 하여야 한다. 그러기 위해서는 학습자에게 역사적 사고력과 탐구기능을 기를 수 있는 학습방법이 모색되어야 하며, 이러한 방법의 하나가 사료학습이라 하겠다.

사료란 과거의 인간행동과 사상이 남긴 흔적의 총체로서 이것은 역사연구에 있어서 사용되는 귀중한 자료이다. 그러나 역사교육에 있어서는 과거의 역사적 모든 자료가 그대로 사용되는 것은 아니다. 역사교육에 있어서 사용되는 사료란 역사연구에 있어서 사용되는 사료를 모두 그대로 사용하는 것이 아니라 역사가에 의하여 비판·해석·서술되어 사료로서 가치와 증빙성이 인정된 자료이어야 하며, 그것은 교육적 차원에서 필요한 학습자료로서의 사료이어야 한다. 그러므로 원전(原典)같은 1차사료보다는 번역된 가치 있는 문고판이나 단행본 등이 바람직하며, 비서술적 사료뿐만 아니라 보조과학적 사료 등도 활용하여야 한다.

사료학습이 갖는 교육적 의의와 그 기능은 학습자에게 역사연구의 방법을 체득케 함으로써 역사적 사고력·탐구력·이해력·자료 처리능력 등을 길러 사상을 공정하게 판단하고 표현할 수 있는 능력을 기를 수 있으며, 교과서의 학습내용을 보충·심화시키고 생동적인 학습의 장을 제공함으로써 역사에 대한 관심과 흥미를 높이고 학습의 파지가 오래 유지될 수 있는 것 등을 들 수 있다.

사료학습 방법은 두 가지로 나눌 수 있다. 하나는 통사학습과정에서 연간 진도계획에 따라 본시수업을 전개해 나가다가 학습내용과 유관한 사료가 있으면 관련 사료를 활용하고 다시 본시 수업을 진행해나가는 분산적 접근방법과 다른 하나는 사료학습 단원을 선정하여 사료학습 그 자체를 학습 단원으로 전개해 가는 이른바 단원(주제)접근방법이 그것이다. 이 중에서도 학습자의 역사적 사고력과 탐구능력을 기르기 위해서는 후자인 단원접근방법이 효과적이라 하겠다.

단원접근방법의 수업절차는 ① 사료학습 단원의 설정, ② 진단검사, ③ 지도계획, ④ 지도과정, ⑤ 평가 등 5단계 절차를 거치되 본시학습 과정은 ① 문제제시, ② 자료결정, ③ 문제추구, ④ 정리, ⑤ 평가 등 5단계 수업모형을 적용할 수 있다. 이러한 사료학습은 매시간 실시할 수 없기 때문에 연간 4~6회(1회 시수는 2~3시간) 정도 실시하는 것이 효과적이라 생각된다. 그러므로 사료학습단원을 특설하여 수업을 할 때는 단원의 선정으로부터 평가에 이르기까지 교사는 학습자의 능력과 발달단계 등을 충분히 고려하여 면밀한 계획을 세워야 한다.

그러기 위해서는 현장의 역사 교사들을 위한 바람직한 사료집과 활용지침서가 전문가와 교사의 협력에 의하여 발간되어야 하며, 사료학습의 장을 지역별로 제공하여 교사들의 사료학습에 관한 이해와 자질을 높이도록 하여야 한다. 또한 각급 학교에서는 역사교실이나 역사학습 자료실을 설치하고 다양한 사료를 개발 비치하여 학습자가 스스로 학습과제나 문제를 해결할 수 있도록 사료를 활용할 수 있는 장을 마련해 주어야 하며, 교사는 역사적 사고력을 신장시킬 수 있는 학습방법의 개선에 창의적인 노력을 아끼지 말아야 할 것이다.

(송 춘 영)

제 12 장
역사교과의 특성에 기초한 컴퓨터 활용방안연구

Ⅰ. 머리말

1. 문제의 제기

현재 우리 사회에서 정보화니 세계화니 하는 구호가 널리 사용되고 있다. 컴퓨터가 일반 가정에 널리 보급되고 정보통신 기술이 일상생활까지 급속하게 확산되면서 일반인들도 '정보사회'로의 변화를 실감하고 있다. 이러한 변화는 지금까지 모든 기술 혁신의 역사가 보여주었듯이 새로운 형태의 인간관계를 형성하고 사회질서의 변동을 초래할 것이다.[1] 이러한 변동이 긍정적이건 부정적이건[2] 교육에 있어서도 많은 변화를 강요할 것이다.

---

1) 이러한 관점을 가진 대표적인 책으로는 앨빈 토플러(Alvin Toffler)의 유명한 저서인 *A Future Shock*(New York : Bantam, 1971)나 *The Thrid Wave*(New York : Bantam, 1980)가 있다. 이 책들은 국내에서도 『미래의 충격』, 『제3의 물결』로 각각 번역 출간되었다.

2) 컴퓨터 공학의 발달은 긍정적이건 부정적이건 사회적 변동을 야기할 것이다. 이러한 변동에 대하여 학자들 사이에서도 낙관점인 관점과 비관적인 관점이 공존하고 있다. 낙관론적 시각에 따르면 우선 경제적인 차원에서 집중화와 팽창, 획일화, 착취를 동반한 자본주의 생산구조에 새로운 전환을 만들 수 있으며, 정치적으로 더 참여적이고 분권화된 의사 결정으로 권력이 분산되어 민주화가 진전된다고 한다. 반면 비관론적 시각에 따르면 새로운 정보통신기술은 자본주의적 생산양식을 영속화하려는 새로운 도구에 불과하며 정치적으로는 미증유의 통제가 가능할 것이고 기술적 합리주의에 따라 인간성 상실이 야기될 것이라고 한다. 이러한 관점의 차이를 정리한 것으로는 C.J. Hamelink, "Is There Life after the Information Revolution?", in M. Traber(ed.), *The Myth of the Information Revolution*(London : Sage, 1986), pp. 15-18 참조.

이를테면 학생들이 정보의 습득과 검색 및 활용과 같은 정보처리능력을 습득하는 것이 앞으로의 사회를 살아가는데 매우 중요하다고 볼 때 학교 교육에서 정보처리능력을 기르기 위하여 여러 방도가 강구되어야 한다. 이를 위하여 여러 교과에 컴퓨터를 도입하여 활용할 필요가 있다. 이는 단순히 컴퓨터를 학습도구로 이용하여 수업한다는 차원이 아니라 종래의 교사 중심 수업에서 학생 중심의 탐구수업이라는 패러다임의 전환을 내포하고 있다.

우리 나라에서 컴퓨터를 교육에 도입하여 활용하려는 시도가 다양하게 있었지만 컴퓨터의 활용을 정보능력적 관점에서 바라보게 된 것은 최근의 일이다. 컴퓨터를 교육에 도입하였던 초기에는 직업기능적 관점이 주를 이루었고 점차 컴퓨터가 일상 생활의 중요한 기기로 등장하면서 소양적 관점과 도구적 관점을 취하게 되었다. 최근에 와서야 정보화 사회에 적응하기 위하여 컴퓨터의 활용을 정보능력적 관점에서 바라보고 있다.[3] 현재 우리 나라의 컴퓨터 교육은 컴퓨터 문맹 탈피를 위한 소양적 관점을 기본으로 하여 점차 도구적 관점을 도입하고 장기적으로 정보능력적 관점으로 나아가 정보화 사회에 대응할 사고력, 창의력, 정보처리능력을 지닌 인간을 육성하고자 한다. 이와 같은 인식은 최근 대통령 자문 교육개혁위원회에서 신교육체제 수립을 위한 교육개혁 방안의 하나로 첨단 교육공학 기술도입이 절실하게 필요하다는 점을 지적한데서 확인할 수 있다.[4]

그러나 이러한 필요성에도 불구하고 학교 현장에서는 컴퓨터를 이용한 학습이 내실있게 이루어지고 있지 못할 뿐만 아니라 교과별로 컴퓨터 보조 학습에 대한 관심이나 연구가 부족한 실정이다. 컴퓨터 교육이 활성화되지 못하는 원인을 하드웨어적 측면, 소프트웨어적 측면, 교사교육의 측면, 지원 체계의 측면에서 분석해 볼 수 있는데,[5] 이에 비추어 볼 때 우리의 교육 현실은 어떠한가? 손병길은 학교 컴퓨터 교육을 조사한 결과 우리 교육 현실의 경우 전반적으로 문제가 있다고 한다.[6] 이런 상황을 극복하기 위해

---

3) 손병길 외, 『학교 컴퓨터 교육 발전과제 탐색』(한국교육개발원, 1990), 25면.

4) 대통령 자문 교육개혁위원회, 『세계화 정보화 시대를 주도하는 신교육체제 수립을 위한 교육개혁 방안』(1995. 5. 31), 5-6면.

5) J. Anderson, "Developing Computer Use in Education", *Unesco Regional Office for Education in Asia and the Pacific*(Bangkok, 1986), pp. 88-89.

서는 하드웨어의 보급과 컴퓨터 사양의 고급화, 질 좋은 소프트웨어의 보급, 교사교육확대, 적극적인 지원체계확보 등 다양한 노력들이 필요하다.

특히 질 좋은 교육용 소프트웨어의 개발은 교사들로 하여금 자기 수업에 컴퓨터를 적극적으로 도입하려는 동기를 유발하여 교사 교육의 확대에 기여할 수 있고, 교육 소비자층인 학생들과 학부모의 지지를 바탕으로 하드웨어의 확충에도 기여할 수 있다. 그러므로 컴퓨터 교육의 활성화에 중요한 고리가 되고 있다. 따라서 우선 해야할 일은 다양하고 수준 높은 교육용 소프트웨어를 개발하여 각급 학교에 배부함으로써 교사들이 자신의 수업활동에 적극적으로 컴퓨터를 활용하려는 자세를 가질 수 있도록 하는 일이다.

현재 우리 나라에서도 다양한 소프트웨어가 개발되고 있다. 한국교육개발원에서 지난 수년간 개발된 교육용 소프트웨어의 수만 해도 초·중등학교 모두 합하여 682편에 이르고 있다.[7] 그러나 실제로 수업 현장에서 활용되는 것은 많지 않은 실정이다.[8] 더구나 개발된 교육용 소프트웨어들도 특정 교과에 편중되어 있어 사회과의 경우 활용할 수 있는 교육용 소프트웨어가 많지 않다.[9] 예를 들어 중학교의 경우 사회과 관련 소프트웨어가 총 12편에 불과하며, 이 중 역사영역에 속하는 것은 5편에 그치고 있다.[10] 그나마 정규 교과과정에서 활용할 수 있는 내용이라기보다는 특별활동에 이용하기 위한 목적으로 개발된 형편이다.

또 시중에서 상업용으로 시판되는 다양한 역사 관련 소프트웨어들이 있다. 이런 프로그램들의 문제점은 역사 교과의 특성에 기초하여 개발되었거나 학생들의 역사의식 발전에 기여할 수 있는 적절한 방법론에 기초하여 개발되었다고 하기에는 부적절하다는 데 있다. 오히려 상업적 목적을 위하여 개발되어 내용 선정이 부적절하고 흥미 위주로 편성되어 역사의식의 발

---

6) 이 점에 대해서는 손병길 외, 『학교 컴퓨터 교육 발전과제 탐색』, 91-100면.
7) 이 수치는 89년에서 94년까지 개발된 소프트웨어의 수이다. 한국교육개발원 펴냄, 『교육용소프트웨어 목록집』, 1995 참고.
8) 교육용 소프트웨어가 현장에 활용되고 있는 현황을 연구한 것으로는, 김영민·허희옥, 『학교 교육용 소프트웨어의 활용실태 조사연구』(한국교육개발원, 1993).
9) 수학, 과학 교과가 전체의 절반 가까이 차지하고 있다. 한국교육개발원 펴냄, 『교육용 소프트웨어 목록집』.
10) 같은 책.

전을 저해할 우려도 없지 않다. 따라서 역사 교과의 특성에 맞는 컴퓨터의 이용 방안과 소프트웨어의 특징을 구체적으로 연구, 검토하는 것은 이후 개발될 역사교육용 소프트웨어의 질을 높이고 역사교육의 발전에 기여할 수 있다는 점에서 시급한 작업이 아닐 수 없다.

본고에서는 역사수업에서 컴퓨터를 사용하는 것이 어떠한 측면에서 교육적으로 유용하며 또 어떻게 활용할 수 있는가를 이론적·실제적 차원에서 살펴보고자 한다. 또한 타교과와 구별되는 역사교육용 소프트웨어의 특징이 무엇인지를 검토한 후 실제적인 활용 사례를 통하여 역사교육에서 컴퓨터의 활용 가능성을 다각적으로 검토해 보고자 한다.

2. 연구내용 및 방법

역사연구와 교육에서 컴퓨터 이용의 필요성은 일찍부터 지적되었다. 이를테면 1989년 모리스(R.J. Morris)는 <History and Computing>에서

> 좋든 싫든 '역사를 하는' 지배적인 양식은 모든 형식에서 바뀌어 왔으며 바뀌고 있으며 놀라울 정도로 빨리 변화될 것이다. 이러한 변화에 대한 이유는 역사적인 것이다. 즉, 우리가 살고 있는 사회의 지배적인 공학 그리고 효율적인 역사가로서 우리가 우리의 작업과 관련짓고 있는 사회의 지배적인 공학의 변화 때문이다.

고 하면서 역사가의 작업이 사회의 지배적인 공학의 변화에 따라 변화를 강요당할 것이며, 역사교육 역시 이와 무관할 수 없다고 한다.[11]

그러나 우리 나라의 경우 지난 수년간 컴퓨터를 수업에 활용하는 컴퓨터 보조수업에 대한 연구는 매우 활발하게 이루어져 왔지만 역사 교과에서 컴퓨터 이용에 관한 논의는 활발하지 못한 실정이다. 역사 교과에서 컴퓨터 활용방안에 관한 논의의 활성화를 위하여 유의할 사항들을 정리하면 다음과 같다.

---

11) Alaric Dickinson, "Computers in the Teaching and Learning of History", *The Historian* 25(Winter 1989/90), Historical Association, p. 24.

첫째로 역사 교과에서의 컴퓨터 이용에 관하여 이론적으로 살펴볼 필요가 있다. 컴퓨터 활용과 관련하여 발표된 기존 논문들이 주로 프로그램 개발 사례보고나 현장 연구적 성격을 띠고 있다.[12] 이들 논문들은 거의 대부분이 교육용 소프트웨어를 실제로 현장에 적용시키고 그 결과를 분석하고 있는 현장연구의 성격을 띤 것들이어서 이론적 깊이가 부족하다. 이론적 기틀이 부족한 연구는 일시적인 흥미를 유도할 수는 있어도 장기적으로 역사교육의 발전에 큰 도움이 될 수 없는 것이다.

둘째로 컴퓨터를 역사학습에 이용할 때의 방법에 관한 것이다. 컴퓨터는 종래의 시청각교재와 같이 학생들이 수동적으로 정보를 받아들이도록 하는 도구가 아니다. 컴퓨터는 상호작용이 가능하고 이는 학습에 매우 중요한 요소가 된다. 특정 교과에서 컴퓨터를 이용할 때 종래의 시청각 교재와 같이 일방적으로 학생에게 정보를 제공하는데 그쳐서는 안되며, 정보공학의 일부로서 정보를 모으고 처리할 수 있는 능동적이고 핵심적인 기능을 습득하도록 할 필요가 있다.[13] 이러한 기능은 자연스럽게 학생중심의 탐구학습을 요구하며, 교사의 역할을 종래의 일방적인 지식 전달자에서 학생들의 개별적인 필요에 대처해야하는 지적 탐구의 안내자로 변화시키게 된다.[14]

역사 교과에서 컴퓨터 활용의 기본 관점도 이와 같다. 역사 교과는 교과의 특성상 과거의 사실을 탐구하는데 중점이 있기 때문에 학생들의 탐구와 지적 여행이 무척 중요하다. 따라서 교사가 자신이 가지고 있는 지식을 쉽게 전달하는데 그쳐서는 안되며, 학생들 스스로 역사적 사실을 탐구할 수 있도록 해야 한다. 이로 볼 때 역사 교과에서 활용할 교육용 소프트웨어는

---

12) 이 논문들은 주로 교육대학원에서 발표된 석사학위논문으로 대부분이 교육용 소프트웨어를 개발하는 과정을 중심으로 개발의 원칙, 실제의 개발과정, 실험보고로 이루어져 있다.

13) 정보공학이란 자료를 저장하고 탐색하는 수단으로 컴퓨터를 사용하거나 글을 쓰거나 편집하는 데 컴퓨터를 이용하는 것으로 해석할 수 있다. 더욱 폭넓게 정의한다면 비디오 카메라나 A/V 시스템 등을 이용하여 공학의 도움을 받는 학습(technology-assisted learning)을 가능하게 하는 것을 의미한다. 정보공학은 기존의 좋은 교육적 실천을 지지, 확대할 수 있으며 학생들이 실제 또는 가상의 상황에 관한 모델을 설계하고 개발하고 탐구하는 것을 통하여 완전학습을 실현시킬 수 있다. J.I. Fiels, "New Vistas : Early Years Perspectives Enhanced by Information Technology", *Teaching History* 70(January 1993), p. 25.

14) *Ibid.*

지식의 전달에 치중하는 개인교수형보다는 학생들 스스로의 탐구능력을 강화하는 자료처리형과 시간여행형 프로그램이 보다 중요하다 하겠다.

셋째로 교과적 특성에 유의할 필요가 있다. 기존에 컴퓨터를 교과에 활용한다고 할 때 일반적으로 '컴퓨터의 기능 → 교과에 이용'이란 패러다임으로 논의가 전개되고 있다.15) 그러나 컴퓨터의 기능은 어디까지나 교과에서 활용할 때 가치가 있는 것이다. 교과의 특성에 따라 컴퓨터의 기능이 강조되는 측면이 서로 다르다. 교과적 특성에 대한 깊은 이해가 컴퓨터 이용을 극대화할 수 있다. 이런 관점에서 보면 교과의 특성을 보다 잘 이해하고 있는 교사나 수업 전문가의 역할이 무엇보다 클 수밖에 없다.

컴퓨터의 기능에 대한 이해가 중요하다는 사실은 더 말할 나위도 없지만 문제는 학생들에게 어떤 역사를 가르쳐서 어떤 학습성과를 이룰 것인가에 대한 교사의 인식이 우선되어야 한다는 점이다. 즉, 역사 교과의 특성을 잘 살펴서 가장 바람직한 컴퓨터 이용방법을 모색해 보는 작업이 필요하다. 예를들어 역사 교과의 특성상 내러티브를 이용한 학습이 효과적이라고 판단된다면 인간이 하는 내러티브의 장단점을 분석하고 만약에 컴퓨터를 이용한다면 어떤 긍정적인 효과가 있을까를 살펴보아야 한다. 컴퓨터의 일반적인 기능적 특성에 유의하여 역사 교과에서 활용한다는 자세를 가지고는 내러티브형 소프트웨어의 개발은 생각하기 어려울 것이다.

이 글에서는 위와 같은 원칙에 기초하여 역사 교과에서 컴퓨터의 활용에 대한 이론적 차원의 작업과 역사 교과에서 유용한 프로그램 유형을 탐구하는데 초점을 두고 논의를 전개하고자 한다. 또 구체적인 학습사례를

---

15) 이런 관점 아래에서 지난 수년간 한국교육개발원에서도 교과별로 코스웨어(교육용 소프트웨어) 주제 선정 연구를 해왔다. 사회과의 코스웨어 주제 선정 연구의 경우 사회과에서 컴퓨터를 이용할 수 있는 주제를 선정하는 기준을 다음과 같이 들고 있다.
① 전통적인 수업 방법이나 다른 매체로 학습 내용의 구현이 어려운 주제를 선정한다.
② 단순한 정보 제공이 아닌 탐구학습이나 광범위한 주제를 종합할 수 있는 능력을 촉진하는 데 필요한 주제를 선정한다.
③ 컴퓨터의 교수적 특성(상호작용, 반복연습, 시뮬레이션, 그래픽 등)을 살려 학습 효과를 증진시킬 수 있는 주제를 선정한다.
류재택 외, 『코스웨어개발을 위한 주제선정연구-사회과』(한국교육개발원, 1992), 3면.

소개함으로써 실제적인 측면에서의 활용 문제를 다루었다.

첫째, 역사 교과에서 컴퓨터 활용의 필요성을 인지이론에 기초하여 살펴보았다. 본고에서는 정보처리이론에 기초하여 역사 교과에서 컴퓨터의 활용이 학생들의 인지능력을 향상시킨다는 점을 입증하였다.

둘째, 역사교육용 소프트웨어의 특징을 분석하였다. 교육용 소프트웨어는 컴퓨터를 이용한 역사학습에서 매우 중요한 위치를 차지하고 있다. 교육용 소프트웨어의 분류와 특성에 대하여는 널리 인식되어 있으나, 이는 단지 일반적인 분류일 따름이므로 역사 교과의 특성에 기초하여 구체성을 띨 필요가 있다. 역사학습은 수학이나 과학과 같이 기본원리에 기초하여 적용이 이루어지는 것이 아니라 과거의 다양한 사료를 찾아보고, 분류하고, 유목화함으로써 의미를 창조해내는 과정이다. 따라서 학생들이 자료를 쉽게 찾아보고 자료 간의 연관성을 이해할 수 있도록 하는 자료제시형 프로그램이 필요하다. 그리고 역사적 사실은 과거에 이루어진 일이므로 학생들이 생생하게 과거를 느낄 수 없기 때문에 역사인식의 성장에 장애가 되고 있다. 역사적 공감을 획득하는 방법은 많이 있겠지만 과거를 생생하게 재현해낼 수 있는 가장 효과적인 방법은 역사 시뮬레이션일 것이다. 시뮬레이션은 컴퓨터가 제공할 수 있는 아주 효과적인 기능의 하나이다. 학생들은 시뮬레이션 프로그램을 통하여 스스로가 과거의 인물이 되어 자신의 역사지식을 이용하여 상황을 헤쳐감으로써 역사적 공감을 획득할 수 있는 것이다. 이것은 학생들이 과거로의 여행을 통하여 공감을 획득한다는 측면에서 시간여행형 프로그램이라고 할 수 있다. 이와 같이 역사학습에서는 자료제시형과 시간여행형 프로그램이 중요시되므로 이들 프로그램이 역사학습에서 가지는 의미를 이해할 필요가 있다.

셋째, 역사교육에서 컴퓨터를 일찍부터 활용하고 있는 외국의 사례를 살펴보았다. 우리 나라의 경우 역사교육에 컴퓨터를 도입하려는 시도나 연구가 부족한 상태이지만 미국과 영국, 네덜란드[16] 등 선진국가에서는 일찍부터 컴퓨터를 도입, 활용하고 있으며, 특히 영국의 경우 이미 10여년 전부터

16) 네덜란드의 경우 지리, 역사, 공민 분야의 개발된 소프트웨어의 수가 수학, 국어 교과와 거의 비슷하게 개발되어 활용되고 있다. 손병길 외, 『학교 컴퓨터 교육 발전과제 탐색』, 75면.

역사학습에 컴퓨터를 이용하기 위한 이론적, 실제적 연구를 해왔으며, 역사협회교육공학위원회(History Association Advisory Body on Education Technology : HABET) 등이 설립되어 컴퓨터 보조 역사학습에 대한 연구와 현장 지원활동 등이 활발하게 이루어지고 있다. 이들 나라의 사례를 통하여 볼 때 컴퓨터를 이용한 역사수업이 효과적인 수업 방법론으로 정착하고 있음을 알 수 있다.

넷째, 구체적인 활용 사례를 소개함으로써 컴퓨터를 이용한 역사학습의 필요성을 입증하려 하였다. 교육용 소프트웨어는 교실 현장에서 의미있게 쓰여야만 가치가 있는 것이다. 역사교육용 소프트웨어를 교실에서 어떻게 활용할 수 있는가에 대한 문제를 규명하기 위하여 구체적인 수업 사례를 통하여 알아볼 필요가 있다. 이러한 사례연구는 컴퓨터를 이용한 역사학습의 가능성과 한계를 분명하게 보여줄 것이다.

Ⅱ. 역사교과의 특성과 컴퓨터 보조수업

1. 역사교과에서 컴퓨터 활용의 필요성

(1) 일반론

역사의 연구와 교육에 컴퓨터가 매우 중요하다고 믿을 수 있는가? 이를 이론적으로 고찰하기 위해서 우선 역사 교과의 일반적인 목적을 살펴보고 컴퓨터가 가지는 능력과 연관하여 컴퓨터를 학습의 도구로 사용하는 것이 효과적인가를 살펴보아야 한다. 특히 학생의 인지기술이 컴퓨터를 이용함으로써 더욱 발전할 수 있는가 하는 것이 문제의 핵심이다.

역사교육의 목적을 논함에 있어서 그 내용이 어떤 것인가에 대하여 교육의 전반적인 목표에 기초하여 역사교육의 목적을 규정하려는 견해와 역사교육 자체의 목적이 있다는 견해로 크게 구분할 수 있지만, 여기서는 교과로서 역사의 특성에 유의하여 역사교육의 목적을 규정한 영국 학교교육심의회 역사분과의 견해를 살펴봄으로써 역사교육의 목적을 규정하기로 한다. 1972년 시작되어 역사교육의 목표, 주제, 학습방법에 대해 광범한 이론적 기초를 제공한 영국 학교교육협의회 역사교육연구위원회(School Council Historty 13-16 Project)는 역사교육의 목표를 역사의 성격과 관련하여 다음과 같이 제시하고 있다.17)

1. 학생들이 살고 있는 세계에 대하여 이해할 수 있게 해 준다.
2. 다른 시대, 장소에 사는 사람들에 대한 학습을 통해 경험을 넓힘으로서 자아 정체감을 발견하게 해 준다.
3. 인간사에 있어서 변화와 계속성의 과정을 이해할 수 있게 해 준다.
4. 여가 생활에서 흥미를 얻을 수 있게 해 준다.
5. 인간이 처한 입장에 대하여 비판적으로 사고하고 판단할 수 있는 능력을 발달시킨다.

이와 연관하여 영국 교육과학부(Department of Education and Science : DES)에서는 1985년 초중등학생의 역사기능 교수목표를 아래와 같이 일곱 가지를 들고 있다.18)

1. 참조 및 정보 발견기능
2. 연대기 기능
3. 언어 및 역사적 아이디어
4. 증거의 사용 및 분석
5. 감정이입적 이해
6. 역사적 문제의 제기
7. 기초적 아이디어를 사용하는 종합 및 전달

위와 같이 역사를 교육함에 있어서 단순한 지식의 습득과 적용이라는 지적 기능에 국한하지 않고 탐구와 감정이입, 비판적 사고력의 함양을 강

---

17) School Council History 13-16 Project, *A New Look at History*(Columbus, Ohio : Charles E. Merrili Books, 1976), p. 12.

18) DES, *History in the Primary and Secondary Years*(London : Her Majesty's Stationery Office, 1985), pp. 18-19.

조하고 있다. 이와 같은 역사학습의 목적을 성취하기 위한 구체적인 학습 과정에서 학생들의 인지활동은 어떻게 전개·발전하는가? 이 점을 정보처리이론에 기초하여 살펴보기로 한다.

정보처리적 접근에 의하면 자극과 반응 사이에 여러 가지 조작과 처리 단계가 존재하고 있다.[19] 각 단계의 처리 또는 조작이 일어나려면 그 조작에 적합한 정보가 있어야 하고 다른 한편 이러한 조작은 그 정보를 변형시킨다. 이렇게 변형된 정보는 다음 단계에 입력되어 재차 처리의 단계를 거치게 되는 것이다. 정보처리 분석에서는 두 가지의 이론적 요소로 구조적 요소와 기능적 요소가 가정되어 있다. 아래는 정보처리분석에서의 여러 요소의 위계관계이다.

구조적 요소 - 자극수용기, 감각자료 등록기, 단기기억, 장기기억, 반응생산기, 반응방출기

기능적 요소 - 선택적 주의와 선택적 지각, 의미화, 회상과 재인식

정보처리에서 주요한 관심은 이러한 요소를 확인하고 그것들이 어떻게 기능하는가 확인하는 것이다. 이러한 정보처리적 접근은 역사학습에서 학생들이 정보를 어떻게 처리하며 어떤 결과를 얻어내는지에 대하여 약간의 시사점을 준다. 케네디(K.J. Kennedy)는 역사이해의 측정이 정보처리 용량의 측정과 깊은 관련이 있다고 한다.[20] 개인은 자신이 한번에 처리할 수 있는 것보다 많은 양의 정보와 끊임없이 부딪히며, 이러한 정보들을 처리하기 위한 처리 용량은 개인의 성숙도에 따라 다르다. 역사이해의 과정은 역사자료를 과거의 실제와 현재 및 미래와의 관계를 이해하는 수단으로 변형시키는 과정이다. 이때 이 과정은 한꺼번에 보게 되는 자료의 양, 그것의 제시방식과 이용방식에 의하여 규정된다. 학생들이 관련 정보를 직접 다루고 주어진 정보에 필요한 세부사항을 추가하여 정보 사이의 갭을 메우고 이들을 체계적으로 연결시킴으로써, 그리고 정보를 저장 메모리 구조로 재구조화함으로써 학생들의 역사이해를 증진시킬 수 있는 것이다.[21]

---

19) R.M. Gagné, *The Conditionings of Learning*(3rd ed.)(NewYork : Holt Rinehart and Winston, 1977).

20) K.J. Kennedy, "Assessing the Relationship between Information Processing Capacity and Historical Understanding", *Theory and Research in Social Education* 11(2)(1983).

역사학습에서 사용되는 이와 같은 인지기술은 컴퓨터를 다루고 이용함으로써 가장 잘 습득될 수 있다. 학생들은 컴퓨터를 이용함으로써 단지 역사지식만을 습득하는 것이 아니라 역사탐구에 필요한 인지능력도 기를 수 있다. 이 점에 대하여 판워드(G.M. Farnworth)는 캐나다 오란토의 중등학교 의무과정인 'Contemporary Canada : Life in the Twentieth Century' 과정을 분석하면서 학생들이 컴퓨터를 이용하여 역사자료를 처리하는 과정에서 인지기술이 발전함을 보여주고 있다.[22] 이 과정은 많은 양의 자료를 워드프로세싱, 스프레드시트, 도표화(Charting), 데이터 처리기(data processing)에 의하여 다루고 있다. 학생들은 통계를 스프레드시트에 집어넣게 되며 계산을 하기 위해 공식을 대입하고 그 결과를 워드프로세싱으로 변화시킨다. 또 통계를 보여주기 위해 차트를 개발하고, 차트와 통계로부터 나온 관찰결과를 포함하는 구절을 쓰고, 마지막으로 워드프로세서로 만든 문서에 관찰결과를 포함하는 스프레드시트, 차트, 구절들을 통합시킨다.[23] 오란토의 중등학교 교육과정에서는 질문을 제기하고 정보를 배열·조직·평가·기록하는 능력을 포함한 인지기술을 가르치고 있다. 또한 이들 정보로부터 알게 된 관찰 결과를 종합하고 적용하고 다른 학생과 교류하여 학습을 심화한다.[24] 이 과정에서 학생들은 1차자료를 가지고 작업하며 자신들의 미래에 도움이 될 실제적인 기술들을 발전시킬 수 있게 되는 것이다.

학생들은 데이터베이스 프로그램으로부터 많은 인지기술을 익힐 수 있다. 데이터베이스 프로그램은 많은 사건을 연대순이나 주제별로 정리하고 조직하는데 사용된다. 연대적 순서로 배열함으로써 연대적 계열감각을 익힐 수 있으며, 주제별로 배열하는 법을 배움으로써 주제들간의 관계를 음미할 수 있게 된다. 예를 들어 교사가 학생들에게 '20세기의 영-불 관계'를 주제로 하여 데이터베이스 보고서를 제출하라고 요구한다면 학생들은 자료를 선택하고 분류하면서 스프레드시트, 차트를 이용하여 자기의 관찰결과를 시각화하고 체계화하여 보고서를 제출하는 것이다. 이와 같이 학생들은

---

21) *Ibid.*
22) Geroge M. Farnworth, "The Natural Link between Teaching History and Computer Skills", *Canadian Social Studies* 27(1)(Fall 1992), p. 24.
23) *Ibid.*, p. 24
24) *Ibid.*, pp. 26-27

컴퓨터를 이용하여 역사연구를 하면서 인지기술을 발전시킬 수 있다.

(2) 역사교과에 유용한 컴퓨터의 기능

위에서 역사교육의 목적에 비추어 컴퓨터가 학생들의 지적 기능을 발전시킬 수 있음을 살펴보았다면 이제 역사수업의 구체적인 현장에서 학생들의 인지능력을 향상시키는데 있어서 컴퓨터의 어떠한 기능이 효과적으로 쓰일 수 있는지 살펴보자.

가네(R.M. Gagné)는 학교학습을 개선하기 위한 수업모델을 인지이론에 기초하여 제시하고 있다.[25] 그는 정보처리모델을 기반으로 여러 인지이론을 광범위하게 적용하여 학습자의 9개 학습과정(학습사태)을 규명하고, 그러한 학습과정의 효율화를 위한 수업 사태를 가정하고 있다.

〈표 12-1〉 Gagné의 학습 사태와 수업 사태

학습 사태	수업 사태
1. 주의 유도	1. 주의를 집중시킨다.
2. 기대	2. 학습자에게 학습목표를 주지시킨다.
3. 장기 기억에서 필요한 정보를 회상하여 단기기억에 저장	3. 선수학습을 회상하도록 자극한다.
4. 선택적 지각	4. 분명하게 자극을 제시한다.
5. 정보를 유의미한 형태로 재조직	5. 학습을 지도
6. 반응	6. 학습목표 성취를 보이는 행동을 유발한다.
7. 강화	7. 결과에 대한 피드백으로 강화한다.
8. 회상을 위한 단서 준비	8. 성취 행동을 평가한다.
9. 일반화	9. 기억력을 증진시키고 학습 융통성을 높인다.

그에 의하면 무엇을 배우는가에 따라서 학습은 여러 가지 형태를 지니고 있으며, 이와 같이 다양한 형태의 학습은 다양한 교수전략을 요구한다고 한다. 가네가 제시하는 학습사태에 이용할 수 있는 컴퓨터 기능을 스미스와 보이스(P.L. Smith and B.A. Boyce)는 아래와 같이 제시하고 있다.[26]

---

25) Gagné, *The Conditions of Learning*(4th, ed.)(NewYork : Hort, Rinehart & Winston, 1985).

〈표 12-2〉 Smith와 Boyce의 학습사태에 이용할 수 있는 컴퓨터 기능

수업 사태	연관된 컴퓨터의 기능
1. 주의 집중	1. 그래픽, 애니메이션, 관련자료제시, 게임, 소리
2. 목표의 제시	2. 질문, 문장, 그래픽, 시범, 시뮬레이션
3. 선수학습 회상	3. 질문, 교과서 개관, 학습자의 선택에 따른 분지, 메뉴
4. 학습내용 제시	4. 교과서의 전체나 부분, 정적·동적 표현 그래픽의 전체 부분 색깔, 애니메이션, 오디오-비디오, 신시사이저, 슬라이드
5. 학습 안내	5. 집중, 속도, 문자세트, 음의 강약, 번쩍거림, 그래픽, 애니메이션, 소리의 변화, 단서제공, 인접 질문, 도움말 기능
6. 학습 활동 촉진	6. 질문형태, 동작 검사, 응답형태
7. 피드백 제공	7. 카운터-다중기회, 응답시간, 복습, 그래픽, 교정, 응답결과 제시
8. 성취도 평가	8. 문항의 무선 또는 유층화, 문항수의 변화
9. 파지와 전이 촉진	9. 부정확한 응답에 대한 반복 질문, 재구성된 질문 제공, 다양한 예제 제공

위의 기능 중 빈번하게 사용되는 것들은 그래픽 기능, 단서, 메뉴 기능이다.[27] 그래픽 기능은 학생들이 컴퓨터를 통해 정보를 획득할 때 주로 시각에 의존하게 되므로 중요시되며, 학습내용의 전달이나 피드백에 자주 사용된다. 이것은 학습자들이 학습내용을 인지적으로 구조화하는데 도움을 준다. 단서란 학생들이 전에 학습했던 내용을 쉽게 회상할 수 있도록 이용하는 것이며, 좋은 프로그램은 단서를 적절히 사용할 필요가 있다. 한편 사용자가 프로그램의 흐름을 통제할 수 있게 하여 개별화학습의 원리를 구현한 것이 메뉴 기능이다.

이러한 컴퓨터의 기능은 멀티미디어의 발전으로 더욱 효과적이 되고 있다. 멀티미디어란 다중 매체란 뜻으로 여러 가지 매체를 컴퓨터와 결합시

26) P.L. Smith and B.A. Boyce, "Instructional Design Considerations in the Development of Computer Assisted Instruction", *Educational Technology* 24(7)(July 1984), pp. 5-11.

27) 정택희·손병길, 『학교 교육과 컴퓨터』(교학사, 1989), 151-152면.

켜 상호작용하게 함으로써 전달효과를 극대화하기 위한 새로운 매체 개념이다. 즉, 컴퓨터 기술을 근간으로 사운드, 애니메이션, 그림, 하이퍼텍스트, 비디오 등 여러 미디어가 유기적으로 결합되어 새로운 정보 서비스를 제공하는 매체를 말한다.[28] 단순한 텍스트 정보뿐만 아니라 음성 정보, 비디오 정보, 그래픽 정보를 유기적으로 결합하여 정보를 제공할 경우 그 효과는 텍스트만을 제공할 때와는 질적으로 다른 것이다.

멀티미디어를 학습에 도입할 경우 이전에는 기대하지 못했던 학습효과를 거둘 수 있게 될 것이다. 여기에 색인화 기능, 전체 검색 기능(full-text-search), 하이퍼텍스트 기능을 결합한다면 학생들이 스스로 정보를 탐색하고 방대한 자료를 처리, 분류하여 의미 부여할 수 있는 능력을 갖추게 될 것이다. 특히 하이퍼텍스트 기능은 학생들의 인지능력과 연관하여 주목할 만한 가치가 있다. 하이퍼텍스트란 컴퓨터에 저장된 정보를 학습자의 필요와 관심, 인지 스타일에 따라 자유롭게 검색하는 비순차적 텍스트의 원리[29]이다. 하이퍼텍스트를 이용할 경우 학습자는 교과 자체의 구조나 교과 개발자에 의해 강요된 논리나 순서에 구애받지 않고 스스로의 필요와 요구에 따라서 자신의 인지 구조에 맞게 여러 가지 정보를 선택하고 유효적절하게 조직할 수 있다. 즉, 학습자는 주어진 정보를 단순히 습득하는 수동적인 자세에서 정보나 지식을 스스로 탐색하고 변형하여 자신에게 의미 있는 형태로 조직하는 적극적이고 능동적인 지적 탐구자로서 활동하게 된다.

하이퍼텍스트의 기본적 성격을 요약하면 '하이퍼 텍스트는 막대한 양의 정보를 가진 데이터베이스를 바탕으로 하고, 사용자나 학습자가 자신의 인지구조 및 필요에 맞게 정보를 수평적 혹은 수직적으로 구성하도록 하며, 일단 구성된 정보는 쉽고 일관성 있게 언제나 이용할 수 있도록 돕는 체제이다.'[30]

하이퍼텍스트의 원리를 가장 잘 이용할 수 있는 교과가 바로 역사 교과이다. 역사 교과는 특성상 많은 자료를 다루며, 이를 적절하게 분류하고 유

---

28) Rosenborg(백진호 역), 『멀티미디어 입문』(인포북, 1994), 13면.
29) 나일주 · 정인성, 『CAI의 개발과 활용』(교육과학사, 1989), 125면.
30) 같은 책, 126면.

목화하는 작업이 필요하다. 자신에게 필요한 정보를 찾아 역사적 사실에 대하여 의미를 부여하기 위해서는 방대한 양의 데이터를 다룰 필요가 있으며, 그때 그때마다의 연상작용에 기초하여 손쉽게 정보간에 이동할 필요가 있다. 하이퍼텍스트 기능을 적절하게 사용한다면 사료학습 방법론에 획기적인 발전을 기할 수 있을 것이다. 전문 역사가를 제외하고는 접근할 수 없었던 많은 정보들이 이제 컴퓨터의 기록 매체에 저장되어 학생들도 손쉽게 접근할 수 있다. 만일 이들 정보가 유의미한 형태로 유목화되고 적절하게 색인화되어있다면, 제한된 정보만을 제공하여 이루어지던 기존의 사료학습의 한계를 극복할 수 있을 것이다. 사료를 다루는데 있어서 전문 역사가와 학생들의 차이에 대하여 스틸(Ian Steele)은 다음과 같이 지적하고 있다.[31]

> 사료를 다루는데 있어서 학생들은 역사가의 스타일과 매우 비슷하게 일하지만 양자 사이에는 중요한 차이가 있다. 전문 역사가들은 그의 탐구 영역을 결정해야 하며 모든 관련된 사료를 모아야 하고 그것들을 적절하게 사용해야 한다. 한편 교사들은 학생들에게 이미 사료를 선택해서 제시하고 있으며 학생들은 단지 제한된 활동만을 할 뿐이다.

그러나 이러한 제한은 컴퓨터 기술의 발달로 조만간 사라질 것이며, 학생들은 교사의 도움을 받아 자신이 탐구영역을 결정하여 해당 사료를 바탕으로 자기의 논의을 전개함으로써 '역사를 다시 쓰는' 역사가(역사가는 항상 과거의 사실을 다시 해석해서 쓴다는 점에서)의 대열에 미숙하나마 합류할 수 있을 것이다.[32]

역사교육에서 컴퓨터 활용의 필요성을 다른 나라의 사례로부터 살펴볼 때 유용한 것이 영국의 경우이다. 영국의 국가 교육과정은 정보공학(information technology)의 중요성을 강조하고 '모든 학생은 여러 형태의 정보를 다양한 목적을 위해 다루고 교류할 수 있도록 정보공학을 적절하고 효과적으로 사용할 수 있어야 한다'[33]고 지적하고 있다. 또 역사 교사에 관한 언

31) Ian Steele, *Developments in History Teaching*(London : Open Books Publishing Ltd, 1976), p. 56.

32) Charles Parham, "Ten Views of the Past : Software that bring History to Life", *Technology and Learning*(March 1994), p. 36.

급 중 하나로 '5수준(약 13세의 성취 수준)의 학생들은 적절한 소프트웨어 패키지를 사용하여 일련의 자료들을 파악하고 저장하고 끄집어낼 수 있는 컴퓨터 데이터베이스를 만들 수 있어야 하는데, 예를 들어 역사연구에서 지역 교구내의 우연적인 사망과 관련된 가설을 형성하고 검증하는데 이용할 수 있게 하는 것이다.'[34]

영국에서는 정보공학의 필요성을 일찍부터 인식하고 역사협회(Historical Association)에서는 1986년에 이미 교육공학위원회(HABET)를 조직해서 역사교육에서 컴퓨터 활용의 제반 원칙과 수업 방법론, 소프트웨어 제작 및 활용, 소개를 꾸준히 하고 있다.[35] HABET는 '역사와 인문과학 소프트웨어, 좋은 교사 사례, 프로젝트 개발, 간행물, 회합, 사건(역사와 정보공학과 관련된 것)에 관한 정보를 확산하는 것과 정보공학과 관련하여 역사나 인문과학 교사들의 필요와 흥미를 나타내고 지원하기 위해 여러 조직이나 위원회와 연락을 취하는 것'을 기본 목적으로 하고 있다.[36] HABET는 역사교육에서 학생들이 각 단계별로 성취해야 할 정보공학적 능력을 다음과 같이 지적하고 있다.[37]

Key Stage 1 Levels 1-2 : 분지형(分枝形) 프로그램으로 학생들은 가계(家系)를 구성할 수 있으며 과거와 현재의 연계를 인식할 수 있다.

Key Stage 2 Levels 3-4 : 학생들이 연대표를 구성할 수 있도록 하는 프로그램이 다수 있으며 변화와 연속성을 탐구할 수 있다.

Key Stage 4 Levels 6 : 시뮬레이션 프로그램을 통하여 학생들은 다양한 형태의 시대적 흐름을 고려할 수 있고 우발적인 것과 필연적인 가능성을 구별할 수 있다.

Key Stage 4 Levels 8 : 학생들은 통계적 검증에 대한 데이터베이스를 비판하면서 가설을 설정하고 검증할 수 있다.

---

33) Dickinson, "Computers in the Teaching and Learning of History".

34) *Ibid.*

35) 자세한 것은 Historical Association의 간행물인 *Teaching History* 참조

36) Dickinson, "Computers in the Teaching and Learning of History".

37) John Wikes, "History and Information Technology", *Teaching History* 60(July 1990), p. 31.

이러한 정보공학의 도움으로 학생들은 사료를 해석하고 역사적 설명을 구성할 수 있다.[38]

① 자신들의 자료를 구성해서 사료 해석의 문제를 이해할 수 있다.
② 사료들을 손쉽고 빠르게 다뤄 사료 분석과 평가라는 중요한 활동에 점차 참여할 수 있다.
③ 사료가 다양한 형태로 이루어져 있으며 해석하려면 다양한 기술이 필요하다는 것을 인식한다.
④ 역사적 설명을 쉽게 구성할 수 있게 된다.

한편 웨일즈의 국가교육과정역사위원회 내부문건에서 '많은 학교에서 컴퓨터의 유용성은 교사와 학생 모두에게 그들의 역사연구를 확장할 수 있는 기능을 사용할 수 있게 해주었다'며 역사학습에서 컴퓨터의 사용을 적극 권장하고 있다.[39] 이상에서 보듯 영국의 경우 역사교육에서 컴퓨터를 적극적으로 도입하여 많은 성과를 거두기 위해 노력하고 있음을 알 수 있다.

2. 교육용 소프트웨어의 일반적 분류

일반적으로 학생들의 학습활동에 컴퓨터가 이용되는 유형은 학습내용과 그 목표, 학습자의 특성에 따라 결정된다. 이렇게 결정되는 교육용 소프트웨어의 유형은 보통 다섯 가지로 나눌 수 있다.[40]

그러나 이러한 분류는 어디까지나 형식적인 분류일 뿐이고 실제로 개발된 교육용 소프트웨어는 학습목표, 학습내용, 학습자의 특성을 고려하여 개발되므로 학습내용 또는 학습과정에 따라 몇 가지 형태를 혼합하여 개발된 경우가 많다.

38) *Ibid.*
39) National Curriculum History Committee for Wales, *Interim Report*(DES and Welsh Office, 1989), Section 4.17.
40) Merrill, *Computer in Education*(Boston : Allyn and Bacon, 1992), p. 67.

(1) 반복연습형

반복연습형 교육용 소프트웨어는 학습자가 새로운 정보, 지식을 습득한 후 반복하여 다루어 볼 기회를 제공하는 형태로 연습의 과정이나 암기를 목적으로 많이 사용된다. 반복연습의 의의는 저차원적인 하위기능의 숙달을 통하여 보다 고차원적인 기능들을 효율적으로 수행하는데 있다. 반복연습에서의 컴퓨터의 이용은 학습자에게 동기를 부여해주며 연습을 보다 흥미롭게 해주고 효율적으로 만들 수 있다.

(2) 개인교수형

개인교수형 교육용 소프트웨어는 정보와 지식을 화면을 통하여 제시하고 학습자가 그것을 이해하여 알 수 있도록 문제를 제공하고 학습자의 반응에 따라 적절한 피드백을 제공함으로써 학습을 효과적으로 하기 위해 설계된 것이다. 이때 학습자는 자기 능력과 요구에 따라 연습의 기회와 적절한 평가를 제공받아 대화형으로 수업을 할 수 있어 개별화 수업이 가능하다.

개인교수형 교육용 소프트웨어는 여러 프로그램 유형 중 가장 중요하고 비중이 큰 분야이다. 보다 나은 효과를 얻기 위해서는 학습자와 컴퓨터 상호간의 능동적인 상호작용이 필수적이다.

(3) 문제해결형

문제해결이란 학습자가 전에는 도달하지 못하였던 해결책에 도달할 수 있도록 해주는 비판적, 논리적 사고의 기술을 의미한다. 문제해결형 교육용 소프트웨어를 학습하는 동안 학습자는 무엇이 문제인지를 정확하게 파악하여야 하고 배경 요인을 배우며 가능한 해결책을 모색하고 다양한 해결책 중에서 가장 적절하다고 인정되는 것을 선택하여 실행해보고 결과를 평가받게 된다. 이런 과정을 통하여 학습자는 자신감이 증대하고 뚜렷한 목표의식을 가지게 되며 지식과 경험을 축적할 수 있게 된다.

(4) 시뮬레이션(모의실험형)

모의실험형 교육용 소프트웨어는 실제 세계의 어떤 측면을 모방하여 가르침으로서 학습의 동기를 높일 수 있고, 실제 세계에서와 같은 방법으로 상호작용을 통하여 문제를 해결해 나가는 과정에서 학습 효과도 높일 수 있는 형태이다. 모의실험을 통해 우리가 직접 느낄 수 없는 성질의 것도 경험할 수 있으며 또 실제 환경에서는 비용이나 위험성 때문에 불가능한 수업도 가능하게 한다. 모의실험형은 동기 부여, 학습의 전이효과, 효율성과 비용절감의 장점을 가지고 있다.

(5) 교수게임형

교수게임형 교육용 소프트웨어는 학습을 쉽고 흥미롭게 만들어 지식·정보·기술·문제해결능력 등의 습득을 돕게 하고 학습동기를 높이며, 학습효과를 극대화시킬 수 있다. 게임은 정해진 규칙이 있고 그 안에서 달성해야 할 목적과 흥미의 요소가 있으므로 학습동기를 유발, 유지 시킬 수 있다. 교수게임은 학습자에게 높은 동기를 부여하므로 단순한 정보의 암기를 요구하는 언어학습 등에 특히 유리하게 이용될 수 있다.

3. 역사교육용 소프트웨어의 분류와 특징

앞서 교육용 소프트웨어를 반복연습용, 개인교수형, 문제해결형, 시뮬레이션형, 교수게임형으로 크게 분류했는데, 이와 같은 분류는 추상적이고 일반적인 분류에 불과하며 각 교과별 특성에 따라 구체성을 띠게 된다. 역사학습용 소프트웨어는 교과의 특성상 방대한 데이터를 처리하고 분석해낼 필요가 있으며 또한 직접적 경험이 불가능한 관계로 사건에 대한 시뮬레이트(모사)가 필요하다. 따라서 어떤 요소보다도 데이터베이스의 이용 및 역사 사실에 대한 시뮬레이션이 강조될 필요가 있다. 그러므로 이하에서는 역사학습에서 주로 이용할 수 있는 교육용 소프트웨어를 사실 파악과 개념 이해를 위한 교육용 소프트웨어, 내러티브 유형의 소프트웨어, 자료의 탐색과 의미 부여 및 더 나아가 자료의 가공, 처리를 가능하게 해주는 자료처리형 소프트웨어, 과거를 여행하여 역사적 공감을 확대하고 의미를 찾아낼 수 있는 시간여행형 소프트웨어로 크게 구분하여 분석하고자 한다.

(1) 사실 파악과 개념이해

(가) 반복연습형 프로그램

역사 교과용 소프트웨어의 가장 단순한 형태는 단순 암기나 기초적인 개념 이해를 돕는 반복연습형, 개인교수형 프로그램이다. 이 프로그램을 이용하면 기본적인 역사적 사실을 어렵지 않게 기억할 수 있다. 역사교육에서 기본적인 역사적 사실의 암기는 매우 중요하다. 사실 많은 학생이 연대와 사건을 연관시키지 못하고 사건간의 순서를 제대로 기억하지 못한다. 학생들이 역사에 대하여 흥미를 가지고 역사공부를 시작할지라도 교과서에 제시된 잡다한 사실들을 암기하는데 급급한 경우가 많다. 교과서의 내용 지식 중 상호관련이 부족한 서술이 많고, 그나마 적절한 자료가 제시되지 않고 있으므로 학생들의 입장에서는 지루하게 여기기가 쉽다.

단순하게 암기해야 할 내용이 많은 경우 학생들의 흥미를 유발하여 쉽게 암기할 수 있게 해 주는 프로그램을 수업에 활용한다면 학생들이 역사를 공부하는데 많은 도움을 받을 것이다. 이 경우 반복연습형과 게임형을 상호 결합시키면 극대화된 수업 효과를 거둘 수 있다.

다른 교과의 경우 암기할 것이 많아 효과적인 수업이 지장을 받을 경우 반복연습형 교육용 소프트웨어를 이용하여 이를 해결하고 있다. 예를 들어 보면, 과학 교과의 교육용 소프트웨어인 '과학용어 맞추기(3)'(1993년 한국교육개발원 개발)는 크로스 퍼즐의 형태로 제시되는데 학생들은 빈칸을 메우면서 학습을 하게 된다. 바른 대답을 하면 점수가 올라가며 점수는 기억되어 이 교육용 소프트웨어를 사용한 모든 학생은 자기 이름으로 기억된 점수판을 보게 되므로 경쟁심이 일어나 좀더 많이 맞추어보려고 한다. 이에 따라 지겹게 암기해야 하는 교과의 내용 지식을 자기도 모르는 사이에 암기하여 보다 고차적인 다음 수업에 임할 수 있게 되는 것이다.

영어단어학습의 경우 '행맨'(HANG MAN)이란 프로그램은 단어를 바르게 배열하여 실수 없이 온전한 단어를 구성하는 게임인데 틀릴 때마다 교수대에 사람이 매달리는 과정이 전개되는 것이다. 그러므로 이 게임을 하는 사람은 교수형을 피하기 위하여(?) 다음 철자를 생각하게 되고 그에 따라 자연스럽게 단어를 익힐 수 있게 된다.

이와 같이 단순 암기를 요하는 내용 지식은 단지 암기를 위한 암기가 아니라 다음의 차원높은 학습의 기초가 된다는 점에서 중요하다. 역사교육에서 반복훈련용 소프트웨어인 연대게임(The Decades Game)을 살펴보고 반복연습용 프로그램의 구체적인 내용을 알아보자.

이 프로그램은 고등학생을 위해 개발되었는데 총 18개의 게임으로 되어 있다. 각 게임들은 동일한 형태를 취하고 있으며, 총 4명까지 게임을 할 수 있다. 게임 시에는 회전(10년 단위)을 선택할 수 있다. 각 게임 회전에서 컴퓨터는 미국역사 중 어느 10년 동안 있었던 일을 제시한다. 각 사건이 화면에 제시되면 연대를 추측하여 입력해야 한다. 각 학생들은 각 사건에 대해 한번의 기회를 가지는데 만약 모든 학생이 틀리면 다른 사건이 제시된다. 이때 매 회전마다 사건이 4개까지 제시된다. 회전이 끝나면 각 학생들의 점수가 화면에 나타난다. 학생들이 틀리게 답하면 즉시 정답을 제시하지 않고 정답을 맞추도록 기회를 준다. 이런 식으로 학생들은 점차 연대지식을 쌓아갈 수 있게 된다.[41] 이것을 역사학습에서 활용할 때 정치·군사·문화적 사건들을 함께 섞어서 학습함으로써 학생들이 동일한 연대에 일어난 여러 가지 사건에 대한 연관 의식을 가질 수 있게 한다는 점에서 가치있는 역사학습으로 이용될 수 있다.

(나) 개인교수형

단순한 형태의 반복훈련형 소프트웨어는 학생들이 수동적으로 지식을 습득해가는데 불과하므로 지식을 능동적으로 재구성하고 개념의 이해를 꾀하기 위한 수업활동에서는 이용하기에 한계가 있다. 컴퓨터를 이용한 학습이 단지 지식의 습득과 사실 암기에 그쳐서는 안될 것이다. 정보공학의 적절한 사용은 학생들이 능동적으로 지식을 구축하도록 도와주는 것이므로[42] 단순히 반복훈련에 이용하여 현재 시판되는 참고서나 문제집과 같은 형태의 이용에 그치고 만다면 컴퓨터 보조 역사학습의 의미를 저하시키는 결과를 낳을 것이다.

이런 한계를 극복하기 위하여 개념 이해 및 인과 관계 이해를 촉진하는데 활용할 수 있도록 교육용 소프트웨어를 개발할 필요가 있다. 개인교수

---

41) Howard Budin(조영달·김영수 공역), 『사회과 교육에서의 컴퓨터 활용』(교육과학사, 1992), 44-45면.

42) 백영균, 『컴퓨터를 매체로 하는 교수-학습 방법의 탐구』(교육과학사, 1994), 301면.

형 소프트웨어는 교실에서 교사가 학생들을 가르치듯이 컴퓨터가 교사가 되어 역사적 사건이나 인물에 대하여 자세하게 설명하고 학생들의 이해를 돕고자 만들어졌다.

역사교육에서 활용할 수 있는 개인교수형 소프트웨어는 멀티미디어 교과서(Multimedia-Textbook : electric book)에 잘 나타나 있다. 멀티미디어 교과서란 종이에 기반한 책과 같이 컴퓨터의 여러 기능을 이용하여 짜임새 있게 정보를 조직하여 학생들에게 제시하는 유형의 소프트웨어를 말한다.

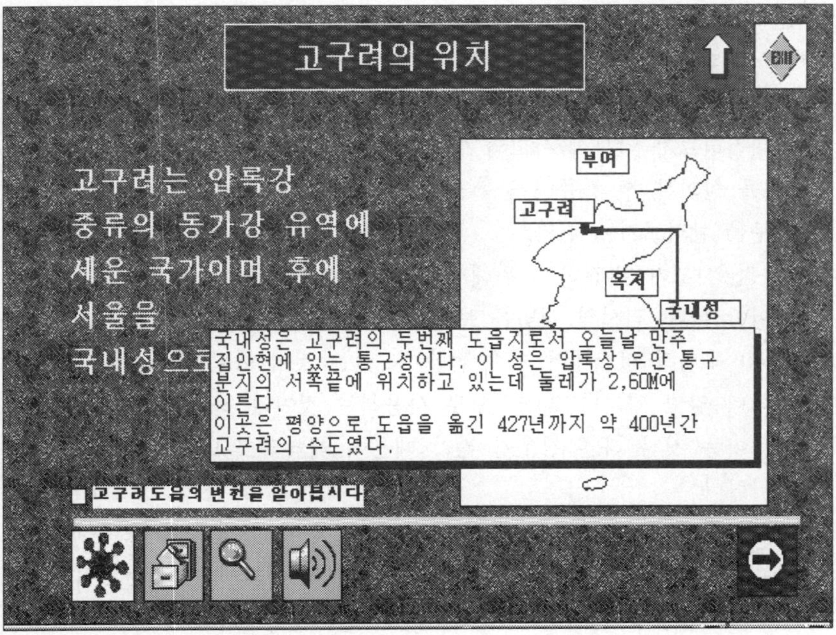

[그림 12-1] 멀티미디어 전자책의 화면 구성의 예

* 하이퍼텍스트기능-심화된 정보가 필요한 경우 선택할 수 있다.
* 애니메이션기능
* 연대표활용
* 데이터베이스 활용

그 특징은 기본적으로 문자에 기반하고 있지만 오디오 및 비디오 자료를 포함하고 하이퍼텍스트의 기능을 가지고 있어 사용자가 쉽고 빠르게 내용을 이해할 수 있다는 점이다. 서로 연관된 텍스트들은 독자가 내용의 위계를 탐색할 수 있게 하고, 원사료, 사진, 지도, 통계숫자 등을 언제든지 필요하면 불러올 수 있도록 한다. 탐색도구는 전통적인 교과서의 색인보다 훨씬 잘 되어 있으며 학생들이 쉽게 살펴볼 수 있도록 하고 있다.[43] 이런 특징을 지닌 소프트웨어를 시각적으로 구성하면 아래의 그림과 같다.

(2) 내러티브 유형

다른 교과와 달리 역사 교과는 과거에 대한 생생한 설명을 필요로 한다. 이 점에서 내러티브는 역사학습에서 중요한 위치를 차지하고 있다. 이하에서는 내러티브가 역사적 사고의 발전에서 차지하는 위치와 역사학습에서의 유용성을 살펴본 후 컴퓨터 공학을 이용하여 학습효과를 극대화할 수 있는지 여부를 살펴보기로 한다.

역사적 사고가 발전하기 위해서는 학생들이 역사의 개념을 잘 이해할 수 있어야 한다. 역사적 개념은 보통 추상적 언어로 표현되어 있다. 따라서 학생들이 구체적 현실에서 자주 접할 수 있는 것이 아닐 뿐만 아니라 학생들이 이미 알고 있거나 일상적으로 사용하는 것이라 하여도 그 의미가 학생들이 아는 것과 다른 경우가 많기 때문에 개념의 의미를 바르게 이해하기란 어렵다.

학생들이 어떤 식으로 추상적인 개념에 대하여 이해할 수 있는가에 대해서는 학자들간에 이견이 존재하고 있지만 여기서는 레브스틱(Linda Levstik)의 입론에 근거하여 살펴보기로 한다. 다우니(M.T. Doweney)와 레브스틱은 인간의 인지발달이 교과의 특성을 불문하고 모든 교과에 일반적으로 적용된다는 피아제류의 일반이론을 비판하고 교과영역에는 고유의 특정한 인지구조가 있다고 한다.[44] 이를테면 취학전 아동도 익숙한 경험에

43) Parham, "Ten Views of the Past : Software that bring History to Life", p. 37.

44) M.T. Downey and Linda Levstik, "Teaching and Learning History", in James P. Shaver(ed.), *Handbook of Research on Social Studies Teaching and Learning*(New York : Macmillan, 1991), p. 400.

대하여는 논리적 관계의 범주를 이해할 수 있는데, 이는 일반적인 발달단계와는 상관없이, 아동에게 영향을 주는 주제나 개념의 영역이 오히려 아동의 인지에 직접적으로 영향을 줄 수 있다는 것을 보여주는 것이다. 즉, 인지발달은 고유개념의 획득과 이들 개념의 통합에 달려 있다고 할 수 있다. 이들은 역사 교과에서 개념획득의 핵심이 인과관계에 대한 이해라고 보았다.[45] 인과관계는 학습자에게 결론을 만들고 유추를 끌어낼 수 있는 힘을 부여한다. 이때 내러티브를 역사적 이해에 중요한 방법으로서 이용할 수 있으며 역사적 구화는 아동들이 다양한 자료를 통하여 역사적인 정보를 해석하는 인과이론을 생성하는 것을 도울 것이라고 하였다.

일반적으로 내러티브는 하나의 중심주제를 둘러싸고 일정한 구성형식－이를테면 시작과 전개, 반전, 끝－을 갖춘 일련의 이야기를 의미한다. 레브스틱과 파파스(C.C. Pappas)는 일련의 연구를 통하여 어린 아동들도 내러티브를 이용한다면 일찍부터 역사를 공부할 수 있으며, '잘 짜여진' 문학적 내러티브가 학생들의 역사적 개념 형성에 도움이 된다고 하였다.[46]

그러나 실제적인 교육 현장에서 내러티브를 이용하여 수업한다고 할 때 여러 가지 문제점에 부딪히게 된다. 이를테면 교사간의 개인적 능력차, 학생들의 특성과 수준 등은 내러티브로 수업할 때 중요한 변수가 될 것이다. 내러티브는 교사의 구화적 능력에 많이 의존하게 되므로 교사의 개인차에 따라 결과도 달라질 수밖에 없다.

내러티브 학습이 가지는 장점을 살리고 단점을 줄여 학생들의 개념 이해를 돕는 방법으로 컴퓨터를 이용할 경우 어떻게 활용할 수 있을까? 이 경우 내러티브형의 교육용 소프트웨어를 이용한다면 효과를 거둘 수 있을 것이다. 컴퓨터를 이용하여 음성, 그래픽, 사진, 비디오 등을 결합함으로써 과거의 사건들을 생생하고 다양한 형태로 묘사해낸다면, 학생들이 흥미롭게 수업을 하면서 인과관계를 이해하고, 컴퓨터와 상호작용하며 사건을 추적하면서 중요한 개념들을 자연스럽게 익힐 수 있을 것이다. 또 즉각적인 피드백을 통하여 이를 확인·교정할 수 있다. 이러한 교육용 소프트웨어의

---

45) *Ibid.*, p. 404.

46) L. Levstik and C.C. Pappas, "Exploring the Development of Historical Understang", *Journal of Research and Development in Education* 21(1987), pp. 1-5.

장점은 다음과 같다.

첫째, 교사의 개인적 차이나 조건을 최소화할 수 있다. 개념 형성을 위해 잘 짜여진 교육용 소프트웨어는 교사 개개인의 우연적 조건에 좌우되지 않으면서 인과관계에 대한 이해를 고양시킬 수 있다는 점에서 효과적이다.

둘째, 학생의 흥미를 유발하며 동기화를 촉진시킬 수 있다. 내러티브를 사용하여 역사적 사고를 함양시키려는 연구자들은 내러티브가 학생들의 흥미를 유발하여 좀더 심화된 학습으로 이끌도록 동기화할 수 있다고 한다. 이런 점에서 보면 교육용 소프트웨어는 더욱 효과적이다.

셋째, 역사적 사건을 둘러싸고 벌어지는 다양한 인과관계의 요소를 검토할 수 있다. 문학적 내러티브가 시간 관계나 교수 목적상 흔히 빼먹을 수 있는 자료나 요소들에 대하여도 학생들이 검토할 수 있도록 프로그램화한다면 학생들은 인과관계의 고리를 더욱 잘 이해할 수 있으며 사건간의 상호관계에 대한 이해를 깊이 할 수 있을 것이다.

넷째, 교수의 개별화가 가능하다는 것이다. 주의력이 부족하거나 지적 능력이 부족한 학생은 현재와 같은 대중교육체계에서 자기의 이해능력을 높이기가 어렵다. 반대로 능력이 있는 학생은 자기능력을 극대화하는데 오히려 방해받을 수 있다. 이런 점에서 교수의 개별화가 요구된다. 교육용 소프트웨어는 이러한 교수의 개별화를 가능하게 해준다. 지적 수준이 낮은 학생은 낮은 수준의 인과관계의 고리를 연습함으로써 자기의 능력을 기를 수 있으며, 능력있는 학생은 보다 심화된 학습이 가능하다.

내러티브 유형의 교육용 소프트웨어로 특정한 역사적 사건을 설명할 경우 학생들은 사건의 설명을 수동적으로 듣는데 그치지 않고 자신의 필요에 따라 정보를 탐색하고 자료를 조직하는 법을 배울 수 있다.

이하에서는 제2차 세계대전시 노르망디상륙작전의 이야기를 담은 D-Day를 살펴봄으로써 내러티브 유형의 소프트웨어가 어떤 내용을 담고 있는지 살펴보기로 하자.[47] 이 프로그램은 CD-ROM 한장에 막대한 양의 사실을 담고 있다. 비디오, 오디오, 연대표(34개의 패널로 구성), 400개가 넘는 주제글, 400개 이상의 그래픽, 애니메이션, 지도, 차트 등을 담고 이 자료들

47) Simon and Schuster, *The D-DAY Encyclopedia*, made by CON. TEXT.

은 서로 연결되어 있으며 쉽게 찾아볼 수 있도록 조직되어 있다.

프로그램을 시작하면 학생들은 메뉴구조를 통하여 자신이 학습하고 싶은 부분을 마음대로 선택할 수 있게 되어있다. 아래 그림은 메뉴구조 중에서 연대표에 해당하는 부분이다. 이 부분은 내러티브로 구성되어 노르망디상륙작전이란 주제를 일목요연하게 정리하고 있다.

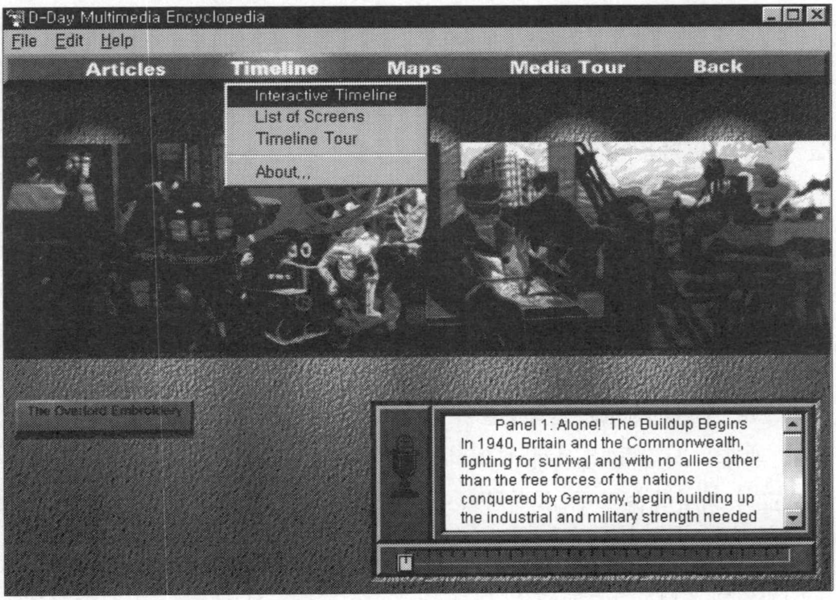

[그림 12-2] 내러티브 프로그램의 한 화면('D-DAY')

연대표의 전체 패널 수는 34개로 1940년에서 1944년에 이르는 시기의 중요한 사건을 담고 있다. 위의 그림과 같이 학습자가 각 패널로 마음대로 이동할 수도 있고 TIMELINE TOUR를 선택하면 34개의 패널이 순차적으로 이동하면서 내레이터의 설명을 들려준다. 이 설명은 약 20분 소요되지만 그래픽이 변화하면서 제2차 세계대전의 중요한 측면을 들려주며 노르망디상륙작전이란 역사적 사건을 다각도로 분석하게 해준다. 내러티브가 진행되는 동안 학습자는 능동적으로 학습을 하게 된다. 잘 모르는 부분이 나오거나 익숙해서 더이상 들을 필요가 없으면 언제든지 내레이트를 중단시키고 메뉴로 복귀하여 잘 모르는 부분을 사전으로 찾아보거나 흥미롭게 느끼는 부분을 선택해서 지식을 더욱 심화시킬 수 있다. 또 내레이트되는 내용을 복사하고 이를 편집하여 자신에게 필요한 정보를 모으고 처리할 수 있다.

(3) 자료의 탐색·분석·처리·의미화 촉진

(가) 역사학습에서 자료처리의 중요성

역사란 과거의 잿더미 위에서 가치있고 유용한 사실들을 끌어내어 의미를 부여하는 학문이다. 그럴 때 가장 문제가 되는 것은 과거 사람들이 남긴 무수한 자료들을 탐구하고 분석·처리하는 과정이다. 이 과정은 복잡하고 많은 노력을 요구하는 것이므로 전문적인 역사가에게 맡겨져 왔으며, 학습자는 역사가가 찾아낸 사료나 의미 부여된 텍스트를 받아들이는 수동적 존재에 불과한 상태였다. 그러나 역사학습의 본질을 단순히 교과서의 지식을 암기하거나 역사가에 의해 만들어진 역사적 개념에 대해 이해하는 것만으로 국한하지 않고 학생들이 스스로 역사가가 되어 문제의식을 설정하고 과거의 사건을 분석해서 해석을 내리는 법을 배우는 것이라고 한다면 앞으로의 역사학습은 좀더 적극적으로 역사가의 작업을 교실내로 끌어들이는 것이 되어야 할 것이다.

지금까지 이런 목적을 위하여 널리 이용되어 왔던 수업으로 사료학습을 들 수 있다. 사료학습을 통하여 학생들은 사료를 해석하는 법을 배우고 역사의 본질에 접근할 수 있다. 과거의 사료를 가장 그럴 듯하게 해석해내는 능력은 역사적 사고의 핵심에 해당된다. 이를 부스(M. Booth)는 인증적 사고(adductive thinking)라고 하였다.[48] 그는 역사가란 "창조적인 예술가이며 우리가 잊어버린 세계를 가장 믿을 수 있도록 재창조하는" 사람이라고 하였고, 자료의 올바른 해석을 위하여는 숙고, 유도된 상상(directed imagination), 대

48) Martin Booth, "A Recent Research Project into Children's Historical Thinking and Its Implications to History Teaching", in J. Nichol(ed.), *Development in History Teaching : Perspective* 4(Exeter : School of Education, University of Exeter, 1980), p. 3.

리 체험(vicarious living)이 필요하다고 하였다.

부스는 중등학교에서 2년과정의 세계사를 가르칠 때 학생들이 그림이나 역사 자료에서 짧은 인용문을 모아 정리하고 왜 이들이 관련되는지 설명하도록 하였다. 이를 통하여 학생들은 2년 과정 후에 추상적으로 생각할 능력을 얻게 되었다고 한다. 이를 근거로 그는 적절한 사료학습과 대리체험(역할놀이, 시뮬레이션)을 통하여 역사적 사고의 본질이라고 할 인증적 사고를 훈련시킬 수 있다고 하였다.[49] 이를 위하여 학생들에게 적절한 사료가 제공되어야 하며, 학생들은 제공받은 사료를 해석하여 자기 나름대로 설명할 수 있어야 한다.

그러나 모든 학생이 동일한 사료에서 동일한 의미를 끌어내는 것이 아니라 학생마다 개인차가 있어 사료를 해석하는 단계나 특성이 다양하다. 학생들이 자료를 이해하는 방식에 따라 역사 이해의 단계를 다음과 같이 구분할 수 있다.[50]

1단계 : 역사적 자료를 과거의 상으로 여기는 단계. 즉 사료 자체를 역사적 사실 그대로 여기는 단계이다.
2단계 : 역사적 자료를 역사 이해의 증거로 사용하되 사료의 외형적인 내용에만 관심을 쏟는 단계이다.
3단계 : 역사적 자료를 종합하여 분석하고 해석하는 단계이다. 사료에는 잘 나타나 있지 않으나 거기에 내포된 의미를 고려하여 자신의 역사 개념이나 지식에 따라 해석할 수 있다.

이러한 발달단계는 학생들의 성장에 따라 나타나는 발달단계가 아니라 역사적 자료를 다루는 논리적인 단계라고 할 수 있다. 학생들의 역사적 사고가 성숙함에 따라 자료를 해석하는 방식도 점차 조직적이고 논리적이 되어 간다.

학생들의 사료 이해를 더욱 촉진시키고 개인차를 극복할 수 있는 방안은 무엇인가? 기존의 연구는 사료를 이해하는 유형이나 학생들이 추리하고 사고하는 방법에 대하여 고찰하고 있으나, 사료학습의 효율화 방안에 대하

---

49) *Ibid.*, pp. 9-15.
50) 김한종, 「역사 학습에서의 상상적 이해」, 서울대대학원 박사학위논문(1994), 134면.

여 실제적이고 깊이있는 논의가 부족한 실정이다. 실제 현장에서 사료학습을 전개할 때 어렵게 느끼는 것은 다양한 사료를 학생들에게 제공할 수 없거나 설사 사료집의 형태로 제공한다 하여도 본문 자체가 난해하고 색인화, 분류화가 부적절하여 학생들이 이해하기 어렵거나 검색에 불편을 느끼는 것 등이다. 이런 한계를 극복할 수 있는 좋은 방법은 풍부한 자료를 제공하고 어려운 단어는 언제든지 풀이를 볼 수 있으며, 학습자가 원하는 단어나 개념을 얼마든지 검색할 수 있는 데이터베이스형 프로그램을 학습에 이용하는 것이다.

컴퓨터는 데이터를 저장하고 조작하는데 있어 완벽한 도구이다. 컴퓨터의 저장 용량은 갈수록 커져가고 있고 처리 속도는 빨라지고 있으며, 가격도 저렴해져 일반가정에서도 손쉽게 막대한 용량의 데이터를 집적할 수 있게 되었다. 기술적인 의미에서 컴퓨터가 사용하는 모든 정보는 컴퓨터의 데이터이다. 그리고 사용자가 쉽게 접근할 수 있도록 조직적인 방법으로 저장된 많은 양의 데이터를 데이터베이스라 한다.[51] 이와 같이 컴퓨터의 가장 큰 장점의 하나는 막대한 양의 데이터베이스를 구축할 수 있다는 점이고, 이 기능은 특히 역사연구와 교육에서 커다란 의의를 가지고 있다. 예를 들어 조선왕조실록은 조선사 연구에 절대 필요한 사료이지만 내용이 워낙 방대하여 읽기도 어렵고 색인화도 안되어 검색도구도 없는 단순한 책자이지만 이 내용을 2장의 CD-ROM에 저장함으로써 어려운 용어에 대한 뜻풀이는 물론이고 색인화를 통하여 초보자라 하여도 조선의 역사에 관해 궁금한 점을 바로 알 수 있게 되어 있다. 또 한길사에서 제작, 판매되는 한국사 CD-ROM TITLE은 한 장에 한국사 24권의 내용을 화보를 포함하여 모두 담고 있다.

이 프로그램들은 방대한 양의 데이터를 저장하고 있고 또 이것들을 손쉽게 검색할 수 있게 해 준다. 학생들이 가정이나 교실에서 이와 같은 프로그램을 이용할 수 있다면 자신에게 필요한 정보를 언제든지 손쉽게 얻어 학습에 유용하게 이용할 수 있을 것이다.

---

51) Budin(조영달·김영수 공역), 『사회과 교육에서의 컴퓨터 활용』, 68면.

(나) 프로그램의 활용방안

데이터베이스를 이용한 프로그램은 역사학습에서 연구도구로서 유용하게 사용할 수 있다. 개발자는 데이터베이스를 만들고 많은 양의 자료를 컴퓨터에 입력한다. 소프트웨어가 하는 일은 그 자료를 조직하고 계산하고, 일정한 방식으로 제시하는 것이다. 역사학습에서 데이터베이스 프로그램은 수업에 활용하는 방식에 따라 자료제시형과 연구 도구형으로 나눌 수 있다.

(ⅰ) **자료제시형** : 자료제시형은 마치 도서관과 같이 각종 자료를 미리 입력하고 일정하게 배열함으로써 사용자에게 충분한 정보를 제공하기 위한 것이며, 연구 도구로서의 데이터베이스는 학생들이 데이터베이스 프로그램을 가지고 스스로 데이터를 분류하고 입력하며 유목화해나가는 방식의 소프트웨어를 말한다.

자료제시형의 경우 앞서 보인 '조선왕조실록' CD-ROM Title이 대표적인 예인데, 학생들은 컴퓨터 저장 매체에 저장된 데이터를 이용하여 자신의 역사탐구활동에 유용하게 이용할 수 있다. 자료제시형 프로그램의 경우 방대한 용량의 텍스트에 사진, 비디오 클립을 포함하고 있으므로 다소 딱딱해보이기도 한다. 자료제시형은 텍스트의 내용을 즉시에 또 폭넓게 찾아볼 수 있도록 구조화되어 있다. 이와 같은 전문검색(full-text-search)기능은 다양한 연산자(And, Or, Not를 사용하여 검색 가능)를 이용 할 뿐아니라 특정 문자를 찾아볼 수 있는 와일드카드(이를테면 '민'자로 시작하는 모든 글자를 찾으려면 '민*'으로 검색할 수 있다)를 사용할 수 있도록 한다. 또한 자신이 필요한 텍스트를 자르고 복사해서 붙이는 기능을 제공한다. 학생들은 이렇게 모아진 정보 조각들을 자신의 탐구에 이용하게 되는 것이다.

(ⅱ) **연구도구형** : 연구도구로서의 데이터베이스 프로그램으로 가장 많이 이용할 수 있는 것이 dBASEⅢ+나 Lotus1-2-3, Excel과 같은 범용 소프트웨어이다. 이들 프로그램은 일반적으로 행정의 영역에서 사용되었다. 학생들에 관한 다양한 정보를 저장하고 검색하거나 도서목록자료의 정리같은 영역에서 주로 사용되어 교사업무의 효율화에 이용되었다. 반면 교실에서 역사수업을 보조하기 위한 방법으로 활용되는 것은 비교적 최근의 일이다. 데이터베이스가 갖는 교육적 의의를 간단히 살펴보면 다음과 같다.[52)]

첫째, 학생들이 데이터베이스 프로그램의 활용을 통하여 정보시대의 원리와 기술을 배울 수 있다.

둘째, 이 프로그램은 보다 높고 체계적인 사고 기술을 가르치는 하나의 수단이다. 최근의 연구는 구조화된 컴퓨터 데이터베이스를 통해서 이끌어진 기술 및 학습 수준의 향상은 수작업의 데이터베이스에서 작업했을 때보다 더 높다는 것을 보여주고 있다.

셋째, 학생들은 데이터베이스를 만드는 경험을 통하여 문제를 해결하고 분류하고 결론을 이끌어내는 기술을 익힐 수 있다. 이 단계에서 학생들은 적절한 정보를 연구하고 수집해야 한다.

교사가 데이터베이스를 교실 수업에 이용할 때 학생들이 데이터베이스를 구축하고 사용하는 능력을 기르거나 비판적 사고력을 기르고 또 교과의 내용을 이해할 수 있도록 유도하게 된다. 데이터베이스를 이용함으로써 수업을 활성화하고 문제 해결력과 탐구 기술을 향상시킬 수 있다.

역사수업에서 데이터베이스 활용수업의 한 예를 구체적으로 살펴보자.[53] 주제는 초등학교 4학년에서 배우는 '문화재와 박물관'이다. 이 수업에서 학생들은 스스로 데이터베이스 프로그램을 이용하여 자료를 분류하여 항목을 정한 후 실제로 데이터베이스를 구축해보게 된다. 주제가 문화재와 박물관에 대한 것이므로 필요한 항목은 만들어진 시기와 장소, 만든 이 등으로 정하고 각 항목에 알맞는 형식(year, character 등)을 선택한다. 데이터베이스 프로그램이 구축되면 실제 데이터를 입력하게 되며 자신이 필요한 자료를 검색하는데 이용할 수 있게 된다.

이하는 구체적인 수업지도안에 관한 것이다.

단원명 : 문화재와 박물관

본시의 목표 :
문화재의 유형을 말할 수 있다. 문화재를 구분하는 몇 가지 기준을 설정할 수 있다.

데이터베이스의 목표 :
데이터베이스 프로그램을 이용하여 데이터베이스를 구축할 수 있다. 필드의 몇 가지 유형을 말할 수 있다. 간단한 데이터의 검색을 할 수 있다.

---

52) 백영균, 『컴퓨터를 매체로 하는 교수-학습 방법의 탐구』, 186-188면.
53) 같은 책, 206-211면.

〈표 12-3〉 수업 지도안

과 정	교수학습활동		유의점 및 자료	시간
	교 사	학 생		
동기화	◦ 동기유발 ◦ 도서관에서는 원하는 책을 어떻게 찾나?	◦ 책의 이름, 종류를 말한다. ◦ 도서관의 사서나 목록함을 본다.		5분
모델 제공	◦ 학습문제탐색 ◦ 문화재에는 어떤 것이 있는지 말해보자. ◦ 이 문화재를 크게 둘로 나누어보자. ◦ 문화재 데이터베이스를 구축해보자	◦ 여러 문화재를 말한다. ◦ 유형문화재, 무형문화재를 구별한다. ◦ 도서목록카드를 보고 자료 관리법을 생각해 본다.	도서목록 카드 분단토의	5분
데이터 분석	◦ 문화재를 어떤 방법으로 목록화할까? ◦ 문화재의 목록에 들어갈 항목을 나누어보자. 공통으로 들어가는 항목에 유의하자.	◦ 소재지별, 시대별, 국보, 보물 등으로 목록화 ◦ 세워진 때, 장소, 세운이, 세운 이유와 특징 등 ◦ 제공된 자료와 교과서, 탐구책을 보고 분석해 본다.	문화재 화보	5분
데이터 베이스 구축	◦ 여러 문화재의 공통항목에 이름을 붙여보자 ◦ 문화재의 목록카드는 몇개나 필요할까? ◦ 우리나라의 많은 문화재의 목록을 데이터베이스로 만들어보다 ◦ 컴퓨터를 켜고 프로그램을 가동시킨 후 'CREATE' 를 치고 적절한 파일 이름을 준다. ◦ 항목의 구조를 짜고 형식을 입력한다. ◦ 자료를 입력한다.	◦ 때 : DATE 곳 : PLACE 시대 : CHRON 만든이 : MAKE 등으로 정한다. ◦ 문화재의 수만큼 목록카드나 목록이 필요 ◦ 컴퓨터를 켜고 'CREATE'를 타이핑하고 제목을 정한다. ◦ 항목명, 형식을 선택한다. ◦ 자료를 입력한다.	dBASEIII+ 항목의 구조설계표	15분

검색	◦화면에서 목록된 문화재를 살펴보자. ◦원하는 문화재의 이름을 타이핑한다. ◦사용하면서 고치고 싶은 것을 수정한다.	◦상태표시에서 파일이름과 목록의 수를 확인 ◦LIST FOR NAME ="남대문"등 찾고자하는 것을 치고 엔터키 ◦자료를 추가하거나 수정해본다.		5분
정리	◦데이터베이스를 사용하면 무엇이 편리한가? ◦자료구조 설계에서 항목에는 어떤 사항이 필요한가?	◦자료들의 공통된 요소 파악, 검색, 수정, 추가 ◦문화재 데이터베이스를 효율적으로 이용하는 방법과 자료 추가하기		5분

(다) 역사학습과 하이퍼텍스트

역사학습을 통하여 학생들은 역사의 지식과 정보를 단순히 받아들이는데 그치는 것이 아니라 자신에게 필요한 정보를 찾아내고 이를 분류하고 체계화시킬 수 있는 능력을 함양할 필요가 있다. 이때 중요한 것은 수많은 정보 중에서 어떤 것이 자신에게 유용한지를 판단하고, 필요할 때 이를 찾아내는 능력이다. 일반적으로 인간의 사고는 가나다라순이나 1, 2, 3, 4와 같이 순서화된 것이 아니라 연상에 의해 자유롭게 연결되고 통합되는 특징이 있으므로[54] 이러한 연상과정을 중시하여 연상에 의한 탐색을 가능하게 하는 체제를 구축할 필요가 있다. 특히 역사학습은 다양한 정보에 바탕을 두고 있으며 개념, 연대감각, 연관의식, 시대의식이 복잡하게 중첩되어 있으므로 타교과에 비하여 연상 작용이 활발하게 이루어질 수밖에 없다. 컴퓨터 시스템에서 하이퍼텍스트는 이러한 요구를 충분하게 만족시킬 수 있다. 하이퍼텍스트는 컴퓨터를 통하여 저장된 정보를 학습자의 필요와 관심, 인지 스타일에 따라 자유롭게 검색하도록 도와주는 비순차적 텍스트를 말한다.[55]

하이퍼텍스트 시스템이 교육적 목적으로 중요시된 것은 사용자의 인지구조에 맞게 정보를 배열·조직해서 극대화된 학습효과를 거둘 수 있다는

54) 나일주·정인성, 『CAI의 개발과 활용』, 127면.
55) 같은 책, 125면.

점 때문이다. 1980년대 우리 나라에 컴퓨터 보조 수업이 시작된 이후 개발된 대부분의 소프트웨어는 개인교수형으로 특정 학습자에게 특정 교과의 일부 내용을 가르치기 위해 만들어졌다.[56] 대부분 정보나 지식을 사용자의 필요나 요구, 인지 스타일과는 상관없이 단순히 전달하는데 불과하여 학습자가 필요한 정보를 선택할 수 있고, 자신의 인지구조에 맞게 조직, 활용할 수 있는 교육용 소프트웨어의 개발이 중요한 과제로 대두하였으며 하이퍼텍스트는 좋은 해결책이 되었다.

하이퍼텍스트 시스템을 제공하는 데이터베이스 프로그램은 전통적인 매트릭스형의 데이터베이스보다 학생들의 역사 탐구에 적절하다.[57] 하이퍼텍스트 데이터베이스는 지도, 그림, 다이어그램, 사진, 원본 문서의 전체 혹은 일부의 모사, 기록문서를 편집한 것, 역사가에 의해 해석된 논의들의 발췌, 여러 리스트(사건, 연대, 참고문헌 등), 애니메이션과 같은 다양한 자료를 포함하고 있다. 이들 자료들은 상호간에 결합되어 있으면서 단일한 전체를 형성하고 있다.

하이퍼텍스트가 역사 학습을 비롯한 교육 활동에서 유용하게 사용되는 이유는 '첫째 컴퓨터는 책과 달리 한 스크린에 여러 가지 다른 정보나 텍스트를 동시에 보여줄 수 있고 다음 장으로 쉽게 넘어갈 수 있으며, 둘째 컴퓨터는 신속하고 정확하게 학습자에게 필요한 정보를 보여주고, 셋째, 컴퓨터내의 다른 장소에 저장된 데이터를 이용하여 빠른 속도로 학습자에게 필요한 정보 체계를 만들어 갈 수 있으며, 이렇게 만들어진 정보체제를 다른 상황을 위해서도 사용될 수 있다는 점이다.'[58]

이상과 같이 살펴볼 때 역사학습에서 하이퍼텍스트 시스템의 이용은 역사학습에 큰 기여를 할 것으로 생각된다.

(4) 시간여행형 프로그램

(가) 역사학습에서 상상의 의미

학생들이 앞선 시대의 삶과 생활을 알고 과거와 현재의 연관을 이해하

56) 같은 책, 123면.
57) Allan Martin, "Hypertext", *Teaching History* 65(Oct. 1991), p. 32
58) 나일주 · 정인성, 『CAI의 개발과 활용』, 131면.

는데 있어서 중요한 것은 과거의 삶과 사건에 대한 공감을 얻는 것이다. 역사적 공감을 획득함으로써 학생들은 다양한 시대의 삶을 보다 잘 이해할 수 있으며, 현재에 대한 인식을 더욱 심화시켜나갈 수 있다. 이를 위한 수업전략으로 역할놀이나 시뮬레이션 게임을 들 수 있으며, 이들 수업을 통하여 학생들은 역사적 공감을 획득하며 역사적 상상력을 기를 수 있다.[59] 이때 상상이란 의미를 바르게 이해할 필요가 있다. 상상이란 고정적이고 협소한 사고의 틀과 시각을 벗어나 다양한 관점에서 사물을 보고 새롭고 색다른 것을 받아들이려는 사고의 한 형태이다. 상상은 지적 측면과 정의적 측면을 가지고 있으며, 역사적 상상이란 본질적으로 인지적 성격을 지닌 지적 활동이라 할 수 있다.[60] 역사에서의 상상적 이해란 상황과의 관련에서 이루어지기 때문이다. 즉, 증거를 토대로 할 때 역사적 상상이 성립할 수 있는 것이다.

이러한 역사적 상상의 유형으로 구조적 상상, 감정이입적 이해가 있다. 구조적 상상이란 자료에 직접 나타나 있지 않은 역사적 사건을 구성하는 여러 요소 사이의 관계를 상상하여 이해함으로써 역사적 사건의 구조를 파악하는 것이다. 감정이입적 이해란 과거 행위자의 입장에 서서 그에 함축되어 있는 의미를 파악하는 이해 방식을 말한다. 역사 이해 방식으로서 감정이입은 믿음, 목적, 가치에 대하여 생각해서 다른 사람의 마음 속에 가지고 있는 이념의 구조를 파악하는 것이다. 학생들은 역사적 상상을 통하여 역사 해석이 절대적이지 않으며 관점에 따라 다를 수 있다는 사실을 알게 되며 역사를 포괄적으로 이해하고 판단하여 역사적 사고를 성숙시킬 수 있게 된다.

(나) 역사적 공감의 확대와 시간여행형 프로그램

역사적 공감을 얻고 상상력을 기를 수 있는 방안으로 역할놀이와 시뮬레이션 게임을 들 수 있다.[61] 이들 프로그램은 마치 시간여행을 하듯 과거로 돌아가서 과거의 인물이 되어 사건을 경험해보고 의사 결정(decision making)한다는 점에서 시간여행형 프로그램으로 볼 수 있다.

---

59) 김한종, 「역사 학습에서의 상상적 이해」, 157면.
60) 같은 논문, 40면.
61) 같은 논문.

역사에서 말하는 역할놀이란 학습자가 과거의 인물이 되어 자발적인 연기를 통하여 과거의 인물이 부딪히는 문제를 탐구하고 그들의 연기에 대하여 추후토론을 거치는 문제 해결 학습법이다. 학습자는 주어진 상황에 처해있는 인물의 역할을 맡아서 상황의 내면을 파악하고 그가 그 상황을 어떻게 느끼고 통제하였는지를 표현하게 된다. 역할놀이는 학생들이 자기의 생각을 창조적으로 표현할 수 있게 하는 동기와 기회를 제공하며 과거 인물들의 의도와 행위를 진정으로 이해하는데 매우 효과적인 방법이 될 수 있다.

시뮬레이션 게임이란 학습자가 과거에 실제로 발생한 문제상황에 직면했던 역사적 행위자의 역할을 맡아서 정해진 절차와 규칙에 따라 주어진 문제에 대하여 결정을 하는 학습활동이다. 다른 사람의 입장에서 상황을 판단하고 결정을 한다는 점에서는 역할놀이와 같으나, 역할놀이의 경우 참여자는 어떤 유형에 제약받지 않고 조건을 상상하여 결정을 내리고 상황을 창조하고 형태를 구성하지만 시뮬레이션 게임은 사회적 상황을 구조화하여 학생에게 제공하고 규칙이 정해져 있다.

역할놀이와 시뮬레이션 게임은 학습자가 시간을 거꾸로 거슬러 올라가서 과거 인물이 되어 행위함으로써 역사적 공감을 획득하고자 하는 것이다. 이를 통하여 학생들은 역사적 상황을 보다 잘 파악할 수 있고 상상력을 동원하여 역사에 대한 이해를 더욱 깊이 할 수 있을 뿐 아니라 판단력을 강화하고 올바른 가치관을 형성할 수 있게 된다. 그러나 이런 수업을 하는데 현실적인 장애요인들이 많이 있다. 시간과 예산의 부족, 프로그램의 빈곤, 교사능력의 한계 등으로 인하여 실제로 역할놀이나 시뮬레이션 학습이 현장에서 거의 이루어지지 않고 있다.

역사학습에서 시간여행을 가장 잘 할 수 있도록 돕는 것은 컴퓨터 보조 역사학습이다. 컴퓨터를 이용한 시간여행형 소프트웨어는 전통적인 수업에서의 한계를 극복할 수 있는 효과적인 학습방법을 제공해 줄 수 있다.

역할놀이 프로그램은 역할을 맡은 사람이 직접 연기하는 것은 아니지만 말 그대로 사용자가 컴퓨터에서 요구하는 역할을 맡아 문제를 해결해나가는 것이다. 예를 들어 미국에서 개발된 와싱턴(Washington)이란 프로그램은 사용자가 미국 독립전쟁 시기의 워싱턴이 되어 의사 결정을 하는 역할놀이 프로그램이다. 학생들은 프로그램에서 요구하는 여러 질문에 답하면서 자연스럽게 미국의 독립 전쟁을 알게 되는 것이다.

한편 역사학습에서 극히 중요한 프로그램 유형인 시뮬레이션 프로그램을 이용하면 학생들은 다른 장소, 다른 시간에서 온 사람들과 교감할 수 있으며, 과거·현재·미래의 문제들을 분석하고 해결할 수 있는 기회를 갖게 될 것이다.[62] 시뮬레이션이란 곧 모의상황의 제공이며, 이것은 컴퓨터가 제공하는 가장 뛰어난 기능 중 하나이다. 역사교육 분야에서 현재 개발되어 있는 소프트웨어 중 가장 뛰어난 프로그램이 시뮬레이션형 프로그램이다.[63] 현재 외국에서는 많은 시뮬레이션형 교육용 소프트웨어가 제작·판매 중이며 학교 수업에서의 활용도 활발하게 이루어지고 있다. 우리 나라의 경우 교육개발원에서 개발된 '시간여행'은 단순한 시뮬레이션형 교육용 소프트웨어이다. 근대 및 현대의 인물에 대한 학습을 목적으로 하는 이 프로그램은 학생이 잃어버린 친구들을 찾아 시간여행을 떠나는데 근현대사의 인물들을 알아 맞추면서 친구가 있는 곳을 찾아가게 된다.

(다) 시뮬레이션 프로그램의 분류와 유의점

역사 교과에서 시뮬레이션형의 소프트웨어는 보통 재현(再現, re-enactment), 재연(再演, replay), 맥락화된 행위(context-for-action) 시뮬레이션의 세 가지로 범주화 할 수 있다.[64]

재현 시뮬레이션은 학생들에게 선다형의 형태로 선택하게 하여 일정한 경로를 통하여 반응하게 하는 것으로 사용자가 능동적으로 게임에 참여하여 지식을 습득하는 측면이 간과되어 있다. 이 프로그램은 기본적으로 학생들이 사실적 지식을 습득할 수 있도록 개발된 것으로, 선다형으로 문제를 제시하면 학생들의 선택에 맞추어 상황이 전개된다. 따라서 학생들이 프로그램을 학습하면서 적극적으로 의사 결정에 참여할 수 없다는 단점이 있다.

재연 시뮬레이션의 분지(分枝)구조는 학생들의 참여를 보장한다는 점에

---

62) Budin(조영달·김영수 공역), 『사회과 교육에서의 컴퓨터 활용』, 55면.
63) 같은 책.
64) D. Dunn, "Simulations and Degree-level History Teaching", *History Microcomputer Review*(Fall 1990), p. 33.

서 긍정적이다. 이 프로그램은 학생들이 주어진 사실들로부터 인과적 계열을 재창조하도록 요구하며, 이러한 인과 연쇄를 설명할 수 있는 가설을 형성하도록 한다. 학생들은 증거를 다루는 과정에서 편견과 객관성에 대한 이해를 깊이 할 수 있다. 이때 학생들이 실제로 일어난 대로의 사건과 무관하게 '사실에 반(反)하는' 역사를 창조해낼 가능성이 있다. 이와 같은 위험이 있지만 학생들 스스로 증거를 취급할 수 있으므로 역사의 편견이나 객관성을 보다 잘 이해할 수 있도록 하는 효과적인 역사교육용 프로그램이다. 그러나 재연 시뮬레이션은 역사상의 인과관계를 지나치게 단순화하여 탐구하도록 한다는 점에서 이미 역사적 안목을 지니고 있는 학생들에게 제공하기에는 적절치 않다.

과거의 특정한 사건들에 매달리기보다는 맥락화된 행위(context-for-action) 시뮬레이션은 역사적 기능과 안목을 발전시키는데 훨씬 유용하다. 이 시뮬레이션은 문제에 대한 감정이입적 개입을 가능하게 하므로 보다 나은 역사 탐구를 위한 기회를 제공한다. 이를테면 운하건설이나 철도건설, 초기 영국의 상태와 같은 문제들에 대한 감정이입적 이해는 영국의 산업혁명에 대하여 효과적인 역사적 탐구를 위한 기반이 될 것이다.

이러한 시뮬레이션의 사례로 오리건 산길(Oregon Trail)이란 프로그램이 있다.[65] 이 시뮬레이션은 1847년 미조리주의 독립에서부터 시작되는데 학생들은 오레곤 산길을 넘어 오레곤시까지 여행을 하게 되는데, 이때 드는 경비로 900달러를 받는다. 화면에 소, 식량, 탄약, 의복, 기타 여러 가지 생필품에 대한 예산 요구가 나타난다. 학생들은 주어진 자금을 어떻게 쓸지 결정해야 한다. 이때 더 빨리 이동하려고 좋은 질의 소를 사면 돈은 많이 든다. 따라서 학생들은 주의깊게 자금 관리를 하여야 한다. 학생들은 마차 여행을 하면서 여러 가지 상황에 직면하여 이를 헤쳐나가야 한다. 여행을 마치게 되면 학생들은 19세기 중반 서부 개척사의 고난을 자연스럽게 이해하게 된다. 또 이 시뮬레이션은 팀을 짜서 해볼 수 있으므로 학생들은 결정을 내릴 때 서로 토의하고 협력해야 한다. 이러한 사회적 상호작용 역시 시뮬레이션으로부터 얻을 수 있는 중요한 기능이다.

시뮬레이션 프로그램은 복잡한 문제에서 특정 사실, 개념, 상호작용 등을

65) Budin(조영달 · 김영수 공역), 『사회과 교육에서의 컴퓨터 활용』, 58-59면.

부각시켜 초점이 되는 문제를 단순화시킴으로써 문제의 본질을 분명하게 한다. 그러나 시뮬레이션 프로그램은 전통적인 수업을 대신하도록 제작된 것은 아니다. 이 프로그램은 전통적인 수업을 보충하고 학생들에게 자신의 지식과 기능을 적용해 볼 수 있는 일종의 문제해결과정을 통해 보다 능동적으로 지식을 습득하도록 도와 주지만 그것 자체가 하나의 단원을 구성하는 경우는 극히 드물다.[66] 모든 시뮬레이션 학습은 독서, 토의, 강의와 같은 학습 활동을 통해 보충될 필요가 있는 것이다.

또 다른 문제는 평가와 관련된 것이다. 시뮬레이션 프로그램을 통한 학습의 결과를 객관적인 평정 척도에 의해 평가하기란 매우 어렵다.[67] 교사는 학생들이 학습하는 과정을 잘 관찰하고 그 과정에서 요구되는 학습지를 잘 분석함으로써 학생들의 발전 모습을 살펴볼 수 있지만 역시 학습결과에 대한 객관적 평가를 얻기에는 어려운 측면이 있다.

끝으로 효과적인 시뮬레이션 프로그램이 가져야 할 조건을 살펴보면 최소한 자체내의 데이터베이스나 각종 패키지(예를 들어 워드프로세싱이나 전자책 등)를 포함하고 있어야 한다[68]. 그리하여 읽고 쓰기, 탐구와 가설 형성 사이의 연계를 강화할 수 있어야 한다. 이를 통하여 학생들이 단순히 시뮬레이션의 분지구조에 반응하는데 그치지 않고 스스로 역사 탐구자가 되어 가설을 형성하고 자료에 바탕하여 자기의 주장을 펼 수 있도록 도와야 한다.[69]

(라) 시뮬레이션 프로그램을 이용한 수업사례

학생들이 시뮬레이션프로그램을 학습함으로써 무엇을 얻을 수 있는가에 대하여는 실제 수업 사례를 통하여 확인해 볼 수 있다. 이비슨(Margaret Ibbitson)의 사례연구는 시뮬레이션 프로그램 수업의 가능성을 엿보게 해 준다.[70]

---

66) 같은 책, 58면.
67) 같은 책, 66면.
68) David Dunn, "The future of historical simulations", *Historical Social Research* 14(4)(1989), p. 40
69) *Ibid.*, p. 38.
70) Margaret Ibbitson, "Let's Think about This : GCSE History Computer Aided Coursework", *Teaching History* 58(January 1990).

수업에 사용된 프로그램은 '송므전투'(Attack on the Somme)로 제1차 세계대전을 학습하기 위한 것이다. 이 프로그램은 학생들이 제1차 세계대전 당시의 헤이그 원수가 되어 의사결정을 실제로 해봄으로써 인과관계개념의 이해와 공감의 확대를 꾀하도록 프로그래밍 되어 있다. 이 프로그램은 Introduction과 Attack의 2개 부분으로 나뉘어져 있다. Introduction은 6과로 구분되어있어 Attack 프로그램에서 요구하는 전술들을 가르치게 되어 있다.[71] Attack 부분에서는 학생을 1916년의 송므에 있었던 더글라스 헤이그와 비슷한 위치에 두고 송므 전선을 따라 어떻게 공격할 것인가를 결정하도록 요구하고 있다. 이 결정은 예비사격 시간, 포의 배치와 목표선택, 갱도의 위치와 폭음의 타이밍, 전선을 따라 보병연대의 배치, 공격 시점 및 공격방법 5개의 측면에 기초하여 내려지게 된다- Attack 부분에서는 학생들이 1916년의 사건을 재연하도록 하는데 학생들은 자신들의 전략을 만들어서 그 결정의 결과를 볼 수 있게 되어 있다. 그러나 학생들이 실제 벌어졌던 상황을 알 수 있도록 헤이그가 실제로 사용했던 전략들이 보존판에서 설명되어 있고 학생들의 모의실험한 결과와 비교할 수 있다. 이 프로그램을 보충하기 위해 교사가 작업지를 준비하여 학생들에게 배부하였다. 교사는 1차 세계대전의 배경지식과 헤이그에 대한 사전지식을 제공하였고 학생들에게 질문지를 주어 프로그램을 해나가면서 질문에 답하도록 요구하였다. 많은 질문들은 단순 지식의 재생을 요구한 것이 아니라 인과관계와 공감의 개념과 직접 연관된 것이다.

수업은 학생들을 그룹으로 나누어 진행하였다. 학생들은 내려진 결정 이면의 동기를 연구하고 자신들이 최선이라고 믿는 전술에 기초한 가설을 설정해야 하고 그 결과를 경험하도록 검증해야 했다. 헤이그나 그 부관들의 입장에서 자신을 두고 의사결정을 해야 하므로 실제 의사결정과정의 복잡함을 이해하고 공감을 확대할 수 있었다. 학생들은 자신들의 작업에 진지하고 서로 협동해서 작업했으며 70분씩 두 차례 행해진 컴퓨터 보조 역사수업에서 놀라운 집중력을 보여주었다.[72] 이와 같이 프로그램 수업은 학생

71) 참호, 터널, 예비포격(Preliminary Bombardment), 공중 및 지상정찰, 공격대형, 연발사격(Creeping Barrage). *Ibid.*, p. 28.

72) 4학년 학생 하나가 '헤이, 잠깐만. 이것 좀 생각해보자'며 자기 그룹 학생들과 함께 역사수업에서 자기의 과제를 깊이있게 생각하였다(*Ibid.*, p. 27).

들을 동기화하고 그들이 독립적이고 활동적이며 상호작용하는 학습상황에 몰입하도록 하는데 매우 효과적이었다. 이런 식으로 프로그램을 이용하면서 학생들은 지적인 토론과 반성적인 사고에 빠져들었으며 의사결정이 복잡하고 많은 문제를 내포하고 있음을 발견할 수 있었다.

이 수업은 교육과정을 벗어나 특별활동으로 실시된 것이 아니라 교육과정의 일부로서 이용되었다. 평가의 목표는 인과관계의 이해, 공감의 확대, 회상과 상관된 지식의 교류 등 3부분으로 나뉘어져 있다.

이상에서 제시된 수업사례를 통하여 시뮬레이션 프로그램이 역사교육에서 긍정적으로 이용될 수 있음을 알 수 있다. 이 수업사례는 고정된 교육과정에 기초해서 주입식 교육을 통하여 수업이 행해지고 평가에는 지적 능력을 중시하는 우리 나라 역사교육의 풍토와 비교할 때 많은 시사점을 준다고 하겠다.

Ⅲ. 컴퓨터를 활용한 역사수업의 실제와 한계

1. 외국의 활용사례

컴퓨터를 이용하여 역사교육을 활성화하기 위한 노력은 외국의 경우 눈에 띄게 증가하고 있다. 역사교육을 위한 소프트웨어가 다양하게 제작되고 있으며, 각급 학교에서는 역사수업에 이러한 소프트웨어를 이용하여 학습함으로써 학습의 효과를 높이고 있다. 이를테면 마틴(Dave Martin)이 1992년 영국 남부의 Dorset주에서 조사한 보고서를 살펴보자. 마틴은 Dorset 지역에서 역사수업에서 컴퓨터 활용에 대하여 조사하였다. 설문에 응한 56개의 학교 중 역사교육과정의 일부로 컴퓨터를 사용하는 학교는 42개교로 75%에 달하고 있다. 사용되는 프로그램은 시뮬레이션형이 가장 많아 36개

이와 같이 학생들이 자기의 과제를 진지하게 탐구하고 의사결정을 내려봄으로서 역사적 공감을 확대하는 수업활동을 통하여 학생들의 역사 이해가 향상됨을 알 수 있다.

의 학교에서 널리 사용되었으며, 데이터베이스 프로그램도 12개의 학교에서 사용되었다. 데이터베이스 프로그램은 주로 인구 센서스나 건축, 목장, 초원, 자원 리스트, 주택에 관한 정보를 모으고 처리하는데 이용되었다.73)

외국에서 '학생들이 실제 수업에서 컴퓨터를 이용하여 수업하는 경우 어떤 태도를 보일까'에 대하여 살펴 본 보고서에 의하면 컴퓨터를 이용할 경우 수업효과가 크며 상당한 수준의 탐구학습이 이루어지고 있었다. 코우테스(Les Coates)가 3주간에 걸쳐서 살펴 본 교실 수업에 의하면74) 학생들이 수업에 컴퓨터를 도입하는 것에 대하여 매우 적극적으로 반응하였으며, 프로그램의 특성에 따라 때로는 조용히 때로는 열광적으로 반응하면서 수업에 몰두하였다고 한다. 그는 컴퓨터 보조 수업을 사실 파악, 인과관계, 공감과 이해, 커뮤니케이션 기능, 사료의 평가와 해석 부분으로 나누어 평가하였다. 그에 의하면 학생들은 런던의 상태, 중세의 일반적인 상태, 17세기 사회의 성격에 관하여 컴퓨터가 제공하는 정보를 통하여 분명하게 '맥락적 배경지식'을 얻었으며 17세기 사람의 눈으로 '건강 문제'를 탐구하였고 역사적 맥락내에서 반응하는 등 공감의 확대를 보여주었다. 또 그룹 작업과 프로그램에 의하여 의도된 의사결정행위를 통하여 상호 간의 협력과 의사소통능력을 향상시켰다.

결론적으로 이 프로그램에 의한 수업으로 학생들이 자기의 학습에 대하여 책임감을 가질 수 있게 되었고, 교사와 학생간의 관계 역시 대립적 관계가 아니라 같이 탐구하는 관계로 변화되었다고 한다.

역사수업에서 컴퓨터 활용의 한 예로 원격지 통신을 이용한 컴퓨터 회의가 있다.

다른 통신 매체와 다른 컴퓨터 회의의 장점은 토론에 대한 학생들의 기여가 참여자들의 컴퓨터 화면에 연속적으로 나타나며, 또 학생들이 실시간으로 연결되어 있지 않으므로 대답과 주석을 준비할 시간을 가질 수 있다

---

73) Dave Martin, "History and Computers in Dorset", *Teaching History* 68(July 1992), pp. 20-25.

74) 이 수업은 '1665년 런던의 흑사병' 단원으로 12-13세의 학생들을 대상으로 하고 있다. Les Coates, "'1665 : The Great Plague of London' : Classroom Observations from one of the Program's Authors and an Evaluation by a Student Teacher", *Teaching History* 58(January 1990), pp. 33-35.

는 점이다.[75] 오스틴(Roger Austin)은 북아일랜드와 아일랜드 공화국의 학생들을 대상으로 Pilot Project를 실시하였다.[76] 1993년에 행해진 Pilot Project는 북아일랜드 3개교와 아일랜드 공화국의 학교에서 우수한 학생(나이는 16-18세)들을 선발하여 행해졌다. 주제는 아일랜드에서의 급진적 정치운동(18세기 후반)과 1912-1923년의 아일랜드에 관한 것이다. 회의에 참가하기 위하여 학생들은 전자메일 시스템인 Campus 2000에 접속하였다. 회의는 일련의 질문에 기초해 있으며 학생들은 가능한 한 많은 '아이템'들에 반응할 수 있다(예를 들어 제1차 세계대전 전야에 아일랜드 민족주의자들이 영국에 어떤 태도를 가지고 있었는가). 이 프로젝트를 실시하는 과정에서 학생들은 자신의 견해를 분명한 방식으로 표현하였으며 문제를 더욱 폭넓게 이해하게 되었다. 학생들은 회의가 진행됨에 따라 전문가가 제기한 문제만이 아니라 폭넓게 문제를 제기하고 대화하게 되었다.

프로젝트의 결과 역사교육에서 컴퓨터 회의가 매우 중요하다는 것을 알 수 있었다. 컴퓨터 회의를 통하여 더 멀리 떨어진 지역들로부터 여러 그룹을 끌어들일 수 있었기 때문에 학생들의 입장에서는 전문적 지식에 더욱 효과적으로 접근할 수 있었으며, 다른 문화나 지역의 학생들과 역사적 문제를 탐구할 기회를 가질 수 있었다. 더 나아가 정보공학과 커뮤니케이션 기능을 발전시킬 수 있었다.[77]

위와 같은 외국에서의 사례들을 보면 시간이 흐를수록 첨단공학을 이용하고 있음을 알 수 있다. 1983년의 저든(J.A. Jurden)의 수업연구[78]는 문제은행식의 프로그램에 기초해 있었다. 문제는 상호작용이 가능한 형태로 제시되었는데, 학생들이 답하면 컴퓨터가 답에 대하여 적절하게 반응하였다. 이러한 초기의 반복연습형 프로그램에서 점차 개인교수형으로 프로그램이 발전하였다. 이를테면 1986년 마쉬(M. Marsh)는 '1812년 전쟁'을 가르치면서 컴퓨터를 이용하였는데 여기서 그는 매릴랜드 지역의 지도를 보여주고

---

75) Roger Austin, "Computer Conferencing in History : a Pilot Study at 16-18", *Teaching History* 75(April 1994), p. 33.

76) *Ibid.*

77) *Ibid.*

78) Delbert A. Jurden, "Computers for Clio? Historian Asks",. *Community and Junior College Journal*(May 1983), p. 38.

왜 전쟁이 일어났는지에 관한 정보와 워싱턴의 화재, 발티모어 전투를 시뮬레이션으로 제공하며, 마지막으로 발티모어 전투에서 실제로 일어난 것이 무엇인지를 말하고 있다.79)

이와 같이 초기의 수업사례는 당시의 공학수준을 반영하여 단순반복형이나 개인교수형 프로그램에 기초해 있었다. 그러나 앞서 본 것처럼 최근에는 시뮬레이션 프로그램을 이용하거나 컴퓨터 회의를 통하여 수업이 행해지는 등 첨단공학을 수업에 활용하고 있다.

한편 초기의 프로그램 유형들은 컴퓨터를 도구적으로 활용하는 수준에 그치고 말았지만 최근에는 시뮬레이션 프로그램을 수업에 직접 도입하거나 컴퓨터 통신을 이용하여 원격지 대화를 통하여 수업한다거나 인터넷을 통하여 탐구수업을 행하는 등 종래의 수업형태를 깨고 새로운 수업 환경을 조성하는 사례가 점차 늘고 있다. 정보공학의 도움으로 이제는 말로만 그치던 탐구 수업을 교실 환경에서도 실현시킬 수 있게 되었다. 컴퓨터가 인터넷에 연결되어 있다면 학생들은 수많은 사이트(site)를 항해하면서 자신이 필요한 정보를 얻고 다른 지역이나 나라의 사람들과 교류하면서 자기의 의견을 검증받을 수 있게 되었다. 이렇듯 공학의 발전은 종래의 고정된 교육과정의 틀을 깨고 새로운 교육 형태를 창출해내고 있다.

2. 역사교육용 소프트웨어 제작 및 보급현황

현재 우리 나라에서도 교육용 소프트웨어 제작이 점차 활기를 띠고 있다. 멀티미디어 기술이 발전하면서 유아용, 어학용 프로그램 등 상업적인 목적으로 개발되는 프로그램들이 급격하게 늘고 있다. 개발, 시판되는 이들 교육용 프로그램들은 정규 학교의 교육과정과 연관하여 개발되기 보다는 개별 사용자들을 위한 프로그램으로 학교 현장에서 직접 활용하기 어렵다는 단점이 있다.

현재 교육현장에서 실제로 활용할 수 있는 교육용 프로그램들은 주로 한국교육개발원에서 개발하고 있는 실정이다. 아쉽게도 이들 프로그램은

---

79) Merle Marsh, "Teaching History with Microcomputers : A Case Study", *Social Education* 50(2)(Feb. 1986), pp. 134-135.

교육용 컴퓨터 표준 사양에 맞추어 개발되었기 때문에 수준이 떨어지는 것이 대부분이다. 그나마 수학, 과학과 같은 특정 교과에 편중되어 있어 역사를 가르치는 교사들이 컴퓨터 보조수업을 원하더라도 실시할 수 없는 형편이다.

이하에서는 한국교육개발원에서 개발된 역사 교과 관련 교육용 소프트웨어와 상업적으로 유통되고 있는 역사교육용 소프트웨어를 살펴보고 역사수업과의 관련을 살펴보고자 한다.

우리 나라에서 현재 개발된 역사교육용 소프트웨어는 양적으로 적을 뿐만 아니라 질적으로도 그리 뛰어나지 않은 형편이다. 지난 1989년 이래 1994년도까지 한국교육개발원에서 개발된 교육용 소프트웨어 가운데 중학교의 경우 사회과용 프로그램은 전체의 4.2%에 불과한 8편에 그치고 있다. 이 중에서 역사 관련 프로그램은 특별활동까지 합하여 5편이다. 그 뿐만 아니라 이들 프로그램은 정리용으로 개발된 것이거나 특별활동 시간에 활용할 목적으로 만들어진 것으로 장기적 차원에서 교육과정에 맞추어 개발하려는 노력이 부족함을 보여주고 있다.

〈표 12-4〉 각급 학교에서 역사관련소프트웨어 개발 현황 비교표[80)]

	초등학교	중학교	고등학교	공용	합계
전체개수	293	189	158	42	682
사회과부분	45	12	2	0	59
역사관련	13	5	0	0	18
역사/전체	0.04	0.02	0	0	0.02

80) 교육부, 『교육용 소프트웨어 활용 편람－초·중·고등학교용』, 1994 참조.

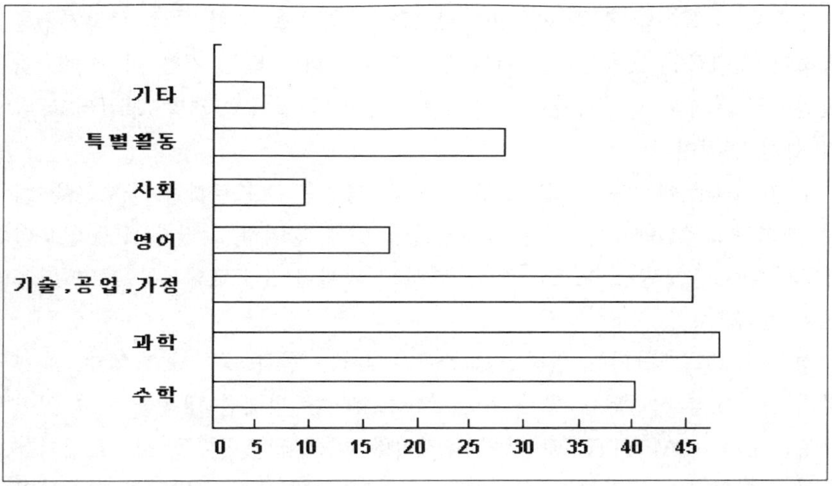

[그림 12-3] 중학교 교육용소프트웨어 과목별 개발 현황(89-94)

이들 프로그램들의 내용을 개략적으로 살펴보면 다음의 표와 같다.

〈표 12-5〉 중학교 역사교과 관련 소프트웨어의 내용(교육개발원 개발)

학년	제목	내용	관련단원	유형
1	역사퍼즐(1)	고대, 중세 시대의 사건과 인물에 대한 문제 제시	인류문화의 기원, 아시아 사회 성장, 서양 고대문화 형성, 서양 중세사회 성장	교육용 게임
2	시간여행 - 근, 현대편	근대 및 현대의 인물에 대한 시대적 특색 정리, 학생이 잃어버린 친구들을 찾아 시간여행을 떠남	서양 근대사회의발전, 아시아의 근대화, 현대의 세계	교육용 게임
기타	미로퍼즐 - 인물편	인물을 맞히면서 미로를 풀어가는 게임	특별활동	교육용 게임
	미로퍼즐 - 역사편	역사 사건을 맞추면서 미로를 풀어가는 게임	특별활동	교육용 게임
	인물탐구	우리 나라 근대 지도자들 자료 제시	특별활동	자료 제시형

중학교 사회과의 경우 교육용 소프트웨어 개발을 위한 주제 선정연구를 통하여 체계적인 교육용 소프트웨어 개발의 노력이 없는 것은 아니나[81] 개발인력의 부족과 현장교사의 무관심으로 인하여 실제로 개발, 보급되고 있지 못한 실정이다.

한편 교육부에서는 1993년도부터 전국 교육용 소프트웨어 공모전을 매년 개최하고 있는데 많은 현장 교사들이 이에 참여하고 있다. 1993년부터 1995년까지 공모된 소프트웨어 중 역사 교과관련 소프트웨어를 보면 다음 표와 같다.[82]

상업적으로 개발되는 역사관련 소프트웨어는 점차 증가하고 있다. 현재 국내에서 제작 시판되는 역사 관련 소프트웨어는 방대한 내용을 담고 있어 대부분 CD-ROM TITLE로 개발된 것이다. 아래에서는 이들 소프트웨어를 크게 멀티미디어 전자책, 자료제시형, 시뮬레이션형으로 구별하여 살펴보기로 한다.

멀티미디어 전자책의 유형으로 옥소리사의 '이야기나라' 시리즈인 '위인전-삼국시대', '삼국시대', '고려시대', '조선시대', '근현대사'와 대교출판의 '멀티미디어 한국사', 에이드시스템의 '역사 상식 100가지', 조선일보사의

〈표12-6〉 전국 교육용 소프트웨어 공모전에서 입상한 소프트웨어 중 역사교육용 소프트웨어의 현황

구 분	전체편수	역사교과관련 편수	비율(%)
유 치 원	8	0	-
초등학교	313	18	5.75
중 학 교	111	1	-
고등학교	151	1	-
공 통	59	0	-
계	642	20	3.11

81) 류재택 외, 『코스웨어개발을 위한 주제선정연구－사회과』.
82) 한국교육개발원, 『제1회 전국 교육용 소프트웨어 공모전 운영 연구』, 1993.
한국교육개발원, 『제2회 전국 교육용 소프트웨어 공모전 운영 연구』, 1994.
한국교육개발원, 『제3회 전국 교육용 소프트웨어 공모전 운영 연구』, 1995.

〈표 12-7〉 전국 교육용 소프트웨어 공모전에 입상한 역사교육용 소프트웨어 일람

<table>
<tr><th>구 분</th><th>제 목</th><th>구 분</th><th>제 목</th></tr>
<tr><td rowspan="10">초등학교</td><td>겨레의 해외활동</td><td rowspan="8">초등학교</td><td>역사기행놀이</td></tr>
<tr><td>고려시대</td><td>역사의 고장 강화도</td></tr>
<tr><td>국권의 수호</td><td>역사 인물 사전</td></tr>
<tr><td>국사 공부</td><td>옛도읍지</td></tr>
<tr><td>까치의 시간여행</td><td>이땅을 지켜온 겨레</td></tr>
<tr><td>난중일기</td><td>자랑스런 우리 경주</td></tr>
<tr><td>대동여지도</td><td>전통민속놀이</td></tr>
<tr><td>문화재를 찾아서</td><td>차돌이의 시간여행</td></tr>
<tr><td>민족의 발자취</td><td>중학교</td><td>청제국의 역사</td></tr>
<tr><td>삼국의 발전과 통일</td><td>고등학교</td><td>한밭문화재</td></tr>
</table>

‘이승만’, 솔빛조선미디어의 ‘한국영화 75년사’, LG전자의 ‘재미있는 세계사’ 등이 있다.

현재 역사교육에서 유용한 소프트웨어인 자료제시형이 계속 제작되고 있다. 자료제시형은 많은 양의 자료를 저장하고 있으며, 하이퍼텍스트 기능을 이용하여 자료검색과 자료간의 연관이 뛰어나 심화된 역사탐구의 기회를 증진시키고 있다. 대표적인 것으로 동아일보사의 ‘개항 120년-은둔의 나라에서 도약의 나라로’, ‘광복 50년 500대 뉴스’, 한국 스포다의 일련의 박물관 탐방 시리즈인 ‘국립경주박물관’, ‘국립광주박물관’, 조선일보사의 ‘아! 고구려’, 새피앙 미디아트의 ‘개국오천년 광복오십년’, 한길사의 ‘한국사’, 서울 시스템의 ‘조선왕조실록’, 한글과 컴퓨터사의 ‘삼국사기’ 등이 있다.

한편 시뮬레이션형 소프트웨어는 개발이 저조한 형편이다. 좋은 시뮬레이션 프로그램을 개발하는데는 인원과 경비가 많이 들어가며 창조적인 아이디어가 필요하기 때문에 개발 자체가 어렵기 때문이다. 현재 개발된 것으로는 웅진미디어의 ‘타임머신’, ‘2133타임워’, 한글과 컴퓨터사의 ‘광개토대왕’ 등이 있다. 이 프로그램들은 게임을 통하여 국사나 동양사를 익히도록 한 것으로 ‘타임머신’은 제목에서도 알 수 있듯이 타임머신을 타고 범인을 추적하면서 국사의 기본적인 사실을 익히도록 만들어졌고 ‘2133타임워’

는 외계인과 싸우면서 동양사의 시대적 흐름을 알도록 만들어졌다. 다음 표는 이 소프트웨어들의 개략적인 내용을 소개하고 있다.

〈표 12-8〉 상업용으로 개발된 역사관련 소프트웨어의 현황(1995년 10월 현재)

TITLE	개발자	구분	내 용	기타
위인전-삼국시대	(주)옥소리	전자책	삼국시대 위인들의 삶을 내러티브로 엮음	
삼국시대	〃	〃	삼국시대 역사이야기	
고려시대	〃	〃	고려시대 역사이야기	
조선시대	〃	〃	조선시대 역사이야기	
근현대사	〃	〃	근현대사 역사이야기	
멀티미디어 한국사	대교출판	〃 〃	조선 이전과 이후로 나누어 각 시대의 위인 소개	
역사상식 100가지	에이드시스템	〃	시대별로 역사사건 정리	
이승만	조선일보	〃	이승만에 대한 모든 자료 수록	
한국 영화 75년사	조선일보	〃	한국 영화에 대한 자료	
신나는 세계역사 I, II	LG전자	〃	세계의 역사에 대한 개인 교수형 프로그램	
개항 120년	동아일보	자료 제시형	개항 이후 역사를 다양한 분야로 나누어 분석	
광복 50년 500대 뉴스	동아일보	〃	광복 이후 500대 사건 수록	
국립경주박물관	한국스포다	〃	경주박물관 소개	
아! 고구려	조선일보	〃	고구려 벽화를 중심으로 소개	
개국오천년 광복오십년	새피앙 미디아트	〃	천안 독립기념관 소개	
한국사	한길사	〃	한국사 25권 전집 수록	연표 제외

조선왕조실록	서울시스템	〃	조선왕조실록 한역판 수록	
삼국사기	한글과 컴퓨터	〃	삼국사기 원본, 한역판 수록	한자사전 포함
타임머신	웅진미디어	게임형	국사의 사건 이해	
2133타임워	웅진미디어	〃	동양사 사건 이해	
광개토대왕	한글과 컴퓨터	〃	광개토왕의 업적 이해	

3. 수업의 실제

교육용 소프트웨어 활용에 대한 문제를 구체적으로 살펴보기 위하여 중학교 3학년 과정의 '동학농민운동' 부분에 대한 내용을 혼합형(개인교수형과 자료제시형 결합)의 교육용 소프트웨어로 제작하여 이를 수업에 활용하였다.[83] '동학농민운동'은 교육용 컴퓨터의 사양에 맞게 프로그래밍하였으므로 단위 학교에 설치된 컴퓨터실을 이용하여 수업하기에 편리하게 개발되었다. 개발에 사용한 저작도구는 교육개발원에서 개발한 GREAT(v1.2)로 한국에서 개발된 본격적인 CAI용 저작도구이다. 사용할 수 있는 메모리에 제한이 있으므로 그래픽이나 사운드, 애니메이션과 같은 핵심적인 기능을 사용하기가 어려웠다.

이하에서는 프로그램 개발에 필요한 제반 과정은 간단하게 살펴보고 개발된 프로그램을 가지고 실제로 어떻게 수업했으며 학생들의 반응은 어떠했는지를 중점적으로 살펴보기로 한다.

(1) 단원설정이유

현재 교과서의 동학농민운동 관계 부분은 2단원 근대사회의 성장 제3과의 '동학농민운동과 갑오개혁'이다. 이 단원은 2과 '개화운동과 척사운동'에 뒤이어 제시되어 있다. 2과에서 학생들은 개화와 보수의 대립을 이해하고 갑신정변의 발발과 전개를 알게 된다. 3과 처음에서 그 후 조선사회에 침

83) 프로그래밍을 위한 저작도구로 GREAT(v1.2)를 사용하였고 수업은 1994년 6월 2주차에 실시하였다.

투한 일본의 경제적 침략이 농촌 사회에 미친 영향과 이에 대한 대처로서 방곡령이 내려졌으나 실패하였으며, 동학세력이 성장하고 점차 의식적인 정치운동으로 발전되어감을 이해하게 된다.

교과서에서는 정부의 무능이나 관리의 부패에 대한 구체적인 언급이 없지만 고부민란이나 농민군의 개혁 요구를 다루는 부분에서 이 부분이 부각되므로 원인을 이루는 요인을 학생들은 표와 같이 이해하게 된다. 이러한 사전지식을 기초로 학생들은 동학농민운동이 동학교도가 중심이 되어 일으켰으며, 일본의 경제적 침략에 반대하고 내정개혁을 요구하는 반란사건이었음을 알게 된다. 학생들이 동학농민운동을 공부하면서 어렵게 느끼는 점은 그 전개 과정의 이해이다. 고부민란과 1, 2차 봉기에 이르는 기간은 비록 1년이 채 안되는 짧은 기간이지만 이 기간 동안에 일어난 일을 사건 순으로 이해하는 것과 그 의의를 파악하는 것이 학생들의 사고력으로는 쉽지 않다. 따라서 보다 효과적인 수업 설계를 통하여 이 문제에 접근할 필요가 있다.

(2) 수업설계

학생들이 동학농민운동을 바르게 이해하기 위하여 효과적인 수업 방략을 구사할 필요가 있었다. 학생들이 동학운동을 보다 효과적으로 이해하려면 운동의 전개과정을 보여주는 여러 자료를 검토해 보면서 운동이 어떤 입장에서 출발하였으며 점차 어떻게 발전하여 갔는지 변화하는 주변 상황과 관련하여 이해할 필요가 있으며, 이를 위하여 다양한 자료를 제시할 필요가 있다. 학생들은 자료를 분석하여 보다 정확한 운동의 실상에 접할 수 있으며 동학농민운동의 의의를 스스로 파악해 낼 수 있다. 이런 목적을 위하여 아래와 같이 교육용 소프트웨어를 설계하였다.

교육용 소프트웨어 설계시 우선 수업에 필요한 자료를 선정하고 어떻게 분류할 것인가에 대하여 살펴보았다. 교육용 소프트웨어에 활용하기 위하여 여러 자료를 입력하게 되는데 이런 자료들은 학생들이 일독하고 개별 학습지에 제기된 물음에 답하게 된다. 이런 과정은 학생들이 자료를 단지 읽고 지나가는 현상을 막고 물음에 답하기 위하여 한번 더 생각해보게 한다. 제시된 자료와 이를 통하여 생각해 보도록 유도한 문제들은 <표 12-9>와 같다.

〈표 12-9〉 '동학농민운동' 사료 내용과 관련 질문

<table>
<tr><th>자료명</th><th>내 용</th><th>관계된 질문</th></tr>
<tr><td>보은집회(1)</td><td>보은집회에 모인 대중들의 성격을 분석한 글로 단지 동학교도만이 아님을 알 수 있다.</td><td>◦동학운동의 계층적 성격은 ?</td></tr>
<tr><td>보은집회(2)</td><td>보은집회 이후 동학교도들의 집단적인 대처 방안을 보여주고 있다.</td><td></td></tr>
<tr><td>백산봉기</td><td>백산봉기에서 농민군의 행동방침 네 가지</td><td rowspan="4">◦농민군이 이루려고 하였던 개혁 내용은 ?</td></tr>
<tr><td>폐정개혁(1)</td><td>폐정개혁을 통하여 민심을 얻고 있음을 보여주는 자료</td></tr>
<tr><td>폐정개혁(2)</td><td>폐정개혁 요강 12개조</td></tr>
<tr><td>개혁의 성격</td><td>동학개혁의 계급적 성격을 파악할 수 있다.</td></tr>
<tr><td>2차궐기문</td><td>동학군이 2차 궐기한 목적이 드러나 있다.</td><td>◦2차 봉기의 원인 분석</td></tr>
<tr><td>격문
전투 장면</td><td>농민군의 봉기의 정당성을 알리고 구체적인 전투 장면을 살펴볼 수 있다.</td><td></td></tr>
<tr><td>전봉준공
초문</td><td>동학난의 성격이 종교적 성격이 아닌 농민 전쟁적 성격을 띠고 있음을 보여준다.</td><td>◦동학과 농민운동과의 관련 이해</td></tr>
</table>

다음으로 수업설계서를 작성하였다. 교육용 소프트웨어 설계를 위하여는 교수목적과 구체화된 목표, 학습의 대상에 대한 분석, 학습환경을 고려하여 기초 분석이 이루어져야 한다. 이에 기초하여 작성된 수업설계서는 아래와 같다.

〈표 12-10〉 수업설계서

1. 단 원 명 : 동학농민운동
2. 교수 목적 : 동학농민운동은 반일, 반봉건주의의 민족운동으로 한국 근대사의 중요한 이정표가 되었음을 안다.
3. 학습 대상
   (1) 학년 - 중학교 3학년
   (2) 선수학습 요소 - 생략
4. 교수 상황
   (1) 교실 또는 컴퓨터실에서 사용할 수 있다.

(2) 개별적인 학습이 가능하다.
(3) 교사의 수업과 함께 사용하며 사후에 문제를 해결한다.

5. 장비의 유형
(1) 디스크드라이브(5.25인치) 한대를 장착한 XT 컴퓨터
(2) 흑백 모니터

6. 수업 활동 내용
(1) 컴퓨터 활용 이전의 요구되는 사전 활동(20분)
① 전시학습 확인
◦일본의 경제적 침략과 방곡령
◦동학 세력의 성장과 교조신원운동
② 본시학습
◦교과서 해당 쪽 읽기
<교사의 담화 부분>
◦고부민란 발발과 전개과정
◦동학농민운동의 전개
(2) 컴퓨터 활용(20분)
◦컴퓨터를 켜고 부팅한다.
◦해당 디스켓을 넣고 시행한다.
◦내용을 확인한다.
◦주어진 개별학습지의 문제를 해결한다.
(3) 사후 활동(5분)
◦컴퓨터를 끈다.
<교사의 질문과 학생의 대답>
◦동학농민운동의 목적은?
◦동학농민운동의 전개 과정은?
◦동학농민운동이 실패한 이유는?
◦동학농민운동의 의의는?
<차시예고>

학생들의 학습활동을 보다 효과적으로 할 수 있도록 개별학습지를 활용하였다. 수업활동시 학생들에게 분배할 개별학습지는 학생들이 컴퓨터를 조작하면서 그 내용을 이해하고 있는가를 파악하기 위한 것이다. 컴퓨터 보조수업이 학생들의 창의력을 자극하려면 적절한 개별학습지를 작성, 이용할 필요가 있다. 이 개별학습지는 학생들이 수업시간에 있을 수 있는 주의 산만함, 게으름을 막고 학생들의 관심을 수업에 집중시키기 위하여 필

요하다. 위의 교육용 소프트웨어에 부가하여 작성한 개별학습지의 내용은 부록에 제시되어 있다.

(3) 생산단계

아래 화면은 그레이트를 이용하여 교육용 소프트웨어를 개발할 때 초기 설정화면이다. 개발자는 주메뉴의 '만들기'를 선택해서 자신이 만들고자하는 프로그램에 이름을 주고(이 경우 CAI1.LSN) 본격적인 개발작업을 하게 된다.

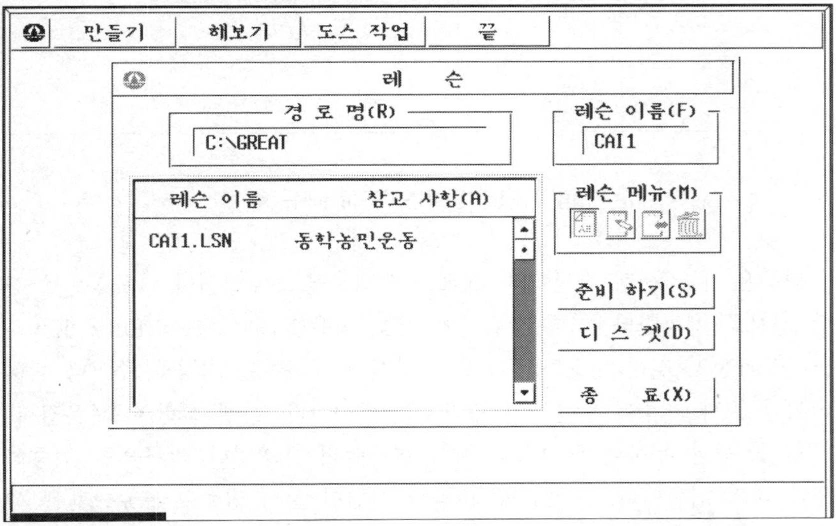

[그림 12-4] 그레이트 초기 설계화면

최초 화면은 다음과 같은 메뉴 구조를 가지고 있다. 학생들은 1번 개요에서 4번 문제에 걸쳐 자신이 공부하고 싶은 부분을 자유롭게 선택할 수 있다.

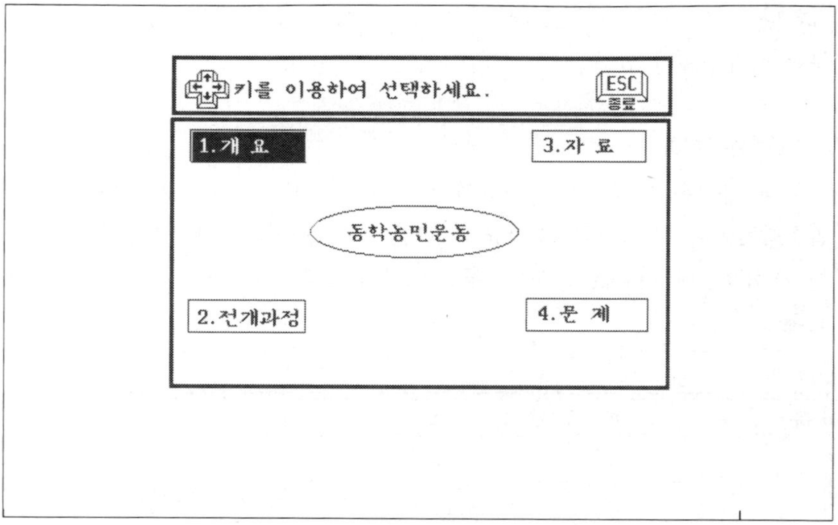

[그림 12-5] '동학농민운동' 메뉴 화면

다음은 개요 선택 화면이다. 개요를 선택하면 프로그램이 자동적으로 해당 정보를 제공한다. 이때 학습자와 상호 작용할 수 있도록 Enter Key나 Spacebar를 적절히 이용하고 중요한 사실에 대하여는 역상을 주거나 애니메이션 효과를 주어 학생들의 주의를 집중시킨다. 아래 화면의 '보은집회', '전봉준' 등의 부분이 역상으로 처리되어 여러번 점멸한다. 주의를 집중하도록 하기 위함이다. '보은집회' 다음에 화면이 일시 멈추고 프로그램은 사용자가 Enter Key를 치도록 요구한다. 이런 기법은 역상된 부분 전체에 걸쳐서 사용하였는데 그 이유는 사용자가 한번에 모든 정보를 보려면 주의가 산만해지므로 단락별로 끊어서 사용자가 그 내용을 숙지할 것을 바랐기 때문이다.

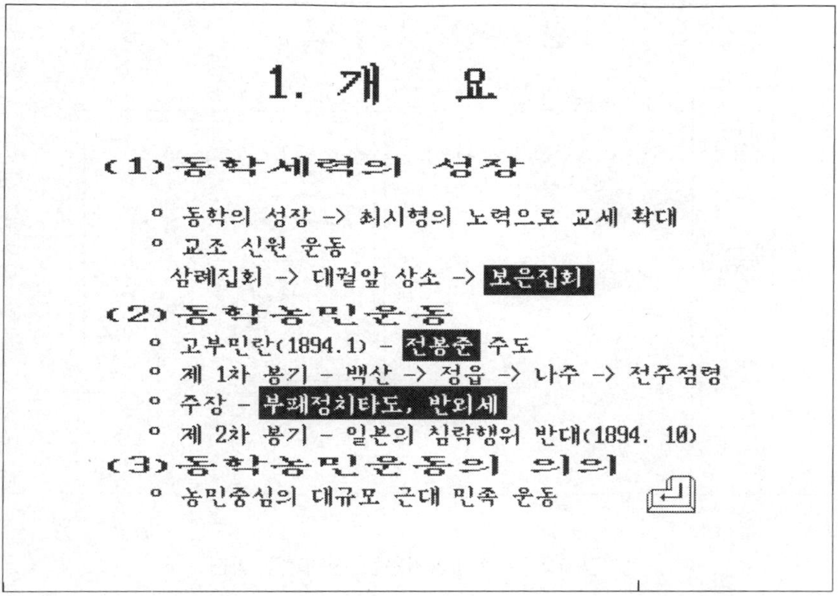

[그림 12-6] '동학농민운동' 개요 화면

'2. 전개과정'을 선택한 학생들은 동학농민운동의 전개과정을 간단한 애니메이션과 함께 공부할 수 있다. 다음 화면은 초기 화면으로 동학농민운동에 참여한 농민군이 고부에서 시작하여 전라도 일대를 전전하면서 정부군과 싸우는 것을 간단한 애니메이션으로 표현하였고 애니매이션이 진행되는 것과 함께 좌측에 설명을 해놓았다. 학생들은 애니메이션을 통하여 쉽게 동학농민운동의 전개과정을 알아볼 수 있다.

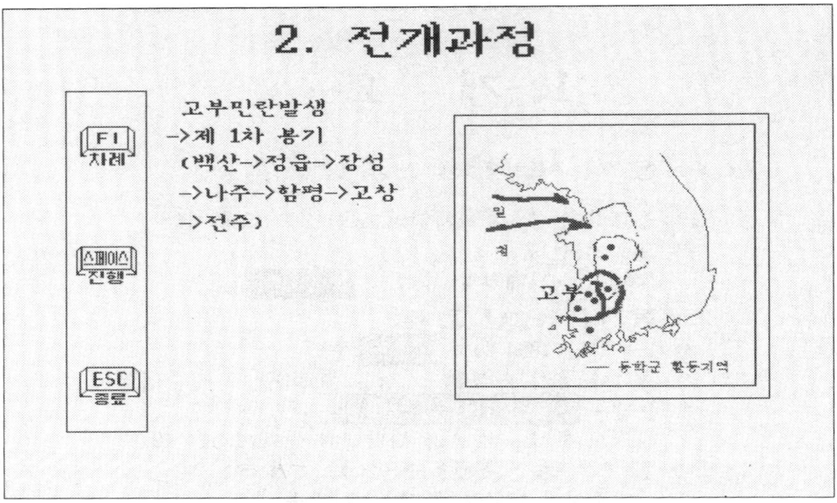

[그림 12-7] '동학농민운동' 전개과정 화면

다음 화면은 애니메이션이 끝나고 난 최종 화면이다.

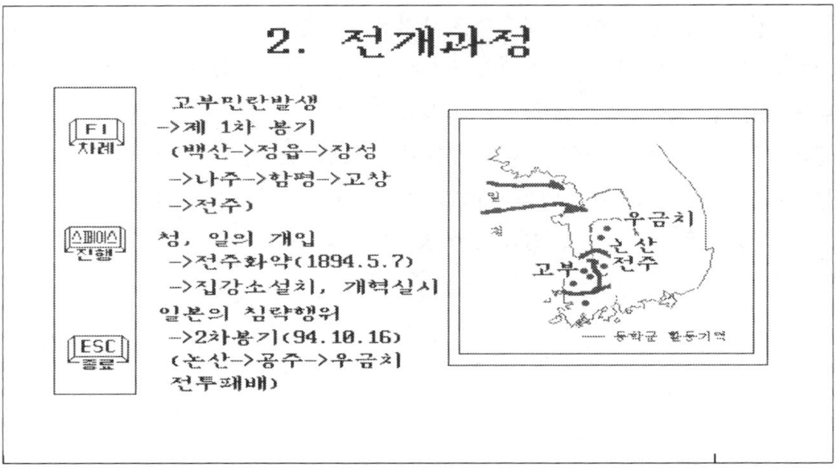

[그림 12-8] 전개과정 결과화면

'3. 사료'를 선택한 학생들은 [그림 12-9]와 같이 안내 사항을 읽고 곧바로 사료 부분 초기 화면[그림 12-10]을 만난다. 이 부분은 사료와 개별 학습지를 같이 활용하도록 짜여져 있다. 전부 10개의 사료가 제시되어 있으며 학생들은 순서대로 학습하거나 자기 마음대로 사료를 선택하여 학습할 수 있다. 사료를 살펴보면서 학생들은 사료와 관련된 개별 학습지의 문제를 해결하여야 한다. 그래야만 학생들이 사료를 그저 겉핥기식으로 보지 않고 나름대로 분석하면서 보기 때문이다.

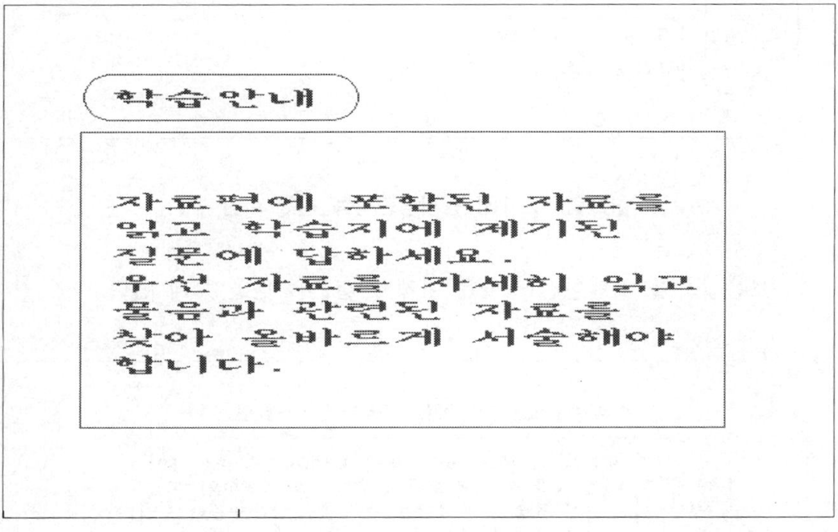

[그림 12-9] 자료 학습 안내 화면

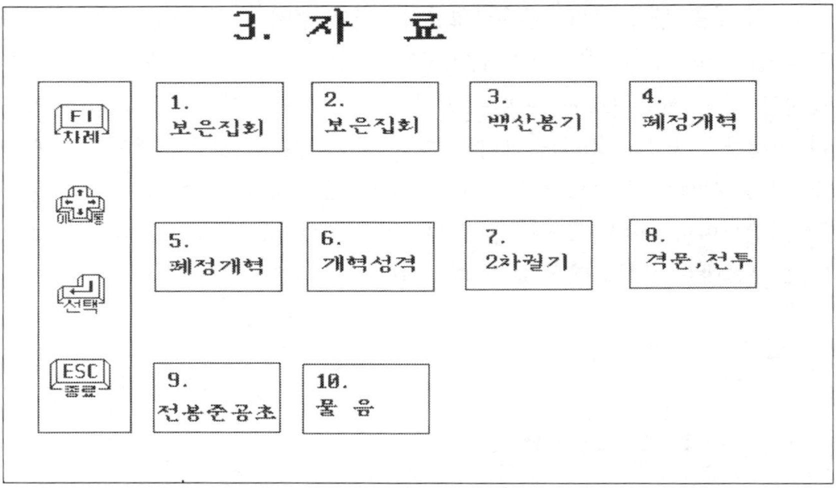

[그림 12-10] '동학농민운동' 자료 화면

'1. 보은집회'를 선택한 학생들은 아래와 같은 화면을 보게 된다.

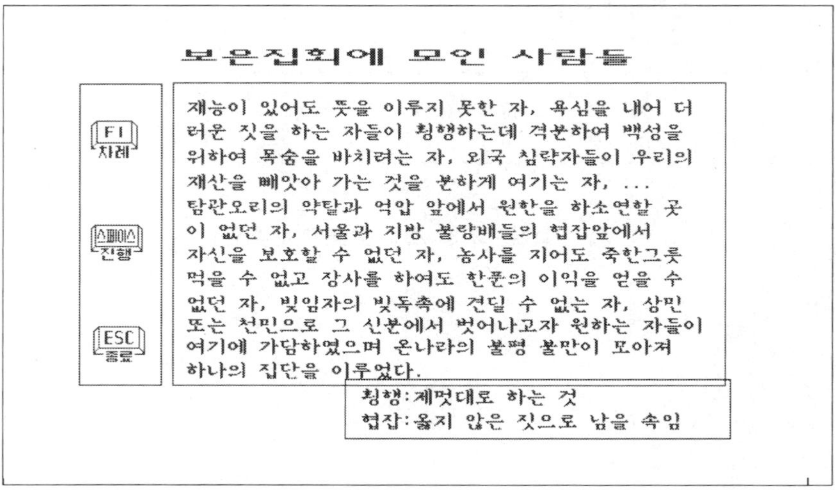

[그림 12-11] 사료 화면 예(1) - 보은집회

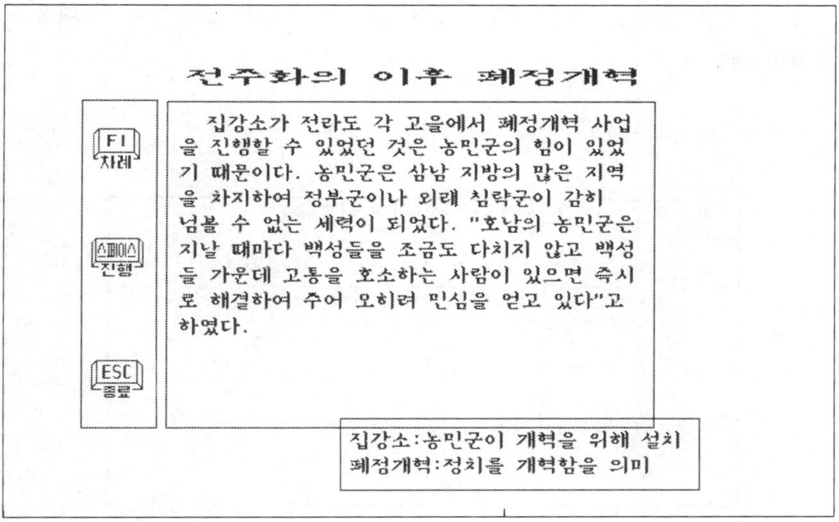

[그림 12-12] 사료 화면 예(2) - 전주화의 이후의 개혁

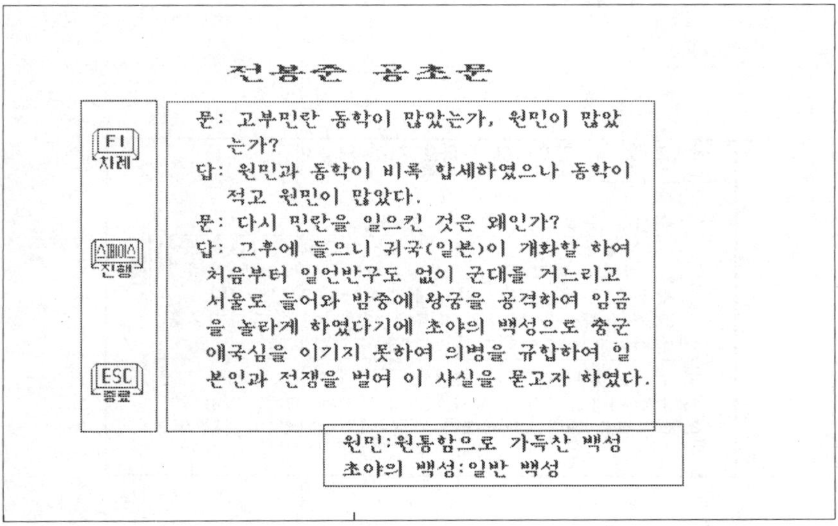

[그림 12-13] 사료 화면 예(3) - 전봉준 공초문

'4. 문제'를 선택할 경우 전부 8개의 문제를 풀도록 요구받는다. 다음은 문제의 예이다.

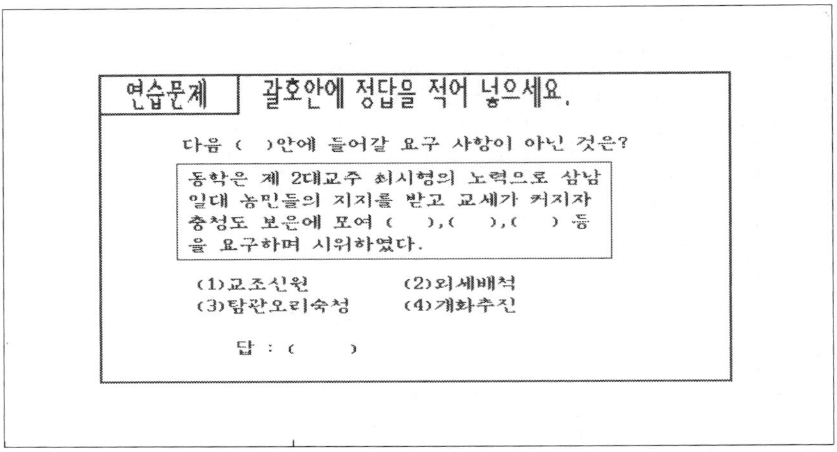

[그림 12-14] '동학농민운동' 문제 사례(1)

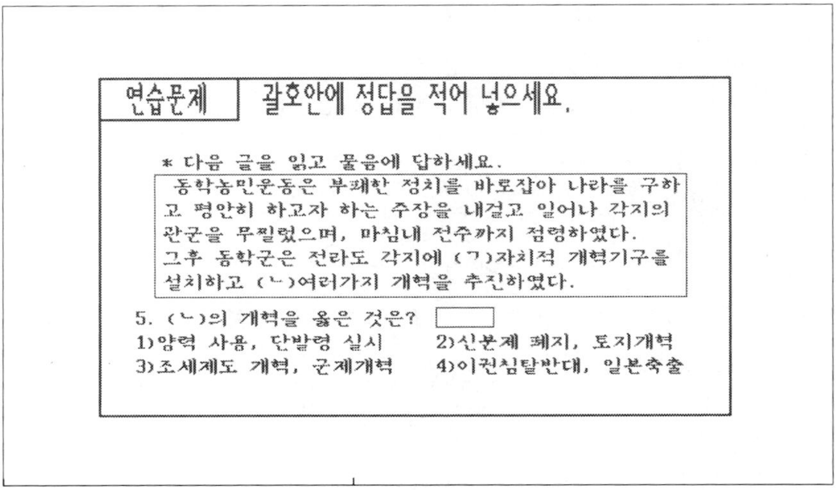

[그림 12-15] '동학농민운동' 문제 사례(2)

문제는 사지선다형이나 단답식 모두 가능하다. 서술형 문제는 프로그램의 한계상 완전하게 지원하지 않는다. 문제를 다 풀면 아래와 같이 피드백 화면이 나타난다.

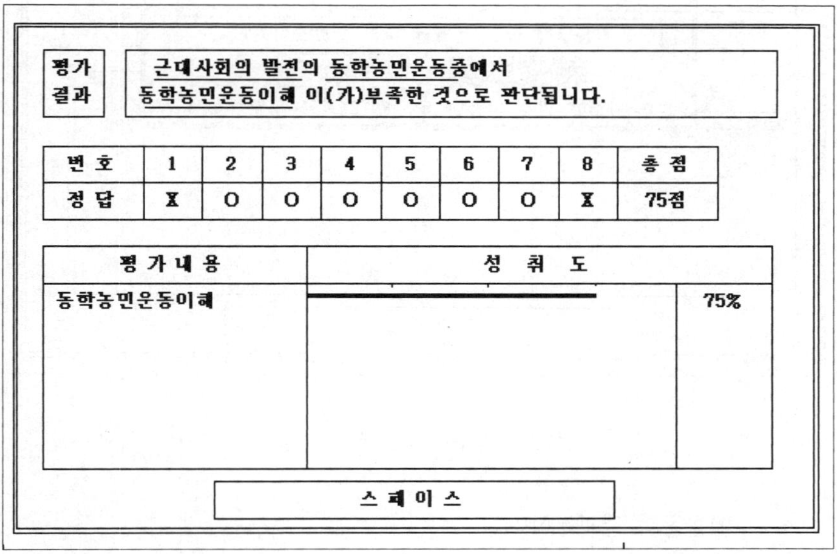

[그림 12-16] '동학농민운동' 피드백 화면(1)

프로그램은 학생의 성취를 문항별로 보여주고 백분율로 나누어 평가해준다. 또한 다음 화면과 같이 학생들이 한번 더 풀어볼 것인지 묻는다.

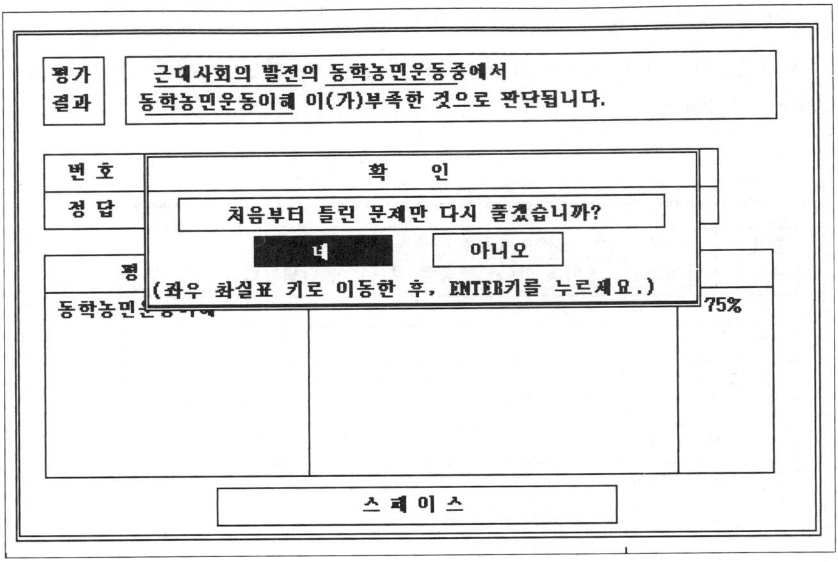

[그림 12-17] 피드백 화면(2)

(4) 수업활동과 결과분석

이상과 같이 한시간 분량의 프로그램 개발을 마치고 실제 수업에 활용하였다. 서울의 Y중학교 3학년 2개반 102명을 대상으로 하였으며, 활용장소는 컴퓨터실을 이용했고 학생들은 컴퓨터 1대에 2명씩 조를 지어 학습했다. 수업은 우선 동학농민운동에 대한 개괄적인 설명을 한 후 교과서를 읽은 후 약 30분간에 걸쳐서 교육용 소프트웨어를 학생들이 실행하였다. 모든 학생에게는 개별학습지가 배부되었으며 학생들은 프로그램을 학습하면서 개별학습지의 질문에 답해야 했다. 수업은 조를 이룬 학생들이 서로 협력하면서 개별학습지의 문제를 해결하였기 때문에 다소 시끄럽고 산만하였다. 그러나 모든 학생이 컴퓨터의 화면을 응시하고 있었으며 '4. 문제'를 선택하여 답을 전부 맞추고는 기뻐하는 학생들도 많았다. 수업 시간은 45분이었지만 컴퓨터에 익숙하지 않은 학생들은 부팅 과정에서부터 시간을 빼앗겼기 때문에 조별로 프로그램을 학습하고 개별학습지를 완성하는 시간이 모두 달랐다. 아래 표는 구체적인 수업지도안이다.

〈표12-11〉〈동학농민운동〉 수업지도안

단계	내 용	기 타
사전활동	① 전시학습 확인 ◦일본의 경제적 침략과 방곡령 ◦동학 세력의 성장과 교조신원운동 ② 본시학습 ◦교과서 해당 쪽 읽기 <교사의 담화 부분> ◦고부민란 발발과 전개과정 ◦동학농민운동의 전개	(20분 소요)
컴 퓨 터 보조활동	◦컴퓨터를 켜고 부팅한다. ◦해당 디스켓을 넣고 시행한다. ◦내용을 확인한다. ◦주어진 개별학습지의 문제를 해결한다.	(20분소요) *디스켓 분배 *개별학습지 분배
사후활동	◦컴퓨터를 끈다. <교사의 질문과 학생의 대답> ◦동학농민운동의 목적은? ◦동학농민운동의 전개과정은? ◦동학농민운동이 실패한 이유는? ◦동학농민운동의 의의는? <차시예고>	(5분소요)

수업이 종료되기 직전에 '컴퓨터 수업과 기존의 수업을 비교하라'는 설문을 제시하고 응답을 학습지 여백에 적어서 제출하도록 하였다.

아래 표는 응답을 유형별로 정리한 것이다. 학생들은 컴퓨터라는 매체로 역사수업을 하는 것 자체에 대하여 흥미를 느꼈으며 집중이 잘되고 개인의 능동적인 학습활동이라는 점에서 긍정적인 응답을 하였다. 그러나 컴퓨터 기종이 낙후되어 있고 프로그램 자체가 정교하지 못했기 때문에 부정적인 응답도 적지 않았다. 부정 응답으로 너무 늦거나 비능률적이라는 등 하드웨어적 측면에서의 불만이 많았고 학습 시간(원래의 계획은 약 20-30분 배정)이 컴퓨터를 최대한 활용하기에는 부족했다는 수업 계획 자체의 문제도 지적되었다.

〈표 12-12〉 컴퓨터를 이용한 수업에 대한 학생들의 반응

분류	인원수	백분율	내 용	기 타
긍정응답	53	52.3	흥미있다, 이해가 쉽다, 집중이 잘된다, 개인 활동이 많다 등	컴퓨터라는 매체 자체에 대하여 긍정적인 반응을 보인 경우도 있었음
부정응답	16	15.2	너무 늦다, 비능률적이다, 이해가 안된다, 산만하다	전적으로 부정적인 답변은 없었으며 하드웨어적인 지적이나 시간 부족에 불만을 나타냄
무응답	33	32.5		
계	102	100		

위에서 보듯 학생들은 컴퓨터라는 매체 자체에 대한 흥미와 자료를 검색하고 스스로 공부하는 과정에서 얻는 즐거움을 많이 표시하고 있다. 그런데 이러한 경향은 학생들의 수준별, 흥미도별로 유의미한 차이가 있는가에 대하여 조사할 필요가 있었다. 그래서 이번에는 설문지를 별도로 작성하여 다음 시간에 학생들에게 응답하도록 하였다. 학생들을 중간고사 때의 성적에 따라 상위, 중위, 하위 집단으로 구분하고 각 집단이 컴퓨터를 이용한 역사수업에 어떻게 반응하고 있는지 알아 보았다.[84]

전체 응답자 84명 중 34명의 학생이 컴퓨터 수업이 긍정적이라고 답하였는데 성적이 낮은 학생일수록 컴퓨터 수업을 선호하고 있었다(60점 이하자 26명 중 50%인 13명이 응답). 이것은 외국에서의 사례연구와 유사한 결과였다. 그 이유는 컴퓨터를 이용할 경우 자신이 모르는 부분을 여러번 반복해서 살펴볼 수 있기 때문에 교사의 설명을 들을 때에는 달리 불필요한 긴장이 해소되고 확실하게 해당 사실을 알 수 있으며, 자신의 실력을 문제를 이용하여 바로 확인할 수 있기 때문이라고 여겨진다.

84) 설문지 내용은 부록 참고. 응답자 중에서 유효한 설문지 84매에 대하여 응답 분석 – 하위집단 : 60점 이하 26명, 중위집단 : 60-80점 사이 35명, 상위집단 : 80점 이상 23명.

〈표 12-13〉 컴퓨터 수업과 기존 수업 중 어느 것이 효과적인가?

설문내용	선 택	하위집단	중위집단	상위집단	계
컴퓨터 수업과 기존수업 중 어느 것이 효과적인가?	컴퓨터 수업	13	14	7	34
	사료학습	5	4	8	17
	강의식	8	15	8	31
	기타,무응답				

한편 모든 집단의 학생들이 컴퓨터 수업의 효과가 주로 그림이나 애니매이션에 있다고 응답함으로써 컴퓨터 수업이 시각적 측면에서 학생들의 학습활동에 도움을 주고 있음을 알 수 있었다.

〈표 12-14〉 컴퓨터 수업이 유리한 점은 무엇인가?

설문내용	선 택	하위집단	중위집단	상위집단	계
컴퓨터수업이 유리한 점	설명내용이 자기능력에 맞다	1	7	2	10
	단순 암기 유리	6	3	3	12
	설명, 문제로 실력진단	5	8	7	20
	그림으로 이해증진	11	11	8	30
	기타, 무응답	3	6	3	12

그러나 국사수업이 효과가 있으려면 어떠하여야 하는가에 대한 설문에 대하여 많은 학생들이(전체 응답자 84명 중 27명) 선생님의 강의가 보충되어야 한다고 답하였고 이는 상위 집단으로 올라갈수록 비율이 높아지고 있다. 반면 컴퓨터를 좀더 자주 이용해야 한다는 학생은 18명에 불과하여 앞서 컴퓨터 수업을 선호한 수치에 미치지 못하였다. 이것은 학생들이 컴퓨터 수업이 효과가 있다고는 생각하지만 교사의 강의가 더욱 중요하다고 생각하고 있음을 보여준다. 이 설문에 대하여 특히 상위 집단의 학생들의 비

율이 높은 것은 컴퓨터에서 제공하는 한정된 정보에 실망하거나 하드웨어적인 측면에서 느리고 비능률적인데 실망한 것으로 보인다.

〈표 12-15〉 국사수업이 효과적이려면 어떤 수업방식이 좋은가?

설문내용	선 택	하위집단	중위집단	상위집단	계
국사수업이 효과적이려면 어떤 수업방식이 좋은가.	강의 보충	7	13	7	27
	토론 활성화	5	6	2	13
	많은 자료 이용	3	4	4	11
	컴퓨터 이용	6	7	6	19
	기타,무응답	5	5	4	14

이상의 사실에 기초하여 컴퓨터 보조수업을 전개하는데 있어서 유의할 사항을 정리하여 보면 다음과 같다.

우선 컴퓨터 보조수업은 현재 적절한 교육용 소프트웨어가 절대 부족한 상황에서 교사의 강의를 대체할 만한 수업 형식이 아니라는 점이다. 학생들이 역사수업을 하는데 있어서 교사의 강의에서 많은 것을 얻고 있으며, 특히 성적이 우수한 학생일수록 교사의 강의를 선호하고 있음을 확인할 수 있었다. 이는 하위 성적의 학생인 경우 교사의 설명 자체에 대한 이해가 부족하여 컴퓨터 보조 수업을 선호하는 것과 대조적이다.

또 컴퓨터를 교사 주도 수업의 보조 매체로서 최대한 활용할 가치가 있다는 점이다. 거의 대다수의 학생들이 컴퓨터를 수업의 매체로 이용하는 것에 대하여 긍정적인 응답을 하였으며, 특히 컴퓨터를 이용할 경우 그래픽이나 애니매이션을 이용하는 것이 효과적이라고 하였다. 학생들은 개인교수용의 목적이나 반복연습을 위한 매체로서 컴퓨터를 이용하기보다는 그래픽이나 애니메이션 등 컴퓨터가 아니면 가능하지 않은 부분에 컴퓨터를 활용할 것을 요구하고 있다.

이와 연관된 것으로 컴퓨터를 이용하여 수업을 할 때는 주로 학생들이 어려움을 느끼는 부분을 해결하기 위한 보조 매체로 사용할 필요가 있다는 것이다. 아래 표에서 보듯이 학생들이 어려움을 느끼는 부분은 전체적으로 고르게 응답하였지만 사건과 연대를 상호 연관시키지 못한다는 응답이 가장 많았다.

〈표 12-16〉 국사 시간에 어려운 부분은?

설문내용	선 택	하위집단	중위집단	상위집단	계
국사시간에 어려운 부분은?	외울 것이 많다	5	9	7	23
	사건 간 인과관계 이해가 어렵다	8	10	5	23
	연대, 사건을 연결하기 어렵다	11	12	4	27
	기타, 무응답	2	4	7	13

이 문제는 컴퓨터를 이용하여 쉽게 해결할 수 있다. 학생들은 수업시간에 각 사건과 연대에 대한 데이터를 담은 하이퍼텍스트 프로그램을 제공받고 이를 이용하여 자기가 알고 있는 역사적 사건과 그 연대를 검색하면서 공부할 수 있게 된다면 학생들이 어려움을 느끼는 부분을 다소나마 해결할 수 있을 것이다.

마지막으로 컴퓨터 보조수업은 특히 성적이 부진한 학생에게 제공될 필요가 있다. 이해력이 부족하고 집중력이 약한 학생들에게 컴퓨터를 이용한 학습은 효과적이다. 수업시간에 여러 유형의 학생들이 상호작용을 하고 있으므로 개별화 수업이 곤란하다면 이 학생들에게는 별도로 교육용 소프트웨어를 제공하여 수업의 예복습에 활용하는 방법도 생각해 볼 수 있다. 이런 학생들은 특히 개인교수형 프로그램을 통하여 자기가 이해하지 못하였던 부분을 반복하여 연습하고 문제를 해결함으로써 자신감을 가지게 할 필요가 있다. 또 문제를 탐구하는 과정을 통하여 학생들이 역사수업에 흥미를 가지고 수업에 임할 수 있도록 유도해야 한다. 이 문제는 단지 하위권 학생들에게만 해당되는 것은 아니다. 이를테면 '동학농민운동' 프로그램을 실행한 상위권 학생이 자료를 찾아가며 문제를 해결하다보니 재미있었다고 응답한 경우가 있었다. 즉, 교육용 소프트웨어의 성격에 따라 중상위권 학생들에게도 흥미를 끌게 하여 역사적 탐구 능력을 기를 수 있도록 할 수 있을 것이다.

(5) 수업연구의 한계

'동학농민운동'은 학생들이 학교의 컴퓨터실에서 학습하도록 고안되었다. 따라서 교육용 컴퓨터의 기본 사양에 맞도록 프로그램화 되었기 때문에 그래픽이나 애니메이션과 같은 멀티미디어적 요소를 포함시키는데 큰 한계가 있었다. 프로그램 자체의 저급성은 수업 전반에 걸쳐 나타났다. 또 하드웨어적 한계도 크게 작용을 하였다. 프로그램의 진행 속도가 극히 느렸으며 학생들은 인내심을 가져야 했다. 금번 수업 사례는 현재 역사교육에서 컴퓨터 보조학습의 실상과 한계를 잘 드러내 주었다.

한편 프로그램 자체가 동학농민운동을 둘러싼 배경과 결과를 전부 포함한 것이 아니라 한시간 분량의 사료학습에 치중하였기 때문에 그 결과에 대한 학생들의 반응이 지속적인 것이라기보다는 일시적인 성격의 것이므로 연구의 결과 나타난 몇 가지 교훈들을 성급하게 일반화하여 컴퓨터 보조 역사학습의 본질을 규명할 수 없는 한계가 있다.

Ⅳ. 맺음말

역사 교과에 컴퓨터를 활용하는 것이 과연 적절하며 역사교육을 발전시킬 수 있는 대안이 될 수 있는가를 규명하기 위하여 다소 장황하게 논의를 전개하였다.

현재 우리 나라에서 컴퓨터 보조수업에 대한 인식이 깊어지면서 역사학습에서 컴퓨터의 이용에 관하여 일반 교사들도 큰 거부감 없이 받아들이고 있는 것 같다. 그럼에도 불구하고 이와 연관된 연구가 전혀 안되고 있는 현실이다. 본고에서는 역사 교과에서 컴퓨터를 이용하는 것이 필요하며 교과적 특성에 비추어 볼 때 필요한 방법임을 밝혔다. 역사 교과의 특성상 많은 자료를 다루며 이들 자료로부터 의미를 찾아내고 다양하게 해석해보는 작업이 필요하다. 컴퓨터의 데이터 처리능력은 다른 어떤 기기보다도 우수하다. 전문 역사가조차도 점차 자신의 작업에 컴퓨터를 이용하고 있다. 학교에서 역사를 가르칠 때 컴퓨터를 적절히 이용한다면 종래에는 불가능했던 작업을 해낼 수 있다. (만약 적절하게 프로그램화되었다면) 학생들은 방대한 데이터가 실린 컴퓨터의 하드디스크나 CD-ROM을 통하여 자신이 원하는 자료를 순식간에 찾아볼 수 있으며 이와 연관된 역사가들의 견해를 즉시 확인해 볼 수 있다. 또 자신의 필요에 따라 마음대로 자료 사이를 항해할 수 있으며 필요한 설명을 즉시로 불러올 수 있다. 이를 통하여 종래의 전통적 수업으로 불가능했던 학습 효과를 얻을 수 있다.

현재 많은 역사 교사들이 현장에서 실감나게 과거의 사건을 이야기하려하고 있으며, 학생들의 공감을 얻어내기 위하여 노력하고 있다. 이때 학생들을 과거의 생생한 현장으로 인도할 수 있다면 수업의 효과를 극대화 할 수 있다고 생각할 수 있다. 일방적인 강의나 시청각 교재는 과거의 상에 대해 학생들이 수동적으로 받아들이는 것이지만 컴퓨터의 시뮬레이션 프로그램은 학생들이 실제로 과거에 살았던 사람처럼 행동하도록 요구하고 있기 때문에 학생들의 공감을 얻어내는데 매우 효과적인 방법이다. 컴퓨터의 시뮬레이션은 그밖에도 많은 이익을 가져다 줄 수 있다. 학생들은 전통적 수업의 틀에서 배울 수 없는 폭넓은 시각과 위기 대처능력을 기를 수 있을 것이다. 또 역사 교사가 적절한 내러티브로 수업을 하고 싶다면 컴퓨터는 역사 교사의 고민을 덜어줄 수 있다. 컴퓨터 프로그램이 교사를 대신할 수는 없지만 교사가 이야기를 하면서 실감나게 묘사하지 못하는 부분을 대신해 줄 수 있으며 학생들의 기억을 환기시킬 수 있는 다양한 화면을 제시해 줄 수 있을 것이다.

이와 같이 역사 교과의 본질적 특성에 맞게 컴퓨터의 기능을 다양하게 이용할 수 있음을 보았다. 그러나 실제로 컴퓨터를 역사수업에 이용하는 사례는 외국에서는 몇몇 발견되지만 우리 나라에서는 전혀 이루어지고 있지 않다. 이런 상황은 역사 교과용 프로그램이 개발되어 있지 못한 현실과 역사 교사들의 인식이 부족한 점, 각급 학교의 하드웨어적 조건이 열악한 점 때문이다. 역사 교과용 프로그램이 개발되지 못하는 것은 역사를 전공하는 유능한 수업 설계자가 부족한 점에 큰 이유가 있다. 그러나 이제 상황은 점차 변하고 있다. 본고에서도 프로그램 제작사례와 수업사례를 통하여 역사학습에서 컴퓨터 보조수업의 가능성을 살펴보았지만 많은 역사 교사들이 여건이 허락된다면 역사교육용 소프트웨어를 활용할 뜻을 보이고 있으며, 그 중 몇몇은 소프트웨어의 개발에 관심을 기울일 것이 분명하기 때문이다. 이런 점에서 역사교육에서 컴퓨터 활용의 길은 밝다. 이미 외국에서 제작된 많은 프로그램을 한글화하는 문제나 한국의 역사를 우리의 시각에서 프로그램화하는 문제는 먼 훗날의 일이 아니라 조만간 우리의 역사교육 현장에서 실현될 일임을 확신할 수 있다.

이하에서는 역사학습에서의 컴퓨터 이용에 관한 여러 측면을 전망해 봄으로써 결론을 맺고자 한다.

먼저 컴퓨터 보조 역사학습을 한다고 할 때 일회적으로 개발된 소프트웨어를 학습에 이용하는 차원에 그쳐서는 안된다. 개발자 스스로가 장기적인 관점에서 개발에 힘쓰고 교육과정 자체도 이에 맞추어 다시 편성되어야 한다. 즉, 컴퓨터 통합 교육과정을 역사교과의 교육과정에 도입해야 할 것이다. 컴퓨터 통합 교육과정에서는 컴퓨터 관련 목표를 기존의 교육과정에 더하는 것이 아니라 기존의 교육과정 목표를 위해 컴퓨터 관련 학습활동을 개발하고 어느 때에 투입해야 할지를 결정하고 실시한다. 이와 같은 전체적인 전망이 무엇보다 필요하다.[85] 다시 말해 역사 교과에서 컴퓨터를 학습에 이용하는 구체적인 방법론을 교육과정 전체에 걸쳐 논의할 필요가 있다.

다음으로 컴퓨터를 이용하는 방법에 관한 것이다. 원래 컴퓨터를 수업에 활용하기 시작했을 때의 기본관점은 개별화 수업에 주안점을 두고 이를 실현하고자 하였다. 개별화 수업이란 학습자의 개인차, 즉 능력·흥미·필요나 인지 특성에 알맞도록 학습을 제공하는 것이다. 이는 학생 한 명이 한 대의 컴퓨터를 가지고 학습할 때 가장 큰 효과를 거둘 수 있다는 가정에 기초해 있지만 학습과정에서 많은 문제를 야기할 수 있다. 즉, 동료들과 상호 작용의 기회가 제한되어 사회적인 고립감을 가져올 수 있으며, 학습내용을 완전히 자기의 것으로 소화하기 어렵고 동료들의 사회적인 모델

85) 백영균, 『컴퓨터를 매체로 하는 교수-학습 방법의 탐구』, 20-22면.

(social models)을 제공해 주지 못한다.[86] 단순한 지식이나 개념 이해를 넘어서 보다 심화된 학습을 제공하고 학습과정에서 서로 협력하고 긍정적인 상호작용을 할 수 있도록 하기 위한 효과적인 방법론은 무엇인가? 이 문제에 대하여 영국에서는 컴퓨터가 일방적으로 모든 내용을 제시하고 학생들을 이끌어가는 생각을 위험하고 비인간적인 발상으로 간주하며, 학생이 주체인 학습과정에서 컴퓨터가 보조가 되는 수업을 중요시하고 있다.[87] 이때 학생들은 1 대 1로 컴퓨터를 다루기보다는 소집단 중심으로 학습활동을 전개하게 된다. 컴퓨터를 이용한 소집단 학습방법이란 학생들이 소집단을 이루어 같이 협력하면서 컴퓨터를 이용하여 학습 과제를 성취하는 학습방식을 말한다. 소집단 학습방법과 개별 학습방법의 학습효과를 분석했을 때 소집단 학습방법이 더 높은 학습성취를 이루었다는 연구 결과도 있다.[88] 이것은 단지 학습효과를 향상시킨다는 차원을 넘어 협동적인 작업을 통하여 서로에게 도움을 주고받는 경험을 함으로써 사회성을 기를 수 있다는 점에서 교육의 본질에 더욱 근접하는 것이다.

최근 컴퓨터 공학은 그 발전 방향을 예측할 수 없을 정도로 빠르다. 특히 전세계적인 네트워크인 인터넷의 발전은 매우 놀랍다. 역사학습에서는 학습의 특성상 다양한 자료가 필요하기 때문에 인터넷의 다양한 자료를 이용하거나 다른 나라 학생들과 역사의 주제에 대하여 온라인으로 대화를 나

86) 박종선, 「교수학습과정에서 마이크로 컴퓨터의 활용방법에 관한 연구」, 『교수공학연구』 1, (한양대컴퓨터교육연구소, 1991), 47면.

87) 허운나, 『정보공학과 교육』(배영사, 1993), 133-134면.

88) 컴퓨터를 개별적으로 사용하는 것보다 소집단으로 사용하는 것이 더욱 효과적이라는 주장은 여러 연구자들에 의하여 확인되고 있다.
D.W. Johnson and R.J. Johnson, "Effects of Cooperative Learning", *Educational Technology* 26(1)(1986) ; D.W. Johnson, R.J. Johnson and M.B. Stanne, "Effects of Cooperative, Competitive, and Individualistic Goal Structures on Computer-assisted Instruction", *Journal of Educational Psychology*(1985) ; Justen III, Adams II, and Waldrop, "Effects of Small Group versus Individual Computer-assisted Instruction on Student Achievement", *Education Technology* 28(2)(1988) ; N.M. Webb, "Microcomputer Learning in Small Group: Cognitive requirements and group process", *Journal of Educational Psychology*(1984) ; N.M. Webb, P. Ender and S. Lewis, "Problem-Solving Strategies and Group Processes in Small Groups Learning Computer Programming", *American Educational Research Journal* 23(2)(1986).

눌 수 있다면 큰 효과를 기대할 수 있다. 예를 들어 프랑스 대혁명을 배울 때 온라인으로 프랑스의 데이터베이스에 접근해서 자료를 찾아보거나 프랑스 학생과 대화를 나누는 방법을 생각해볼 수 있다. 이와 같은 온라인 체제의 구축은 역사학습뿐만 아니라 교육 일반에 무엇보다 중요한 문제로 떠오르고 있다. 미국의 경우 현재 인터넷에 연결된 학교가 전체의 3%에 불과하지만 오는 2천년까지 전국의 학교가 인터넷을 이용할 수 있도록 하는 계획을 추진 중이다. 그 때는 미국 전역의 각급 학교 교실에 컴퓨터가 설치되어 온라인으로 전세계의 정보에 접근할 수 있게 될 것이다(샌프란시스코 AFP ; 연합, 95. 9. 23).[89)]

마지막으로 지적할 것은 컴퓨터 공학의 발전이 급속도로 이루어지기 때문에 불과 1, 2년 전의 기술도 낙후된 것으로 되어 버리며, 미래 지향적인 안목이 없다면 발전 방향을 예측할 수 없다는 점이다. 컴퓨터 보조수업에 관한 연구가 이루어졌던 80년대의 연구들은 현재와 같이 하드웨어나 교육용 소프트웨어가 발전한 시대에는 이미 적합하지 않을 정도가 되어버렸으며, 현재도 변화의 속도가 대단히 빠르다. 컴퓨터 공학의 발전은 멀티미디어 시대를 앞당기고 있다. 멀티미디어란 컴퓨터 기술을 근간으로 사운드, 애니메이션, 그림, 하이퍼텍스트, 비디오 등 여러 미디어가 유기적으로 결합되어 새로운 정보 서비스를 제공하는 매체를 말한다. 단순한 텍스트 정보뿐만 아니라 음성 정보, 비디오 정보, 그래픽 정보를 유기적으로 결합하여 정보를 제공할 경우 그 효과는 텍스트만을 제공할 때와는 질적으로 다른 것이다. 교육에 있어서 멀티미디어의 활용은 컴퓨터의 교육적 이용을 극대화하여 새로운 교육환경을 창출해내는 데 기여할 것이다.

---

89) 이렇게 해서 연결할 수 있는 정보는 어떤 것이 있을까? 현재 인터넷에 제공되고 있는 역사 관련 정보 사이트가 점차 증가하고 있는데 그 중 하나로 미 국회 도서관에 의해 제공되는 것으로 American Memory Project(인테넷주소 : http : // leweb2.loc.gov/amhome.html)가 있다. 이 곳에서는 미국 역사상 기억할 만한 사건이나 인물들의 육성, 사진, 동화상을 서비스하고 있다. 이를테면 시인 휘트먼의 친필 노트를 페이지마다 사진으로 담아 제공하고 있으며 실존했던 카우보이의 사진 900여장도 제공하고 있다. 학생들이 만일 20세기 초에 있었던 샌프란시스코의 대지진을 보고 싶다면 생생한 비디오 필름을 볼 수 있다.

〈 개별 학습지 〉

1. 개요 부분을 읽고 ( )에 적당한 답을 써넣으시오.

(1) 동학세력의 성장

◦ 동학의 성장 - ( )의 노력으로 교세 확대

◦ 교조신원운동

삼례집회 → 대궐앞 상소 → ( ) : 교조신원, 외세배격, 내정 개혁

(2) 동학농민운동

◦ 고부민란(1894. 1) - ( ) 주도

◦ 제1차봉기 : 백산 → 정읍 → 나주 → 전주 점령

◦ 주장 - 부패정치 타도, 반외세

◦ 정부와 화의 - ( )설치, 개혁 실시

개혁 요구 - 탐관오리 제거, 노비해방, 친일파 숙청, 토지 분작

◦ 제2차 봉기

- 일본의 침략적 행위 반대(1894. 10)

(3) 영향과 의의

◦ 영향 - 대외적으로 ( ), 대내적으로 ( )

◦ 의의 - 농민 중심의 대규모 근대민족운동

2. 전개 과정를 읽고 물음에 답하시오.

(①)발생(1894. 1)

→ 제1차 봉기

(백산 → 정읍 → 장성 → 나주 → 함평 → 고창 → 전주)

→ 청, 일의 개입

→ 전주화약(1894. 5. 7), 농민군 해산

→ 집강소 설치, ②개혁 실시

→ 일본의 침략적 행위, ③친일파 정권 수립

→ 제2차 봉기(10. 16)

(논산 → 공주 → 우금치 전투 패배)

2-1. ①에 들어갈 사건을 쓰시오.

2-2. ②의 개혁 내용을 간단히 쓰시오.

2-3. ③의 정권이 수립된 후 정부차원의 개혁정치를 무엇이라고 하는가?

3. 자료를 읽고 물음에 답하시오.
3-1. 여러 자료로 보아 동학농민운동에 참여한 계층은 어떤 사람들일까?
3-2. 농민군이 이루려고 하는 사회를 폐정개혁의 내용에서 찾아 써보시오.
3-3. 제2차 봉기를 일으킨 기본적인 원인을 자료에서 찾아 써보시오.
3-4. 전봉준 공초문으로 보아 동학과 농민운동과의 관계는 어떠한지 생각해 보시오.

(임 병 로)

제 4 부

사회과 통합과 역사교육자료

제 13 장
사회과 통합논의와 역사중심 '공통사회' 구성방안

Ⅰ. 머리말

교육과정 통합은 '원론적으로 말해 시간적·공간적 그리고 내용영역에 있어서 각기 다른 학습 경험들을 상호 관련시키고 의미있게 모아, 하나의 전체로서의 학습을 완성시키고 나아가 인격의 성숙으로 이어지게 하는 과정 또는 결과'로 정의된다.[1] 그러나 구체적인 통합의 방안으로 들어가면 각기 다른 영역의 학습 내용들을 하나의 학습 체계로 구성하여 상호 관련시키는 문제가 될 것이다.

교육사조상에서 보면 경험중심 교육과정에서 교육과정의 통합을 중시했다. 즉, 교육과정은 '학생들이 생활 사태에서 가지는 교육적 경험'이고 학교교육은 보다 직접적으로 문제사태 해결에 도움을 줄 수 있을 때 진정한 가치를 가진다는 것이다.[2] 이 경우 학생들의 필요나 흥미들이 교육과정 조직 및 평가에 기본이 되며, 현실 문제해결능력이 강조된다.[3]

교과와 관련하여 교육과정 통합 논의의 중심에 있는 것이 사회과(Social

---

* 이 글은 교육부의 의뢰를 받아 7차 교육과정 논의를 위해 작성했던 역사 중심 '공통사회' 시안 원고를 수정·보완한 것이다. 따라서 사회과 통합에 관한 심도있는 논의에 중점을 둔 글은 아니다.

1) 이영덕, 「통합 교육과정의 개념」, 한국교육개발원(편), 『통합 교육과정의 이론과 실제』(교육과학사, 1983), 20면.

2) 곽병선, 「통합 교육과정의 구성방법」, 한국교육개발원(편), 『통합 교육과정의 이론과 실제』, 57면.

3) 김재복, 『통합 교육과정의 이론과 적용』(교학연구사, 1983), 43면.

Studies)이다. 사회과는 실용성을 강조하는 미국 진보주의 철학에 기반한 생활중심 교육과정의 특성을 가장 잘 반영하는 교과라고 할 수 있을 것이다. 사회과는 민주시민성 함양과 사회 현상에 대한 올바른 인식이 그 중요한 본질을 이루고 있기 때문에 두 가지의 원리, 즉 학습목표로서의 시민성 원리와 내용 구성 방법으로서의 통합성 원리를 바탕으로 한다는 것이다.[4] 그런데 미국내에서도 '사회과'의 실체에 대한 합의가 이루어져 있지 않다. 이는 목표로서의 '시민성 함양' 혹은 '시민교육'이 논의되는 시기나 이념의 변화에 크게 영향을 받는 등 명확하지 않기 때문이기도 하다.[5]

우리 교육과정에서 사회과는 해방 후 미군정청 때 등장했고, 그 형태는 미국 사회과를 모델로 한 것이다. 그 후 통합 교육과정 구성 논의는 주로 사회과를 중심으로 진행되어 왔으며, 최근 6차 교육과정에서는 사회과 통합의 원리가 고등학교 과정에까지 확대되어 '공통사회'가 필수 과목으로 편성되기에 이르렀다.

그런데 이 '공통사회'는 통합의 원칙만 천명한 데 그치고, 중학교 사회과의 시행착오를 그대로 되풀이하고 있는 것으로 보인다. 사회과 도입 이래 6차 교육과정에 이르기까지 통합의 원칙이 강조되고 있으면서도 관련과목을 체계적으로 구성해 내지 못하고 있는 형편이다. 이는 통합의 논리, 통합의 유형에 대한 구체적인 논의가 부족한데서 기인한다.

새로운 교육과정 논의에서는 이러한 사회과통합에 관한 문제를 재검토할 필요가 있다. 본고에서는 통합 교육과정의 유형과 그 특성, 우리 사회과에서 통합 교육과정 전개에 대한 검토를 바탕으로 고등학교에서 역사 중심 사회과 통합방안을 모색해 보고자 한다.

---

4) 이진석, 「사회과 학습목표로서의 시민성 원리와 내용 구성 방법으로서 통합성 원리에 대한 사적 고찰」, 『사회와 교육』 20(1995), 175면.

5) 미국 사회과에 대해서는 다음의 글이 참고된다.
양호환, 「미국의 역사교육, 그 역사와 문제점」, 『역사와 현실』 7(1992).
김한종, 「미국 사회과 교육의 변천과 역사교육」, 『역사교육』 54(1993).

Ⅱ. 통합 교육과정의 유형과 사회과통합

1. 통합 교육과정의 유형

통합 교육과정의 구성 유형은 다양하고, 어느 방법을 채택할 것인가는 근본적으로 통합 교육과정에 대한 관점과 개념 규정에 따라 달라진다.[6] 따라서 통합의 목적 및 그 목적에 부합하는 통합의 형태가 적절하게 설정되었는가 하는 점을 검토할 필요가 있다. 통합의 형태와 기능간에는 매우 밀접한 상응관계가 있다는 것이다.[7] 여기서는 그 유형을 주로 사회과 통합과 연관하여 정리해 보고자 한다.

통합 교육과정 조직 방식은 구분 기준에 따라 논자마다 약간씩의 편차를 보이고 있다.[8] 그 유형을 대략적으로 도표화하면 다음과 같다.[9]

구 분	통합방법	통합정도	접근유형
교과간 연계성	합산적 통합(summed integration)	양적 통합	구조적
	기여적 통합(contributed integration)	양적 통합	
	융합적 통합(fused integration)	양적 통합	
	기능적 통합(funtional integration)		경험적
학문간 연계성	간학문적 통합 (interdisciplinary integration)	질적 통합	구조적
	다학문적 통합 (multidisciplinary integration)	질적 · 양적 통합	구조적 경험적
	탈학문적 통합 (extradisciplinary integration)		경험적

6) 곽병선, 「통합 교육과정의 구성방법」, 57면.
7) 김재복, 『통합 교육과정의 이론과 적용』, 100면.
8) 함종규 : 교과중심형, 경험중심형, 중핵형(함종규, 『교육과정』, 숙대출판부, 1982)
이영덕 : 교과형, 상관형, 융합형, 문제중심통합형(이영덕, 「통합 교육과정의 개념」)
곽병선 : 상관형, 융합형, 광역형, 중핵형, 생활중심형, 생성교육과정(곽병선, 「통합 교육과정의 구성방법」)
9) 김재형 외, 『통합교과운영론』(방송통신대학, 1990), 27면.

그런데 사회과 통합 논의에서는 역사, 일반사회, 지리라는 기존 교과를 전제로 하기 때문에, 이 교과들을 어떠한 방식으로 연관시키느냐의 문제가 될 것이다. 대체로 기존 교과를 연관시키는 방식에 따라 독립교과형, 상관형, 융합형, 광역형, 중핵형으로 정리될 수 있겠다. 상관형 교육과정은 위의 도표상의 기여적 통합과 흡사한 것으로 둘 혹은 그 이상의 과목을 체계적으로 관련시키는 조직 형태인데, 교과목은 그대로 인정되고 독립된 교과목으로 취급된다. 이 경우는 상관되는 과목의 교사간에 긴밀한 협조가 요구되는 형태라고 할 수 있다. 융합형 교육과정은 두개 혹은 그 이상의 교과목을 하나로 융합한 것이다. 관련 교과들의 독립성이 유지되면서 하나의 학습 '영역'으로 하였을 때는 광역형 교육과정으로 분류할 수 있다. 중핵 교육과정은 종합적인 중심과정과 관련 교과에 의해 형성되는 주변과정이 동심원적으로 결합하여 전체 구조를 가진 교육과정을 의미한다.[10)]

대체로 지리·역사·공민과를 합해 사회과라는 하나의 과목을 조직하는 것은 융합 교육과정으로 분류된다.[11)] 그러나 사회과에 포함되는 역사·지리·일반사회를 국어나 수학과 같은 하나의 독립과목임을 전제로 하고 사회과 영역내에 개별과목으로 포함시키는 경우는 광역형이 된다.[12)] 사회과 영역 중의 어느 한 과목을 중심으로 다른 과목을 통합하는 형태는 중핵 교육과정, 그 중에서도 교과중심 중핵 교육과정의 하나라고 할 수 있다. 중핵 교육과정은 교과형의 분과적이며 단편적인 학습을 지양하고 통합적 학습을 하려는 시도이다.[13)]

---

10) 함종규, 『교육과정』, 95면.

11) 같은 책, 64면.
이영덕, 「통합 교육과정의 개념」, 25면.

12) 함종규, 『교육과정』, 65면. 그런데 이러한 분류는 일관되지 않아 어떤 부분에서는 광역형을 융합형의 의미로 쓰는 경우도 있다. 같은 책, 133면.

13) 통합 교육과정 분류는 기준에 따라 다르며, 같은 용어라도 전혀 다른 의미로 사용되는 경우가 있다. 예를 들어 일반 교육과정을 교과 중심, 경험 중심, 중핵 교육과정으로 분류하는 경우와 교과를 통합하는 방식에 따라 독립교과형, 상관형, 광역형, 중핵형으로 구분할 때의 중핵 교육과정은 다른 의미이다.

H. Alberty는 교육과정을 교과중심 교육과정, 경험중심 교육과정, 중핵 교육과정으로 나누었는데, 교과교육과정, 상관교육과정, 융합교육과정, 광역교육과정 등이 모두 교과중심 교육과정에 포함된다고 할 수 있다. 교과중심 교육과정은 기본적으로 통합의 정도나 교과의 독립성의 정도에 차이가 있지만 교과의 독립성이 완전히 무

2. 한국 사회과통합의 역사

사회과는 미군정기 사회생활과 도입 이후 그 의의와 존속에 관한 논란이 계속되어 왔다. 초등학교의 경우 통합의 형태는 미군정기 교수요목에서부터 6차 교육과정에 이르기까지 일관되게 융합형을 지향하고 있으며, 교과서 편성도 융합형에 맞추어 가고 있는 경향을 볼 수 있다. 미군정기의 교수요목 운영에 관한 지침에서 '역사·지리·공민의 혼연융합을 기할 것'을 언급하고 있는데,[14] 사회생활과내에서 역사·지리·공민을 종합할 필요가 있다는 점을 지적하고 있다. 이후 초등학교는 이런 원칙을 유지하면서 교과서도 그 원칙에 입각하여 만들어 가게 된다. 제4차 교육과정에서는 그러한 원칙에 더욱 접근하여 1, 2학년에서는 전 교과 영역이 3영역으로 통합되게 된다.[15]

이와 같이 초등학교의 경우 통합 교육과정이 일정하게 정착되고 있다고 볼 수 있다. 이것은 중·고등학교에 비하여 우선 학생들의 인지단계가 학문적인 기반보다는 주변의 일상 생활경험을 중심으로 하는 것이 적절하다는 점에도 기인한다.

중학교의 경우 기본적으로 사회과 통합을 지향하기는 하지만 초등학교에 비해 굴곡이 많았음을 볼 수 있다. 1차 교육과정(1955년)에서는 사회생활과에 배당된 3년간 총수업 시수를 도의영역 105시간, 공민·지리·역사 영역(세계사 포함)을 각각 105, 140, 140시간으로 나누고 있다. 역시 이 경우도 중학교 사회생활과는 반드시 지리·역사·공민의 세 부분으로 갈라서

시되지 않는다. 최상훈, 「중학교 사회과에서 학제적 단원의 개발방안」, 『이원순교수 정년기념 역사학논총』(교학사, 1991), 511면.

14) 문교부, 『초·중·고등학교 교육과정(1946-1981)－사회과·국사과』(1986), 4면.

15) 4차 교육과정에서는 초등학교 1, 2학년은 '바른 생활', '슬기로운 생활', '즐거운 생활'로 구성되었으며, 사회 관련 내용은 도덕·국어 관련 내용과 함께 '바른생활'에 포함되었다. 3학년 이후부터는 6교과로 나누어져 도덕과 사회가 통합되어 그 중의 한 과목으로 들어가게 된다. 5차 교육과정에서는 저학년의 경우 국어가 독립과목이 되고 도덕·사회의 내용만으로 '바른 생활'을 구성했으며, 6차 교육과정에서는 5차 교육과정에서 산수와 자연이 중심이 된 '슬기로운 생활'이 그 이름을 그대로 유지하면서 사회, 자연, 도덕, 실과 관련 내용으로 편성되었다. 교육부, 『국민학교 교육과정 해설(II)－바른생활, 도덕, 슬기로운 생활, 사회, 자연』, 1994.

교수하여야만 한다는 것은 아님을 단서로 하여 통합의 정신을 강조하고 있다. 즉, '세 부분의 내용을 잘 검토하여 사회생활과에 배당된 시간 수내에 종합된 학습을 전개할 수 있다'고 하고 있다.[16)]

물론 각 과목별로 교육목적, 교수목표, 교과서가 따로 편성되어 있다. 이 체제는 구체적인 편제나 교수-학습상으로 보면 상관형 혹은 광역형이라고 하겠다. 이러한 체제는 2차 교육과정에서도 큰 변동없이 유지된다. 2차 교육과정 지도상의 유의점을 보면 '중학교 사회과에서는 과목 구분을 두지 않으며, 또한 공민부분, 역사부분, 지리부분과 같은 구분을 두지 않는 기본 정신이 지도면에서도 반영되어야 한다. 그러기 위해서는 학습 계획의 수립에 있어서도 그 정신이 반영되어야 한다'고 하고 있다.[17)]

그러나 3차 교육과정에서는 이러한 통합의 원칙을 벗어나, 국사와 도덕이 독립과목이 되면서 사회과로부터 분리되고, 사회과는 여전히 지리, 공민, 역사(세계사)를 포함하여 한 과목, 단일 교과서로 구성된다. 그러나 교과서내에서 여전히 각 부분의 벽은 그대로 유지된다. 즉, 세 영역을 단일 교과서에 병렬시키고 있는 것이다.

3차 교육과정에서는 국사와 도덕이 독립과목화한 것과 아울러 사회과에서도 통합의 원칙이 후퇴하고 있다. 예를 들어 지도 평가상의 유의점에서 통합의 정신을 강조하지 않으며, 오히려 각 학년의 내용을 지도함에 있어서 학교 교사의 인력 실정과 교사의 전공을 고려하여, 각 학년마다 한 교사 또는 두 교사가 맡을 수 있다는 점을 적시하고 있다.[18)] 이는 교과서 체제가 그렇게 되어 있고, 사범대학에 사회과 영역인 역사, 지리, 일반사회과가 분과되어 있기 때문에, 한 교사가 자기 전공 과목만 가르칠 수밖에 없다는 현실을 반영한 것이다. 이러한 체제는 5차 교육과정에 이르기까지 크게 달라지지 않는다. 6차 교육과정에 들어서면 통합의 정신이 다시 강조되면서 국사가 사회과로 흡수되는 점이 매우 두드러진 변화이다.[19)]

고등학교 경우는 일관되게 광역형의 사회과 영역내에 개별 교과목 운영

---

16) 문교부, 『초·중·고등학교 교육과정(1946-1981)-사회과·국사과』, 176면.
17) 같은 책, 240면.
18) 같은 책, 272면.
19) 6차 교육과정에서는 중학교 국사가 과목으로서 존재하지 않고 사회과에 포함되었지만 교과서와 수업 시간은 따로 편성되어 있는 매우 기이한 형태이다.

의 형태를 취해 왔다. 1차 교육과정에는 사회과 안에 일반사회, 도덕, 국사, 세계사, 지리의 5분과로 나누어, 일반사회 · 도덕 · 국사는 필수로, 세계사 · 지리 두 분과는 선택으로 두었다. 그 이후 과목의 명칭이 달라지거나 선택 필수의 변동 등이 있기는 하지만 사회과 영역의 분과로서의 과목 설정의 큰 틀은 바뀌지 않는다. 중학교의 도덕과 국사가 3차 교육과정에서 사회과에서 분리되어 나간 것과 마찬가지로 고등학교 역시 국민윤리와 국사가 사회과로부터 독립한다.

그런데 6차 교육과정 개편시안에서는 고등학교 수준에서 융합형 사회과 통합을 지향하는 '현대사회와 시민'이라는 과목이 구상되었다. 그러나 논란 끝에 '공통사회'라는 명칭과 형식으로 낙착되었는데, '공통사회'(상)이 정치 경제, '공통사회'(하)가 한국지리로 구성되었다. 이 '공통사회'는 앞에서 지적한 바와 같이 통합의 원칙만 천명한 데 그치고 이전의 중학교 사회과의 시행착오를 그대로 되풀이하고 있다.[20]

이상에서 보면 사회과 통합논의에서는 융합형 통합을 이상형으로 삼고 있는 것으로 보인다. 초등학교의 경우 실생활에 관련되는 내용을 사회나 학생의 필요에 따라 융합하여 조직한 형태로, 융합형에 가깝다. 이 원칙은 중학교 '사회과' 논의에서도 마찬가지다.[21] 사회과교육연구회에 의해 작성된 「중학교 사회과 통합형 교육과정 체계화 연구」는 융합형에 포함될 수 있는 것이다.[22] 고등학교의 경우도 국사를 사회과 안에 포함시켜야 한다는 주장이 계속되고 있으며, 6차 교육과정 시안에서 '현대사회와 시민'이라는 과목을 구상하였다가 결국 '공통사회'라는 새로운 과목 명칭을 만들어 낸 과정들이 그러한 경향성을 보여 주는 근거가 될 것이다.

융합형 통합을 지향하는 측면에서 보면 중학교의 '사회과'나 고등학교 '공통사회'는 매우 불완전하고 파행적인 것으로 이해된다. 그에 따라 국사

---

20) 6차 교육과정에서는 중학교 '사회'가 1학년에 지리 · 세계사, 2학년에 세계사 · 일반사회, 3학년에 지리 · 일반사회로 구성되어 있다. 고등학교 '공통사회'는 정치 경제 영역과 한국지리 영역을 병렬시켜 놓고 있어 중학교 '사회'에서 세계사가 제외된 형태라고 할 수 있다.

21) 강용옥, 「사회과의 분화와 통합의 형태 및 방식에 관한 연구」, 『사회와 교육』 9(1985). 정세구, 「초 · 중학교 사회과의 통합적 접근법」, 『한국교육』 12(2)(1985).

22) 한국사회과교육연구회 특별연구진, 「중학교 사회과 통합형 교육과정의 체계화 연구」, 『사회과교육』 23(1990).

과목이 독립과목으로 존재하는 것과 같은 파행성, 학문 계통의 존중으로 인한 통합교과로서의 미정착 등이 시정되어야 할 문제점으로 지적된다.[23] 그런데 과연 역사, 지리, 일반사회 내용을 사회과라는 하나의 교과 안에 내용상의 완전 통합(융합형 통합)을 취하는 것이 최선의 형태이고, 대안은 없는 것인지는 보다 심도있는 논의가 필요한 부분이다.

또한 사회과에 포함되는 것이 당연한 듯한 윤리(도덕)에 대해서 통합론자들은 교육과정 결정 과정에서 별다른 의견이 없다. 시민성 함양과 통합성을 원리로 하는 사회과라고 한다면 오히려 역사보다는 윤리(도덕)가 사회과에 포함되는 것이 더욱 적절하지 않을까를 생각해 볼 수 있다.

사회과 통합 유형을 융합형에 한정시킬 필요는 없다. 통합 교육과정 운영이 중학교와 고등학교에서 상당한 곤란과 파행을 겪을 수밖에 없었던 것을 단순히 교과 관련자들의 이해관계, 이른바 '과목 이기주의'로 치부할 성질의 문제는 아니다. 여러 가지 난점에 대해 신중하게 고려하지 않고 통합을 진행시키게 되면 많은 무리가 따르게 될 것이며, 오히려 상황을 더욱 악화시킬 여지가 있다.

이제 여기에서 역사중심 '공통사회' 시안을 구성해 보는 것도 그렇게 간단하게 될 일이 아니라는 점을 전제하고 들어간다. 융합형 통합과목을 필수과목으로 할 경우 기존 과목이 누락되거나 그 체제가 훼손된 상태로 잔존하게 될 것인데, 이는 간단하게 넘어갈 문제가 아니다. 역사를 중심으로 '공통사회'안을 만드는 것은 일종의 교과 중심 중핵 교육과정의 한 형태가 될 것이다.

Ⅲ. 역사중심 '공통사회' 시안

1. 6차 교육과정 '공통사회'의 성격과 위상

역사중심 '공통사회' 시안을 구성하는 데는 몇 가지의 전제 조건을 명확

23) 문교부, 『국민학교 교육과정 해설(Ⅱ)』, 1994, 151면.

히 할 필요가 있다. 현행 6차 교육과정 틀 내에서 '공통사회' 시안을 구성할 경우, 혹은 사회과 관련 과목을 재조정하면서 '공통사회'의 목적과 위상을 재정립할 경우 등에 따라 '공통사회'에 대한 논의가 다를 것이다.[24] 여기에서는 6차 교육과정의 과목 구성이나 '공통사회'의 목적을 그대로 인정한 위에서 역사중심 '공통사회' 시안을 만들어 보겠다.

먼저 6차 교육과정에서 '공통사회'의 성격, 목표와 내용을 검토해 보자. 6차 교육과정 사회과 영역은 '국사'와 '공통사회'가 필수로 되고, 정치·경제·사회·문화·세계사·세계지리가 과정별 필수(이전의 선택과 유사)로 들어가 있다. 고등학교 사회과는 '사회현상을 올바르게 이해시키고, 지식 습득 및 사회 생활에 필요한 기능을 익히게 하며, 민주사회 구성원에게 요청되는 가치와 태도를 지니게 함으로써 민주시민으로서의 자질을 육성하려는 교과'[25]이다. 이를 위해서는 기본적인 지식을 체계적 구조적으로 이해하고, 사회 사태를 사회과학적 방법으로 분석·종합·평가하는 능력신장을 요구하고 있다.

'공통사회'의 경우 과학적 탐구능력과 합리적 의사결정능력, 사회문제에 대한 통합적 시각에서의 파악 해결을 강조하고 있다. 그러나 전술한 바와 같이 애초 '공통사회'는 '현대사회와 시민'이라는 과목으로 구상된 것이다. 그러나 교육과정 개발과정에서 역사·지리·일반사회 전 영역의 기초적인 내용을 추출하고 재구성한다는 일이 매우 어려운 작업일 뿐만 아니라, 역사·지리·사회 영역의 균형있는 과목 배열을 바라는 여론 때문에 당초의 계획은 상당히 수정될 수밖에 없었다고 한다.[26] 역사·지리·일반사회 전 영역의 기초적인 내용을 추출하고 재구성하는 일이 어렵다는 토로는 사회과 논의에 매우 중요한 의미를 가진다.

구체적인 내용조직과 관련하여 수립된 원칙 중 통합과 관련된 내용을 들어 보면 다음과 같다. 역사·지리·사회과학의 고유한 학문적 특성을 훼

---

24) 최근 7차 교육과정시안에서는 K-10의 공통과정에서 7-10학년은 사회과만 존재하고 10학년에 국사 과목이 독립 편성되어 있다.

25) 교육부, 『고등학교 교육과정(Ⅰ)』, 120면.

26) 교육부, 『고등학교 사회과 교육과정해설』(1995), 49면.
이는 앞에서 간단히 언급한 바와 같이 이른바 「현대사회와 시민」이라는 전혀 새로운 과목을 구상하였다가 폐기한 점을 말하는 것으로 보인다.

손시키지 않으면서 내용을 재구성하는데, 이는 종래와 같이 무리하게 사회과의 내용을 통합하려 서두르지 않고, 각 학문의 고유한 성격을 살리면서 사회에 대한 종합적, 통합적 인식을 유도하도록 내용을 조직하려고 했다는 것이다.

또한 내용과 방법의 통일, 주제 또는 영역간의 통합이 이루어지도록 내용을 조직한다는 원칙도 포함시키고 있다. 이 경우는 정치·경제·사회·문화적 제도의 구조와 기능을 시간계열(역사)과 공간계열(지리) 속에서 파악할 수 있도록 내용을 조직함을 의미한다고 하고 있다.[27] 그러나 통합의 유형이나 원리상으로 보면 각 분과의 학문적 특성을 훼손시키지 않으면서 주제 또는 영역간의 통합이 이루어지도록 한다는 것은 말만큼 쉽게 달성될 수 있을 것 같지 않다. 학문적 특성을 유지하는 선에서의 교육과정과 주제 영역간의 통합이 이루어질 수 있는 통합 교육과정은 전혀 다른 형식이기 때문이다. 또한 일반사회 내용을 시간계열과 공간계열 속에서 파악하게 한다는 것은 일반사회를 축으로 한 통합사회 구성방안 쪽에 기운 것이라고 할 수 있다.

이상의 논의를 보면 우선 사회과 각 분과의 모학문 체계를 어느 정도 존속시키는가가 매우 모호하다. 분과적인 교과가 고고한 학문의 전수에 그치고 현실 사회문제를 해결하는 기능을 할 수 없다는 비판 위에서, 학문의 벽을 허물고 생활 사태에 직면하여 문제해결에 직접적인 도움을 주는 융합형 교육과정을 운영해야 한다는 논리를 설정하고 있지만, 학문중심의 교과교육과정과 생활중심 융합교육과정의 사이를 방황하고 있는 것으로 보인다. 이러한 모호성은 '공통사회'가 시민교육을 담당하는 경험중심의 문제해결을 중시하는 교과일 뿐 아니라 사회과학의 내용 방법을 포섭하는 교과이기도 하다는 언급[28]에서 단적으로 드러난다. 사회과 교육이 교육적·사회적 논리와 과학적 논리를 동시에 만족시켜야 한다는 이중 성격을 띠게 되었다고 파악하는 것이다.

융합형 사회과 통합을 주장하는 근거의 하나가 사회를 가르쳐야 할 종

27) 교육부, 『고등학교 사회과 교육 과정 해설』(1995), 52-53면.
28) 같은 책, 57면.

래의 사회과적 교과들의 문제들이 바로 개별 학문의 교수에 지나치게 치중되었다는 지적이다.[29] 그러나 이 점은 현상적인 문제와 교과의 본질상의 문제를 명확하게 가르지 않고 논의를 전개한데서 생기는 혼란이라고 할 수 있다. 우리 현실은 아주 파격적인 교과서 편제가 아니라면 어떠한 형태로 제시되어도 현재와 유사한 교수 학습형태가 지속될 것이다. 이렇게 고등학교 수준에서 생활 사태를 주제로 한 융합형의 새로운 통합교과 수립 가능성은 구성 원리, 현장 실행 등의 난제가 중첩되어 있다. 본고에서의 역사중심 '공통사회' 구성은 다양한 가능성 모색의 일단에 불과한 것이다.

2. 역사의 학문적 특성

요즘의 경향은 학문 혹은 교과목의 존재 의의를 실용성 혹은 직접적인 필요를 만족시키는지의 여부에서 찾는 경향이 강하다. 대학에서는 인문학의 위기라는 비명이 들리고 자연과학 특히 그 중에서도 기초과학보다는 응용과학의 위세가 날로 높아지고 있다. 따라서 대체로 인문학 계통으로 분류되는 역사는 점점 경시되는 추세이며, 이는 학교교육에서도 마찬가지이다. 즉, 현대 사회에서는 비이념적·비정치적 경향이 보다 강해지면서, 사상적·정치적 성향이 매우 강한 역사에 대한 학생들의 선호도가 낮아지고, 보다 유용하고 효과적이라고 생각되는 사회과학에 더 관심을 갖게 되었다는 것이다.[30]

세계의 변화 속도가 매우 빠르기 때문에 이전 세대의 경험이 현대 사회 이해나 위기 해결에 별 도움이 안된다는 생각이 있을 수 있다. 현실과 보다 직접적으로 연관되는 문제를 다루는데 있어 역사가 할 수 있는 일이 별로 없으리라는 것이다. 물론 역사는 현재 문제들을 해결하는데 눈에 드러나는 실질적인 역할을 하지는 못한다. 역사에서 똑같은 사건이 반복되지는 않으며, 현재 문제 해결에 바로 도움이 될 수 없다는 것이다. 따라서 현대 학교 교육과정내에서 역사의 존재 의의가 문제된다.

---

29) 같은 책, 60면.
30) 윤세철, 「사회과 역사의 재고」, 강우철(편), 『달라져야 할 사회과 교육』(교학사, 1991), 172-173면.

역사는 과거 인간 경험을 다루고 있으며, 우리는 과거로부터 벗어날 수 없다. 모든 사람들은 자신의 일과 관련된 과거 사건과 기억들, 혹은 기록들에 의거하여 행동한다. 사고와 정서가 과거 세대와 연결되어 있다는 점에서 우리 모두 역사적 존재이다. 우리는 성장 과정에서 내면화된 과거에 대한 일종의 소견에 강하게 영향을 받으면서 현재를 지각한다. 또한 모든 존재하는 지식의 구조는 시간에 따른 발달의 산물이고, 따라서 발달에 대한 역사적 전망 속에 위치시켜 조망해야 완전하게 이해될 수 있다. 역사에 대한 지식 없이는 집단이나 개인 누구도 자신의 정체성을 이해할 수 없을 것이다. 역사는 학생들에게 시간·공간 그리고 사회에 대한 적절한 개념을 제공한다.

학문으로서의 역사는 인간 경험의 전 영역을 포괄한다. 대부분의 학문은 그 학문 분야의 과거 연원을 거론한다. 이른바 사적 고찰이라는 것이다. 사회과학자들은 역사로부터 예증을 끌어내게 된다. 이는 학교 수준에서도 역사가 사회과의 다른 분야를 연관시키고 종합하는 응집력을 가진다는 것을 의미한다. 역사는 인간 사회와 그 이야기, 그리고 어떻게 인간 사회가 현재까지 왔는가에 관한 학문이다. 따라서 다른 어떠한 학문보다도 우리 시대의 경향과 사건을 더 잘 이해할 수 있도록 한다.

오늘날은 이른바 '지구촌(global village)시대'이고 변화는 속도를 더해 가고 있다. 역사학습은 본질상 '변화' 그리고 '발전'에 대한 학습이다. 역사는 이러한 변화의 가속도에서 오는 멀미 증세를 해소해 줄 수 있는 역할을 할 수 있다. 역사는 어떻게 사물이 바뀌어 가는가에 대한 지식을 준다. 또한 과거 및 과거와 현재와의 관련에 관한 지식은 빠른 속도로 변화하는 현대 생활의 궤도이탈을 막아줄 수 있다. 아울러 역사학습은 우리에게 변하지 않는 것을 보여 준다. 계속성과 변화 사이, 우리가 딛고 서 있는 기반과 앞으로의 변화 가능성 사이를 구별할 수 있도록 도와 주는 것이다.

역사를 염두에 두지 않을 경우 무엇이 중요하고 중요하지 않는가에 대한 중요한 판단 근거 하나를 망각하게 되는 결과를 초래할 것이다. 우리 시대에 전형적인 것이 무엇이며 새롭고 비일상적인 것이 무엇인가를 판단할 수 있게 하는 것은 역사이다.[31] 중요한 것으로 간주되었던 문제들도 약간의 시간이 흐른 뒤에 별로 중요하지 않는 것으로 쉽게 잊혀지는 경우를 허다하게 목격할 수 있다. 역사를 안다는 것은 당대의 '위기'에 대해 지나치게 감정적으로 접근하는 것을 막아준다.[32] 근시안적인 시야를 넓혀주는 것이 곧 역사라고 할 수 있다. 나아가 역사는 역사의 흐름 속에서 더 큰 의미를 줄 연관성을 제공해 줌으로써 한 개인의 한시성을 극복하는 지침이 될 수 있을 것이다.

역사는 현실 사회문제를 통합적으로 다루는 사회과와는 또 다른 차원의 통합성을 가지고 있다. 현실 사회문제와 직접적으로 관련되는 지식만이 학교에서 의미를 가진다고 하는 것은 교육의 기능을 지나치게 실용적으로 보는 관점이다. 인간 상황에 관한 수많은 지식은 곧바로 실제적으로 사용되는 것은 아니며, 오히려 그보다는 우리가 살아가면서 습득하는 일반적인 삶의 관념을 변화시키는 것이다. 대부분의 교육은 실제적인 문제에 해답을 내리는 데 관련된 것이 아니라, 그러한 문제가 제기되는 일반적인 상황의 윤곽을 작성하는 데 관련된다는 것이다.[33] 그러한 관념의 형성과 변화에서 역사 특유의 통합성은 중요한 의미를 가진다고 할 것이다.

역사는 인문과목의 기초이고 다른 분야에 통일성을 부여한다. 즉, 역사는 여러 과목을 개관하는 통합적인 과목이 될 것이다.[34] 따라서 역사를 중심으로 하는 '공통사회'의 구성은 충분한 근거를 갖는다고 할 수 있다.

3. 역사중심 '공통사회' 구성방안

경제학이나 정치학·사회학 등이 현실 사회 전체상의 특정 단면을 조명하는데 비해 역사는 인간 사회 전체를 대상으로 하는 학문이다. 학생들은 다양한 사회과학적 개념을 이용하여 역사 현상을 체계적으로 이해할 수 있게 되며, 오늘날의 세계를 분석적으로 이해하고 이를 바탕으로 세계가 당

31) John Goodlad, "The Uses of History", *History and Social Science*(Waltham, Masssachusetts : Blaisdell, 1967), p. 22.

32) Bernard Norling, *Towards A Better Understanding of History*(Notre Dame Univ. Press, 1960), p. 8.

33) R.S. Peters(정희숙 역), 『교육철학자 비평론』(서광사, 1989), 82-83면.

34) A.L. Rowse, "What is the Use of History", *The Use of History*(Harmondsworth : Penguin Books, 1946), pp. 20-22.

면하고 있는 문제에 현명하고 합리적인 대응을 하고 필요한 능력을 고양시키는데 도움을 받을 수 있을 것이다.[35)]

역사중심 '공통사회' 시안은 세계사를 중심으로 구성해 볼 수 있겠는데, 세계사는 자기 자신과 자기 국가를 보다 큰 전체 지구적인 규모의 한 부분으로 인식할 수 있게 하며, 변화, 발전, 발전 과정의 편차, 복잡성 등을 파악할 수 있도록 하여 현대 사회의 문제를 보다 심층적으로 이해하는 기반을 마련해 줄 것이다. 나아가 역사적인 전망을 할 수 있는 안목까지를 기대할 수 있다.[36)] 이는 국제화·세계화 추세에도 부합한다.

역사가가 사회과학의 개념이나 방법론을 역사연구에 이용할 수 있는 것과 마찬가지로 역사중심 통합 교육과정을 구성하면서 다른 사회과의 내용·개념·방법 등을 끌어 올 수 있다. 이러한 형태가 바로 학제적 접근이며, 역사중심 중핵 교육과정이 되겠다.

세계사를 중심으로 일반사회·지리 내용을 포함하는 '공통사회' 구성은 중핵 교육과정, 그 중에서도 교과형 중핵 교육과정이라고 할 수 있을 것이다. 교과중심의 중핵 교육과정은 중핵 요소를 교과의 범주에서 찾되 교과 간의 통합이 가능하도록 교육과정을 구성한다. 역사중심의 중핵 교육과정은 역사영역이 거의 모든 활동영역을 포괄할 수 있다는데 착안하여 역사의 시대적 흐름에 거의 대부분 혹은 관련 교과를 통합하는 방법이다. 즉, 역사를 중핵에 놓고 정치, 경제, 사회, 문학, 예술, 음악 등의 교과영역을 관련시키는 것이다. 어느 경우이든 교과 중심의 중핵 교육과정이 전통적인 교과목에 비해 몇 가지의 장점을 가지고 있다. 유리된 단편적 지식이 아니라 통합된 학습이 가능하고 여러 교과 사이의 일반 관계를 발견케 하여 일반 교육의 목적에 접근케 한다.

역사과의 내용조직 방법은 보통 연대기적 방법, 주제중심적 방법, 연대기적 방법과 주제중심적 방법의 혼합, 분절적 접근(patch approach) 등을 들 수 있다.[37)] 역사중심 '공통사회' 구성방안으로는 연대기적 방법을 기본골격

---

35) 정선영, 「역사교육에 있어서 사회과학적 접근」, 『이원순교수정년기념 역사학논총』, 393면.

36) Robert B. Woyach and Richard C. Remy, *Approaches to World Studies-A Handbook for Curriculum Planners*(Boston : Allyn and Bacon, 1989), pp. 11-13.

으로 하고 단원은 주제 중심으로 구성하는 연대기·주제중심 혼합적 접근의 형태가 적절할 것으로 판단된다. 연대기는 일반적으로 지리하고 무의미한 사건과 연대의 나열로 비판받기는 하지만 역사의 변화·발전과정과 계속성을 보여 주는데 여전히 유효한 형태라고 할 수 있을 것이다. 연대기적인 골격을 유지하면서 사건의 나열을 피하고 중요한 주제나 개념을 중심으로 내용을 선정하는 것이다.

주제중심 혹은 일반화의 이용은 역사적 사실의 무의미한 나열을 막고 사실들의 의미와 상호관련성을 부여하게 될 것이다. 특히 이러한 구상이 근현대사를 중심으로 전개되는 경우 현대 문제의 보다 직접적인 원천에 대한 전체적·종합적 조망을 가능하게 할 것이다. 현대사는 사회과학적 개념을 동원하여 내용조직을 하기에 매우 적절한 부분이라고 할 수 있다.[38]

---

37) 정선영, 「역사교육에 있어서 사회과학적 접근」, 403쪽.

38) 현대사를 사회과학적 개념 특히 정치학 개념을 이용하여 내용을 조직한 예로는 다음의 글이 좋은 예이다. 여기서는 정치학의 개념, 즉 지도력, 의사결정, 개인의 역할, 이념, 국제관계(갈등)를 이용해 20세기 세계사 이해를 시도하고 있다.
Derek Heater, "History and the Social Sciences", in Martin Ballard(ed.), *New Movements in the Study and Teaching of History*(Bloomington : Indiana Univ. Press, 1970).

역사중심 '공통사회' 방안

- 특성과 내용선정의 범위 -

역사중심 '공통사회'는 현대 사회의 제반 제도, 문화, 사건 등을 역사적인 맥락에서 이해하며, 미래에 대한 전망을 가지는 것을 목표로 한다. 따라서 변화·계속성·인과관계를 염두에 둔 연대기를 기본 골격으로 한다. 단원은 주제별로 구성한다. 즉 연대기-주제 혼합형이다.

선택 범위는 민주주의·산업사회가 자리잡기 시작하는 시점인 시민혁명과 산업혁명의 시기, 즉 18세기에서 현대 사회까지로 설정한다. 구체적인 내용은 현대 사회로 이행해 오는데 비교적 중요한 것으로 간주되는 사실들, 즉 우리 사회를 구조적으로 이해할 수 있는 주제, 오늘날 중대한 문제로 간주되고 있는 것들의 기원이나 배경을 살필 수 있는 주제들을 선정한다.

중단원이나 소주제는 관련 사회과학의 중심 개념으로 접근한다. 그리고 다루는 주제를 현대 사회의 문제와 연관시키거나 그 변천과정을 추적하게 한다. 각각의 주제는 통합의 정신을 살리기 위해 그 주제의 사회과학적 배경에 따라 사회과학의 주요 개념을 중심에 놓고 관련 보조 개념과 연관시키면서 주제 탐구 방법으로 접근할 수 있는 방안을 모색한다. 이러한 체제는 인간 사회를 중심으로 내용을 구성하게 되기 때문에 지리 특히 자연지리적인 내용이 배제되는 경향이 있다. 이 부분은 어느 한 지역을 중심으로 주제가 설정될 경우 그 지역에 대한 개관에서 지리에 대한 내용을 정리하는 방식 등을 통해서 보완하는 방법이 있을 것이다.

- 목 표 -

· 인간 사회의 변화와 계속성을 인식한다.
· 과거·현재·미래를 연결하는 역사적 과정의 한 부분으로서 현재를 이해한다.
· 세계 여러 문화권의 다양한 삶의 조건과 상호관계를 이해한다.
· 주체적인 입장에서 세계사를 볼 수 있는 안목을 갖는다.
· 사건의 상이한 해석에 대해 역사적 안목으로 비판적이고 독자적인 평가·판단능력을 가질 수 있다.

- 단원구성 -

Ⅰ. 근대사회의 성립
  1. 근대사회의 구조
  2. 산업화와 사회변화
  3. 정치혁명과 새로운 체제의 수립
Ⅱ. 식민지 지배체제와 민족운동
  1. 식민지 지배의 성립과 유형
  2. 민족운동
  3. 19세기 새로운 이념의 등장
Ⅲ. 제국주의와 세계대전
  1. 제국주의의 성립과 1차 세계대전
  2. 전체주의 등장
  3. 2차 세계대전
Ⅳ. 현대세계의 새로운 질서
  1. 냉전과 양극체제
  2. 서유럽과 일본의 경제적 성장
  3. 제3세계의 등장
Ⅴ. 변화하는 세계
  1. 국제질서의 변화
  2. 경제체제의 재편
  3. 미래를 향하여

Ⅰ. 근대사회의 성립

이 장은 현대사회의 기본 구조인 민주주의, 자본주의, 평등사회의 골격이 형성되는 시기이다. 따라서 이 장에서는 현대사회가 어떻게 성립되었으며, 어떠한 과정을 거쳤는가를 배우게 된다. 주 내용은 서양의 시민혁명, 산업혁명 그리고 비유럽 세계의 근대화이다. 이 장에서 유의해야 될 점은 근대화를 서구화와 동일시해서는 안된다는 점이다. 다양성과 우리 역사에 대한 주체적인 관점에 입각해서 세계의 다양한 근대화과정을 살필 수 있어야 한다.

1. 근대사회의 구조
  - 주요개념 : 근대, 서구화, 근대화, 전통, 문화충돌

1.1 근대사회의 특성
  자유주의 / 근대민족주의 / 산업사회 / 민주주의의 진전

1.2 근대화과정의 유사성과 차이점
서구형 근대화모델과 비서구형 근대화모델

2. 산업화와 사회 변화
- 주요개념 : 자원, 산업, 무역, 시장, 운송, 노동

2.1 유럽의 기술혁명
2.2 북아메리카와 서유럽의 산업혁명
2.3 비유럽의 산업화
2.4 산업화로 인한 사회 변화

3. 정치혁명과 새로운 체제의 수립
- 주요개념 : 혁명, 민주주의, 신분과 계급, 권력, 갈등, 사회변동, 사회주의

3.1 유럽의 시민혁명
명예혁명 / 미국독립 / 프랑스혁명
3.2 러시아 사회주의혁명
짜르체제 / 노동자계층의 등장 / 사회주의의 등장
3.3 중국의 농민혁명
중국의 산업구조 / 사회전통 / 열강의 쟁탈전 / 공산당과 국민당 / 내전
3.4 라틴 아메리카 사회주의 혁명
포르투갈·스페인의 식민통치 / 산업과 인구구조 / 사회적 불평등

Ⅱ. 식민지 지배체제와 민족운동

18세기 이래 1945년 미·소 양대국 중심 세계체제가 형성되기까지 세계를 주도해 왔던 제국주의의 식민지배체제는 식민지배를 경험한 국가들의 정치구조나 경제조건·언어·문화 등 역사과정에서 총체적인 삶의 조건을 규정한다. 따라서 유럽세력의 팽창과 세력다툼, 식민통치 등은 오늘날 국제문제의 뿌리를 이해하는데 중요하다. 이 장에서는 유럽의 팽창, 식민통치 방식의 변화, 식민지인들의 민족운동 등을 주로 살피게 된다. 식민지 정복과 지배, 그에 대한 저항의 역사는 오늘날의 제3세계 신흥 국가들의 정치·경제·사회 상황의 본질에 대한 접근을 가능하게 한다.

아울러 19세기 새로운 이념으로 여전히 이념세계를 지배하고 있는 자유주의, 민족주의, 그리고 사회주의의 형성 전개과정을 살펴봄으로써 오늘날의 이념문제를 좀더 분명하게 이해할 수 있도록 한다.

1. 식민지 지배체제의 성립 및 그 유형

- 주요개념 : 무역, 통상, 탐험, 시장, 노동, 이민

1.1 신민지 지배체제의 성립

상업자본주의 / 산업자본주의 / 독점자본주의

1.2 식민지 지배 유형

직접통치 / 간접지배 / 민족말살

2. 민족운동

- 주요개념 : 식민지, 봉건사회, 민족자본, 근대화

2.1 인도의 민족운동

세포이 항쟁

2.2 아랍민족운동

이집트 / 이란 / 오스만투르크

2.3 라틴 아메리카의 독립

2.4 동아시아의 민족운동

한국 / 중국 / 일본

3. 19세기 새로운 이념의 등장

- 주요개념 : 이데올로기, 민족, 자유주의, 민족주의, 사회주의

3.1 민족주의

민족의 개념 / 민족국가의 성립 / 이탈리아, 독일의 통일

3.2 자유주의

부르주아 계급 / 시민혁명 / 의회민주주의

3.3 사회주의

공산주의 / 마르크스와 엥겔스 / 인터내셔널

Ⅲ. 제국주의와 세계대전

제국주의는 산업혁명 이후에 등장하는 국가 독점자본주의이다. 앞 장의 산업혁명의 진전과정, 식민지지배 등과 연결되는 부분이다. 이 장에서는 제국주의 국가들간의 식민지 쟁탈전, 세력균형과 긴장, 1차 세계대전, 전후의 경기회복, 전제주의의 등장 및 2차 세계대전으로 이어지는 시기를 다루게 된다. 국가간의 역학관계에 대한 역사적 사례를 통해 국제관계를 이해할 수 있도록 한다.

1. 제국주의와 1차 세계대전

- 주요개념 : 제국주의, 종속, 독점자본주의

1.1 제국주의론

독점자본주의 / 팽창정책과 세력균형

1.2 식민지쟁탈전

유럽의 식민지 쟁탈전(아시아 아프리카)

1.3 1차 세계대전

발칸반도/ 민족문제 / 전쟁 경과 / 베르사유 체제

2. 전체주의의 등장과 제2차 세계대전

- 주요개념 : 인플레이션, 경기침체, 전체주의, 민족적 편견, 인종주의

2.1 경제공황

불황 / 실업 / 공황

2.2 전체주의의 등장

이탈리아 파시즘 / 독일 나찌즘 / 일본 군국주의/ 스페인 우익 독재

3. 2차 대전

- 주요개념 : 전쟁, 평화

전체주의 동맹 / 전면전 / 핵무기 / 국제회의

Ⅳ. 현대 세계의 새로운 질서

2차 세계대전 종전 이후 70년대까지 미·소 중심의 냉전체제가 유지된 시기이다. 이 시기는 우리의 남북분단 및 극한적인 이념대립을 초래한 국제환경을 이해할 수 있다는 면에서도 중요한 의미를 가진다. 아울러 본격적인 산업사회로의 이행, 국제사회에서 제3세계 국가들의 급속한 세력화 등이 이루어진 시기이기도 하다. 그러나 아프리카의 정치적 독립에도 불구하고 분쟁은 끊이지 않고, 경제적 빈곤은 계속되어 오늘날 국제사회의 중요한 문제가 되기도 한다. 오늘날 아프리카 주변 정세를 이해하기 위해서는 독립의 구체적인 과정을 살펴보는 것이 유익할 것이다.

1. 냉전과 양극체제

- 주요 개념 : 갈등, 긴장, 이데올로기, 냉전

1.1 미·소의 강대국화

소비에트 연방 / 동유럽의 사회주의화 / 미국과 서유럽

1.2 냉전

핵무기와 비무장 / 베를린 / 6.25 / 헝가리 / 쿠바 /베트남

2. 서유럽과 일본의 경제적 성장

- 주요개념 : 경제발전, 유럽공동체, 고도성장

2.1 유럽의 경제적 발전

라인강의 기적 / 영국의 침체 / 공동시장

2.2 전후 일본의 부강

일본의 경제성장 / 전쟁특수(6·25, 베트남 전쟁)

3. 제3세계의 등장

- 주요개념 : 혁명, 개발, 저개발, 남북문제, 빈곤, 비동맹

3.1 아시아에서의 개발의 격차

인도와 중국의 갈등 / 새로운 산업화 국가들

3.2 아시아에서의 민족주의와 공산주의의 결합

인도 / 중국 / 동남아시아

3.3 라틴아메리카의 혁명

쿠바 / 볼리비아 / 칠레 / 니카라과

3.4 서구 지배의 유산

아프리카, 중동의 정치적 혼란 / 경제적 빈곤

Ⅴ. 변화하는 세계

1980년대 이후 세계는 엄청난 변화를 겪게 된다. 그 대표적인 것이 사회주의의 몰락이다. 동유럽 공산정권의 붕괴 및 민주정부의 수립, 독일의 통일, 소련의 해체, 중국 베트남 쿠바의 개방화 등이다. 경제적인 면에서도 우루과이 라운드 체제하에 세계 경제가 선진국들의 주도에 의해 재편된다. 동서이념 문제는 해소되어 가고 있으나 남북간의 경제 격차는 유지·확대되어 가고 있다. 이 장의 학습을 통해 국제화·세계화 시대로 가는 역사적인 흐름을 이해하고 변화해 가는 국제질서에 대응하기 위해서 어떠한 노력을 기울여야 하는지를 생각할 수 있도록 한다.

1. 국제질서의 변화

- 주요개념 : 사회주의, 민주화, 분단과 통일

1.1 사회주의의 몰락

동유럽 공산정권의 붕괴 및 민주화 / 소련·유고 연방의 해체

1.2 분단과 통일

독일 / 예멘 / 한국

2. 경제 체제의 재편

- 주요개념 : 국제무역, 개방, 무역장벽

2.1 지속되는 남북문제

2.2 우루과이 라운드 체제

GATT / WTO

3. 미래를 향하여

- 주요개념 : 정보, 환경오염, 자원, 우주개발

3.1 새로운 시대의 도래

정보화 / 우주시대 / 미래학

3.2 하나뿐인 지구

환경보호 / 반핵운동 / 대체에너지원

Ⅳ. 맺음말

이상 사회과 통합의 문제를 검토하고, 역사 중심 '공통사회' 시안을 제시해 보았다. 끝으로 사회과 통합 논의에서 몇 가지 점을 지적하면서 이 글을 마치고자 한다.

첫째, 통합의 유형에 관한 문제이다. 우리 나라 사회과 통합 논의에서는 대체로 융합형을 궁극의 지향점, 혹은 이상적인 형태로 간주하는 경향이 있다. 그런데 문제는 미국의 사회과와 관련한 논의에서 이 통합 유형의 인식상에 약간의 혼선이 있는 것으로 보인다. 즉, 사회과를 영역으로 보느냐 과목으로 보느냐가 통합의 유형과 관련하여 명백하게 정리되지 않고 뒤섞인 듯한 느낌이 있다. 미국 사회과는 중등학교 단계의 경우 통합의 유형으로 보면 광역형이 되겠다. 즉, 사회과 영역내에 여러 가지 과목이나 단기코스가 있는 형태이다. 그 안에서 여러 관련 과목을 연관시켜 하나의 과목을 만들어 낼 수 있는 여지는 물론 있다. 미국에서는 그러한 형태를 9년차와 12년차에 마감 과목으로 제시하기도 한다. 그러나 우리의 경우와 같이 사회과 영역내의 여러 분과내용을 혼합하여 새로운 필수 과목을 만들려는 시도는 없다. 융합형을 전제로 하는 경우 다른 유형의 통합형을 우리 상황에서 적극적으로 검토할 수 있는 여지를 배제하는 결과가 되어 사회과 논의를 협소화시키는 쪽으로 작용할 소지가 있다.

둘째, 이른바 '분과체제'의 문제점으로 지적되는 것들의 연원이 어디인가에 대한 파악이 피상적이라는 느낌을 준다. 통합 사회과의 당위성을 위해 지적하는 문제들이 통합 이전의 분과 체제하에서의 과목의 본질에서 기인하는 것인지, 교과서, 학급당 인원, 학습교재 구비 정도 등과 같은 학교 현장의 문제 혹은 교사양성 등에서 비롯하는 문제인지를 분명히 할 필요가 있다. 예를 들어 입시위주의 암기식 수업은 과목의 본질에서 기인한다기보다는 우리의 교육 현실에서 비롯하는 문제로 사회과 영역내의 개별 교과들, 혹은 분과적인 운영상의 문제에만 돌릴 수 있는 것은 아니다. 모든 과목에 해당되는 문제이다.

셋째, 통합의 걸림돌로 작용하는 요인 중의 하나로 언급되는 것이 대학의 분과주의적인 경향과 분과체제에 의해 교육받은 교사들로는 통합 사회과를 지도할 수 없다는 점이다. 물론 그러한 측면이 없지는 않을 것이다. 그러나 사회과에 관련되는 대부분의 사회과학에 정통할 수 있는 교사양성 체계가 가능할 것인지를 먼저 문제 삼아야 할 것이다. 대학 4년 과정에서 중등학교 사회과 관련 과목 모두에 정통하는 것은 불가능에 가깝다. 이는 예를 들어 고등학교 사회과 내용을 어느 수준으로 할 것인가의 문제와도 관련된다. 교사가 어느 수준의 학문적 교양을 갖추어야 하는 가이다. 초등교원 양성 기관인 교육대학교와 중등교원양성기관인 사범대학교의 편제가 다른 것은 단순히 분과주의적인 차원의 문제로 돌릴 수는 없을 것이다. 교육의 질은 교사가 결정한다고 할 때 사회과 관련 사회과학 여러 분야에 능통할 수 있는 교사육성이 가능하지 않다면 융합형을 지향하는 통합 논의는 무의미할 뿐만 아니라 역효과를 낼 여지가 다분하다.

사회과 관련 내용을 융합하여 새로운 체제의 교과를 만들어 낸다면 그 과목을 제대로 가르칠 수 있는 교사는 거의 없을 것이다. 따라서 아무나 다 가르칠 수 있는 과목이 될 수 있을 것이다. 현실 사회문제가 학생들의 흥미에 꼭 부합하는 것도 아니고 그렇게 쉽게 이해될 수 있는 것도 아닐 것이다. 그렇다면 무리하게 융합형으로 통합하여 특정 분과 전공자 1인이 힘들게 가르치는 것보다는 해당 분과에 정통한 여러 교사가 교과협의회 등을 활성화시키면서 상관형으로 편성을 할 수도 있을 것이다.

넷째, 본고의 역사 중심 '공통사회' 통합안도 매우 조심스럽게 모색되어야 할 것이다. 교육과정에서도 언급하고 있는 바와 같이 고등학교 수준에서는 학문적인 틀, 즉 과학적 탐구능력 등을 전제로 해야 한다. 그런데 사회과에 포함되는 세 분과 중의 어느 하나를 중심으로 '공통사회' 방안을 마련하는 경우 다른 두 분과의 논리체계 또는 학문적인 구조의 일관성을 무너뜨리는 결과를 낳을 수밖에 없다. '교육과정 해설'에서도 지적한 바와 같이 사회과 전 영역의 기초적인 내용을 추출하고 재구성하는 일이 매우 어렵다. 따라서 어느 한 분과를 중심으로 통합교과를 구성할 경우, 기존의 개별 과목이 갖는 교육적 가치가 폐기되어도 별 문제가 없는지에 대한 합의가 필요하다.

예를 들어 국사나 세계사는 교육목표상에 표시된 바의 고유한 교육목표를 가지고 있는데, 하나의 과목으로서의 틀을 유지하지 못하고 통합 사회과의 소재가 될 때 역사 고유의 특성은 상실되고 말 것이다. 시간적인 연속성과 변화 발전, 과거 인간 경험에 대한 총체적인 접근의 통합성은 확보될 수 없을 것이다. 더욱이 국사의 경우 한국 교육 상황에서는 매우 독특한 나름대로의 역할과 기능을 부여받고 있다. 오랜 역사를 이어온 단일민족의 정체성과 통합성을 제고시키는데 가장 핵심적인 과목의 하나라고 할 수 있다. 과연 현실 사회문제를 주제로 구성하는 통합 사회과가 이러한 측면을 다 포괄해 내거나 충실하게 수용할 수 있는지는 매우 의문시된다.

(양 정 현)

제 14 장
역사교육 논저목록

Ⅰ. 목록작성의 취지

오늘날 교과교육의 필요성이나 중요성에 대한 공감의 폭은 점차 넓어져 가고 있다. 교과교육학의 체계와 학문적 위상을 확립하기 위한 노력과 그 이론적·실천적 연구들이 활발히 이루어지고 있다. 역사교육의 경우도 갈수록 많은 연구물이 발표되고 있으며, 연구수준도 높아지고 있다. 이에 따라 역사교육 연구의 그 동안의 성과를 정리하고 역사교육 연구의 과제와 앞으로 나아가야 할 방향 등에 대한 논의의 필요성이 제기되고 있다.

그 동안 역사교육 연구의 성과에 대한 정리 작업은 종종 이루어져 왔다.1) 예컨대 송춘영 교수는 일련의 논문을 통해 1980년대 중반까지 나온 역사교육 연구들을 통계적으로 분석하였으며, 양호환 교수는 해방 이후 역사교육 연구의 동향을 개관하고, 그 성과와 과제 등을 제시한 바 있다. 앞으로는 여기에서 한 걸음 더 나아가 각 분야별로 연구성과를 정리하고 이를 바탕으로 역사교육 연구의 수준을 한 단계 높여야 하리라고 생각된다. 본 목록작업은 실제로 어떠한 역사교육 연구들이 있었는가를 구체적으로 조사하여 정리하기 위한 것이다. 이러한 작업은 각 분야별로 이제까지의 역사교육 연구가 거둔 성과와 문제점, 현재의 연구수준과 실상을 보여줌으로써, 역사교육 연구가 앞으로 해결해야 할 과제와 나아가야 할 방향을 파악하는데 하나의 시사점을 줄 수 있을 것이다. 또한 이 목록은 역사교육 연구를 위한 안내와 기초 자료로 이용될 수 있을 것이다.

---

* 본 목록은 한국교원대학교 대학원생들의 도움으로 작성되었다.

1) 이에 대한 구체적인 내용은 본 목록 Ⅵ장 1절「역사교육 연구의 방법과 동향」에 수록되어 있는 글들을 참조.

1990년 이전까지의 역사교육 연구성과들에 대한 목록의 정리 작업은 이미 한차례 이루어진 바 있다.[2] 그러나 여기에는 일부 누락되거나 잘못된 것이 있으며, 목록을 좀더 체계적으로 정리할 필요성이 생겼다. 따라서 해방 이후부터 현재까지의 목록을 다시 조사하여 정리하였다.

Ⅱ. 목록의 조사범위 및 방법

이 목록은 해방 후부터 1996년 6월 현재까지 발표된 역사교육 관계 저서나 논문을 대상으로 작성하였다. 목록의 조사는 저서, 석·박사 학위논문, 학회지 및 논문집, 잡지, 현장교육 논문 등을 중심으로 하였으며, 그밖에 역사교육 관련 학술회의의 발표문, 단행본이나 무크지 등에 실린 역사교육 관련 글도 조사 대상으로 삼았다. 저서 및 논문의 형식을 갖춘 글들은 모두 조사하고자 하였으며, 시론(時論)의 성격을 띤 글이라고 할지라도 역사교육에 대한 논의나 흐름을 파악하는데 도움을 준다고 생각되는 경우에는 조사 대상에 포함시켰다. 본 목록은 국내의 역사교육 연구성과들에 대한 조사이지만 정리의 필요상 학위논문, 국제학술회의 등을 통해 국내에서 우리말로 발표되거나 우리말 번역문이 있는 외국인들의 글도 포함시켰다. 본 목록의 조사범위와 방법은 다음과 같다.

◦ 저서 : 개설서를 비롯한 역사교육 관련저서를 조사하였다. 다만 그 저서가 여러 사람의 논문을 모은 논문집의 성격을 띤 것일 경우 책 속에 실려 있는 개별 논문을 본 목록에 조사하여 수록하였다.

◦ 학위논문 : 대학원이나 교육대학원 역사교육 전공의 석·박사학위 논문 중 일반사 논문을 제외한 역사교육 관련 논문 전체를 조사하였다. 다른 전공의 학위논문이라고 하더라도 역사교육과 직접 관련있는 논문의 경우는 확인할 수 있는대로 수록하였다. 이 학위논문의 조사, 확

---

2) 「역사교육논저목록」, 『역사교육』 49(1991).
이 목록은 해방 후부터 1991년 6월까지를 대상으로 하고 있다.

인에는 국회도서관에서 나온 『한국 석·박사학위논문 총목록』 1~27집과 컴퓨터 통신인 '천리안'에 제공되는 '국회도서관 목록정보'(nolis system), '국립중앙도서관 목록정보'를 참고하였다.

◦ **학회지 및 논문집** : 학회지 중 역사교육 관련 글들이 상대적으로 많이 실리는 『역사교육』(역사교육연구회 간행), 『역사교육논집』(역사교육학회 간행), 『사회과교육』(한국사회과교육연구회 간행) 전체를 조사하였으며, 그밖의 역사, 교육, 교과교육, 사회과교육 학회지들에 실린 역사교육 관련 글들도 조사하였다. 단행본으로 발간된 역사교육 논문집 전체를 조사하였으며, 각 대학이나 대학 소속 연구소들이 펴낸 논문집에 실린 글들도 파악되는대로 조사·수록하였다.

◦ **잡지** : 주로 매달 발간되는 교육 관련 잡지에 실린 역사교육 관련 글들을 조사 대상으로 하였다. 각 시도교육연구원에서 월간으로 발간하는 교육 잡지, 한국교원단체총연합회(교총, 1990년 이전의 대한교육연합회)에서 발간하는 『새교육』 등에 실린 글들의 목록을 조사하였다. 그밖에 역사나 교육 관련 잡지, 그리고 잘 알려진 종합 월간지에 실린 역사교육 관련 글들도 조사하였다. 잡지에 실린 목록을 조사하는데는 국회도서관에서 매 분기 간행되는 『정기간행물 기사목록』과 컴퓨터 통신인 '천리안'에 제공되는 '국회도서관 목록정보'(nolis system)를 참고하였다.

◦ **현장교육 논문** : 교총 주최 현장교육 연구대회에 발표된 논문을 대상으로 하였다. 이 조사에는 교총에서 간행하는 『현장연구논문집』을 이용하였다.

◦ **기타** : 국내에서 열린 역사교육 관련 학술회의의 발표문, 교육부나 교육청, 그밖의 교육관련 단체, 출판사에서 발간한 단행본이나 부정기 간행물(무크지)에 실린 역사교육에 관한 글들을 조사 대상으로 하였다. 신문에 실린 글은 목록에 포함시키지 않는 것을 원칙으로 하였으나, 그 글이 역사교육에 관해 사회적 관심을 불러일으킨 글의 경우에는 조사·수록하였다.

Ⅲ. 목록의 작성 및 수록

1. 목록의 분류

조사한 논저 목록은 그 내용에 따라 분류하여 수록하였다. 분류 방식은 1991년 작성된 「역사교육논저목록」을 참고하였지만 역사교육의 학문적 체계를 염두에 두고서 조정하였다. 따라서 분류 체계의 구성이나 장·절의 제목이 상당 부분 달라졌다. 하지만 아직까지 역사교육학의 학문적 체계에 관한 일반적 합의가 이루어지지 않은 상태이므로 이러한 분류 체계는 편자의 개인적 견해가 상당 부분 반영되었다고 할 수 있다. 본 목록에 수록되어 있는 글들은 가급적 그 내용을 직접 확인하여 분류하려고 노력하였으나 글을 수집하고 읽는 시간과 인력상의 문제상 상당수의 글들은 제목에 의해서만 분류하지 않을 수 없었다. 또한 역사교육에 관한 글들 중에는 본 목록의 분류 항목 중 두 가지 이상의 분야에 걸쳐 있거나 분류가 애매한 경우가 상당수 있다. 이 경우는 내용상의 비중을 참작하여 편자가 판단하였다. 따라서 본 목록의 분류 체계나 목록에 실린 글들에 대한 실제의 분류와 관련하여 발생하는 문제점은 전적으로 편자의 책임이라고 하겠다. 본 목록의 분류 체계는 다음과 같다.

Ⅰ. 역사교육총론

1. 개론·개설서
2. 역사학과 역사교육
3. 역사교육론 일반
4. 초등학교 역사교육론
5. 중등학교 역사교육론
6. 대학·일반 역사교육론
7. 국사교육론
8. 세계사교육론
9. 근·현대사교육론
10. 사회과와 역사교육

Ⅱ. 역사과 교수-학습론
1. 역사교육목표론
2. 역사교육 내용의 선정과 조직
3. 역사과 교재 및 학습지도
(1) 교재 및 학습지도 일반
(2) 탐구학습
(3) 문답법
(4) 극화 · 모의학습
(5) 개념학습
(6) 사료학습
(7) 향토사학습
(8) 인물학습
(9) 시청각 학습
(10) 연표 및 지도학습
(11) 가치 · 태도학습
(12) 기타
4. 역사학습의 평가
Ⅲ. 역사 교육과정(教育課程)과 교과서
1. 역사과 교육과정
2. 국사 · 초등사회(국사 내용)교과서
3. 세계사 · 사회(세계사 내용)교과서
4. 사회과부도
5. 외국교과서의 한국사 서술 · 외국의 한국사 교육
6. 교육과정 · 교과서 비교 연구
Ⅳ. 인지발달과 역사교육
1. 역사인식과 역사적 사고 이론
2. 학습자의 역사의식 · 역사적 사고력 조사
Ⅴ. 역사 교육사
1. 통사
2. 전근대
3. 개화기 · 한말
4. 일제통치기
5. 해방 이후
Ⅵ. 역사교육 연구와 외국의 역사교육

1. 역사교육 연구의 방법과 동향
2. 외국의 역사교육
3. 북한의 역사교육

2. 목록수록의 방법

◦ 조사된 목록을 먼저 그 내용에 따라 분류한 후, 각 분야별로 발표 연도순에 따라 게재하였다. 같은 연도에 발표된 연구의 경우는 먼저 발표 월까지 기재되어 있는 글들을 발표 순서에 따라 게재하고, 발표 연도만이 표기된 글을 그 다음에 필자명의 가나다순에 따라 게재하였다. 다만 한 책에 같은 분야로 분류된 글이 여러 편 실려 있을 경우 이 글들은 이어서 게재하였다.
◦ 저서, 논문집이나 학회지에 실린 논문의 경우는 호수와 발행 연도를, 잡지의 경우는 호수와 발행 연·월을 기재하였다. 다만 월간지 등과 같이 보통 몇년 몇월호로 인식되는 경우에는 호수를 생략하였다. 학위 논문의 경우는 학위를 받은 연·월을 수록하였으며, 현장연구논문은 연구 대회가 개최된 연도에 발표된 것으로 취급하였다.
◦ 학위논문이나 학술회의의 발표논문, 현장연구논문이 논문집이나 학회지에 실린 경우에는 해당 논문집이나 학회지를 본 목록에 수록하였다. 다만 요지만이 실린 경우에는 원래의 논문을 수록하였다.
◦ 내용이 동일하거나 거의 비슷한 글이 두 개 이상의 책에 수록된 경우에는 그 중의 하나만을 택해 기재하였다.

(김 한 종)

Ⅳ. 역사교육자료의 목록

1. 역사교육총론

(1) 개론 · 개설서

강우철, 「역사교육시리즈」, 『새교육』 219~230, 1973. 1~12.
강우철, 『역사의 교육』, 교학사, 1974
이원순 외 5인, 『역사과교육』, 능력개발사, 1977.
이원순 · 윤세철 · 허승일, 『역사교육론』, 삼영사, 1980.
이원순 · 이정인, 『역사교육－이론과 실제』, 정음문화사, 1985.
윤세철, 「사회과 역사교육론」, 『사회과 교육』 22, 1989
최양호, 『역사교육의 현장』, 청년문화, 1991.

(2) 역사학과 역사교육

홍이섭, 「역사와 교육」, 『역사교육』 1, 1956.
이성수, 「역사교육 목표론」, 『역사교육』 3, 1958.
이성수, 「세계사의 성격과 그 교육론」, 『역사교육』 4, 1959.
강우철, 「역사와 역사교육」, 『사회과교육』 4, 1969.
천관우, 「역사학의 동향과 역사교육」, 『역사교육』 13, 1970.
한경자, 「역사교육 목적 정립을 위한 기초 연구」, 서울대교육대학원 석사학위논문, 1974. 2.
김철준, 「국사학과 국사교육 : 식민지 사관의 극복을 위하여」, 『서울평론』 1974년 7월호.
강우철, 『역사연구방법과 그 교육적 접근』, 탐구당, 1975.
이민호, 「역사학과 역사교육」, 『역사교육』 34, 1983.
김우창, 「역사와 공민교육」, 『역사교육』 40, 1986.
강우철, 『역사는 왜 배우는가』, 교학사, 1992.
안영희, 「Hempel의 포괄법칙 설명과 한국사 설명」, 강우철(편), 『한국사 서술의 새로운 시각』, 교학사, 1992.
정선영, 「과학적 설명논리와 역사교육에의 적용」, 서울대 대학원 박사학위논문, 1993. 8.
정선영, 「세계사 수업에서 과학적 설명논리의 적용」, 『충북대 교육개발연구논총』 14, 1994.
이상현, 「로빈슨의 역사교육론과 역사적 상대주의에 대한 소고」, 『역사교육』 57, 1995.
정선영, 「역사용어의 성격과 그 교육적 이용 : 세계사의 사례를 중심으로」, 『충북대 교육개발연구 논총』 15, 1995.
정선영, 「역사교육에서 시대구분의 의미와 과제」, 『역사교육』 59, 1996.

(3) 역사교육론 일반

사공환, 「역사교육의 재건에 관한 별견(瞥見)」, 『새교육』 창간호, 1948. 7.
황철수, 「사회생활과교육과 역사교육의 방향」, 『서울사대부고 연구연보』 1, 1955.
이상선, 「사회생활과에 있어서의 역사교육(1)」, 『역사교육』 1, 1956.
이원순, 「역사교육의 애로(隘路)」, 『역사교육』 1, 1956.
강우철, 「역사교육의 재검(再檢)－사회생활과 역사교육의 방향」, 『역사교육』 2, 1957.
강우철, 「역사교육의 당면문제」, 『새교육』 60, 1958. 3.
김성근, 「교육의 혁신과 역사교육의 과제 - 4월 혁명에 따르는」, 『역사교육』 5, 1961.
이원순, 「역사교육의 신전환을 위하여」, 『역사교육』 5, 1961.
황철수, 「자유와 역사교육」, 『역사교육』 5, 1961.
Lauwerys, J.A.(유네스코한국위원회 역), 『역사교본과 국제 이해』, 유네스코한국위원회, 1964.
이민호, 「역사와 주체의식」, 『역사교육』 13, 1970.
강우철, 「역사교육의 추이」, 『역사교육』 14, 1971.
최재희, 「주체의식과 역사교육」, 『역사교육』 14, 1971.
이정인, 「교사와 사안(史眼)」, 『사회과교육』 7, 1974.
이원순, 「개항 100년과 교육자의 역사의식」, 『새교육』 259, 1976. 5.
이규호, 「역사교육의 인간학적인 고찰」, 『역사교육』 20, 1976.
정환시, 「역사교육의 새로운 고찰－세계의 새로운 구성을 중심으로」, 『교육연구』 114~119, 1978. 3~8.
김 정, 「민족정신과 충무공의 얼－민족사관에 대한 한 연구」, 『광주교육대학논문집』 18, 1979.
이존희, 「80년대에 기대되는 사회과 교육－역사분야」, 『사회과교육』 13, 1980.
문인갑, 「역사교육과 독립기념관 건립 의의」, 『부산교육』 227, 1983. 6.

전병우, 「역사교육과 역사의식 및 민족사적 정통성」, 『부산교육』 227, 1983. 6.
하대선, 「역사교육의 효율성 제고」, 『부산교육』 227, 1983. 6.
이순권, 「역사교육과 민족주의」, 『한국민족주의론 2』, 창작과 비평사, 1983.
박상렬, 「사회과 역사교육의 구조 원리」, 『전북교육연구원연구월보』 191, 1984. 12.
이정인, 「역사교육의 재성찰」, 『사회과교육』 17, 1984.
이종영, 「역사교육의 실천적 가치」, 『역사교육』 28. 1984.
김항구, 「역사교육의 목적과 현실적 과제」, 『사회과교육』 20, 1987.
이원순, 「역사교육에 있어서의 보편성과 개별성의 문제—한·일의 역사교육에 초점을 맞추어」, 『역사교과서 서술의 제문제』, 한일문화교류기금 주최 한·일학술회의 자료집, 1989. 12.
정현백, 「역사교육이 강화되어야 한다」, 『사회와 사상』 19, 1990. 3.
김인순, 「역사교육론에 관한 일고찰」, 연세대 교육대학원 석사학위논문, 1992. 2.
김 정, 「역사의 인식 및 교육에 있어서 가치의 문제」, 『광주교대논문집』 33, 1992.
한상구, 「아래로부터의 역사」, 『우리교육』 1994년 8월호.
정영호, 「국제화 시대의 역사교육과 역사교과서」, 『국제화 시대의 역사교육과 역사교과서』, 국제교과서연구소 주최 국제역사교과서 학술회의 종합보고서, 1995. 6.
이양숙, 「잠든 역사의 문을 열며」, 『우리교육』(초등용) 1995년 7월호.
정태범, 「일본 역사교과서 왜곡 사건과 독립기념관 건립과정의 정책적 분석」, 『한국교원대 교수논총』 11권 2호, 1995.
김영한, 「인문학의 위기와 역사교육」, 『역사와 현실』 20, 1996.
정재정, 「시론—역사교육 경시는 '세계화'의 역행이다」, 『역사비평』 계간 32호, 1996. 봄.
서규선, 「후대에 대한 역사교육 소홀히 하면 민족교육 망친다」, 『민족정론』 35, 1996. 6.
이병주, 「역사교육이 천대받는 나라—청소년의 몰가치 아미노 현상 유발요인」, 『자유공론』 352, 1996. 7.
임채원, 「역사교육없이 국민정신교육 없다」, 『민족정론』 37, 1996. 8.

(4) 초등학교 역사교육론

최완기, 「국사교육의 강화방침과 국민학교 국사교육」, 『사회과교육』 9, 1976.

윤순금, 「국민학교 사회과교육-역사교육의 방향과 구조」, 『부산교육』 190, 1977. 7.

오갑균, 「국민학교 국사교육의 실태와 그 개선방향」, 『충북교육』 47, 1978. 9.

오갑균, 「국민학교 국사교육의 실태에 대한 분석적 고찰」, 『청주교대논문집』 16, 1979.

구연무, 「국민학교에서의 국사교육」, 『새교육』 336, 1982. 10.

김태홍, 「국민학교 역사교육 어떻게 할 것인가」, 『새교육』 386, 1986. 12.

김정희, 「역사교육에 관한 교사의 인식 조사 연구 : 국민학교 사회과 역사분야를 중심으로」, 고려대교육대학원 석사학위논문, 1990. 8.

이연복, 「국사교육의 과거와 현재-국민학교를 중심으로」, 『수도교육』 121, 1990. 11.

김여칠, 「국민학교 역사교육의 문제와 해결방안」, 『교육연구』 292~294, 1993. 11~1994. 1.

김원수, 「국민학교에서의 세계사 교육을 위한 일고찰 : 사회과 역사교육과 관련하여」, 『서울교대논문집』 27, 1994.

김원수, 「국민학교 역사교육의 발전 방향-'지구 규모의 역사' 인식과 관련하여」, 『서울교대 한국교육논집』 7, 1995.

(5) 중등학교 역사교육론

구경회, 「중학교 역사교육의 문제점」, 『역사교육』 13, 1970.

최정희, 「고등학교 역사교육의 문제점」, 『역사교육』 13, 1970.

정세구, 「중등학교 사회과 역사교육의 한 방향」, 『사회과 교육』 5, 1971.

박천식, 「중등학교 역사교육의 실제」, 『사회과교육』 8, 1975.

김주하, 「국사교육 시책에 관한 연구 : 중고등학교 학생들의 국사학습 성적과 민족의식의 관계를 중심으로」, 부산대교육대학원 석사학위논문, 1977. 2.

김용무, 「중등학교 국사교육의 현황과 그 개선점에 관한 조사 연구」, 『공주사대논문집』 16, 1978.

김홍수, 「중등학교에서의 국사교육」, 『새교육』 336, 1982. 10.

서신석, 「중·고등학교의 국사교육」, 『사학』 35, 1985. 가을.

송상헌, 「중학교 역사교육의 과제」, 『새교육』 386, 1986. 12.

하영권, 「고교 역사교육의 현주소」, 『새교육』 386, 1986. 12.

송상헌, 「중학교 역사교육 논의, 무엇이 빠져있나」, 『역사비평』 4, 1989. 봄.

류승렬, 「중등학교 역사교육의 실태와 개선방향」, 『역사와 현실』 6, 1991.

유영환, 「실업계 고등학교 역사교육의 현황과 그 개선방법의 연구 : 강원도

내 실업계 고등학교를 중심으로」, 강원대교육대학원 석사학위논문, 1994. 2.

(6) 대학·일반 역사교육론

차하순, 「대학교양과정으로서의 문화사 교육의 제문제」, 『역사교육』 14, 1971.

성낙훈, 「재일 한국학생의 국사교육의 문제점－모국유학생의 경우를 중심으로」, 고려대교육대학원 석사학위논문, 1976. 2.

장태환, 「바람직한 역사교사」, 『역사교육』 25, 1979.

남도영, 「역사교육과 운영의 문제점과 방향－국사과 교사양성제를 중심으로」, 『역사교육』 28, 1980.

이정인, 「한국사 교육에 대한 시론적 연구－대학 교양과정을 중심으로」, 『역사교육』 28, 1980.

이원순, 「역사교사의 양성과 재교육」, 『새교육』 386, 1986. 12.

백승철, 「대학에서의 교양 한국사 교육」, 『역사와 현실』 4, 1990.

안병우, 「한국사 전공교육의 전개와 교과과정상의 문제점」, 『역사와 현실』 4, 1990.

최양호, 「대학의 교과교육으로서 역사교육」, 『역사교육』 50, 1991.

김준형, 「'역사과 교재연구 및 지도법' 강의의 현황과 문제점」, 『경상대 중등교육연구』 3, 1991.

박준성, 「대중역사교육의 전개와 과제」, 『역사와 현실』 6, 1991.

안병호, 「새로운 한국사상(韓國史像)과 교재개발 : 새로운 교양교재 개발」, 『대학교육』 56, 1992. 3.

조승래, 「역사교육과의 실상과 당면과제」, 『대학교육』 59, 1992. 9.

김상대 외, 「대학교양교육의 현황과 개선방안 : 국어, 영어, 불어, 문화사를 중심으로」, 『아주대 인문논총』 4, 1993.

이은숙, 「국난극복사 학습을 통한 상무(尙武)·호국정신의 함양 연구 : 군의 민족사교육을 중심으로」, 이화여대교육대학원 석사학위논문, 1994. 8.

안병우, 「대학 한국사교육의 현황과 과제」, 『역사와 현실』 20, 1996.

(7) 국사교육론

김상기, 「국사교육에 대하여」, 『새교육』 2, 1948. 9.

손진태, 「국사교육 건설에 대한 구상 : 신민족주의 역사교육의 제창」, 『새교육』 2, 1948. 9.
오장환, 「국사 지도상의 난문제」, 『새교육』 4, 5, 6·7합집, 1949. 2., 1949. 3., 1949. 6.
천관우, 「국사교육에서의 일제언(一提言)」, 『새교육』 179, 1969. 9.
임광재, 「국사교육의 개선 방향과 문제점」, 『새교육』 180, 1969. 10.
변태섭, 「국사교육의 문제와 방향」, 『역사교육』 14, 1971.
김용덕, 「주체적 민족사관과 국사교육」, 『새교육』 214, 1972. 8.
이원순, 「국사교육의 새로운 방향」, 『교육평론』 165, 교육평론사, 1972. 7.
김철준, 「국사교육의 방향에 관한 몇 가지 문제」, 『새교육』 235, 1974. 5.
김덕빈, 「국사교육의 기본방향과 문제점」, 『새교육』 237, 1974. 7.
김철준, 「국사교육의 방향과 기준」, 『중고등학교 교사용 교과용 도서』, 1974. 12.(김철준, 『한국문화사론』, 지식산업사, 1986. 수록)
김철준, 「국사교육의 새로운 방향」, 『역사교육』 17, 1975.
최완기, 「국사교육 강화방침과 국사교육」, 『사회과교육』 9, 1976.
김도인, 「(특집 : 교수학습의 구조화) 주체성 함양과 교수 진로-국사과를 중심으로」, 『교육연구』 100, 1977. 1.
이원순, 「국사과를 중심한 학력신장의 문제」, 『교육』 7, 중앙교육연수원, 1978. 12.
남도영, 「한국사교육의 문제」, 『역사교육』 28, 1980.
허선도, 「국사교육의 과제와 전망」, 『새교육』 336, 1982. 10.
이원균, 「한국사 교육의 방향」, 『부산교육』 227, 1983. 6.
주영택, 「민족사관 정립을 위한 한국사 교육 방안」, 『부산교육』 227, 1983. 6.
허 정, 「국사교육의 방향」, 『부산교육』 227, 1983. 6.
하현강, 「국사교육의 과제와 방향」, 『대학교육』 6, 1983. 11.
윤종영, 「특집-국사과 교육」, 『문교행정』 49, 1986. 1.
이인헌, 「국사교육을 통한 대한민국의 정통성 인식」, 『충남교육』 79, 1987. 11.
이연복, 「국사교육의 과거와 현재 : 국민학교를 중심으로」, 『교육연구』 266, 1991. 9.
김호길, 「국제화 시대의 국사교육 방향」, 『민족정론』 10, 1994. 5.
고덕리, 「국사교육과 이데올로기」, 『극동문제』 183, 1994. 5.
박성수, 「국사교육 어디로 가는가」, 『배달문화』 12, 1994. 6.
송춘영·주웅영, 「현행 초·중·고 사회과 국사교육의 특징과 개선 방안」, 『대구교대논문집』 30, 1995.

(8) 세계사교육론

이동윤, 「세계사교육의 당면과제」, 『역사교육』 2, 1957.
노명식, 「서양사교육의 문제와 방향」, 『역사교육』 14, 1971.
전해종, 「동양사교육의 문제와 방향」, 『역사교육』 14, 1971.
남도영, 「한국 역사교육에 있어서의 일본사」, 『역사교육』 20, 1976.
차하순, 「서양사와 세계사교육」, 『역사교육』 19, 1976.
최양호, 「현장에서의 세계사교육」, 『역사교육』 19, 1976.
박종욱, 「세계사교육의 새로운 인식론에 관한 연구 : 지구촌적 세계사(Global History)를 중심으로」, 이화여대교육대학원 석사학위논문, 1991. 2.
윤세철, 「세계사교육과 국제이해」, 『사대논총』 20, 서울대학교 사범대학, 1979.
강양희, 「현장에서의 세계사교육」, 『역사교육』 29, 1981.
이인호, 「세계사교육의 방향」, 『역사교육』 29, 1981.
남궁효, 「세계사교육, 어떻게 할 것인가」, 역사교육을 위한 교사 모임(편), 『살아있는 삶을 위한 역사교육』, 푸른나무, 1989.
한혜승, 「고등학교 세계사교육의 문제점 및 개선방안 : 현대사 교육을 중심으로」, 이화여대 교육대학원 석사학위논문, 1991. 8.
최양호, 「세계사학습의 새로운 접근」, 『수도교육』 125, 1991. 9.
박성수, 「세계사 : 우리 눈으로 본 우리 중심 서술」, 『교과서연구』12, 1992.
오기연, 「중학교 세계사교육의 실태 및 개선방안 : 통합 사회과 교육의 실태를 중심으로」, 경상대 교육대학원 석사학위논문, 1994. 2.
이미령, 「고등학교 세계사교육의 실태와 문제점」, 『성균관대 교육논총』 5, 1995. 12.

(9) 근·현대사교육론

김태웅, 「역사교육과 근·현대사교육의 과제」, 『새교육』 429, 1990. 7.
민병관, 「'일제 강점기'에 대한 역사교육」, 『새교육』 429, 1990. 7.
이명희, 「현대사교육의 현황과 과제」, 『새교육』 429, 1990. 7.
이인석, 「개화기사의 교육과 그 문제점」, 『새교육』 429, 1990. 7.
최상훈, 「바람직한 근·현대사 교육을 위한 제언」, 『새교육』 429, 1990. 7.
역사문제연구소, 「통일을 위한 근현대사 교육, 역사가 10인에게 듣는다」, 『역사비평』 계간 11호, 1990. 겨울.

신용균, 「한국 현대사를 어떻게 가르칠 것인가」, 전국역사교사모임(편), 『살아있는 삶을 위한 역사교육 2』, 푸른나무, 1991.
강우철, 「광복 전후사 교육의 반성과 전망」, 『교육월보』 130, 1992. 10.
박성수 외, 「현대사의 올바른 인식과 역사교육」, 『자유공론』 326, 1994. 5.
이송순, 「현대사 용어에 대한 견해들과 그 문제점」, 『우리교육』 1995년 2월호

(10) 사회과와 역사교육

김홍섭, 「현행 중학교 통합 사회과교육의 실태」, 『역사교육』 50, 1991.
윤세철, 「사회과교육통합의 본질」, 『역사교육』 50, 1991.
윤세철, 「사회과 역사의 재고」, 강우철(편), 『달라져야 할 사회과 교육』, 교학사, 1992.

2. 역사과 교수-학습론

(1) 역사교육목표론

이존희, 「고등학교 국사교육에서의 가치교육에 관한 연구」, 서울대교육대학원 석사학위논문, 1973. 8.
송춘영, 「고등학교 국사교육 목표의 변천에 대한 소고」, 『문교경북』 46, 1974.
구본립, 「국사교육 목표의 변천사적 고찰」, 경북대교육대학원 석사학위논문, 1975. 2.
김여칠, 「국사교육 목표의 연구-초·중·고교의 교육과정을 중심으로」, 『역사교육』 17, 1975.
이우태, 「고등학교 국사과 교육목표에 관한 일고찰」, 『교육발전』 3, 1984. 3.
이존희 외 8인, 『국사과 교수-학습 목표 상세화-중학교 2·3학년-』, 연구보고 '91-7, 중앙교육평가원, 1991.

(2) 역사교육 내용의 선정과 조직

최양호, 「고등학교 현대사 중심 세계사 교육과정의 시안(試案)」, 『역사교육』 9, 1966.
김정규, 「고등학교 국사교육의 학습내용 선정에 관한 연구-삼국시대를 중심으로-」, 이화여대교육대학원 석사학위논문, 1971. 2.
한기영, 『서양사교육의 구조화』, 서울대교육대학원 석사학위논문, 1972. 2.

최양호, 「고교 세계사 교육과정에 있어서 지역적 접근법에 의한 시안(試案) –특히 동아시아사를 중심으로」, 『역사교육』 19, 1976.

이존희, 「역사지식의 구조화를 위한 소고–국사교재의 개념추출방법을 중심으로」, 『사회과교육』 9, 1976.

오정희, 「역사과 내용선정의 준거에 대한 연구」, 이화여대교육대학원 석사학위논문, 1980. 2.

이원순, 「역사교육의 내용선정의 문제」, 『역사교육』 28, 1980.

정선영, 「역사학습의 구조화를 위한 시론」, 『역사교육』 30·31 합집, 1982.

정선영, 「역사교육에서의 일반화 문제 연구」, 『역사교육』 35, 1984.

박상렬, 「사회과 역사교육의 구조 원리」, 『전북교육연구월보』 191, 1984. 12.

윤세철, 「역사학습에 있어서 '원인' 선별의 문제」, 『이원순교수 화갑기념 사학논총』, 교학사, 1986.

정선영, 「역사교과의 내용선정의 원리–중요성의 문제를 중심으로」, 『이원순교수 화갑기념 사학논총』, 교학사, 1986.

박상혜, 「국사교재 구조화를 위한 시론」, 연세대교육대학원 석사학위논문, 1987. 2.

황혜숙, 「새로운 국사교육과정에 관한 기초연구」, 연세대교육대학원 석사학위논문, 1987. 8.

정선영, 「사회과 역사내용의 계열성 연구」, 『사회과교육』 20, 1987.

김한식, 「고등학교 세계사교육에서 「문화권학습」을 위한 구상」, 『역사교육논집』 12, 1988.

김병찬, 「국사과 수업의 체제화」, 『교육연구』 249, 1989. 9.

심혜숙, 「사회과 통합교육과정의 구성원리에 대한 고찰」, 이화여대교육대학원 석사학위논문, 1990. 2.

정선영, 「역사교육에 있어서 사회과학적 접근, 『이원순교수 정년기념 역사학논총』, 교학사, 1991.

최상훈, 「중학교 사회과에서 학제적 단원의 개발 방안」, 『이원순교수 정년기념 역사학논총』, 교학사, 1991.

우현주, 「역사교육 내용 체계화를 위한 선행 연구 : 역사연구와 역사교육의 관련성을 중심으로」, 이화여대교육대학원 석사학위논문, 1992. 8.

한만용, 「국민학교 4·5·6학년 역사단원 학습내용 구조화에 대한 연구」, 서강대교육대학원 석사학위논문, 1992. 8.

최희정, 「새로운 세계사 교과과정 구성 방향에 대한 연구 : 지구촌적 내용구성 체계를 중심으로」, 이화여자대학교 교육대학원 석사학위논문,

1993. 2.
김인숙, 「주제적 접근에 의한 고등학교 세계사 구조화 방안」, 서울대대학원 석사학위논문, 1993. 8.
장윤선, 「중학교 사회과의 역사중심 통합방안」, 서울대대학원 석사학위논문, 1993. 8.
조태형, 「역사과 혼합교육요목과 교수・학습 방법」, 『교육전남』 85, 1995. 6.
양정현, 「주제(문제) 중심의 통합－역사 영역을 중심으로－」, 『고등학교 사회과 통합 교육과정 내용 구성 연구』, 교육부, 1995. 12.

(3) 역사과 교재 및 학습지도

가. 교재 및 학습지도 일반

황철수, 「역사과 학습지도안 및 평가요령－지도안 양식과 세계사안의 실제－」, 『역사교육』 1, 1956.
김성익, 「국사학습지도안」, 『역사교육』 2, 1957.
김여칠, 「역사교육에 있어서의 사고력 신장」, 『사회과교육』 6, 1972.
강우철, 「역사학습지도 방법의 모색」, 『사회과교육』 8, 1975.
신현중, 「역사적 사고력 배양을 위한 자료 개발과 그 활용」, 대한교련 전국현장교육연구대회논문, 1975.
구연무, 「국민학교 역사학습지도의 실제」, 『사회과교육』 8, 1975.
최진한, 「국민학교에서 역사적 분야의 학습지도과정의 구성에 관한 고찰(1)」, 『두류』 10, 진주교육대학 학도호국단, 1975.
최진한, 「국민학교에서 역사적 분야의 학습지도과정의 구성에 관한 고찰(2)」, 『진주교육대학논문집』 12, 1976.
신형식, 「국사과 교육의 새로운 지도방향」, 『학교교육자료』 8, 1978. 11.
기세찬, 「중학교의 국사과 학습지도에 관한 일연구」, 연세대교육대학원 석사학위논문, 1980. 2.
윤세철, 「국사교육자료 및 학습지도 문제」, 『역사교육』 28, 1980.
김범영, 「국사 교재의 유형별 사고 과정의 기본 훈련을 통한 역사적 탐구력 신장」, 대한교련 전국현장교육연구대회논문, 1981
민병찬, 「시간적・시대적 감각을 기르는 사회과수업 연구」, 『전주교대논문집』 19, 1983.
김순권, 「역사교육 : 국사 탐구학습 자료의 개발과 적용」, 『부산교육』 227, 1983. 6.
강우철, 「수업설계와 수업방법의 예시 : 역사」, 『대학교육』 9, 1984. 5.

이찬희, 「역사의식의 함양을 위한 사회과 수업」, 『교육관리기술』 175, 1985. 5.
박락환, 「역사교육의 목적과 교수 학습 방법에 대한 제언」, 『부산교육』 234, 1985. 7.
이승희, 「올바른 역사의식을 위한 역사학습 지도」, 『재단법인 금옥학술재단 논문집』 3, 1985.
이찬희, 「사회과 역사분야 수업방법 개선방안」, 『사회과교육』 18, 1985.
송기삼, 「사회과 탐구기능 향상 방안에 관한 연구-중학교 1학년 사회과 일반화 지식 수업을 중심으로」, 제주대교육대학원 석사학위논문, 1986. 8.
한경자, 「역사이해·역사의식의 발달을 위한 역사방법의 모색」, 『이원순교수화갑기념 사학논총』, 교학사, 1986.
김지권, 「고등학교 국사교육의 효율적인 지도방안-대입학력고사 및 교과서와 관련하여-」, 강원대교육대학원 석사학위논문, 1987. 2.
박찬욱, 「고등학교 세계사교육의 효율적인 지도방안」, 강원대교육대학원 석사학위논문, 1989. 2.
역사교육연구회(편), 『국사교육자료집』, 교학사, 1989.
한경자·김한종, 「역사과 수업모형의 이론과 실제」, 『기본수업모형의 이론과 실제』, 한국교원대학교 교육연구원, 1989.
한국교육생산성연구소 교육연구사(편), 「역사적 사고력을 길러주는 탐구학습 전략 : 사회과-역사분야 학습지도」, 『교육연구』 261, 1991. 4.
김혜숙, 「국사교육에서의 자료활용 방안 연구」, 숙명여대교육대학원 석사학위논문, 1991. 8.
박헌철, 「단원별 수업모형 자료의 활용을 통한 세계사 학습 심화방안」, 『부산시교육연구원 연구논문집』 50, 1991. 12.
김한종, 「역사교육에서 내용의 조직과 학습 방법」, 전국역사교사모임(편), 『살아있는 삶을 위한 역사교육 2』, 푸른나무, 1991.
오종환, 「역사과 일반화학습에 관한 연구」, 한국교원대 대학원 석사학위논문, 1992. 2.
안중태, 「사회과 역사분야 지도론 : 국민학교 역사영역을 중심으로」, 『교육전남』 80, 1992. 11.
유 하, 「중학생의 역사적 사고력 신장을 위한 교수·학습 개선 방안」, 한국교원대 석사학위논문, 1993. 8.
이상선, 「유형별 사고 과정안 활용을 통한 역사적 사고력 신장방안」, 한국교총 전국현장교육연구대회논문, 1993.
박창봉, 「역사수업의 실제에서 용어 지도상의 난점」, 『역사교육』 56, 1994.

김한종, 「탐구능력을 키우는 역사과 학습지도 방법」, 『우리교육』 1995년 7월호.
박병섭(엮음), 「생각하는 힘을 길러주는 중학교 국사 2학년 배움책」, 미간행, 1995.
박병섭(엮음), 「생각하는 힘을 길러주는 중학교 국사 3학년 배움책」, 미간행, 1995.
전국역사교사모임, 『우리역사 어떻게 가르칠까』(상)(고대 · 중세편), 푸른나무, 1995.
전국역사교사모임, 『우리역사 어떻게 가르칠까』(하)(근대 · 현대편), 푸른나무, 1995.

나. 탐구학습

강우철, 「역사적 탐구능력의 특성」, 『사회과교육』 7, 1974.
전택순, 「국사 학습에서 탐구학습을 통한 중심 개념의 지도 연구」, 대한교련 전국현장교육연구대회논문, 1974.
김용문 · 최봉일, 「인과의식을 높이기 위한 역사적 사실의 탐구 과정」, 대한교련 전국현장교육연구대회논문, 1976.
백승기 · 김범영, 「국사 가치 목표 달성을 위한 가치 탐구과정 적용에 관한 실천」, 대한교련 전국현장교육연구대회논문, 1976.
정선영, 「인지과정에 따른 역사교과의 탐구방법 연구」, 『역사교육』 25, 1979.
허만수, 「역사교육－탐구학습을 통한 역사의식의 신장」, 『부산교육』 227, 1983. 6.
최대균, 「목표 지향적 탐구학습과 프로그램학습의 연계지도를 통한 국사과 학습방법개선」, 대한교련 전국현장교육연구대회논문, 1983.
우효상, 「중학생의 국사 탐구 능력 배양을 위한 신문 · 시사 자료 활용 방안」, 대한교련 전국현장교육연구대회논문, 1986.
방지원, 「역사교과의 탐구학습이론 수용」, 한국교원대대학원 석사학위논문, 1995. 2.
정해준, 「역사적 사고력을 기르는 탐구학습의 방향」, 수원대교육대학원 석사학위논문, 1996. 2.

다. 문답법

최양호, 「문답식 중심의 수업형태가 사고에 미치는 영향에 관한 연구」, 『역사교육』 15, 1973.
김희석, 「역사적 사고력의 신장을 위한 발문 연구－고등학교 역사수업을 중심으로－」, 충북대교육대학원 석사학위논문, 1990. 2.

김원희, 「중학교 사회과교육에서의 문답법 학습지도 연구 : 역사적 사고력 향상을 위한 질문의 활용」, 이화여대교육대학원 석사학위논문, 1995. 8.
김한종, 「역사적 사고력의 구성 요소와 역사 수업의 발문」, 『사회과교육』 29, 1996.

라. 극화 · 모의학습

강규형, 「WAR GAME을 통한 역사의식의 고취방안」, 대한교련 전국현장교육연구대회논문, 1983.
이복경, 「역사학습에서 Simulation Games 적용가능성 탐색」, 이화여대교육대학원 석사학위논문, 1986. 8.
지항배, 「역사이야기 꾸미기 및 재연활동을 통한 학습의욕 고취방안」, 대한교련 전국현장교육연구대회논문, 1992.
김태수 · 김행삼, 「말판놀이 학습을 통한 역사의식 및 가치관 함양」—승경도 놀이를 응용한 자료의 개발적용—, 대한교련 전국현장교육연구대회논문, 1994.

마. 개념학습

최양호, 「고교 세계사교육에 있어서 개념학습이 역사인식에 미치는 영향에 관한 연구」, 『서울사대부고 연구연보』 15, 1972.
최양호, 「개념학습의 실제지도와 그 효과에 관한 연구」, 『서울사대부고 연구연보』 16, 1973.
이광욱, 「탐구기능 촉진을 통한 국사과 개념 이해 지도」, 『사회과교육』 12, 1979.
김종배, 「중심개념과 소개념의 연합적 사고를 통한 국사과 학습능력신장」, 대한교련 전국현장교육연구대회논문, 1985.
김한종, 「역사적 개념의 학습 방법과 '정의'의 활용」, 『역사교육』 41, 1987.
최상훈, 「역사학습에서의 총괄(Colligation)의 이용」, 서울대대학원 석사학위논문, 1987. 8.
김창성, 「역사수업에서 일반화 문제와 '이상형'의 활용」, 『이원수교수 정년기념 역사학논총』, 교학사, 1991.
이영택, 「개념학습을 통한 역사의식신장에 관한 연구 : 고등학교 국사교과를 중심으로」, 단국대교육대학원 석사학위논문, 1990. 8.
이미경, 「역사적 사고력 신장을 위한 교수—학습 개선 방안 : 개념학습의 적용」, 이화여대교육대학원 석사학위논문, 1995. 2.

바. 사료학습

김 철, 「역사학습과 보조자료 활용 문제—특히 사료를 중심으로 하여」,

『역사교육』 4, 1959.
서굉일, 「고등학교 국사교육을 위한 사료학습 연구」, 『새교육』 244, 1975. 2.
조용덕, 「역사의식 함양을 위한 사료 개발과 활용」, 대한교련 전국현장교육연구대회논문, 1975.
구본애, 「주체성 국사교육을 위한 사료 학습에 관한 연구」, 대한교련 전국현장교육연구대회논문, 1976.
서굉일, 「국사교육의 효율화 방안－사료학습의 필요성」, 『사학』 6, 1978. 4.
서굉일, 「국사교육을 위한 사료학습 연구」, 『역사교육』 26, 1979.
정선영, 「사료학습의 실제－사회과 탐구수업의 이론과 실제」, 『교육개발』 3, 1979. 12.
한상준, 「역사교육에 있어서 사료학습의 접근방안」, 『경북사대교육지』 22, 1980.
차춘길, 「사료 활용의 기본 훈련을 통한 역사적 탐구력 신장」, 대한교련 전국현장교육연구대회논문, 1982.
송춘영, 「역사적 사고력을 신장시키기 위한 사료학습방안－이론적 기초연구를 중심으로」, 『사회과교육연구』 2, 1986. 2.
송춘영, 「역사적 사고력 신장을 위한 사료활용 방안」, 『이원순교수화갑기념사학논총』, 교학사, 1986.
박종하, 「고등학교 국사교육에 있어서 사료이용에 관한 일연구」, 『역사교육논집』 10, 1987. 10.
이존우, 「사료를 통한 학습능력 신장에 관한 연구　고등학교 국사학습을 중심으로」, 공주사대교육대학원 석사학위논문, 1990. 2.
이지연, 「역사교육에서 사료활용이 학업성취도에 미치는 영향」, 서울대대학원 석사학위논문, 1992. 8.
김주경, 「역사교육과 사료학습의 문제」, 연세대교육대학원 석사학위논문, 1993. 8.
박용규, 「사료학습」, 『우리교육』 1994년 9월호.
정일화, 「국사교육의 사료학습 지도방안에 관한 일연구」, 강원대교육대학원 석사학위논문, 1995. 2.
박종덕, 「중학교 국사교육의 사료활용연구」, 한국교원대대학원 석사학위논문, 1996. 2.

사. 향토사학습

김영소, 「국사 단원의 과제학습에 있어서 향토자료의 활용이 주체성 신장에 미치는 효과」, 대한교련 전국현장교육연구대회논문, 1974.

정명훈, 「향토자료를 활용한 국사학습지도 연구」, 경북대교육대학원 석사학위논문, 1975. 2.
강석규, 「제주의 향토교육의 사적 고찰－조선시대를 중심으로」, 고려대교육대학원 석사학위논문, 1976.
오창회 · 신현중, 「향토사료의 개발과 활용을 통한 역사의 주체적 인식 경로의 탐색」, 대한교련 전국현장교육연구대회논문, 1977.
정인기 · 곽영옥, 「국사교육에 있어서 향토애를 높이기 위한 조사 학습지도의 효과적인 방안」, 대한교련 전국현장교육연구대회논문, 1977.
공대영, 「애향심과 내면화를 위한 향토사료 개발과 활용」, 대한교련 전국현장교육연구대회논문, 1978.
박세진, 「자주적 민족 문화 전통 계승 의욕심화를 위한 향토사료의 개발과 활용」, 대한교련 전국현장교육연구대회논문, 1978.
전재원, 「향토사료를 활용한 국사 학습 지도가 민족적 긍지 형성에 미치는 효과」, 대한교련 전국현장교육연구대회논문, 1978.
정한태, 「향토문화재 개발활용을 통한 향토애 함양」, 대한교련 전국현장교육연구대회논문, 1978.
조일규, 「창조적 사고력 신장을 위한 향토사료의 신장에 관한 연구」, 대한교련 전국현장교육연구대회논문, 1978.
손기곤, 「향토문화재 답사에 중점을 둔 국가보전의식의 함양」, 『부산시교육연구원 연구논문집』 37, 1979. 2.
김동식, 「향토문화재 적용방안에 관한 연구」, 『한국의 교육』 13, 1979. 3.
이오봉, 「교육과정(教育課程)을 통한 향토문화재 현장학습 지도 방안」, 『부산교육』 206, 1979. 11.
이강원, 「향토문화재의 활용을 통한 정신문화 계승의 내면화 방향 : 국사교육분과」, 『새교실』 238, 1980. 1.
박주현, 「향토자료를 통한 탐구학습 지도 방안 : 국사과 교육」, 『교육연구논문집』 15, 경남교육연구회, 1980. 4.
강경임, 「향토사료의 조사와 활용이 역사의식의 내면화에 미치는 영향」, 대한교련 전국현장교육연구대회논문, 1980.
이상만, 「향토자료의 적용단원 구성과 의미 탐구를 통한 역사의식 발달의 심화」, 대한교련 전국현장교육연구대회논문, 1980.
김형규, 「향토사료를 통한 애향심 신장」, 『사회과교육』 14, 1981.
이오봉, 「동래 향교를 중심한 향토문화재의 관심도 조사」, 대한교련 전국현장교육연구대회논문, 1981.
이효수, 「사료활용이 향토 수호정신 함양에 미치는 영향」, 대한교련 전국현장교육연구대회논문, 1981.

전유근, 「향토문화재의 활용을 통한 주체적 문화의식의 함양」, 대한교련 전국현장교육연구대회논문, 1981.

박순업, 「항일 향토자료의 교재화를 통한 3·1정신의 내면화 연구」, 대한교련 전국현장교육연구대회논문, 1982.

하옹호, 「향토사관 정립을 위한 관련 자료 개발과 그 적용에 관한 연구」, 대한교련 전국현장교육연구대회논문, 1982.

나경국, 「위례 문화사적 자료의 선택활용을 통한 사료 탐구능력의 신장」, 대한교련 전국현장교육연구대회논문, 1983.

정명숙, 「지역사회 자료 단원 구안 활용을 통한 역사의식의 고취」, 대한교련 전국현장교육연구대회논문, 1983.

이성세, 「향토사료의 활용을 통한 역사의식의 함양」, 『대구교육』 5, 1984. 6.

황현택, 「주체적 역사의식의 함양을 위한 향토사료의 활용」, 『전북교육연구원연구월보』 190, 1984. 8.

경기도교육연구원(편), 「위례문화 사적 자료의 선택 활용을 통한 사료탐구능력의 신장」, 『경기장학』 84, 1984. 가을.

장동만·안국명, 「향토사료의 현장 답사 방법 개발을 통한 역사의식의 함양」, 대한교련 전국현장교육연구대회논문, 1984.

문기주, 「향토문화재 애호의식의 내면화 방안」, 『전북교육연구원연구월보』 195, 1985. 6.

박희선, 「청양지방 향토사를 통한 국사학습 방안 연구」, 국민대교육대학원 석사학위논문, 1986. 8.

양기운, 「국사학습단원 재구성을 위한 향토사 개발 연구(남원지방의 근대사료를 중심으로)」, 국민대교육대학원 석사학위논문, 1985. 8.

이동창, 「이천지역의 향토사연구 : 선사시대~고려말을 중심으로」, 단국대교육대학원 석사학위논문, 1986. 8.

박운종, 「향토사료의 개발 활용을 통한 향토의 자랑 및 관광안내 능력 신장」, 대한교련 전국현장교육연구대회논문, 1986.

박윤도, 「향토 민속자료 활용을 통한 전통문화 계승의식의 내면화」, 대한교련 전국현장교육연구대회논문, 1987.

한인수, 「국민학교 향토사 학습의 기본 방향」, 『문교행정』 81, 1988. 9.

오병렬, 「향토 선열의 유적지 순례 활동을 통한 민족 주체성 함양 방안」, 대한교련 전국현장교육연구대회논문, 1988.

박석규, 「중학교 국사교육과 향토인물의 사례지도 : 충청북도의 역사인물을 중심으로」, 단국대교육대학원 석사학위논문, 1989. 8.

김준형, 「새로운 지역사 연구 및 향토교육을 위하여」, 『경상대 경남문화연구』 12, 1989.

이태두, 「역사학습 효율화를 위한 향토사료 발굴 활용」, 대한교련 전국현장교육연구대회논문, 1989.

이정구, 「국사학습단원 재구성을 위한 향토사 개발 연구」, 국민대학교교육대학원 석사학위논문, 1990. 2.

송춘영, 「초등 사회과 국사교육에 있어서 향토사교재의 지도방안 : 이론적 기초연구를 중심으로」, 『대구교대논문집』 26, 1990. 6.

김부곤, 「향토문화재에 관한 교수자료 개발의 일시론(一試論) : 동래향교를 중심으로」, 경상대교육대학원 석사학위논문, 1990. 8.

서진규, 「향토사료의 현장 적용이 역사학습에 미치는 영향에 관한 사례연구」, 경성대교육대학원 석사학위논문, 1990. 8.

정승혜, 「중학교 국사교과에서의 향토사 학습방안 연구」, 서울대대학원 석사학위논문, 1990. 8.

김창순, 「지방문화재 자료의 활용이 지역화 학습에 미치는 효과」, 『부산시교육연구원논문집』 49, 1990. 12.

송춘영, 「국사교육에 있어서 향토사교재의 지도방안」, 『역사교육논집』 13·14합집, 1990.

박일용, 「향토관련 인물학습이 역사의식의 내면화에 미치는 영향」, 대한교련 전국현장교육연구대회논문, 1990.

박준익, 「향토 3·1운동의 학습자료 개발과 활용을 통한 주인의식 함양」, 대한교련 전국현장교육연구대회논문, 1990.

백승배, 「국민학교 국사 영역의 지역화를 위한 향토사 활용 연구 : 서울 지역을 중심으로」, 중앙대교육대학원 석사학위논문, 1991. 2.

김연성, 「향토사의 연구사적 검토와 향토사 교육방안 연구 : 중학교 국사교육과정을 중심으로」, 연세대교육대학원 석사학위논문, 1991. 8.

류순용, 「향토사료 활용을 통한 역사 주체의식 함양」, 대한교련 전국현장교육연구대회논문, 1991.

조익현, 「거창 D중학교의 지역사 학습 사례」, 전국역사교사모임(편), 『살아있는 삶을 위한 역사교육 2』, 푸른나무, 1991.

조현국, 「중등 국사과의 지역사 교육에 관한 연구」, 강원대교육대학원 석사학위논문, 1992. 8.

신성기, 「국사교육에서 주체접근법에 의한 향토사 학습지도 방안」, 『역사교육논집』 5, 1992.

김정희, 「국사학습을 위한 향토자료 활용 방안 연구 : 특히 인천 지역을 중심으로」, 강원대교육대학원 석사학위논문, 1993. 2.
조태형, 「향토사료의 재구성과 활용에 관한 연구 : 전남지역 향토사료를 중심으로」, 한국교원대석사학위논문, 1993. 2.
오보연, 「지명유래 조사활동을 통한 지리역사적 향토의식 함양」, 대한교련 전국현장교육연구대회논문, 1993.
고효숙, 「향토사학습의 내용조직과 학습방법 : 제주도지역을 중심으로」, 한국교원대 석사학위논문, 1994. 2.
김혜우, 「향토사학습의 방법과 과제」, 『교육제주』 85, 1994. 9.
박홍락, 「향토사자료의 현장 적용성 연구」, 『역사교육』 55, 1994.
황영희, 「사회과 국사영역 학교 교육과정 편성·운영을 통한 향토의식 고취」, 대한교련 전국현장교육연구대회논문, 1994.
권경숙, 「국민학교 3학년 사회과 국사영역의 지역화 학습에 관한 연구 : 강동·송파지역의 향토사 자료를 중심으로」, 건국대교육대학원 석사학위논문, 1995. 2.
김정훈, 「제6차 교육과정에 의한 중학교 향토사 학습 지도 방안 : 해남지역을 중심으로」, 한국교원대대학원 석사학위논문, 1995. 2.
최태정, 「중학교에서의 효과적인 향토사 학습지도에 관한 연구」, 이화여대 교육대학원 석사학위 논문, 1995. 2.
홍 석, 「중등 국사교육에서 향토사료 활용 방안의 연구 : 조선시대 한성부의 문화재를 중심으로」, 성균관대교육대학원 석사학위논문, 1995. 2.
김정순, 「향토교재의 활용을 통한 국사교육과정의 지역화 방안」, 『부산교육』 273, 1995. 4.
김준경, 「향토인물 학습을 통한 주체적 국가관 함양 방안」, 공주대교육대학원 석사학위논문, 1995. 8.
전인봉, 「향토사와 유적지 답사 학습을 통한 역사의식 함양」, 대한교련 전국현장교육연구대회논문, 1995.
최동묵, 「향토문화재 관광 안내원 역할놀이를 통한 역사의식 신장」, 대한교련 전국현장교육연구대회논문, 1995.
이영희, 「향토사료를 활용한 사회과 수업 개선 방안」, 한국교원대대학원 석사학위논문, 1996. 2.

아. 인물학습

송춘영, 「고등학교 국사교육에 있어서 효과적인 인물지도의 방안－이론적 기초연구를 중심으로」, 『역사교육』 18, 1975.
박동수, 「인물사교육에 대한 일관견(一管見)－국민학교 사회(4-2)소단원 '역사를 빛낸 어른들'을 중심으로」, 『광주교육대학논문집』 13, 1976.

송춘영, 「고등학교 국사교육에 있어서 효과적인 인물지도의 방안(하)－이론적 기초연구를 중심으로」, 『역사교육』 19, 1976.
장춘영·이창옥, 「중학교 국사 교육에 있어서 효과적인 인물지도의 접근방안」, 대한교련 전국현장교육연구대회논문, 1976.
박채홍, 「인물학습 지도자료 활용을 통한 민족사관 확립에 관한 연구」, 대한교련 전국현장교육연구대회논문, 1977.
송춘영·이창옥, 「중학교 국사교육에 있어서 효과적인 인물지도의 접근방안－이론적 기초연구를 중심으로」, 『역사교육』 22, 1977.
윤충기, 「올바른 역사적 영상을 풍부히 하는 인물지도 방법의 연구」, 대한교련 전국현장교육연구대회논문, 1977.
최진한, 「국민학교 국사교육에서의 인물지도에 대한 연구」, 『진주교육대학논문집』 14, 1977.
이종섭, 「국가의식 고양 방안 : 역사적 인물을 통하여」, 『교육관리기술』 103, 104, 1979. 5, 7.
이원순, 「인물학습의 실제－사회과 탐구수업의 이론과 실제」, 『교육개발』 3, 1979. 12.
임종순, 「역사적 인물의 가치 탐구를 통한 국가의식의 고취 지도」, 대한교련 전국현장교육연구대회논문, 1980.
전유근, 「국난극복 인물사의 재구성 제도가 주체적 국가관 형성에 미치는 효과」, 대한교련 전국현장교육연구대회논문, 1980.
송춘영, 「국민학교 국사교육에 있어서 인물지도에 관한 조사연구」, 『역사교육논집』 2, 1981.
노창구, 「역사 위인의 효행 사례 지도를 통한 효정신의 내면화」, 대한교련 전국현장교육연구대회논문, 1982.
송춘영, 「인물교재의 교육적 기능과 그 지도방안」, 『대구사학』 20·21 합집, 1982.
유재관, 「민족 주체성 함양을 위한 인물학습지도의 실제」, 대한교련 전국현장교육연구대회논문, 1983.
강신수, 「인물지도 소고」, 『교육전남』 66, 1985. 4.
김　철, 「주인정신 함양을 위한 인물학습지도의 실제」, 『전북교육연구원연구월보』 195, 1985. 6.
이종록, 「범례방식에 의한 인물학습이 역사의식 함양에 미치는 효과」, 『부산시교육연구원 연구논문집』 46, 1987. 12.
신승전, 「고등학교 국사인물학습을 통한 주체의식 함양에 대한 연구」, 공주사대교육대학원 석사학위논문, 1988. 2.

조미경, 「중학교 인물학습에 대한 실태분석」, 이화여대교육대학원 석사학위논문, 1989. 8.

정인규, 「인물사 지도의 재구성이 국가관 형성에 미치는 영향」, 경상대교육대학원 석사학위논문, 1990. 8.

김환길, 「행위설명이론과 역사학습에서의 인물지도」, 『역사교육』 48, 1990.

고대석, 「사회과 역사분야의 인물학습 지도방안 조사 연구 : 국민학생 역사의식 함양을 중심으로」, 『중앙대 교육논총』 8, 1991. 2.

박종원, 「국민학교 사회과 역사영역에 있어서 인물지도에 관한 조사연구」, 『춘천교대 민족교육연구』 7, 1991.

이상배, 「중학교 국사과의 인물학습 방안」, 한국교원대 대학원 석사학위논문, 1993. 8.

김영훈, 「가보고 싶은 나라, 알고 싶은 역사인물탐색 활동을 통한 국제이해증진 방안」, 대한교련 전국현장교육연구대회논문, 1993.

김종업, 「역사적 인물과의 만남을 통한 꿈 키우기」, 대한교련 전국현장교육연구대회논문, 1993.

강지연, 「역사교육에서의 인물학습 지도방안 연구 : 현행 중학교 국사교과서를 중심으로」, 이화여대교육대학원 석사학위논문, 1994. 8.

박수경, 「효과적인 역사학습을 위한 지도방안 연구 : 인물학습을 통한 아동의 역사의식 함양을 중심으로」, 고려대교육대학원 석사학위논문, 1994. 8.

김혜정, 「역사적 사고력 신장을 위한 인물지도 방안 : 중학교 세계사 교육을 중심으로」, 이화여대교육대학원 석사학위 논문, 1995. 8.

박동원, 「국민학교 사회과 역사영역의 인물사 지도 문제－6차 교육과정 사회과 6학년 단원을 중심으로」, 『광주교대 논문집』 36, 1995.

조규영, 「애국 선현의 사례학습 활동을 통한 애국심의 내면화 방안」, 대한교련 전국현장교육연구대회논문, 1995.

자. 시청각 학습

심춘섭, 「국사교육의 실천연구－SLIDE도구를 중심으로」, 『역사교육』 11·12합집, 1969.

조성수·오세청, 「청각, 이야기자료의 관련 지도를 통한 국사 학습 의욕 촉진 방안」, 대한교련전국현장교육연구대회논문, 1983.

양영모, 「국사과에서 시청각교재의 활용」, 『전북교육원연구월보』 223, 1990. 12.

전영준, 「중등 역사교육에서의 부교재 활용방안 연구 : 시청각 자료를 중심으로」, 『동국역사교육』 3, 1991.

임병로, 「역사수업을 활성화하기 위한 교육용 소프트웨어 개발에 관한 연구」, 금옥학술재단 연구비 지원 연구논문, 1994.

차. 연표 및 지도학습

변신규, 「종합적 판단력을 기를 수 있는 국민학교 6학년의 역사지도」, 『사회과교육』 1, 1963.

이영실, 「연표와 역사지도의 활용을 통한 역사의식 발달의 촉진」, 대한교련 전국현장교육연구대회논문, 1978.

노재전, 「연표 작성에 의한 국사 학습정리가 역사의식에 미치는 효과」, 대한교련 전국 현장교육연구대회논문, 1982.

조 민, 「도해 연표 자료의 개발 활용을 통한 2학년의 시간의식 발달 촉진」, 대한교련 전국현장교육연구대회논문, 1982.

최대균, 「국사 교과서의 역사지도 분석을 통한 지도학습이 독자 능력신장에 미치는 영향」, 대한교련 전국현장교육연구대회논문, 1985.

이종복, 「역사 지도와 연표 작성 활용이 역사의식 고취에 미치는 영향」, 대한교련 전국현장교육연구대회논문, 1986.

신진식, 「국사의 연표·삽화학습을 통한 탐구능력의 신장」, 대한교련 전국현장교육연구대회논문, 1989.

유일호, 「고교 세계사에서 한국사와의 연계성 이해를 위한 연표·역사지도 활용방안」, 대한교련 전국현장교육연구대회논문, 1990.

권오현, 「역사교육에서의 연표학습의 실태조사 및 몇 가지 개선방안」, 경북대교육대학원, 석사학위논문, 1991. 2.

이경규, 「역사학습 자료로서의 역사지도에 관한 조사 분석」, 경북대교육대학원 석사학위논문, 1991. 2.

유일호, 「사회과 부도의 활용을 통한 한국사, 세계사 연계지도 방안 : 교과서 분석 연구 및 활용」, 『교과서연구』 9, 1991. 4.

이화숙, 「연표와 미완성 역사지도의 동적 고찰을 통한 역사적 탐구능력 신장－국사 탐구학습장 제작·활용을 중심으로－」, 대한교련 전국현장교육연구대회논문, 1992.

양승혜, 「중학생의 역사적 시간개념 함양을 위한 학습지도 방안의 모색－연표학습을 중심으로」, 이화여대교육대학원 석사학위논문, 1996. 2.

권구순, 「연표학습이 역사적 시간 개념 발달에 미치는 효과」, 『사회과교육연구』 3, 한국교원대학교 사회과교육연구회, 1996.

카. 가치·태도학습

김순병, 「주체적 정통 계승 의욕 심화를 위한 국사교재의 재조성과 그 지도」, 대한교련전국현장 교육연구대회논문, 1975.

이영걸, 「충무공 정신 지도를 통한 국가관 확립에 관한 연구」, 대한교련 전국현장교육연구대회논문, 1975.
이영실, 「민족 전통의 내면화를 위한 유형 민족자료의 개발과 그 활용」, 대한교련 전국현장교육연구대회논문, 1976.
홍선기, 「새 민족사관 정립을 위한 국사관(코너) 설치운영의 효율화 방안」, 연세대교육대학원 석사학위논문, 1977. 2.
유달영, 「(특집 : 주체성교육의 실제) 역사 민족과 주체성 교육」, 『교육연구』 103, 1977. 4.
허창덕, 「국사교육에 있어서 충효사상 지도를 통한 국가 의식의 함양」, 대한교련 전국현장교육연구대회논문, 1977.
최진성, 「국난 극복 학습자료 개발 활용을 통한 호국정신 함양」, 대한교련 전국현장교육연구대회논문, 1979.
남상진, 「문화민족으로서의 가치관 확립을 위한 교수자료의 모집 제작과 활용 : 5학년 국사 분야를 중심으로」, 『수도교육』 56, 1980. 6.
최상구, 「민족주체의식 함양을 위한 국사과 학습내용의 구조－학습지도방법 개선을 중심으로」, 『수도교육』 56, 1980. 6.
조 민, 「가치갈등 자료의 개발 활용을 통한 역사적 가치 선택능력 신장지도」, 대한교련 전국현장교육연구대회논문, 1981.
원정희, 「민족자료의 개발과 활용을 통한 민족 문화 계승 의욕의 고취」, 대한교련 전국현장교육연구대회논문, 1982.
양덕표, 「민족주의 의식을 높이기 위한 국사 왜곡 사실의 실증론적 지도」, 대한교련 전국현장교육연구대회논문, 1983.
원정희, 「민족전래 명절 지도를 통한 전통문화 계승 의욕의 심화」, 대한교련 전국현장교육연구대회논문, 1983.
유만기, 「주체적 민족사관 정립을 위한 국사학습 지도방법의 개선」, 『전북교육연구원연구월보』 195, 1985. 6.
박수근, 「역사적 해외진출 사례의 지도가 민족적 긍지 내면화에 미치는 영향」, 『부산시교육연구원 연구논문집』 44, 1986. 2.
김종배, 「민족수호 자료의 적용을 통한 고등학교 학생의 국사 해석 능력 신장」, 대한교련 전국현장교육연구대회논문, 1986.
김명직, 「국가 사회 의존적 자료 활용을 통한 국제 이해교육이 국가관 형성에 미치는 효과」, 대한교련 전국현장교육연구대회논문, 1988.
김창수, 「교수자료의 개발 활용을 통한 대한민국의 민족적 정통성 인식 방안」, 대한교련 전국현장교육연구대회논문, 1989.
백승배, 「국민학교 역사 영역의 가치학습 지도 방안」, 『사회과교육』 23,

1990.
김규완, 「국사과 가치, 태도 학습 방법」, 『전북교육연구원 연구월보』 236, 1992. 4.
임미정, 「역사교육의 학습능력 신장 실태 연구 : 가치교육 현장 조사를 중심으로」, 동국대교육대학원 석사학위논문, 1992. 8.

타. 기 타

윤세철, 「역사과에서 '근대화' 지도를 위한 한 시론－중국 근대화를 한 예로」, 『역사교육』 24, 1978.
최규준, 「사회자료의 요소적 관련 지도를 통한 국사과 학습 성취도 함양」, 대한교련 전국현장교육연구대회논문, 1979.
임 돈, 「역사자료실 운영 방안」, 『부산교육』 208, 1980. 4.
이기우, 「국사교재의 연구 문항 재구성을 통한 역사적 사고력 신장」, 대한교련 전국현장교육연구대회논문, 1981.
하영진, 「삽화자료를 활용한 국사 지도 방법의 개선」, 대한교련 전국현장교육연구대회논문, 1984.
신언식, 「고등학교 국사과 과제학습의 방법과 실제 사례」, 『충남교육』 69, 1985. 11.
김한식, 「역사교육에서 수학여행의 효과적 활용방안」, 『역사교육논집』 7, 1985.
이용대, 「국사과 : 성공적인 수업 전개의 기초연구－고교 과제학습을 중심으로」, 『교육연구』 203, 교육연구사, 1986. 6.
원경렬, 「역사적 사실에 대한 지리적 접근」, 『사회과교육』 20, 1987.
유일호, 「한국사의 세계사적 이해를 돕기 위한 연계지도자료 제작 활용 방안」, 대한교련 전국현장교육연구대회논문, 1987.
전희종, 「고등학교 국사학습의 학문적 접근을 통한 역사적 사고력의 신장」, 대한교련 전국현장교육연구대회논문, 1987.
박재빈, 「국사와 세계사의 종합적 지도를 통한 역사교육의 효율화 방안」, 『사회과교육』 21, 1988.
정 관, 「국민학교에서의 박물관 교육」, 『역사교육논집』 13·14합집, 1989. 2.
박종열·박애주, 「역사교육을 통한 국제이해 증진에 관한 연구」, 『춘천교대논문집』 29, 1989. 5.
정정길, 「고금 대비 자료 활용을 통한 역사변천 의식 신장 방안」, 대한교련 전국현장교육연구대회논문, 1990.
김중상, 「중학교와 국민학교 국사영역 연계 지도를 통한 학습능력신장」, 대한교련 전국현장교육연구대회논문, 1991.

정홍진, 「상황분석 학습이 역사이해력 신장에 미치는 영향」, 『사회과교육』 24, 1991.
송상헌, 「역사의 맥락적 이해와 수업에의 활용」, 서울대대학원 석사학위논문, 1992. 2.
유 하, 「역사적 사고력 신장을 위한 교수-학습 방안 : 중학교 3년 국사과 중심」, 『전북교육연구원 연구월보』 236, 1992. 4.
이창호, 「신라 탑파와 그에 대한 교육」, 서강대교육대학원 석사학위논문, 1994. 2.
최중민, 「한국사 교육 방법 시론 : 6학년 사회과를 중심으로」, 건국대교육대학원 석사학위논문, 1994. 2.
김명자, 「국사교육에서 설화학습의 교육적 기능과 효과적 지도방안」, 경북대교육대학원 석사학위논문, 1995. 2.
최익제, 「통합 사회과를 위한 역사과 수업모형 1 : P.M.I 발문을 통한 가설검증모형을 중심으로」, 『교육연구』 307, 1995. 2.
이현주, 「자료를 이용한 모둠토론수업－병자호란을 중심으로」, 『우리교육』 1995년 4월호.
송춘영, 「역사수업에 있어서 박물관 교육의 방안」, 『고문화』 46, 1995. 6.
김진후, 「'5·18과 나' 살아있는 역사수업을 위해」, 『우리교육』 1995년 11월호.
이중현, 「조사활동을 통한 마을의 역사와 문화 이해」, 『우리교육』(초등용) 1995년 11월호.
주웅영, 「초등학교 사회과 국사영역 단군왕검의 교수·학습실태와 개선 방안의 수립을 위한 조사 연구」, 『역사교육논집』 20, 1995.
손현기, 「역사교육에서 '일반화' 이론이 학업성취도에 미치는 영향」, 고려대교육대학원 석사학위논문, 1996. 2.
정행렬, 「교과서 화보로 시작하는 국사」, 『우리교육(중등용)』 1996년 3월

3. 역사학습의 평가

김철준 외, 「심포지움－국사교육과 대학입시」, 『역사교육』 17, 1975.
강양희, 「고교 국사교육과 입시」, 『역사교육』 17, 1975.
박세진, 「민족 주체의식 신장도의 평가에 관한 연구」, 대한교련 전국현장교육연구대회논문, 1977.
허회숙, 「대입 예비고사의 문제분석－올바른 국사교육을 위하여」, 『역사교육』 24, 1978.

윤세철, 「사회과 역사분야의 평가」, 『사회과교육』 14, 1981.
강순운, 「국사과 학력평가의 실제」, 『전북교육연구원연구월보』 180, 1982.
서한필, 「국사과 평가법 개선 방안」, 『부산교육』 227, 1983. 6.
공순자, 「형성평가 도구의 제작 활용을 통한 역사적 사고력 신장」, 대한교련 전국현장교육연구대회논문, 1984.
송성민, 「중학교 국사과 학습 평가의 적절성에 관한 연구 : 지필검사(Paper Test)를 중심으로」, 이화여대 교육대학원 석사학위논문, 1992. 2.
최완기, 「역사적 사고력과 평가의 문제」, 『역사교육』 55, 1994.
박수진, 「대학수학능력시험이 역사교육현장에 미친 영향과 바람직한 역사과 교수·학습 방법」, 이화여대교육대학원 석사학위논문, 1995. 2.
조성경, 「국사과에 있어 주관식 평가 문항을 통한 학생들의 학습방법 개선과 역사적 사고력 신장에 관한 연구」, 이화여대교육대학원 석사학위논문, 1996. 2.

Ⅴ. 역사 교육과정(敎育課程)과 교과서

1. 역사과 교육과정

황오성, 「새로운 역사교육과정의 제문제」, 『역사교육』 8, 1964.
박원진, 「우리나라 중등학교 국사교육의 변천과정－국사교육과정 분석을 중심으로」, 고려대교육대학원 석사학위논문, 1970. 2.
이규원, 「우리나라 국민학교 국사교육의 변천－교육과정 분석을 중심으로」, 고려대교육대학원 석사학위논문, 1970. 2.
이정인, 「국사과 교육과정」, 『역사교육』 13, 1970.
김 철, 「국사교육과정의 계열성」, 『사회과교육』 7, 1974.
이정희, 「해방 이후의 중학교 국사교육의 변천과정」, 이화여대교육대학원 석사학위논문, 1977. 8.
송춘영, 「현행 국사과 교육과정 특색과 그 목표의 계열성에 관한 소고」, 『문교경북』 63, 1979. 1.
이원순·김용만, 「학교급별 국사교육내용의 체계화에 대한 연구」, 『교육과정 및 교과용 도서 개발을 위한 기초 연구』 2집, 미간행보고서, 1980.
이정인, 「중고등학교 세계사교육과정의 변천과 배경」, 『역사교육』 29, 1981.

한국교육개발원,『학교급별 국사교육내용의 체계화에 관한 연구』, 1981.
윤종영,「신교육과정 사회과의 역사학 내용의 특성」,『사회과교육』16, 1983.
김용무,「고등학교 세계사 교육의 이론적 기저－신교육과정 해설을 중심으로」,『공주사대논문집(사회과학편)』22, 1984. 12.
최양호,「재외국민의 통합적 국사교육과정 연구」,『역사교육』37·38 합집, 1985.
김창수,「고등학교 신·구 국사과 교육과정의 분석연구」, 단국대교육대학원 석사학위논문, 1986. 8.
김항구,「중학교 국사과 교육과정의 변천」,『교원교육』3권 1호, 한국교원대학교, 1987.
최용규,「중학교 국사과 새교육과정의 특징,『사회과교육』20, 1987.
한국교육개발원,『제5차 고등학교 국사과 교육과정 시안 연구 개발』, 미간행보고서, 1987.
윤종영,「국사 교육의 변천과 과제 : 고등학교 교육과정을 중심으로」,『실학사상연구』2, 1991. 3.
차대근,「광복후 중학교 국사교과 교육과정의 변천에 관한 연구」, 부산대교육대학원 석사학위논문, 1993. 2.
김종현,「초등 사회과 4차와 5차 교육과정 내용에 대한 비교 분석 : 특히 역사내용을 중심으로」, 성균관대 교육대학원 석사학위논문, 1993. 8.
김항구,「중학교 교육과정상의 국사 내용의 변천」,『사회과학교육연구』창간호, 한국교원대학교 사회과학교육연구소, 1995.

2. 국사·초등사회(국사 내용)교과서

보성중학교 사회생활과(편),「국사편찬에 대한 우견(愚見)」,『신천지』1946년 12월호.
강우철,「교과과정과 교과서－중학교 국사교과서에의 제언」,『역사교육』1, 1956.
김성익,「현행 국사교과서의 평가 연구－서울특별시 중학교 역사교육을 중심으로」(상),(하),『역사교육』6,7, 1962, 1963.
강우철,「중학교 국사교과서의 기능과 내용 분석」,『역사교육』8, 1964.
박진희,「국사 내용에 대한 소고－국민학교 사회생활과에 담겨진」,『새교육』112, 1964.

정영호,「국사교육에 있어서의 고고 미술의 제문제－현행 중학교 사회과 교과서 중 국사를 중심으로」,『역사교육』10, 1967.

조대신,「고등학교 국사교과서의 분석 연구－국정 실업계 고등학교용을 중심으로」, 고려대교육대학원 석사학위논문, 1970. 2.

송춘영,「고교 국사교과서의 분석적 연구」,『교직연구』1, 1973.

강만길 외 4인,「국정 국사교과서의 문제점」,『창작과 비평』32, 1974. 여름.

송춘영,「현행 고등학교 국사교과서의 분석 연구」,『문교부 보고서』, 1974.

이원순·진영일·정선영,「중·고등학교용 국정 국사교과서의 분석적 고찰」,『역사교육』16, 1974.

정환목,「중고교 국사교과서에 수록된 지정 문화재에 관한 분석연구」, 대한교련 전국현장교육연구대회논문, 1977.

오주환·이건형·고석림,「역사교과서에 실린 인물에 대한 분석적 평가와 그 비교 연구」,『대구사학』14, 1978.

김용만,「(교과서 개편 특집) 중학 국사교과서의 개편 방향과 그 지도 방안」,『수도교육』44, 1979. 4.

이봉현,「현행 고등학교 국사교과서의 분석 연구」,『교육논총』창간호(하), 동국대학교교육대학원, 1981. 7.

이기백,「국사교과서 개편 청원에 대한 국회 문공위에서의 진술」, 1981. 11. 27.(이기백,『한국사상(韓國史像)의 재구성』, 일조각, 1991. 수록)

강우철 외,『초·중·고 국사교과서 내용 분석 및 체제 연구』, 미간행보고서, 한국교육개발원, 1981.

강태구,「국사교과서에 기재된 삽화자료의 구조적 체계화를 위한 분석」, 대한교련 전국현장교육연구대회논문, 1981.

안호상 외,「국사교과서 내용시비 요구에 관한 청원 국회공청회 진술인 발언 내용」,『자유』113, 1982. 5.

박시인,「국사교과서의 오류」,『자유』110, 1981. 12

이현희,「동학혁명이냐 동학운동이냐?－새 국사교과서 용어 변경에 관하여」,『마당』10, 1982년 6월호

박시인,「새 국사교과서에도 잘못 많다」,『월간조선』1982년 7월호

강태구,「국사교과서 삽화자료의 분석 연구」,『새교육』334, 1982. 8.

김항구,「국사교과서의 일본관계 내용 분석－서술 내용의 변천을 중심으로」,『역사교육』32, 1982.

김길윤,「현행 고교용 국사교과서의 분석적 고찰」, 전남대학교교육대학원 석사학위논문, 1983. 2.

박봉성, 「해방후 한국 역사교육의 연구－중학교 국사교과서를 중심으로－」, 부산대학교교육대학원 석사학위논문, 1983. 2.

이동원, 「중학교 국사교과서의 분석－비교적 고찰－」, 연세대학교교육대학원 석사학위논문, 1983. 2.

박노욱, 「중·고등학교용 국사교과서 수정 보충을 위한 조사 연구」, 『교육연구원논문집』 5, 1983. 7.

임창남, 「현행 고등학교 국사교과서 분석 연구」, 단국대교육대학원 석사학위논문, 1983. 8.

홍덕종, 「새 교육과정에 따른 중학교 국사교과서 분석 연구」, 단국대교육대학원 석사학위논문, 1983. 8.

이기례, 「고등학교 국정 국사교과서의 분석적 고찰」, 연세대교육대학원 석사학위논문, 1984. 2.

최병철, 「중학교 국사교과서 삽화 분석 연구」, 대한교련 전국현장교육연구대회논문, 1984.

윤제선, 「현행 중·고등학교 국사과 교육과정 및 교과서 분석」, 충남대교육대학원 석사학위논문, 1985. 2.

박운서, 「현행 중학교 국사교과서 소재 인물에 대한 분석 연구」, 영남대교육대학원 석사학위논문, 1985. 8.

정도월, 「현행 중학교 국사교과서의 분석적 연구」, 동국대교육대학원 석사학위논문, 1985. 8.

김구진, 「중등학교 국사교과서에 있어서 북방관계 서술」, 『역사교육』 37·38 합집, 1985.

윤세철, 「중등학교 국사교과서에 있어서 중국관계 서술－그 기초적 전제」, 『역사교육』 37·38 합집, 1985.

최덕수, 「중등학교 국사교과서에 있어서 일본관계 서술」, 『역사교육』 37·38 합집, 1985.

홍성표, 「중등학교 국사교과서에 있어서 서양관계 서술」, 『역사교육』 37·38 합집, 1985.

양세원, 「새 교육과정에 따른 고등학교 국사교과서 분석연구」, 단국대교육대학원 석사학위논문, 1986. 2.

윤경운, 「고교국사교과서(50～80년대)의 내용에 관한 연구－고려시대 인물의 분석 작업을 중심으로」, 고려대교육대학원 석사학위논문, 1986. 2.

안호상, 「국사교과서의 비과학성과 반민족성」, 『정우』 49, 1986. 6.

조선일보 문화부, 「국사교과서 새로 써야 한다」, 『조선일보』 1986년 8월 15일～8월 29일.

신형식, 「역사교과서 개선의 방향」, 『새교육』 386, 1986. 12.

김 돈, 「조선후기 당쟁사 연구의 현황과 '국사' 교과서의 서술」, 『역사교육』 39, 1986.

김준형, 「조선후기 신분제·향촌질서의 연구 현황과 '국사' 교과서의 내용 분석」, 『역사교육』 39, 1986.

방기중, 「조선후기 수취제도·민란연구의 현황과 '국사' 교과서의 서술」, 『역사교육』 39, 1986.

이경식, 「조선 후기 농업·지주제 연구의 동향과 '국사' 교과서의 서술」, 『역사교육』 39, 1986.

정재정, 「조선 후기 실학 연구의 동향과 '국사' 교과서 서술의 변천」, 『역사교육』 39, 1986.

변태섭 외, 『국사교육 내용 전개의 준거안』, 미간행보고서, 1986.

이순권, 「제도교육과 국사교과서」, 『오늘의 책』 11, 한길사, 1986.

김창수, 「국사교과서 국수주의 편향을 경계한다－교과서 개편에 바란다」, 『광장』 62, 1987. 2.

백성학, 「현행 중학교 국사교과서 발해사 보완 문제」, 중앙대교육대학원 석사학위논문, 1987. 2.

임숙이, 「현행 중·고등학교 국사교과서 비교 분석」, 단국대교육대학원 석사학위논문, 1987. 2.

김융행, 「고등학교 국사교과서에 나타난 삽화 자료의 분석」, 『역사교육논집』 11, 1987. 12.

김홍수, 「중학교 국사교과서 체제와 내용 구성을 위한 일 시안」, 『춘천교대논문집』 27, 1987. 12.

김종철, 「조선전기의 부역제·공납제 연구 성과와 '국사' 교과서의 서술」, 『역사교육』 42, 1987.

송찬섭, 「조선전기 농업사 연구의 동향과 '국사' 교과서의 검토」, 『역사교육』 42, 1987.

이범직, 「조선전기 유교사상·불교사상의 연구 동향과 '국사' 교과서의 서술」, 『역사교육』 42, 1987.

문봉주, 「해방 직후의 문화건설운동과 《국사교본》」, 고려대교육대학원 석사학위논문, 1988. 2.

박정수, 「중등학교 '국사' 교과서에 서술된 중국관계 내용의 조사 분석」, 경북대교육대학원 석사학위논문, 1988. 2.

남지대, 「고교 국사교과서 근·현대편 서술의 문제점」, 『역사비평』 창간호, 1988. 6.

김강수, 「현행 고등학교 국사교과서의 유형문화재 분석」, 단국대교육대학원 석사학위논문, 1988. 8.
김무진, 「조선전기 정치권력 구조에 관한 연구 동향과 '국사' 교과서의 서술」, 『역사교육』 43, 1988.
장상철, 「중등학교 역사교육에서의 '독립운동'」, 『역사교육』 43, 1988
정만조, 「조선전기 교육 분야 연구의 동향과 '국사' 교과서의 서술」, 『역사교육』 43, 1988.
김구진, 「고려시기 대외관계의 연구 동향과 '국사' 교과서의 서술」, 『역사교육』 44, 1988.
김용곤, 「고려시기 사상사 연구 동향과 '국사' 교과서의 서술」, 『역사교육』 44, 1988.
박용운, 「고려시기 중앙 정치체제에 대한 연구 동향과 '국사' 교과서의 서술」『역사교육』 44, 1988.
박종기, 「고려시기 군현제 연구 성과와 '국사' 교과서의 서술」, 『역사교육』 44, 1988.
이병희, 「고려시기 경제제도 연구의 동향과 '국사' 교과서의 서술」, 『역사교육』 44, 1988.
김영준, 「국사교과서에 서술된 서지류의 분석과 그 문제점」, 『사회과교육』 21, 1988.
김웅기, 「현행 중·고등학교 국사교과서 분석」, 연세대교육대학원 석사학위논문, 1988. 8.
김팔경, 「인문계 고등학교 국사교과서 근대사 서술」, 계명대교육대학원 석사학위논문, 1988. 8.
사공인헌, 「현행 중·고등학교 국사교과서의 분석적 고찰－한족 북방 관계 서술 내용을 중심으로」, 영남대교육대학원 석사학위논문, 1988. 8.
박준성, 「올바른 역사 이해와 '국정' 교과서의 문제점」, 『교과교육 1』, 푸른나무, 1988.
김표신, 「현행 중학교 국사교과서 인물에 대한 고찰－개항 이후를 중심으로」, 중앙대교육대학원 석사학위논문, 1989. 2.
안세홍, 「중·고등학교 국사교과서 일본 관계 서술」, 동국대교육대학원 석사학위논문, 1989. 2.
유홍준, 「국사교과서 미술부분 전면 고쳐 써야 한다」, 『역사비평』 계간 4호, 1989. 봄.
김홍일, 「중·고 국사교과서에 수록된 인물 분석－통일신라에서 발해 시대까지를 중심으로」, 국민대교육대학원 석사학위논문, 1989. 8.

신진식, 「중학교 국사교과서의 학습보조자료 분석」, 단국대교육대학원 석사학위논문, 1989. 8.
김광수, 「고조선·진국 연구의 동향과 '국사' 교과서의 서술」, 『역사교육』 45, 1989.
서의식, 「고대·중세초 지배세력 연구의 동향과 '국사' 교과서의 서술」, 『역사교육』 45, 1989.
이경식, 「고대·중세초 경제제도 연구의 동향과 '국사' 교과서의 서술」, 『역사교육』 45, 1989.
채상식, 「고대·중세초 사상 연구의 동향과 '국사' 교과서의 서술」, 『역사교육』 45, 1989.
김육훈, 「국정교과서 어떻게 만들어지나—국정제의 허와 실」, 역사교육을 위한 교사 모임(편), 『살아있는 삶을 위한 역사교육』, 푸른나무, 1989.
역사교육을 위한 교사모임·한국역사연구회, 「제5차 교육과정 개편에 따른 국사교과서 분석」, 역사교육을 위한 교사 모임(편), 『살아있는 삶을 위한 역사교육』, 푸른나무, 1989.
도면회, 「분단된 조국, 분단된 민족사 교육—'중학교용 국사교과서 개정본 초고' 분석」, 『역사와 현실』 창간호, 1989.
양정현, 「국사교육과 민족주의」, 국어교육을 위한 교사모임(편), 『통일을 여는 국어교육』, 푸른나무, 1989.
양정현, 「우리의 역사, 자랑인가 수치인가」, 『거꾸로 읽는 교과서』, 푸른나무, 1989.
권향숙, 「국사교과서에 수록된 인물의 분석— 초·중·고의 역사의식 발달단계와 관련하여」,경북대교육대학원 석사학위논문, 1990. 2.
박현숙, 「잠재적 교육과정 시각에 비추어 본 중학교 국사교과서의 분석」, 이화여대대학원 석사학위논문. 1990. 2.
장정근, 「고려 무인정권에 대한 연구 현황과 현행 고등학교 국사교과서 서술」, 전남대교육대학원 석사학위논문, 1990. 2.
전표신, 「현행 중학교 국사교과서의 인물에 대한 고찰 : 개항이후를 중심으로」, 중앙대교육대학원 석사학위논문, 1990. 2.
김정기, 「개항기 자본주의·제국주의침략연구의 동향과 '국사' 교과서의 서술」, 『역사교육』 47, 1990.
박찬승, 「한국 근대 민족해방운동 연구의 동향과 '국사' 교과서의 서술」, 『역사교육』 47, 1990.
이수용, 「한국 근대 변혁운동 연구의 동향과 '국사' 교과서의 서술」, 『역사교육』 47, 1990.

이영호, 「한국 근대 민중운동 연구의 동향과 '국사' 교과서의 서술」, 『역사교육』 47, 1990.

정재정, 「일제통치기 사회경제 연구의 동향과 '국사' 교과서의 서술」, 『역사교육』 47, 1990.

김홍수, 「중학교 '국사' 교과서의 내용 구성과 특성」, 『역사교육』 48, 1990.

윤종영, 「 '국사' 교과서의 편찬 방향」, 『역사교육』 48, 1990.

최완기, 「고등학교 '국사' 교과서의 내용 구성과 특성」, 『역사교육』 48, 1990.

박종천, 「조선후기 상업 연구의 동향과 고등학교 '국사' 교과서의 서술」, 『경상사학』 6, 1990.

배영순 외 6인, 「올바른 역사교육을 위하여－국정교과서에 대한 분석과 비판」, 지방사회연구회 역사강좌 자료집, 미간행, 1990.

石渡延男, 「한국의 중학교 국사교과서에 보이는 근대 일본상」, 『한국외대사학』 3, 1990.

남현주, 「고등학교 국사교과서 분석 : 국사교과서(상)에 게재된 학습보조자료 분석」, 공주대교육대학원 석사학위논문, 1991. 2.

임규석, 「한국 상고사 인식과 국사교과서 서술에 대하여」, 연세대교육대학원 석사학위논문, 1991. 2.

윤내현, 「국사교과서 내용의 문제점 : 고대사부분」, 『한민족』 3, 1991. 7

김경미, 「미 군정기 '국사교본'연구 : 현행 중학교 '국사'와의 비교」, 이화여대교육대학원 석사학위논문, 1991. 8.

이원환, 「고등학교 새 국사교과서의 분석」, 공주대교육대학원 석사학위논문, 1991. 8.

최은경, 「한말 의병투쟁에 관한 고등학교 '국사' 교과서 서술 검토」, 경상대교육대학원 석사학위논문, 1991. 8.

김한종, 「해방 이후 국사교과서의 변천과 지배이데올로기」, 『역사비평』 계간15호, 1991. 겨울.

박준수, 「국사교육에 있어서 중국관계의 인식」, 『춘천교대 민족교육연구』 7, 1991.

양기봉, 「국사교과서의 인명 분포와 그 서술」, 전국역사교사모임(편), 『살아 있는 삶을 위한 역사 교육 2』, 푸른나무, 1991.

양정현, 「국사교육에서의 민족과 계급」, 전국역사교사모임(편), 『살아 있는 삶을 위한 역사 교육 2』, 푸른나무, 1991.

진영일, 「개정 국민학교 사회과교과서 국사내용의 분석적 고찰 : 5·6학년을 중심으로」, 『공주교대논문집』 27, 1991.
김승렬, 「신·구 고교 국사교과서 비교 분석 : 선사 고고학 연구 성과를 중심으로」, 경성대교육대학원 석사학위논문, 1992. 2.
박현철, 「고려신분제 연구의 동향과 '국사' 교과서의 서술」, 전북대교육대학원 석사학위논문, 1992. 2.
배영순, 「중등 국사교과서 개정판(1990년판)에 있어서 근현대사 기술의 몇가지 문제 : 인식체계와 논리구성의 문제를 중심으로」, 『영남대 인문연구』 22, 1992. 2.
배해경, 「초·중·고 국사교과서에 나타난 서양관련 서술내용의 조사·분석」, 경북대교육대학원 석사학위논문, 1992. 2.
양정현, 「고등학교 '국사' 교과서의 발전관과 민란 서술」, 서울대대학원 석사학위논문, 1992. 2.
구득환, 「교과서는 한국전쟁을 어떻게 기술하고 있나」, 『새교육』 452, 1992. 6.
박경희, 「독립협회에 관한 연구동향과 고등학교 '국사' 교과서의 서술」, 경상대교육대학원 석사학위논문, 1992. 8.
박소영, 「현행 중·고등학교 국사교과서의 비교 연구 : 학교급별 계열성을 중심으로」, 이화여대교육대학원 석사학위논문, 1992. 8.
정혜경, 「초·중·고등학교 국사교과서 내용 비교 분석 : 고대와 중세 부분을 중심으로」, 이화여대 교육대학원 석사학위논문, 1992. 8.
조동원, 「한말 의병에 관한 연구동향과 국사교과서 서술」, 서강대교육대학원 석사학위논문, 1992. 8.
김한종, 「국사교과서 연구의 성과와 과제」, 『경상사학』 7·8합집, 1992.
금경숙, 「고등학교 '국사' 교과서 내용분석 : 고대사 부분을 중심으로」, 『강원사학』 8, 1992.
김정식, 「현행 고등학교 국사교과서 삽화자료 분석 : 특히 인천지역을 중심으로」, 강원대교육대학원 석사학위논문, 1993. 2.
윤오중, 「한국 초등 사회과교과서 역사부분의 내용 분석 : 1945년 이후부터 제5차 교육과정까지를 중심으로」, 중앙대교육대학원 석사학위논문, 1993. 2.
이재오, 「고등학교 국사교과서 학습자료 분석연구」, 한국교원대대학원 석사학위논문, 1993. 2.
전운봉, 「올바른 국사교육을 위한 학습방안의 연구 : 고등학교 교육과정 및 교과서 분석을 중심으로」, 강원대교육대학원 석사학위논문, 1993. 2.
최선희, 「대한민국 임시정부에 관한 고등학교 '국사' 교과서의 서술 검토」, 경상대교육대학원 석사학위논문, 1993. 2.

김정옥, 「중·고등학교 국사교과서에 나타난 조선전기 농민층에 관한 서술 분석」, 부산대교육대학원 석사학위논문, 1993. 8.
박영옥, 「현행 고등학교 국사교과서의 근대사부분 인물분석」, 국민대교육대학원 석사학위논문, 1993. 8.
박정룡, 「현행 중·고등학교의 국사교육에 관한 실태분석 : 인물학습과 역사의식을 중심으로」, 영남대교육대학원 석사학위논문, 1993. 8.
송정아, 「'고등학교 국사' 교과서의 체제와 내용분석 연구 : 현대사를 중심으로」, 이화여대교육대학원 석사학위논문, 1993. 8.
유선정, 「갑신정변의 성격과 고등학교 국사교과서 서술 : 서술내용 변천을 중심으로」, 서강대교육대학원 석사학위논문, 1993. 8.
임권묵, 「고등학교 국사교과서의 민중서술과 문제점」, 성균관대교육대학원 석사학위논문, 1993. 8.
조서연, 「국민학교 역사교육 내용에 관한 연구」, 이화여대교육대학원 석사학위논문, 1993. 8.
이우정, 「종군위안부 문제를 역사교과서에 싣고 가르쳐야 한다」, 『우리교육』 1993년 9월호.
김창수, 「국사교과서에 보이는 한국근대사상(韓國近代史像) : 중·고교 국사교과서의 개편 준거 시안의 검토」, 『산운사학』 7, 1993. 12.
김광수, 「한국 '국사' 교과서 고대부분의 중국 동북지방」, 『역사교육』 54, 1993.
이존희, 「한국 '국사' 교과서 속의 근·현대 연변지방-고교 국사교과서 내용을 중심으로-」, 『역사교육』 54, 1993.
김현수, 「초등사회과 역사교재의 비교 연구」, 『대구교대논문집』 28, 1993.
이철승, 「국가변란을 기도한 국사교과서 개편 시안 : 대한민국 정통성을 무시한 김정남 교문수석」, 『민족정론』 10, 1994. 1.
정진관, 「국사교재 개편위원 서중석교수의 사상적 성향」, 『민족정론』 10, 1994. 1.
강숙희, 「고등학교 국사교과서에 나타나는 연대 기술의 분석」, 경상대교육대학원 석사학위논문, 1994. 2.
김미현, 「발해사에 대한 고등학교 '국사' 교과서의 서술」, 경상대교육대학원 석사학위논문, 1994. 2.
여운용, 「중학교 국사교과서 근대사 서술부분의 분석적 고찰」, 충북대교육대학원 석사학위논문, 1994. 2.
장진희, 「중·고 국사교과서의 민속 관련 서술 분석 및 그 활용 연구」, 경북대교육대학원 석사학위논문, 1994. 2.

정우영,「현행 중학교 국사교과서(상권)의 분석」, 한양대교육대학원 석사학위논문, 1994. 2.

서은경,「국사교과서 어떻게 바뀌나」,『우리교육』1994년 4월호.

김승현,「(진단/국사교과서 개편시안 논쟁) 시대 역행하는 '색깔논쟁'」,『우리교육』1994년 5월호.

노경채,「(진단/국사교과서 개편시안 논쟁) 더 이상 분단교과서여서는 안된다」,『우리교육』1994년 5월호.

김홍수,「새 교육과정에 따른 국사교과서의 편찬」,『학생생활연구』19, 춘천교대 학생생활연구소, 1994. 6.

이존희 외 8인,「국사교육 내용전개의 준거안 연구보고서」, 미간행 연구보고서, 1994. 7.

황정희,「현행 고등학교 국사교과서의 지배집단중심적 서술 성향 분석 : 교육과정사회학 이론을 중심으로」, 경성대교육대학원 석사학위논문, 1994. 8.

이현희,「국사교과서의 현대사 서술문제」,『배달문화』13, 1994. 9.

권미영,「사회과교과서에 나타난 삽화자료에 관한 분석 : 국민학교 4·5·6학년 역사 부분을 중심으로」, 고려대교육대학원 석사학위논문, 1995. 2.

목진아,「고등학교 국사교과서 근대사 분야의 내용 고찰」, 성신여대교육대학원 석사학위논문, 1995. 2.

이현희,「중·고 국사교과서에 나타난 한국현대사상(韓國現代史像) : 이미 발표된 교과서개편 준거안을 비판하면서」,『성신여대 교육연구』29, 1995. 2.

이호빈,「고교 국사교과서 고대 불교사 서술의 검토」, 한국교원대대학원 석사학위논문, 1995. 2.

류재택,「한국의 역사교과서에 비친 중국」,『국제화 시대의 역사교육과 역사교과서』, 국제교과서연구소 주최 국제역사교과서 학술회의 종합보고서, 1995. 6.

김영주,「국정 국사교과서에 나타난 지배이데올로기 분석」, 이화여대대학원 석사학위논문, 1995. 8.

승삼숙,「중학교 국사교과서의 단군신화 서술에 관한 일연구」, 인하대교육대학원 석사학위논문, 1995. 8.

이혜리,「고등학교 국사교과서의 갑신정변 서술경향 연구」, 홍익대교육대학원 석사학위논문, 1995. 8.

정재정,「국사교과서의 현대사분야 논쟁점」,『근현대사 강좌』7, 1995. 11.

신병철,「국사교과서 다시 써야 한다」,『우리교육』1996년 2월호.

이복순, 「문화사적 관점에서 본 중학교 국사교과서의 서술 내용 분석」, 한국교원대대학원 석사학위논문, 1996. 2.

김한종, 「국사교과서의 시대구분과 역사학습」, 『역사교육』 59 1996.

3. 세계사 · 사회(세계사 내용)교과서

이순권, 「중학교 세계사교과서 내용 분석」, 『교육현장』 1, 사계절, 1985.

조윤화, 「고등학교 세계사교과서 내용의 조사 분석」, 경북대교육대학원 석사학위논문, 1987. 8.

이석렬, 「고등학교 세계사의 한국관계 서술에 관한 조사 분석」, 경북대교육대학원 석사학위논문, 1989. 2.

고려대학교대학원 서양사학과 학생회, 「고등학교 세계사교과서 분석」, 미간행, 1989.

허헌수, 「중국 근대사 서술에 있어서 한 · 일교과서의 비교 연구」, 경북대교육대학원 석사학위논문, 1990. 2.

신해정, 「고등학교 세계사교과서 분석 : 프랑스, 미국혁명에 대한 서술을 중심으로」, 한국외국어대교육대학원 석사학위논문, 1990. 8.

이광수, 「일반계 고등학교 세계사교과서의 분석적 고찰」, 계명대교육대학원 석사학위논문, 1991. 2.

유용태 외 7인, 「제5차 고등학교 검정 세계사교과서 분석」, 전국역사교사모임(편), 『살아 있는 삶을 위한 역사교육 2』, 푸른나무, 1991.

김희온, 「중학교 '사회1' 교과서 삽화자료의 분석」, 충남대교육대학원 석사학위논문, 1992. 2.

이숙영, 「중학교 사회교과서의 삽화자료 분석 : 세계사적 내용을 중심으로」, 경북대교육대학원 석사학위논문, 1992. 2.

김미경, 「고등학교 세계사 서술의 문제점」, 서강대교육대학원 석사학위논문, 1992. 8.

손희정, 「고등학교 세계사교과서의 제3세계 서술내용에 대한 고찰 : 한국과 중국을 중심으로」, 이화여대교육대학원 석사학위논문, 1992. 8.

이혜옥, 「현행 고등학교 세계사교과서의 삽화 자료에 관한 분석」, 성균관대교육대학원 석사학위논문, 1993. 2.

양호환, 「한국 '세계사' 교과서의 중국사 서술」, 『역사교육』 54, 1993.

정성희, 「청교도혁명의 배경에 관한 한 · 미 · 일 고등학교 세계사교과서 서술」, 서강대교육대학원 석사학위논문, 1994. 2.

유경아, 「고등학교 '세계사' 교과서의 인도·동남아시아와 관련 내용의 조사 분석」, 경북대교육대학원 석사학위논문, 1995. 8.

김유리, 「고등학교 세계사교과서의 시대구분 문제」, 『역사교육』, 59, 1996.

이경희, 「중학교 '사회2' 교과서의 난이도 분석」, 『사회과교육연구』 3, 한국교원대 사회과교육연구회, 1996.

4. 사회과부도

박지연, 「'고등학교 역사부도'의 비교 분석 : 국사분야 역사지도를 중심으로」, 이화여대교육대학원 석사학위논문, 1993. 2.

김선화, 「'고등학교 역사부도'의 비교 분석 : 세계사분야 역사지도를 중심으로」, 이화여대교육대학원 석사학위논문, 1994. 2.

5. 외국교과서의 한국사 서술·외국의 한국사 교육

함성광, 「중·일 양국의 초·중·고교 역사교과서상의 한국사에 관한 서술 문제 연구」, 고려대교육대학원 석사학위논문, 1970. 2.

박종대, 「일본 교과서 속의 한국사 서술 문제」, 고려대교육대학원 석사학위논문, 1971.2.

김한식, 「일본국 '고교 세계사' 교과서에 나타난 한국사상」, 『역사교육』 20, 1976.

이원순, 「일본사 교육에 있어서의 한국사의 문제점」, 『한국학보』 4, 1976. 9.

최양호, 「일제하 조선총독부편찬 초등용 국정 교사교과서 변천」, 『교육공학』 6, 1990, 6.

최양호, 「일본 고교생의 한국사 이해」, 『역사교육』 27, 1980.

권인혁, 「일본의 사회과교과서에 나타난 한국사 서술의 문제점」, 『사회과교육』 14, 1981.

국사편찬위원회 조사실, 「일본 교과서의 한국 관계 왜곡 내용 검토」, 『새교육』 336, 1982. 10.

박성수(엮음), 『일본 교과서와 한국사 왜곡』, 민음사, 1982.

정재정, 「일본 역사교육의 한국관」, 『역사교육』 34, 1983.

한국교육개발원, 『외국 사회과교과서에 나타난 한국관(일본, 미국, 영국, 프랑스)』, PR 83-3, 미간행보고서, 1983.

한국교육개발원, 『일본 사회과교과서의 한국 관계 내용 분석』, RM 83-3,

미간행보고서, 1983.
한국교육개발원, 『미국, 영국 사회과교과서의 한국 관계 내용 분석』, RM 83-4, 미간행보고서, 1983.
최명화, 「일본의 한국사 서술 경향에 관한 고찰」, 단국대대학원 석사학위논문, 1984. 2.
한국교육개발원, 『외국 사회과교과서에 나타난 한국관(스페인, 멕시코, 칠레, 아르헨티나)』, PR 84-4, 미간행보고서, 1984.
한국교육개발원, 『일본 세계사교과서의 서술 경향 분석』, PR 84-5, 미간행보고서, 1984.
한국교육개발원, 『중화민국, 일본교과서의 한국 관계 내용 분석』, RM 84-5, 미간행보고서, 1984.
鈴木俊行, 「한일 관계에 대한 일본 역사 교육의 사적 고찰」, 한양대학교박사학위논문, 1985. 2.
강재언 · 이진희, 「일본 역사교과서에 나타난 한국사상(韓國史像)」, 『교육현장』 1, 사계절, 1985
김 환, 「일본 역사교과서 왜곡 소고」, 『천관우선생 환력기념 한국사학논총』, 정음문화사, 1985.
한국교육개발원, 『외국 사회과교과서에 나타난 한국관(말레이지아, 인도네시아, 싱가포르, 미국, 일본)』, PR 85-2, 미간행보고서, 1985.
류재택, 「미국 교과서에 반영된 한국사 이해와 그 분석」, 『이원순교수화갑기념 사학논총』, 교학사, 1986.
한국교육개발원, 『외국 사회과교과서에 나타난 한국관(서독, 캐나다)』, PR 86-7 미간행보고서, 1986.
이명화, 「일본 교과서의 한국사 기술과 한국사상－현행 1986년도 고등학교 일본사 신교과서를 중심으로」, 『한국독립운동사연구』 1, 독립기념관 한국독립운동사연구소, 1987.
한국교육개발원, 「일본교과서에 나타난 한국사 내용 검토」, 미간행보고서, 1987.
한국교육개발원, 『외국 사회과교과서에 나타난 한국관(일본, 미국, 오스트리아, 네덜란드)』, PR 87-36, 미간행보고서, 1987.
최종술, 「현행 중 · 고등학교 국사교과서의 분석적 고찰 : 일본관계 서술내용을 중심으로」, 영남대교육대학원 석사학위논문, 1988. 2.
한국교육개발원, 『외국 교과서의 한국 관련 내용 분석 연구』, PR 88-21, 미간행보고서, 1988.
이기동, 「일본 고교 역사교과서의 고대 한국에 대한 기술의 문제점」, 『역사교과서 서술의 제문제』, 한일문화교류기금 주최 한·일학술회의 자료집, 1989. 12.
이진희, 「일본의 교과서에서 본 조선시대－'한일간의 신시대'에 상응하는 서술을 바라며」, 『역사교과서 서술의 제문제』, 한일문화교류기금 주최 한·일학술회의 자료집, 1989. 12.
한국교육개발원, 『공산권의 한국관 ; 중국, 소련, 동독 교과서 속의 한국 관련 내용 분석』, PR 89-16, 미간행보고서, 1989.
김 환, 「일본 역사교과서의 한국사 서술에 관한 연구」, 국민대학교대학원 박사학위논문, 1990. 8.
김두정, 「외국교과서 한국 관련 내용 분석 및 비교 연구의 현황」, 『외국 교과서 한국 관련 내용 분석 및 비교 연구의 활성화 방안』, 한국교육개발원 세미나 자료집, 1990.
정재정, 「일본의 고등학교 '일본사' 교과서에 서술된 한국사상(韓國史像)」, 『역사와 현실』 4, 1990.
송진숙, 「한·중 중학교 국사 교과서의 분석적 고찰 : 한중 관련 서술 내용을 중심으로」, 이화여대교육대학원 석사학위논문, 1991. 2.
이태영, 「일본교과서 한국관계 왜곡사례와 그 대책」, 『자유공론』 297, 1991. 12
강찬옥, 「외국 역사교과서의 한국 관련 서술 분석」, 연세대교육대학원 석사학위논문, 1992. 2.
박기석, 「일본 역사 교과서의 한국사 왜곡 : 1982년의 교과서문제를 중심으로」, 한양대교육대학원 석사학위논문, 1992. 2.
한국교육개발원, 『외국 사회과 교과서에 나타난 한국 관련 내용 분석』, RR 92-24, 미간행보고서, 1992.
한국교육개발원, 『일본 소학교 사회과 교과서에 나타난 한국 관련 내용 변화 분석』, RR 92-25, 미간행보고서, 1992.
박성수, 「현행 일본 교과서에 나타난 일본인의 대한국관」, 『순국』 26, 1993. 2.
이태영·君島和彦, 「82년 교과서 파동 그후 10년, 일본 교과서 얼마나 달라졌나」, 『한국논단』 43, 1993. 3.
한인복, 「일본 고등학교 일본사교과서의 한국사 관련 내용의 변천」, 한국교원대석사학위논문, 1993. 8.
한국교육개발원, 『아랍어권 사회과 교과서의 한국 관련 내용 분석－레바논, 요르단, 사우디아라비아, 쿠웨이트, 아랍에미리트, 바레인, 오만－』, RR 93-1-1, 미간행보고서, 1993.
Gross, Richard E. 외 4인, 「미국에서의 한국사 교육」, 『역사교육』 58,

1995.
이찬희, 「일본 고교 역사 교과서로 보는 한국관 변화」, 『우리교육』 1995년 9월호.
김상수, 「일본 역사교육의 문제로 인한 한일관계의 약화와 한일 이해교육을 통한 발전 방향」, 한국일본문제연구회, 『한일연구』 8, 1995. 10.

6. 교육과정·교과서 비교 연구

송춘영, 「한·중·일 3국의 중학교 국사교육과정 비교연구」, 『대구사학』 17, 1979.
송춘영, 「한·중·일 3국의 고등학교 국사교육과정 비교연구」, 『역사교육논집』 1, 1980.
송춘영, 「한·중·일 3국의 국민학교 사회과 국사교육과정 비교연구」, 『역사교육』 29, 1981.
한국교육개발원, 『한·일 역사교과서 내용 분석』, PR 82-6, 미간행보고서.
이문기, 「한·중·일 삼국의 사회과 국사 지도 내용의 비교」, 『대구사학』 25, 1984. 4.
이기숙, 「현행 한·일 고등학교 국사교과서의 비교 연구」, 공주사범대학교육대학원 석사학위논문, 1985. 8.
이용대, 「한·중·일 고등학교 역사교과서 비교분석」, 대한교련 전국현장교육연구대회논문, 1985.
김원규, 「한·중·일 고등학교 세계사교과서의 비교 분석－한국과 중국 근대사의 내용을 중심으로」, 중앙대교육대학원 석사학위논문, 1990. 2.
강우철·신형식, 「남·북한 국사교과서(중학교)의 비교 연구」, 『이화여대 한국문화연구원논총』 57, 1990. 8.
윤원상, 「남한의 재일동포용 『한국사』 교과서와 북한의 조총련 『조선력사』 교과서의 비교 분석」, 이화여대교육대학원 석사학위논문, 1990. 8.
좌용택, 「현행 한·일 고등학교 국사교과서의 비교 연구－교육과정·교과서 내용 및 지도 방법을 중심으로」, 고려대교육대학원 석사학위논문, 1991. 2.
황창윤, 「조선통신사 인식에 대한 재검토 : 한·일 역사교과서 기술과 관련하여」, 강원대교육대학원 석사학위논문, 1991. 2.
전인영, 「우리나라와 대만의 중학교 세계사교과서 비교연구」, 『이화여대 한국문화연구원 논총』,(교육학논집) 59, 1991.

최대균, 「한·일 양국 국사교과서 분석을 통한 일본 속의 한국문화 학습 방안」, 한국교총 전국현장교육연구대회논문, 1991.

강우철, 「1960년대 세계 각국 국사교과서 비교」, 강우철(편), 『분단국의 역사교과서 비교』, 교학사, 1992.

신형식, 「남북한 국사교과서 비교－중학교－」, 강우철(편), 『분단국의 역사교과서 비교』, 교학사, 1992.

임일규, 「한·일 국민학교 고학년 사회과교과서 비교연구 : 한·일관계사 서술내용을 중심으로」, 한국교원대대학원 석사학위논문, 1993. 2.

우경옥, 「한·일 중학교 역사교과서 비교 분석 : 세계사내용서술을 중심으로」, 이화여대교육대학원 석사학위논문, 1993. 8.

송춘영 외, 「한·일 양국의 초등사회과 역사교재의 비교연구 : 6학년 국사교재를 중심으로」, 『대구교대논문집』 28, 1993.

윤경오, 「1980년대 남북한 중등학교 역사교과서의 특성에 관한 연구」, 고려대교육대학원 석사학위논문, 1994. 2.

김윤정, 「현행 남북한 중학교 국사교과서의 비교 검토－인물 분석을 중심으로」, 성균관대교육대학원 석사학위논문, 1994. 8.

국제교과서연구소(편), 『한·일 역사교과서 수정의 제문제』, 백산자료원, 1994.

한국교육개발원, 『국가간 상호이해 증진을 위한 교과서 개선 방안 탐색－한국과 독일, 일본, 인도를 중심으로－』, RM 94-6, 미간행보고서, 1994.

김현웅, 「남·북한 역사교과서의 비교연구 : 중학교 국사교과서의 근대사 서술을 중심으로」, 동국대교육대학원 석사학위논문, 1995. 2.

박진철, 「통일교육을 위한 남·북한 국사교과서 비교 검토」, 경희대교육대학원 석사학위논문, 1995. 2.

서정미, 「한·일 중학교 사회과교과서의 세계사적 내용에 관한 비교 분석」, 경북대교육대학원 석사학위논문, 1995. 2.

Ⅵ. 인지발달과 역사교육

1. 역사인식과 역사적 사고 이론

정선영, 「학생의 발달단계에 따른 역사교육」, 『새교육』 386, 1986. 12.

강우철, 「역사교육과 역사의식」, 『역사교육』 24, 1978.
강우철, 「역사의식과 역사적 사고」, 『사회과교육』 11, 1978.
이찬희, 「역사의식의 개념과 역사교육」, 『사회과교육』 22, 1989.
이찬희, 「역사의식과 역사교육 문제」, 『동국역사교육』 2, 1990.
김한종, 「역사적 사고력의 개념과 그 교육적 의미」, 『이원순교수 정년기념 역사학논총』, 교학사, 1991.
한경자, 「역사적 사고와 목표체계의 관련 연구」, 『이원순교수 정년기념 역사학논총』, 교학사, 1991.
김한종, 「역사학습에서의 상상적 이해」, 서울대대학원 박사학위논문, 1994. 8.
남명식, 「한일관계사에 대한 국민학생의 의식 경향 및 이해에 대한 연구」, 『중앙대 교육논총』 12, 1995. 6.
김한종, 「피아제의 인지발달론과 역사교육 연구－피아제 이론의 적용을 둘러싼 논의를 중심으로」, 『사회과학교육연구』 창간호, 한국교원대학교 사회과학교육연구소, 1995. 12.
양호환, 「역사학습에서 인지발달에 관한 몇가지 문제」, 『역사교육』 58, 1995.

2. 학습자의 역사의식 · 역사적 사고력 조사

이정인, 「국민학교 아동의 역사의식 발달에 관한 고찰」, 『역사교육』 7, 1963.
윤세철, 「역사의식의 발달과 학년배정 문제」, 『논문집』 2, 서울대학교교육대학원 학술연구회, 1965.
권승구, 「국민학교 아동의 역사의식 발달에 대한 연구」, 연세대학교교육대학원 석사학위논문, 1971. 2.
김유해, 「고등학교 학생의 역사의식 구조에 관한 연구－국사 중심의 정태적 분석」, 『역사교육』 21, 1977.
김 정, 「역사의식의 발달에 대한 조사연구－중학생을 중심으로」, 『광주교육대학논문집』 14, 1977.
신동렬, 「중학생의 역사의식 발달단계의 조사와 그 지도 방안」, 『역사교육논집』 5, 1983.
유광현, 「국민학생의 역사의식 발달에 관한 조사연구」, 대한교련 전국현장교육연구대회논문, 1984.
김재욱, 「중학생의 국사에 대한 인식과 국사교육의 방향－대구직할시 3학년 남학생을 중심으로」, 계명대교육대학원 석사학위논문, 1986. 2.
오갑균, 「국민학교 아동의 역사의식 발달에 대한 재검토」, 『사회과교육연구』 3, 1987. 2.
김찬휴, 「고등학교 학생의 역사의식에 관한 조사 연구」, 계명대학교교육대학원 석사학위논문, 1987. 8.
김영배, 「역사의식 발달에 관한 조사 연구 : 국민학생을 중심으로」, 고려대교육대학원 석사학위논문, 1988. 8.
손한기, 「한국 고등학생의 역사의식 발달에 관한 조사 연구」, 단국대교육대학원 석사학위논문, 1988. 8.
탁창식, 「강원도지역 고등학생의 역사의식에 관한 연구」, 강원대교육대학원 석사학위논문, 1990. 8.
신동렬, 「고등학생의 역사의식 발달단계와 효과적 지도방안」, 『역사교육논집』 13 · 14 합집, 1990.
이하룡, 「국민학교 아동의 역사인식 발달에 관한 조사연구」, 경성대교육대학원 석사학위논문, 1991. 8.
조강애, 「역사적 사고의 발달과 중학생의 역사용어 이해수준 분석」, 서울대대학원 석사학위논문, 1992. 2.
김호년, 「고등학교 학생의 역사의식 발달의 실태분석」, 영남대 교육대학원 석사학위논문, 1992. 8.
김애리, 「중학생의 역사의식 발달에 관한 연구」, 충북대교육대학원 석사학위논문, 1993. 2.
강선주, 「중학생의 사료이해 유형 분석과 사료학습에 대한 시사」, 서울대대학원 석사학위논문, 1994. 2.
남명식, 「한일관계사에 대한 국민학생의 의식 경향 및 이해에 관한 연구」, 중앙대교육대학원 석사학위논문, 1995. 8.
이승찬, 「국민학교 학생의 역사의식 발달의 실태 구분 : 국민학교 4, 5, 6학년 중심으로」, 중앙대교육대학원 석사학위 논문, 1995. 8.
최상훈, 「중 · 고등학생의 시대구분 이해 실태」, 『역사교육』 59, 1996.

Ⅶ. 역사 교육사

1. 통 사

김홍수, 『한국 역사교육사』, 대한교과서주식회사, 1992

2. 전근대

이원순, 「한국 역사교육사 연구 -전(前)개화기를 중심으로」, 『서울사대교육지』 1, 서울사대교육회, 1971.
류재택, 「조선 실학자들의 역사교육관」, 서울대대학원 석사학위논문, 1981. 2.

3. 개화기 · 한말

노수자, 「구한말 역사교육에 대하여」, 『이화여대대학원 논문집』 1, 1970.
김성준, 「구한말의 역사교육에 대하여」, 『대동문화연구』 8, 1971.
허창덕, 「개화기 역사교육에 나타난 한국사상(韓國史象)」, 서울대대학원 석사학위논문, 1972. 2.
홍이섭, 「개화기 국사교육과 민족의식」, 『인문과학』 32, 1974.
김 정, 「주체적인 한국사교육의 시도와 좌절-개화기와 일제시대를 중심으로」, 『광주교육대학 논문집』 10, 1975.
최양호, 「개화기 역사교육과정 연구」, 고려대교육대학원 석사논문, 1975. 2.
김호종, 「구한말 국사교과서의 분석적 연구」, 경북대교육대학원 석사학위논문, 1977. 2.
한국학문헌연구소(편), 『개화기 교과서 총서 11~20 : 국사』, 아세아문화사, 1977.
이연복, 「우리나라 근대 역사교육사 연구-구한말의 국사교육을 중심으로」, 『서울교육대학논문집』 11, 1978.
김경숙, 「구한말의 국사교육에 관한 연구 : 1894년부터 1910년까지」, 이화여대교육대학원 석사학위논문, 1979. 2.

구자혁, 「개화기 국사교육과정의 분석적 고찰－교육과정 및 교과서를 중심으로」, 『춘천교육대학 논문집』 20, 1980.
김여칠, 「개화기 국사교과서를 통해서 본 역사인식(Ⅰ)－1899~1904까지를 중심으로」, 『서울교육대학 논문집』 13, 1980. 6.
김여칠, 「개화기 국사교과서를 통해 본 역사의식」 (1), (2), 『사학지』 14, 16, 1980, 1982.
김여칠, 「개화기 한국사교과서를 통해 본 역사인식 : 역사집략을 중심으로」, 단국대대학원 석사학위논문, 1981. 2.
구자혁, 「개화기 초등학교 국사교육에 대한 고찰」, 『민족교육연구』 2, 춘천교대 민족교육연구소, 1981.
김홍수, 「한말 역사교육 및 교과서에 관한 연구」, 『역사교육』 29, 1981.
전재수, 「개화기 역사교육과 민족의식」, 동국대교육대학원 석사학위논문, 1981. 8.
김태현, 「구한말 국사교과서 분석 연구－초등용 교과서를 중심으로－」, 『역사교육논집』 3, 1982.
강우철, 「역사적으로 본 한국사 교육」, 『새교육』 336, 1982. 10.
김홍수, 「한말의 국사교과서 편찬」, 『역사교육』 33, 1983.
김여칠, 「1906년 이후의 국사교과서에 대하여」, 『역사교육』 36, 1984.
조재경, 「개화기의 중등 국사교과서에 대한 일고찰」, 경상대교육대학원 석사학위논문, 1985. 2.
김여칠, 「개화기의 국사교과서 연구(1905~1910)」(상),(중),(하), 『서울교육대학논문집』 17, 18, 19, 1984, 1985, 1986.
김여칠, 「개화기의 국사교과서와 역사인식」, 단국대대학원 박사학위논문, 1985. 2.
김홍수, 「한말 역사교육의 실태와 그 성격」, 『산운사학』 창간호, 1985.
김여칠, 「한말 역사교과서의 역사인식」, 『이원순교수화갑기념 사학논총』, 교학사, 1986.
최양호, 「개화기 역사교육의 실태연구－현채의 『동국사』와 임태보의 『조선사』 비교 분석을 중심으로」, 『이원순교수화갑기념 사학논총』, 교학사, 1986.
임지현, 「서양사교육의 과거와 현재－중등교육을 중심으로」, 『역사교육』 40, 1986.
김제식, 「개화기 국사교육에 관한 연구 : 초등용 국사교과서를 중심으로」, 홍익대교육대학원 석사학위논문, 1988. 2.
김희종, 「한국의 근대적 역사교육에 대한 고찰」, 원광대교육대학원 석사학위논문, 1988. 2.

임재희, 「한말 국사교과서에 대한 일연구 : 발매금지 교과서와 학부 검정 교과서의 비교 분석」, 한양대교육대학원 석사학위논문, 1988. 2.

김흥수, 「한국근대 국사교육에 관한 연구」, 단국대대학원 박사학위논문, 1988. 8.

오세광, 「개화기 국사교육에 대하여」, 연세대교육대학원 석사학위논문, 1988. 8.

김정열, 「개화기 국사교과서의 분석 : 초등용 국사교과서를 중심으로」, 부산대교육대학원 석사학위논문, 1989. 8.

임완식, 「1945년 이후의 국사교육의 변천과정」, 원광대교육대학원 석사학위논문, 1988. 8.

전영순, 「구한말 한국교과서의 내용 분석」, 동국대교육대학원 석사학위논문, 1989. 8.

김흥수, 『한국 근대 역사교육 연구』, 삼영사, 1990.

박종열·박의수, 「한국 근대 외국사교육에 관한 연구」, 『춘천교대논문집』 30, 1990.

조미옥, 「개화기 초·중등학교 국사교과서의 분석 : 1895~1910년을 중심으로」, 경북대교육대학원 석사학위논문, 1990. 8.

강철민, 「개화기의 초등 국사교육에 관한 연구」, 연세대교육대학원 석사학위논문, 1991. 2.

주영택, 「개화기 근대 학교 설립에 따른 국사교과서에 대한 일고찰 : 중등용 국사 교과서의 내용 분석을 중심으로」, 경성대교육대학원 석사학위논문, 1991. 8.

이경란, 「구한말 국사교과서의 몰주체성과 제국주의 : 지배이데올로기와 국사교과서」, 『역사비평』계간15호, 1991. 겨울.

김영심, 「구한말과 현행 역사교과서의 비교 분석 : 초등용 교과서를 중심으로」, 중앙대교육대학원 석사학위논문, 1992. 2.

이은숙, 「한국 근대 관·공립학교와 사립학교의 역사교육 전개과정 : 1895년에서 1910년까지」, 이화여대교육대학원 석사학위논문, 1992. 2.

김영심, 「구한말과 현행 역사교과서의 비교분석 : 초등용 교과서를 중심으로」, 『중앙대 교육논총』 9, 1992.

김형중, 「개화기 국사 교과서에 나타난 인물 분석」, 홍익대교육대학원 석사학위논문, 1992. 8.

김선신, 「개화기 국사교과서에 나타난 고대 한·일관계 서술의 분석」, 성균관대교육대학원 석사학위논문, 1993. 2.

김민숙, 「개화기 국사 교과서에 나타난 대외인식 : 1895년~1910년에 간행된 국사 교과서를 중심으로」, 상명여대교육대학원 석사학위논문, 1995. 2.
김형미, 「대한제국기 국사교과서와 국사교육에 관한 연구」, 경희대교육대학원 석사학위논문, 1995. 2.
김창근, 「현채의 국사교과서에 나타난 국사인식」, 충북대교육대학원 석사학위논문, 1995. 8.
김혜경, 「개화기 근대적 교육사상 고찰 : 독립신문의 교육논설을 중심으로」, 성신여대교육대학원 석사학위논문, 1995. 8.
심수연, 「개화기 중등 국사교과서에 나타난 민족의식 : 현 중학교 국사 교과서와 비교」, 상명여대교육대학원 석사학위논문, 1995. 8.
양성숙, 「개화기 국사교육의 내용 고찰 : 중등학교 국사교과서를 중심으로」, 성신여대교육대학원 석사학위논문, 1995. 8.

4. 일제통치기

박일용, 「일제침략기에 있어서 국사교과서 분석」, 한양대교육대학원 석사학위논문, 1983. 8.
이봉균, 「박은식의 역사교육사상에 관한 연구」, 인하대교육대학원 석사학위논문, 1987. 8.
유용식, 「일제의 한국사 왜곡에 관한 교육사적 연구－일제하의 역사교과서를 중심으로」, 중앙대교육대학원 석사학위논문, 1988. 2.
최양호, 「일제하 조선총독부 편찬 초등용 국정교과서 변천」, 『교육공학』6, 1990, 6.
최양호, 「일제 통치하 한국에 있어서의 초등역사교육과정연구」, 『역사교육』 48. 1990.
유용식, 「일제의 한국사왜곡과 식민지 역사교육」, 『순국』 15, 1991. 2.
서굉일, 「일제하 서북간도에서의 민족해방을 위한 역사교육」, 『한신논문집』 8, 1991. 11.
김홍수, 「일제하 재만한민족의 역사교육」, 『강원사학』 7, 1991. 12.
이명화, 「일제 총독부 간행 역사교과서와 식민사관」, 『역사비평』 계간15호, 1991. 겨울.
김홍수, 「일본의 조선침탈과 역사교과서」, 『순국』 26, 1993. 2.
이명화, 「조선총독부의 교육정책과 역사교과서」, 『순국』 26, 1993. 2.

5. 해방 이후

이원순, 「한국 역사교육의 회고와 전망」, 『역사교육』 37·38 합집, 1985.
김 돈, 「역사의 방법·이론과 역사교육」, 『역사교육』 57, 1995.
이병희, 「민인(民人)의 역사의식과 역사교육」, 『역사교육』 57, 1995.
송상헌, 「역사학과 역사교수의 전개」, 『역사교육』 57, 1995.
한정숙, 「국가 및 이념과 역사교육」, 『역사교육』 57, 1995.
권상선, 「우리나라 서양사교육의 변천과 배경에 대한 연구」, 『숙명여대 논문집』 41, 1996.

Ⅷ. 역사교육 연구와 외국의 역사교육

1. 역사교육 연구의 방법과 동향

정세구, 「한국 초·중등학교 역사교육이론에 대한 일시론(一試論)」, 『역사교육』 11·12 합집, 1969
김 정, 「역사교육의 동향과 한국의 역사교육의 문제점－국민학교·중학교를 중심으로」 『광주교육대학 논문집』 14, 1969.
김여칠, 「역사교육의 연구와 전망」, 『사회과 교육』 14, 1981.
송춘영, 「최근 한국의 역사교육연구의 분석－현장연구 보고서를 중심으로－」, 『역사교육』 33, 1983.
송춘영, 「최근 한국의 역사교육 이론연구의 분석적 고찰」, 『역사교육』 36, 1984.
송춘영, 「최근 한국 역사교육 연구의 분석적 고찰」, 『역사교육논집』 8, 1986.
송춘영, 「역사교육의 방향」, 『새교육』 386, 1986. 12.
이존희, 「사회과 역사적 연구 방법론」, 『사회과 교육』 22, 1989.
주웅영, 「역사교육의 새로운 방향－중등학교 국사교육을 중심으로」, 『역사교육논집』15, 1990.
허태희, 「역사교육에 관한 현장연구 및 활용 실태 분석」, 성균관대교육대학원 석사학위논문, 1991. 8.
김여칠, 「한국 역사교육연구 30년사」, 『사회과교육』 25, 1992.

양호환, 「역사교과 교육이론의 가능성과 문제점 : 교수내용지식의 성격과 의미」, 『역사교육』 53, 1993.
이동훈, 「'역사교육학' 정립을 위한 일고찰 : 한국 '역사교육학'의 실태 연구를 중심으로」, 경희대 교육대학원 석사학위논문, 1994. 2.
양호환, 「역사교육의 연구와 방법론」, 『역사교육』 55, 1994.
坂井俊樹, 「일본의 역사교과서에 대한 동북아세아의 요구－한국, 중국과의 역사교과서 개선을 위한 교류에서」, 『국제화 시대의 역사교육과 역사교과서』, 국제교과서연구소 주최 국제역사교과서 학술회의 종합보고서, 1995. 6.
양호환, 「'역사교과학'의 성과와 숙제」, 『역사교육』 57, 1995.
이존희, 「한국사 교육의 회고와 새로운 방향」, 『역사교육』 58, 1995.

2. 외국의 역사교육

이원순, 「미국 역사교육 관견」, 『역사교육』 3, 1958.
이원순, 「제국의 중학교 역사교육과정－중등학교에 있어서」, 『역사교육』 6, 1962.
강우철, 「세계 각국의 중학교 국사교과서의 비교 연구」, 『이화여대 80주년 기념논문집』, 1966.
이존희, 「중국 국사교과서의 분석적 고찰－현행 고교용을 중심으로」, 『사회과교육』 12, 1979.
김한식, 「일본 역사교육에서의 세계사상」, 『역사교육』 34, 1983.
문기상, 「독일의 역사교육－독일, 폴란드 역사교과서 협의회 추천문항을 중심으로」, 『역사교육』 34, 1983.
이원순, 「일본 역사교육의 변천」, 『역사교육』 34, 1983.
윤세철, 「일본의 역사교육과정과 교과서」, 『역사교육』 34, 1983.
최양호, 「일본역사교육의 현장」, 『역사교육』 34, 1983.
윤세철, 「'국제 역사교육 연토회(硏討會)' 보고」, 『역사교육』 37·38합집, 1985.
平田嘉三, 「일본 역사교육의 성립과 체계」, 『이원순교수화갑기념 사학논총』, 1986.
이경원, 「인도네시아 국민학교 역사교육의 고찰－교육과정과 교과서를 중심으로」, 이화여대교육대학원 석사학위논문, 1986. 8.
조승래, 「20세기 미국의 역사교육론의 동향」, 『학생생활연구』 11, 청주대학교 학생생활연구소, 1989. 5.
정혜원, 「중공과 대만의 중학교 역사교과서 비교 분석－현대 부분을 중심으로」, 이화여대교육대학원 석사학위논문, 1989. 8.
이민호, 『서독의 역사학과 역사교육－서독, 폴란드 교과협의회를 중심으로』, 『역사교과서 서술의 제문제』, 한일문화교류기금 주최 한・일학술회의 자료집, 1989. 12.
旗田巍, 『일본에 있어서의 '교과서문제'와 식민지지배의 반성』, 『역사교과서 서술의 제문제』, 한일문화교류기금 주최 한・일학술회의 자료집, 1989. 12.
류재택, 「일본 세계사교과서의 서술경향분석」, 『역사교육』 46, 1989.
류재택, 「외국의 교육과정에서 역사교과의 비중」, 『역사교육』 50, 1990.
전인영, 「중공과 대만의 중등과정 국사교과서 비교연구」, 『이화여대 한국문화원논총』, 57, 1990.
강철구, 「동독과 서독의 중등역사교과서 비교연구」, 『이화여대 한국문화연구원 논총』 58, 1990.
日本歷史教育者協議會(편)(경남역사교사모임 역), 『지역에 뿌리를 둔 역사교육의 창조』, 전국역사교사모임, 미간행, 1991. 11.
권오정・한상윤, 「역사교육을 통한 과학적 사회인식의 형성 : 독일 고등학교 역사 수업 구성을 중심으로」, 『한국교원대학교 교수논총』, 8권 2호, 1992.
김왕식, 「유럽의 역사교과서 개정의 협력사」, 강우철(편), 『분단국의 역사교과서 비교』, 교학사, 1992.
김한종, 「영국의 역사교육」, 『역사와 현실』 7, 1992.
양호환, 「미국의 역사교육, 그 역사와 문제점」, 『역사와 현실』 7, 1992.
민두기, 「현대 중국에 있어서 교과서의 시대상황 : 1920년대 말・1930년대 초의 초등학교 교과서의 내용분석」, 『동양사학연구』 41, 1992.
간제, 알렉산더・정현백, 「분단독일의 역사교육」, 『역사와 현실』 8, 1992.
방영춘・백주현, 「중국의 역사교육」, 『역사와 현실』 8, 1992.
정재정, 「일본 역사교육의 현황과 전망 : 신학습지도요령(1989년 고시)을 중심으로」, 『역사와 현실』 8, 1992.
전인영, 「중국의 중학교 새 '국사'교과서의 내용구성과 특성」, 『역사교육』 53, 1993.
김한종, 「미국 사회과 교육의 변천과 역사교육」, 『역사교육』 54, 1993.
강맹산, 「연변대학에서의 한국사교육」, 『역사교육』 54, 1993.
박금해, 「중국사 교과서에 나타난 한국사서술」, 『역사교육』 54, 1993.

신형식, 「'조선간사(朝鮮簡史)'(연변교육출판사)의 분석과 비판」, 『역사교육』 54, 1993.

신형식, 「'조선간사(朝鮮簡史)'(연변교육출판사 간)의 서술방향과 그 문제」, 『역사교육』 55, 1994.

허영식, 「독일 역사교육의 변천 과정」, 『사회과교육연구』 3, 한국교원대학교 사회과교육연구회, 1996. 2.

박성수, 「유럽·이스라엘 고등학교의 역사교육」, 『서울교육』 143, 1996. 3.

양호환, 「미국 역사교육의 동향과 쟁점」, 『역사와 현실』 20, 1996.

정재정, 「강화와 개혁의 길로 들어선 일본의 역사교육」, 『역사와 현실』 20, 1996.

정현백, 「독일의 역사문화와 역사교육」, 『역사와 현실』 20, 1996.

3. 북한의 역사교육

김영찬, 「북한 교과서에 나타난 역사 왜곡 내용 분석」, 『북한 조사 연구-사회·문화 : 북한의 국사관 비판 논문집』, 국토통일원, 1977.

이원순, 「북한의 역사교육」, 『북한교육론』, 북한문제연구소, 1977.

고성훈, 「북한의 근대사서술에 관한 비판적 연구」, 동국대교육대학원 석사학위논문, 1984. 2.

신형식, 「북한의 역사교육」, 『교육월보』 123, 1992. 3.

이찬희, 「북한의 역사교육 연구-「조선력사」 신·구교과서 내용 분석을 중심으로-」, 성신여대대학원 박사학위논문, 1993. 2.

윤세철, 「북한 역사교과서에 나타난 국사 인식」, 『사대논총』 46, 서울대학교 사범대학, 1993. 6.

김복영, 「북한의 「조선력사」 교과서에 나타난 미국관」, 『사회과교육』 26, 1993.

이찬희, 「북한 「조선력사」 신교과서의 내용 분석」, 『사회과교육』 26, 1993.

최용규, 「북한의 역사관과 역사교육」, 『사회과교육』 26, 1993.

이찬희, 「북한의 고등중학교 교육과정과 역사과 운영실태」, 『성신사학』 11, 1993.

안영권, 「북한의 '주체사상'과 역사교육」, 한국교원대대학원 석사학위논문, 1994. 2.

송순영, 「북한 역사교과서에 나타난 역사인식과 교과서 내용분석」, 한국외국어대교육대학원 석사학위논문, 1994. 8.

嚴志梁, 「중국의 역사교육과 역사교과서」, 『국제화 시대의 역사교육과 역사교과서』, 국제교과서연구소 주최 국제역사교과서 학술회의 종합보고서, 1995. 6.

Helmut Berding, 「독일에 있어서의 민주주의로의 역사교육」, 『국제화 시대의 역사교육과 역사교과서』, 국제교과서연구소 주최 국제역사교과서 학술회의 종합보고서, 1995. 6.

M. Markiewicz, 「폴란드의 관점에서 본 독일의 교과서 연구」, 『국제화 시대의 역사교육과 역사교과서』, 국제교과서연구소 주최 국제역사교과서 학술회의 종합보고서, 1995. 6.

인 명 색 인

[ㅂ]

[ㅅ]

[ㅇ]

[ㅈ]

[ㅋ]

사 항 색 인

[ㅈ]

[ㅊ]

[필자약력]

■ 양 호 환

서울대학교 사범대학 역사교육과
미국 스탠포드대학교 대학원
(석사, 박사)
현재 서울대학교 교수

■ 이 영 효

서울대학교 사범대학 역사교육과
미국 텍사스 오스틴대학교 대학원(석사, 박사)
현재 광주대학교 교수

■ 정 선 영

서울대학교 사범대학 역사교육과
서울대학교 대학원(석사, 박사)
현재 충북대학교 교수

■ 최 상 훈

서울대학교 사범대학 역사교육과
서울대학교 대학원(박사과정)
현재 성균관대학교 강사

■ 김 환 길

서울대학교 사범대학 역사교육과
서울대학교 대학원(석사)
현재 잠실고등학교 교사

■ 송 상 헌

서울대학교 사범대학 역사교육과
서울대학교 대학원(박사과정)
현재 서울공업고등학교 교사

■ 김 한 종

서울대학교 사범대학 역사교육과
서울대학교 대학원(석사, 박사)
현재 한국교원대학교 교수

■ 송 춘 영

경북대학교 사범대학 역사교육과
경북대학교 대학원(석사)
효성여자대학교 대학원(박사)
현재 대구교육대학교 교수

■ 임 병 로

서울대학교 사범대학 역사교육과
서울대학교 대학원(석사)
현재 신사중학교 교사

■ 양 정 현

서울대학교 사범대학 역사교육과
서울대학교 대학원(박사과정)
현재 서운중학교 교사

(수록논문 순)

歷史教育의 理論과 方法

1997년 8월 5일 제1판 1쇄 발행
2018년 9월 10일 제1판 19쇄 발행

저 자 양호환 외
발행인 고성익
조 판 해인기획

발행처
05027
서울특별시 광진구 아차산로 335 삼영빌딩
도서출판 三知院
등 록 1978년 6월 2일 제2013-22호
전 화 737-1052 · 734-8979 FAX 739-2386

ⓒ 2018. 양호환 외

정가 25,000 원
ISBN 978-89-7490-912-3-93900